中国远洋海运发展史

COSCO SHIPPING HISTORY OF DEVELOPMENT

第6卷

《中国远洋海运发展史》编委会·编

广州海运发展史 1949—1997

人民交通出版社股份有限公司
北京

内 容 提 要

本书为《中国远洋海运发展史　第 6 卷》，展现了 1949 年自广州海运成立至 1997 年中国海运集团成立期间的发展历程。作为新中国的同龄企业，广州海运经历了起义回归、援越抗美、开辟南北航线等艰苦创业的历程。改革开放后，广州海运不失时机地壮大运输船队，转换经营机制，扩大经营领域，努力开拓市场，运输生产连创新高，企业实力日益增强，成为全国百家现代企业制度试点企业之一，初步建立了现代企业制度的架构。一直以来，广州海运紧密围绕国家航运事业发展部署和定位，艰苦奋斗、务实进取，勇立潮头、锐意改革，为祖国海运事业和国民经济发展做出了贡献。

本书资料翔实、内容丰富，可读性较强，是一部较好的企业史，可供史学工作者及航海专业院校师生参考，也是加强企业文化建设的有益资料。

图书在版编目（CIP）数据

中国远洋海运发展史 . 第 6 卷 /《中国远洋海运发展史》编委会编 . — 北京 : 人民交通出版社股份有限公司，2020.6

ISBN 978-7-114-16479-8

Ⅰ . ①中…　Ⅱ . ①中…　Ⅲ . ①海上运输—交通运输史—广州—1949—1997　Ⅳ . ① F552.9

中国版本图书馆 CIP 数据核字（2020）第 065434 号

ZHONGGUO YUANYANG HAIYUN FAZHANSHI DI 6 JUAN

书　　名：中国远洋海运发展史　第 6 卷
著 作 者：《中国远洋海运发展史》编委会
责任编辑：黄　蕊
责任校对：孙国靖　宋佳时
责任印制：刘高彤
出版发行：人民交通出版社股份有限公司
地　　址：（100011）北京市朝阳区安定门外外馆斜街 3 号
网　　址：http：//www.ccpress.com.cn
销售电话：（010）59757973
总 经 销：人民交通出版社股份有限公司发行部
经　　销：各地新华书店
印　　刷：北京印匠彩色印刷有限公司
开　　本：787 × 1092　1/16
印　　张：32
字　　数：739 千
版　　次：2020 年 6 月　第 1 版
印　　次：2020 年 6 月　第 1 次印刷
书　　号：ISBN 978-7-114 -16479-8
定　　价：260.00 元

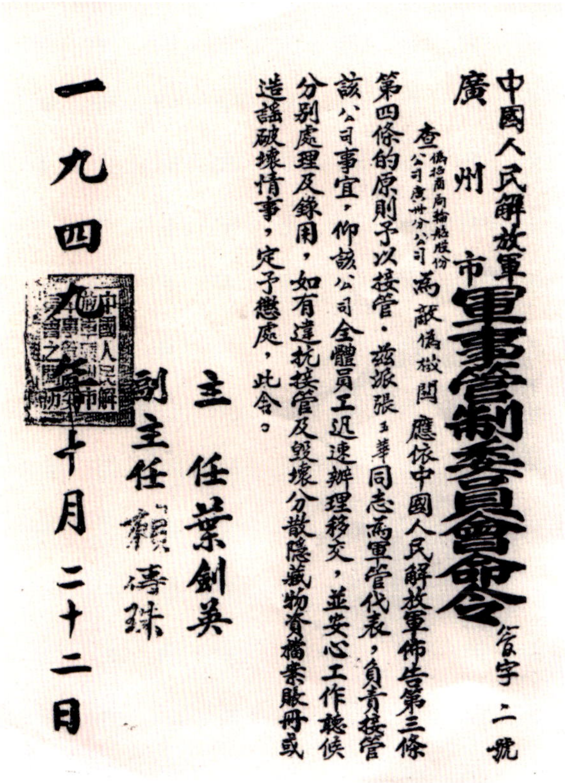

中國人民解放軍

廣州市軍事管制委員會命令 管字二號

查偽招商局輪船股份公司廣州分公司為敵偽機關應依中國人民解放軍佈告第三條第四條的原則予以接管。茲派張玉華同志為軍管代表，負責接管該公司事宜，仰該公司全體員工迅速辦理移交，並安心工作聽候分別處理及錄用，如有違抗接管及毀壞分散隱藏物資檔案賬冊或造謠破壞情事，定予懲處，此令。

主任 葉劍英

副主任 賴傳珠

一九四九年十月二十二日

叶剑英签署的中国人民解放军广州市军事管制委员会命令。

1968 年 8 月 20 日，广东省领导接见“南海英雄船”1018 号轮幸存船员和烈士船员家属。

1955 年，广东省第一届工矿交通运输企业模范代表大会授予“民俗”轮集体劳动模范称号。

“民 302”轮船长谷源松。

“民 302”轮起义船员获嘉奖。

1950 年 7 月 14 日，“民 302”轮首次复航纪念。

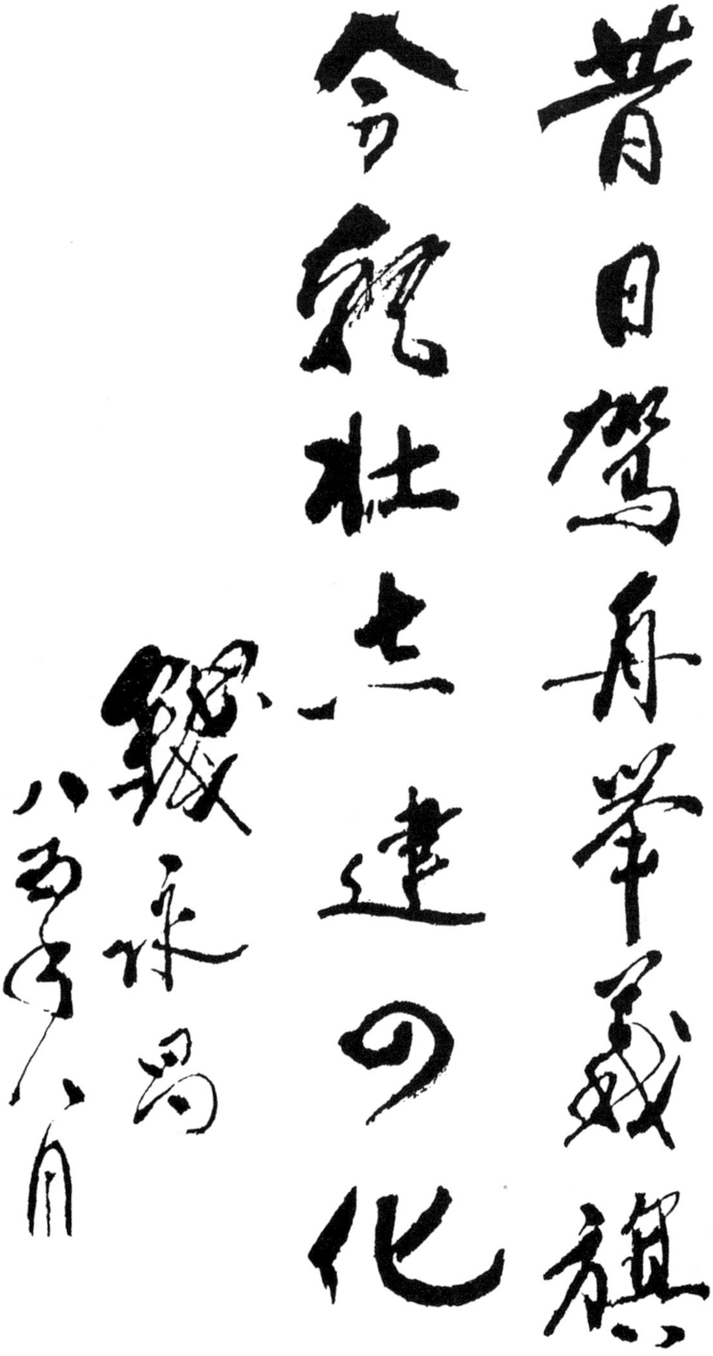

1985 年 8 月，交通部部长钱永昌为《原招商局船员起义三十五周年纪念特刊》题词。

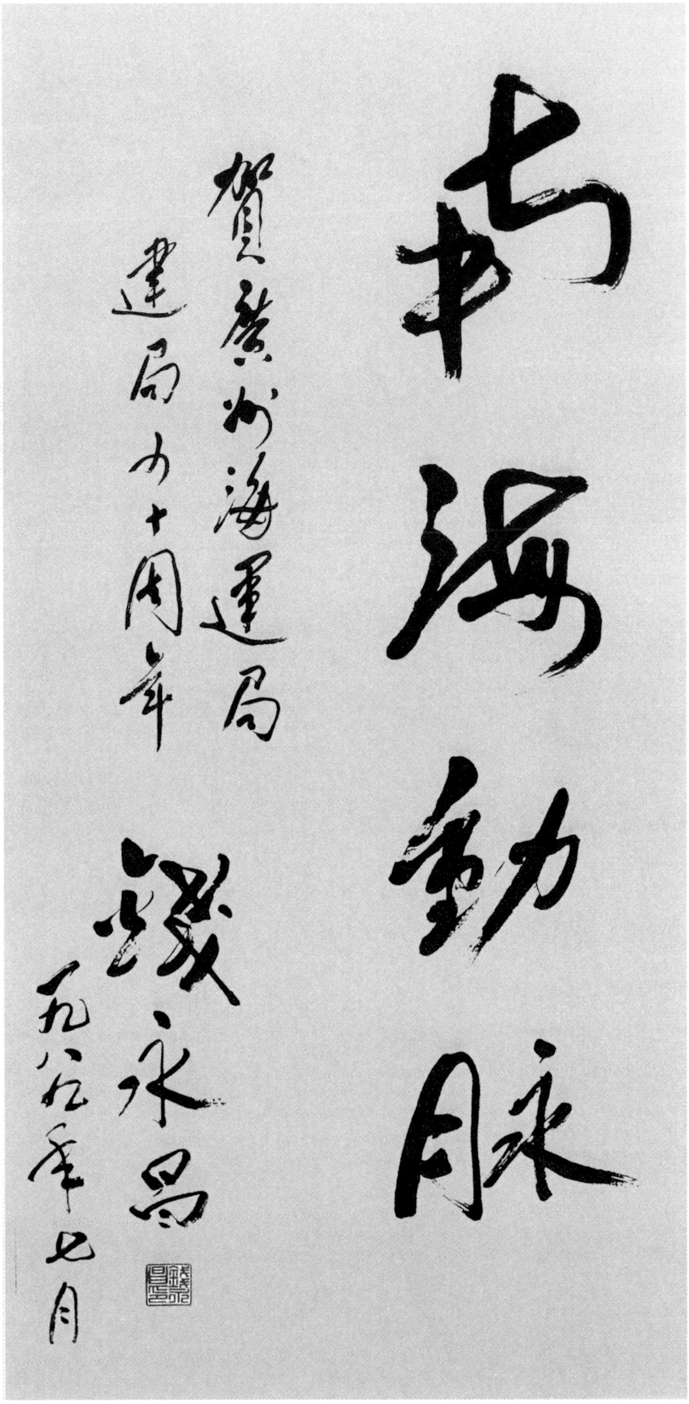

1989 年 7 月，交通部部长钱永昌为广州海运成立 40 周年题字：南海动脉。

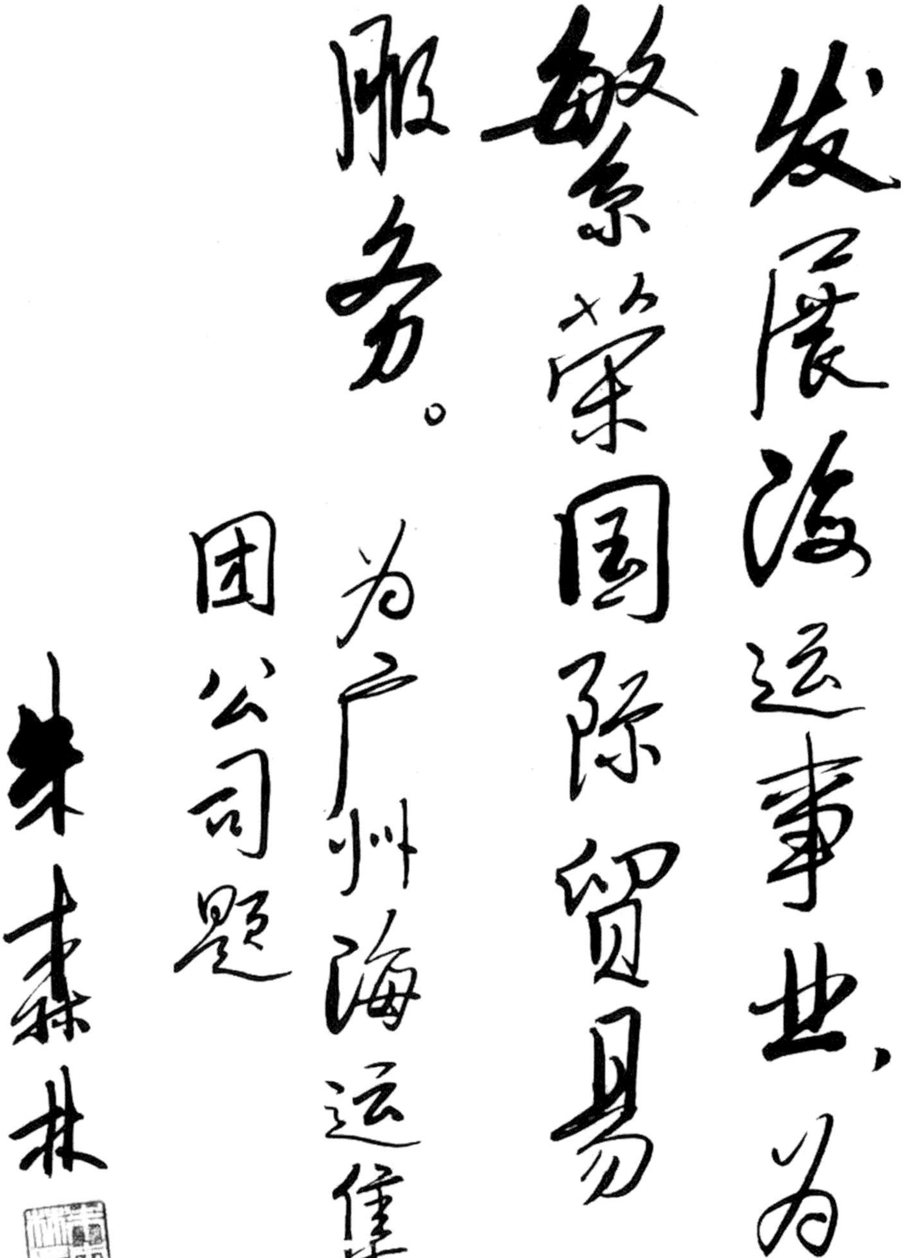

广东省省长朱森林为广州海运题写“发展海运事业，为繁荣国际贸易服务”的题词。

1996 年，交通部副部长洪善祥为广州海运（集团）有限公司成立揭牌。

广州海运总经理钱维扬在广州海运（集团）公司第四届职工代表大会上。

1995 年 10 月 1 日，广州海运集团英华船员公司开业典礼。

1996 年 8 月 9 日，广州海运（集团）有限公司在沙面南街 22 号成立挂牌。

1964 年 1 月，“南海 155”轮首航柬埔寨西哈努克港之前，轮机人员检查机械设备。

1979年6月，“红旗121”轮开辟台湾海峡直航航线。

广州海运35000吨级浅吃水经济型散装货轮船型项目荣获“国家重大技术装备表彰特别奖”，“华蓉山”轮为首制船，建造于1989年9月。

广州海运“紫罗兰”轮是广州沿海运输中第一艘用于中国沿海南北航线航行的客货轮，也是广州沿海运输史中吨位最大、载客最多的客货轮。

1986 年 9 月 25 日，“大庆 257”轮首次抵达南海油田“南海希望”号终端装载海洋油，为中国航运企业承运海洋石油第一船。

广州海员医院第一届护训班毕业合影。

1994 年 12 月 6 日，广州海运 3.5 万吨浮船坞“飞龙山”号迎来第一艘坞修船“万寿山”轮。

矗立在珠江南岸的广州海运大厦。

中国第一位女轮机长王亚夫（前排左）与广州海运副总经理邓兆邦（后排右二）等人合影留念。

1997年4月“罗浮山”轮荣获中华全国总工会颁发的全国五一劳动奖状。

《中国远洋海运发展史》编纂机构

《中国远洋海运发展史》编审委员会

主　任：许立荣

副主任：付刚峰　孙家康

委　员：（以姓氏笔画为序）

丁　农　万　敏　王宇航　王海民　叶伟龙　孙云飞　刘鸿炜
张　为　俞曾港　黄小文

《中国远洋海运发展史》顾问委员会

主　任：钱永昌

委　员：（以姓氏笔画为序）

马贵川　马泽华　王云茂　王富田　毛永芳　白金泉　邬　丹
朱超刚　江　波　刘国元　刘松金　刘锐祥　孙月英　孙治堂
李　伟　李建红　李绍德　李云鹏　吴子恒　吴中校　肖亮涌
闵希候　陈忠表　陈洪生　陈德诚　林祖乙　林建清　杨　斌
张　良　张际庆　张国发　张建华　张富生　卓东明　金瑞升
周祺芳　宫尚竺　骆九连　徐祖远　徐晓杰　高伟杰　高志明
寇来起　傅　伟　董　明　雷　海　虞国伟　魏　卿　魏家福
戴金象　戴淇泉

《中国远洋海运发展史》编纂工作委员会

主　任：刘海涛

副主任：海　峡　徐永上

委　员：朱雪峰　吴　腾　郭庆东　吴彦红

《中国远洋海运发展史》编纂工作组

组　长：佟成权

副组长：相熔钢　桑史良

本卷参编人员：陈晓艳　严妙群　佟成权　桑史良　卢　军

第一执笔人：陈晓艳

总　　序

2019年，是新中国成立70周年，是中国海运事业发展70周年。沿着新中国“站起来、富起来、强起来”的历史主轴线，中国远洋海运集团也走过了屡领风潮、慨然前行的非凡历程，创造了一个壮阔的“云帆远征”之传奇，书写了一部煌煌的“家国天下”之史诗。在这个特殊的历史时刻，追溯企业发展源头，回望企业发展道路，对于我们重温当年初心，勇担历史使命，积极助力“一带一路”及海运强国建设，赓续薪火相传的企业精神，凝聚改革再出发的磅礴力量，具有十分重要的意义。

一

海运与国运从来都是息息相关的。海运的引领性和保障性，决定了它不是一般的服务业，而是关系国家安全与经济命脉的特殊性产业。一道“海运与国运”的历史命题，既蕴含了人类社会发展的普遍规律，也是中远海运集团所肩负的历史使命。

2018年11月，习近平总书记在上海考察时指出，“经济强国必定是海洋强国、航运强国”①。习近平总书记的重要论述，深刻阐明了海运与经济、海运与国家战略的关系，为我们建设海洋强国、航运强国指明了方向，也让我们在实现中华民族伟大复兴中国梦的历史征程中，更加深刻认识到建设海运强国的责任与担当。

海运强国的演变实际就是国家强盛的发展过程。纵观世界发展史与世界航海史，一系列国家兴衰及大国崛起的历程，都充分证明了这一点。公元前1000年之前，地中海东岸的腓尼基人就凭借出色的航海技术，控制了地中海地区；古希腊人通过帆船和发达的航海技术，将文明散播到整个地中海沿岸，使之成为西方文明的摇篮。15世纪末，葡萄牙、西班牙、荷兰引领了以季风帆船为特征的大航海时代，通过发展海运成为欧洲三强。近代的英国开启了蒸汽船时代，通过海运成为“日不落帝国”，主导世界格局三百年。之后，美国取代英国，凭借强大的海权控制实力，成为当今世界霸主。此外，当代日本、韩国、新加坡等国的快速崛起，也都离不开海运的发展。

中国历史上曾经是一个海运大国和海运强国，特别是在东西方“海上丝绸之路”的开辟与发展方面，中国人的航海活动贡献巨大，在人类文明发展史上写下了不朽篇章。明朝

① 《习近平在上海考察》，《人民日报海外版》，2018年11月08日第02版。

是我国古代海运发展的高峰，郑和七下西洋，航行距离、规模和技术均遥遥领先于世界；与之相对应，七下西洋所处的永乐年间，中国的综合国力和总人口均排名世界第一。而明朝中后期和清朝的海禁，令我国海运业落后于西方，国力也快速衰落。从 1840 年鸦片战争到 1949 年中华人民共和国成立的 109 年间，中国遭受了帝国主义列强的侵略。外国资本经营的轮船公司垄断了中国的海上运输业务，国家海运业日益衰败；而一场甲午海战，更把国家拖入深渊。面对“千年未有之大变局”，近代仁人志士都把振兴民族海运作为毕生追求的梦想。为了这个振兴之梦，多少次旗竖旗倒，多少次人聚人散，多少英雄饮恨苍天，多少豪杰壮志未酬。孙中山认为“自世界大势变迁，国力之盛衰强弱，常在海而不在陆，其海上权力优胜者，其国力常占优胜”，并在《建国方略》中对发展海运和海港作了专门论述。然而，这些梦想在旧中国都没有实现。

新中国成立后，中国海运事业在一穷二白中开始建设。经过 70 年发展，特别是自 1978 年中国实行改革开放，海运业进入了“由小到大”的发展轨道。目前中国已经是名副其实的海运大国：年造船产能达到 6000 万载重吨，全球第一；海运量世界占比达到 26%，全球第一；注册运力 1.8 亿载重吨，全球第二；全球前二十大货物吞吐量的港口，中国占 15 个；全球前十大集装箱港口，中国占 7 个。

翻阅厚重的世界史与中国史，研读世界强国的发展历程，都印证了英国探险家沃尔特·雷利（Walter Raleigh）的看法——“谁控制了海洋，谁就控制了贸易；谁控制了世界贸易，谁就控制了世界的财富，最终也就控制了世界本身。”海运作为强国背后的重要动力，是其他产业所难以比拟的。

在中华民族“站起来、富起来、强起来”的历史进程中，中远海运集团始终与中华民族伟大复兴之路同向同行，始终与新中国现代化建设共进共强。1949 年新中国成立，1978 年中国改革开放，2001 年中国加入 WTO，2018 年中国开启改革再出发新时代……这一系列重大历史时刻，成为中国经济发展的关键节点，也恰是中远海运发展的关键节点。一方面，中国经济发展给中远海运带来无限商机；另一方面，中远海运也用自身不断增长的业绩，助推中国经济不断飞跃。

由此可见，中远海运的发展历程，是国家富强与民族振兴伟大征程中的重要组成部分，是我国航运业由弱到强的生动写照和具体体现。在海运与国运的同步变化之中，伴随新中国的发展，中远海运从孤帆远影，到百舸争流，历经风雨，高歌猛进。1949—1950 年，“招商起义”的 17 艘船舶中，返回新中国的共计 15 艘、3.37 万载重吨；而今天，中远海运共有船舶运力 1200 余艘、1 亿载重吨。当年 15 艘船舶载重吨的总和，只相当于今天 1200 艘船舶中的 1 艘小型船。如今，由中远、中海重组而成的中国远洋海运集团的船队规模位居世界第一，综合运力大约是海运大国德国全国运力规模的总和。中远海运集团数十年的发展实践，不仅印证了全世界海运与国运的“普遍规律”，还印证了中国特色社会主义的“特色规律”，那就是：国企强，国家强；海运央企强，则国家海运强，国家经济强。

二

中远海运集团是新中国航运事业的开创者，参与了中国航运 70 年从近海到远洋、从追随到领跑的历史进程，亲历了改革开放 40 年波澜壮阔的伟大变革。回望 1949 年以来走过的航路，梳理一代代远洋海运人的创业历程，贯穿始终的，是不变的初心和海运强国的使命。

中远海运集团发展史是一部艰苦卓绝的革命斗争史。

很难想象，中远海运这支商船队，竟然是在新中国遭到经济封锁和海上禁运的围堵中起步的。而一条条航线的开辟，竟然是我们的船员出生入死、浴血奋战拼杀出来的。

追溯中国远洋海运集团的发展源头，自招商局海轮起义开始，中远海运人就以大无畏的英雄气概，书写了一部惊心动魄、扣人心弦的革命斗争史。一次次冲破海上封锁，一次次抵御敌机轰炸，一次次开展护船护航的殊死搏斗，一次次战胜国际敌对势力的突然袭击……中远海运人的使命，不仅体现在与狂风搏斗，与恶浪搏斗，更体现在与敌对势力搏斗；中远海运人的担当，不仅是要流汗，要流泪，更要流血。所有这些，都彰显了中远海运人的拳拳报国心、殷殷航海情，谱写了一曲惊天地泣鬼神的壮丽史诗。

招商局海轮起义掀开了新中国海运事业的崭新篇章，也是中远海运的重要源头之一。1949 年 9 月 19 日，“海辽”轮在从香港赴汕头的航行途中，船长方枕流率领全体船员庄严起义，历经九天九夜惊险航程，胜利到达大连。1949 年 10 月 24 日，毛泽东主席发电报给方枕流船长和全体船员，表示祝贺和嘉勉。在“海辽”轮的感召下，新中国成立之前及成立初期，国民党当局控制下的香港招商局和 17 艘海轮、近 700 名海员，先后分别在东海、南海海面和中国香港、新加坡等地宣布起义，投入新中国怀抱。

抗美援朝战争期间，上海海运的船员积极投入“抗美援朝、保家卫国”运动。在鸭绿江运送志愿军渡江和运输物资的任务中，船员们不顾生命安危，提出“鸭绿江水炸不干，运输线就炸不断”的口号，不分昼夜，有时一夜往返横渡四次，为抗美援朝战争的胜利做出了贡献。

在反封锁、反围剿斗争中，从欧洲承运进口成品油的“工作”轮于 1953 年被劫持到台湾高雄，17 名中国船员遭到关押。政委刘学勇被关押在台湾火烧岛（绿岛），几经拷打，始终坚贞不屈，最后被秘密杀害；二副姚淼周临刑前高呼“新中国万岁”“中国共产党万岁”，在国民党当局的枪口下英勇就义，年仅 29 岁。

20 世纪 60—70 年代，广州海运在援越抗美斗争的运输中，被炸沉船舶 1 艘、救生艇 1 艘，炸伤船舶 14 艘次，共有 36 名船员负伤，12 名船员献出了他们宝贵的生命。“红旗 151”轮船长周茂臣长眠在越南荣市的海边，在越南广宁省锦普市和义安省荣市烈士陵园纪念碑上，刻下了广州海运英烈们不朽的名字。他们用鲜血和生命，谱写了一曲“英雄赞歌”，耸起了中远海运的精神桅杆，挺起了共和国的坚强脊梁。

南北航线是我国沿海最长的海上航线，途经沿海 10 余个省、自治区、直辖市，是关乎国计民生的重要运输通道。为了冲破封锁禁运，1968 年 4 月 25 日，“黎明”轮由湛江港起航，航行 12 个昼夜，完成了新中国成立后首次南北航行。1968—1979 年，广州海运和广州远洋运输公司恢复了中断十多年的南北海上交通线。

“银河”号是一艘从事正常国际商业航运的远洋集装箱班轮，1993 年 7 月，在执行第 81 航次由天津、上海至海湾的定期班轮运输任务中，被美国无端指责载有制造化学武器的前体硫二甘醇和亚硫酰氯。美国派遣军舰监视、飞机骚扰，致使该轮被迫在公海上中止正常航运 33 天之久，全体船员不畏强权和围追堵截，敢于斗争，维护了国家利益，树立了良好形象。

中远海运集团发展史是一部风雨砥砺的不懈奋斗史。

中远海运从初始创业到不断壮大，是几代人艰苦奋斗、顽强拼搏的结果。几十年来，广大船岸干部职工为企业发展做出了不懈努力，经受了各种考验，取得了辉煌业绩，创造了许许多多工程的奇迹、运输的伟业、发展的壮举。这其中，既有步入“贷款买船、负债经营”壮大之路的成功探索，也有“文化大革命”时期“风庆轮事件”给运输生产带来的种种干扰；既有抓住中国加入 WTO 以及航运市场空前繁荣带来的发展机遇，也有面对后金融危机时期国际航运市场大萧条的严峻挑战；既有打造世界一流航运企业的憧憬和志向，也有“做大”后何去何从的深刻思考。

一条漫长的企业发展之路，犹如一条波涛汹涌的大江，一路跌跌撞撞，曲曲折折，浩浩荡荡。无论遇到多少艰难险阻，却总是能在逆境中找到新路，在纷扰中坚定方向，在跌宕中保持前行。一部中远海运企业发展史，就是一部波澜壮阔、惊天动地的奋斗史。

“席卷神州解放风，雄师百万下江东。”1949 年 5 月 27 日，中国人民解放军宣告上海解放。5 月 28 日，人民解放军上海市军事管制委员会主任陈毅、副主任粟裕签署军事接管招商局的命令。这些被接管的招商局留沪船舶及人员，在新中国航运事业建设中发挥了重要的积极作用，而经过招商局改组成立的国营轮船总公司，则成为新中国最早的国有航运企业，也成为中远海运集团重要的发展源头之一。经过数十年的发展，今天的中远海运已是世界最大的航运企业。从百废待兴中艰难起步，到成为“世界之最”，漫长的发展道路上，留下了中远海运几代人艰苦创业的汗水和闻鸡起舞的足迹。

第一艘悬挂中华人民共和国国旗航行国外的“光华”轮投入运营，标志着新中国远洋运输事业的开端。该轮源于国务院总理周恩来的亲切关怀。当时周总理十分关心远洋海运事业，提出建立中国自己的远洋运输船队，并从国库中特批 26.5 万英镑，从国外购买了这艘船，改名“光华”轮，意为“光我中华”。1961 年 4 月 28 日，伴随“光华”轮起锚登程，一条从广州到印度尼西亚的新航线艰难起步。时隔半个多世纪的今天，中远海运集团已成长为一家具有强劲国际竞争力的跨国航运企业，其远洋航线覆盖全球 160 多个国家和地区的 1500 多个港口；其境外机构覆盖全球 10 大区域、50 多个国家和地区，共计 1055 家企业。现已成为全球航运业的重要引领者，成为平衡东西方航运格局的重要力量。

中远海运集团发展史是一部敢为天下先的开拓创新史。

新中国成立以来，特别是改革开放以来，远洋海运人勇立时代潮头，创造了一个又一个“时代第一”，书写了一个又一个先行者传奇。

“平乡城”轮开辟了中国第一条国际集装箱班轮航线。1978 年 9 月 26 日，该轮装载 162 个集装箱从上海港起航，先后于 10 月 12 日、15 日抵达澳大利亚悉尼港、墨尔本港，11 月 12 日返回上海，结束了中国没有海运集装箱运输航线的历史，翻开了中国现代海运史新的一页。

“柳林海”轮是抵达美国本土的第一艘悬挂五星红旗的船舶。1979 年 3 月 25 日，该轮由上海起航，横跨太平洋，于 4 月 18 日首次抵达美国西雅图港。从此，中美海上航线正式开通。2015 年 9 月 22 日，习近平主席在访美时指出：中美建交刚刚 3 个多月，中国“柳林海”号货轮就抵达西雅图港，结束两国几十年不曾通航的历史①。23 日参观美国微软公司总部期间，习近平主席接受了微软赠送的 3D 打印“柳林海”号船模。

“新金洋”轮是首艘悬挂五星红旗的 VLCC。2004 年 12 月，该轮正式投入使用，实现了真正意义上的“国油国运”，也填补了五星红旗大型油轮在国家进口原油运输市场上的空白。2015 年 2 月，随着中缅原油管道工程正式投运，“新润洋”轮靠泊中缅项目装货港缅甸马德岛港，成为首艘靠泊该港的 VLCC，并奏响了“准班轮”服务新模式的号角。

比雷埃夫斯港投资经营是“一带一路”建设的经典项目。2009 年 4 月，希腊国会以 149 票对 139 票，通过了中远集团与希腊比雷埃夫斯港务局签署的码头专营协议。这是中国企业首次在国外获得港口的特许经营权。2016 年 8 月，中远海运再次收购比港 67% 股权，正式成为比港经营者。作为中希合作的典范，比港正按照习近平主席的指示，致力“将比雷埃夫斯港建设为地中海最大的集装箱转运港、海陆联运的桥头堡，成为‘一带一路’合作的重要支点，并带动两国广泛领域务实合作”②。

“永盛”轮开创了中国商船首次经北极东北航道抵达欧洲的历史。该轮于 2013 年 8—9 月，圆满完成北极东北航道首航任务。此后，2015 年，“永盛”轮成功完成“再航北极、双向通行”任务；2016 年，中远海运 5 艘船舶航行北极；2017 年，中远海运航行北极实现项目化、常态化。目前，中远海运是全球唯一一家穿越南北极、运营南北极航线的航运企业。

“紫荆松”轮是停靠瓜达尔港的第一艘商业货轮。2015 年 5 月，该轮停靠巴基斯坦瓜达尔港，承载了装有当地渔业产品的 7 个冷藏集装箱，驶向中东地区，开启了瓜达尔港历史上首次货物出口记录。而瓜达尔港杂货班轮航线的开辟，不仅极大降低了当地进出口货物的物流运输成本，更为“中巴经济走廊”的建设，提供了坚实可靠的支持。

实际上，这样的中国第一、亚洲第一和世界第一，还有许多许多。一桩桩，一件件，

---

① 《习主席的“西雅图不眠夜”》，新华网，2015 年 09 月 24 日，http://www.xinhuanet.com/world/2015-09/24/c_128264518.htm。

② 《书写新世纪海上丝绸之路新篇章——习近平总书记关心港口发展纪实》，《人民日报》，2017 年 07 月 06 日 01 版。

都彰显了中远海运人上下求索、开拓进取、敢为人先的创新精神。

中远海运集团发展史是一部精忠报国的爱国奉献史。

如果说，战争年代的爱国精神体现为英勇献身；那么，在和平年代，爱国精神则体现为无私奉献以及社会责任。

长期以来，中远海运人始终怀揣着精忠报国的“长子”情结，承载着铁肩担道义的央企责任，忠诚服务于国家，积极贡献于国家，全心全意为了国家。在煤电生产濒临断档危机的紧要关头，总是中远海运的船舶冲在运输第一线；在国际政治动乱危及华人华侨及中国籍员工的焦急时刻，总是中远海运海外接侨的船舶送去温暖；上海世博会、金砖国家工商理事会、国际航运中心发展、“一带一路”建设项目，到处都有中远海运人辛勤的汗水；地震灾害、冰雪灾害、支援新疆、支援西藏，到处都留下中远海运志愿者忙碌的足迹。

20 世纪 80 年代末，我国电力供应主要靠火力发电，华东、华南等地因电力需求变化，出现煤炭运输供应不足的情况。上海海运担负上海地区 80% 的煤炭运输任务，公司树立“多运煤就是保上海，保上海就是保全国”的大局意识，发扬“以苦为荣，无私奉献”的精神，1989 年完成煤运量 3340 万吨，为改变上海煤炭紧缺局面做出了重要贡献。时任上海市市长朱镕基同志亲笔书写嘉奖信给予充分肯定：“你们作了大贡献，创造了历史的业绩。”

“服从外交，服务外贸”，是中远海运的企业宗旨。中远海运坚持履行企业的社会责任，在浮动国土上完成了一系列国家外交任务，在历次海外撤侨接侨工作中都扮演着重要的角色。20 世纪 60 年代，“光华”轮、“新华”轮等一直活跃在新中国撤侨战线上；20 世纪 70 年代，“明华”轮等赴越南、柬埔寨撤侨；20 世纪 90 年代，“富清山”轮赴刚果撤侨；2011 年 2 月，在新中国历史上最大规模的利比亚撤侨行动中，“天福河”轮等 16 艘商船待命，其中“天福河”轮成功撤离 559 名同胞。

如果说，一个船队，构成了中远海运精忠报国的物质基础；那么，一个团队，则构成了中远海运爱国奉献的精神载体。船队与团队，不仅成为企业腾飞之两翼，前进之两轮，更成为我们建设海运强国的物质与精神财富。而这一代又一代航海家、一辈又一辈管理者，总是用他们的奋力拼搏和无私奉献，打造了中远海运积极向上的团队精神，凝聚成建设海运大国、海运强国的磅礴力量。在这个团队中，有一大批英雄人物、模范人物和优秀人物，贝汉廷和杨怀远，就是其中的杰出代表。

新中国培养的第一代远洋船长贝汉廷，先后驾驶 15 艘远洋轮船，到过 40 多个国家、80 多个港口，为发展祖国的远洋运输事业，倾注了一生心血。他说：“为了发展祖国的航海事业，我一辈子不离开船，不离开海洋！”在 59 岁生日时，因为劳累过度，不幸去世，在挚爱的远洋船上，工作到生命的最后一刻。

杨怀远同志在 38 年的船舶生涯中，始终以雷锋为榜样，甘当人民的“挑夫”。他挑着一根为人民服务的小扁担，从青年、中年一直挑到老年，始终不计报酬、不求职务，全心全意为人民服务，创造了让全国人民，乃至国际友人都为之敬佩的“小扁担”精神，于 1985 年被授予“全国劳模”称号，2019 年被评为新中国成立 70 周年的“最美奋斗者”，受到历代党和国家领导人的接见。

三

历史，是人类记忆的年轮，是人类繁衍的根脉。历史，连接着昨天与今天，定义着过去和现在，昭示着当下与未来。历史，既能激发人们情感的力量，也能赋予人们理念的启迪。

站在一个承前启后、继往开来的时空交汇点，我们需要扪心自问：我们从哪里来，要向哪里去？

我们从百年沧桑的历史深处走来，要向强国梦、强企梦的指引方向走去。回望历史，从 1919 年孙中山发表《建国方略》并提出海洋兴国与东方大港的战略构想，到 1949 年新中国成立以及上海、广州、大连海运局的艰难起步；从招商局的 17 艘海轮、700 名船员举起义旗，到援越抗美斗争中 12 名中远海运船员血祭大海、浩气长存；从“光华”轮在广州港拉响的第一声远航汽笛，到“平乡城”轮开辟的第一条国际班轮航线……百年风起云涌，百年沧海桑田。在百年的崎岖道路上，一批又一批、一代又一代中国海运业的“逐梦人”，前赴后继，艰辛探索，苦苦追寻，孜孜以求。前瞻未来，我们怀揣着中华民族的伟大复兴“中国梦”，也怀揣着打造航运翘楚的“中远海运梦”。所思所想，所寻所觅，乃是百年一脉，百年同系。

1405 年 7 月 11 日，一支由 200 余艘海船、上千面风帆组成的世界最大船队，从长江入海口的太仓浏河港出发，开启了郑和下西洋的壮举。7 月 11 日，遂成为“中国航海日”。611 年后的 2016 年 2 月 18 日，一家世界最大的航运企业，在长江入海口的上海挂牌成立。这一漫长的“历史轮回”，演绎了中华民族航海史上自强不息的传奇，成为古老民族从辉煌到衰落再到复兴的历史注脚。今天，经中远、中海两大集团重组整合而成的中国远洋海运集团，正站在新的起点，开启了新的航程。新集团构筑了“6+1”产业结构（航运、物流、金融、装备制造、航运服务、社会化服务，互联网 +），确立了“四个一”（一个文化、一个团队、一个目标、一个梦想）的企业理念。如果说“6+1”是新集团这艘巨轮的船体结构，那么，“四个一”则是新集团的船舶动力。在走向未来的征途中，我们应坚持不忘初心，不忘历史，传承企业优秀的历史文化，以前辈打造出的企业文化与航海精神，推进新集团的“四个一”理念。

以同舟共济的合作精神打造“一个文化”。同舟共济精神，是古老的航海文化中的精髓，也是中远、中海几十年积淀的企业文化留给新集团的精神财富。现在，它理应成为我们新集团的文化基因。在加强文化融合的过程中，我们每一名员工都应积极传递正能量，努力为企业创造稳定和谐的良好氛围。石墨和钻石都是由碳元素组成，但由于两者的碳原子排列不同，结构不同，结果是一个变成石墨，一个变成钻石。今天，我们就是要凭借同舟共济的企业精神，通过新的排列，新的组合，打造“高效、协同、融合、智慧”的钻石团队，打造“美美与共、天下大同”的企业文化；心往一处想，汗往一处流，劲往一处使，同舟共济，众志成城，汇聚千里奔涌、万壑归流的洪荒伟力，驶向世界一流、领航全球的光辉彼岸。

以精益求精的工匠精神建设“一个团队”。在中远海运的历史长卷中，民族精神的养育，精忠报国的志向，敬业精业的示范，造就了一代又一代“大国工匠”：方枕流、贝汉廷、杨怀远、严力宾……这一串串闪亮的名字，构成了中远海运人的历史文化底蕴；他们的精神，就是我们的海之魂、企之魂、国之魂。今天，我们应借助这样的历史文化底蕴，继承发扬老一辈航海人坚守星辰大海的工匠精神和劳模精神，一丝不苟，呕心沥血，恪尽职守，精益求精，努力打造一支精业敬业、脚踏实地的务实型团队，打造一支攻坚克难、敢于突破的开拓型团队，打造一支见贤思齐、不断进取的学习型团队，一棒接一棒地做好事业接力，一步一个脚印地走好发展之路。

以开拓进取的创新精神追求“一个目标”。过去数十年来，敢于第一个吃螃蟹的中远海运人，创造了一个又一个中国第一、亚洲第一和世界第一。今天，我们依然需要继承和发扬敢于第一个吃螃蟹的精神，以创新为引擎，驱动企业向“做强做优做大”和“世界一流供应链服务商”的愿景目标不断前行。应继续探索创新领先的“无人区”，继续拓展新兴市场的“开发区”，继续打造全球航运的“生态区”。鸡蛋从外部打破是食品，从内部打破是生命。我们应以创新为内生动力，大力推进体制机制创新、商业模式创新、经营管理创新、航运科技创新；以高质量的发展创造企业新业绩，以革故鼎新的魄力建设航运新业态，以抓铁有痕的韧劲构建产业新布局，以不断增强的国际竞争力打造 COSCOSHIPPING 的市场新形象。

以坚忍不拔的执着精神构筑“一个梦想”。我们的梦想就是“海运强国梦”，它是“中国梦”的重要组成部分，是新时代赋予我们的新使命。回顾企业漫长的发展史，我们看到，一代又一代中远海运人就是一代又一代“海运强国”的“逐梦人”。在新的历史方位中，中远海运人应以梦为马，不负韶华，把实现“两个一百年”奋斗目标作为企业发展的着眼点，真正承担起“一带一路”、海运强国先锋队的历史使命，真正扮演好全球航运舞台上彰显中国力量、平衡东西方格局的时代新角色，真正发挥好国家经济建设与经济安全的重要保障作用。应在新时代与大变局中，校准中远海运前进的方位，准确把握大国新博弈、世界新变局下的国家之需，准确把握全球航运竞争新模式、新业态下的立足之基，准确把握科技变革新潮流冲击之下的发展之路。

不忘初心，方能承前启后；致知力行，旨在继往开来。我们正是本着“不忘初心、牢记使命”的宗旨，组织力量编写了《中国远洋海运发展史》丛书（共八卷），回顾总结企业 1949—2015 年 66 年来的发展历程。该丛书不仅是一套信息丰富、内容详实的历史资料书，还是一套爱国主义和社会主义教育的有益教材，更是一套具有海运特色的企业战略、经营管理与企业文化的“企业全书”。

“路漫漫其修远兮，吾将上下而求索。”一代人有一代人的使命，一代人有一代人的责任。历史意识的深度有多深，前瞻意识的高度就有多高。正是这深厚的历史意识和高远的前瞻意识，成为我们不懈努力、不息奋斗的前进动力。今天，我们驾驭着“中远海运”号超大型巨轮，开始了新的整队、新的集结、新的航程、新的升华。置身扬鞭催马、奋力奔跑的新时代，站在承接历史、对接未来的新起点，我们要高举习近平新时代中国特色社会主义思想伟大旗帜，弘扬“三舱精神”：理想信念坚定“压舱”，坚守海运强国的初心使命，坚如磐石，矢志不渝，推动事业行稳致远、破浪前行；工作责任落实“满舱”，聚焦世界一流的愿景目标，全力担当，实干兴企，促进企业提质增效、做强做优；精神状态迸发“爆舱”，砥砺领航全球的壮志豪情，只争朝夕，砥砺奋进，引领企业跑赢未来、驶向卓越。要把稳舵，坚守航运强国的理想信念；要定好锚，坚守脚踏实地的实干精神；要扬起帆，坚守战风斗浪的奋斗精神；要拧成绳，坚守同舟共济的团队精神。团结拼搏、砥砺奋进，让初心照亮航程，让使命激励未来，为建设卓越中远海运而努力奋斗！

凡是过往，皆为序章。

中国远洋海运集团有限公司
党组书记、董事长

2019 年 10 月 1 日

前　言

1949年10月22日，在广州人民欢庆解放的锣鼓声中，广州市军管会叶剑英主任签署命令，由军代表张玉华同志接管原国民党招商局轮船股份有限公司广州分公司，从此揭开了广州海运历史的第一页。

从企业成立之日起，广州海运就伴随着新中国的发展不断成长壮大，与祖国的命运息息相关，与共和国的发展紧紧相连。

新中国成立前，华南航运企业操纵在英国等帝国主义手中。招商局在华南也以香港分公司为基地，华南航区内的短航线只配备小型轮船及驳船和拖轮。广州解放前夕，国民党政府强迫招商局海轮全部调至台湾，私营公司为躲避国民党军队征用，纷纷将船舶调集香港。广州解放后，军管接收只有留下的铁驳船和小拖轮各5艘，且多数年久失修，无法行驶；另有交通船3艘，小型登陆艇1艘，以及职工214人，这就是企业诞生时拥有的全部家当。

不久，就在中国革命取得历史性胜利的重要关头，原招商局的700多名船员和职工毅然从香港起义，先后驾驶17艘船回归祖国大陆（其中13艘返回广州），在国际上引起巨大震动，成为1950年的世界十大新闻之一。随后，原民生、中兴等民族资本航运公司所属33艘船舶的1000多名船员在爱国民族资本家的部署下，也克服重重艰难险阻，从香港和海外冒险驾船回归祖国大陆。后来编入招商局广州分公司船队的11艘起义船舶和13艘北归船舶，构成广州海运早期创业、报效国家的物质基础，170名起义船员和220名北归船员成为广州海运艰苦创业的第一代人。时值新中国初期，百废待兴，他们的革命壮举不仅昭示了中国海员为国为民不怕牺牲的光荣传统，更为以后中国航运事业的发展奠定了基础，缓解了我国当时的航运困难。毛泽东主席和周恩来总理分别致电对此表示祝贺、慰问和嘉勉。

新中国的成立，使工人阶级成为国家的主人、企业的主人。广州海运的职工格外珍惜主人翁的地位，激发出巨大的劳动热情。20世纪50年代初，华南航运的恢复面临着美国和台湾当局海上军事封锁的巨大困难，船舶在航行中经常遇到飞机骚扰和军舰追赶、拦截等。为了抢运国家在国民经济恢复时期急需的物资，广州海运海员以“明知山有虎，偏向虎山行”的勇气，在半战争状态下开展生产，经受着生与死的考验，机智勇敢地与敌周旋，屡建奇功。广大海员以当家作主的精神，战风斗浪，创造了一系列优异的运输生产成绩。在艰苦创业的过程中，以谷源松船长为代表的新中国优秀海运人才迅速成长，企业初具规模。至 1957 年，广州海运拥有客货运输船舶共 30 艘，运力 5.5 万载货吨，2620 载客位，并主管华南海区各港口的工作，实现了海运生产过程的整体指挥。

社会主义改造基本完成以后，党在探索建设社会主义道路过程中，先后出现了反右扩大化、“大跃进”等“左”倾错误，加上 3 年困难时期和国民经济的 3 年调整，我国社会主义建设事业经历了曲折的发展过程，广州海运经营的华南海上运输事业也无能幸免地遭受挫折。尽管如此，企业仍迂回曲折地向前发展：货物运输以煤炭和矿石为主，吸收进口废钢船和远洋退役船大量扩充船队，广大船员积极组织船舶自修维修队，组建了广州菠萝庙航修站。从 1958 年至 1971 年，广州海运在完成运输任务的同时相应地建立了海上通信、船舶修理和海员培训基地，初步成为华南沿海一个完整的海运基地，船舶运力增至 67 艘船、28.2 万载货吨和 3421 载客位。而这一时期值得大书一笔的是从 1964 年担负援越抗美斗争运输后，广州海运的海员经历了铁与血的战火考验，用鲜血和生命写下一曲曲动人的“英雄赞歌”。

开辟南北航线是一段广州海运人以国家和企业的利益为己任、敢担风险、勇于开拓的历史。新中国成立后，台湾当局和美国对台湾海峡实行军事封锁，致使我国沿岸海域被分割为南北航区，国轮不能正常通航。在铁路运力不足的情况下，我国不得不大量地租用外轮承运沿海南北之间的物资，给国家财政造成沉重的负担。这种状况持续了 20 多年。20 世纪 70 年代初，国际形势发生重大变化，新中国在联合国的合法权利得到恢复，美国总统尼克松访华，美国和台湾当局对我海上军事封锁有所松动。随着国民经济的发展，南北沿海之间货物流量急剧上升，开辟南北航线已成为国民经济发展的紧迫要求。[①] 考虑到广州海运有一支经过反轰炸、反封锁、恢复华南海上运输和经过援越抗美斗争战火考验的海员队伍，有在租用外轮经营南北海运业务时积累的丰富经验，有使用老旧船开辟南北航线的信心，有不畏艰险、勇于开拓的精神，交通部将开辟南北航线的历史重任交给了广州海运。经过近 8 年的艰苦努力，广州海运不负党和国家的重托，开辟了绕航航线、贴近航线和直通航线三条南北航线，光荣地完成了任务。南北航线的开通，结束了南海和东海、黄海、渤海之间长达 20 多年的航运分割局面，使悬挂五星红旗的国轮扬眉吐气地航行在祖国的万里海疆。南北畅航成为广州海运发展史上的一个重要的里程碑。

改革开放后，广州海运追随时代步伐，抓住机遇，深化改革，阔步走向市场，在划时代的历史变革中，勇立时代潮头，运输生产连创新高，企业实力日益增强，精神文明建设取得可喜成绩，职工的收入和生活水平同步提高。改革开放使广州海运走向辉煌。按照党中央、国务院对国有大型企业进行改革的基本思路，企业经历了让利放权、两步利改税、承包经营责任制，以及逐步分离政府管理职能等过程。广州海运结合自身实际，充分利用政策，不失时机地完善改革举措，强化企业管理，加快发展步伐，较好地调动了职工的积极性，提高了经济效益，增强了活力和发展后劲。广州海运率先迈出了企业制度改革的一步，1993 年 1 月 1 日，按照政企分开的原则，交通部广州海运管理局更名为广州海运（集团）公司，并以广州海运（集团）公司为核心企业，开始组建广州海运集团。党的十四届

① 遵照毛泽东主席和周恩来总理关于“尽快建立海上铁路”的指示。

三中全会提出了建立社会主义市场经济体制的改革目标，企业改革的方向是建立现代企业制度。在这个改革的战略转折点，广州海运又走在改革的前头，创造条件，主动争取，创新企业制度。1994 年 11 月，广州海运被国务院确定为全国百家建立现代企业制度试点企业之一；1996 年 7 月，按照《公司法》改制为国有独资公司，更名为“广州海运（集团）有限公司”，从而使企业改革进入制度创新阶段，初步建立起现代企业制度的基本框架和运作机制，推行事业部制的企业组织管理机构。

1997 年 7 月 1 日，按照国务院决定，在原上海海运、广州海运、大连海运等国有大型交通运输企业集团的基础上成立中国海运（集团）总公司，总部设在上海。广州海运成为中国海运集团的重要成员企业。原广州海运的船舶以注资、出售或委托经营管理的方式，分别交由中海集运、中海油运、中海货运、中海海盛、中海香港控股经营。

《广州海运发展史（1949—1997）》着重叙述了广州海运的 48 年的发展历程，根据广州海运历史发展的实际情况，将 48 年划分为 5 个时期，即：1949—1957 年为恢复建设时期，1958—1971 年为曲折发展时期，1972—1979 年为开辟南北航线时期，1980—1992 年为腾飞发展时期，1993—1997 年为现代企业制度试点时期。对于企业名称，在尊重历史的基础上，为便于叙事，根据实际称当时全称或简称“广州海运局”“广州海运”。

光阴似箭，日月如梭。时光可以改变一切，可以让沧海化作桑田，却不能改变海运人对大海的爱恋，不能改变广州海运人不忘“海运强国”的初心，不能改变几代人用心血和汗水浇铸的精魂：同舟共济，逐梦远航！

2020 年 2 月 18 日

目　　录

第四章　腾飞发展时期（1980—1992）/ 193

附录 / 385

中国远洋海运发展史

COSCO SHIPPING HISTORY OF DEVELOPMENT

第6卷

广州海运发展史

1949—1997

第一章

恢复建设时期

（1949—1957）

招商局轮船股份有限公司广州分公司（简称“招商局广州分公司”）属业务代理机构，无直属的运输海轮，华南航区内的短航线只配备小型轮船及驳船和拖轮，最大的船舶不过389总吨，运力微小。新中国成立前，招商局广州分公司在华南主要经营上海—广州航线（兼湾靠汕头、厦门、福州等港）和台湾—广州航线业务。上海解放后，退缩剩下广州—海口航线。华南航业中的私营航商更是脆弱，其运力大多为帆船和驳船，船舶修理多数依靠香港，甚至连燃料也多数由香港补给。其时，社会秩序很不平安，兵匪四处设立关卡勒索财物，走私贩毒之风极盛。广州解放时，招商局和民营公司的大型海轮一艘也没留下，只剩有少量年久失修的拖驳船。抗美援朝战争爆发后，1951年，美国胁迫联合国对中国实行禁运，直至1956年下半年，华南海运实际上处于半军事状态中。

新中国成立初期，南北航运被隔断。在新中国刚刚诞生并面临重重困难的时刻，招商局广州分公司的海员除积极支援和配合人民解放军解放珠江口外的万山群岛外，同时巧妙地坚持海河运输斗争，恢复运输生产。这一历史时期，招商局广州分公司海员和职工，发扬主人翁精神，不折不挠地与美、蒋当局军事封锁和大自然作顽强斗争，奋力冲破各种艰难险阻，坚持发展海上运输。船舶起义回归、反对军事封锁、武装护航、民主改革、恢复发展海上运输，是这段历史时期的主题。

1949—1957年企业基本情况见表1-1。

1949—1957年企业基本情况统计表 表1-1

年份	船舶情况			货运量（万吨）	客运量（万人）	固定资产（万元）	收入（万元）	利润（万元）
	艘数	载货吨（万吨）	客位（个）					
1949						124.7	1.2	-2.3
1950	16	2.5	509			146.7	52.6	5.2
1951	25	3.1	3006	18	0.3	753.9	271.8	69.9
1952	26	3.2	3006	41.2	2.0	733.9	820.4	167.8
1953	26	3.6	3006	75.9	8.8	1631.5	1529.4	433.6
1954	26	3.7	3006	87.9	6.6	1420.0	1423.2	696.7
1955	24	3.6	2964	108.7	4.1	1296.8	1548.6	965.2
1956	27	5.0	2951	158.1	7.2	3400.9	1628.5	475.0
1957	30	5.5	2620	167.4	6.2	6162.0	1802.6	311.5

注：此表数据出自交通部广州海运管理局编《海运统计资料汇编》（1949—1985）。

第一节　组建初期的机构变迁与反封锁斗争

一、早期的军事接管

1949 年 10 月 22 日，广州市军事管制委员会交通接管委员会航运处正式接管位于沙面复兴路 18–20 号（现沙面大街 18 号）的国民政府招商局广州分公司。当时沿海岛屿尚未全部解放，经营范围限内河及港澳航线。招商局轮船股份有限公司广州分公司设经理、财务、业务、船务、总务等管理科室，还有电台等附属机构，有比较完整的组织管理体系。

接管时人员情况：全司职工 214 人，其中，办公室职员 31 人、办公室工人 23 人、码头仓库职工 36 人、码头仓库工人 20 人、轮驳工人 104 人。

接管时财政情况：现金：港币 12668.68 元，银圆券 10621.00 元，美钞 3702 元。

银行存款：银圆券 11208.70 元，港币 21.84 元。

负债：应付款 196.96 元，暂收款项 11863.05 元。

10 月 18 日，中国人民解放军广州市军事接管委员会交通接管委员会航运处正式成立。10 月 22 日，叶剑英签署中国人民解放军广州市军事管制委员会命令，任命张玉华为军管代表，负责接管招商局轮船股份有限公司广州分公司（图 1–1）。军管会集中南下干部开会，再一次明确任务和要求。10 月 23 日，广州市军事管制委员会军代表张玉华主持接管招商局轮船股份有限公司广州分公司，军管会派来的四位同志协助张玉华一起工作。

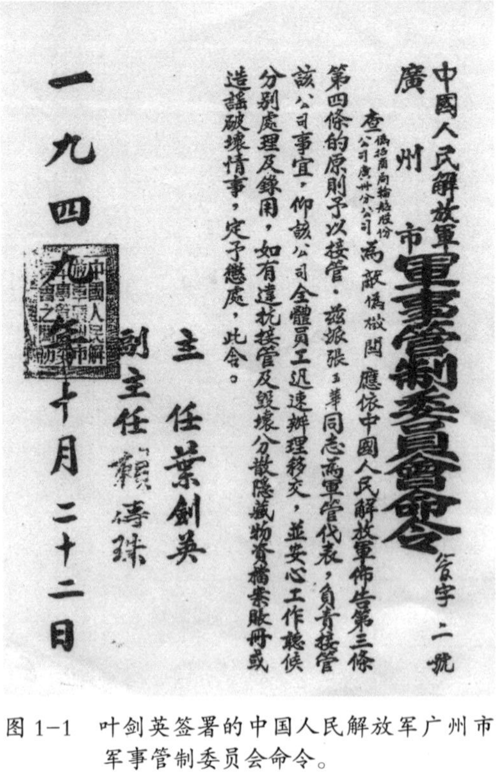
中國人民解放軍
廣州市軍事管制委員會命令　管字二號
查僞招商局輪船股份公司廣州分公司爲敵僞機關應依中國人民解放軍佈告第三條第四條的原則予以接管，茲派張玉華同志爲軍管代表，負責接管該公司事宜，仰該公司全體員工迅速辦理移交，並安心工作聽候分別處理及錄用，如有違抗接管及毀壞分散隱藏物資檔案賬冊或造謠破壞情事，定予懲處，此令。
主任　葉劍英
副主任　賴傳珠
一九四九年十月二十二日

图 1–1　叶剑英签署的中国人民解放军广州市军事管制委员会命令。

承担接管工作的同志们信心百倍，决心以高度的政治热情、严明的组织纪律、踏实的工作作风，千方百计地做好军事接管工作。10 月 22 日，军代表手持广州市军管会叶剑英主任签署的招商局轮船股份有限公司广州分公司的接管令，进驻沙面办公楼，立即召开全体员工会议，会上张玉华宣布了军管会接管令，命令分公司经理唐文敬交出人员资产清册，查封仓库、设备，等候接收处理。为了团结更多的人来建设新中国，党的政策明确规定：对国民党机构要原封不动地接收下来。接管组及时检查了有关机构和人员的情况，发现大涌口仓库物资保管完整，物品存放整齐有序，仓库职员确实护产有功。当时冯地（又名冯志颖，原招商局轮船股份有限公司广州分公司职员，后曾任广州海运局人事处副处长）在大涌口仓库工作，他积极参加“护产迎解放”的斗争，主动向军代表反映有关情况，靠拢组织，成为接管工作中涌现出来的积极分子。由于人民解放战争势如破竹，南下人民解放军犹如排山倒海之势，迅速解放了广州。冯地他们在几个月前就发动群众护产，严密监视，因而人员和物资基本上未被撤走。为了确保安全，在广州解放的第二天（10月15日），林鸿慈（原大涌口货栈主任、秘密护产领导人）和冯地去找人民解放军先遣部队，向他们汇报情况，请求解放军尽快派部队进驻大涌口货栈武装保卫。解放军接受了他们的请求，立即进驻了。接着林鸿慈、冯地要求留用人员和船员坚守岗位，不准破坏，等待接管。货栈表面上稳定下来，但潜伏的特务仍在做垂死挣扎，企图破坏。本来招商广州分公司的职工队伍就很复杂，如电台台长是军统特务，总务课长是国民党广九铁路特别党部常委，商务股长是个暗藏有手枪时刻伺机破坏的反革命分子，大涌口货栈有理货员是中统特务，也曾是汪伪特务，有理货员是交通警文书，在国民党交通警撤退台湾时以理货员身份隐蔽下来的，还有理货员是国民党警察局密探，新中国成立前派来的历任理货员有反革命分子，还有军官、国民党特别党部党员和黑帮分子等，形势仍然十分严峻。

军代表进驻后，首先开展了细致的组织群众和宣传群众工作，政治思想工作非常深入细致。通过下港上船和海员促膝谈心，向群众宣传社会主义和共产主义制度，宣传中国共产党的方针政策，教唱解放歌曲，并讲解歌词含义，如《国际歌》《解放区的天》《咱们工人有力量》《团结就是力量》等，帮助职工了解人民政权的宗旨。军代表在群众中威信很高，特别是张玉华同志经常亲自向职工讲演，内容生动，群众深受教育，都感到在共产党、毛主席的领导下，工人阶级真正翻身做了主人。职工也把接管人员当作自己的亲人。仅仅两个月左右的时间，群众就发动起来了。由于有了较好的群众基础，接管工作进展比较顺利。

二、变迁管理体制，协调港航关系

1950年初，中央人民政府交通部设立航务总局。1950年4月，交通部决定，招商局轮船股份有限公司改为国营轮船总公司，总部设在上海，统一经营管理全国公营船舶和非运输部门经营的500吨以上的海轮及长江江轮。5月，国营轮船总公司广州分公司机构奉命进行整编，成立整编起草小组，由张玉华担任国营轮船总公司广州分公司经理，唐文敬任副经理。新机构在经理领导下设：秘书科（管机要员、电台管理员）、业务科、船务科、栈埠科（管大涌口货栈和复兴码头，省港码头由航政处接管）、人事科（包括保卫工作）、会计科、黄埔办事处。1951年2月，国营轮船总公司改称中国人民轮船总公司并迁往北京，与交通部航务总局合并办公。华南地区以国营轮船总公司广州分公司为基础，成立中国人民轮船总公司华南区公司。

1951年8月，根据全国第二届航务会议的决定，交通部水运管理体制实行专业分工，海运与河运分开，中国人民轮船总公司撤销，交通部内分设海运管理总局和河运管理总局。海运管理总局统一掌管全国海上运输，按海域分工，中国人民轮船总公司华南区公司改组为交通部华南区海运管理局，管辖汕头以南华南海域，且明确其为独立业务单位，下辖汕头分局，海口、榆林两个办事处，专业经营沿海运输业务，包括自营船舶运输业务，外籍、私营船舶代理业务，码头仓库业务以及船舶装卸货物交接业务。

1952 年 1 月 1 日起，华南区海运管理局改归广州市人民政府领导。1952 年上半年，贯彻中央关于“港航分工”的方针，华南区海运管理局将原经营的广州内港驳运业务以及所属在广州和汕头的仓库、码头的产权业务移交港务局。

1953 年初，华南区海运管理局将原辖汕头分局、海口办事处移交所在地港务局，并开始执行有关港航分工责任的规章，运输货物实行港航交接，华南区海运管理局的业务重新开始转入以自营船舶为主。此时，华南区海运管理局组织机构设有办公室（下设机要科、电讯科、行政管理科）、政治处（下设组织指导科、生产竞赛科、宣教科），业务部门包括：海务监督室、调度室、计划科、业务科、机务科、人事科、财务会计科、劳动工资科、基本建设科、材料供应科、经济保卫科和监察科等 12 个直属科室。

1953 年 6 月，交通部发出《关于调整海运系统的组织机构和领导关系的指示》调整海运系统组织机构和领导关系，华南区海运管理局改称中央人民政府交通部广州区海运管理局，由原属广州市代管改由交通部直接领导。

为协调港航关系，使港航成为一个有机整体，海上运输更好地为国防和工农业生产服务，1956 年 1 月 13 日，广州区海运管理局与广州区港务联合局合并为华南区海运管理局，领导黄埔、汕头、海口、湛江四个港务局和榆林、北海两个办事处及直属公私合营民生公司广州分公司船队以及中国外轮代理公司广州、汕头、北海、湛江、榆林、海口分公司，并成立党委，统一经营华南沿海海港及大船业务。两局工会也同时合并改名为中国海员工会华南区海运委员会。

1956 年 3 月，广州轮船股份有限公司资方申请按定股定息办法并入华南区海运管理局。经广东省委原则同意，交通部海运管理总局批准，该公司自 1956 年 5 月 1 日起，采取定息办法，与华南区海运管理局统一经营管理。

这一时期管理体制变迁的实质是改造旧企业，实现专业分工（海河分工、港航分工），着力解决港航矛盾，以适应海运事业的发展。当时海轮的平均吨位比新中国成立前承运华南沿海区间物资的船舶大了好几倍，而相应的港口除了新建的湛江港刚开港外，大多数港口仍处于自然状态（如水浅、锚地作业等），港务管理落后，船舶装卸仍依赖肩挑人扛，效率很低，船舶在港停泊时间长，因而港航之间的矛盾也由来已久，港航合并体现了从体制上解决这一矛盾的大胆尝试。客观上，当时华南海区基本上是区域经济，有苏联海运区域管理的经验可以借鉴，为推行港航合并、实行区域管理提供了可能性；主观上，新中国成立以来均用行政管理手段来管理运输，更促成了这一改革形式的出现。

1956 年港航合并后的华南区海运管理局，直接掌管了船舶和港口工作，船舶运输生产的全过程有可能实行整体指挥，并在货源组织和生产调度这两个关键问题上实行港航之间统一分工，克服了分散倾向。港口为船舶服务的意识增强了，各港之间管理水平的差距趋于缩小，装卸组织工作有所改善。港航之间、港与港之间的配合协助逐步加强，因此船舶在港非生产性停泊比重逐步下降，1955 年为 31.45%，1956 年降为 26.27%。港口工班效率也有较大增长，如汕头、海口、湛江三港，1955 年工班效率分别为 14.51 吨、6.93 吨、

6.73 吨，1956 年分别增长为 17.27 吨、10.65 吨、9.5 吨。港航一体也改革了理货制度，实现了港与港的交接，提高了货运质量。水手理货制度取消后，船舶保养工作相对加强，这些都促进了海运事业的发展。

但由于缺乏经验，刚开始时集中过多，以船为中心的经营思想未能解决每个港口内部的作业平衡问题。因此，区域管理制实施一年多以后，它的不足之处逐步暴露出来，华南区海运管理局陷于具体运输业务管理事务中，未能发挥调整港航之间矛盾的领导职能，所属港口的生产积极性被忽视了。为此，1957 年第三季度曾做了些调整，给港口适当下放些权力，华南区海运管理局也加强了协调港航关系的职责，使这一体制的不利因素有所缓和，但终因港口的落后面貌未得到相应解决，船大港小的固有矛盾仍然在加剧，必要的经济手段未合理运用，它又孕育着管理体制的新变动。

1956 年 9 月 15 日，华南区海运管理局改称交通部广州海运管理局（简称“广州海运”）。

三、完成社会主义改造

（一）私营公司基本情况

华南沿海的私营船舶吨位小，船龄老，种类复杂，管理分散。

新中国成立后，华南私营航业复航比国营船舶早。1951 年前，沿海货源大部分为私营小型船舶（500 吨以下）所承运。根据当时形势需要，政府鼓励其积极经营，以迅速恢复沿海运输。1952 年前后，私营船舶承运的货物占沿海总货运量的主要部分。据 1952 年统计，当年国营船舶承运 37.72%，私营船舶承运 62.28%。由于私营船舶吨位小，机动灵活，适合非大宗物资运输。据 1952 年调查，当时华南沿海船舶大部分集中在广州，而广州市经营航运业的私商约有 100 余家。除民生公司广州分公司已合营外，其中经营广琼、广湛等航线的有 14 家 17 艘船载重量 6728 吨；经营广汕航线的有 9 家，全部是机帆船，共 25 艘载重量 2528 吨；经营广港、广澳线的约 77 家，绝大部分系拖轮、木驳和机帆船，载重量约 8000 吨。此外，风帆船和上海长江轮船公司在广州的江轮约 12700 吨（未计入“乐斯陶”轮）。

在私营船舶中，500 吨以上的海轮仅 6 艘，分属民生、通安、建通、天一、华侨、华达等 6 家公司。其中，华达船务行于 1950 年 2 月成立，拥有“伟南”号货轮 1 艘，注册资金人民币 18.05 亿元（旧币）。建通轮船有限公司于 1951 年 1 月成立，拥有“北京”号货轮 1 艘，注册资金人民币 20 亿元（旧币）。华侨船务行于 1950 年在香港成立，同年把船开回广州向航政部门注册登记，拥有“江安”号货轮 1 艘。天一船务行于 1951 年在广州成立，拥有“峨嵋”号货轮 1 艘。民生轮船公司广州分公司于广州解放前夕逃避去了香港，广州解放后回来，继续经营广州—香港的客货运输航线，拥有“剑门”“龙门”“祁门”“玉门”“石门”“虎门”6 艘客货轮船。

（二）对私营船舶进行社会主义改造

1952 年“五反”后，根据党对资本主义工商业社会主义改造的“利用、限制、改造”政策逐步实现“三统”，即统一货源、统一运价、统一调度，割断了私营航运业与城乡资本主义的直接联系，使它们必须在国营航运业领导下进行社会主义改造。本着先大后小的原则，1952 年中央就较大的资本主义水运企业——民生实业股份有限公司进行社会主义改造，由国家投资，实行公私合营，成立民生轮船股份有限公司，为全国航运业树起了榜样。该公司合营后，生产得到恢复和发展，财务收支由亏转平、转盈，分散在全国各地的资方人员第一次拿到企业分给的红利，这种优越性给资本主义水运企业指明了前进的方向和道路。民生公司广州分公司随之也踏上了公私合营的道路。

根据交通部和广东省的指示，华南区海运管理局承担了对华南沿海 500 吨以上海轮的社会主义改造工作。

为了对私营做好合营前的准备工作，贯彻积极领导、稳步前进的原则，华南区海运管理局成立了联管处，加强改造工作的领导。紧接着开展了摸底工作，并根据所了解情况制定了对私营船务行的社会主义改造策略、采取积极领导、发动群众、实行财务监督、厉行节约、维持生产的方针，在经营方面采取集中经营、分户立账、各记盈亏，将分散的船公司集中管理，并进行清产核资。在改造工作中，将前述的华南私营轮船业合营前的 6 大公司，合营后并为两个公司：民生广州分公司、广州轮船股份有限公司；涉及私营轮船共有 19 艘，载重量 26250 吨，载客量 2792 人，公私合营后广州轮船股份有限公司私方的股本计 435134 元，占全部股份的 30%。

私营航商中华达轮船行的“伟南”轮、天一轮船行的“峨嵋”轮、华侨船务行的“江安”轮、建通轮船有限公司的“北京”轮，从 1951—1954 年 5 月共计盈利 1.3 亿（旧币）。但“五反”前后，4 轮资方用套汇等办法共抽走资金超过 40 亿元（旧币）。1953 年资方共有 68 亿元资本，陋规杂费繁多，冗员多，工资高，成本大。“五反”后资方又普遍不积极经营，因此常因发不出工资，无钱购买燃料、物料等问题而不能开航。职工队伍政治情况也很复杂，潜伏着发生重大事故或破坏的危险，时刻威胁着国家计划运输的安全和生产任务的完成。

1954 年 5 月初，广州区海运管理局成立私营航业改造办公室，着手对 4 家私营企业（华达船务行、天一船务行、华侨船务行、建通轮船有限公司）进行社会主义改造工作。本着先清理后合营的原则，在全面摸底后，于 9 月起实行集中经营，分户立账，各记盈亏，深入财务监督。派政工干部、机要员和电报员上船，发动船员，清产、估值和定股。核定 4 轮可使用年限为：“江安”轮 12 年，1905 年建造的“伟南”轮 8 年，“峨嵋”轮 5 年，1901 年造的“北京”轮定残值；经政府投资 20 亿元作为公股，供修船之用。11 月成立 4 家私营船务行联合管理委员会，下设“伟南”“峨嵋”“北京”“江安”四轮联合管理处。

1954 年 9 月 15 日，为加强对合营船队的领导，华南区海运管理局与民生公司广州分公司合营，实行两家调度室联合办公，以合理调配船舶，充分发挥运力的潜力。

1955 年 1 月 1 日成立由广州区海运管理局领导的公私合营广州轮船股份有限公司（简称广州轮船公司），张玉华兼经理，副经理张征畸、黄云中（私方）、陈启锐（私方）。同时撤销“伟南”“峨嵋”“北京”“江安”四轮联合管理处，结束华达、天一、华侨、建通各公司行号。刚刚组建的广州轮船公司，资本总额中公股占 63.9%，私股占 36.1%。在这项工作中，广州海运认真贯彻执行党的统一战线政策，注意港澳环境，扩大团结面。这突出体现在对华达船务行的负债问题处理上。该行的前身是大达公司的船务部，“五反”中，该公司下属的另一个部——煤业部倒闭，该部人员 8 人并入船务部，改行号为华达船务行。清产中，该行债务和“五反”退补总额超过资产总值，为不使其破产，保留其作为股东最少应持有 20000 元（新币，相当于旧币 200000000 元）的股份数额，酌情将“五反”退补的不足部分作减免处理，保留了该行的股东地位。对私方人员也做了统筹安排，各得其所。有的私方经理合营时给予副经理位置，合并国营后分别安排为副局长、科长等职位，资方认为受到尊重，大部分资方人员表示满意。一般的职工均按工作性质、德才条件分配在一定的工作岗位上。

至于通安轮船公司的清产、估值和定股工作，由于该公司负债数甚巨，在延长船舶使用年限下仍资不抵债，因此也是按照公平合理、实事求是的原则，对公欠款从宽处理，适当照顾，给资方保留一定的资本额。对通安公司的“五反”退补款 27879 元，以及上海海运、广州海运所代垫款应计利息 107040 元，给予全部减免，人民银行贷款应计利息亦减免了 2123415 元等。对公欠款全部减免或部分减免后，该公司参加合营时，资方留有资本额 475284 元。这样的处理是符合政策的。

1956 年 10 月，民生公司广州分公司与交通部广州海运管理局（原华南区海运管理局）合并经营，完成了广东省沿海运输业的全行业社会主义改造。

（三）公私合营后的运输生产

公私合营后，在经营管理方面，相对私营时更有效率。合营后的运量和运输周转量上是逐年有显著增长的。民生公司广州分公司 1955 年的运量就比 1952 年刚开始合营时的运量增加了 84 倍以上，运输周转量比 1955 年增长了 10 倍。广州轮船公司合营后比合营前增长了 22.54%。在船舶技术与经济定额等主要指标方面，如民生公司广州分公司的船舶营业期吨天生产量，1954 年为 34.19 吨海里，而 1955 年则提高到 53.4 吨海里，增长率为 153.23%；船舶平均航次时间由 1954 年的 9.68 天，1955 年则缩减到 6.58 天，这说明了船舶运输能力得到了一定程度的发挥。同时加强了成本管理，降低了单位成本，如民生公司广州分公司 1954 年每千换算吨海里平均单位成本为 49.53 元，1956 年则只有 34.70 元，降低率到 29.98%。

随着增产节约的深入发展，公私合营机构重叠、人员浪费、技术力量分散、制度不统一，管理成本增加的问题突出，以及船舶安排仍要照顾个别调配航线，船舶效能不能充分发挥，效率低、成本高的矛盾仍无法解决。到 1956 年“三大改造”（即对农业、手工业、资本主义工商业的社会主义改造）高潮到来，矛盾更为突出。经国务院批准，自同年元月 1 日起，民生公司广州分公司实行定股定息赎买，并入国营航业统一管理经营。同年 10 月，根据交通部的决定，民生公司广州分公司业务机构和上海轮船公司在广州的机构与广州海运合并经营，完成了社会主义改造工作。

当时，改造过来的沿海轮船有客货轮“民本”（4000 吨 /273 客位）、“民俗”（680 吨 /498 客位）、“虎门”（1300 吨 /449 客位）、“玉门”（同“虎门”）、“雁门”（同“虎门”）、“祁门”（210 吨 /144 客位）、“石门”（210 吨 /164 客位）、“新安”（585 吨 /495 客位）共

8 艘 9585 吨 /2921 客位（该公司还有“龙门”“剑门”轮并入珠江航运局）；货轮方面有“南海 180”（2300 吨）、“南海 181”（2350 吨）、“南海 182”（2200 吨）共 3 艘 6850 吨。

上海通安轮船公司在广州的“乐斯陶”轮，经向上海港监申请换发国籍证书、船旗及有关文件后，于 1956 年 9 月参加广州轮船公司合营，最后一起并入广州海运。从广州轮船公司改造过来的货轮有“伟南”“北京”“江安”“南海 160”（即“乐斯陶”轮）共 4 艘 10660 吨。

合并国营后，在经营管理方面，比公私合营时更为优越，从使用率、运行效率、维修保养、降低成本各方面都有显著的改进。如原合营公司的客货轮 1957 年上半年的货物周转量就超计划完成了 25.7%，货运单位成本亦比计划降低 19.39%。此外，机构合并国营后，经费开支也减少了，大大降低了成本；其次过去由于技术力量分散，未能深入研究修船技术问题，影响了修船质量，导致运力损失，这些现象都有了改变。

四、武装护航冲破封锁

广州解放后，恢复航运首先遇到的困难是美、蒋当局的军事禁运封锁。当时，华南沿海货运绝大部分为私营船舶承运，有时租用外籍船舶弥补不足。沿海岛屿解放以后，1950 年 6 月 25 日，中国的近邻朝鲜半岛爆发大规模战争，美国利用港英当局和台湾国民党当局对我国实施禁运和武力骚扰，至 1956 年下半年国际形势趋于缓和之前，我国的华南海上运输生产实际上是在半军事状态下进行的。广大海员在完成国家运输任务的同时，在台湾国民党当局武力的骚扰、威胁下，为保卫船舶和货物的安全，进行了不屈不挠的斗争。

华南海上运输面临港澳、台湾，1954 年以前，还面临法属越南殖民当局。海上斗争形势复杂，船舶在运输中常遇到敌视新中国的国家和台湾国民党当局飞机和兵舰的袭击。西线中南半岛，不时有美式飞机在广州海运船舶上空低飞盘旋，到朝鲜战争停战后，才稍微平静一点；东线的船舶遇美式飞机更为频繁，其炮艇、军舰时有对广州海运船舶追赶或阻拦。如 1953 年间，“南海 163”轮在航行中，遇英国炮艇环绕该轮兜圈并阻拦，引起开枪射击，几乎酿成事件。形势紧张时，停泊在汕头港的船舶几乎天天遭到台湾飞机的侵袭和骚扰。1954 年下半年，台湾当局蔡光辉部队曾在香港疯狂活动，企图在闽粤沿海劫夺广州海运海上运输船舶。同时，人民政府公安机关也破获美国和蒋介石集团抢劫“民俗”轮去台湾的案件。可见当时华南沿海形势之严峻。为了发展海上运输，必须针锋相对地开展反封锁反骚扰的斗争。

根据当时具体历史条件，华南区海运管理局开展了多种巧妙的反封锁斗争，适应形势需要。1951 年春夏季，美国胁迫联合国对中国实行禁运后，为抢运存放在港澳的公家物资，华南区海运管理局采取卖船舶给中国共产党控制的香港运通公司，后由运通公司开展营运来冲破封锁，及时完成抢运任务；同年秋天大力开展沿海运输时，则采取了以专业队伍武装护航为主的保卫措施。

首先，建立和发展专业武装护航队伍。由于当时人民海军力量尚未取得海上制空和制海权，岸炮火力保护范围近而窄，船舶航行海上不得不建立自身的自卫武装。起义船在香港建立的护产武装力量相当有限，因此，回归后这些船开航时，国营轮船总公司配备了 50

多名解放军战士，广东省军区也分配了 50 多名新战士来国营轮船总公司广州分公司，组成了专业武装护航队伍，配备枪支弹药，随船分班执勤。1952 年民生公司广州分公司船舶复航时，也在中南局支持下，配备一个排的解放军战士作为自己力量，出航船配一个班随船护航。这支力量在 1954—1955 年有了进一步的发展。当时，国民党当局企图抢劫广州海运海轮。为加强护航队伍的战斗力，除请海军协助训练护航战士外，又增加了 60 名有战斗经验的战士，成立护航大队，加强领导，从政治思想和军事素养上强化队伍。对遭敌袭击可能性最大的东线航行船舶，每艘船的护航战士增配至 16 名，高射机枪增至 4 挺。这些措施有效地加强了船舶自卫能力，使小股挑衅势力难以在海上轻易下手。

其次，与海军密切联系，根据海军岸炮有效射程及瞭望哨有效观察距离，周密设计海上航线和进出港口的主要航线，以尽可能地取得军事保护。在广州海运调度室和海军、船舶之间建立起不间断的通信联系，使船舶能及时掌握敌情，在对敌斗争中处于主动地位，避免和敌人在海上遭遇。1953 年 6 月 1 日，中南军区海军司令部颁发关于商船进出口暂行规定。按此规定，华南区海运管理局在所属船舶设置识别信号，向海军报备船舶航行计划、执行战备航线等，使这种保护制度化。

第三，建立和不断加强运输生产的保密和保卫工作。船岸通信增设机要员，建立船舶密码通信制度，以确保船位和船期的机密，并让船舶灵活掌握通过危险地区的时间，有意识地推延或提前，作机动航行，使敌人难以捉摸船舶动态。另外，对船岸职工和家属进行保密工作教育，不断整顿和健全船上的治安保卫委员会组织，使人人慎之又慎，注意清理要害，纯洁内部，加强内保，为安全航行堵塞每一个漏洞。

第四，东线形势较西线严峻，故在东线配备自卫能力较强的国营船舶航行，而让合营船舶航行西线。而对东线危险性较大的海域如汕头港外及其以南的部分海区（因接近台湾，较长时间内不在我海军控制范围），还有港澳海区，广州海运船舶都采取夜间通过（汕尾—汕头一段）或远避等办法，保证航行安全。

第五，1955 年海上形势特别紧张时期，还采取了非常措施，严格控制船舶航行密度及到达港口密度，特别是东线船舶密度，船舶只限 2—3 艘，停运石油等危险品，在汕头港内停泊装卸船一艘，选择该港高炮密集的防空锚地进行装卸，以有利于反空袭。

到 1956 年下半年整个国际形势趋于缓和后，反封锁斗争趋于平和，但以武装护航为主的斗争，为以后的援越抗美和南北航线运输提供了历史经验。

五、“南海 163”轮在汕头港反轰炸

1955 年初，“南海 163”轮在汕头港反轰炸斗争的英勇事迹，为这一时期的海上反封锁斗争树立了一面光辉旗帜。

1955 年 1 月 19 日早晨，汕头港正是一派初春景象，旭日东升，晨雾渐散。停泊在该港锚地的“南海 163”货轮，正在进行着紧张的卸货工作。7 时左右，岸上忽然传来空袭警报声，船上非值班船员和搬运工人，按规定离船防空。护航战士在班长练双的指挥下，各就各位，准备战斗。不久，便有美制国民党当局侦察机两架，由西而东飞来，在“南海 163”轮上空低飞盘旋侦察，不久便遁去了。警报解除，上岸防空的船员和工人立即回船继

续工作。

12 时许，部分船员上岸办事去了。突然岸上又发出警报，非值班船员照例按规定防空，留下人员做好战斗准备。12 时 30 分，国民党当局飞机窜入汕头市上空，直扑“南海 163”轮而来，护航战士许光法发现险情，立即向班长练双报告，练双即命令全体战士：“要打得准，不近不打，节省子弹。”许光法便紧盯着飞机离该船的距离，喊着：“3000 公尺、2500、2200……开始射击！”飞机四架并排地向“南海 163”轮俯冲、扫射，护航战士立即还击，驾驶台顶上的两挺轻机枪同时开火，猛烈射击，飞机又投下两枚炸弹，炸中了“南海 163”轮的左舷舢板甲板，班长练双、战士曾宪煌两名同志光荣牺牲。左边高射机枪被打坏，机枪手许光法和李元同时受伤；高射机枪的子弹箱被打碎，子弹着火爆炸；电报房外和左舷舢板着火。经船长谷源松和水手曾忠胜、陈阿章，实习生俞厚义等同志奋力扑灭，火势未蔓延。

第一次轰炸后，船长谷源松便命令二副蒋晓曦及水手曾忠胜负责装置好一切消防设备，以防飞机再次来袭。轮机长丁瑞隆亦立即领导轮机部值班船员，仔细检查各种机械，并做好救火的准备工作。

第一次轰炸后，护航队有两名战士牺牲，两名战士受伤，只剩下五位战士。船长谷源松为了稳定大家的情绪，鼓励战士们要坚定信心坚持到底。面对蒋介石集团的暴行，同志们义愤填膺，同仇敌忾，一致举手高呼：“我们一定要坚持到底！”

大约 13 时 30 分，飞机又分两批八架次向“南海 163”轮再次袭炸，“南海 163”轮又一次展开猛烈的还击。由于人手不够，船长谷源松虽然没有经过战斗训练，也不懂得武器性能，但在生死关头无所畏惧，硬是顶着上前，替高射机枪手狄文计（亦名岳开先）托子弹，从而保证了高射机枪的对空射击，飞机又向“南海 163”轮俯冲投弹、扫射，又有几位同志受伤了，但他们都坚持轻伤不下火线，咬咬牙用急救包稍微包扎后又继续投入战斗。当第三批飞机又从船前飞来时，狄文计瞄准了左边第二架狠狠射击，把飞机打得冒出黑烟，狼狈地逃跑了。由于船上高射机枪及岸上高射炮火猛烈还击，飞机不敢低飞，一次比一次飞得高，结果不少炸弹都扔到水里，最后不得不将剩下的炸弹抛掷在汕头港口外的海里，仓皇地逃窜了。

敌机前后 4 批 30 架次轮番向“南海 163”轮狂轰滥炸和扫射，该轮共中弹八枚，机枪子弹打穿数百处。第一舱左边起货机被炸坏，艏楼甲板多处穿洞，二、三舱的吊杆遭破坏，电报房中弹，毁损电台一部，机舱烟囱多处穿洞，汽笛损坏，弹片、子弹飞入机舱，右舷船员房间被穿甲燃烧弹击中，从大副房间直穿到下层房间，顿时烈火熊熊，浓烟滚滚。那时船员施振仪正在甲板上参加战斗，突然发现下面起火，便高喊救火。甲板部的曾忠胜、黄执、俞厚义等发现船上着火，马上拿着皮龙冲去施救。熊熊烈火把钢板烧得通红，脚踩上去就起泡，但同志们都非常勇敢顽强，不顾飞机的扫射和大火烧灼。俞厚义在救火时被烟熏昏三次，双眼红肿，呕吐不止，被拖出来后，一苏醒过来，马上又抱着皮龙冲去救火；曾忠胜为了从厨房旁边走廊穿过去救火，便用湿棉袄蒙着头，手提灭火器，在浓烟中匍匐前进，坚持了十多分钟。

第二、三次轰炸中，由于烟囱中弹，蒸汽管被炸裂，蒸汽向外猛喷，三管轮任鸣鹤和加油工钱如成不顾一切地冒着强大的气流，硬是冲进去关住汽阀。轮机部船员在救火时，除了留下二管轮刘仲安一人值班，其余都去参加救火。由于当时着火房间门窗紧闭，皮龙没法喷进，轮机长便想出办法，用除去木柄的太平斧将舷窗玻璃砸碎，使水能直接喷到着火处。钱如成在救火中被烟呛得呕吐不止，但仍坚持不息。当时机舱因在轰炸时炉房门被炸开，浓烟都灌到机舱，人在里面无法呼吸，也无法进去。为了保持有足够的蒸汽供水泵正常运转，确保能扑灭大火，轮机长又想出办法，从“地轴弄”穿到机舱，二管轮刘仲安首先用弄湿的帽子捂着脸摸进去，检查锅炉和机器，之后又和钱如成、曹阿鸿等摸进去点火，保证了水泵的正常运转。

在岸上的政治协理员和部分船员听到“南海 163”轮被炸着火的消息后，都非常着急，设法赶回船。上船后，他们立即分头参加救火，很快组织了 5 条皮龙，配合汕头市的消防队分三路向船员房间扑救。这时岸上的警报还未解除。忽然，副水手长黄执报告第二舱进水，船长和政治协理员便分头指挥堵漏和救火。船长谷源松命令木匠李金林负责堵漏，分配曾忠胜测量各舱进水情况，曾忠胜向船长报告第四舱进水 4 英尺，第一舱进水 3 英尺，船身向左倾侧。船长即指挥船员下舱搬开货物和堵塞被炸穿的洞口。大家都用自己的棉被、救生衣去堵塞，三管轮还把自己身上穿着的衣服脱下，堵塞住正在进水的洞眼。为了使船不致下沉，船长又派人到港务局联系，请派拖轮协助把船拖到浅水滩处搁浅。当天，汕头市委和港务局派来一批工人，协助“南海 163”轮进行抢修。经过两天两夜的艰苦奋战，终于在 21 日基本把船修复。在没有航行灯和汽笛的情况下，谷源松忍着伤痛，乘夜把船开回广州修理。

16 天后，“南海 163”轮又英姿勃发地航行在祖国辽阔的南海海疆上了。为表彰该轮的英勇事迹，交通部、交通部政治部、中国海员工会筹备委员会联合发文通报表扬（图 1–2 和图 1–3）。

图 1–2 “南海 163”轮船员对敌斗争护产胜利慰问给奖大会，前排左五为船长谷源松。

图 1-3 “南海 163”轮对敌斗争护产胜利全体船员合影。

第二节 实施计划管理，完成第一个五年计划

一、开始实施计划管理

新中国成立前，航运业处于无政府状态，经营管理落后。新中国成立后，这一局面逐步得到改善。公、私航运企业通过市场竞争来开展水上运输。1952 年 10 月，“三反”“五反”结束后，所有在广州的属于海上运输的机关、企业物资，交由华南区海运管理局承运。当时，华南区海运管理局本身组织机构也很不健全，骨干量少质弱，大家用“一锅煮”的办法，埋头苦干，完成了不少工作，但还没有系统的经营管理思想和领导方法。

1953 年在推行苏联经验的基础上，根据我国国情，有计划按比例发展的国民经济要求海上运输必须纳入国家计划，围绕着海运生产的计划管理，把海运企业的全部技术经济活动如船舶修理、物资供应、财务成本、劳动工资等都统一纳入年度、季度计划。为了保证年度、季度计划的贯彻执行，广州海运相应建立健全了生产作业计划管理、技术管理、安全生产管理、财务成本管理、劳动组织和工资管理、物资供应管理等制度，从而初步形成了一套比较有效的企业管理制度，大大改善了海轮营运效率和经济效果。

1953 年企业管理方法是有些转变和改进的，但还没有引起足够的重视。4 月交通部王首道副部长到广州视察，指示华南区海运管理局树立为城乡物资交流和为基本建设服务的思想。同时，指示要建立好计划管理制度。6 月广州海运参加交通部专业会议，明确了关于海上运输工作的方针任务。8 月又参加交通部召开的全国性的交通会议。得到了上级的正确领导和指导，广州海运广大职工政策、思想水平有了提高，在经营管理思想方面，也有了明确的社会主义计划经济管理的概念。在具体措施方面，如：职工代表会议讨论了生产计划，使计划初次与群众见面；对燃料进行了初步测定，推行了航次计划，建立了 5 种原始记录报表；加速资金周转，与货主达成协议，建立了一次结算的划拨制度，发动科室单位编制了 1954 年的运输生产计划，初步建立了计划管理思想，认识到计划管理对保证完成国家计划的重要意义。

货源有无计划是企业管理的基础。新中国成立初期沿用旧社会的所谓单船揽载，“三反”“五反”之后货源统一了，但仍处于等货上门的被动忙乱局面。1954 年，广州海运根据苏联专家茹可夫的建议，整顿和加强了商务机构，采取了吸收和组织货源的技术组织措施：一是简化托运手续，二是经中央批准降低了运价和保险费率，三是充实力量。经过短期训练，广州海运组织 3 个工作组，分赴粤东、粤西、海南岛等地开展经济调查和摸清货源。自此初步掌握了整个航区的货源基本情况，并每年进行年度腹地经济调查和货源组织工作，为制定运输计划提供了比较科学的货源资料依据，从而使计划管理逐步走上轨道。

根据薄利多运的原则，1954 年 7 月和 1956 年 1 月，国家两次大幅度调整沿海客票和货物运价，新运价比新中国成立初期降低了五成多。运价制度也由议价和航线运价等体制演变为里程运价制，统一货物分等，合理的运价促进了海运的发展。

新中国成立初期，华南海运逐步恢复，货种和运量增加。但由于运输不及时、配载不当交接时常有发生短溢的货运事故。1954 年 10 月 18 日，广州海运局贯彻货物运输港航交接制，取消了理货员驻岸制，实行水手理货办法。

1955 年 6 月，运往汕头的 124 件马口铁因配积载不当致使 64 件发生雨湿，赔偿金额达 1.17 万元。1956 年第一季度，国营船舶发生货损 166 宗、货差 1048 件（短 733 件、溢 315 件）。港航合并后，货运港航交接、水手理货制度改为港口理货、港与港交接，广州海运局实行港港交接制，由港口理货，减轻了水手劳动强度，也调动了港口的积极性，提高了货运质量。

二、开展先进航次和先进作业劳动竞赛

开展劳动竞赛，组织先进航次和推行作业计划紧密结合是当时实施计划管理的又一特点。

华南海运企业在 1954 年开展了船舶先进航次运动，1956 年开展了港口先进作业的竞赛。事实证明，它是港航生产竞赛中较为有效的一种竞赛形式，对运输生产起着激励的作用。它的优点表现在产量高、质量好、安全、周转快、成本低；贯彻了“又多、又快、又好、又省”的方针，完全符合增产节约的原则，组织了不同工种的运输工人，自觉地为超额完成国家运输计划及装卸计划展开综合的劳动竞赛，带有极其明显的政治经济意义。在港航职工的热情和忘我劳动下，广州海运创造了显著的成绩：1954 年到 1957 年上半年创造了先进航次 257 个，其中 1956 年创造先进作业 103 个。

先进航次先进作业运动的开展，给企业带来了巨大的经济效益。1956 年由于先进航次的完成，较航次计划节约成本 83747 元，1957 年效果更为显著，仅从上半年 40 个货轮先进航次分析，先进航次船舶的装卸平均总定额比实际提高 59%。各港为先进航次船舶每装卸 1000 吨货物，比上年实际消耗的停泊时间节省 9.89 小时。

船港在创造先进航次和先进作业过程中，出现了很多港船密切合作的动人事例，这些事实充分说明先进航次、先进作业运动是海上运输生产的突出力量，给国家与海运企业、港口企业带来了巨大的生产与经济效果。

1954 年，广州海运决定开展先进航次的劳动竞赛，竞赛的目的是为国家多创财富，加

速发展我国的海运事业。多装、快卸、快跑，是先进航次竞赛的主要内容。为此，被誉为“火车船”的“南海 174”轮召开船员大会讨论，共商怎样开展先进航次的计划措施。首先是从广州海运调度室下达的航次计划中，明确本航次的主要任务，以及需要解决什么问题，从而向港口调度室提出切合实际的要求，商讨本船如何协同提高装卸周转效率等问题。大家取得一致意见，通力合作，加强联络，在统一思想、统一调度、统一指挥的基础上，各尽条件所能，完成每个航次的任务。船员们在大副、大管轮、水手长、生火长等组织下，开会研究，围绕着如何更好地多装、快卸、多跑的主题，展开了热烈的讨论，提出了不少合理化建议。各种意见建议在归纳、整理、统一后，分别列表统计；有哪些缺点、哪些存在问题、哪些是需要改进的，还有什么不足之处需要加以补充等，从而使合理化建议进一步完善。政治指导员、船长经常召开驾驶员和轮机员座谈会，商讨下一步的具体措施，充分发挥群众智慧，开动脑筋，寻找窍门，解决或改进存在的问题。

（1）向港方提出切合实际的要求，载货类别向装卸工友交底，提出注意事项。货物杂而多时，要求打码齐整。有些月份预计在广州港有两个航次停泊不能超过 24 小时，以利赶潮出港。在得到有关方面特别是装卸工友们的大力支持下，结果有三个航次停泊时间都不超过 24 小时。那个年月的工人们全是重体力劳动，肩扛手搬，很是辛苦，船上就经常备好热茶，让他们解渴，腾出地方让他们休息。过去，有的船员看不起码头工人，后来“港船一家亲”。

（2）掌握装卸进度，及时克服装卸过程中的薄弱环节。二副和工会生产委员常和舱口联系，特别是重点舱口如进度缓慢，即加派工班进行单吊双边装卸（即一个货舱口有 2 支吊杆，一支吊杆在左边使用，另一支吊杆在右边使用），提高效率。各舱口还安上黑板，列出装卸货数量、每小时要求进度、计划要求、完成时间等。有的工友说：过去在舱内干工作，不知工作结果，现在不但知道计划要求，也知道工作进度，心中有底了。

（3）“南海 174”轮每次到港前，总是做好吊杆、开舱等准备工作。船一靠泊，装卸工们就上来开工。有时为了抢时间赶潮水，便利用装卸工人吃饭休息的间隙，组织船员顶岗劳动，做到人停起货机不停。为了加快装卸进度，吊杆“双龙出海”，船员协助拉吊杆移位等义务劳动，以保证开航时间。

（4）保证不发生事故。每个航次都进行安全检查，遇过狭窄水道，船长必亲自上驾驶台，加强瞭望指挥。要求每个驾驶员都要胆大心细，提高警惕，密切注视海面情况，随时随地注意安全。

1955 年初，交通部和中国海员工会发出了关于开展劳动竞赛的联合指示。从此，竞赛有了明确的目标要求，特别是广大职工响应了支援解放台湾、支援国家工业建设、支援灾区人民的三大号召，劳动热情更高了。贯彻中央的指示，全面开展以推行作业计划、增产节约为中心的劳动竞赛，对完成生产计划起了重大的作用，并教育了全体职工，使大家进一步认识到增产节约是发展社会主义经济、扩大社会主义积累的基本方法。

1956 年至 1957 年初，是竞赛的新阶段。广州海运局和各港分别成立了增产节约委员会专职领导增产节约运动，发动群众自下而上制订了全年增产节约计划措施和保证条件，掀起了新的竞赛高潮。全体职工响应交通部提出的“保证四年半提前完成第一个五年计划”的号召和广州海运提出的“提前一年完成第一个五年计划”的口号，在华南海运系统全面开展了以增产节约为中心的社会主义竞赛和先进生产者运动。在竞赛中特别强调贯彻国家勤俭建国、勤俭办企业、勤俭办一切事业和多快好省的方针，明确规定船舶与港口生产现场应以开展先进航次和先进作业竞赛为重点，并须与整个竞赛密切结合起来。同时要有重点地推广具有增产节约价值的先进经验和广泛深入发动职工多提合理化建议。此外，在党委统一领导下，由党政工团抽调负责干部组成了社会主义劳动竞赛领导小组，改进了过去由于职责不清、互相扯皮或各搞一套的现象，统一了步骤，发挥了密切配合的作用。通过竞赛不但提前完成了港航第一个五年计划任务，而且在改进企业经营管理、挖掘企业内部潜力、提高生产效率和加速船舶周转等方面都起到了重要的作用。竞赛过程中还涌现出大批的先进单位和先进生产者，全年直属轮驳共创造了先进航次 211 个，给企业带来了很大的经济利益。其中上半年共创造了 81 个先进航次，其中货轮创造 40 个，占上半年货轮总航次数的 8.7%，共增产 150738 营运吨天，增加利润收入 18 万余元，港口总定额比平均实绩提高了 59%，充分说明先进航次、先进作业运动是海上运输生产的突击力量。

船港在创造先进航次先进作业过程中，出现了很多港航密切配合的动人事例。如“团结 2 号”轮认真掌握潮水气象和小港特点等具体情况，并主动加强与小港的联系配合，积极替小港解决困难。因此该轮虽经常航行于三亚、清澜、北黎、莅西等设备条件很差的自然小港，但仍连续创造了先进航次。特别是在 1957 年 9 月份全月均创造了先进航次，成为光辉的先进航次月，为各轮在小港创造更多的先进航次树立了榜样。汕头港经常组织船舶快速装卸，既适应了军事情况，也满足了船舶生产上的需要。如 1957 年 9 月，“南海 174”轮有一个航次因任务重时间紧，该港采取了“六边装卸”，并用平衡配载和快速退驳法等经验，同时，还加强了各工种之间的协作，自始至终做到“人不等钩”“钩不等人”，结果比先进作业标准还提前 5.50 艘时。

图 1–4 为“民俗”轮获省级集体模范单位称号。

图 1–4　1955 年，民生公司“民俗”轮获广东省第一届工矿交通运输企业集体劳动模范称号。

三、健全机构，加强调度管理

新中国成立前，民营轮船公司大多分散经营，一船一户，运输以市场调节为主。招商广州分公司拥有运输船舶后，独立经营货运，但因船舶数量少，运距短，调度组织简单。

1949 年 10 月人民政府接管招商局广州分公司后，即设立调度室，初期仅有七八人，设值班调度员 3 人。当时船舶较少，业务范围较窄，规章制度尚不完备。

1951 年 9 月之后，航行于广州以东航线的船舶均采用夜间进出港，船舶调度严格保密，以防台湾当局飞机骚扰。当时均采用密码通信，速度较慢，运输船舶每天有 4 次船位报告。

20 世纪 50 年代初期，华南区海运管理局建立健全了运输生产调度机构、调度会议制度、调度通信规程，以及月、日、航次生产计划编制程序等，使生产各个环节通过作业计划形成了一个有机整体，协调动作，历年运输船舶效率不断上升。调度旬会在每月 8 日、18 日、28 日召开，根据货运部门制订的运输计划，由调度室编排船舶运行计划，通过会议确定每条船的航线以及航次任务。此外，调度人员和货运人员每星期还专门研究一次船舶下一个航次的任务。调度室提前通知船舶下一个航次的航线、装载货物、航行时间、船用油水和有关安全等注意事项，每天召开由值班调度人员、调度室相关人员及局领导参加的交班会，了解运输生产进度、气象情况、安全问题、货损货差情况。对需要解决的问题，由局领导马上决定解决办法。

1952 年，国家对海运船舶实行统一调度政策。华南区海运局除对国营企业船舶直接调度管理外，对私营轮船公司也实行统一货源安排、统一运价和统一调度指挥的“三统”政策。对公私合营的轮船公司，则采取调度机构合并的办法。1954 年 9 月，民生公司广州分公司和广州海运两家调度室联合办公，统一调度运输船舶。

1954 年，魏震东调任广州海运局局长。上任后，他非常重视调度工作，只要有空，每天上午都要亲自主持召开生产调度会议，及时解决生产问题。这位海运管理业务开拓型的干部，上任后所做的第一件事就是到港口和船上了解情况，研究解决运输生产上存在的问题。他重视防火、防台风、防一切事故的“三防”工作，狠抓落实。另外，他还非常重视组织货源工作，使长期在锚地停航待货的大批船舶恢复了生产。他身上常常带着一个小本子，每遇到问题就记在本子上，生产上的事能马上做到的，一定要当天办完。

随着调度机构和调度制度的建立健全，调度部门采取合理调度措施，使船舶利用逐步趋于合理，加速了船舶周转。1956 年港航作业计划之间的脱节现象有所改善，创造了这个时期内运输船舶效率最高水平。当年，为挖掘船舶潜力，根据航程远近、季节、气候等情况，严格核算各轮每航次燃料、淡水的消耗量，提高载重量。5 月份起，穗琼、穗汕线各轮都采取直线航行，穗琼线缩短航程近 40 海里，穗汕线缩短 9 海里。外轮进口中转汕头的肥料，也由于密切配合外轮抵港时间调度船舶，使很大部分肥料由过去的外轮—驳船—仓库—国轮或外轮—驳船—国轮，改为船靠船直接装载。

四、安全航行，建章立制

（一）加强海务监督

新中国成立前，广东航运业具有强烈的投机性和竞争性，走私贩毒之风极盛，加上航道失修，港口基本处于自然状态，船舶技术状况极为落后，船员技术素质较低，盗匪猖獗，炸船劫船事件时有发生，航行安全没有保障，航行是冒险的工作。海务监督工作在几家较大的公司中虽有一些行规和惯例，但没有人去总结成章，安全监督工作完全一片空白。

新中国成立初期，海轮航行管理仍沿用旧的做法。当时船舶只有磁罗经、六分仪、无线电测向仪、回声测探仪和拖曳式计程仪等几种航海仪器，以及望远镜、天文钟、方位圈、平行尺、三杆分度仪、空盒气压计等普通航海仪器，个别船装有 SO8 小型雷达和电罗经。这些仪器人为因素影响大，仪器误差范围大，加上因本身的自然损耗和老化，经常要进行大量调整校正、维修保养工作。安全工作由运输部门结合生产调度工作一道进行，没有专门机构。海务监督工作很大部分也集中在对上述仪器和望远镜、天文钟、方位圈、平行尺、三杆分度仪、空盒气压计等普通航用仪器的监督管理方面。这些航海仪器有些属古典式最基本的航海仪器，有些则属早期的电子航海仪器。这些情况在一定程度上反映了解放初期国家的困难和广州海运的航海水平。

华南各航区岸形比较复杂，岛屿错杂，滩浅亦多，雾霾出没频仍，雷达扫测避碰或测距定位，对维护航行安全显示了它的极大优越性。为了掌握电航仪器的新技术，及时培养技术人才，也是当时当务之急。为此，广州海运组织了一次比一次更为广泛深入的安全生产大检查运动，发动广大船员批判听天由命的唯心论，尽力添置必要的安全航行设备，不断充实海图、潮汐资料，建立和加强航监机构和工作，陆续制定了安全生产规章制度和技术操作规程，复测航道，校正海图，总结推广险要地段航行经验。1956 年，鉴于国内外航海仪器处于更新换代时期，为满足提高航海技术安全质量的要求，需要掌握向全电子化方向发展的新型电子助航仪器的使用和仪器的管理技术，海务监督开始抽调人员到大连海运学院进修电子助航仪器课程，为广州海运日后发展储备人才。广大海员通过不断实践和总结，在短短几年内，就熟悉和适应了广东沿海海域的自然地理气象特点，赢得了航行这片海域的自由，使海损事故显著下降（表 1–2），促进了海上运输的发展。

海损事故统计表　　表 1–2

年份	海损事故（件数 / 损失金额）	其中台风事故（件数）
1953	80 件 /348.9 万元	12 件
1954	27 件 /30566 元	3 件
1955	14 件 /24802 元	2 件
1956	无资料	—
1957	无资料	—
1958	48 件 /25000 元	—

1952 年下半年到 1953 年上半年，华南区海运局停航船逐步开航。根据生产发展需要，

于1953年2月24日组建了海务监督室，初步开展了航行安全管理工作，逐步建立安全航行方面的规章制度和驾驶台规则、船舶航行规则、停泊值班规则和交接班制度、雾中航行注意事项、海港引水工作通则、起落吊杆操作细则等，改变了管理混乱、无人负责的现象。1953年上半年，交通部颁发《海上船员职务规则执行草案》，下半年开始在各轮实行。但10月23日，“南海177”轮在南海海面航行时，因第一货舱桶装汽油和浓硫酸爆炸，全船沉没，两名船员失踪，货损及船舶损失共223.4万元，是新中国成立后到当时最大的一宗海损事故。当时交通部会同公安部组成检查组到广州，对“南海177”轮等5件重大海损事故进行了调查研究和处理。

随后，华南区海运局采取了一系列整改措施。首先总结经验教训，明确了安全生产措施，统一了指导思想。其次在具体措施上开始强制推行交通部颁布的船员岗位责任制，认真贯彻执行有关规章制度和船员业务学习制度。从此各级领导和广大海员对与海损事故做斗争的认识有了飞跃，推动了以后的安全航行工作健康发展。再次，制订了装运桶装汽油规则，并加强现场监督，安全监督员日夜值班，禁止漏桶装上船舶，禁止船旁换装漏桶，并在货舱通风口加装防火罩，在4艘船舶的烟囱上加装火星熄灭器，有效地防止了同类事故的发生。

1954年初，广州海运制定颁布《安全技术劳动保护工作责任制（草案）》，第二季度通过开展安全生产大检查，在各轮建立各项安全生产责任制，同时大力推行船员职务规则及船舶技术操作规则，初步明确船舶各部门的分工职责和船员岗位责任制，并取消各船民主管理委员会，推行船长负责制。过去很多船长不敢大胆行使职权的情况有了改变，船长的工作责任感也得以增强。船舶建立的安全活动日制度，也是发动广大船员组织安全航行方面的行之有效的措施之一。这一制度原来旨在巩固群众性安全大检查的成果，1954年经广州海运局工会重申，局政治处发文支持和加以肯定，逐步形成为经常性的制度。每半月举行一次，以工会小组为单位，以批评和自我批评的精神，检查半月来发生的事故和事故苗子，检查制度执行情况，总结有关经验教训。实践证明，这一形式有利于发扬光大海员当家做主精神，保障安全航行，也有利于船员自我教育，增强责任感，人人管安全。还编辑《船舶安全制度汇编》（第一辑），内容包括《甲板部交接班制度实施细则》《甲板部航行值班制度》《甲板部停泊值班规则》《水手瞭望制度》《驾驶台规则》《轮机部航行交接班及值班制度（试行）》《轮机部船员停泊值班交接制度（试行）》《轮机部加油生火二等生火轮值制度（试行）》，以及《防风抢险紧急措施暂行规则》《文件处理制度暂行办法》《轮机部操作注意事项》《轮机部防止事故办法》等一系列制度。

1957年起广州海运从波兰、民主德国订购的新船和从其他国家购买的旧船，都配备有电罗经、自动操舵仪、罗兰、台卡以及较新型的雷达。这些设备有助船舶的安全航行。

至1958年，海务监督已基本确立了一套较完整的规章制度，如海务港务监督组织工作章程、船员职务分工和考证、助航导航仪器的监督使用、安全设备定额及应变制度、安全航行、安全运输等等，共建立规章制度37种，对保障安全、促进生产起到很大作用。譬如当时没有专门油轮，只能由普通货船运输桶装汽油。但油桶陈旧锈蚀，容易破漏，威胁安全。广州海运吸取“南海177”轮的教训，制定了《汽油装卸注意事项》，针对桶装汽油采取相应措施，严密组织检查监督现场装卸安全工作，杜绝漏桶上船，同时在船舶烟囱增添火星熄灭器，又改装了条件较好的大型登陆艇“南海180”“南海181”轮第一货舱，专门承运桶装汽油等。这一系列措施确保了安全生产，满足了国防和工农业对油料运输的需要。

新中国成立后，华南沿海客船都是江船，船体结构与海轮有不同的特点。20世纪50年代中期开始，客货班轮一直实行定人、定船、定线的办法。1955年，在交通部于眉局长的领导下，对各客轮货班轮进行技术鉴定，规定6级风以上不得在海上航行，遇有强风或台风情况应要特别关注，提前避风。因此，客货班轮的安全航行成绩比较突出。

（二）归纳总结船舶防台经验

华南沿海台风（热带风暴）多，每年5—11月，几乎每个月都有台风影响或袭击。台风是有很大破坏力的自然灾害，对海上船舶威胁更为严重。新中国成立前，船舶技术设备较差，抗台能力不足，海上航行远离陆地，又很难准确掌握台风气象情况，受台风侵袭事故颇多。20世纪50年代，每年台风季节开始前，各船都在作业计划内安排一次例行的系统检查，着重检查系泊、操舵、水密、排水等相关设备，使之经常保持良好状态，并强调注意船舱积载平衡，货物堆叠牢固，保持适当的稳心高度。1953年11月1日，广州海运局有8艘船在海口港遭受“佩蒂”台风袭击，中心风力达12级以上。“南海163”轮事先做好充分准备，落实抗台措施，在货少船轻的情况下，坚持搏斗10个多小时，成功地抗御了台风中心的正面袭击。同时在港的“南海176”“南海157”两轮因对台风预报缺乏分析，措施不力，“南海157”轮走锚失控，“南海176”轮两条锚链断裂，漂至澄迈角外险恶地段搁礁，船体严重破坏，为此停航两年多。这一事件使广州海运上下都受到很大震动，对台风的危害性有了深刻认识。当时流行的一种说法是“台风灾害不可抗御”，但在那场台风中，唯独“南海163”轮取得了抗台的胜利，究其原因，在于主观认识和努力不同，同一类型的船舶在同一台风中取得了两种截然不同的结果。这一事实有力地驳斥了上述流行的说法，证明台风不是不可抗御的，只要有“人定胜天”的雄心和高度的主人翁责任感，采取得当的技术组织措施，台风的损失可以减少到最小限度。

这一时期内，防台组织工作也逐步完善。在船上，前期主要建立防风抢救队制度，后期演变为建立台风应变部署制度，使应变分工更接近船员原有工种分工。广州海运于1954年5月开始在每年台风季节成立防台指挥部，由主管生产安全的副局长及调度、海监、机务、供应、宣教、保卫、机要、电信等部门的负责人组成，实行集中统一指挥和船长现场灵活掌握相结合的原则。防台指挥部统筹防台工作，每年台风季节前进行一次防台检查。在台风季节，防台指挥部随时与气象台联系，交换气象资料和对台风动向发展的意见，综合分析后通电船舶，并下达防台指令，使船舶及时避离台风威胁。同时，在各船舶组织防台风抢救队，对船舶防台起了一定作用。当年，还统一开展防台知识学习，推行“抛双锚”“串联抛锚法”“及时加抛预备大锚法”“撒油镇浪法”等方法，将其列为船舶防台技术操作规程。抛双锚（即“八字锚”）是各船普遍采用的防台主要措施。

船岸之间的防台指挥关系历来都存在争论，惯例做法是由船长自行掌握避风。事实上船长掌握情况的海域有限，各船船长的思想和技术水平也参差不齐，采用习惯做法可能由于船上掌握气象资料的局限和船长个人的原因，导致踌躇不决，延误时机，或过早避离，引起不必要的船期损失。统一指挥防台做法又难免不切合现场实际，产生瞎指挥的后果。防台指挥部在实行集中统一指挥的同时，强调授予船长机动权，使船长有权采取相应的应急措施。因此，这一办法能上下结合，全面与局部结合，因时因地制宜，是有效的防台指挥办法。在相当长时间里，这一防台指挥办法得到了巩固和发展，延用不衰，发挥了应有的作用。

广大海员通过探索积累，逐步形成了一套比较有效的防台经验，就是“指导思想必须以防为主，在‘避’的前提下切实做好第二手‘抗’的准备”。在贯彻以防为主的方针中，要求正确决定避风的时间、地点，使船避离台风袭击的锋芒，同时根据所掌握的台风资料，结合船舶性能条件，周密研究本船防台措施。为此，必须正确处理防台和生产的关系，贯彻安全质量第一的方针，在没有把握的情况下，避离时机要留有余地，不要抠得太紧太死，以防患于未然；正确处理“防”与“抗”的关系，坚持以“防”为主，但要作最坏打算，做好第二手“抗”的准备。

“抗”的中心问题是如何选择最有利的锚地，以及在既定的锚地上最充分地发挥船上设备和动力的作用。为此，广州海运局大力开拓和完善了防台锚地，如 1954 年开发的海南岛流沙港和洋浦港避风锚地，1956 年以后进一步在洋浦锚地添置进口浮标，在流沙港设置防台浮筒，解决了在海口港中小型船舶的防台锚地问题，大型船舶防台则使用了越南 Indes Id 锚地（1967 年后停止使用）。同年，编制印发了华南港湾台风锚地编号示意图，包括汕头（大亚湾）、三苑和南粤港、后水湾、琅玡湾、海陵山、硇洲、大黄江、上川岛、湛江、特呈岛、清澜、洋浦、流沙港、广州内港和外港、铁山港、龙门港、海防金发附近等锚地，为各轮选择最有利的防台锚地提供条件。另一方面由于华南港口多数为开敞式港湾，且大部分底质不良，为增加锚的抓力，在抗台技术方面创造了抛串连锚的方法，即根据台风路径和风向风力判断受风力最大是主锚，并在其上以短索再串连一个小锚，一起抛投海中，利用小锚稳定主锚的抓底状态，使主锚不易走锚。在风力加强时，还运用主机顶风，缓解锚链的负荷。多年实践证明，这种抛锚方法能增加主锚的系留力，较好地防止锚泊船在大风浪中发生走锚。在抛串连锚的基础上，为进一步制止偏荡，在艏楼一侧再加抛一个主锚，称为“四锚防台”，即船舶抛有串连锚的八字锚后再加抛立锚，曾被认为是最牢靠的防台抛锚法。

采用这些措施能有效地防台、抗台。1954 年 8 月 30 日，“爱达”台风袭击湛江港，台风在湛江登陆时中心风速约每小时 100 海里，相当于风力 16 级，为数十年所罕见。当地教堂边上碗口粗的十字架被吹弯。“南海 174”轮研究台风过境时的过程，制订了操作预案，选择能挡风浪、底质抓力大又有足够回旋余地的锚泊地点，并做好船员上下左右密切配合，尤其重视船首和驾驶台、机舱和驾驶台的配合，同时根据锚链的松紧和方向，恰当地使用车和舵，抑制船体偏荡，减轻锚链负担，顶住了台风和巨浪的袭击。广州海运局于 1954 年将这些船舶和抗台经验进行总结和汇集，编写了《船舶防台须知》，后由人民交通出版社出版。

1955 年，广州海运局各船均取消了防台风抢救队组织，推行“南海 169”轮的防台组织工作办法。结合船员职务规则和船员分工明细表，确定各人的防台分工职责。此外还举办防台学习班，会同广东省防台防汛生产救灾联合指挥部及气象台等单位，联合举办防台展览会，编写通俗宣传资料，提高了防台能力。同年 9 月 25 日，台风袭击海南岛，中心风力在 12 级以上，持续时间长达 20 小时，影响范围很大。停泊在清澜、榆林、洋浦的“南海 180”“南海 181”“南海 182”“团结三号”等轮，防御装备及时且周密，依照模型自制镇浪油袋和锚标，正确系接和抛下串连锚，战胜了 12 级以上风力之袭击，“南海 162”轮搁浅于洋浦港，横受风浪冲击，也无损失。

1956 年，广州海运局制订《船舶防台技术操作规则》，具体规定了船舶防御台风各个阶段的操作方法及程序。后经交通部审查后，颁布为全国性规章制度，并配《华南港湾台风锚地编号示意图》，为船舶选择最有利的防台锚地提供了保障。同时，进一步改进防台指挥部的领导方法，明确防台指挥的集中领导与船长职权之间的关系，充分发挥船长现场指挥作用。1957 年，在总结历年经验的基础上，又编印了《海轮防台手册》和《出海拖轮、驳船防台手册》，进一步规范了船舶防台的步骤、程序。

这一时期，为便于航行海口线客船和行走珠江口以西航线的中小型船舶防台，广州海运局开辟流沙港和洋浦港两个锚地，并于 1957 年在流沙港设置防台浮筒 2 个。八所港和北海港大型船舶防台曾使用越南肥猪笼锚地（1967 年后，不再去越南防台，逐步使用后水湾、海口、八所锚地进行防台。1971 年起又逐步使用三亚湾防台，基本解决了船舶增加、锚地不足的问题）。

1956 年 12 月，广州海运总结出一套船舶防台经验做法进行推广。

（三）突破复杂和险要航道

随着海上航标的建设和航海资料的收集，广州海运船舶航线突破了华南航区的复杂和险要巷道。

首先是 1951 年对沥滘水道通航的突破。新中国成立前，这段水道被石块和木桩封锁淤塞，船舶进入广州港需由大湾沙南面的元冈沙南水道、大石水道、三枝香水道至大尾角，才转入广州港南河道，这些水道也逐年淤浅，且狭窄弯曲，只能通航 1000 吨左右船舶，不能满足广州港的水运需要。沥滘水道在大湾沙之北，航道较宽，距广州港南港界较近，1951 年经清除障碍物和疏浚后，通过摸索和总结这一新航道的航行经验，一般载重 3000 吨级船舶都可通过，直驶广州。

其次，1951 年底伶仃水道设标通航并于 1954 年开始年年浚深，进出珠江口的海轮不再需航经港英当局辖区之内的咸汤门和急水门，免受当时英美禁运的威胁，也逐步免除因水深不足而要在桂山岛锚地驳卸部分货载才能进口的麻烦，而且保证了航行安全，缩短了航程。

1953 年增产节约运动中，广州海运海轮冬季从海口空载返航，受东北季风影响航行困难，且不经济。1954 年经海军扫测设标，开放了雷州半岛东侧的外罗门水道，广州海运局迅即组织总结这段水道航行经验，编印了经验介绍，动员各轮取道外罗门水道，避免了受冬季大风浪的困扰。

1955 年，为扭转珠江引航搁浅擦底事故较严重的局面，广州海运局经收集珠江引航资料，拟出了《珠江引航概要》，配合各海轮船长自行引航珠江水道取得初步成功，首先突破了船舶进出珠江历来靠引水的被动局面。1956 年，继“南海 136”轮船长陈宏泽自引珠江和“南海 174”轮船长施兴复提出自行引航珠江的倡议后，各轮船长先后响应，“南海 157”轮还编辑了《珠江引航图介》。1956 年 8 月，广州海运局根据珠江新测海图资料和航行经验，研究颁发了《关于珠江自行引航的几点规定》，鼓励和指导船长自引，并制成蓝图分发各轮参考，推动了这一工作，船员技术水平随之提高，改变了进出珠江历来靠引水的被动局面，有效地遏制了珠江搁浅事故的发生，促进了航行安全，加速了船舶周转。

海南岛北面琼州海峡东口的南水道、中水道、北水道，抗日战争时期日军曾布放水雷，而且水道内滩险礁石多，尤以北水道为甚，当时均被认为是航行危险地带。新中国成立初期，各轮多选择南水道，并在白昼通过。1954 年经海军扫测设标后，中水道也宣告开放，白昼通行，少数船为了缩短航程，在晴朗白天视距较远之际，借助海南岛上的山形作导标，也可取北水道白昼通过。1956 年社会主义劳动竞赛中，一些船根据多年积累的经验，先后探索出夜航出北水道的航法，并打破了以往海峡东口不夜航的限制。广州海运局综合各轮经验，总结编写《夜航出琼州海峡北水道经验》《海南岛西半岸夜间领航概要》作为航行指南，规定 4—10 月为可夜航季节，视程不得少于 10 海里，船舶吃水限于 22 英尺以下等。尽管有这些限制，但这一禁区终于被冲破，获得了出入琼州海峡新的自由。[①]

五、加强船舶技术管理

海运生产的计划管理必须以科学的船舶技术管理为必要条件。新中国成立前，招商局轮船公司船舶技术管理集中在总公司。新中国成立至 20 世纪 50 年代中期，广州海运局的主要运力是解放时由原招商局、民生公司、公私合营广州轮船公司经接收、合并而来的船舶。大多数为蒸汽动力装置（包括汽轮机）船，其燃料构成为油和煤。燃油船大部分采用 60 号和 100 号燃料油，少数船为柴油机动力装置，采用 0 号轻柴油。新中国成立初期的轮机人员文化水平和技术理论水平较低，工人出身的轮机长占绝大多数，对热工理论和工艺都不熟悉，没有完整的节能管理制度。

广州海运局真正的技术管理工作是从 1953 年春季船舶大批停航后开始的。当时，根据苏联专家传授的经验，开展了船舶预防检修、锅炉水处理、船舶燃料消耗定额管理、修船计划管理和船员自修等工作。为改善船舶技术状况，广州海运从无到有，不断总结摸索，提高技术管理水平，对确保安全航行和挖掘生产潜力、提高船舶运输效率发挥了作用。机务部门逐步开展热工节能工作，从提高机务热工干部的热工管理水平着手，帮助船舶普及和掌握热工基础知识，逐船协助轮机人员掌握蒸汽机和柴油机各种机型的配气、定时和调整操作方法，改革不经济的操作方法（如蒸汽主机以改变断气率或降低炉水温度来代替以降低主机进气分数为主负荷方法等），逐步建立功率测量调整记录制度、炉水化验和处理制

---

① 琼州海峡北水道的灯桩导标于 1958 年才建立。

度、润滑油管理制度、燃料定额管理制度和奖励制度等。

当时，船员们动脑筋、想办法，解决生产中的技术问题。1952 年 11 月末至 1953 年 2 月，“南海 157”轮创造锅炉操作“十二小时循环清炉法”。该船两只锅炉有 6 个“炉眼”，以往清炉时，全部炉眼一起清，气压下降约 300 千帕左右。采用新方法后，每班生火固定清每座锅炉中的一个眼，12 小时三班清完，这样既节省劳动力，气压又平稳，航行天煤耗由 24 吨降为 17.8 吨，节约 1/4 以上。

1953 年，为减少船舶燃料费用，广州海运推行了船舶燃料消耗定额管理。1954 年第一季度，建立船队工程师制度，以船舶主机、锅炉的类型划分为两个船队，热工工作分别由工程师主管。随后，船队工程师和技术员先后随“南海 157、162、163、173、174、175、169”7 艘海轮进行热工测试工作，对主机转数、功率、锅炉安全最高工作压力、燃料消耗等进行测定，并对船舶的技术状态、操作管理以及船员的技术水平进行了解。还推广分段烧火法、盐酸洗炉等先进经验，并成立了简易的热工试验室（1963 年开始筹建正规的热工化验室），进行测验工作，为合理制定燃料定额和采用经济航速提供了基础资料，并公布了燃料节约奖励办法。当年燃煤船按消耗定额节约燃煤约 330 吨，降低 4.09%；燃油船按消耗定额约节约燃油 132 吨，降低 1.47%。随着燃料的变化，获得了燃烧优质柴油和无烟煤（越南煤）的操作经验，节约了燃料，降低了成本。

1953 年，船舶预防检修工作是广州海运最早开展的一项工作。从颁发和贯彻船舶预防检修办法开始。当时，机务干部和船员对停航船舶技术设备性能和状况都很生疏，执行这项办法可以缩短熟悉过程，并为开展其他各项技术管理工作打下了基础。1955 年，统一补充修订了船舶保养检修分工明细表。由于贯彻执行这项制度，船舶技术状况明显好转，大量减少了航次厂修和岁修项目，提高了船舶技术管理的计划性和科学性。

1955 年，东朗船厂的船坞建成投产以前，华南海轮无坞可进，修船工艺大都使用手工方式。当时船舶要保持适航状态，主要靠“披滩”（利用高高潮，将船搁置在有利的沙滩上）修理和加强养护、自修。因此，在贯彻执行《修船条例》，加强计划管理和克服忙乱现象等，是逐步提高修船质量、压缩修期的有力措施。同时，1954 年开始大力组织船员自修。以往认为“船员是开船的，不是修船的”，但海员以当家做主的主人翁的姿态出现后，改变了这一状况。自修范围日益充实，自修计划和组织分工逐步完善，弥补了广州地区修船力量的不足。同时，也锻炼了船员能力，提高了技术水平。

六、第一个五年计划执行情况

华南区海上运输在执行第一个五年计划的过程中，由于党的正确领导、地方政府的大力支持、全区船员职工的辛勤努力，货运量提前 9 个月超额 2%，达到了国家“一五”计划的水平。货运量逐年都在增长，速率虽然不同，但其趋势是上升的。1957 年比 1952 年增长约 6.42 倍，5 年内增长速度约 45.1%。货物周转量同样提前 9 个月超额 9%，达到了国家“一五”计划的水平，1957 年比 1952 年增长约 7.59 倍，五年内平均增长速度约 50%。客运量已在 1956 年以超额 1.43%，提前一年达到了国家“一五”计划水平，比 1952 年增长 3.74 倍，但旅客周转量仅完成计划水平的 83.33%。

5 年间，华南区海港吞吐物资达 2702.7 万吨（纳入国家计划的和国家五年计划要求达到的水平是 1475.8 万吨），这些物资进出于世界 25 个国家。同时，5 年里有 20 个国籍的船舶到过华南各海港，这些船有社会主义国家的，也有资本主义国家的。虽然当时华南有些港口还刚创建，但新中国的海员、装卸工人和港湾工作人员以简朴勤劳的工作作风和较高的劳动生产率，给外国船舶海员留下良好印象。

从总的情况看，广州海运局不但胜利完成了第一个五年计划的船舶运输任务，而且发展速度很快。

运输事业是为整个国民经济建设服务的，运输任务的完成与增长是随着社会主义建设的高潮、国民经济建设的需要而提高的。广东省的工业建设在此期中大部分是为农业服务的，农产品仍是历年来的基本货源。如制糖和盐等物资都成为广东沿海的大宗货源。据统计，1953 年沿海农业品运量仅 29.8 万吨，1957 年约 41.2 万吨。但是，工业品运输量的增长对运输的需求远远超过了农产品。由于华南沿海经济建设的发展与国防建设的需要，基建物资的运量大幅度增长。5 年里，仅基建器材和材料的运量就达 147.4 万吨。同时，开辟了新的航区和新的航线，如恢复港澳运输，开辟中越和西沙航线等，集运了小港的盐，五年来运输量约达 116.9 万吨。此外，由于人民生活均有不同程度的提高，社会上商品的供求发生了新的变化，日用品、消费品及土特产的流量和周转速度也愈加高涨。1957 年比 1953 年增长近四倍。

从 1950 年复航至 1957 年共完成 660 多万吨。其中第一个五年计划期间完成 588 万吨左右，其货物分类及所占比重见表 1–3。

货物分类及所占比重　　表 1–3

货类	总计	煤	建材	粮食	原盐
（千吨）	5875	648	756	737	707
比重（%）		11.03	12.87	12.54	12.03
货类	木材	矿石	原油	钢材	其他
（千吨）	478	270	151	115	2013
比重（%）	8.14	4.60	2.57	1.96	34.26

上述统计资料，表明当时的海上运输主要为农业承运农副产品（包括粮、盐、土特产等）和农需品，其次是运送基建材料。

这一时期的年货运量是直线上升的，平均年增长率为 27.15%，同期内广东省发展最快的轻工业的增长率则为 18%，显然货运量增长速度高于经济增长速度。货运量增长是因为：

第一，由于广东地处国防前线，位于亚热带，又是对外贸易的南方门户，1953 年海南岛、雷州半岛垦殖事业兴起，国防公路和营房建筑等相继施工，1955 年黎湛铁路施工，1957 年石碌铁矿和八所港恢复修建，因此基建物资大批调运，占运量比重最高，运量逐年上升，到 1956 年交运量最多，后来国防工程军运物资减少，1957 年货运量才开始下降。

第二，工农业生产逐年增长，调拨量相应增加。特别是农业合作化以后，粮食、经济作物和农副产品全面增长，相应的加工业也得到较快发展。如当时大量兴建粮厂、罐头厂、农具厂、碾米厂等。因此工农业产品的运量每年都有增长，至后期由于越南煤进口，南矿北调内销，工业品所占比重才迅速上升。

第三，随着后期国际形势日趋缓和，外贸和港澳运输范围逐步扩大，中越线开辟，穗港线恢复，外贸物资和港澳运输运量到 1957 年已占年货运量的 24.97%。

最后，这一时期“三大”改造相继完成，国民经济迅速向前发展，人民生活水平普遍提高，日用消费品的运量也逐年增长。

运输任务的完成与企业管理的改进也是分不开的，这得益于苏联专家的帮助。首先在企业管理体制上学习了苏联的经验，港航合并实行区域管理制，消除了港航相互牵制与不协调的现象，真正发挥了有机整体的作用。全面执行计划管理，港航现场贯彻作业计划、船舶的月旬度生产计划、航次计划、预防检修计划、港口的月旬度计划、昼夜航班装卸计划、单船作业计划。同时，实行定额管理，生产的节奏性逐渐加强了，船舶的运行和装卸工作的组织与指挥更加统一和改进了。5 年间装卸总定额 1957 年比 1952 年提高了 4.8 倍，纯定额提高了将近 1 倍，吨船年产量 1957 年比 1952 年提高了 2.14 倍。

经过生产改革，船舶进港水准提高了。执行海港装卸定额以及创造推广快速装卸工作，鼓励先进航次、先进作业，也大大地挖掘了生产潜力，提高了船舶运转效率。据统计，平均每航次周转期由 1952 年的 10.37 天缩短为 1956 年的 5.27 天，如港口采用船舶“两边装卸”机械集中突破重点舱，对全船装卸时间的缩短有显著成效。

由于货源逐年增长、船舶工作效率不断提高，广州海运积极主动结合当时的运输能力和港口吞吐能力相应地安排工作，圆满地提前完成了五年计划。

从以上总的情况来看，第一个五年计划的执行情况是好的，但是港口吞吐量未能完成国家计划的要求水平，主要原因是任务不足，生产不平衡。经过 5 年的实践，广州海运摸索到：完成计划与否的关键不仅决定于运输能力和港口通过能力，更重要的是决定于货源情况，而这不仅关系到腹地经济，还涉及外贸情况。但当时普遍存在生产任务不平衡情况，例如旺季时期不仅沿海船舶众多，而国外船舶齐来汇集，连基本装卸工人也不够，有时终日无任务，整日待时。这就造成了一方面待时多，一方面又要加班加点；一方面要加速船舶周转，一方面却又是无货停航。

第一个五年计划初期，广州海运共有轮驳 10 艘，载重吨为 20980 吨，后由于航运的分工，部分小船外调。公私合营后，加之投资新建的船舶在内，大小船舶共 28 艘，载重吨为 55471 吨，3006 个客位。其中，除了因限于性能、海损及其他原因不能参加营运的船舶以外，可用的船舶吨位为 41000 吨。由于船舶效率的提高，每年的任务虽有增长，但每年纳入营运计划的船舶最高吨位为 37498 吨，占实有可用船舶吨位的 90.86%，因此五年来从总的看来一般都是“船多货少”的情况。1956 年下半年和 1957 年上半年曾一度出现运力紧张情况，但很快就过去了。

港口通过能力的潜力也是很大的，纳入国家计划的五年要求吞吐量 14758 千吨，完成约 14670 千吨，主要原因是任务不足。

第一个五年计划期中，1955 年以前，华南海运业务经营范围基本上只包括广东沿海和穗港两个航区，1955 年下半年中越通航后，增为 3 个航区，扩大了海运水域。华南海运货源以农产品、土特产和农需品最多，次为基建材料和盐，货运量年平均增长率为 45%。如与当地发展最快的轻工业比较（年平均增长约 18%），海运量的增长是较大的。

由于上述的货源发展以及第一个五年计划期内，华南海上运输的局限性形成的具体特点，表现于：

一是航区范围狭窄，东起汕头西至中越边界，局限于沿线 700 余海里，航行时间短，在港停泊时间长，现代化设备港口少，浅水港多，深水港少。因此载重 2000 吨以上船舶的使用和船舶航行率的提高都受到一定的影响。

二是季节性差异大。一般是“两头大，中间小”。广东省在第一个五年计划期内以发展农业为重点，生产和消费都集中在第一、四两季，如糖的开榨、柑的收获和春节前后市场的活跃，使运输比较紧张。而第二、三两季是雨季和风季，所以四个季度松紧不平衡。历年二三季度常表现运力过剩，必须停船，而旺季运力不足。这就难以充分地均衡地控制船舶和使用运力，形成了浪费。

三是货种和货流变动大，固定货源不多。如金属矿石自 1956 年起陡增。流向的变化，如粮食、木材过去都集中广州、黄埔出口，改变了从产区小港直运销区，而基建物资、外贸物资都是不固定的，增减幅度也缺乏一定的规律性。

四是流向流量不平衡，各港区城市及腹地，建设期运入物资为大宗，进入生产期则反向。因此，第一个五年计划初期大量基建物资等从广州起运，回程货载不足。如 1953 年至 1956 年穗琼线上往返不平衡程度达 69.5%，计划期末如 1957 年第四季则回程货多，黄埔、广州出口货不足。1956 年度穗港与湛港对西线（包括中越航线）进出口运量比例已发生了显著变化，历年西线回空的情况基本上转变为一般都能满载。相反的，去程放空半载较多。

五是铁路新线建成引起货源转向，这也是五年计划后期显著的特征。如黎湛、鹰厦两线通车后，闽西闽南和湛江专区北运南下的物资，甚至部分海南和汕头专区的物资也不再从广州转口。1956 年起湛江在华南西线运输中，初步形成了一个新的中心点，1957 年以后表现更为明显。

综上所述，由于五年来货源发展变化的特征，企业经营管理上的缺点，以及其他客观因素，对华南海上运输活动有较大影响，海上运输所具有的量大、价廉的优点未能体现出来。五年期间，华南整个水运（不包括木帆船部分的运量）的比重基本上是逐年提高的，但其中海运部分所占比重却停滞不前，这是一个值得重视的问题，见表 1–4。

水运量统计　　表 1–4

年　份	1952	1953	1954	1955	1956
水运量占水陆总运量（%）	45	45	44	49	49
海运量占水陆总运量（%）	7	8	7	8	7

第三节　船舶和港口建设缓缓起步

一、接管时船舶情况

1949 年 10 月 22 日，军代表进驻沙面招商局广州分公司办公楼，宣布军管会接管令，并与唐文敬经理办理了资产清册等交接手续。

（1）接管时船舶情况：共 16 艘，主要船型：拖轮、交通船、小型登陆艇、铁驳和趸船。船舶总吨：除“利字 105 号”铁驳 2228.59 吨外，总吨都在 10 至 375 吨之间，见表 1–5。

接管时船舶情况　　表 1–5

船　名	种　类	总　吨	备　注
飞邦	拖轮	45.326	待修
飞兴	拖轮	28.93	—
飞永	拖轮	16.23	待大修，接管时已停航
飞鲲	拖轮	41.18	待修
飞国	拖轮	13.404	—
16 号	交通船	10.50	—
17 号	交通船	10.85	—
18 号	交通船	8.53	待大修，接管时已停航
胜字 509 号	小型登陆艇	423.42	待修
洪利	供水船	150.06	待大修，接管时已停航
87 号	铁驳	118.08	—
448 号	铁驳	106.95	—
450 号	铁驳	84.68	—
451 号	铁驳	151.30	—
利字 105 号	铁驳	2228.59	—
YF 944 号	趸船	约 375.00	—

注：此表出自招商局广州分公司于 1950 年 4 月 27 日报航务局的报告，当时，尚有铁驳 5 艘在广州解放前（1949 年 8 月 16 日）出租给香港江泰行，其中 48 号、307 号、426 号三艘在出租期满后，1950 年 3 月始将船交回。472 号、100 号两艘至报告时尚未交回。因此未在表中列出。

（2）接管时物产情况。接管时物产情况见表 1–6。

接管时物产情况　　表 1–6

名　称	类别	地　址	备　注
招商局码头	码头	大涌口	水泥钢骨码头一座
复兴码头	码头	长堤 196、197	木料建筑，竹排浮筏一座
招商局仓库	仓库	大涌口	水泥三合土砖墙建筑
招商局广州分公司房屋	房屋	沙面复兴路 18—20 号	砖墙瓦面三层，洋房两幢

二、起义、北归船舶成为运输主力

新中国成立初期，沿海运输的货轮主要是招商局轮船股份有限公司和民营轮船公司回到广州的船舶。广州仅有招商局广州分公司留下的铁驳船和小拖轮各 5 艘，且多数年久失修，无法行驶。另有交通船 3 艘，小型登陆艇 1 艘。

1950 年 1 月 15 日，香港招商局和 13 艘船舶的海员在经理汤传篪、陈天骏的率领下宣布起义。从 1950 年 7 月 11 日至 10 月 21 日，13 艘船舶先后全部驶回广州（见表 1–7 及图 1–5—图 1–15），其中 11 艘参加广州海运沿海运输，有 9 艘货轮共 2.09 万载重吨，2 艘大型出海拖轮约 2280 千瓦。这些船舶船龄不足 9 年，性能良好，是新中国成立初期至 1965 年广州沿海运输的主力。其中的“登禹”轮是当时广州最大吨位的货轮。该轮 3800 载重吨，1944 年加拿大建造，船型为蒸汽机、三岛式（艏楼、舯驾、艉机），总长 99.69 米，两柱间长 94.51 米，型宽 14.22 米，型深 7.67 米，满载排水量 6655 吨，主机定额功率 865 千瓦，营运航速 10 节。“教仁”“蔡锷”“成功”“林森”“鸿章”“邓铿”6 艘 2200 吨船舶，为 1943—1945 年美国建造的三岛式、蒸汽机同型货轮，其主要参数为：主机定额功率 956 千瓦，营运航速 10.5 节，总长 78.88 米，两柱间长 76.20 米，型宽 12.83 米，型深 6.22 米，满载排水量 4030 吨，有 4 个货舱。电航仪器装有雷达、国产测探仪和计程仪；无线电通信设备除配有发、收讯机之外，还装有自动报警、自动拍发装置。1950 年共有 14 艘货轮，包括 12 艘蒸汽机船、2 艘柴油机船。

13 艘起义海轮概况表 表 1–7

船名	船型	建造年份	总长（米）	载重吨	航速（海里 / 时）	燃料	起义时间	备注
海康	澳菲旧轮	1919	79.5	2500	10	柴油	1950.1.15	
海厦	Coaster	1923	98.3	2500	11	煤	1950.1.15	驶往上海
登禹	Grey–Type	1944	100	3800	10	煤	1950.1.15	
教仁	N3 型货轮	1945	78.9	2200	11	柴油	1950.1.15	
邓铿	N3 型货轮	1944	78.9	2200	11	柴油	1950.1.15	
蔡锷	N3 型货轮	1943	78.9	2200	11	柴油	1950.1.15	
林森	N3 型货轮	1943	78.9	2200	11	柴油	1950.1.15	
成功	N3 型货轮	1945	78.9	2200	11	柴油	1950.1.15	
鸿章	N3 型货轮	1945	78.9	2200	11	柴油	1950.1.15	
海汉	B–Type	1945	68.3	1400	10	柴油	1950.1.15	
中 106	中型登陆艇	1944	100	1900	11.6	柴油	1950.1.15	移交给海军
民 302	远洋拖轮	1943	43.6	2200	12.5	柴油	1950.1.15	
民 312	远洋拖轮	1943	45.4	1800	12	柴油	1950.1.15	

注：该表引自《中国水运史丛书 • 招商局史（现代部分）》。

图 1–5 “海康”轮，船长 79.5 米，2500 载重吨。

图 1–6 “海厦”轮，船长 98.3 米，2500 载重吨。

图 1–7 “登禹”轮，船长 100 米，3800 载重吨。

图 1–8 “教仁”轮，船长 78.9 米，2200 载重吨。

图 1–9 “邓铿”轮，船长 78.9 米，2200 载重吨。

图 1–10 “林森”轮，船长 78.9 米，2200 载重吨。

图 1–11 “成功”轮，船长 78.9 米，2200 载重吨。

图 1–12 “鸿章”轮，船长 78.9 米，2200 载重吨。

图 1-13 “海汉”轮，船长 68.3 米，1400 载重吨。

图 1-14 “中106”艇，船长 100 米，1900 载重吨。

图 1-15 “民 302”轮，船长 43.6 米，2200 载重吨。

1950 年 8 月至 1953 年 10 月，民生公司广州分公司先后有 5 艘货轮、10 艘客货轮（共 1.45 万吨、3006 客位）从香港、南洋等地回到广州，参加沿海运输，并成为新中国成立后华南地区私营航业中最大的一支力量。此外，1950 年 8 月至 1952 年 11 月，从香港先后回到广州参加沿海运输的还有华侨、广州联安、建通、大达、天一、上海通安等轮船公司的 7 艘轮船、1.3 万余吨。1950 年回到广州的“民本”“民俗”两轮均是蒸汽机内河客货轮。“民本”轮 400 载货吨，273 客位，1936 年建造；“民俗”轮 680 载货吨，236 客位，1948 年上海大中华船厂建造。1951 年回来的 8 艘客货轮，其中柴油机船和蒸汽机船各 4 艘，以“虎门”“玉门”“雁门”3 艘遮蔽甲板、内河汽轮机同型船为最大，1300 载货吨，449 客位，主机功率 2×1839 千瓦，营运航速 12—13 节，总长 87.50 米，两柱间长 82.3 米，型宽 15.24 米，型深 6.71 米，满载吃水 3.67 米，满载排水量 3133 吨，1948—1949 年加拿大魁北克建造。1952—1968 年，沿海客货轮没有增加。

1953 年 5 月，华南区海运管理局船舶载重量为 3.13 万吨，其中出海货轮 10 艘、2.24 万吨；公私合营民生广州分公司船舶载重量为 7145 吨，其中货轮和客轮各 4 艘；私营船舶 104 艘（不包括拖轮），载重量为 2.07 万吨。其中出海客货轮 5 艘，4770 载重吨，450 客位；近海机帆船 64 艘，7093 载重吨。其后至 1956 年，货轮增加不多。

1955 年，由波兰购入 700 吨杂货轮“南海 136”轮。1956 年，上海通安轮船公司从国外归来参加广州沿海运输的蒸汽机货轮“乐斯陶”轮，载货 7800 吨，1911 年英国建造。1956 年底，私营航业并入广州海运，此时，沿海运输轮船共有 41 艘、5.3 万余吨。其中客货轮 9 艘、2951 客位。从 1957 年开始，广州陆续添置新造船舶和国外老旧船投入沿海运输。1957 年始，增加了一些新造船。当年，由波兰新造的 2600 吨级同型蒸汽机货轮“南海 158”“南海 159”轮，其主机功率为 1250 千瓦，营运航速 10 节，满载排水量 5097 吨，续航力 20 天。此后，由东德先后建造的 3700 吨级同型蒸汽机货轮“南海 155”“南海 156”轮投入营运。其主机功率为 1802 千瓦，营运航速 11 节，总长 102.78 米，两柱间长 95.84 米，型宽 14.40 米，型深 7.9 米，续航力 7200 海里。图 1–16 为“虎门”轮船员。

图 1–16 “虎门”轮船员风采。

三、部分港口的建设、管理和运营

新中国成立后，广东加强了港口建设。1953 年，省属的地方港口已有 42 个恢复了生产。广州黄埔、汕头、海口秀英、八所、三亚的 5 个沿海港口，1954 年前都先后恢复了港口生产，负责经营沿海、远洋及外国籍船舶的货物装卸和港务管理工作。湛江港是 1955 年国务院批准建设的新港口，1956 年建成 2 个万吨级深水泊位后开港，并正式对外国籍船舶开放，为广东省西部地区和广西、云南、贵州、四川的重要出海门户。这 6 个沿海港口，1954 年后转由交通部经营和管理，并由交通部列入国家的五年规划，直接投资进行新建和扩建。

（一）黄埔港

黄埔港位于广州市东南侧的珠江口内，与珠江三角洲河网及珠江水系相通，水路距广州市区 17 公里，公路 25 公里，港内铁路与广深线和京广线相连。黄埔港以广州市为依托，经济腹地除广东省外，还包括广西、湖南、湖北、云南、贵州、四川以及河南、江西等广大地区，是珠江三角洲以及中南、西南、赣南、闽南等地区的物资主要集散地和对外贸易的重要港口。始于 1938 年 6 月建成 1 座 400 米钢板桩顺岸式码头。同年 10 月日军入侵广州后，黄埔港便成为日军的华南后勤补给基地总站，接通了广深铁路吉山站至港内的铁路支线。1952—1954 年开始扩建，扩建了中级码头 100 米，增加了铁路专用线长度至 8338 米，发展了 72 台装卸机械。从 1950 年至 1956 年初，黄埔港一直是广州的一个沿海港区，由交通部广州区港务局管理。1956 年 1 月，交通部成立华南区海运管理局后，接管了黄埔作业区并成立了黄埔港务管理局，由华南区海运管理局代管。

（二）湛江港

湛江港位于雷州半岛东北部湛江市广州湾内，港外有硇洲、南三、东海 3 个岛屿作屏障，中间有一条长达 36 海里的航道与南海相连，水域宽阔，水深浪静，终年气候温和，沙泥积淤较少，2 万吨级货轮可以自由进港，5—7 万吨级油轮可以乘潮出入，是得天独厚的军事要塞和海运咽喉。港口通过黎湛铁路及公路可与全国铁路网、公路网相连，是中国西南各地出海的主要门户，又是中国通往东南亚、欧洲、非洲、大洋洲各国距离最近的口岸。

湛江港前称广州湾港，港市的形成最早始于宋代，到了清道光年间（1821—1851 年）

逐渐形成港口，达到“商船蚁集、舟车辐辏”的繁荣景象。1890 年，清朝政府批准了《广州湾租界条约》，在法国殖民者的统治下，港口建设很缓慢。至（1913 年）才在霞山建设了突堤式栈桥码头（3347 米）和堤岸式码头（232.7 米）各 1 座。抗日战争初期，南京、上海、广州和香港等沿海港口相继沦陷后，湛江港便成为中国唯一对外通商口岸，内地所需要的物资多由此转运。1943 年日军进占广州湾时，已是兵疲财乏，对这一地区进行了疯狂掠夺和血腥统治。

1945 年抗战胜利后，广州湾结束了法国 47 年和日本两年半的殖民统治，回归祖国，辟建为省辖湛江市。建市之初，国民党当局也曾雄心勃勃，试图建设深水良港和修筑铁路，并计划求助美国建设湛江大港和兴建由湛江为起点，经柳州、重庆、兰州、伊犁到欧洲马歇尔大道的铁路线。1946 年 5 月，国民政府行政院还派出中国工程人员组成计划团，陪同美国顾问专家到湛江勘察港湾海岸，成立湘桂黔铁路来（宾）湛（江）段粤境工程处负责建港筑路工程，编制了《湛江建港计划》。但是，当时政局动荡、统治腐败、社会黑暗，国民党又忙于打内战，经济陷入全面崩溃，编好的计划被束之高阁。直至 1949 年 12 月 19 日湛江解放，湛江市重获新生，孙中山建设南方大港的夙愿才有真正的起点。

新中国成立后，美国和国民党当局采取封锁禁运政策，并通过控制台湾海峡切断我国南北海运通道，从经济上扼杀年轻的中华人民共和国。为打破封锁，发展我国对外贸易和国内物资交流以及巩固国防，1953 年 12 月中央人民政府决定在湛江建设一个新的商港，与此同时，兴建黎湛铁路，并列入国家的第一个五年计划重点项目。1954 年 7 月，交通部派出设计人员对港址进行全面勘测；1955 年 8 月国家航务工程总局进行总体规划，完成第一次设计。1955 年 7 月 4 日，交通部部长章伯钧向国务院提交建设湛江新港的报告。同日，周恩来总理主持国务院全体会议第 14 次会议通过《关于建设湛江港的决定》，明确港口由我国自行设计、施工、建造。

之后，成立以交通部为主的湛江商港建设委员会，交通部副部长葛琛为主任，粤西行署主任王党、湛江市市长何鸿景为副主任，并迅速从全国各地调集 7 万多吨钢材、水泥、木材和各种各样建港设备。为配合港口施工，铁道兵司令员王震带领十多万士兵民工，开山劈岭，日夜奋战修筑黎湛铁路，仅 9 个月，铁路提前竣工。1955 年 7 月 1 日，全长 314 公里的黎湛铁路胜利通车，大量物资源源不断运进建港工地。1955 年 7 月 31 日，湛江港正式破土动工。湛江人民以当家做主的精神，全力支援港口建设：先后抽调 230 名干部，动员 1.1 万民工，组织 1000 多辆牛车和几百艘木船，提供 7.8 万根杉木竹竿、13 万条蒲包、200 万块红砖，在人力物力上保证施工需要。当时施工条件十分艰苦，而报酬却很低，但民工们没有怨言，以饱满的热情积极投身港口建设。

经过近一年的奋战，1956 年 5 月 1 日，新中国第一个自己设计施工的现代化深水商港——湛江港第一期工程投入使用。万吨巨轮——波兰“玛布切克”号首次驶进湛江港，开始了湛江港与世界的交流。

1956 年 12 月 19 日，交通部部长章伯钧向广州海运、湛江港务局发布湛江港开港命令，宣布湛江港自 1956 年 12 月 25 日起正式开港，标志着我国港口事业发展进入了一个新纪元。如今，湛江港发生了翻天覆地的变化，港口作业区不断扩展，设施日益完善，货物吞吐量一再飙升，建成了国家级枢纽港，并以“大、优、深”著称，成为全国十大港口之一。

湛江港建于极其困难的新中国成立初期，财力、物力、技术力量都非常缺乏，但湛江人民和全国人民同甘共苦，以大无畏的革命精神，自力更生，在荒滩上建起现代化的海港，显示了中国人民的智慧和力量，谱写了中国港口建设史上光辉的一页。

筹建阶段，毛泽东、周恩来等老一辈革命家，从选址到设计施工图亲自审阅。港口建成后，党和国家领导人更是频频亲临视察，指导工作。朱德、周恩来、董必武、陈云、邓小平、叶剑英等领导人先后到湛江视察港口。据统计，国务院副总理级以上的领导人有 80 多人到湛江视察，对港口的发展，寄予殷切希望。

新中国成立后，湛江港的管理体制几经变化。1950—1953 年，称交通部广州区港务管理局湛江分局，隶属广州区港务管理局领导，以后委托湛江市政府代管。1954—1957 年，由于建设湛江港，由交通部海运总局直接管理。1958—1960 年下放，与地方企业合并归省航运厅管理。1961—1968 年交通部收回，由广州海运局管理。

（三）八所港

八所港位于海南岛西海岸中部，北黎湾西南角上，面临北部湾东部海面。港口的地理坐标为 19°06′0″N，108°36′48″E。八所港址坐落在北黎湾海岸的平坦沙滩地带，陆域宽阔，近岸多为浅海，海湾开阔，浪静水深，近岸有一条带状与岸平行的由粗沙砾岩组成的离岸砂堤，当地称为“石龙”。港口西侧的鱼鳞洲为附近唯一的制高点，标高 44.2 米，是天然的信号台和观察台，从顶上可以纵观八所全景和几千米远的海上动静。港口东面为辽阔的海积平原，对城镇建设极为有利。港口北距北黎港（墩头港）仅 5 海里，此港已有几百年的盛衰史。

第二次世界大战中日本侵略者占领海南岛后，进行了掠夺性开采，石碌矿山作为战备的重要物资首先遭劫。日窒会社南方部主要负责人久保田丰从企业利益出发，认为石碌矿距离榆林 200 多公里，铺设铁路至少需要两年以上时间，而且还要花费巨大的资金。并且，在矿山开发过程中，需要由日本运送大量的物资和器材到矿山场地，在道路不通的情况下，这么远的距离，会给运输带来困难。而八所港距石碌矿仅 50 多公里，虽然运送物资器材建设新港有困难，但其线短，困难也容易克服，因此确定了在八所建港。

日本宣告投降后，1945 年 1 月，由广西开来的国民党军队进驻海南岛，接日本军队投降后的管理工作。不久，国民党政府在广州成立粤、桂、闽区特派员广州办事处，负责接收三省所有日本人留下的工矿企业。1945 年 11 月率石碌铁矿接收团一行 30 多人来到八所，开展接收石碌铁矿、八所港、石碌八所铁路和东方水电站等工作。

1950 年 5 月 1 日，海南岛解放。1950 年 5 月 4 日，昌感县人民政府派出工作人员抵达八所，同驻防昌感地区的中国人民解放军琼崖纵队南海部队第四团及田独、石碌铁矿员工等会面决定，由部队、县政府双方派人成立临时接管委员会，部队负责保卫工作，在上级未派人来之前暂时负责田独、石碌铁矿（八所港及从石碌至八所的铁路均属石碌铁矿统管）的临时接管工作。

5 月 5 日，即海南岛解放后的第四天，临时接管委员会接管了田独、石碌铁矿。随后，贴出布告，召回铁矿原有职工。几天后，离散在各地的职工陆续回矿。至 5 月 13 日，回矿报到的工人有 265 人，职员 34 人。这些职工均搬到八所居住，由昌感县人民政府发给粮食和菜金。5 月 19 日，临时接管委员会指定 101 名工人、14 名职员对物资进行清点和负责仓库的保卫工作。5 月 25 日将清点物资进行临时移交。由于临时接管委员会工作人员对工矿业务不熟悉，只是在形式上数一数，交接后即将所有的仓库、机房封锁，并规定由部队、县政府、旧职员工等三方面共同负保管责任，除非三方面主管人员同时到场，任何人不得进入仓库及机房等地。此后，各处严密放哨，以不受破坏为原则，等候上级派人正式接管。

在昌感县人民政府的工作人员抵八所工作的同时，即 1950 年 5 月 4 日，中国人民解放军海口市军事管制委员会宣告成立。5 月 13 日，军事管制委员会派出军事代表谢亚江和军管干事林勇、吴佑福等来接管海南铁矿局，办理接管事宜。7 月 18 日，正式任命谢亚江为海南铁矿局代理局长兼田独铁矿代理矿长。

1950 年 10 月 20 日，中南军政委员会工业部决定将“海南铁矿局”改名为“中南军政委员会工业部田独铁矿”，由工业部直接领导，同时任命陈全为代矿长，谢亚江、李民志为副矿长，开展恢复建设。

1955 年 2 月 12 日，“中南第一铁矿”改名为“海南铁矿”，下设矿山组、运输组、港务组。

自从 1952 年底党中央决定开发海南石碌矿山资源后，经过 3 年的充分准备，于 1956 年 1 月开始了规模巨大的石碌铁矿建设工程。第一期建设工程设计年产铁矿石为 110 万吨，总投资 354761 万元。

八所港码头的恢复与扩建工程是石碌矿山第一期建设工程中的重要项目。恢复与扩建后，要使八所港码头可同时停泊 2 艘万吨巨轮，并能同时装矿，装船能力每小时为 300 吨，年吞吐量 300 万吨以上。为此，国家投资 800 万元。

1956 年 1 月，根据上级提出的要尽快恢复八所港码头的指示精神，交通部派第一工程局的子刚、陈伯起、吕侦祥、郭道中、徐圣仪、李信甫、李连立 7 位工程技术人员对工程进行了勘测。

1957 年 1 月 28 日在交通部有关领导的主持下，在有海河运输局、航务工程局、基本建设局、电信局、水运设计院、航务工程局第一工程局、广州海运和海口港务局等 8 个单位参加的会议，对八所港的建设方针、建设规模及有关单位的分工做了明确分工。广州海运管理局负责在八所成立生产筹备机构，为开港工作进行准备，并负责和一局在施工中进行协作与监督。

1957 年 2 月 26 日，国务院三办与六办联合指示，八所港恢复建设工程的投资与建设任务由冶金工业部移交给交通部负责办理。由于八所港基本上属于专业性港口，其建设进度必须与海南铁矿的建设进度相适应，以利于矿石生产与出口运输相配合。广州海运在 1957 年 5 月在广州正式成立八所港筹备处。同时，任命吴晨光为筹备处主任兼党委书记。

八所港筹备处成立后，广州海运于6月8日，任命了八所港筹备处计财科、调度室、商务科、供应科、机械科、人事科、总务科、港务监督室等各科室负责人。筹备处定员为470人（包括干部、工人）。7月，筹备处从广州搬到八所港工作。8月，广州海运指示，将北黎港务所划归八所港筹备处领导。

1957年8月30日交通部和冶金工业部就关于八所港恢复建设工程进行了交接。根据先能让5000吨级轮船进港装卸矿砂的要求，经过一年零八个月的建设如期完工，交通部授权广州海运进行验收。1959年3月，八所港恢复建设工程全部移交八所港筹备处。8月，八所港被下放到广东省，由广东省航运厅领导。同时，“八所港筹备处”改名为“广东省航运厅八所港务局”。

第四节　恢复发展华南沿海客货运输

新中国成立后，随着我国社会主义建设事业的迅速发展，华南沿海区域经济也有相应发展，为海上运输提供了不断增长的物质基础。在这个新中国成立前只有300吨以下小型船舶经营的十分落后的海域里，广州海运职工施展了自己的智慧和力量，恢复和发展了华南沿海客货运输。到1957年底沿海矿砂运输兴起之前为止，已使华南沿海区间运输得到比较充分的发展。广州海运经营运输范围已分为广东沿海、穗港、中越三个部分进行专线经营管理，运输工作已初具规模。

新中国成立初期，广东的海上运输以省内沿海运输为主，而广东沿海又主要集中在广汕、广湛和广琼3条航线，并由招商局广州分公司船舶承担。随着广东的社会主义建设事业迅速发展，沿海货运量增加，从1950年复航至1957年，沿海运输共完成货运量660多万吨，平均年增长率为27.15%。所运货物比重较大的有：粮食占12.33%，原盐占11.82%，建筑材料占12.64%，煤占10.84%，木材占7.99%等。在此期间，货运量按航线划分：广东沿海占80%，穗港线占10.7%，中越线（1955年3月通航）占9.2%。其中广东沿海货运量按具体航线分：广州—汕头线占41%，广州—海南线占12.9%，广州—湛江线占14.2%，其他占31.9%。

1950年3月30日，招商局广州分公司与私营广大行合营穗港澳联运，从交通部材料储运总处借来“普罗”轮拖“302”“426”号铁驳装木材1000吨由穗驶澳，再由广大行租用香港摩拉公司的拖轮拖至香港，卸后在港装回煤1000余吨，首次冲破国民党军舰的封锁，进行货物运输。同年第四季度，国营轮总广州分公司租用外籍拖轮拖一条趸船，开辟广汕航线、穗港线，以自营、合营和代理三种方式组织运输。

1951年6月，人民轮总华南区公司以代理外轮业务方式，从大连、青岛等口岸把大批肥田料和豆饼等物资运到广州、黄埔、汕头。9月以后，华南区海运管理局开始统一组织货源，各公营专业单位按月向华南区海运管理局填送沿海物资托运计划。同时，将广州出口物资分为10等，基本改变了临时议价的现象，逐步建立广湛、广琼、广汕、广北（海）

等航线，以专业队伍武装护航，东线船舶实行夜间进出港、船舶调度严格保密，以对付美国和蒋介石集团骚扰。

一、以服务农业生产为主的货运

新中国成立初期，华南沿海大宗货源是粮食、食盐和建筑材料。1950 年，沿海总运量为 3.92 万吨（其中代理 1.15 万吨），其中港澳运量为 2.82 万吨（其中代理 1.05 万吨），从港澳出口运量达 1.86 万吨。粮食运量占国营、合营船队总运量的 35.9%，其次是食盐占 21.2%，再次是木材占 8.0%。

招商局广州分公司及时完成了抢运贮存在香港物资的任务。联合国对中国采取禁航禁运政策后，由香港转口的国外进口物资锐减，公司的船舶主要承担珠江口外轮的驳卸任务。

1951 年 9 月，经实地考察，可乘高潮将外轮直接引进黄埔港驳卸，华南区海运管理局又逐渐恢复了沿海运输业务。

1952 年 1—6 月，华南沿海船舶停航等货现象严重。下半年，高州、雷州及海南地区垦殖林场和公路兴建，建筑材料和机器设备运量增加，沿海货源逐渐增多。1952 年华南海运货运量达 50.6 万吨（未计港澳线运量），其中：食盐占 29.4%，其余依次是粮食占 18.6%、糖占 7.6%、石油占 5.0%、建筑器材占 4.9%。

1953 年，华南经济迅速恢复，物资交流活跃，沿海货运量增加。

1954 年，国营、合营船舶货运量、货物周转量比 1953 年分别增长 34.4%、42.0%。全年东货西运占海运总量的 61.9%，而西货东运只占 38.1%；基建物资和粮食占年度总运量的 37.3%。

1955 年夏，穗湛线基建物资运输任务重，东线则货源削减，又出现缺货停航的现象，全年大宗货源少，土特产及农副产品占多数，运销期时间性较紧，粮食运量所占比重较上年下降，往返货源不平衡。

1956 年一季度，华南沿海货源仍不足，二季度才逐渐上升，8 月份后，海南田独铁矿石由榆林港海运至湛江、黄埔港，中转铁路北运鞍钢。1956 年下半年，黎湛铁路和鹰厦铁路通车后，华南沿海货运发生了变化：历年华南海运集中于广州、黄埔两港，该年度区间运输扩大，各港间物质直接对流量增加，湛江港中转业务迅速发展；广州、湛江两港对西线（包括中越线）进出口运量比例由 1955 年的 69 ∶ 31 改变为 42 ∶ 59，由于中越线增加了从越南出口的磷灰土、田独铁矿石的内运及其他各港口出口货物的增加，使历年西南线去程货多、回程货少的情况变为回程一般都能满载；相反，由广州、黄埔、湛江港出口去程空放、半载的情况增多，广州、黄埔满载出口航次数只占七成，湛江重载出口航次仅占二成九。

1957 年，八湛、八埔线海南石碌铁矿石运输兴起，并成为稳定货源。至 20 世纪 80 年代初止，八埔、八湛线仍是广州海运局沿海矿石运输的主要航线。

二、航线以广东沿海为主

新中国成立初期，国营及私营航运企业陆续恢复华南航线。1950 年 1 月 28 日，私营

“新德利”轮（195 吨）首航广汕线。同年秋，海南岛、万山群岛和南鹏岛等主要岛屿相继解放，招商局广州分公司先后恢复了广琼线、广湛线以及广州至乌石、博贺、沙扒自然小港的航线，完成了支前和粮盐运输任务。9 月 25 日，广州联安船务公司“华龙”轮首航广榆（林）线。同年冬，国营轮总广州分公司恢复了广汕线和广州至阳江、闸坡至阳江、江门至海口等航线。自 1951 年起，国营轮总广州分公司 / 人民轮总华南区分公司逐步建立沿海航线。同年，侨运轮船有限公司 1 艘轮船航行广州—江门—水东—湛江线。上海大达轮船公司“长江”客货轮临时开航，恢复了广琼客运航线。1952 年下半年，公私合营民生轮船股份有限公司“民俗”轮以近岸航线首航广湛线成功，为高州、雷州及海南地区筹建垦殖林场与公路建设提供了运输工具。其时，广琼线、广湛线上相当一部分是江船，结构比较弱。根据江船的特点，广湛线航线是出虎跳门、大西水道，经上川岛及下川岛，过南鹏列岛北、闸坡岸南，顺岸直驶大放鸡，尔后经硇洲岛北入湛江港；广琼线则绕硇洲岛内侧，进入外罗门水道，横穿琼州海峡，进入海口港。整个航程中，仅有大放鸡至硇洲一段距岸大于 20 海里。但江船出海由于安全问题始终引起争议。

1952 年，华南区海运管理局的业务重心转入沿海运输，有主要航线 8 条（广州—汕头、广州—汕尾、广州—湛江、广州—海口等线），次要航线 14 条（广州—榆林、广州—三亚、广州—闸坡、广州—清澜等）。

“一五”期间，广州海运局营运的华南货运航线达 97 条，其挂靠港口有：广州、黄埔、汕头、汕尾、乌石、清澜、海口、博贺、北黎、榆林、三亚等。由于台湾当局及外国武装力量干涉，华南航线船舶必须实行武装护航或近岸航行。在海上形势紧张时期严格控制船舶航行密度和到达港口密度。1956 年 5 月，在海军同意和支持下，广州海运局修改广琼、广汕线，由近岸折线航行改为直线航行，广琼线缩短航程近 40 海里，广汕线不湾泊汕尾而缩短 9 海里，且在珠江口及汕尾、汕头段不必夜航，可节省半天非生产停泊时间。同年，广州海运局经勘察增辟了拦子根、西牛角、企沙等自然小港的盐运航线，解决了原盐运输积压问题，开辟了西沙群岛至广州、汕头、海口等地的鸟粪运输线。1956 年 5 月，穗琼、穗湛客班线开辟。8 月，50 客位代客轮“南海 183”轮投入湛江—海口—北海线，因客源不足而于 1957 年上半年停航。1957 年 5 月，八湛线开辟；6 月，八埔线开辟。

由于海峡两岸尚未统一，因而这一时期，南北不通航，运输生产有以下特征：

（1）航区范围狭窄，航线短，自然港口多，浅水港多，零星杂货多，大宗货少，载重 2000 吨以上的船舶使用率和航行率都受到限制；

（2）货种、货流变动大，季节性差异也大，历年之间和年内季节之间固定货源少，不平衡性突出；

（3）黎湛、鹰厦铁路通车后，闽西、闽南和湛江专区北运南下的物资，甚至部分海南、汕头专区的物资不再由广州转口。前后期货流分布有较大变动。

这一时期货运量按航线分列如表 1–8 所示。

上述统计数字表明，这一时期广州海运经营海域以广东沿海为主，而广东沿海又主要集中在广汕线和广湛、广琼线这 3 条航线上。

货运量按航线统计 表 1–8

广东沿海		533.4 万吨	占 80%
其中按具体航线分列	广（埔）汕线		占 41%
	广（埔）琼线		占 12.9%
	广（埔）湛线		占 14.2%
	其他		占 31.9%
穗港线		70.7 万吨	占 10.7%
中越线		55.9 万吨	占 9.2%

三、改进货源组织工作

新中国成立前，因广州海运业经营分散，船公司较小，交通、通信比较落后，船东多采用招贴、找熟人洽谈介绍货主和刊登广告等形式组织货源。新中国成立后，交通部确定华南沿海航线和沿海南北航线由广州海运经营，初期主要由国家下达指令性运输计划指标，没有开展经济调查、货源组织工作，不了解华南各地土特产的产供销情况。在这种管理体制之下，存在等货上门和向上级要货的现象，致使 1954 年第二季度一开始即因货源缺乏而运力“过剩”。

1954 年 4 月，在交通部领导下，广州海运局制订了货源组织措施和方案，成立货源工作组开展经济调查，积极收集货源资料。当年共组织 4 次，由广州海运局商务科和有关科室及港务局抽调干部，先后分赴粤东、闽南、粤西、桂东、海南岛等地，争取到汕北地区原租用外轮承运北上的土特产、副食品等杂货，和闽南地区原由小机帆船直接运穗的粮食等货运业务，改由海轮运穗，中转铁路北上。共组织货源近 30 万吨。这样既减轻货主的运费开支，又扭转了货源缺乏、船舶停航等货的局面。

1956 年加强了货源组织工作。当年组织两次较全面、系统的经济调查和一次货源复查工作，掌握了华南航区大宗货类的产销情况及运输流向，组织了包括汕头坑木和粤东地区的盐、黄埔运往汕头的化肥以及广州运往海口的粮食等，共约 20 万吨货源。此后，陆续进行了几次调查组织工作，但主要局限于广东省内，效果不显著。

1957 年上半年货源比较充沛，尤其第一季度的货源较多，占上半年计划货源的七成。下半年实际从 5 月份即开始，货源逐渐下降，幅度也比较大。于是，出现了与往年有所不同的淡季转旺、旺季推迟而且旺季时间缩短的特殊现象，但在客运方面是比较正常的。1957 年是第一个五年计划的最后一年，由于我国第一个五年计划全面超额地提前完成，第二个五年计划还未确定下来，所以货源大量集中在 1956 年下半年和 1957 年第一季度交运，于是造成第一季度运力紧张，不得不租用一部分外轮。另外，还得到一部分海军船舶的大力支援，才将物资积压、运力紧张的情况缓和下来，完成了上半年的运输任务。下半年（实际上是从 5 月份）即开始进入了淡季，货源大量减少，由于第一个五年计划提前完成，第二个五年计划规定的物资尚未确定，所以也不能开始运输。另外，从越南进口的货物和榆林、八所港的内运矿砂，以及销往香港的煤受到进口煤的影响，出口大量减少，造成下半年部分运输工具因无货暂时停航，致使货运量、货物周转量均未能完成计划。

在商务工作上，广州海运曾经采取了一系列措施来争取货源，先后召开过两次全区性的商务工作会议。第一次在 1957 年 3 月召开，主要内容是大力改进和加强组织货源工作，从健全组织货源机构、充实干部力量着手，广州海运局和各港随即派出大批干部深入贵州、广西、福建、江西等地，并派员长期驻在北京，以及越南进行组织货源工作。这些措施保证了 1957 年上半年运输计划的超额完成，对第二季度淡季争取货源、减少运力浪费方面起一定的积极作用。在深入腹地组织货源工作上也获得一定的经验，如结合经济调查进行海运业务宣传，通过算细账，替货主策划经济合理运输路线，使货主认识到海上运输有量大、价廉、迅速、安全等优点，并乐于把货物交由海运。通过这次努力组织的新货源约有 7 万余吨。这一生动的事实对进一步开展组织货源工作树立了一个较好的范例。

1957 年，广州海运局在组织平衡交运工作上也做了不少的努力，特别是在第一季度各种物资大量交运的情况下，除积极采取措施增加运力外，同时还按照物资的轻重缓急，认真做好疏运工作，及时完成了春节市场供应物资和季节性物资的运输，基本上满足了人民的需要，因而获得了物资部门的好评。在下半年出现淡季缺货时，各港又大力组织各项物资的提前交运，并继续深入开展组织货源工作，挽回了一部分落空货源和挖掘了一些新货源，弥补了一部分计划内落空的货源。大力协助八所港解决装矿方面的困难，增加了矿砂运量。同时，减少了无货停航的船舶，特别是避免了华南载重量最大的“南海 160”轮停航损失。

1957 年广州海运局在组织客源工作方面亦作了一系列的改进，如各港均设售票站，与市内各旅店订立代售客票合同，并建立电话订票送票的办法，客运工作人员除密切联系客源较多的单位外，在暑假寒假期间，深入市内和郊区学校售票。同时，还印发海上客运手册、日历、班期票价表，张贴各种宣传画，建立广告牌等，对船岸设备亦积极加以改进，保证了旅客的安全和舒适。特别是加强了船舶服务人员的教育，改进了对旅客的服务工作，得到旅客的表扬。这些措施对争取客源，超额完成客运任务都起着重要作用。

四、不断提高客运质量

华南客运是 1951 年底到 1952 年初恢复的，当时是由私营的民生公司广州分公司和大达公司客货轮承运的。1951 年底，“长江”轮临时开航，私营货轮同时搭客，恢复了华南海上客运。1952 年下半年，公私合营民生公司广州分公司客货轮江轮投入了华南海上客运。1956 年社会主义改造高潮中，广州海运接管了民生公司广州分公司的船只，统一管理港航两方面的业务，私营航业合并入广州海运，客运业务也随之转由广州海运经营，客运工作有了长足的发展。沿海航线除原有穗港、穗琼两线外，又根据旅客需要，在 1956 年 8 月份开辟了港—琼—北海线。当时，穗港线由“新发”轮担任，穗琼线由“石门”“祁门”两轮担任，湛—琼—北海线由“南海 183”轮担任，营运里程 916 海里，参加营运的客货轮共 4 艘 4246.56 总吨，基本上做到定线、定航和定期，保证了安全运输。到 1956 年共完成客运量 288574 人次。

这一期间，客运量曾两起两落。1953 年，高州、雷州半岛、海南地区的国防建设和农垦兴起高潮，广东省内各县组织大批农民前往，民生公司广州分公司动员全部客货轮 4 艘和登陆艇 2 艘，组织突击运送大批军工和垦殖工人前往，出现第一个客运高潮，全年华南沿海客运量达 8.77 万人次，比上年增长 3.5 倍。1954 年到 1955 年，华南农垦局压缩垦殖规模，海南基建工程基本结束，大批工人陆续回流，海上又出现军事紧张局势，不少军、公单位限制公差人员取道海上，因而出现客运低潮。1956 年，海南垦殖工作再度兴起，海上客运又出现新的高峰。

旅客运输量如以 1953 年为 100%，则 1954 年为 90.7%，1955 年为 56.7%，1956 年上半年为 1953 年同期的 119.7%。历年客运量虽然起落不定，但从总的趋势来看，突击性的任务已相对减少，旅客流动情况逐渐趋于正常。

港口方面，由于客运业务的迅速开展，除原有广州、海口、湛江等港客运站外，1956 年在黄埔港设立了新客运站，配备专职干部办理客运工作。广州客运站在市中心区新堤 192 号设立售票分所，减轻了旅客排队购票和长途跋涉的痛苦，旅客称便。

华南客运工作在各级领导的支持和船岸客运工作人员的不断努力下，改进了旅客服务工作，保证了客运安全，未发生任何严重事故，后期还实行定线定船定期，不断改善客运服务质量，为华南海上客运日后的发展奠定了基础。特别是从 1956 年第一次商务工作会议和客运工作会议以后，船岸客运工作人员都比较明确地认识到客运工作是为人民服务的最具体最直接的体现，在安全方便舒适的原则下，逐步贯彻了中央颁布的客运规章制度，初步解决了以下问题：

第一，加强和充实了组织领导。根据第一次商务工作会议的决议，首先在广州海运商务科设立客运组，由仅有的 1 个客运干部增至 4 个干部，通过每月一次月度运输会议，初步加强了对客运工作的领导。其次，针对各港客运站的混乱落后情况，要求各港克服干部调动频繁现象，逐步配足干部和工友，选拔了适当干部担任站长。1956 年 9 月客运工作会议建议广州、海口两港客运站改归业务副局长直接领导，以提高工作效率（湛江港已实行）。经过半年的整顿，各站的组织机构已经逐渐充实。各站站容有了显著的改变，特别是广州和湛江的客运站能够逐步做到比较整齐清洁，给旅客较好的印象。

第二，贯彻班轮定线定期定点。第一次商务工作会议上批判了不重视准班准点的思想作风，批判了那些认为华南气象特殊、不能准班准点的思想。经过反复研究出班期，公布实行之后，基本上已经做到准班准点，克服了客运班期混乱不准的缺点。这不但便于旅客熟悉班期，更好地安排行程，而且企业内部工作也逐渐走向正规。

第三，充实了客运站的设备，改进了客运站的服务工作。广州和湛江客运站都整理了候船室，增添了座椅，添置了图书杂志，设置了茶水、盥洗、广播、风扇等设备，配备了专人负责清洁卫生和搬运行李工作。广州客运站与有关单位沟通协调，将三轮车站移到黄沙码头门口，方便旅客上下船，减轻旅客携带行李步行过远的痛苦。在公布班期以后，各港先后取消了换票办法，改为直接售票和预售下一个航次客票，减少了旅客订票之后再换票的麻烦。联系军区取消了边防检查站的查船制度，放宽了军人乘船的限制。各港取消了售票前查验旅客证件的手续，穗琼两港办理了电话订票退票工作，简化了售票手续。各站在组织运送集体旅客时，能够与有关单位密切联系，协助计划分批上下船，分配舱位，代为解决食宿问题，获输送单位的好评。

第四，船上的服务工作进一步改善。各轮认真贯彻上级颁布的客运手册规定，分批训练旅客服务员；增加了统舱通风设备和客舱设备；整顿了小卖部的业务，增加品种至 50 余种；客膳方面也颁布了质量并重的规定，由每天两餐改为每天三餐。

安全卫生方面，除增添了救生筏等安全设备外，还遵照上级的指示在船站间开展了夏令客运清洁卫生运动。各轮在这方面做得比较好，为旅客上下船的扶老携幼，船上的晚间值班以及护士及时照料晕船的旅客，嘘寒问暖，随时清扫呕吐物等。为了满足旅客及文化娱乐的需要，根据客运工作会议的决议，各轮普遍增添了图书唱片。特别是“石门”轮的广播，按照一定的内容有规律地在航行中随时介绍沿途各地风景名胜和物产情况，不但缓解了旅客旅行中的寂寞，还有助于激发旅客的爱国之情。

表 1–9 为 1951—1957 年广州海运客运量统计表。

1951—1957 年广州海运客运量表（单位：人次）　　表 1–9

年度		1951 年	1952 年	1953 年	1954 年	1955 年	1956 年	1957 年
合计		3238	19593	87716	65553	40955	71519	62203
国营		576	5427	4538	1800	16	19392	62203
公私合营			2955	73707	63709	40939	52157	
其中	民生		2955	67708	57172	31987		
	上海			5999	6637	8592		
	广州					3		
私营		2662	11211	9471	24			
其中	上海	393	8698	9362				
	广州	2269	2513	109	24			

注:（1）公私合营中，“民生”指“公私合营民生公司广州分公司”；“大达”指“公私合营上海大达船公司”；“广州”指“公私合营广州轮船股份有限公司”。

（2）私营中，“大达”指“上海大达船公司”；“广州”指“广州轮船股份有限公司”。

五、开辟中越航线

1945 年，胡志明主席领导的“八月革命”宣告越南民主共和国成立。独立后的越南人民面临的是长期战争造成的巨大创伤，急需各种紧急救援物资。而我国华南地区的煤炭可供出口。中越是两个年轻的社会主义邻邦国家，由于和平的恢复，中越双方的正常贸易往来显得十分必要。中越两国水陆相通，可以舟车并举，而水运则最适宜于粮食、煤炭等大宗货物的运输，当时海上运输航线的开辟正适应这种需要，也是发挥海上运输的优势。

中越航线开辟于 1955 年 3 月，是新中国成立后由沿海航线发展而来的第一条国际海上运输航线，其任务全部由广州海运承担。

作为一项国家政治任务，广州海运经过周密的准备，开辟了中越之间的海上运输航线，承运援越救灾粮食。1955 年 3 月，“南海 174”轮满载援越大米 2023 吨，首次抵达越南民主共和国清化省马江口，成为新中国去越南民主共和国的第一艘海轮。马江口卸货条件很差，没有详测的海图，还有拦江沙，退潮时几乎露出水面，在高潮时，只能通过载 20 包大米的小艇和渔船。“南海 174”轮边测深边前进，才到达越方指定的卸货锚地。“南海 174”轮到达后，得到越南清化省党政部门的隆重接待。船员应邀上岸，越方组织了小型仪仗队和各界代表列队欢迎，还组织船员参观游览了清化省城和著名风景区。4 月，“南海 169”轮由广州首航越南万华港。5 月，“南海 175”轮抵达越南海防港。在港外，越方以两只武装小船一前一后接应保护，进港后在码头上同样得到越人民军战士、工人、妇女、少先队员们高歌鼓掌热烈欢迎。卸货期间还组织茶话会和中越友谊晚会，加深了中越两国人民之间的友谊。

越南人民从法国殖民者手中接管了其北方最大港口海防港后，1955 年 7 月，广州海运“南海 175”轮满载 2000 吨大米首航该港。8 月，船抵达该港涂山引水锚地后，我国驻越南商务参赞和越南引水一起上船，引领进港，并受到码头上三千多群众热烈欢迎。人们手持鲜花，敲锣打鼓，隆重地举行了中越通航典礼。海防市政府宴请“南海 175”轮全体船员。“南海 175”轮成为海防港接待的第一艘外国船舶，也标志着中越航线正式通航。

1957 年 8 月，应越南民主共和国要求，“南海 158”轮开辟了海防—香港航线，承运越南出口香港粮食、水泥等物资。1957 年 8 月 4 日，根据中越两国海上运输协定，广州海运在越南海防设立了业务代表。1959 年，我国驻海防领事馆撤销，驻海防的业务代表升格为中华人民共和国驻越南民主共和国海防航运业务办事处主任。1962 年 12 月 5 日，中越两国在北京签署了《中华人民共和国和越南民主共和国通商航海条约》，并于 1963 年 2 月 15 日生效。

中越通航初期，广州海运除运去粮食外，还承运水泥、钢材、食糖等越方急需物资，回程货则是少量土特产。1955 年 10 月，广州海运船舶首航越南锦普港装运煤炭回国以后，越煤进口量迅速增加，磷灰土从 1956 年开始也大量进口，使这一航线迅速发展，逐步成为中越之间的重要贸易渠道。1956 年，中越线货运量占广州海运局年货运量的 20%，往返运量比例变为 12 ∶ 88，成为广州海运经营的主要航线之一。1957 年因中越线煤炭运量减少，该线货运量降至广州沿海年货运量的 11%。

这一时期，中越两国之间的海上运输基本上是单边的。其立法程序和相互之间的业务联系协议也是通航后才逐步建立和完成的。当时，广州海运受交通部的委托代表中方参与了有关事项的草签、准备等工作。通航后第二年 3 月，双方在广州签订了代理业务协议书，开始建立起相互代理关系。1956 年 12 月 20 日，根据中越《关于两国间海上运输的协定》，双方在河内签署《关于相互之间业务联系问题的谈话记录》。这一工作文件，具体明确月度船舶计划、船舶抵港预确报、揽货、派驻业务代表、船舶修理年度合约、船舶防台避风锚地等细节。该记录载明越方决定对广州海运船舶开放龙岛附近锚地和蛤蟆湾锚地为避台风锚地。

1957 年夏天，在广州重签两国船舶代理协议，完善了双边代理关系。同年 8 月 4 日，根据两国间海上运输协定，在越南海防设立了交通部广州海运管理局驻越南海防业务代表，由王鸿义任第一任代表，密切了相互之间的业务关系，促进和推动了航运业务发展（图 1–17）。

图 1–17　交通部广州区海运管理局驻越南海防业务代表、第一任主任王鸿义（后排左一）与越南相关领导人员合影。

1957 年下半年，经中越两国政府协商同意，广州海运局在这一航线上组织了云南省进出物资利用铁路从越南过境，再由海轮从海防港运到黄埔港中转到全国各地的过境运输。经由过境运输线运往云南昆明的物资主要是百杂货，由昆明运出的主要是磷肥，共运输物资约 2 万吨。当时云南省和国内其他地区的经济联系情况是物资运输十分困难，中越双方有关运输设备能力尚未充分利用，如海防港的装卸工人经常没有工做，生活来源没有着落，其中不少是华侨，靠我救济，因此过境运输有利于两国各自的利益。

1958 年初，根据双方政府签订的《关于中华人民共和国物资在越南民主共和国过境运输的议定书》，广州海运与越南交通邮电部水运局签订了该议定书实施细则，为组织此项工作铺平了道路。广州海运除了在北京和海防派有驻扎人员外，还在云南省昆明设立办事处，以加强业务联系和沟通情况。广州海运根据这一协议在中越航线上成功地组织了海上竹拖运。云南省红河边生长的竹子砍伐后，扎成小排沿江河流放，穿过国境，在海防港红河上游汇集后再扎成适合海上拖带的 3000 立方米左右的大型竹排，由“南海 180”或“南海 181”轮接拖，从海上运回黄埔。后因运输里程长、环节多、货源不足和货运质量欠佳，长途流放竹排腐烂损耗多，在 1958 年扎运 3 个（约 10000 立方米，37 万多根）后中断。加上 1958 年国内出现“大跃进”，沿海货源大量增长，广州海运运力紧张，这条理想的运输路线未能发挥应有的作用。

开辟中越航线不仅使广州海运长期在港内停航待货的全部船舶恢复了运输生产，而且将越南鸿基的优质煤源源不断地运到严重缺煤的广东。从每年开始的几万吨发展到每年几十万吨、一百多万吨。这条航线的年运量直线上升，已占广州海运运输量的半数以上，从而使广州海运货运量、周转量成倍增长，经济效益大幅度提升，开创了华南水运的新局面，有力地支援了广东的经济建设，也使广州海运结束了每年依靠国家财政计划补贴过日子的时代，1955 年就向国家上缴利润。

六、恢复建设时期的“开荒牛”

恢复建设时期（1949—1957 年）的广州海运人，是艰苦创业的第一代，是令人尊敬的“开荒牛”。从 13 条船的船员毅然起义，由香港回归人民怀抱，到 50 年代冲破美国与国民党武装封锁，打开华南东部航线，他们的爱国奉献精神、艰苦奋斗的创业精神、战风斗浪的大无畏精神，为企业的发展留下了一笔不朽的财富。张玉华、谷源松、何炳材是他们的杰出代表。

（一）张玉华的“五个硬仗”

张玉华，1913 年 10 月出生在广东省宝安县沙头角沙井头一个贫苦家庭。14 岁在香港九龙黄埔船坞当学徒。1935 年，参加了香港的革命团体——大众俱乐部。1939 年初，加入中国共产党。同年 2 月，他被保送到中央党校学习，经越南海防转广西、重庆、西安，于秋天抵达革命圣地延安。

早在 1945 年 8 月 15 日日本投降时，在晋绥分局党委书记林枫带领下，张玉华参加了接管东北工作。到达沈阳后，旋即由东北局派往旅大地区党委组织部工作。

1949 年，正值人民解放战争激烈进行之际，华北各地急需各种物资支援人民解放战争。香港地下党组织租用外轮，满载物资，秘密绕道日本海开赴华北。这些物资必须及时抢卸。在这紧急关头，东北局决定派张玉华前往营口港进行恢复、开港和抢卸物资工作。经过一番艰苦努力，终于顺利地完成任务。大约在五六月间，即赴长春集中。稍事整训后，由朱光带队，随军南下，九月间达江西南昌。南昌会议后，获悉国民党要破坏广州。为了做好接管准备工作，党中央命令朱光、张玉华一行必须以最快速度、不怕牺牲精神抢救广州，把损失减至最低限度。于是日夜兼程，跋山涉水，终于在 10 月 17 日到达祖国南大门——广州。当时他们分别住在广州爱群酒店和新亚酒店内开展工作。

1949 年 10 月 22 日，年仅 36 岁的张玉华手持广州市军管会叶剑英主任签署的接管令，来到广州市沙面复兴路 18—20 号招商局轮船股份有限公司广州分公司的办公楼宣布军事接管。刚解放的广州，海珠桥已被国民党军队炸毁，市面一片混乱，冷枪四起，到处有打、砸、抢。国民党在败退时，把船舶、资金、物资统统撤走，招商局广州分公司此时已成了徒有虚名的空壳子。对于张玉华而言，招商局广州分公司接是好接，可管却不好管。公司困难重重，人员不能遣散，不仅要通过员工的努力解决生活、就业问题，还要为支援前线和建设新中国贡献力量。

招商局广州分公司与国内外有着广泛的联系，是反对美国和蒋介石集团封锁禁运的前哨站。张玉华知道自己肩上担子的分量，更知道国家的困难。他没有向国家要一分钱的开办费、接收费，立刻投入紧张有序的工作，带领并依靠 200 多名职工连续打了“五个硬仗”。

第一仗是稳定队伍。1950 年 5 月，公司奉命进行整编，由张玉华担任招商局广州分公司经理（图 1–18）。他走马上任遇到的第一个难题就是员工的薪酬问题。原招商局员工待遇极为优厚，原经理唐文敬每月薪金 3000 余港元，这个数字在当时来说是相当高的。解放初期，百废待兴，财力匮乏，照原来的薪金支付是不可能的。张玉华根据部队供给制的原则，结合公司经济能力和广州市内各单位的薪酬水平，建议经理薪酬暂按 8 担米支付。叶剑英主任听取汇报后关切地问：“这样改行不行？能不能把这些人稳住？”张玉华同志说：“8 担米是目前广州的最高薪酬了，行不行都得试一下。”得到叶剑英主任首肯后，张玉华同志耐心地做思想工作，说明国家有困难，大家要同舟共济，并以自己生活朴素、艰苦奋斗的实际行动教育广大员工，每餐也只吃一菜一汤，每月的报酬不到一担米，这一切使唐文敬敬佩进而表示理解政府的困难。唐文敬的薪酬问题解决了，其他员工的薪酬问题也就迎刃而解了。不少职工动情地说：“国家困难至极，政府还这样关心照顾我们，我们一定要搞好生产自救，积极支援前线。”

图 1-18　接管招商局轮船股份有限公司广州分公司的军管代表（曾任广州海运局第一副局长、代局长）张玉华向企业后辈讲述接管情况。

第二仗是支援前线。在人民解放军解放万山群岛时，招商局广州分公司为了支援解放桂山岛的战斗，动用了“普罗”号拖轮带“铁驳 105 号”等船舶上前线。拖轮在榕树头附近不幸被敌炮击中，船上接管代表叶成章光荣牺牲。在战斗中，船员们毫无惧色，英勇奋战，前赴后继。“铁驳 448 号”因支援前线工作出色，参战的卢荣等 4 名船员分别获得劳动模范奖章和锦旗一面。

第三仗是恢复生产。1950 年 1 月，遵照人民政府关于“企业都要自力更生”的决定，张玉华组织员工千方百计恢复生产。首先是采用拖驳运输的方式，先后恢复了穗澳线和穗梧线的水上运输。驳船“利 105 号”是一艘大铁驳，没有舵，方向不灵，容易失去平衡，船员们就想办法，用大竹箩串挂在船侧，保持船身平衡，把驳船利用起来参加运输。接着又与私营广大行联运，借用“普罗”号拖轮带铁“驳 302 号”和“驳 426 号”，由穗装木材运至澳门，再由广大行租用香港摩拉公司拖轮拖航至香港，从香港装运煤炭返穗，用这种方式冲破了敌舰的封锁，实现了内外运输交流。直到 1950 年 7 月，招商局广州分公司克服了重重困难，开辟了西至阳江闸坡、东至汕头的沿海航线，组织了由电白水东镇汽车运盐至三埠，转拖轮驳运至江门的水陆联运专线，还增辟了西江各地的短线运输。新中国成立以后，沿海的万山群岛、南鹏等岛屿又以合营或代理方式，组织了穗琼、穗湛及广州至各小港航线运输。自此，终于打开了生产局面，较好地完成了国家下达的运输任务。

第四仗是起用人才。新中国成立初期，技术人才十分缺乏。为了抢运国家急需物资，张玉华主张相信群众、人尽其才，对急需任用而又有争议的技术人员，力排众议，加以任用，甚至大胆破格提拔。为了到香港抢运物资，他任命了刚从学校毕业、年仅 19 岁的谢理浩任船上大副，并且为躲避香港方面盘查，在证书上把他的年龄写成 23 岁。原国民党海军人员王握，有航海知识，人也能干，被任命当船长。

第五仗是重组公司。招商局广州分公司经历了解放战争的洗礼，不仅为解决人民物质生活提供了必要的运输服务，为稳定解放初期的南粤大地做出了贡献，也为滞留在香港的招商局船舶起义和民生公司船舶的北归提供了返回的基地。经过社会主义改造，公私合营时公司已拥有 9 艘客货轮和 8 艘货轮，这些船舶成为华南沿海水上运输的重要力量，是公司早期创业报效祖国、发展海上运输的物质基础。

（二）谷源松："起义先锋"与"开航先锋"

谷源松，1911 年出生在山东威海市一个贫民家庭。15 岁在威海义源德商店做学徒。19 岁经同乡族兄介绍，辗转流离到香港英军"白威克"号和"朱德威"号上当杂役，后在大连永源公司、烟台惠通公司和招商局的多艘海轮上，从水手、实习生直至晋升为代理船长。

新中国成立初期，香港招商局和所属 17 艘海轮（其中 13 艘返抵广州）响应祖国的号召，毅然宣布起义，回归投向人民怀抱。亲身经受"三座大山"重重压迫的谷源松，心头早已燃起革命火种。他作为"民 302"轮船长，接受香港地下党组织的任务，积极筹划起义斗争，担任护产纠察大队长。1950 年 7 月，谷源松不怕蒋介石集团的威胁阻挠，以大无畏的英雄气概，奉命将"民 302"轮首先驶回广州，于 14 日上午抵达广州江面，受到广州各界人民群众的热烈欢迎，大大鼓舞了广大起义船员的斗志。此后，交通部授予"民 302"轮以"起义先锋船"的光荣称号（图 1–19）。1950 年 7 月，他再次将"民 302"轮驶返香港，打开了通往祖国南大门的航道，有力地粉碎了蒋介石集团当局散布的"'民 302'轮已被炸沉"谣言。为此，香港招商局经理汤传篪向谷源松船长赠送奖旗（图 1–20），给该轮每个船员赠送荣誉花以及印有"开航先锋"红字的运动衫一件，宣布记大功一次。这次起义斗争，受到毛主席、周总理的高度评价和嘉勉，写下我国海运史上光辉灿烂的一页。

图 1–19 "民 302"轮起义船员获嘉奖。

图 1–20 "民 302"轮船长谷源松。

谷源松回归后，继续发扬中国海员的光荣传统，积极奉献，不怕牺牲，为恢复和发展国家的航运事业做出了不朽的贡献。

1953 年 11 月 1 日，一场 12 级以上的台风袭击了海南岛北部及海口港外的船舶，港内半数以上的船舶被击沉或卷到岸上，而在船长谷源松沉着指挥下的“南海163”轮则安全无恙。台风到来之前，谷源松船长动员全体船员坚守岗位投入抗台斗争；他着手制订抗台的应急措施，并同政工干部、驾驶员等深入各部门和关键部位督促检查落实，鼓舞大家以人定胜天的高昂斗志做好各项抗台组织工作，终于化险为夷，确保了船舶安全。为此，“南海163”轮荣获广州海运局授予“战胜台风模范船”的称号。此后，在1955年，“南海163”轮又连续遭到8至10级台风4次侵袭，均没有任何损失，因而多次获得交通部的表扬。

1955年1月19日，4架台湾国民党飞机轮番向停在汕头港的“南海163”轮俯冲、投弹、扫射，当时船上中弹八枚，二、四舱被燃烧弹击中起火，两颗炸弹在报房附近爆炸，高射机枪手和副射手光荣牺牲，两位船员受伤，情况非常危险。在这样的情况下，谷源松船长第一个冲到关键战斗岗位上，镇静地指挥船员与敌机作战。在战斗间隙中，他带领全体船员投入灭火和抢修被炸毁的设施。当飞机再次多批轰炸且又有几位船员受伤的危险时刻，谷船长又冲到甲板，替右舷机枪手托弹链。在战斗中，谷船长胸腰和臂部多处受伤，两次被炸弹的气浪震昏，耳鼓膜被震破，仍然坚持在战斗指挥岗位上。他的顽强意志鼓舞了更多的船员参加战斗，顶住了飞机前后共30架次的轮番轰炸和扫射，创造了商船用少数武器打中一架飞机的战绩，用鲜血和生命保卫了国家财产。交通部根据谷源松对敌斗争的英雄事迹，授予他“一等劳动模范”“特等功臣”的光荣称号，并授予“南海163”轮以“南海英雄船”的光荣称号。1956年，谷源松光荣地出席了全国交通先进生产者代表会议，受到毛主席的亲切接见和慰问。

严峻的考验证明，谷源松不愧是人民的好船长、好海员，忠诚的无产阶级战士。1955年3月，谷源松加入中国共产党；先后当选第一、二、三、四届全国人大代表，广东省党代会代表，并多次被评为部、省、局级先进生产者，成为华南海员队伍中一面永不褪色的旗帜。图1-21为徐祖远总经理为谷源松船长铜像揭幕仪式致辞。

图1-21　1999年10月22日，广州海运在企业历史荣誉室举行谷源松船长铜像揭幕仪式。徐祖远总经理致辞。

（三）何炳材：拳拳爱国心，殷殷航海情

何炳材1912年5月出生于广东省番禺县沙湾镇。在小学读书时，他对地理和历史课有浓厚兴趣。由于朝政腐败，教师讲到晚清丧师辱国和割地赔款时，他感到十分气愤，民族忧患意识和救国救亡思想开始萌芽。1925年6月23日，他在广州读书时，参加反帝示威游行，目睹了“沙基惨案”，血的教训进一步激发了他对帝国主义侵略者的仇恨。他怀着雪洗国耻的决心，发奋读书。1931年夏天，考上了黄埔海军学校，开始了海上生涯。后来

又考入上海海关海事班，并到美国海军训练中心深造。

1941 年底，太平洋战争爆发后，香港沦于日寇之手。此时，何炳材在香港九龙海关“长庚”号缉私舰任大副，当英籍舰长布朗临阵逃跑之后，为了防止“长庚”号落入敌人之手，他率领舰上人员打开舰底海水阀，将舰弄沉。随后，他怀着抗日救国的热情，毅然受命，不怕艰险，只身穿过偏僻的粤东山区小道，赶赴陆丰建立的“海面监视哨”，在短短十个月里密报敌情九次，盟军指挥部及时派出飞机将日寇运输舰“禄星丸”炸沉于黄埔港。

20 世纪 30 年代，我国西沙和南沙群岛先后被日、法帝国主义侵略者占领。1946 年，任“太平”舰少校副舰长的何炳材，奉命制定“收复南沙群岛”海军舰队的航行计划，并驾驶“太平”舰兼领航员，从榆林港出发，向越南东岸的华利拉角航行。在缺少航海资料的困难情况下，他胆大心细，精确测定海流、水深和水色，避过礁滩，摸准航道，驶入被称为危险地带的南沙群岛，在 12 月 12 日午前顺利抵达太平岛。何炳材立即带领水兵和海军陆战队登岸，成为收复南沙群岛的历史见证人，并将岛上书有“大日本帝国”水泥碑砸得粉碎。此后，岛上竖立起中国自己造的花岗岩新碑，碑正面所凿字为“太平岛”，背面是“中华民国三十五年十二月十二日”，左面则是“太平舰到此”。

1947 年，南京政府电令何炳材调升为海军总司令部作战科中校科长。此时正值国民党大举进攻华北解放区之际，他对内战深恶痛绝，因而放弃高官厚禄，违抗军令，离开海军并为此受到明令通缉。于是，他逃往香港，先后任九龙海关“海宁”“海康”号缉私舰舰长。

广州解放前夕，逃窜到台湾的国民党势力命令九龙海关全部缉私舰立即由香港驶往台湾，并威胁利诱说:“去台湾者赏，违者开除。”当时，任“海康”号舰长的何炳材带头抗命开航，并策动其他舰艇的船员拒绝开船。他一方面发起募捐，资助生活困难的船员；另一方面加强对舰艇的安全保卫工作。此时，台湾当局企图以 27 万美元重金收买他，遭到他断然拒绝。在新中国诞生的关键时刻，何炳材从自己前半生经历和对比中，做出人生的重大抉择，大义凛然，高举爱国主义的旗帜，在中共地下党的领导下，于 1950 年 6 月 15 日晚，借着夜色的掩护，机智地粉碎敌机轰炸的阴谋，组织策动抗拒开船去台湾的九龙海关人员驾驶 27 艘舰艇起义，毅然走上革命的道路。后来，这批舰艇成为广州海军的主力，为解放万山群岛做出了贡献。

新中国成立初期，百废待兴。何炳材充分发挥自己的技术特长，为发展新中国的海运事业倾注了满腔热血。早在 1951 年，恢复华南航运面临着美国及台湾海上军事封锁的困难。当时进入广州的唯一水道只能先经过香港水道，再走大铲水道虎门，许多大型船舶无法直接驶入珠江口。何炳材勇挑重担，率领 8 名刚从测绘学校毕业的学员，以简陋的测绘仪器，顶烈日，冒风雨，夜以继日，苦战 50 天，完成了测量、绘制海图和设置航标等繁重工作，开辟出一条从垃圾尾到虎门长达 40 海里的内伶仃水道，使万吨轮从此之后能直接驶入黄埔港，因而受到交通部表扬。

1952—1953 年，何炳材在交通部航道工程局任测量队队长兼航标队长，他接受海口港、秀英港和海安港等开港测量工作。当时，这些港口遭到严重破坏，千疮百孔，一片荒凉；加上供应困难，器材缺乏，测量队只得在一艘没有遮篷的破烂木驳船上办公，风餐露宿，生活条件十分恶劣。但他不畏艰苦，身先士卒，埋头苦干，以顽强的斗志和积极负责的精神，胜利完成了测量任务。

1954—1956 年，何炳材在广州海运局担任“渤海”号远洋轮船长期间，曾被派往支援广州海军训练海岸炮兵和鱼雷艇操练。他协助榆林港海军基地建立第一个鱼雷艇码头，并以精湛的拖航技术使每次拖靶和寻雷都非常准确，配合操练十分默契，令在场的苏联海军专家频频点头赞许。

1956—1959 年，何炳材在交通部第一工程局任“中波友谊号”挖泥船船长，他刻苦钻研挖泥技术，编写了《自航式挖泥船操作规程》，培养了一批挖泥船船员，并在疏浚湛江港、八所港、黄埔港、莲花山水道和内伶仃水道工程中，优质高效地完成了任务，对保证华南主要港口航道的畅通无阻做出了重要贡献。

1959—1965 年，何炳材在广州海运局担任万吨轮船长，精心研究经济航线和在大风浪中船舶操纵技术，创造了万吨级船舶空载安全通过浅窄的外罗门水道和在 6 级风中进出八所港并靠离码头的纪录，对提高船舶的营运率有显著的成效。

第五节　香港招商局海员起义和私营航业船员北归

一、香港招商局船员起义

1950 年 1 月 15 日，招商局轮船股份有限公司滞留香港的 13 艘海轮和 500 多名爱国船员，在中国共产党的策划和领导下，揭竿起义，宣布脱离国民党的领导，回归新中国怀抱。这是一场震惊中外的斗争，是我国海员工人继香港海员大罢工后又一伟大壮举，受到了毛泽东主席和周恩来总理的高度赞扬。

（一）黎明前的黑暗

国民党统治时期，政府腐败，军警横行，物价飞涨，民不聊生，国无宁日。而国民党在打内战，强迫船员应军差，更使船员们苦不堪言。1948 年，人民解放战争势如破竹，国民党一面顽抗、一面南逃台湾、广州、海南岛等地，船舶就成了他们南逃的主要交通工具。这时招商局的大部分船舶都要应军差。1949 年 4 月 23 日人民解放军突破长江天险，解放了南京，国民党军队更是抓船逃命。设在上海的招商局轮船股份有限公司撤到台湾，国民党对招商局轮船股份有限公司实行军事管制，对船员实行残酷镇压，颁布了《非常时期国营招商局实行军事管制办法》。于是，每艘船都挂上了军队征用的牌子。他们规定船员不准擅自离船，不准有任何额外要求，尤禁聚众要挟，倘有违规，依军法严惩、决不宽容等等。他们派人到船员住所抓人，强迫上船，原“蔡锷”轮的生火工钱如成就是新婚期间在家被拉上船的。他们甚至诱骗部分船员家属到台湾做人质，迫使高级船员为他们卖命。

每次应差，船员的物品、金钱、伙食等都被抢光，稍有不如意，就要遭受毒打甚至遭受生命危险。1948 年冬，“其美”号货轮在天津被拉军差，船长施学良和业务主任张光宪稍有怠慢，便被拉到甲板上冻了一夜。1949 年 5 月 31 日，“蔡锷”轮接令从高雄空放青岛装兵，航行途中青岛已解放，于是中途改令开灵山。船到灵山，船长左文渊被一国民党军官拉去训话，斥责他没有及时到达青岛是违抗军令，接着又命他装800兵到台湾。船长说船太小难以从命，险遭枪毙。这时乱哄哄地又冲上一批海军陆战队的士兵，要船长开船让他们逃命，声言不立即开船就要炮轰该船。“蔡锷”轮在武装逼迫下开往舟山。船抵舟山时有6名船员不堪受辱集体逃跑，抓回后被打得皮开肉绽。“中103”登陆艇在运兵中，国民党军队硬说船长和大副搞破坏，把他们两人逮捕要拉去枪毙，后经众船员联名抗议才被迫放人。“中106”轮在应差中，轮机长龙伯陵检修机器，国民党兵又无端说他搞破坏，将他毒打后拉出机舱举枪就要枪杀他。船员们在餐厅吃饭时，国民党兵又举枪向他们头顶上方射击作乐，一梭子弹正好打在墙上，以此对船员进行侮辱和恐吓。“民302”轮在应差到达大铲时，一伙国民党兵冲上船来，把船员的衣物、金钱等洗劫一空。应军差使船员们每天都生活在水深火热之中，他们已是忍无可忍。

（二）寻找机会，把船开往香港

在这种生存环境下，船员们意识到只有斗争才有出路，于是寻找各种机会摆脱军差，准备脱离台湾。

1949年6月，“林森”轮受命从香港运大米到广州后，再从广州运军用物资到台湾。船员们拒绝从命，不少船员自费乘船回上海。招商局只好调“民312”的船员到“林森”轮去执行任务，怎料“民312”的船员也拒绝执行去台命令，在港停泊的十多艘海轮都表示坚决支持“林森”轮和“民312”轮的行动。为了声援招商局船员的正义行动，香港海员工会主席张东荃随即向报界发表谈话，斥责国民党当局不顾船员死活，强令船开往台湾的行径，表示坚决支持招商局海员的行动，一场抗命斗争的序幕就此拉开。

1949年6月，“中106”轮受命到广州黄埔装兵开往台湾，船员们抗命。台北招商局又命该轮开往新几内亚装货去台湾，船员们提出先发6个月薪水再开航，香港海员工会大力支持，一面在船员中开展反军运宣传，一面以劳资纠纷为由创造条件把船留在香港。在香港海员工会的支持下，“中106”轮先后5次顶住了台北的开航命令，暂时把船留在了香港。但要继续留在香港还要找点借口。于是，船长召集大家商量对策，轮机长龙伯陵吃过国民党的苦头，他斩钉截铁地说：“就说尾轴有问题，必须在香港修理。”大家也认为这是个好主意。就这样，广州港口司令部批准他们7天的修理期限，一拖就成了无限期了。

1949年4月，“海康”轮被拉差到舟山、基隆等地，船员们早已按捺不住心头的怒火，当场把那面表示“征用”的黄旗扔到海里。为了摆脱军差，业务主任顾文彬通过熟人获得一船运往香港的食糖。8月，“海康”轮从香港开往印度，但在印度卸完货后又接到去台湾的命令。船员们意识到这一去就再难出来了，于是自己凑钱买了200吨木炭，以有货为借口把船开往香港。当船开到海南岛海域时，突接台湾来电要他们直开台湾。船长一方面与台湾周旋复电称“有货要到香港，待弯港后返台”，一方面计议对策。这时台湾方面频频来电催促，朱聚遐船长干脆通知报务主任把电台关掉，只收不发。这样，“海康”轮于10月下旬抵达香港。到港后，马上开出一份维修清单，声称船已非修理不可。为了对付台北招商局，朱船长宣布辞职（实际上他仍留在香港）。那时，“海辽”轮已经起义，台北招商局知道情况不妙，频频来电催归，香港招商局驻埠船长陈天骏则以“海康”轮无船长不能开船为由拖延，这样，经过反复斗争，“海康”终于成为第 6 艘留在香港的船舶。

“教仁”轮在高雄修理时接到去舟山装兵的命令，为逃避军差，船长王俊山与大副谷源松、二副夏文丞配合默契，谎称舵机坏了，不能开航。国民党军队不信，派人到船上检查。谷源松早已作了布置，要求舵工在船长喊舵令时扳舵要慢，显得重，把不稳。于是在验舵时，船长喊右他左舵，喊左他右舵。上船验舵的人不懂开船技术，又接受了船长送的高级香烟，只好宣布没有通过检验。“教仁”轮成功地躲过了这次军差。但不久该轮又接到了去湛江运兵的命令。船到伶仃洋海面，发生触礁。于是，“教仁”轮趁机开进香港修理，修船时又故意苛求修理项目，修好一项再加一项，拖在香港不走。

“邓铿”轮自撤到台湾后一直是走台湾—香港航线。在香港，船员们常收到来自解放了的上海的消息和家书，深受鼓舞。他们挂念着亲人，恨不得马上把船开回人民怀抱。9 月初，台北招商局通知该轮已被军队征用，并命令他们开往汕头运兵。一听说是运兵，船长罗秉球坚决不干。他跑到港口司令部找熟人疏通，并找了一批货到汕头。9 月 20 日船离开台湾。船到汕头，正当船员们庆幸能离开台湾时，货还未卸完，国民党胡琏的部队又冲上船来要他们开往广州。船到广州，因广州即将解放不肯接收这些人，于是又令他们开往北海。10 月 9 日，船抵北海卸完兵后，台北命令他们原地待命。这时罗船长找大家商量说，国民党是没有希望的了，我们不能等死，现在出路只有两条，一条是回台湾，一条是回大陆，台湾我是不去了。大家同意罗船长的意见，于是他们拒绝执行台北的命令，准备把船开往香港。为了不暴露船位，途中他们关闭了电台，不与台湾联系，加速马力冲向香港，这样，又一艘船驶进了香港。

还有“蔡锷”“鸿章”“林森”“海汉”“民 312”等轮也通过加水、加油、修理等借口，经历了种种曲折，先后汇集到了香港。

这时聚集在香港的船已有十多艘，台北招商局感觉情况不妙，便加强了对离台船舶的监控。除了频频去电催归外，不再放船出来，也不许船员家属离开台湾。同时，加强了海上巡逻。最后一艘“成功”轮更是几经周折，才得以开进香港。该轮走东南亚航线，1949 年 6 月，他们收听到上海招商局总经理胡时渊在广播电台的讲话，得知了上海解放后解放军军纪严明、人心安定，船员家属的生活得到保障，希望他们把船开回上海的消息，个个心情激动，归心似箭。船到香港后，船长施学良按捺不住内心的激动，决定辞职回上海。台北招商局只好另派徐汉卿为船长。1949 年 11 月 25 日，船在曼谷装货准备开往台湾，业务主任张光宪接到同行好友顾文彬的来信，告知其已与中国共产党接上联系，香港招商局正在酝酿起义，要他千方百计说服船长把船开到香港参加起义。于是张光宪向新来的船长建议说，船员已很久未给家里寄信寄钱了，最好向代理行要一些到香港的货，好让大家到香港给家里寄些钱物。正在这时，台湾方面来电要他们把货卸下，立即开台，不得停靠香港。船长因家属仍在台湾同意开台，但遭到大部分船员的反对。张光宪反复对船长说，到香港的货已经装好了，先开香港再到台湾也不迟嘛！船长也觉得众意难违，答应先开香港。但是曼谷代理行经理却强调台湾方面的命令是不许停香港，如要停靠，必须签名负责。船长和业务主任果断地在开航日志上签上了自己的名字。12 月 3 日船抵达香港，汤传篪、陈天骏两经理动员徐船长留在香港参加起义。徐船长也是一位爱国者，他表示愿意把船交给新中国，但他记挂着仍留在台湾的家属，决定只身回台湾。他一回到台湾，国民党当局就立即以通共罪名把他逮捕了。

（三）思豪饭店表决心

我党各级组织早已加强了对香港招商局的策反工作。中共中央有关部门华南分局、华东分局等各方面与招商局上层人士都有接触，招商局的一些有识之士早已不满国民党的统治，与我党建立了联系。香港招商局经理汤传篪、陈天骏和船上的业务主任顾文彬都先后与我党建立了联系，并在各级船员中做了大量的思想工作和组织工作，一些高级船员也通过各自的关系与我党有所接触。加上新中国成立后，上海招商局又派人到香港进行联络宣传，船员们从广播、家属中也得知了我党的政策。大部分船员更是由于不满国民党的残酷压迫，尤其是一些老海员早已饱受战争的煎熬，在第二次世界大战时期就已漂泊海外，战后回到家园已是家破人亡，好不容易重建家园又再受军差之苦。他们恨不得立即脱离苦海，回到和平的家园，回到新中国的怀抱，因此起义已是大势所趋，人心所向。

1949 年 12 月聚集在香港的船已达 13 艘，台湾方面已不再放船出来了，且在经济上不断地向香港施压，党组织计划多聚船只集体起义的目的已基本达到。12 月 12 日，由汤传篪、陈天骏召集在港的 13 艘船的船长在香港思豪饭店以聚餐为名，僻室密议。众船长一致赞成起义，并秘密签名。当天签名的船长有：陈天骏、王俊山、左文渊、谷源松、朱颂才、罗秉球、蔡良、张事枧、杨惟成、周鸿印等船长。还有两位船长也表示起义，但因家属在台湾不便签名。他们从此与台湾一刀两断。

（四）十四面五星红旗同时在香港上空高高飘扬

1950 年 1 月 14 日，英国政府宣布承认中华人民共和国。1950 年 1 月 15 日，香港招商局滞留香港的 13 艘海轮在汤传篪、陈天骏的率领下，庄严宣告起义。13 艘海轮在各自船长的带领下举行了隆重的升旗仪式。上午 8 时正，香港招商局及“蔡锷”“鸿章”“林森”“海汉”“海厦”“教仁”“中 106”“民 302”“民 312”“海康”“登禹”“成功”“邓铿”13 艘轮船的上空，同时飘扬着“1+13”面鲜艳的五星红旗。它向祖国、向全世界宣告：香港招商局及 13 艘海轮从此回到新中国的怀抱了（图 1–22 至图 1–31）。在这庄严的时刻，船员们激动得欢欣雀跃。当天，全体员工发表了《告被劫持在蒋管区的招商局兄弟书》和《香港招商公司滞留港各轮全体员工的启事》，宣布保产候命，听候中央人民政府派人接管。香港各报及广东的《南方日报》均以醒目的标题报道了这一消息。香港进步工团纷纷去信去电表示慰问和祝贺。香港海员工会主席张东荃发表讲话，代表全港海员向香港招商局起义员工表示亲切慰问。1 月 7 日，新成立的招商局保产候命委员会在香港海员工会大楼举行招待会，港九各工团领袖及新闻界人士参加了会议。会上，郑重宣布保产候命并呼请港九各界人士给予支持。港九工联会理事长张振南在会上发言，他们都表示全力支持招商局海员的正义行动。1 月 18 日，上海招商总局军代表于眉、总经理胡时渊联名致电全体起义员工，表示慰问和嘉奖。1 月 20 日，上海招商局全体员工集体签名去信，向起义海员表示慰问和支持。这些强有力的支持给起义海员增添了继续斗争的勇气。

图 1-22 “蔡锷”轮起义纪念。

图 1-23 “鸿章”轮起义纪念。

图 1-24 “海汉”轮起义纪念。

图 1-25 “林森”轮起义纪念。

图 1-26 “海厦”轮起义纪念。

图 1-27 “中 106”艇起义纪念。

图 1-28 “民 302”轮起义纪念。

图 1-29 “海康”轮起义纪念。

图 1-30 “成功”轮起义纪念。

图 1-31 “邓铿”轮起义纪念。

（五）团结护产

香港招商局及留港的 13 艘海轮起义后，美国和台湾方面大为震惊。美国打出所谓“美债”船的旗号，首先出面干涉。1950 年 1 月 20 日，美国国务院发表声明，称要收回 1947 年至 1948 年间售予中国的 40 艘船（其中包括 6 艘 N3 型起义船），制造抢船舆论。台湾当局发出通缉令要逮捕汤传篪、陈天骏和 13 艘起义船的船长，香港的反动电台、报刊一齐出动，大肆宣传，进行挑拨离间、威胁利诱，一会儿说第三次世界大战要爆发，共产党站不住；一会儿又威胁要把轮船炸沉，煽动船员开船去台湾。他们还利用香港招商局经济上的暂时困难，煽动船员离船去冲绳，一时间反动气焰嚣张，这对起义船员来说是个严峻的考验。1 月 19 日，原“海厦”轮业务主任在“中 106”轮以召开业务人员联谊会为名，煽动一些不明真相的群众围攻汤传篪，后来遭到大部分人的反对。1950 年 2 月 7 日，正是除夕，原“邓铿”轮业务主任带着几名落后船员到招商局办公室寻衅闹事，晚上又带着两名陌生人到船上，煽动船员开船去台湾。他声称自己就是蒋介石的忠实信徒，谁跟他走可以发 6 个月的薪水。起义船员当即向领导报告，并将他赶走。当天晚上，船员兴高采烈聚合在“海厦”轮大厅开春节联欢晚会，可是潜伏在船上的破坏分子却密谋在这天抢船。被收买了的服务生马某事先暗中把卡宾枪带到船上藏在大副的床底下，企图先杀死大副后捆绑船长，把前来参加联欢会的军代表和汤传篪劫持到台湾。这一险恶计划被深明大义的船员揭发而未能得逞。破坏分子并不甘心失败，他们到处制造事端，组织流氓打手到各轮捣乱、闹事，声言要开船去台湾。为了有效护产，各轮组织了护产小组、巡逻队，日夜巡逻，并备木棍、汽水瓶、石头、沙子等为武器，随时准备与流氓分子搏斗。大家团结一致，敌人的抢船阴谋一次次被粉碎。这当中出现了不少大义灭亲的动人事迹。原“海厦”轮的服务员陈毅辉就是其中之一。他的哥哥陈某是坚决反对起义的捣乱分子，多次纠合流氓分子到招商局闹事，并密谋抢船。陈毅辉则坚决站在起义船员一边，与之斗争。还有“海康”轮业务主任顾文彬，在护产斗争中做出了重要的贡献，他在旧社会认识不少各方面的人，接受起义的策划任务后，成为起义的骨干。破坏分子要暗害招商局的领导及军代表，他奋不顾身地加以保护。一次，他接到昔日“结拜兄弟”盛某通知，要他到过去的“师傅”蒋某家有事商量。为了探明底细，经军代表同意，顾文彬依时赴约。一进门，盛某就和一大帮打手气势汹汹地质问为什么要打他的人（指到招商局闹事被赶走的人），并以昔日“兄弟”的“情分”相要挟，要他写一份“悔过书”和“志愿书”，以便跟随他干反革命勾当，当即被顾严词拒绝。盛某随即示意打手要把顾某捆绑起来，剑拔弩张，气氛十分紧张。蒋某见软硬兼施不行，也知道起义船员不会就此罢休的，于是从里间出来喝退左右，让顾先走。从此顾更看清了国民党反动派的真面目，更坚定了护产的决心和信心。

为使船员了解内地真实情况，香港招商局分批组织起义船员回内地观光。1950 年 3 月 27 日，第一批观光团离开香港到达解放后的广州，受到广东省总工会的热烈欢迎，林锵云主席请朱光市长主持茶话会欢迎船员们的归来，并介绍了广州解放后的巨大变化。3 月 30 日，船员们回到上海，又受到了热烈欢迎和热情款待。上海招商局工会组织船员参观了工厂、农村、人民解放军营房，并与解放军联欢，所到之处都受到热烈欢迎。船员们一面探亲，一面观光，家乡老少见了面都非常高兴，都说党的英明伟大。船员们看到了内地工厂、田野一派欣欣向荣的景象，切身实地感受到“解放区的天是明朗的天”。4 月 30 日，正当香港海员集会庆祝海南岛解放的时刻，第一批观光团回到了香港，船员们把在内地的所见所闻和胜利的喜悦带给在港的起义海员并向参加庆祝大会的海员做了汇报，大家的情绪更加激动。通过回内地观光活动，大家的觉悟提高了。

（六）组织工会

起义后，上海招商总局派以董华民为首的军代表到港加强护产工作，以后又派了一批联络员到船上帮助船员学习。经过学习，船员们筹备组织香港海员工会招商局支会，选举陈天骏为筹委会主任，以后正式成立支会，支会下设若干个部。

宣传部：主要任务是出版《快报》，对船员进行形势教育和爱国主义、集体主义教育。

文化部：主要任务是办好图书馆、办好文化学习班。

娱乐部：主要任务是活跃职工业余文化生活，组织唱歌，组织各种球类比赛等。

福利部：主要任务是举办合作社，代船员写信、汇款，做好家属工作。

回归新中国的海员，政治热情十分高涨，工会工作搞得生动活泼，每天坚持政治学习，开展有益的健康的文体活动，政治觉悟不断提高，一扫过去旧社会遗留下来的恶习。过去海员的业余生活是喝酒、闲聊天、打麻将，甚至赌博、嫖妓、吸毒，这些陋习一扫而光，代之的是健康向上的文体活动，大家大唱革命歌曲，演进步戏。在欢迎“海玄”轮起义船员来港的联欢会上，海员上演自编的小话剧《“海玄”起义》，演得活灵活现，令大家捧腹大笑。工会每周都有文体活动，每天都有歌声，读书成风。高级船员和一般船员打成一片建立友情，团结得很好，大家感觉就像生活在一个温暖的家庭。

据“蔡锷”轮船长朱颂才回忆，当时各轮也相应成立了工会。朱颂才自愿编入工会小组，主动学习《工会工作》，翻印文件，刻蜡版，油印，往往工作至深夜，衣服虽有油污，但心中倍感光荣。

为了做到一声令下就能开船，工会还开展维修保养劳动竞赛活动，从船长到水手、生火、服务生，大家同心协力，都参加维修劳动。“登禹”轮洗衣工朱仕杰首先倡议开展除铁锈活动，搞好船舶维修保养，大家热烈响应。很快在船与船之间开展了“争当模范船”竞赛。同志们顶着烈日，汗流浃背地参加劳动，你敲锈我油漆，海港响起了一片敲锈声。董华民、汤传篪、陈天骏也与船员一起参加劳动，一派团结战斗的气氛。奋战了几个月，13艘船都达到了随时可以开船的技术状态。

那时美国和蒋介石集团势力尚盘踞在珠江口外，船只还不能开回来，船员们组织了护船纠察队，昼夜轮流值班加强保卫。经过半年的斗争，船员们终于胜利完成了护产任务。

（七）开船回广州

1950年6月25日，中国近邻的朝鲜半岛爆发大规模战争，香港谣言四起，台湾当局加紧了“策反”宣传，国民党电台专门向香港起义海员广播：船开台湾有奖；原地不动，既往不咎；开广州，待收复大陆后，严加惩处；香港外面有军舰封锁，绝难通过等。美国政府向英国施压，他们向香港法院起诉要收回“邓铿”“鸿章”“成功”“教仁”“蔡锷”“林森”6艘所谓“美债”船。共产党决定把起义船开回广州。台湾当局为了阻挠起义，采取了杀一儆百的政策，在1950年7月11日悍然杀害了在日本起义失败的“海辰”轮船长张丕烈和报务主任严敦华（“海辰”轮1950年1月在日本起义开回青岛途中，被潜伏在该轮上的叛徒出卖，向台湾当局告发而被拦回台湾）。

就在台湾当局杀害张丕烈船长的当晚，由谷源松船长驾驶的“民302”轮拖着满载“两航”公司起义物资的一艘船向广州进发了。当时因为广州解放不久，国民党军舰一直在香港海面来回巡逻监视。首航之事保密工作做得比较好，船上几个主要骨干积极做准备工作，在临开航前一天又召开全体船员大会，要大家注意保密，有家属在香港的船员要安排好家属。当晚虽然是阴天，但视线很好，大家都保持高度警惕，注意瞭望，防止袭击，全体船员个个都在各自岗位上，精神抖擞，不顾疲劳，以防出意外事故。船在次日下午到达广州，靠上招商局码头（现在的内港三码头），受到了广州各界人民的热烈欢迎。交通部授予该轮“开路先锋”等光荣称号。华南区海员工会还组织船员们参观、开座谈会等，把船员们当成像前线胜利归来的英雄一样对待，船员们感到非常荣光（图1–32）。

图1–32　1950年7月14日，“民302”轮首次复航纪念。

在“民302”轮开回内地消息传出之后，国民党当局非常着急，想阻拦其余的船回归，香港反动报纸以醒目标题大肆造谣：“‘民302’轮被击沉，船员无一生还”，企图以此动摇船员回归的决心。为了辟谣，坚定海轮船员回归的信心，根据组织的安排，“民302”轮又返回香港。船到达香港后仍旧靠在招商局码头，很多其他船的船员都向“民302”轮船员了解路上及内地的所见所闻，船员们也到其他起义船上去讲回归后的感受。大家表示，回到广州后，不但没有受到解放军的大炮轰击，就连枪声也没有听到，听到的是欢迎胜利归来的鞭炮声和掌声。“民 302”轮不畏艰险，毅然返回香港的事实，粉碎了国民党当局的造谣破坏。

台湾方面慌了手脚，开动所有宣传机器妄图挽回败局，从 7 月 18 日开始，每晚 10—12 时，电台专门对起义海员广播，表示如果海员生活有困难，保证每月给 20 万港元补贴等。香港反动报纸又煽动船员起来造反，要求发什么保证金和遣散费，又说“民 302”轮和“民 312”轮开回广州后被“共军”征去打金门等等，国民党“交通部”又派陈某到香港进行所谓船员登记，并宣布：限在 9 月底前登记完，如在指定期限登记既往不咎，逾期不登记者，则吊销证书。对此广大起义海员嗤之以鼻，绝大部分人都表示愿意回归新中国，陈某只好灰溜溜回台湾去了。9 月 12 日，“中 106”轮在锣鼓声中开回广州；9 月 16 日，“成功”“教仁”“邓铿”“蔡锷”轮开回广州。“鸿章”轮开航前进行了一场针锋相对的斗争。原计划是同时开航的，但在开航时受到台湾收买的王某等几个人的捣乱。他们手持棍棒，把守机舱口阻挠开船，声言谁要开船回大陆就打死谁，并放掉锅炉水。岸上接应者大声鼓噪，高喊要把船开到台湾。于是其他船员报警，警察来到船上时，王某称这是政治问题，我们要开台湾。港警只好让船员表态。结果，除王某等 4 名捣乱分子外，其他人全部要求开船回广州。捣乱者只好灰溜溜地走了。次日一早，“鸿章”轮在“团结就是力量”的凯歌声中离开香港驶向广州。

“海厦”轮开回广州更是付出了血的代价。“海厦”轮是 13 艘起义船舶中唯一的一艘客货轮，常年航行在港（香港）新（新加坡）线上。船员们对新中国成立后的情况，没有深刻的了解，对国民党当局的腐败无能、迫害人民也了解不多，本身也没有受过国民党拉兵差的迫害，恰恰乘他们的船的旅客中，又有不少是从国内逃出来的大地主和资本家，他们的反动宣传，船员反而非常相信。另外，由于他们航行港新线，主要的收入靠走私，若是起义，收入会减少，有些人并不那么愿意起义，而是在船长、大副的带动下“随船”起义的。船员中的政治背景也比较复杂，一些破坏分子一直躲在阴暗的角落里，酝酿着拉拢落后船员，破坏起义。船上形成了以船长王俊山、大副陈宏泽为首的坚决起义、团结护产的一方和以报务主任为首的破坏起义、破坏护产的另一方，从一开始至 10 月 9 日回广州的整个过程都贯穿着起义与反起义、护产与破坏、回归与驶台的斗争。

考虑到当时香港的环境对护产越来越不利，中央决定将起义船舶全部分批驶回广州，这样斗争就更激烈。国民党当局不惜花 30 万美元作为活动费来拉拢船员起哄闹事，妄图将船驶去台湾。但绝大多数船员懂得，只有将船舶驶回祖国大陆，才说明起义护产取得了胜利。于是回归还是驶台，成为起义斗争的焦点，这场斗争比任何时间都更为激烈。

1950 年 10 月 1 日，“海厦”轮召开了全体船员大会，会上痛斥了国民党当局对“海厦”轮的破坏，希望全体船员团结起来。10 月 3 日“海厦”轮离开码头去九龙湾避风，规定所有船员不得离船，同时与“民 302”轮确定了联络暗号以防止劫船。10 月 6 日又再靠招商局码头，并决定 10 月 19 日回归广州。对此，起义船员们进行了一系列的准备工作。严格控制无关人员进入机舱和驾驶台，对有问题的船员进行了某些限制。13 时 15 分，“海厦”轮起锚开船回穗，为防万一，特请“民 302”轮尾随护航。船开出香港一路上尚平静，也不见其他船只干扰，船开到沙角附近，离开了香港管辖范围，岸上是解放军驻守着，大家也感到轻松了很多。但行至虎门附近时，船后部突然一声巨响，黑烟上冲，火药味四布，船尾的船舱内有烟由窗口冒出来，船速也减了下来。“民 302”轮船员赶快把船靠上“海厦”轮的船旁，原来是破坏分子预先安放的定时炸弹在舵机房爆炸。经检查，发现二等客舱全部倒塌，舵机房上面的船员房间被炸，船员陆宝仁、唐达雄二人当场牺牲，三人受伤，其中重伤一人、轻伤一人，均系派来守船的积极分子，另轻伤一人系“鸿章”轮派来支援的陈毅辉，“民 302”轮船员立即将受伤的船员送往医院治疗。检查爆炸处发现，船尾右舷出现炸裂的巨洞，长 4 尺、宽 3 尺，离水面 12 尺（事后知道定时炸弹是放在抽水坐厕的水箱内引爆的），因无损于航行安全，船可以继续航行。“海厦”轮由“民 302”轮拖带继续返回广州。同时，再一次进行了全船搜查。经过几个月惊心动魄的斗争，虽然遭到一些损失，“海厦”轮还是回到了人民的怀抱，起义船员们和国民党特务的斗争，又赢得了最后一个回合的胜利。

在“海厦”轮牺牲的唐达雄和陆宝仁是“中 106”艇的船员，他们在 1950 年 7 月已将“中 106”艇送回广州，并移交给海军加入南海舰队运输舰的行列。而他们又回到香港，来回支援其他船驶回广州。唐达雄本来已计划办理婚事。但为了能送更多的船回穗，他再三说服了家庭和年轻的未婚妻，却不幸牺牲。10 月 15 日，华南区海员工会在广州羊城戏院为唐达雄、陆宝仁举行追悼会，船员们表示要化悲愤为力量，投入祖国航运事业，以实际行动为死难的烈士报仇，维护起义船员的荣誉。

最后开回的是“登禹”轮。起义海员在香港坚持了 9 个多月的护产斗争，这时才胜利结束。11 月 5 日周总理签发慰问电：“汤传篪、陈天骏经理并转全体起义员工同志们，你们在香港坚持了 9 个多月的护产斗争，粉碎了帝国主义和蒋介石匪帮的一切迫害和阻挠，终于胜利地将全部起义的轮船驶回人民的祖国，你们英勇不屈的斗争，在维护祖国财产和人民航运事业是有很大贡献的，尚望努力学习，为进一步发展人民的航运事业而奋斗。”

（八）战斗的鼓舞

13 艘海轮起义成功，极大地鼓舞了尚未起义的船员。1950 年 1 月 15 日，从西班牙装货到日本的一艘万吨自由轮“海玄”号正航行在槟榔屿附近海面，船员从收音机里听到香港招商局暨 13 艘海轮起义的消息，大为振奋，个个奔走相告。他们早就希望回到新中国怀抱了。此时船上收到两份电报，一份是香港招商局发来的号召他们响应周总理“保产候命”的命令，将船驶进新加坡待命；另一份是台湾招商局发来的，令他们立即驶回台湾或日本，并不得与香港招商局联系。大部分船员心向新中国，强烈要求船长把船开到新加坡。但船长由于家属在台湾，反对开新加坡。在大副杨训仪的主持下，全体船员投票表决，结果绝大部分船员赞成开新加坡起义。船长因此躺倒不干。没有船长，船进不了港口，只好在附近海面抛锚等待，前面又有美国军舰监视，情况十分危险，于是全体船员公推大副杨训仪代理船长职务。几经周折，“海玄”轮终于驶进新加坡港口，并致电香港招商局表示愿意回归新中国。1 月 24 日清晨，“海玄”轮在新加坡升起了五星红旗，庄严宣布起义。台湾当局知道这一消息后，即企图夺船，船员一次次地赶走破坏分子。不久美国又制造所谓“产权”案，称“海玄”轮是其财产。船员们在新加坡法庭上与美国展开了一场面对面的斗争，在祖国强有力的支持下，在当地爱国华侨的声援下，“海玄”轮船员终于取得了胜利。

不久，在香港黄埔船厂修理的一万八千多吨的大油轮“永灏”轮船员也举行了起义。他们在监修部主任邵良、轮机长周延瑾、大管轮陈国华、大副谢天瑞等人的带领下，于1950年3月12日秘密签名起义。4月1日，全体船员正式电告周总理，决心脱离国民党政府的统治，保产候命。1951年4月，当“永灏”轮修好准备开回内地时，港英当局在美国的压力下，非法宣布征用“永灏”轮，出动了多艘炮舰和200多名全副武装的水警强行登船，扯下我国旗。手无寸铁的全体船员不畏强暴，手挽手面对面与之斗争，终因寡不敌众，船员被迫离船。他们回到广州，受到祖国各界人民的热烈欢迎。随后，“民302”轮又一次去香港，负责把滞留在英商船厂的“永灏”轮拖回广州，但因为英国当局强行将“永灏”轮扣留，拖到锚地就抛下锚无法再拖。不久中央人民政府政务院发布命令：为了我国的安全和公众利益，决定征用英国在我国境内的亚细亚火油公司除总公司、分支机构的办事处及推销处以外的全部财产，并征购其全部存油，该机构的负责人不得有任何偷窃、破坏、转移、隐匿等不法行为，否则予以严惩。这大大长了中国人的志气。

13艘起义海轮，除“海厦”轮驶往上海，更名为“利生”，参加北洋运输外（另，“中106”艇移交给海军），其余11艘成为广州海运的运输主力。“民302”轮和更名为“岷山”的“海康”轮，担负着广州至香港间的运输任务，对打破以美国为首的帝国主义国家实行的封锁禁运政策，起了很大作用。这些船舶为恢复国民经济和发展新中国的航运事业，发挥了积极作用，有的船舶一直使用到20世纪70年代末才退役。起义后胜利归来的13艘海轮500余名船员，大多成为新中国航运事业的技术骨干，其中在广州海运工作的有170多名。绝大多数船员努力学习，积极工作，为国家培养了大批航海技术人才，为开创和发展新中国的航运事业作出了重要贡献。

二、私营航业船员北归

新中国成立前夕滞留在香港的私营民生公司的船舶回归，是人民政府统战工作取得成功的又一范例。该公司是当时华南私营航业中最大的一支力量，曾被国民党军队征用从长江南遣的长江客货轮“民本”“民俗”和中型登陆艇“怒江”“渠江”4轮，新中国成立前已在广州，广州临解放被调去香港停泊，广州解放后紧跟着13艘起义船于1950年8月、10月顺利回到广州。香港招商局船舶成功起义回到内地后，国民党当局的破坏目标便集中在民生公司仍滞留在香港的7艘“门”字号客货轮（全部是加拿大建造的江船）上。这批船从加拿大接船回国时，长江流域已接近解放，民生实业公司决定改航暂驻香港，经营港澳穗航线。广州解放前夕，经停香港，为躲避国民党当局抢船，1950年6月经加拿大政府同意改悬加拿大旗。后与加拿大关于造船债务谈判破裂，加拿大企图扣船，在我人民政府的协助下，该公司采取先开航穗港澳线，后宣布回归的策略，获得成功。1951年10月13日，最后一艘“虎门”轮从黄埔开回广州，宣布“门”字号轮全部回归停航，升起了五星红旗。

民生公司在香港跑南洋航线的“定远”“绥远”“黄海”3艘货轮，是新中国成立后人民政府与南洋联系的可靠渠道，国民党当局曾全力进行策反。这3艘船坚持斗争到1953

年，多次粉碎国民党当局企图收买主要船员劫船去台湾的阴谋之后，也于当年2月、10月先后撤回广州，投入了华南沿海运输。

当时，周必祥（曾任广州海运船长）和杨懋修（曾任广州海运运输处处长）分别在“绥远”轮上担任船长和大副职务。“绥远”轮经常租给香港的航商和外国船务公司，常年航行于东南亚各国——曼谷、新加坡、槟城、雅加达等港口。船员们盼望着早日回到祖国，但船出租在外，只好在外面等待公司的消息。1953年2月初，当船到新加坡时，接到了民生实业公司的密令：开船回海南岛。船员们满怀激情起航回归。2月8日晚上11时许，船到越南岘港附近海城，突然遇到一艘不明国籍军舰追逐，且频频用探照灯扫射船尾，愈行愈近，阻挠航向，用灯号有逼令随其航行之趋势，“绥远”轮突然熄灯转向群岛之间逃避，进入越南由法国殖民主义者管辖的沿岸水城下锚。2月9日整天未发现任何军舰踪影，待傍晚“绥远”轮由岛的西口开出而直驶榆林港，不料出口不远处又见军舰阻道，情况紧急，“绥远”轮迅即熄灯返航，慌忙中触及沙滩搁浅。由于风浪不断袭击，船身被推向岸边，搁得很高，船身倾斜厉害，只好发出SOS求救信号，并急电报告香港民生公司。当时越南是法国的殖民地，法越当局疑“绥远”轮是接济越南共产党的，于是把船员们扣留在岘港，法越海军官兵、公安警察对全体船员轮番审讯。被扣押在越南期间，面对军警的严密监视，全体船员克服了无法想象的重重困难，坚持了七个多月的斗争，终于胜利北归。

斗争过程是很曲折的。2月18日下午3时，法国海军司令部派小艇来接船长上司令部去，称“得香港法国领事馆通知以四万港元作押金即放船”，并指定岘港TANHY作为代理行供应淡水伙食，代理行经理陈远瑛系原潮汕籍人，负责看守的两名越南武装人员亦撤走。船员们当时很乐观，以为短期即可放行。不时隔日乘渔船上岸向代理行探询，全无消息。去海军司令部，主要官员不接见，只推脱西贡无电报指示，随即派ARNAUD船厂的工程师来视察机器及存油量。船方告知机器损坏严重，淡水及存油不多，要求补充时，对方表示耗尽后方会少量供给。经数日的要求询问，法国海军司令部则说：“上边指示，施救费不能按一般处理，而应是船值的20%。”并将船值妄定为二亿法郎，“绥远”轮船员们认为代价高不合算，而将船放弃。几经交涉，才允许派大副去香港联系，但签证手续周折，往返香港耗时亦长。大副返港后秘密回广州汇报，得到党组织的明确指示：团结全体船员，坚持斗争，一定要把船开回祖国，至于法国索取的施救费用，由香港公司设法解决。这个指示犹如茫茫大海上闪烁的灯塔，于是全体船员加强团结，加强思想政治工作，把船舶主副机修理好，把各种设备检查好，利用船上的收音机收听祖国的声音，收听国际形势，特别是抗美援朝的形势。船员们将祖国广播的声音，有选择地互相传讲，互相鼓励，还悄悄地在核心组里传阅进步书籍，如《钢铁是怎样炼成的》等，以坚定信心和斗志。船员们还选择在端午节这个中华民族传统的节日，集中全体船员在大舱内设宴聚餐，船长唱起了《苏武牧羊》，更加唤起大家的民族意识和爱国主义思想，有的船员感动得流泪。为什么要在大舱里聚餐呢？因为在此之前，船员分高低级，不能同厅吃饭，也没有能容纳全体船员的大厅，大舱内比较隐蔽，可以瞒过法越当局的监视耳目。船上的生活非常艰苦，大伙也不知何日何时才能离开这个孤独水域，心情沉闷，有的同志脾气暴躁，脸上总见不到笑容。因此，船上开展了谈心和聚餐活动，大家加强身心锻炼，互相关心。天热汗多，厨房就制作冰冻饮品，如雪糕、冰水、雪条；夜间蚊虫多，喷药水、点蚊香，吹风扇，不少人可以睡在甲板上，早晨在甲板上做早操，有的围着四周甲板跑步。

由于船员们工作细致，临危不乱，有理有利有节，完全符合国际海事法规，航海日志、轮机日志上的记载与发生的情节相吻合，没有漏洞，更找不出有什么政治意图和开往祖国的形迹证据，也没有接济越南共产党的可疑之处，所以法国海军只能按照海事程序处理。船员也无任何乱嚷乱讲的不良现象和口供，法国人也不能帮助美国和蒋介石集团找到什么证据把船只移交给他们。当然，法国人也有顾虑，因为当时越南胡志明领导的抗法战争，打得很出色，所以法国人不好节外生枝，终于在 9 月向“绥远”轮收了一笔救助费后放船了。1953 年 9 月 17 日中午，“绥远”轮安全抵达榆林港，后改名为“南海 181”轮。“绥远”轮这只孤舟，被扣押在越南岘港，陷于异国水军，面对全副武装的法越军警的严密监视，失去了自由，但是大家都能团结一致，以中国海员的坚强意志战胜了困难，忍受着难以忍受的孤寂和生活的巨大折磨，经历了 220 多个不平凡的日日夜夜。

私营航业从香港回到广州的船舶，还有上海大达轮船公司的“长江”客货轮（1948 年跑上海—广州航线，广州解放前夕驶停香港，回广州后改名“新安”轮）于 1951 年下半年返穗；华侨船务行的 8000 吨“江安”轮于 1950 年 8 月 30 日返穗；建通实业公司 860 吨的“北京”轮于 1950 年 11 月 25 日返穗；华达船务行 1200 吨的“伟南”轮于 1950 年 12 月 27 日返穗；天一船务行 1000 吨的“峨嵋”轮于 1951 年 1 月 24 日返穗；广州联安船务公司 680 吨的“华龙”轮于 1950 年 9 月也回穗参加沿海运输（翌年 3 月查明该轮属官僚资产，为省公安厅接管，1952 年 10 月 15 日转交广州海运代管，1954 年交通部投资后产权才归属广州海运）。当时，国民党当局对私营小型船舶控制不严，故这些航商回归积极性较高，回归也很顺利。

1952 年从香港回归的还有私营船舶“乐斯陶”轮。该轮是新中国成立后人民政府资助上海通安轮船公司在香港购买，准备开回使用的一艘 8000 吨的烧煤蒸汽机货轮。该公司经理孟力平去港购船后，企图外逃。为追回贷款，通过香港海员工会发动船员作回归斗争，该船船员均系由孟力平在上海招募带去香港接船的，也要求回归，与孟斗争达数月之久。经组织联系接通之后，1952 年 11 月 14 日船员毅然将船驶回广州。

当时，船东孟力平和政府有关部门签订了协议：“乐斯陶”轮由原“百飞歌”轮船员赴港接船，船先在国外航行一年后保证回国参加营运。根据协议，1951 年 7 月船员们离开秦皇岛赴港接船。因为船公司在上海，船东也在上海，所以全体船员先到上海报到。那时船上还没有党员，更没有建立基层党组织，船上一切思想政治工作均由船上工会负责。海员工会在海员中的威信也很高，船员们在上海停留一段时间，挂起了船舶工会的牌子，华北区海员工会和华东区海员工会对此也很重视。临行前，华东区海员工会为“乐斯陶”轮船员们办好了一切手续并开了一个盛大的欢送会，工会主席王亚林一再强调这次接船主要是依靠船员，相信船员一定能够把船开回来，并勉励船员要发扬海员工人的革命传统，随机应变。出发前，每名船员都向工会递交了保证书，坚决保证完成任务，一定要把船开回内地。1951 年 6 月中旬，船员们离沪赴港，途经广州时受到了华南区海员工会的热情接待并安排住在一流的新亚酒店，还办好了到澳门的船票。

到香港后，船员们按计划接了船。1952 年，船在国外已经航行了一年，将要修理。按合约规定，修好船后本应回归，可是在港的资方代理人说没有钱不能修船，除非孟力平来港处理。当时一同赴港接船的“百飞歌”轮工会主席宁培增经多次交涉无效，于是决定自费回内地向华东区海员工会和华北区海员工会报告情况。华北区海员工会主席曾寿隆到北京请示海总，回来后指示宁培增：一是一定要依靠海员工人，如果孟力平有变卦，工人可采取行动，务必把船开回；二是到香港后找香港招商局顾问吴荻舟（那时吴实际是中共香港工委负责人之一，在香港招商局挂职）和香港海员工会主席吴理广联系，并嘱谨慎行事。宁培增接到指示后，立即动身回港。

那时，内地正进行轰轰烈烈的“三反”“五反”运动，但孟力平的反动面目尚未完全暴露，为了修船，政府还是批准孟力平赴港。不料孟力平早已心怀鬼胎，他串通香港分公司经理黄思君以赴港修船为名，行欺骗之实。孟力平到港不久，就借口有病需人照顾，再次欺骗政府批准其妻子来港，并把上海的家产也处理了。他举家迁港后，随即背信弃义不履约。他不给船员提供伙食，不发工资，企图用停薪停伙的方法逼走船员。面对孟力平的压力，船上工会发动群众开展斗争，并得到了吴荻舟和吴理广的大力支持和指导。那时“百飞歌”轮的政委童伟民也来港组建勃政香港分公司，他对船员们的工作也给予很多具体帮助。船员都团结在工会的周围，孟力平不提供伙食，不发工资，船员们就拿出自己多年的积蓄，有的甚至变卖自己的东西维持生活。大家提出，就是每天吃二角钱的伙食也要斗争到底，展现海员工人不屈不挠的斗争精神。由于几个月没有发工资，一些同志生活困难，孟力平就想在工人中逐个击破，他提出谁愿意走就可发给全部欠薪，但大部分人都没有上当。船员们在吴荻舟和香港海员工会的领导和支持下，顶着停薪、停伙的压力，同舟共济，共渡难关，在船上坚持了几个月，没有离船屈服。

1952 年 11 月初，“乐斯陶”轮即将修理完工，孟力平公开声称船不回归，公然撕毁了他亲手签字的协议，并要大家离船。船员们也从有关方面获悉孟力平已雇请了另一批海员准备替换原来的船员，把船开往台湾。他们雇请的一些流氓打手已经来船活动，形势急剧变化。在吴荻舟、吴理广的全面策划下，决定以迅雷不及掩耳之势，抢在孟力平动作之前采取行动，以试航名义冲出港区把船开回广州。11 月 12 日，船舶试航，但当天试航时有船厂工人和公司的职员在场不好行动，于是试航后又折回锚地，情况紧急。当晚吴荻舟和吴理广紧急约宁培增到香港招商局再次研究行动计划，当即决定次日凌晨（13 日）立即行动。13 日凌晨，天刚蒙蒙亮，宁培增和船员们按原定计划打着试航旗号起锚开出港区，香港讯号台发出询问，船员们假说看不清要求重复，靠近时就答复是试航，待讯号台查清情况时，船已全速冲出港区了。船出香港外围，已有两艘打着蓝色三角旗的渔船在接应，两艘渔船护送船员们到伶仃洋海面。随后，“乐斯陶”轮与人民海军用讯号联系上了。当天下午“乐斯陶”轮到达了广州黄埔港，招商局广州分公司副经理张玉华、华南区海员工会副主席岑维等到船上看望船员们。华南区海员工会还为船员们开了一个盛大的欢迎会，林锵云主席授予锦旗。船员们立即把自己制作的一面五星红旗高高升起来，同时向省、市领导汇报斗争情况。朱光市长、梁广副市长亲切接见了宁培增，并嘱咐广州海运安排船员们的工作，投入华南沿海的运输。

多艘船舶先后冲破各种阻力胜利回到广州，虽然境遇各异，但有一点是共同的，就是广大海员饱尝过旧社会的深重压迫和艰辛，心向着共产党，向着新中国，为解放的曙光所鼓舞，渴望着与祖国一起获得新生。

第六节　加强劳动保护，提高船岸职工生活质量

新中国成立后，在党和政府的重视关怀下，广州海运的医疗福利事业也得到相应发展。1950 年 2 月成立医务室；1951 年 3 月实行劳动保险条例；1952 年实行公费医疗制度；1952 年拨款 36.9 亿元（旧币）新建小港职工宿舍，用生产奖励基金 22 亿元（旧币）购建东山疗养院；1953 年又耗资 16.179 亿元（旧币）兴建了肇和路礼堂和宿舍，开始实行船员公休假制度和职工生活困难补助；1954 年开始按劳保工作守则，每年组织一次职工体检；1955 年公布新的医疗办法，取消“贵重药品职工自负”的规定，使患者及时得到治疗和休养；1956 年普遍增加了一次工资等。

随着海运事业的发展，海员每人每年平均工资由 1952 年的 1250 元，增加到 1957 年的 1584 元，增长 20.72%。在一手抓生产一手抓生活的方针指导下，海员的居住、医疗卫生条件显著改善，海员的健康、经济生活、生老病死有了保障，充分体现了社会主义制度的优越性。

在社会主义国家的航运业中，海员是企业的主人。为此，广州海运建立了新型的劳动组织和分配制度，试行了新的《海上船员职务规程》，制定了合理的《船舶定员编制》，改革了不合理的工资制度，实行了职务工资制度和单项奖励制度，实行船员公休假制度，逐步建立了安全技术劳动保护工作体系，改善了船员们的劳动条件，举办服务人员、餐务人员和理货人员等专业训练班，使广大海员的劳动积极性和聪明才智得以充分发挥和施展。

一、开展劳动技术保护工作

广州海运的安全技术劳动保护工作是在 1953 年才开始的，在此之前，只是人事科里有一位同志兼做工伤事故的登记和报表工作。1953 年停航船只相继开航，企业正常运作了，2 月成立了劳动工资科，科里有一位技术干部兼做劳动保护工作。3—5 月，由海务监督室牵头，进行了一次安全卫生大检查，主要解决一些救生、救火和船舶航行安全设备上的问题。7 月，原来兼职的干部改为专职，并增加了一位专职干部。

由于劳动保护是新的工作，因此开头不知如何进行。1953 年的前期，只做些工伤事故的登记、报表工作，后来遇有工伤事故，开始进行调查。之后对较重大的事故，发出通报，以引起职工警惕。再后，对各船进行一次安全卫生设备调查。这一年是摸索阶段，干部本身业务不熟悉，工作感到困难。

1954 年先后增加了两位专职干部（曾是船上驾驶员）。由于上级的重视，以及先进地

区的经验介绍，劳动保护工作在这一年的摸索中，逐渐明确了工作的方向。

（一）措施计划方面

1954 年第二季度，广州海运接到广州市劳动局的准备编制 1955 年安全技术劳动保护措施计划的通知，广州海运学习了其他企业单位的经验，拟订了船舶编制《1955 年度安全技术劳动保护措施申请书》的办法，对措施范围（不包括救生及消防）编制的程序和方法以及申请书的格式均做了规定。该办法在 8 月颁发到各船，至年底约有 2/3 的船编出申请书。但总的来说，因宣传教育不够，船上对这一工作的意义认识不够，对措施范围及编制方法也没有弄清楚，编制的计划质量不高。

1954 年 10 月，广州海运颁行《编制年度计划与技术组织措施计划暂行办法（草案）》，规定技术组织措施计划内容包括改善劳动条件、减少工伤事故的部分，但对安全技术劳动保护措施计划的编制方法没有另作较明确的规定。1954 年年底编出的 1955 年措施计划是这样做的：措施项目由劳动工资部门提出，机务部门负责估价。措施计划的材料来源，是船上提出的申请书和劳动工资部门根据工伤事故的原因及平时检查所了解所发现的问题。计划提出后，由局长召集有关职能部门（计划、机务及劳动工资部门）负责人讨论确定项目。措施项目绝大部分是安全技术方面的。但措施经费来源尚未完全明确。实施的经费来源为企业奖励基金、基建预备费，或在修船费中挤列。

1955 年计划编得较混乱。一方面初次编制没有经验，更主要的是由于有关职能部门“管生产的必须管安全，负责生产的必须负责安全”的思想不明确，没能贯彻上级的指示。

（二）安全技术劳动保护责任制方面

经过前几年的安全生产大检查，各级领导及全体职工对安全生产已较前更加重视。例如：1954 年开展劳动竞赛时，安全是竞赛条件之一，在安全生产奖励办法中规定对事故责任者不发给奖金；领导在布置、检查、汇报、总结工作时，一般都有安全的内容。但“管生产的必须管安全，负责生产的必须负责安全”的思想还不明确，安全生产统一方针还未能切实贯彻到组织与制度中去，渗透到生产的各个管理中去。如有些安全工作，有关职能部门互相推诿；有的领导干部和工作人员虽然口头上承认“生产必须安全，安全为了生产”，有时为了片面追求生产任务的完成，但对危害职工安全、健康的问题不采取措施，甚至带头违反。还有，一般对海损事故抓得较紧，对工伤事故则注意较少。

（三）安全生产方面

1954 年在安全生产大检查运动中，学习和实施了《海上船舶船员职务规则》及《船舶技术操作规则》，但内容主要为机器设备安全及航行安全方面，有关劳动保护的内容很少。1954 年 10 月，由劳动工资部门拟订一个《安全技术劳动保护工作守则》，颁发试行，并统一安排为船舶 11 月份学习的内容之一。由于生产忙，时间短（全部 135 条，规定学习 3 小时），各船都没有学好，有的只是在小组中读一遍，有的只学一部分，有的则完全没有学。当时，安全技术教育制度还没有建立。

（四）工伤事故方面

1954 年，广州海运部分船只移交有关单位，职工人数减少近 1/3，根据统计，工伤事故件数及伤亡人数反而增加。1953 年工伤事故报告制度不健全，有些事故发生了没有报，统计不完全，因此两个年度的统计数字颇难加以比较。见表 1–10。

1953—1954 年工伤统计表

表 1–10

年度	件数	伤亡人数（人）			财物损失（元）旧币
		死亡	重伤	轻伤	
1953	25	3	—	25	96548000
1954	41	—	—	39	49498000

总结事故原因绝大部分是人为，最突出的是安全教育不够，其次是违反操作规程，第三是防护设备到位。另外，1953 年由于机构刚刚成立，干部业务不熟悉，采取措施较少。1954 年虽然采取了一些措施，但效果不大。1955 年人事科在执行劳动保护政策方面，从思想上来说，比 1954 年是有了一定的提高。为贯彻“管生产必须管安全”的要求，1955 年初人事科建立了一些制度，如船员配备调动联系制度，克服过去人员调动频繁的问题。在每月行政工作指标上，也特别订出“保证安全”这一项指标，需全科每个同志负责完成，每月需进行两次检查，在人员调动方面，调动率比 1954 年降低了 40% 左右。

二、调整分配机制与职工工资

广州海运旧工资的情况是混乱与不合理的，船员采用一个三三级工资等级表，级差从最小 4 分至最大 18 分，同时保留了从华东、北洋、香港起义，接管机关生产等各个不同地区、不同单位带来的不同工资待遇，使一个生产部门职务相同而待遇悬殊。工资计算单位又有港币、折实单位、工资分、其他货币四种，例如船员伙食费有 150 元、120 元、90 元港币，40 折实单位，二五万、二三万、十九万四千、十八万、十五万五千、十六万等十余种，另外有 40% 船员没有伙食费。工资在同一船上有生火高过副生火长、加油高过生火长等轻重倒置现象。由于工资的不合理，不但影响了团结，而且妨碍职工生产情绪。因此，为适应职工的要求与生产的需要，进行工资改革的要求是迫切的。

1952 年，交通部召开工资会议以后，华南区海运管理局就着手进行准备工作。首先建立组织，再成立评资委员会，根据船组划分成立了海轮、拖轮、驳船及机关等 5 个分评资委员会，分会以下以船、科为单位成立评资核心小组。核心小组由行政负责人、局党、团、工会负责人及积极分子组成。评定方法是首先经过动员学习，先由核心小组提出初评意见，经分委审查，并召开职工代表会议了解工人思想情况，及通过代表传达企业的意图，然后将初评意见交群众讨论，再由分评资委员会采纳群众意见审查修正，交局评资委员会审核评定，作为测算等级。由于考虑到企业经济情况，适应全国范围内走向统一的目标，企业的评级标准确定是以才为主、德为辅，适当照顾资历的方针。同时，在等级评级上掌握比较严格，采取了适当的中间往下评的方法。全局工作于 1952 年 8 月 12 日完成报交通部。交通部于9月11日批准控制工资调整额，并下发《工资条例暂行草案》《工资等级表》。因受生产任务等影响，同时中间又不断调来许多新人员，到11月方对工资等级表进行了修改，并发第一榜。第一榜公布后，群众无意见的部门（海轮）即做确定。群众有意见的，由局评资委员会结合群众意见再度复评、审查、修正，发第二榜。群众主体没有意见了，对个别人员，企业再作慎重考虑个别解决，然后由行政公布执行。全部工资改革工作于12月底结束，并自7月份起补发完毕。工资改革以后，船员工资总额提高了19.37%，其中工资10.6%，伙食65%，增加工资的占71.67%，保留的占27.76%，减少的0.57%。机关职员工资总额提高13.9%，增加工资的人数约占68.81%，保留的占30.19%，减少的占1%。

1. 工资改革的成绩与收获

一是改革了旧工资职务之间轻重倒置，同职务工资水平悬殊，以及工资计算单位混乱的不合理现象，统一了工资支付单位——工资分，因而清晰了职工之间各种不同工资的界限，加强了团结，初步建立了统一合理的工资等级制度。

二是工资改革以后，职工群众都认识到自己是企业的主人，生产热情普遍提高。许多职工表示以后要好好学习技术，提高生产。

三是职工生活得到了改善，稳定了工人队伍，某轮木匠过去不安心工作，不肯做工作，一再要求调职，工资改革后工作安心了，没有再提调职要求。有的船员过去因为工资不合理，要求回家种田，工资改革后再也不提了。

2. 存在的主要问题

一是有关工资改革与工资调整的问题，必须事先做好充分研究准备，制订好计划，工作过程中必须在党的统一领导下，党、政、工、团分工负责，充分发动群众，多方收集群众思想情况，同时领导要思想抓得紧，问题解决稳与快，不要放任时间拖长，否则会影响生产。

二是经过这次工资改革以后，船员工资虽然达到了初步统一和合理，但当时的《工资等级表》还存在一些问题：①港务局规定以200吨为界线划分大小轮，《工资等级表》却以300吨为界线，把300—100吨的船舶划在一起，因此工资制度与技术要求不能配合一致。②工资等级多，职务之间级差大，影响船员对技术的进取心。③某些职务之间的工资比例关系还需要进一步改进，如副生火长与加油工资应有所区别，水手长与机匠工资比例差额太大，副机匠工资比例较高；江海比例不平衡，甚至一部分职务存在江海不分的现象。这些都需要进一步研究改进。

三是从当时的情况分析，为了照顾全国范围走向统一，根据国家财经情况，结合实际情形，华南区海运管理局提出适当地从中间（三级）往下评是切合实际的。但由于各地区做法不一样，上海海运局船员评定等级是一级向下，一般比华南区海运管理局高出二级，以致评定后工资水平悬殊，因而有些从北方、华东调来的船员反映，北方和南方工薪不一样，有意见，影响了船员的生产积极性。

四是这次船员评定工资无技术标准，一般都存在人比人现象，未能很好地贯彻具体的技术排队、按技术标准办事的精神，对于激励船员学习技术、学习文化热情不够。

三、关心重视职工福利待遇

广州海运局自第一次职工代表会议召开后，福利工作有了进展，大大改变了过去无人管理的现象。职工在生活、文化娱乐上以及保健卫生方面都有了改善。如在困难补助与子女就学等方面都能解决一些问题。检验室的建立虽然时间很短，但已在医疗方面起了作用。图书馆及文娱体育等用具的增设，也逐步地解决员工文化、体育各方面的需要。

首届职工代表大会成立的福利工作委员会负责福利工作。当时，福利工作委员会的工作，基本上是按照中央对福利工作所规定的范围及第一次职工代表会议关于开展福利工作的决议精神进行的，即根据实际的需要和可能，逐步举办各种全面性、集体性和永久性的福利，适当解决员工的特殊困难。

1953 年 9 月公布了《职工特殊困难补助办法》，并对职工子女教育费进行补助。1953 年 10 月在小港建立一间子弟学校。该校本拟由广州海运局自办，计划需款 4500 万元。经广州市教育局指示，广州海运局职工子弟实际入学人数不多，不宜单独设办，故与邮政局、电信局合办，由市教育局领导，定名为河南区第七小学。开办费 2800 余万元，每个单位负担 930 余万元，日常费则由市教育局负责。入校学生，半数免费，半数由各单位负担。自 1954 年起，该校改名为新滘区第六小学，免收学费。

为了开展好文娱体育工作，广州海运局于 1953 年成立了文娱体育委员会。为充实该委员会开展文娱体育工作的物质基础，特拨给 2500 元供该会建立图书馆，以及购置体育、文娱乐器等。

第一次职工代表会议决议把各船洗衣工调上岸，成立洗衣房。1952 年 12 月基本筹备完成，并开始工作。当时有洗衣工 8 人，洗衣房属企业经营性质，除开办费由福利基金一次拨给外，全部日常开支以自给自足为原则。

1954 年 1 月初，广州海运局将机关原有的厨房改为食堂。

第一次职工代表会议上决议补充保健室及疗养所。1953 年，福利工作委员会根据实际情况，逐项进行。一是增设检验室。当时，广州海运没有检验室，职工有病要检验都要去私商检验所，每月要付出约 500 万元（旧币），很不方便，对诊断也有影响。自己增设一间检验室并不需要花很多钱，只需购买一部显微镜及其他检验仪器就可以。建立后，不但每月节省了一笔开支，更重要的是对治疗有很大好处，减轻病人的痛苦。1953 年底已将检验室建立起来了。二是过去肺结核的病人，都送到疗养所休养，大家认为很不妥当。因此，1953 年 10 月在小港建立肺结核疗养所、小港分诊所及开展产妇检查等工作。这样对肺结核病人及住在小港的家属的诊治有很大好处。三是东山疗养所增设疗养员洗澡房、厕所及增补疗养员夏季衣服 100 套、胶拖鞋 50 双、冬季棉垫 40 块等。

第七节　注重培养社会主义海运建设者

华南区海运管理局党总支委员会是 1952 年 10 月底建立起来的，原来船岸只有一个党支部。1953 年 4 月 1 日，根据交通部指示，为加强海运系统的政治工作，华南区海运管理局成立了政治处，由许济担任副主任。1954 年 2 月，在广州海运局党总支委员会的基础上，成立党组。

1954 年 2 月开始至 4 月底，广州海运各海轮都建立了党支部，当时有 8 个海轮分支部，机关分业务、行政两个支部，共 10 个支部；共有党员 154 名，候补党员 61 名，占党员总数 39.6%；护航队共有党员 37 名，占党员总数的 24%；科长以上党员 35 名，占 22.7%；科以下一般干部 47 名，占 30.6%；工人 35 人，占 22.7%。支部党员分布的情况，8 个海轮支部共有党员 75 名，船上支部党员数最多的是 14 名，最少的 4 名。船上支部书记都由政工干部兼职，机关两个支部由科长兼支部书记。

1956 年 1 月，广州海运局成立党委，叶荫任代书记，许济任副书记。

1957 年 10 月，正式撤销交通部广州区海运管理局政治部，成立中共广州区管理局委员会。

一、开展民主改革

解放初，广州海运海员经过抗美援朝、镇压反革命运动、“三反”“五反”运动和南京海员训练班学习后，政治思想觉悟逐步提高。为从根本上清除海员队伍中的旧社会封建残余势力，从政治上、思想上和组织上纯洁海员队伍，树立当家作主思想，华南区海运管理局在 1952 年 11 月末到 1953 年 2 月之间，开展了民主改革。当时华南区海运管理局拥有大小海轮、拖轮、机帆、货驳等共 47 艘，海员 924 人，均分期分批投入这一运动。

第一批是 4 艘停航船，以训练班的形式进行，于 1952 年底结束；第二批是开航海轮，在营运生产中边生产边民改；第三批是小海轮、机帆、货驳。每批船的民改工作均分三个阶段进行，即思想发动、自觉交代、民主建设。这次运动在党的领导下，集中了行政、工会、青年团的力量，组织工作组下船协助，认真贯彻执行党的政策，取得了预期效果，为海员队伍中建立新型民主关系奠定了基础。

发动阶段通过扎根串连、教育培养、审查诉苦、回忆对比、群众自我教育、启发阶级仇恨、提高阶级觉悟，使海员团结起来。

在自觉交代阶段，反复强调“忠诚老实、自觉交代、互相了解、加强团结”的政策。老海员以“报上当”的形式，放下旧社会的政治包袱，通过对旧社会的封建残余势力分化瓦解，基本肃清了反动势力。

在民主建设阶段，“复查劳保、查评工资”，改选基层工会，建立民主管理委员会和生产保卫委员会，在船员之间初步建立起民主关系，替代了旧社会的封建帮派，消除了隔阂，促进了政治上思想上的团结。

民主改革激发了广大海员建设新中国的政治热情。运动中，船上普遍开展合理化建议活动。当时，民生公司广州分公司“民俗”轮船员在民主改革后复航时，以主人翁姿态首航湛江，顺利解决了江船出海问题，为该公司一大批江船解决了营运出路，也为 1953 年开发粤西、海南地区的客货运输准备了充足的运力。

民主改革前，海员们存在浓厚的雇佣思想，普遍看不起装卸工人；民改后，海员懂得了装卸工人是自己的阶级兄弟，工作中不仅热情招待茶水，安置休息，还主动给操作起货机的装卸工人加装座椅；及时调整吊杆，方便装卸货操作，为装卸工人提供有利的劳动条件。民主改革后，当家作主的思想启发他们还要成为有文化、有技术的主人，于是海员们普遍要求学习政治、文化、业务、技术。

在民主改革的基础上，华南区海运管理局逐步建立了船舶政治工作和政治委员制度。到 1954 年，船舶政工队伍已基本形成，初步建立了船舶政治工作体系，体现了社会主义社会中国共产党对船舶的领导。船舶政委制建立后，首先，在船员中发展了党员，建立了船舶党组织，迅速改变了党组织在船员和船舶中空白的状况，使党的思想政治领导在广大海员中真正落地生根。其次，在广大海员中开展了深入细致的政治思想教育，保证党和国家各项政策法令的贯彻实行，激发海员政治热情，胜利完成各个时期的政治任务。第三，发动和组织广大海员开展社会主义劳动竞赛。政治工作融入生产实践中，将广大海员的政治热情积极引导到运输生产中，这对当时生产任务的完成和各项工作的改进提高有重大意义。如 1954 年就有“南海 174”轮防台中政治工作的一些经验等，充分反映了当时船舶政治工作的特点。船舶政治工作还使共青团和工会组织有了统一领导，分工合作，把全船拧成一股绳。

这时期船舶领导体制也经历了曲折的发展过程。民改后，广州海运船舶均建立了民主管理委员会，这种形式对在当时发动全体船员起来当家作主，民主管理船舶、管理生产，听取群众反映，集思广益等方面，有着一定的政治意义，但在实行中，船员中滋长了极端民主化思想，船长有职无权，造成船舶管理比较混乱，不利于安全，不利于生产。为解决这一问题，1954 年上半年开始到 1956 年党的八大以前，推行了船舶管理“一长制”（这与学习苏联“一长制”经验是分不开的），由于当时船舶政治工作的保证，帮助船长树立威信，给船长鼓励很大，推动了船舶管理工作。但国情不同，“一长制”在船舶推行很不顺畅，不管是政委还是船长，都不习惯在这样的管理制度下分工合作。党的八大明确了党对企业中的集体领导与分工负责相结合的领导制度后，船舶才转向以船舶党支部为领导核心，集体领导分工负责制，并且进一步健全了船务会议制度，以体现领导与群众相结合的领导方法。这一重大改革对船舶政治工作提出了更高的要求，推动了船舶政治工作向前发展。

二、做好干部配备和培养提拔工作

1956 年初港航合并后，广州海运即进行机构整顿，对两局干部作了统一安排，在第一季度内基本上全部配备。由于湛江港开港在即，原有管理基础比较薄弱。因此，决定由华南区海运管理局及黄埔、汕头两局抽调各类干部大力支援开港工作。据统计，共调去干部 75 名，以及机械、装卸、仓库管理等人员。华南区海运管理局还在 1956 年上半年曾先后开办了两期训练班，专门为湛江港培养机械和仓库管理员等。

（一）干部培养提拔工作

机关干部方面：根据交通部人事会议及广东省委对干部工作“应积极大胆大量地培养”的指示，结合具体情况和生产需要，广州海运在 1956 年第一季度就研究建立后备干部库，会同政治部和公安处在审干的基础上，将其历史做出结论，确定了后备干部对象，并进行培养。1956 年全年培养提拔了干部 62 人，其中，正处级 2 人、副处级 6 人、正科级 11 人、副科级 17 人、工程师 26 人。一般干部在结合工资改革中，对不合理的进行了等级调整，提拔起来的干部一般都称职。船员方面是根据中央指示及船舶需要，也确定了后备干部名单，制定了专人负责培养。在培养方法上，高级船员方面仍继续采用指导船长、轮机长制和双套培养，签订教学合同。普通船员则继续采用师傅带徒弟的传统方法进行培养，这是当时最切合实际和行之有效的好方法，对船员技术的迅速提高有显著的效果。1956 年提拔了高级船员 50 名、普通船员 134 名。这些船员都是经过代职后提拔起来的，技术上是称职的，提拔后他们工作都比过去积极热情。对公私合营民生公司合并过来的干部的安排，原则上都是按原岗位分配工作。

（二）接受预备役军官工作

根据交通部指示，由广州海运接收一批志愿支援经济建设的预备役军官，经过一段时间的训练后再调到船舶、港口去担任基层的技术工人。接收前，区局召集有关科室开会筹备接收工作，随后成立了接收工作组，于 10 月 3 日开始接收，至 10 月 18 日全部接收工作完毕，共接收了转业学员 886 名，并对他们进行了文化补习和水手工艺、生火工艺等技术训练。

（三）有计划地安排各级船员的公休

在 1956 年下半年检查工作时，特别强调了船员公休问题应列为下半年主要工作之一。在船员还未能按定员配足的情况下，以最大努力去完成任务。海轮基本完成公休任务，小轮由于新接管，又没有后备船员，有大部分未能完成公休。全年完成船员公休 932 人（不包括 1955 年补休人数），占总人数 93.95%。

（四）抽调船员援外

抽调了两套船员班子担负我国赠予越南的两艘海轮的接送任务。在船员缺乏的情况下，还选调了一批船员（共 15 人）完成支援外轮任务，1956 年上调干部及船员 6 人，抽调学习 8 人。

（五）开展干部规划工作

1956 年，为了适应海上运输事业与港口工作发展的需要，广州海运根据中央关于对干部进行全面规划的指示精神，在 3 月间即开始进行了全面的干部规划工作。

当时所属机构的各类干部的分布情况如下：

（1）华南区下属黄埔、汕头、湛江、海口 4 个港务管理局及北海、榆林 2 个办事处干部分布：区局本部有各级各类干部共 690 名、黄埔局 1019 名、汕头局 212 名、湛江局 230 名、海口局 225 名、北海 39 名、榆林 35 名。全区共有干部 2450 名。

（2）华南区共有科级以上干部 184 名（包括区处级干部在内）。其中党员 154 名、团员 7 名、群众 23 名；其中一类干部 83 名、二类干部 73 名、三类干部 10 名。

（3）华南区共有技术干部 368 名。其中高级船员 180 名、在岸工程师 15 名、技术员

105 名、其他 68 名；党员 22 名、团员 50 名、群众 296 名；一类干部 105 名、二类干部 209 名、三类干部 54 名。

在此基础上，提出事业发展与干部培养提拔指标。

机构扩大方面：1956—1957 年，建立一座能容纳 800 至 1000 人的初级技术学校。机务部门根据船舶增加情况扩大至处一级单位，商务部门增加了两个科，安全与教育部也得到充实。

分支机构：乌石、八所、莺歌海等三处增设办事处。

图 1–33　1955 年，广州海运局派出学员到南京学习。

（1）大量培养高级船员，提高其技术水平（图 1–33）。继续采用指导船长、指导轮机长制培养高级船员，每人每年培养船长和轮机长各 3—5 人，两年内培养出 15 套高级船员（包括民生公司 4 套），并把科室内适合上船工作的技术人员，逐步有计划地抽回船上工作。

（2）加强在职干部的培养提拔工作，继续贯彻干部后备名单制度，充实副职，两年内提拔科级干部 120 名（其中区局本身 40 名）。

（3）加强对高级技术人员的团结教育和改造工作，并适当地减少其行政职务，使他们能专心钻研技术，发挥其专长。加强政治思想教育，给予具体帮助。同时，抽调一定数量的技术人员专门从事技术研究工作，并在高级技术人员和高级船员中，积极慎重地发展党、团员，以适应海运、港口事业发展的需要。

（4）在两年内完成干部中的扫盲工作，建立文化学校，并把干部中未达到初中文化程度的，提高到初中毕业文化程度。

（5）筹建专业学校，培养普通技术船员和小船的正副驾驶、正副司机，以及港湾的机械管理人员和技术工人等。

三、召开第一届职工代表会议

1953 年 7 月 14 日，广州海运管理局召开第十二次局务会议。这次会议先由董华民局长报告广州海运第一届职工代表大会筹备工作情况，阐明召开职工代表大会的目的与要求，使职工代表了解全局工作情况及今后任务，并带回原单位贯彻到群众中去。通过这次会议进行民主教育，提高政治觉悟，建立当家作主的责任感，使全体职工切实感到自己是企业的主人，一致行动起来，为完成和超额完成下半年生产计划而努力。会议上讨论修改和补充董华民局长在第一届职工代表大会上的工作报告《1953 年上半年工作生产情况和下半年的任务（草案）》，并通过了这个报告草案作为大会正式文件。

第一届职工代表大会于 1953 年 7 月 20 日召开，会期 7 天，内容主要是总结 1952 年工作，布置 1953 年工作任务——开展生产改革、增产节约运动。各船及机关均选派代表出席了这次大会，并确定了各船的生产任务。同时，还解决了一些员工福利问题，广大职工认识到生产与福利的一致性，一致表示有信心完成下半年的任务。这次职工代表大会的主要收获是计划开始与群众见面，群众中有了计划观念。过去发给各船的生产计划，船长为了保密锁在抽屉，职工代表参加会议后改变了这种情况，群众都很关心计划完成情况，船员常向船长及大副询问“我船已完成了多少数字”等。这使逐步推进计划管理有了思想基础。同时，1953 年生产任务的超额完成是与职工代表大会的召开分不开的。

1953 年 7 月 28 日，广州海运召开第十三次局务会议。会上，董华民局长指出，这次会议中心内容是讨论如何贯彻第一届职工代表大会的精神和各项决定，安排机关各部门的工作。首先，下半年的工作安排已经大会通过，上级亦已同意，需要研究如何具体执行；其次，这届代表大会上，代表们讨论了下半年的生产计划，一致认为“过去是在盲目运输，今天有了努力的方向和目标”，对任务完成大家都有信心，目前主要的问题是机关在货源、调度、供应方面如何很好配合完成任务；第三，此次代表大会提案的处理，必须迅速及时解决，绝不能搁置。

会后对工作进行了调整和安排。一是解决业务科、调度室间工作职责划分不清造成无人负责、浪费船舶时间的现象，成立了服务科（或服务部），专门调派驳船、报务、理货与货主联系等一切不属于其他科室的船舶业务工作。二是各科室根据局 1953 年第三季度工作纲要订出具体执行计划。三是制订了各科室分工职责。四是有步骤地重点实行海轮燃物料节约奖励办法及安全航行奖励办法。五是由大会秘书组（政治处）把整理好的各类提案分发各主管部门，由各主管部门专门召集会议研究处理并予解决。对一时无法解决或无须解决的，应详细说明理由。

1953 年 8 月 25 日，召开第十五次局务会议，这次会议主要是检查自 7 月底职工代表大会闭幕以来各科对于几项主要工作进展情况，即第十三、十四次局务会议各项决议贯彻执行情况。

四、召开工会第一届工会代表大会

1953 年 11 月，中国海员工会广州海运管理局筹委会正式成立。

1955 年 3 月 16 日，广州海运局工会第一届会员代表大会召开。大会总结了筹委会 1954 年的工作，确定了 1955 年的任务，提出并研究了如何建立工会工作正常秩序等中心议题，选举了广州海运局工会委员会委员和经费审查委员会委员，正式成立广州海运局工会委员会，并选出出席中国海员工会第一届会员代表大会的代表。

会议期间，华南区海员工会李涛同志到会作了工会工作指示，张玉华副局长、政治处许济副主任也向大会作了报告，“南海 169”“南海 174”轮介绍了工会工作经验。由于企业党委和上级工会的直接领导，以及代表们在会上都抱着认真负责的态度，积极提出意见建议，因此会议是有收获的，也是成功的。缺点是时间匆促，会议准备不够充分，讨论时间较少，生活上招待也不周到，特别是很多具体问题未得到很好的解决。

1955 年是我国第一个五年计划建设具有决定意义的一年。随着国家建设时期工农业的发展，城乡物资交流的增加，而华南处于国防前线，国防运输紧张，1955 年度的生产财务计划是比较繁重的，较 1954 年增加了很多，如货运量增加 53.93%，货物周转量增加 53.10%。1955 年工会各级组织要在党的领导下，密切配合行政，发动和组织群众，结合贯彻计划管理，推行经济核算制，把工会正常工作秩序逐步建立起来，并在提高生产的基础上，注意职工的物质和文化生活及劳动条件的改善，不断提高劳动生产率、厉行节约、降低成本、保证安全，全面超额完成国家运输计划，以支援国家工农业建设及支援解放台湾的斗争。

代表们对于筹委会提出的关于建立工会工作正常秩序的初步方案，认为当时贯彻这个方案是非常必要的，而且是可能的。但是贯彻中必须注意几个问题：一是生产管理秩序、劳动竞赛程序和工会工作秩序三者是相互联系的，而工会工作秩序只有在企业的生产管理秩序及劳动竞赛的程序建立起来的基础上，才能正常起来。但是，当时劳动竞赛中仍存在很多问题，特别是竞赛程序仍未能很好执行，导致工会工作的混乱。所以，必须加强对劳动竞赛的领导，理顺劳动竞赛的程序。二是必须坚持党的领导，争取行政的支持。代表们在讨论中提出，建立工会工作的正常秩序与保证劳动竞赛的正常开展、保证国家计划的完成密切相关，因此，这不单是工会的事情，有关工作要向党支部及船长汇报。

恢复建设时期（1949—1957）**存在的问题与短板**

这一时期正值新中国成立初期，百废待兴，百业待举，企业也处于创业阶段，企业机构设置、经营管理、运输生产等一系列工作均在摸索中，虽然取得一定成绩，但因生产力发展水平和生产关系方面的局限，还存在一些难以避免的问题。如组织制度不健全，职能部门之间职责分工不明确，相互沟通协作意识差；机构初建，人员不足，人事调动频繁，管理工作跟不上；工作缺乏计划、布置、检查和总结，工作效率不高；运输工具、设备利用率还很低，运力浪费现象较严重；对防止货损货差，提高运输质量的规定和各种装卸技术操作规程，没有认真的贯彻执行与遵守，货运质量不高；技术管理还落后于生产发展的需要，成本管理落后，财务监督不严；安全生产意识不强，存在违反操作规程等现象；港航工作不协调，港航生产上的各工种协作较差，各工种之间和车、船、货主之间协作得不够好，没有真正组织成为一个有机的整体，运输能力未能充分发挥，等等。

第二章

曲折发展时期

（1958—1971）

从 1958—1971 年，我国国民经济的发展经历了“大跃进”“三年困难时期”和“三年调整”“文化大革命”前半期等阶段。广州海运经营的华南沿海海上运输事业，也迂回曲折地向前发展，拥有的船舶总载货吨从 7.7 万吨发展到 28 万吨，较好地完成了外贸、内贸、战备和援越抗美物资运输任务，并且与此相应地建立了海上通信、船舶修理和海员培训基地，使广州海运初步成为华南沿海一个完整的海运基地。但由于“左”的干扰，广州海运经历了两次体制的“下放”和“上调”，海运力量经历了两次分散和组合，受到了很大损失，减少了对国家的应有贡献，这是历史性的教训。

大起大落的“大跃进”运输，战争状态下感人的援越抗美运输，以“废钢船、老旧船起家”艰苦创业，是这段历史时期的主题。

1958—1971 年企业基本情况见表 2–1。

1958—1971 年企业基本情况统计表 表 2–1

年份	船舶情况			货运量（万吨）	客运量（万人）	固定资产（万元）	收入（万元）	利润（万元）
	艘数	载货吨（万吨）	客位（个）					
1958	32	7.7	2511	255.5	9.6			
1959	37	12.1	3152	344.8	14.0			
1960	35	11.9	2660	341.5	26.7			
1961	12	8.3	683	92.6	34.6	2383.9	761.2	183.3
1962	11	7.7		130.4	31.2	2326.7	1204.6	70.5
1963	35	10.2	4679	214.5	19.8	7123.4	2518.8	126.7
1964	35	10.3	4441	197	5.1	7129.6	2480.8	275.4
1965	34	10.4	4121	289.3	8.4	7963.8	3548.9	918.5
1966	35	12.5	3546	355.1	16.8	9007.6	4146.5	985.5
1967	40	13.0	3546	413.7	11.1	10027.9	4234.2	595.9
1968	40	13.8	3296	367.5	14.7	11217.3	6991.1	1809.8
1969	47	16.6	3263	530.8	17.6	15018.7	10493.2	2803.2
1970	55	19.5	3263	380.7	21.4	18162.5	4372.1	436.4
1971	67	28.2	3421	443.2	19.9	21473.5	4758.6	489.0

注：此表数据出自交通部广州海运管理局编《海运统计资料汇编》（1949—1985）。

第一节 管理体制的变迁及其影响

一、管理体制经历两度“下放”和“上调”

为了尽快改变中国贫穷落后的面貌，党中央在 1958 年正式制定了社会主义建设的总路线，“大跃进”运动在全国展开。

根据上级指示，广州海运也先后召开华南各港局长会议和船员代表会议，贯彻执行总路线精神，发动华南海上运输生产新高潮，以达到“跃进”的增产节约计划指标。广州海运的海运业务当时只局限于广东地区，在“大跃进”形势下，为服从广东省“大跃进”的发展需要，1958 年 7 月，交通部决定将广州海运管理局下放广东省。8 月 15 日，广东省人民委员会根据中央的体制权力下放、充分发挥地方积极性的精神，发出《新设立“广东省航运厅”机构的通知》，确定对广东全省水运采取统一领导、分级管理的方针，凡能下放给地方的业务，本着能发挥运输设备的更大潜力和能发挥地方积极性的原则，尽量下放到地方管理，将广州区海运管理局、交通部航务工程局第一工程局广州办事处和广东省交通厅航运局，合并组成广东省航运厅。广东省航运厅在厅本部共设 10 个处科室，另外下设海河运输局、航务工程局、远洋运输处、外轮代理区公司、广州船舶修造厂和香港公司（图 2–1）。确定将沿海各港——黄埔港、湛江港、海口港、汕头港、八所港、榆林港等分别下放由各专区和市管理。当时的设想是在地方统一领导下，与地方沿海、内河一起组成一个完整的水运交通网，更好地实现大、中、小结合的方针，合理运用大船与小船、大港与小港效能，促进广东省社会主义建设事业的发展。

图 2–1　1960 年 4 月 5 日，共青团广东省航运厅海河运输局首届团代表大会代表合影。

但在广州海运下放期间，整个国民经济严重失调，华南海运也不例外。唯意志论瞎指挥，船舶常年失修，只得拼设备吃老本，带病航行，除由中央贷款从国外买进一些旧船外，运力增加不大。原有船舶技术状况较差。沿海港口基本上没有建设，甚至抽设备、抽人力去搞农田水利。在设备没有增加和改善的情况下，沿海港航企业仅能满足地方的局部运输需要，难以确保国家外贸发展的需求。

1960 年，中央决定从地方收回沿海十大港口，广东省将其沿海主要港口和船舶分两批交回中央。1961 年 6 月，重新组建沿海运输机构，成立交通部广州海运管理局，为部属一级企业单位，领导华南沿海 3000 吨以上 11 艘船舶和黄埔、湛江、八所三港，办公地址在沙面珠江路 16—18 号。局机关下设计划财务处、人事保卫处、材料供应处、技术处、业务处（下设海运船队）、安全监督室、办公室（下设行政福利科）；政治部组织系统设有企业工会，船舶工作部、宣传部、组织部和办公室（图 2–2）。

图 2-2 1961 年 12 月 20 日，重建后的广州海运管理局首届职工代表大会代表合影。

1964 年 3 月，经交通部批准，广州海运对机构编制进行调整，撤销船队建制，各项业务归口各处室管理。职能部门共设 9 处 4 室 4 个直属科，包括计划处、财务处、保卫处、人事处、运输处、供应处、基本建设处；技术处、港务处、办公室、监察室、港航监督室、总工程师办公室、机要科、第三科、安全技术劳动保护科和电讯科。党群系统设有政治部（下设办公室、组织部、宣传部、船舶工作部、武装部、政训班）、监委、机关总支、团委、企业工会（下设职工教育委员会、机关工会、组织宣传科、劳动保险科、生产科）。

同时，为集中管理，简化层次，提高工作效率，1963 年 4 月，原属广东省航运厅领导的 3000 吨以下海轮船队和汕头、海口、北海、三亚四个港口归广州海运直接管理。

1969 年 1 月 1 日，广东省革命委员会将交通部管理的广州海运管理局、广州远洋运输公司、交通部第四航务工程局与广东省航运厅合并，成立了华南水运公司，统一经营和管理全省的船舶运输、港口、船厂、航道疏浚、海上打捞等业务。1970 年 2 月，分别恢复原来的远洋、海运、内河、航务工程的建制。1970 年 2 月，华南水运公司撤销，成立广东省海运管理局，由省交通战线革命委员会领导。1973 年 3 月 9 日，中央又将其收回，重新成为交通部在华南的直属海运企业。

二、实行军事管制到成立革命委员会

“文化大革命”开始后，海运生产形势恶化，1967 年 3 月 3 日，中国人民解放军对广州海运管理局实行军事管制，成立军事管制小组领导下的生产临时办公室（后改名为生产指挥部），负责管理全局的生产和安全工作。下设政工、生产业务、基建、公安和航道五个组。

1968 年 9 月 15 日，广东省革命委员会向广州海运局军管小组发布《关于成立广州海运局革命委员会的批示》，宣布省革命委员会同意成立广州海运局革命委员会。委员会由滕正相、王勇、樊炽华、吴兰芊、王孝忠、卫徐忠、刘永福、尹佩华、陈希顺、潘进和、施延瑞、李关富、黄永勤、冼仿添、梁桂珍、莫仲庆、关善格、李超然、黄修立、杨瑞荣、徐焕章、林恒、刘兴、徐华杰（缺军代表一人，革命领导干部二人）等 27 名同志组成，由滕正相、王勇、樊炽华、刘永福、尹佩华、陈希顺、吴兰芊、王孝忠、卫徐忠、潘进和、施延瑞、李关富（缺军代表一人）等 13 名同志任常委，并由滕正相同志任第一副主任，王勇、樊炽华、刘永福、尹佩华、陈希顺 5 名同志任副主任。革命委员会下设办事组、政工组、生产组和后勤组。

1968 年 10 月 3 日，广州海运管理局革命委员会发布《关于启用〈广州海运管理局革命委员会〉印章的通知》，指出经广东省革命委员会批准刻制“广州海运管理局革命委员会”印章一枚，定于 10 月 3 日正式启用。原“广州海运管理局办公室”“中国共产党广州海运管理局委员会”“中国共产党广州海运管理局委员会办公室”“中国共产党广州海运管理局政治部”“中国共产党广州海运管理局政治部办公室”“中国共产党广州海运管理局总支部委员会”，以及行政、政治部所属各处、室、科的原有印章（包括业务专用章）全部作废。原“广州海运管理局”印章对国内即日起无效，对国外可继续使用，该公章由革命委员会办公室管理。

1969 年 1 月 1 日，华南水运公司革命委员会正式开始办公，使用新印鉴。原交通部广州海运局、远洋分公司、广东省航运厅于 1968 年 12 月 31 日撤销，其所担负的业务工作，一律由华南水运公司革命委员会负责。

1970 年 2 月，华南水运公司解体。1971 年 1 月 26 日，广东省革命委员会印发《关于成立广东省海运管理局革命委员会的批示》，同意广东省海运局革命委员会由 27 名委员组成（缺一名），设常委 11 名，正副主任 6 名。其中，主任：邱振英，副主任：窦绍文、王维藩、张柏青、滕正相、周文英，常委：叶忠、郭文炳、赵刚、梁国桥、孙连文，委员：王玉芝、刘永、郑华、王孝忠、吴兰芊、和文斌、牟玉乐、黄林东、徐焕章、梁桂珍、潘进和、戴敦昌、陈希顺、刘永福、梁开元。同日，广东省委发布任免决定（粤委〔71〕20 号），同意广东省海运管理局革命委员会成立党的核心小组，组长为邱振英，副组长为窦绍文、王维藩，成员有张柏青、滕正相、周文英。

1978 年 6 月 16 日，根据交通部指示，广州海运实行党委领导下的局长分工负责制，不再设立革命委员会。广州海运所属各单位实行党委领导下的局长、处长、厂长、院长等负责制。

三、形成“沿海统一、内河统一”的共识

1966 年，广州海运管理局根据交通部党委的指示，召开了各处室负责干部关于华南水运管理体制的座谈会。会议认为，从 1949 年到 1966 年，华南水运管理体制的变化，大致可分为三段：第一段是 1950 年至 1958 年，海、河运输是由中央和地方分管时期，但珠江水系曾由中央管理过三年；第二段是 1958 年 8 月至 1961 年 6 月，海、河统一下放广东省，专由地方管理；第三段是 1961 年 6 月到现在，又恢复 1958 年前的管理形式，海、河由中央交通部和广东省分管。座谈会一致反映，华南水运管理体制“变化多，影响大，教训深刻”。

第一，调动两个积极性是体制变更的根本原则。华南水运的特点是：内地河流密布、纵横交错、形如蛛网，且大都能通航。海岸线长、点多，对外联系极为发达。如能更好地

调动两个积极性，充分发挥华南水运特点，则华南水运必能更大地促进社会主义建设事业的发展。

调动两个积极性，不外乎正确处理中央与地方、沿海与内河、外贸和支农的关系。经验证明，凡是调动了两个积极性的时候，正确地处理上述关系的时候，水运事业就有所发展。反之，就会受到影响。如1954年成立珠江航运管理局，中央统一管理珠江水系，花了不少力量，对建设和发展珠江水运事业起了很大作用。但是，由于珠江水系基本上是一条地方性河流，满足不了地方的要求，结果珠江航运管理局和地方矛盾不少，认为中央管理解决不了问题，有“大树不遮阴”的说法，搞了3年只好撤销。交地方后，地方积极性高涨，如对某些航道，县和公社就自己组织民工整治，及时组织运输，不误农时。又如，1958年，海、河大统一交地方后，大力支援了农田水利建设，为农业服务方面起到一定作用。但对于整个海运事业的发展、建设以及外贸运输结构考虑不够，顾此失彼。下放期间，沿海船舶没有大的发展，对原有船舶也由于养、修不良，技术状况较差。沿海各港也基本上没有建设。有的地方还过多地从企业调人、调设备去搞农田水利。总之，对华南海运事业的建设和发展有一定影响，中央与地方的矛盾也较突出了。广东省发现有些问题不好处理，特别是无法满足中央的外贸需要，因而将沿海港口及船舶分两批交回中央，重新成立广州海运管理局。由于实行这样的分管，华南海运面貌有了显著改变，新船逐步增加了，港口建设也加强了，文冲船厂也建起来了，华南海运包括船、港、厂、航道、学校等已初具比较系统完整的规模。广东省河运事业也有较大发展，发挥了为地方服务的积极作用。

第二，根据华南水运特点，经验证明，海、河分管是发展水运事业的最好组织形式。内河主要是担负广东全省城乡物资交流和支农运输任务，地方性强。沿海各港主要是担负外贸物资以及跨省物资的运输，国家性强。据1965年统计，仅黄埔等三大港，外贸物资就占总吞吐量的52.5%，外轮进出口685艘次。国轮所担负的外贸运输占总运量的38.2%，航行国外船舶231艘次。海、河有其共性，也有特性，无论是设备、技术要求，人员配备，对外联系以及规章制度、管理方法等方面，都必须各有一套。如1958年海、河大统一，船舶调度分两个调度室，各业务、技术处室都有分管海、河的两套人马，矛盾不少，扯皮很多。结果，机构一变再变，问题也没得到解决。

第三，体制多变，影响企业发展。华南水运管理体制大变三次、小变六次，不仅频繁，而且有些变得不当，致使华南海运事业受了很大影响。特别是对建设一支又红又专的水运工作队伍，受到一定限制。由于机构分分合合，在干部当中流传着“合久必分、分久必合”的观念，部分干部事业心不够强。此外，对基本建设也缺乏长期打算，中小港口处于自然和半自然状态，港口吞吐量低，航道缺乏整治管理，尤其建立船舶修造基地和船员培训基地都存在困难。

综上，座谈会提出，若要更大地发挥华南水运作用，更好地为社会主义服务，最好的组织形式是沿海统一、内河统一。

四、管理体制变迁的特点及影响

1958年广州海运下放是整体性的，设备人员全部并入广东省，而上调过程却经历了一年半的时间，其中管理人员和生产设备都满足地方的需要，留在省、市属的广州港、汕头内港、海口内港的港航设备（包括“南海 136”和“团结 2 号”两艘小型船舶）及相当一批业务技术力量，为日后地方发展沿海航运提供了条件和基础。

广州海运重建过程是从 1961 年 6 月省航运厅将 11 艘 3000 吨以上的海轮划归开始的。到 1963 年 4 月广东省航运厅所属 3000 吨以下海轮全部移交广州海运为止，延续了将近两年时间。领导体制和组织机构的大变化，使广州海运业务技术干部队伍和管理制度的建立几乎都从头开始。如技术管理方面的船队轮机长责任制、驻港轮机长责任制、船舶预防检查办法、修船条例等行之有效的制度，1958 年以前已有一定基础，但在“大跃进”和体制下放中都被砍掉了。广州海运在重建中又逐步建立起技术干部队伍，重新建立制度，无形中使广州海运的技术管理工作倒退了五六年时间，延误了华南海运事业的发展。

在体制变动的经历中，广州海运原来受交通部委托于第一个五年计划期间着力建设的华南海运唯一修船基地广州（东朗）船舶修造厂（建有万吨、千吨级船坞各一座），也于 1958 年 4 月下放广州市。下放期间，广州市把该厂和一机部下放的 433 厂合并，成立广州造船厂，经营方向由修船改为造船，其修船协作工厂也相应改行。1961 年根据中央“下放过多应收回”的精神，三机部（后改为一机部）将广州造船厂连原东朗船厂一起收回，致使华南海运失去了船舶维修基地，修船力量严重不足，成为广州海运船舶当时失修严重的重要原因之一。船舶坞修间隔最长的达 11 年之久。船壳锈穿后，不得不浇灌水泥砂浆以堵漏补洞，维持营运。最严重的一艘船上，补漏洞用的水泥达百余吨，严重威胁船舶的航行安全。据 1962 年广东省航运厅党组、中共广州海运管理局委员会、中共交通部远洋局广州办事处委员会联名给邓小平同志的信中反映，当时华南海上有千吨以上船舶 72 艘，1—3 年未进坞修理的有 19 艘，3—11 年未进坞修理的有 26 艘，共占总艘数的 62%；损坏严重停航的 9 艘，占 12%；带病航行的 49 艘，占 68%。可见，这次体制变动的教训是深刻的。它加深了人们对海运事业的港、航、厂多方面配合的整体概念和发挥中央与地方两个积极性的认识。

第二次管理体制变动（1961 年广州海运管理局—1969 年华南水运公司—1970 年广东省海运管理局—1973 年广州海运管理局），处在“文化大革命”中，由于不了解华南海运管理体制演变过程，因而决策变动，失去历史连续性。“文化大革命”前夕，交通部曾有意图调整华南海运体制，当时广州海运党委经慎重研究，总结了新中国成立后 17 年华南水运管理体制的历史经验。在上报交通部党委的呈文中，痛感“体制多变，影响海运事业发展”，提出“至于华南再来一次海、河统一，下放或集中……这种教训是深刻的”“我们不倾向这种做法”。但仅仅事隔 3 年，管理体制又来一次下放和合并，从华南水运公司仅存在一年多时间就解体这一点，也可见当时下放合并的决策，既违背历史的经验，又脱离生产实际。

第二次管理体制变动，加上“文化大革命”中的极左路线，否定新中国成立后 17 年企业管理的根本经验，把它作为“封、资、修”渣滓予以批判抛弃，使这次变动对企业管理的冲击比第一次更为严重。两次管理体制变动间隔为 6 年。这 6 年中，主要在“文化大革命”前的 3 年多时间里，广州海运贯彻了“调整、巩固、充实、提高”的八字方针，管理水平逐步提高，不仅恢复了1958年前的水平，而且逐步形成了运输、修船、通讯、培训等综合发展的有机整体。“大跃进”期间船舶失修的“欠账”基本还清，船舶完好率逐年提高，通过贯彻《国营工业企业工作条例》，严格岗位责任制和技术培训，大练基本功，船员队伍技术熟练程度不断提高，运输组织逐步完善，劳动生产率提高，千吨海里的单位成本下降，实现利润逐年好转，达到新的历史水平。但1967、1968两年，由于海运生产外部条件（武斗、港口停工、铁路中断、港口堵塞等）恶化，货运量急剧下降，海轮营运出现巨额亏损（1968年亏损1273万元，1967—1969年三年共亏损2122万元），形成全局财务靠租轮度日的局面。而1969年下放以后，这种“冲击”从外部转入企业内部，机关科室仅留68人管理沿海运输生产业务，计划管理、技术管理、安全生产管理、船员管理等制度都以“管、卡、压”被贬，业务工作被置于可有可无的地位，致使管理工作又经历一次波折。侥幸的是这次下放合并时间不长，其中中越线援越运输部分由交通部直接领导的体制基本未破坏，保持了有关业务的战备建设项目的连续性。因此1970年2月广州海运重建时，基本恢复了沿海运输体制的整体性，也为管理体制第二次整体上调创造了条件。与第一次分阶段上调比较，整体上调减少了体制变动对海运事业带来的不必要损失。

五、动荡中坚持生产

1966年开始的“文化大革命”，形成全国性混乱、工农业生产面临瘫痪的局面，给中国的社会主义建设事业带来极大的破坏，国民经济到了崩溃的边缘。

新中国成立以后，广州海运经历了几次恢复性整顿，到1966年，已成为一个拥有近亿元固定资产的大型海运企业，主要担负华南沿海、越南航线的煤、矿、粮食等工业原料和生活物资的运输，拥有船员3000多人；大小运输船舶35艘，13万载重吨；年货运量达350万吨，货物周转量18亿吨海里。“文化大革命”开始后，受全国形势的影响，广州海运广大职工也参加了运动。初期，船员主要是通过报纸、广播了解运动的情况，没有过多介入。随着时间的推移，“文化大革命”所反映出来的矛盾逐步激化，社会上逐渐形成观点对立的两大派群众组织，广州海运机关职工中也分化为两派。部分船舶采取派代表的形式参加局机关的组织，介入了“文化大革命”。1967年初，广州海运机关发生两派夺权的“抢印”事件后，派性纠纷加剧，很多人停止工作参加运动，工作秩序恶化。加上社会上武斗、铁路中断、码头停工的干扰，广州海运运输生产受到极大影响，货运量急剧下降，出现巨额亏损。但是，在这种恶劣的条件下，广大海员职工仍以大局为重，克服重重困难，坚守工作岗位，使华南沿海特别是中越航线的运输一天也没有中断过，减少了国家的损失，也支援了越南的抗美救国斗争。

当时，美国大量增兵越南，越南的抗美救国斗争进入最艰苦的时期。中国人民高举无产阶级国际主义旗帜，对越南人民的斗争给予了无私的援助。广州海运在交通部直接指挥下，担负着援越物资的运输任务，同时还要负责华南沿海几省区生产、生活物资运输，任务重条件差，不利因素很多，加上老旧船舶多，安全性能差，工作环境艰苦。在中越航线，美国进行军事封锁，飞机在空中盘旋扫射，军舰在海上拦阻挑衅；在国内航线，码头停工，港口堵塞；国内局势混乱，武斗不断升级，群众的生命财产受到威胁，而船员不能照顾家庭，心理压力较大。

在困难面前，广州海运的船员没有退缩，千方百计克服困难，坚持生产。船舶适航适货能力差，船员以高度的责任心，勤维修、勤保养，宁愿自己多流汗，保证船舶完好的技术状态，没有因船舶技术状况不良而影响航行。广州海运奉命要运8000吨汽油援越，但当时企业没有油船，为了完成上级下达的运输任务，广州海运想办法把汽油全部改成桶装，由“红旗149”轮装运。

“红旗149”轮是远洋退役的杂货船，在新设锚地装油时，正值龙舟水（端午节前后的较强降水），船舶发生走锚，横在航道当中，如发生碰撞，后果不堪设想。此时，全体船员坚守岗位，同心协力，在多艘拖轮的配合之下才移正船位。杂货船装载桶装汽油是极其困难的，要采取很多安全措施。为了保证安全，船员们做了多方努力。装船前，各部门全面检查了机电设备，消除隐患；装船过程中，船员全体动员，监装监卸，发现漏桶及时处理，避免漏桶上船。为防止汽油桶碰撞，船员自己动手，在油桶之间放置木板隔垫；机舱随时备机，以备发生意外时能立即采取应急措施。就这样，冒着酷暑，仅用了一周时间，就把四五万桶汽油装上船，最后安全运抵目的地。在如此危险的环境中，如此艰苦的条件下，船员们付出的辛苦可想而知。

在执行中越航线运输任务过程中，面对美国的军事封锁，船员们以大无畏的气概，机智勇敢，有理、有利、有节地进行坚决斗争，维护了祖国的尊严，完成了上级交办的任务，将数十万吨物资源源不断地运到越南，有力地支援了越南人民的正义斗争，忠实地履行了国际主义义务，受到中越两国政府的嘉奖。在华南沿海运输线上，船员们克服了混乱局势所造成的种种困难，尽量多装快跑，努力减少国家的损失。1967年5月，“红旗143”轮在湛江港采用“鱼鳞络法——连环起吊法”运矿卸矿新工艺，取得以16小时55分钟卸完粉矿10450吨的优异成绩，效率提高了四倍。对生活条件艰苦的问题，船员们能以大局为重，体谅国家的困难，没有因此消极怠工，影响生产，在当时那种环境下尤为可贵。那时越南向广州海运租用了一些船，船员一去就是半年。越南炮火连天，国内斗争激烈，船员家属负担很重，船员们的心情可想而知。而广州海运的船员，默默地坚守岗位，埋头苦干，将国家的利益放在首位，没有人以家庭需要照顾为由而擅离职守。在十分困难的情况下，广大船员坚持生产，为完成上级下达的运输任务，作出了应有的贡献。

广州海运所属各海轮坚持运输生产，与其他部门坚持工作是分不开的。供应部门坚持正常的供油供水、供伙食；机务、修理部门保证了船舶完好的技术状态；尤其是运输指挥系统坚持卓有成效的工作，为海上运输线畅通提供了保障。1967年广州海运发生两派群众组织“夺权”事件后，派别纠纷加剧，机关工作很不正常，上班的人越来越少。但调度室多数调度员都能以认真负责、一丝不苟的态度坚持工作，排除种种干扰，克服重重困难，使调度室的工作在任何困难情况下都24小时不中断，甚至只剩4个人时也坚持三班倒。那时要坚持上班很不容易，社会处于严重的无政府状态，武斗不断升级，商店关门，公共交通瘫痪，食品供应紧张。调度室人不多，管辖范围却不小，除运输船外还包括航道船，工作量是很大的，上班后就要埋头工作，无暇顾及其他事情。有几个晚上，三五成群的人持枪闯进调度室，气氛极为紧张，在这种情况下调度员也没停止过工作。有一次，“红旗

149”轮在黄埔港装运军火，调度员要到现场配载。为保守机密，保护调度员的安全，部队特地派出全副武装的一个班，开着大卡车到家里接当时在调度室工作的丛选龙（后任广州海运局副局长），护送他到黄埔港，路上枪声不断。即便如此，调度员们凭着良好的业务素质和高度的责任心，同心协力，忘我工作，使上级下达的各项指令得以贯彻执行。当时负责“1018”轮等船援越任务的调度员黄永勤，身患直肠癌，但不忍放下工作去治疗，耽误了治疗时间，病逝时仅36岁。除本职工作，调度员们还干了许多分外事，如接送船员，帮船员了解家里情况，帮船员送信等。调度员与船员的关系很好，船员出海在外，急需办的事有时就是发个电报来委托调度员办理。在武斗高潮时，不少船员惦记着家人的安危，又无法取得联系，就委托调度员去家里了解情况。

第二节　动荡时期的探索发展

一、运输生产中的“大跃进”

在1958年1月29日召开的中共广州区海运管理局委员会1958年第5次全体委员（临时扩大）会上，局长魏震东传达了广东省委关于掀起工业生产高潮的指示，并结合广州海运生产具体情况，提出1958年制订生产计划时过于保守，要充分发挥运输工具和港口能力，关键是提高运输质量。会议还要求各科室在讨论广东省委掀起工业生产高潮指示前，应打下掀起生产高潮的思想基础，把干部思想扭转到生产方面来。

“大跃进”给交通运输部门带来了新的形势，它的特点是运量大、分布广、来势猛、时间紧。由于工业农业生产“大跃进”，从1958年4月份起华南水运货源迅速增长，到6月份月度运量较3月份增长一倍以上，加之货源流向不平衡，运输线路日益增多，出现了运力严重不足的现象。在编制月度计划时，有许多物资被削减，但还不能编入运输计划，造成大批物资积压、不能及时运输的情况。运输任务饱满，每一批货物都是急运物资。

1958年7月10日，广州海运发布《鼓足干劲千方百计保证完成今年下半年客货运输任务指示》提出:“摆在我们运输部门面前的任务，就是要迅速增加运输能力，并首先应在保证安全的前提下，加速船舶周转，以满足整个国民经济高速度发展对运力的需要。由于今年是第二个五年计划的头一年，是苦战三年的头一年，因此特别要鼓足干劲、力争上游、多快好省地完成今年的运输任务，从运输上保证国民经济各部门今年生产建设计划的实现。”要迅速把“依靠党委、政治挂帅，依靠群众、积极挖掘潜力”的指导思想，变为广大群众的实际行动，坚决克服各种困难，采取一切有效措施，掀起一个保证完成年度运输任务的群众运动。重点应深入进行党的社会主义建设总路线和完成今年运输任务的重要意义教育，把党的总路线的红旗插到运输部门每个角落，使广大职工确立为工农业生产和广大旅客服务的思想，多快好省地完成运输任务，用一切努力适应工农业生产对运输的需要，绝不能让运输工作阻碍工农业生产“大跃进”。为此，根据中央人民政府交通部（中交部）上海会议的精神，做出如下指示:

（1）必须把整风进行到底，它始终是推动一切工作的纲，以往事实证明整风运动既能与生产相结合，且使生产上出现了蓬勃的新气象。

（2）为了提高运输能力，适应工农业生产“大跃进”的需要，应广泛开展群众性的改革工具和技术革新运动。技术革命的方向必须以普及为主，在普及的基础上逐步提高，依靠群众大胆创造，总结推广交流各项先进经验。

在港口方面应大力改革现有装卸工具等，要充分发动群众，人人动脑、人人动手，大胆改良现有装卸设备工具，大量制造新工具。

1958 年，广州海运党委为了贯彻执行毛主席在南宁会议报告中指示的 60 条，召开了数次会议专门进行研究讨论。2 月 10—13 日，召开了华南各港局长会议，根据中央和交通部的指示，积极掀起生产大高潮，贯彻“大跃进”以及党的八届三中全会提出的“鼓足干劲、力争上游”指示精神，确定这次会议的主要内容为：认真贯彻勤俭建国、勤俭办企业、大力增加生产、厉行节约、反对一切浪费现象，降低运输成本，重新订出“跃进”的增产节约计划指标，以达到在华南海上运输掀起生产新高潮，保证超额完成 1958 年的生产任务和打下提早完成第二个五年计划基础的目的（图 2–3）。

图 2–3　1958 年 11 月 19 日，广东省航运厅海河运输局钢铁运输突击月评比会议代表合影。

此后，又根据广东省委指示“苦战三年，争取工农业生产大跃进”的号召，在各港务局长会议制定的各项“跃进”指标的基础上，经过和各有关部门的研究讨论，初步制定了广州海运（包括所属各个港口）苦战三年海运“大跃进”计划指标（1958—1960 年），其中直属轮驳 1960 年货运量为 1957 年实绩的 218.52%，周转量为 1957 年实绩的 218.06%；1960 年运输单位成本比 1957 年实际降低了 25.23%；船舶在港非生产停泊时间 1958 年要求比 1957 年降低 50%，1959 年和 1960 年又在前一年的基础上每年降低 20%。

在质量方面，提出从1958年起消灭机损、海损事故，区局和各港一致提出保证从1958年起三年内消灭重大工伤、死亡事故，货损货差事故比1957年减少70%，并争取做到从1958年第四季度起消灭货差事故。1958年采取一切措施，从1959年起基本消灭一切责任货损事故。船舶方面1958年内基本上消灭“四害”（老鼠、苍蝇、臭虫、蟑螂）。

在“大跃进”期间，商务工作受到冲击。1958年，发生“南海158”轮发生漏卸104只空油桶带回起运港的事故。在贯彻执行“工业七十条”（《国营工业企业工作条例（草案）》）过程中，货运质量受到普遍重视。1962年，交通部颁发了货运质量考核指标，要求消灭重大货运事故，规定货差率、货损率均不超过十万分之五，赔偿率不超过万分之五。“文化大革命”期间，这些考核指标曾被废止。

二、贯彻“工业七十条”促发展

“工业七十条”是1961年9月中共中央颁发的《国营工业企业工作条例（草案）》的代称。该条例共10章70条，故称“工业七十条”。“工业七十条”对中国工业企业的计划管理、技术管理、劳动管理、工资管理、奖励和职工福利、经济核算、企业财务、生产协作、责任制度、党委领导下的厂长负责制、工会和职工代表大会、党的工作等重大问题做了明确的规定和说明。它是中国工业企业管理的第一个总章程，总结了新中国成立以后，特别是三年“大跃进”中正反两方面的经验教训，对于贯彻执行“调整、巩固、充实、提高”的八字方针，清除“左”倾思潮的影响，提高工业管理和企业管理水平，加快工业发展，充分调动职工积极性等都发挥了重要的指导作用。

广州海运贯彻“工业七十条”是从1961年10月起在机关和各港口、船舶先后开始的。首先是向全体职工宣读条例，然后展开讨论。对于这个条例，普遍反映是一个鼓舞人心的文件，并使生产上出现了一些新气象，如“南海142”轮船员主动配合港口做好装卸准备工作，加快进度。第24航次从八所到黄埔时，引水员认为水深不够，需要待潮。经船长精确计算，亲自领航进港，节省12小时。在技术管理方面，船员们对机器进行了一次全面检查，船尾绞缆机离合器已经半年多不能使用，也及时修复了。又如八所港10月份生产任务超额47%，机械队二连二排学习“工业七十条”后，干劲十足，10月22—24日三天连续超额，机修厂10月份任务平均超额11%。

根据“工业七十条”逐步改善职工生活的精神，1961年11月广州海运在广州地区的职工中进行了工资调整，主要是升级、定级、改进奖励制度、推行计件工资等四个方面。升级的共有1196人，平均每人增加7.64元，升级面为29.6%；定级（包括学徒、实习生转正）的136人，平均每人增加工资5.65元，代职不代薪的问题已得到初步解决。在船舶奖励制度方面，改综合奖为季、月超产奖，实行洗炉、燃料节约、安全等单项奖（1962年起改为季度综合奖，月超产奖及洗炉奖三种）。黄埔港装卸工人以第三大队（224人）为试点，恢复进行计件工资制，平均每人增加工资2.31元（1962年4月份起三个大队1200人已全部实行计件）。这次调整，虽然解决问题还不是太多，但大家认识到在当时经济比较复杂的形势下，党和国家还如此关怀企业职工，表示满意。

随着“工业七十条”的学习讨论，广州海运党委于1961年10月份派出工作组以“南海155”轮为试点，研究船舶如何贯彻“工业七十条”的问题。经过一个多月的工作，从学习文件入手，在讨论条例的基础上收集资料，制定方案。各部门的保证措施、工班公约，并联系实际，检查和建立各项制度，扭转过去责任不明的现象。1962年1月，根据广东省委的安排，除该试点船外，确定黄埔、湛江两港及“南海157”“南海143”“南海148”三轮为第一批实行“五定”单位（主要是定生产任务，定人员和机构，定燃料、材料、供应数量，定固定资产和流动资金，定协作关系等），并在全省“五定”会议上初步确定这些单位的“五定”方案。这些项目基本上就是年度计划指标，但年度计划的批准权限属于国家经委，当时尚在调整平衡，清仓核资和精简职工等工作尚未开展，而协作关系也不明确，所以这些方案本身就不够落实，不能确定。1962年春节前，广州海运组织各港部分人员到上海港务局参观学习，随后开始开展装卸大队及工组的二级、三级定保工作。船舶的定保工作要求各轮讨论研究上海海运局“和平5号”轮试点工作的定保方案，并作为参照，修订补充原来的方案，提出“五定”建议。

为了加强对贯彻“工业七十条”工作的领导，广州海运及所属各单位均成立了整顿企业的领导小组，由党委、行政领导，以及有关部门负责同志参加，并抽调部分工作人员成立办公室，了解反映工作进度，交流经验，介绍情况等具体工作。各船也都成立核心小组，负责贯彻“工业七十条”工作的进行。

各船铺开第一批后，结合各种奖励制度的实施，船员生产劲头高涨，普遍制定保证安全、超额完成运输任务的措施，主动关心船舶周转。如“南海148”轮，为了争取多完成任务，利用在湛江港卸煤停泊时间，连续7天检修主机，开展船壳除锈油漆等工程，节省一次航次修理时间。

三、改变运输组织

20世纪60年代中期，沿海航运货多船少、运力紧张的矛盾日益突出，如何挖掘现有运力的潜力以提高运输效率的问题逐渐被摆到重要议事日程上来。为此，广州海运首先在运输组织改革方面作了尝试。

1964年，广州海运在广州、汕头航线上试行了“十定”的定线运输组织形式，即定航线、定船舶、定班期（六天一班）、定航行时间、定后备船、定航线载货量、定作业区、定库场、定总停时、定保证措施。1966年，根据交通部党委关于组织“专线、成组、一条龙运输歼灭战”的决定，在广汕、埔汕、广琼、湛琼等航线上组织船舶实行“四定”（定船名、定航线、定货种、定装卸和航行时间）运行和组织远海矿石运输“一条龙”（即以“四定”矿砂船和铁路直达列车或混合编组列车相衔接），确立“包装货和件货成组化是今后件杂货装卸、保管、运输的发展方向”等等。当年“南海183”轮在湛琼线上“四定”，每月周转航次数从5—7次提高到9—10次，取得较突出的成绩；其他航线“四定”，则因货源不稳定，或因港航条件（主要是指泊位和船舶）不足未能坚持。但那次改革试验之后，成组装卸和成组运输逐步发展，其中矿石成组运输取得显著成效，工艺逐渐成熟，对华南沿海矿石运输组织产生了深远的影响。

当时，自由轮型通用杂货船是华南运矿的主力船型。中转港使用门吊上的抓斗卸非专用运矿船，抓取量仅为船舶载量的50%—60%，其余部分就要靠人力装网络，用铁铲一铲一铲地将矿石装进吊货网络，作业效率低，劳动强度大。这与组织矿石“一条龙”运输很不适应，而尾舱地轴弄两边的清舱作业不仅更费时，而且有力使不上，曾有“难关”之称。1966 年 5 月 14 日，湛江港的工人在广州海运船舶卸完矿的地轴弄一边铺了 6 个吊货钢丝网络做成组起卸试验，卸船时将这些已堆满矿石的网络一一挂钩吊起，取得了预期效果，解决了清舱的困难。这次小试验的成功，启发了工人们成组运矿的探索。经过 43 次有成功有失败的试验，成组卸矿的办法从清舱作业扩大应用到整个舱、整条船，从一次铺 6 个成组网络发展到一次铺近千个成组网络，并解决了网络上下层之间牵引绳卸接和铺络疏密程度等工艺问题，逐步完善形成了矿石成组运输“鱼鳞式铺络——连环起吊法”。1967 年 4 月在“红旗 143”轮做过试验，卸矿作业停时压缩到用 16 小时 55 分卸粉矿 10450 吨，实现了“卸矿（基本）不用铲”的重大革新。在八埔航线推广后，同样获得成功，遂为华南成组运矿定型工艺，促进了矿砂成组运输的发展。

根据湛江港有关统计资料，成组运矿后，矿石卸船人力操作量由每航次载量的 40% 以上压缩到 3%—5%，矿船停港时间由每航次 4—6 天减少到 2—3 天。相应地，广州海运运矿船舶周转率加快了 1/3 左右，港口泊位通过能力也相应提高。因此可以说，矿石成组运输为 70 年代广州海运八湛线矿石运输的进一步发展（最高年运量 150 多万吨）奠定了基础。

成组运矿用的钢丝网络系船用废钢丝绳拆改制作，成本很低，故此项改革花钱不多、收效大、经济性好，而且此项改革还适用于多种货舱结构。广州海运形式多样的老旧船使用矿石成组网络工艺后，卸矿条件普遍改善，作业效率趋于稳定，从而提高了利用老旧船运矿经济性能，为合理使用老旧船闯出了一条花钱少、效率高、摆脱人力操作的路子。

四、安全管理松弛

1958—1960 年，运输生产受极左政策干扰，片面强调完成生产任务，以生产压管理，把规章制度视为妨碍生产的条条框框；加上交通部管理体制下放，广州海运并入省航运厅，管理体制变动和不稳定，使安全制度弱化，责任制名存实亡，管理工作混乱，船舶技术状况严重下降，大多数船舶失修失养，经常带病航行，海损事故增多，隐患更为严重。

1961 年广州海运重建后，在贯彻“工业七十条”和整顿企业管理的过程中，1963 年又吸取了“跃进”轮沉没的教训，坚决执行了“安全质量第一”的方针，组织专门的力量，对以往有关安全航行的规章制度进行全面整理；重申规章制度的严肃性，开展安全大检查，对船舶设备技术状况、船员技术水平、规章制度执行情况等逐船逐项认真检查，做出鉴定，对不安全因素全面规划，分年还账，限期解决，为全面整顿企业管理提供了科学依据。在“学解放军”“学大庆”的过程中，突出了船舶岗位责任制的修订、执行和落实，发动船员大练基本功，从政治思想、技术业务交流、培训、比武、专题学习等方面加强船员队伍建设。这样不仅解决了“大跃进”时期极左思潮对安全航行工作的干扰，而且使干劲和科学态度结合起来，船舶设备技术状况逐步好转。到 1965 年，技术状况良好和较好的船舶完好率已由 1962 年底的 40% 上升到 73.5%；船员基本功扎实，技术水平普遍提高。在老旧船多、台风多发的航区里，严格执行交通部“十不开航、五不拖带”规定，（“十不开航、五不拖带”是交通部吸取“跃进”轮沉没事故以后提出的）避免了恶性重大事故，一般性机损海损事故也逐年减少。通过总结还写成了广州海运《船舶防台工作总结》（1965）和《沿海船舶的船员生产岗位责任制》（1964），并且在 1958 年以前的规章制度上，补充了有关驾驶台工作各项规则、规定，油轮防火防爆规则等。1963 年海轮船队机务科除了抓修船工作之外，也开始抓机务技术管理工作，初步形成了本企业的船舶技术管理规程和办法，使海运管理工作逐步走向正轨。

但 1966 年“文化大革命”开始之后，极左思潮对广州海运船舶航行安全工作的干扰又卷土重来。1967 年初废止了船员考试制，实行了群众民主评选推荐和领导审查批准相结合的选拔船员制，造成船员选拔制度混乱，船员技术水平逐渐下降。1969 年开展的船舶整改工作，准备将原有的船员职务分工和岗位责任制作为“封、资、修”的“货色”予以摒弃，而把海军舰艇的编制套到商船上来实施，草拟了《沿海船舶人员编制方案》，并在一些船舶上试行。在此前后，由于无政府主义思潮作祟，船舶中也自发产生了“大轮班”风。各轮“大轮班”具体做法不同，如轮机部取消加油、生火、机匠的岗位分工，合在一起轮值航行班；甲板部取消一等水手和二等水手的分工，扩大了轮值操舵班的范围，甚至由驾驶员轮流当船长，操纵船舶靠离泊位。不管是有组织的整改还是自发的“大轮班”，都直接冲击动摇了船员生产岗位责任制，名曰“大家负责”，落实到具体工作其实是“大家不负责”，船舶安全航行失去基础。后经广大海员的抵制，各轮的“大轮班”为时都不长，有组织的“整改”也于 1973 年被正式下文取消。但这期间岗位责任制的松弛，使所有的规章制度失去了约束力，机损和海损事故日益严重。1969 年精简机构时，撤销港航安全监督室。1969 年 7 月，根据交通部军管会关于船舶整改工作的指示精神，参照海军编制，华南水运公司整改小组印发《沿海船舶人员编制方案初步意见》，将海军舰艇人员编制办法应用到海轮上。船舶设正、副船长和正、副政委，甲板部设正、副航海长，一水、二水均称水手，机电部设正、副机电长，一火、二火、加油、机匠均称技工。船员编制采用定船、定员办法，船员公休和短期的病、事假等缺员情况，均不派人顶替。1969 年，广州海运的船舶亏损 382 万元，其中海损事故损失的费用就占了五分之二。

在调度方面，广州海运于 20 世纪 60 年代初期，形成不定期的大调度会制度，扩大参加调度会议的人员范围。遇有重大事情召开时，有关处室参加。此外，每天交班会之后还有每天调度例会。“文化大革命”军管期间，原有的调度制度没有严格执行，调度会议时有时无。调度会议由运输、海监、机务、计划、人事、通信、供应等部门派人参加（直属轮船公司或船队成立后亦参加），通过会议安排组织运输生产。

20 世纪 60 年代后期，开始使用明码电报调度船舶，船位报告改为每天两次。

20 世纪 70 年代初起，采用大调度会形式，逢星期三，由局长或主管生产的副局长、机关有关处室和部门的负责人参加，对当时需要解决的问题，通过会议协调各部门对运输生产组织的调度安排。

第三节　废旧钢船起家发展海运事业

一、吸收进口废钢船和远洋退役船

煤矿大宗货物运输的发展和后期战备的需要，使广州海运这一时期船队运力有了显著增长，这与第一个五年计划期间运力没有什么变化的状况相比，反映了华南海运事业在逐步发展。

1958 年 7 月间，当时全国正开展“大跃进”，大炼钢铁如火如荼。全国和广东省对海南铁矿石的需求量大，除铁路运输外，海上是一条运输的大动脉。当时，身为广东省航运厅厅长的魏震东，看到这一形势有利于海上运输的大发展，除了大力挖掘船舶潜力外，还千方百计设法解决运输工具不足的问题。为此，他在国家投资不足的情况下，积极提出建议，利用香港的游资，通过香港银行贷款购买废旧船。这个建议得到上级的采纳、批准，买回了万吨级的船舶 7 艘。这 7 艘船舶不但使广州海运船舶运力翻了一番，运量和上缴利润成倍增长，而且使广州海运的运输生产适应和满足了“大跃进”形势下国民经济发展的需要。

1971 年末，广州海运拥有运输船舶 67 艘，共 28.2 万吨，比 1957 年分别增长 123% 和 413%。其中除客货船因无补充来源从 10 艘减为 7 艘外，货轮成倍增加，并且拥有了散装油船。

这一时期主要增加了以下几类货轮：新建 800 吨战备货轮 12 艘（另有 3 艘于 1971 年 7 月移交巴基斯坦）；从东欧进口新建货轮 11 艘（3000 吨级蒸汽机货轮 2 艘、内燃机货轮 4000 吨级 6 艘、2000 吨级 2 艘、8000 吨级 1 艘）；“大跃进”时期从香港购置船龄 15 年左右的旧自由轮 5 艘；“文化大革命”期间，从国家进口的废钢船（拆船回收废钢用）中挑选留用的 10 艘，船龄 25 年左右；国家远洋船队退役船 9 艘，船龄 25 年以上（少数有 10 多年的）。期末，货轮平均吨位（吨位 / 艘）从期初 2332 吨上升到 4324 吨，几乎增大一倍。

1971 年接收了远洋公司退役的 5000 吨级蒸汽机杂货轮“红旗 163”“红旗 164”轮，这是广州沿海最早的国产 5000 吨及以上货轮。“红旗 163”轮为 1958 年 4 月大连船厂建造，主机功率 1765 千瓦，营运航速 11 节，续航力 7300 海里，满载排水量 8730 吨，总长 115.5 米，两柱间长 107 米，型宽 16 米，型深 9.5 米，满载吃水 6.797 米；4 个货舱，2 号舱装设 30 吨重吊一根。“红旗 164”轮为 1959 年 12 月上海江南船厂建造，满载排水量 9385 吨。1971—1972 年，从国外购进 2 艘废钢船。一艘为 9700 吨级的“红旗 133”轮，为艏楼、开式遮蔽甲板、汽轮机货轮，1947 年美国建造，主机功率 6252 千瓦，营运航速 16 节，续航力 19000 海里，总长 149.96 米，两柱间长 141.73 米，型宽 21.18 米，型深 12.95 米，满载吃水 8.86 米，满载排水量 18253 吨，5 个货舱，1982 年报废。一艘为 7000 吨级双车单桨遮蔽甲板柴油机货轮“红旗 166”轮，1943 年 11 月美国建造，主机功率 2×1526 千瓦，于 1978 年报废。1974 年 6 月从中远公司接收了一艘 9000 吨级巡洋舰艉式柴油机货轮，改名“红旗 126”。该轮 1954 年 9 月由联邦德国建造，其主机功率为

2×3310 千瓦，营运航速 12.7 节，续航力 40 天，满载排水量 16054 吨，总长 155.80 米，两柱间长 142 米，型宽 19 米，型深 12 米。

图 2–4　1966 年，罗马尼亚为广州海运局建造的杂货船“南海 151”轮首航回到黄埔港。

1957—1970 年，从东欧国家购买新建杂货轮 12 艘、3.72 万吨。其中 4100 吨级的 6 艘，2000—3700 吨级的 6 艘。同时，在国内新建 22 艘小吨位轮船，共 1.42 万吨，其中 800 吨级杂货船 15 艘，400 吨级杂货船 2 艘，300 吨级小油轮 4 艘，客货轮 1 艘（317 客位）（图 2–4）。1966—1970 年的 5 年间，从国外购买老旧船 2 艘、废钢船 5 艘，接收远洋退役船 3 艘，共 10 艘，增加运力 86300 吨。1965—1971 年，先后购进 7 艘罗马尼亚新建造的 4100 吨级同型柴油机货轮，为开闭式遮蔽甲板船，主机功率 2133 千瓦，营运航速 12 节。1968—1971 年，还先后购进 3 艘保加利亚新建造的货轮，包括 2000 吨的杂货船“红旗 191”“红旗 192”轮和 8400 吨的散货船“红旗 110”轮。

1969 年，文冲船厂新建客货轮“红卫七号”投入营运。该轮为开式遮蔽甲板柴油机船，240 载货吨，317 客位，营运航速 11.8 节，主机功率 2×883 千瓦，总长 78.08 米，两柱间长 70 米，型宽 13 米，型深 7 米，满载吃水 3.30 米，满载排水量 1797 吨，续航力为 1000 海里。这是广州第一艘按华南沿海航区特点而设计制造的客货轮（图 2–5）。

图 2–5　1970 年 1 月，广州港庆祝华南第一艘客轮“红卫七号”轮试航。

1968—1971 年，由广州船厂新建造的 800 吨级同型柴油机杂货船“红旗 081—089”“红旗 091—096”轮共 15 艘投入营运，船型为艏楼艉机型。其主要参数为：主机功率为 699 千瓦，营运航速 11 节，总长 64.63 米，两柱间长 59 米，型宽 10.80 米，型深 5.10 米，有 2 个货舱。装有雷达（国产 751 型为多数）和国产测探仪、计程仪；货舱消防设备有泡沫灭机和四氯化碳，多数装有手按电铃报警。

货轮平均船龄由 1958 年的 21 年逐年老化，1966 年为 26.74 年，后期通过从东欧进口新船和增加国产战备小船之后，船舶平均船龄才有所下降，1971 年降到 19 年。分布状况如表 2–2 所示。

船舶分布情况　　表 2–2

平均船龄	数　量	平均船龄	数　量
1—15 年	27 艘 /73600 吨	26—35 年	19 艘 /133250 吨
16—25 年	5 艘 /32250 吨	36—65 年	4 艘 /4865 吨

从表 2–2 可见，小吨位船舶船龄过大的问题得到了改善，而大吨位船舶的船龄仍集中在 26—35 年的阶段。这种状况主要是因为这一时期大量吸收了废旧自由轮和退役船形成的。华南煤炭矿砂运输上升后急需补充大吨位船舶，而国内造船能力尚未形成，为当时采取这一权宜之计以解决运力来源提供了主客观条件。这些中后期船舶主要承运大宗的煤炭、铁矿石、生盐等运输条件要求不高的物资。沿海航线短，停泊时间较多，有利于维修保养，保障安全生产，必要时可降速减载来满足安全航行的需要。至于经济性能方面，在当时的时代背景下也是合理的。这些基本上以残值买进的船舶，修理费虽然相对高些，但船舶折旧甚微，加之必要的技术改造（如将有地轴弄的尾舱地升高垫平、二层甲板开孔、用低质燃料油等）以改善船舶的营运性和经济性，可以大大降低运输成本，使运输单位成本逐年下降，国家的投资一般数年内就可回收，并为国家积累了资金；废钢船上一些较好的和具有使用价值的仪器设备，也部分弥补了原有船舶的不足。广大船员通过使用废旧船的磨练，积累了艰苦奋斗的经验，提高了技术水平，为 20 世纪 70 年代以废旧钢船开辟南北航线奠定了思想基础，增强了技术力量。

二、建设修船基地扩充航修力量

新中国成立前，广州有 10 多间小型的“船厂”和 40 多间木帆船修理厂，但多数没有固定工人，是手工作坊式的生产，设备简陋。进厂修理的船舶在 200 吨以下；稍大的船舶则利用岸边浅滩、缓坡乘涨潮时搁在滩上（俗称偏滩）进行修理；再大一点的轮船坞修要依赖香港船厂。

1955 年，广州海运进一步贯彻预防检修计划，补充修正了《船舶保养检修分工明细表》，增设了《船舶辅机测量记录表》，扩大船员自修范围，促进了船员技术水平的提高，缩短了修期，仅航次修理就比 1954 年减 40.37%，同时也减少了岁修项目。1956 年运输任务重，有 6 艘船舶不能按计划交修；同时华南航线短，又实行水手理货制，甲板部日常保养工作受到影响。自 1957 年 5 月 7 日起，广州海运实行修船“提前奖励、延期罚款”的制度，改善了修船管理。

1958—1960 年，运输任务多，船舶忙于生产运输，船厂未能按技术规范严格检修，致使船舶失修日趋严重。1962 年，广州海运贯彻“管、用、养、修”方针，组织了一批 3000 吨级以下海轮到湛江偏滩修理，安排“南海 142”等 8000 吨级以上海轮去香港船厂坞修，改变了船舶技术状况逐年下降的情况。至年底，船舶完好率达 40%。1971 年，国内船厂大造“争气船”，船舶运力与修船能力增长极不平衡；同时由于中断了对船员的教育培训，船员技术水平下降，自修能力减弱，而老旧船增多，新船质量欠佳，修船能力严重不足。1972 年同 1965 年相比，广州海运船舶完好率下降了 33%。

同时，为了解决船舶修理问题，广州海运先后经营和建立下列修船基地。

（一）广州船舶修理厂（东朗船厂）

1951 年 8 月，广州海运抽调技术人员组成修理组，对代管的“成功”号等 5 艘船舶进行轮回保养。1952 年曾租用私营广和兴机器厂作为修船据点，1953 年开始把私营分散的小型船厂逐步组织起来，对之进行社会主义改造，广州海运接管了该厂，取名为“海运局船舶修理所”，委派干部进行管理。同年广东省交通厅在广南船厂废墟上兴建东朗船舶修理厂。广南船厂原为广州最大的修船厂，抗日战争前已倒闭，抗战中被毁，有一个数十米长的土船坞。1954 年，东朗船舶修理厂归由交通部领导，把广州海运船舶修理所的大部分人员和港务局的维修力量并入，并得到上海、天津等地技术干部和设备的支援，成立广州船舶修理厂，归广州海运代管。该厂厂长汤国良兼任广州海运副局长，成为华南地区第一个国营修船企业。从 1954—1958 年，经国家逐年投资共 2400 多万元进行扩建后，拥有万吨级和千吨级船坞各一座，边建厂边修船，为华南海轮的坞修提供了必要设备，形成了第一个修船基地。但“大跃进”期间，该厂及其协作厂下放由广州市领导，改修为造，承修的民用船舶逐渐减少；1961 年该厂又为第三机械工业部收去专营军工生产，逐渐脱离了海运事业。

（二）文冲船舶修造厂

“大跃进”时期，海运生产拼设备、吃老本，增加的船舶又都是老旧船，专业修船基地改行，致使修船“欠账”严重，矛盾日益突出。在 60 年代初期，海运体制上调中重建修船基地，成为关键紧迫的问题之一。为此，1963 年国家经委决定将原广东省航运厅的文冲船厂上调交通部。

文冲船厂原是“大跃进”时期由地方组建的内河船舶修理厂，当时汇集了湛江筑港工程队机修力量和广州地区 30 多间机械加工小厂。交通部委托广州海运代管后，砌坞扩建，充实技术力量和设备。1965 年，万吨级船坞建成投产，又成为海轮修理基地，为华南海轮 60 年代修船“还账”做出了贡献。

（三）菠萝庙航修站

1962 年是华南海轮失修“欠账”最严重的年代。为配合扩大船员自修，发展修船能力，当时广东省航运厅海轮船队将停航船船员组织起来，组建了船员维修队。该队初期主要配合船员开展自修工程，如“芍药”“南海 173”“南海 174”“南海 175”“南海 180”等轮在湛江偏滩自修中承担了主修任务，后期以停航船为基地，独立承担零星修理和航次修理工程。该维修队机动灵活，和船员融成一体，起到了船员和船厂所起不到的作用。在扩大船员自修范围、降低航修成本、提高船舶营运率和减轻船厂负担方面，发挥了以小见大的作用，锻炼提高了船员技术水平，也为航修站的组建培养了生产技术骨干。1963 年，船员维修队并入广州海运。在国民经济调整期间，广州海运严格执行计划修理制度和修船工程技术规范，加强日常保养工作，提高自修能力。1964 年一、二类船舶比重为 67.7%，1965 年上升到 73.5%。这支以有经验的船员为骨干的队伍，活跃了五六年。1965 年以后，中越航线进入战备状态。1967 年，为适应战备状态下中越航线船舶航修增多的需要，广州海运开始在广州市郊筹建菠萝庙航修站。经一年多时间的基建施工，完成了码头和主要厂房建设，1968 年 9 月，船员维修队并入，10 月菠萝庙航修站开始承接航次修理任务，并对修理工程量较大的船舶安排分期进厂修理，边建设边投资，形成了广州海运第一个直属专业航修力量，承担了中小型运输船航修、零修任务和供应辅助船舶的修理任务，满足了中越航线船舶紧急修理的需要，缓解了厂修船舶出不了厂、待修理船舶进不了厂的局面，并为以后发展打下了基础。

三、节能技术不断提高

20 世纪 50 年代中期到 60 年代中期，广州海运陆续增加了少量新船，也买了一些旧船。限于当时国家的能源政策和国内造机能力，新增船舶多为蒸汽机动力装置，燃料为煤，也有燃油，如波兰、东德造的“南海 158”“南海 159”“南海 155”“南海 156”为烧煤船；国内建造的“南海 163”“南海 164”为烧油船。虽然也增加了个别柴油机旧船如“南海 148”“南海 141”“南海 145”“南海 146”“南海 147”等，蒸汽动力装置所占比重仍有所上升，故热工节能工作除加强燃料定额管理和继续建立健全规章制度外，还针对蒸汽锅炉炉水处理进行了技术革新。20 世纪 50 年代中期，船舶普遍推广波兰“海魔尔格炉内化学处理法”，这一方法对低压锅炉有一定效果，但并不先进。1957 年开始在“南海 176”轮试验采用阳离子交换器处理锅炉给水，经一段时间的对比试验，证明较“海魔尔格法”能节约燃料 2%—3%，延长洗炉周期一倍以上，比其他任何炉内化学处理方法效果都要好。1964 年经鉴定总结，成为广州海运船舶炉水处理的定型工艺。此法采用炉外的阳离子交换器处理给水，结合炉内磷酸盐辅助处理，是国内首创，可使锅炉洗刷间隔期由 3—4 个月一次延长到一年左右一次，具有较显著的经济效益。这一方法后来推广到柴油机船舶的副锅炉使用，也取得较好的效果，并为 1981 年交通部颁布炉水处理标准提供参考依据。

1962 年，“南海 155”轮生火加煤要求勤、快、匀，使煤燃烧完全；在技术管理上尽量回收废气残水入热水井，减少热量损失，经常调整气门，使机器在最合理的配气情况下运转。为节约燃料，减少机器磨耗，继内燃机冷却水实行重铬酸盐处理之后，1964 年 3 月又进行冷却水温的综合研究，提出了最佳水温实施报告。针对广州地区天旱水质含盐剧增的情况，是年内合理修订了炉水水质指标，并加强合理排污，采取低温真空蒸发制造淡水等措施，确保锅炉安全运行。

20 世纪 60 年代中期到 80 年代中期，广州海运船舶数量及吨位显著增长，先后从广州地区新造一批 800 吨战备货轮和 3000、5000 吨货轮，在罗马尼亚、南斯拉夫、马耳他也造了一些 5000 吨以下的货轮、油轮，另外还增加了一些废钢船和远洋退役船。特别是 1976 年以后从上海、大连、广州等地新造了一批 16000 吨散装货船、24000 吨以及 15000 吨的油轮、华南沿海客货轮。这些新增加的船舶除了个别废钢船如老“五指山”“红旗 109”“红旗 133”和远洋退役船“红旗 107”“红旗 108”等轮外，绝大多数都配置柴油机动力装置。至 1981 年底，柴油机动力装置的船舶已占全局船舶总吨位的 95.22%，蒸汽动力装置被逐步淘汰。随着 20 世纪 60 年代大庆油田的开发，我国石油供应紧张状态趋于缓和，广州海运从 1969 年开始，将剩余的烧煤、蒸汽机船全部改为烧油，以减轻生火劳动强度并实现炉舱管系化。至 1971 年，广州海运船舶已全部用石油作为能源。

采用石油做能源后，油种的选用也经历了一个从轻质油逐步过渡到重质油的过程。1971 年开始，锅炉燃料从 100 号燃料油全部改为烧渣油。同年柴油机船“红旗 152”轮试烧 20 号重柴油成功。自此，广州海运在低速柴油机船上推广烧重柴油，船舶在国内航行时从烧 20 号重柴油改为渣重混烧，在国外航行时则使用雷氏一号黏度 1500 秒的高黏度燃料油。这一过渡过程也是广州海运船舶烧油技术的不断提高和成熟的过程，它的意义在于为国家节约优质燃油的消耗，并从油价差方面为广州海运节约大量资金，降低运输成本，提高经济效益。

第四节　以煤炭矿石为主的货运量总体上升

1963 年初，广州海运根据华南地区情况，制定了《货源组织工作暂行办法（草案）》，对货源组织的任务、原则、组织分工、方法、汇报制度等都做了规定。货源组织的具体做法：一是开展经济调查，掌握国民经济的发展情况；二是大力做好海运宣传工作，组织召开货主会议，交流情况，了解货主要求，争取货源；三是到各地的主要物资部门，以及计委、经委等进行调查研究；四是通过报刊等渠道掌握经济信息，分析货源的发展变化趋向。

一、货运量在波动中上升

从 1958—1971 年的 14 年间，广州海运包括两次下放地方期间完成的沿海运量累计完成货运量 4793.7 万吨，其中 1965—1970 年期间，租用外轮完成南北线运输 974.3 万吨，广州海运所属船舶华南沿海运输完成 3819 万吨。这一时期，华南沿海年货运量三起两伏，呈现波浪式上升的局面。“大跃进”时期“以钢为纲”，煤炭和矿石的运输任务很重。如 1958 年金属矿石海运量比 1957 年增长 1.52 倍，煤炭海运量比 1957 年增长 1.11 倍，煤炭运量占年度货运量比重由上年的 29% 上升到 41.5%。1959 年金属矿石海运量比 1958 年增长 1.21 倍，煤炭海运量比 1958 年增长 0.82 倍，越南煤炭进口量比 1958 年增长 1.5 倍，煤炭运量占年度货运量的 55.5%。1960 年后，年度货运量逐年下降，但煤炭、矿石运量比重仍持续增长。1962 年，国民经济进行全面调整后，沿海运输的货种、流向、流量发生了较大的变化，矿石运量下降，对流货物少，单程货物多，外贸运量增长。但实际上，“以钢为纲”的指导方针仍在继续执行，1963 年，煤炭、矿石运量虽有所下降，但仍占年度总运量 62.4%，1964 年，煤炭、矿石运量才降到 45%。广州海运华南沿海货运量到 1965 年才开始在新的基础上迅速发展。但两年之后，又遭到“文化大革命”的严重干扰。从 1967 年开始又走下坡路，1968 年直属船舶完成的货运量低于 1957 年的水平。1969 年货运量才重新走上逐步增长的轨道。1971 年，年货运量（未计租轮）比 1957 年增长了 1.65 倍，年平均递增率为 7%，跨上了一个新高度。

这一时期，铁矿石（主要是海南岛石碌铁矿石）运量绝对值和相对比重都逐渐增大，年运量虽有起伏，但基本上稳步增长。1971 年运量 221.5 万吨，占总运量的 49.9%，比 1957 年增长 10 倍多（海南矿增长 23.6 倍），成为华南沿海最主要的大宗货类。这主要是因为这一时期始终贯彻执行了“以钢为纲”的国民经济发展方针，国内钢铁工业对海南铁矿石的需求不断扩大，期初主要供应鞍钢，期中供应范围几乎扩大到全国各大钢厂。因此这一运输线和全国钢铁业的联系日益密切，当时华南铁矿石运量的起伏反映了全国钢铁生产发展的变化历程。

这一时期，煤炭运量变化包含着进口越南煤炭和北方煤炭南运。起初，越南煤炭运输迅速增长。1958 年比 1956 年（1957 年不正常）增长将近一倍，1959 年比 1958 年增长一倍半，1961 年运量跃升到 100 万吨以上，成为越煤运输的鼎盛时期，也是当时华南海运最大宗的货类，但以后逐年缩小，特别是 1965 年以后，随着美国对越南战争的升级而退居次要地位。在战争最残酷的 1972 年已完全停顿。相应地，北方煤炭供应华南数量逐年增加。为弥补铁路运输之不足，1966 年开始由广州海运租轮海运南下，1968 年该项运量增加到百万吨，超过了 60 年代初期越煤运输的最高水平，从而使这一时期内的煤炭累计运量比铁矿石运量更大。至期末，因租轮业务交广州远洋公司经营，仅剩沿海中转铁路承运的南运北煤，运量和比重都明显缩小，而退居铁矿石之后。

这一时期粮食和原盐运量也有较大发展。如 1970 年原盐运量比 1957 年增长一倍多。粮运因 1967 年开始中越线粮食运量上升为该线最大宗货类，因此 1971 年粮食运量比第一个五年计划期间最高年运量增长五成多。但历年运量绝对值波动大，而总运量中的比重变化则不大，反映了这一时期华南农业经济有较大的发展，但仍不稳定的特点。

二、租用外轮开展运输

根据交通部指示，广州海运从 1965 年 6 月开始租用外籍船舶运输广东的南北航线货物。当时台湾海峡被国民党当局军事封锁，国轮不具备航行这条航线的条件，而沿海铁路运输已接近饱和。租用外籍船舶发展我国南北海运，分流铁路运输中大宗的运输物资，以满足我国的经济发展需要，是当时特定的历史条件下广州海运运输业务的特点。初期，租轮主要承运海南的矿石北上，以后逐步扩大到北煤南下、南糖北调和北油南运等大宗物资运输。特别是随着华南工业发展，烟煤用量激增，铁路通过能力不足，逐渐依靠租轮海运。1968 年起，广州海运每年租轮承运煤炭达 100 多万吨，以满足华南地区（主要是广东省）工农业生产发展需要，成为我国南北运输中一支不可缺少的力量。“文化大革命”时期，铁路不能畅通，广州海运租轮承运了部分紧缺物资，解决了临时性需要。

越南战争升级后，华南海运煤炭业主要靠租船从北方调入。1966 年，南北沿海间货物流量急剧上升，仅矿石北上、成品油南下以及比方到香港的物质年货运量已近 300 万吨。1968 年租轮北煤南运运量增加到 124.8 万吨，超过越煤运量的最高水平。租轮北运海南矿石达 50 余万吨。仅这两项物资运量就占海运总量的一半以上。1965—1970 年租用外轮完成南北线直达运输货运量 974.8 万吨。1971 年，广州海运金属矿石（主要是海南石碌铁矿石）年运量达 210 万吨，占总运量的 47.7%，成为华南沿海最主要的大宗货类，其供应范围几乎扩大到全国各大钢厂；其次是越南煤炭和中国北方南下煤炭运输；再有中越线粮运和北盐南运。

根据当时的国际形势，为防止台湾国民党当局劫夺广州海运租轮承运的物资，采取了如下防范措施：主要船员——船长、轮机长、电报员限用英国人；规定航线重载取道台湾东面航线，轻载航行台湾海峡。广州海运租轮在国内港口安排多次修理、补充燃油、添加淡水，因而仅有船舶租金、船员工资和伙食费等项目用外币支付，节约了外汇。后期为了更有效利用外汇，由国家按每年租用外轮支付外汇额度提供资金，在香港成立南方公司，由广州海运租船小组指挥该公司在香港单独经营这部分租轮业务，各方结合成一体，逐步形成了一个灵活有效的经营沿海租船业务的管理部门。

（一）开展期租船情况

1965 年 6 月广州海运局成立租轮管理小组，专门负责期租船工作，该项工作得到了八所、大连、青岛、上海外轮代理公司、港务局和广州外代、外运公司的支持帮助。

当时根据 6—8 月的租轮运输情况进行初步测算（专指租金、燃料），运输 1 吨矿石需 0.946 英镑，分船以“考斯贝里”和“珊莫斯”轮较低，分别为 0.94 和 0.823 英镑，但后者只运行一次；若以完成航次数多的计，则以“考斯贝里”和“利达”轮为最多，各完成三航次，而“利达”轮运输 1 吨矿石为 1.023 英镑。从以上两轮反映的经济效果可以看出，在港口效率相等同的情况下，船舶条件的优劣，是决定经济效果好坏的重要因素之一，除“考斯贝里”轮外，余四艘均为美国自由轮，条件大致相同无悬殊差异。

在业务管理方面，广州海运局给船长的指示，规定了船港通信办法以及补给燃料、口岸等方法，并提出了经琼州海峡问题。对首次装矿船，规定了在八所接待高级船员的方法，并对协作较好、航次数完成得多的“利达”轮进行奖励。在“罗道斯”轮出事后，需根据上级指令船长航经琼州海峡，8 月下旬又规定航行台湾海峡“中间水道”。以上指示规定颁布后，在八所港、大连外代的协助下，执行得较好。大多数期租船的船员在政治上表现得较友好，在业务上亦能够协作。如“利达”轮比较突出，该轮初次装矿时，即表示愿意多装，主动要求航行台湾海峡。第一、二航次装卸矿时，因港口损坏了船上四舱污水管和稳索上的一个螺栓，广州海运本安排其在大连修理，船长考虑烧电焊会耽误时间，遂主动要求由船员自修，节约了一天多船期。其次是“古兰特利斯”轮，因在上海交船时对八所、青岛港装卸矿情况不了解，多装了一些燃料淡水，待抵八所了解后，为了多装矿，主动打出 80 吨水。船长还强调，若没有硬性规定，此后都要过台湾海峡，这样一可以避风浪，二可为租船人节约一天多的时间和油水；该轮代理船长说：“要为中国这样真正自由的国家服务。”他们在进出港联检和装卸过程中的起卸吊杆、移船过程都配合得很好。

在此期间，各港口外轮代理公司为协助广州海运局搞好租轮的管理做了许多工作。由于广州海运局对管理租船的业务生疏，没有经验。工作开始时，遇到不少困难，但在广州外代和外运的帮助下，逐步克服了困难，工作走上轨道。根据交通、外贸两部的指示精神，广州海运局制定了租轮管理业务联系办法。大连、八所、青岛等各外代公司在工作过程中，做到随时发现问题，随时与广州海运局联系，使许多问题得以及时处理，避免了不少损失。

当时港口效率虽不算高，但在北方区局的关怀下，大连港尽了努力。在积极解决了鞍钢卸车问题后，平均5.1天卸完一艘矿船的货。8月25日以4天时间卸完“古兰特利斯”轮10357吨货，为效率最高的一次；八所港系机械化装矿，平均在1.5天左右装完一艘船。

（二）开展租轮运输工作的经验

1. 做好高级船员工作非常重要

高级船员是船上的管理者，他们的思想行动往往对全船有着决定性的影响，特别是广州海运航线是国内沿海航线，他们不大习惯，因此在跑了一两个航次后，就流露出不愿再跑的情绪，但他们还有租约的约束。在这种情况下，如何做好高级船员的工作，一方面积极宣传沟通，同时在经济上（奖励、招待费）予以关心，以稳定其情绪，为企业服务。一般在完成两个航次后，于第三航次期间予以奖励较为适宜，因为过早会以突出物质刺激为主，对企业不利，过迟会影响船员工作的情绪。

2. 必须规定出节省的经济航线

航行我国的南北航线的期租船，是否规定航行琼州海峡和台湾海峡，广州海运局开始时是模糊的，只是觉得航经两个海峡在经济上对企业节省有利，可在安全上又考虑难担风险，当时请示也未有明确指示。外运口头说可以，但没有规定。在一段长时间里，实际上将航线选择问题交由船长自行决定。经过多次实践证明，应该根据期租船的国籍及所装货物的品种来制定出安全、节约的航线。

3. 适当照顾船方合理利益

由于八所港装矿是用机械，加上矿机漏斗口距离船舱有一定高度，矿石块大，一般没有木质底板的船开始装矿石时，容易直接损坏舱底铁板，“考斯贝里”轮就是如此，该轮无木质舱底板，在租约里已有说明，但由于企业事先注意不够，又未及时采取适当措施，最后导致与该轮的合作终止。

4. 密切联系，相互交流情况，是搞好期租船管理的重要环节

由于港口外代公司直接面向船员，船只在运行过程发生的有关船方的问题均通过外代反映和处理，尤其是期租船的涉外性较强，因此对期租船发生的有关业务问题，要及时联系，相互交换信息，以便协同处置。处理及时得当对管好期租船非常重要。大连外代公司在处理“考斯贝里”轮加油难和矿石损破船体问题时，及时发现，及时联系，使问题及时获得解决，不仅避免了意外损失，而且有益于企业提高管理水平。

5. 必须要有专职健全的管理机构

航海日志的审查、船港现场情况的了解、船舶运用情况的分析考核、有关资料的整理总结、管理制度等等，都是管理好期租船应该做的工作，为此必须要有专职健全的管理机构，并配备一定数量的管理工作人员，方可满足工作的需要。

1971年，遵照交通部规定，广州海运局租船业务交远洋公司经管，香港南方公司同时停止租船业务。6年的租船业务，共承运煤炭、矿砂等沿海物资863.4万吨，实现利润累计1亿元以上，同时，使广州海运熟悉了沿海南北航线的营运条件、船舶性能和货运要求、航线腹地经济、港口装卸条件、海区自然条件等。它成为20世纪70年代广州海运开辟发

展国轮南北航线的前身，为广州海运扩大航区打下了基础。广州海运历年租用外轮货运量情况见表 2–3。

广州海运历年租用外轮货运量表　　表 2–3

年份	货运量（吨）	货物周转量（千吨海里）
1952	60244	67507
1956	10599	4792
1957	56737	55278
1965	293133	467070
1966	399788	609543
1967	993098	1173187
1968	2103270	2772887
1969	2487770	3488058
1970	3530941	

三、客运量随国民经济的调整而起伏

1958—1962 年，广州海运局增开了湛香、八琼、北埔、湛汕 4 条货运航线。至 1962 年底，广州海运局调整为 4 条经营客运航线：广琼、广湛、广汕、湛琼线。1963 年 10 月，按照交通部“十不开航”规定，“剑兰”轮因过于老旧而退出客运，广汕线客运一度中断。同年 12 月 13 日，广州海运局制定了关于反爆破、反空袭、反劫船的措施，强调在航行途中严格执行战备航线，建议东线船舶尽可能白天通过港澳附近水域，护航民警要加强戒备，船舶电台要加强值班。1964 年，广湛线客班线随着公路客运的发展而撤销，湛琼客班线也撤销。至此，华南沿海仅维持广琼客班线一条。

1958 年，黎湛铁路通车，湛琼海上航线客运量增加，全年该线客运量达 4514 人次，比上年增长 17.9%。1960 年由湛江出口旅客达 6.79 万人次，比 1957 年增长 11.87 倍，一度跃为华南三个客运中心之一。同年，因广汕客班线开辟，华南沿海客运量较 1959 年增长了 90.9%。1961—1962 年，城市大量压缩人口，企业精简职工，海南岛大量人口返回大陆，形成了华南海上客运的第二个高潮，两年客运量分别达到 35.6 万人次和 31.2 万人次。

国民经济调整时期，华南海上客运转入低潮。1963 年客运量降为 19.8 万人次，1964 年为 5.1 万人次，1965 年略回升至 8.4 万人次。1966 年红卫兵串联使客运量陡增，广州海运抽调了 3 艘客货轮，专船运送 9.4 万人次，占全年客运量的 56%。1967 年客运量从低谷开始回升，广琼线客运量占年度客运量的 81.6%，达 9.06 万人次。1968 年，广州海运开办汕琼线集体客运，专船运送赴海南岛的汕头地区知识青年。同年，广琼线客运量占总客运量 14.9 万人次的 87.9%。1969 年，湛琼线较上年增长 4.43 倍，占年总客运量的 20.4%；而广琼线客运量比重降 63.5%。1970—1974 年间，除广琼线客运量逐步增长，对流量趋于平衡外，其他线运量小，波动大，流量不平衡性比较突出。

第五节 履行国际主义义务

中越航线从 1955 年开辟到 1978 年中断，前后历时 24 年。其间，在越南抗美战争中，援越抗美航线从 1964 年 8 月—1973 年 1 月，历经了 8 年零 5 个月。中越航线的开辟和在越南抗击美国侵略期间的坚持，远非一般意义上的国际海上贸易运输，而是中国人民把开辟中越航线作为政治任务、作为中国人民支援越南人民争取解放和援越抗美的重要组成部分和实际行动。广州海运的海员们代表新中国，义无反顾地在这条战火纷飞、充满艰辛的航线上，在 8 年零 5 个月的战争岁月里，广州海运船舶承运了 177 万吨物资，源源不断地运送到越南各个港口，圆满完成了援越物资运送任务，在中国海运史上谱写了无产阶级国际主义的英雄篇章，赢得了战斗友谊，作出了不可磨灭的历史贡献。

在执行海上援越运输任务中，广州海运牺牲海员 12 名、负伤 36 名，被炸沉船舶 1 艘、救生艇 1 只，炸伤船舶 14 艘次，所有参加援越运输的船舶都落有数量不等的弹片和爆炸散落物。

一、克服艰险完成海上援越运输任务

1954 年，日内瓦会议以后，美国取代法国殖民势力，从间接走向直接地干涉越南南方人民的解放斗争。至 1964 年，美国把战争升级，逐步将战火扩大到越南北方，同年 8 月 5 日，美国制造了所谓的“北部湾事件”，开始了对越南民主共和国不宣而战的战争。直到 1973 年 1 月 27 日越美在巴黎签订停战协议之前，北部湾海面和越南北方各港口及其附近的航区内都遭受美国的海空袭击，战火纷飞，硝烟弥漫。

1964 年 10 月 21 日，“南海 148”轮从香港航行越南途中遭美国军舰阻拦。这是“北部湾事件”后，美军第一次对中国商船进行阻拦。新华社和《人民日报》发表了我国政府的严正抗议。1965 年，北部湾战备航线（从中国雷州半岛的海港至越南姑苏岛和荣市等港）启用，避开了美机、美舰活动频繁的区域。

经过充分的酝酿，1965 年 5 月 24 日，广州海运第三届职工代表大会提出“越南人民需要什么就运什么，什么时候要就什么时候运，装得上、卸得下、打不断、走得通”的口号。广州海运船员在“七亿中国人民是越南人民的坚强后盾，辽阔的中国领土是越南人民的可靠后方”的无产阶级国际主义精神指导下，利用我国的特殊地位和企业的有利条件，同美国飞机、军舰、水雷巧妙周旋，克服千难万险，不惜流血牺牲，在中越海上运输线上忠诚地履行国际主义义务。1972 年，越南交通部副部长郑玉廷在接待广州海运领导魏震东等人时说：“当美机空袭时，有的国家的船舶不让我们的小船靠近，而中国船则主动为我们小船系缆，在困难的时候，更看得出谁是真正的朋友。”

在援越抗美斗争运输过程中，广州海运的海员队伍经受住了严峻的考验，得到了锻炼。为适应战争环境下海上运输的需要，广州海运局制定并落实了战备措施，组织中越航线上船舶开展战斗演习、无灯光操作和消防、堵漏、防空、抢救等训练以及防化、潜水等专业技术骨干训练。

这一时期，随着美国侵越战争逐步升级，美方对广州海运行驶中越航线船舶的武装挑衅活动亦日趋严重。航行中越、中柬航线的船舶多次遭美机袭击。以 1965 年为例，广州海运行驶中越航线共有 23 艘船舶，往返 328 个航次。美机对我船上空盘旋、俯冲、跟踪拍照、夜间用探照灯照射船体，在航行前进方向投照明弹或不明物体等达 253 架次；美舰尾随跟踪、横越船头拦阻、灯语呼叫盘查等 14 次。1967 年 6 月 29 日，“红旗 157”轮在海防遭美机扫射袭击。11 月 25 日，“红旗 154”轮在鸿基港遭美机袭击，11 名海员负伤。1968 年 1 月 3 日，“红旗 158”轮在锦普港遭美机 4 架次轰炸扫射，船体严重受损，3 名海员负伤；同月 20 日，“红旗 152”轮也在该港遭空袭，6 人受伤，船体受损；同月 27 日，“红旗 153”轮亦遭轰炸袭击。

面对美国大量飞机、军舰的威胁挑衅，广州海运认真执行中央“坚决支援越南人民抗美救国斗争”的方针。同时为适应战争环境下海上运输的需要，从组织工作、武器、弹药装备、群众练武、通信联络、航线设计等方面制定并落实战备措施，贯彻“人民战争”的军事思想；根据各个时期的斗争形势特点，不断加强形势教育和战备教育，组织中越航线上的船舶开展战斗演习；1965 年启用了北部湾战备航线，绕过美机、军舰活动频繁地区航行。1968 年底，根据民兵工作的开展，取消了武装护航专业队伍——民警小队编制，而以基干民兵组织代替执行必要的自卫反击，使这支“全民皆兵”的海员队伍在思想上、军事上逐步成长，不仅不怕威胁，而且能自卫。

“北部湾事件”后，美国蛮横宣布东经 108 度以西的北部湾海面为作战区域。为维护航行公海的权利，广州海运船舶护航武装坚持自卫原则，不打第一枪，遇有美机、军舰威胁、挑衅，则做好战斗准备，严阵以待。只有遇到敌人向船舶发出攻击，才进行必要的自卫还击，并抓住罪证，通过外交和新闻途径向全世界揭露，使对方不敢在公海上轻举妄动，一次又一次地粉碎了美国的海上封锁。

在越南港口停泊期间，广州海运海轮严格执行中越双方联合反空袭协议，在越方开炮后，船舶可以进行必要的自卫还击，使美机不能轻易近船低飞，投弹扫射，从而保护了船舶安全与国有财产。1965 年 10 月 5—6 日，“南海 146”轮在越南锦普港遭美机空袭，在自卫还击中，配合越方炮火，与“南海 148 轮”“南海 183”轮击落美机两架。为此，受到越方的高度赞扬并赠美机残骸做纪念（图 2–6）。

二、南海英雄船——“1018”轮事迹

1966 年 8 月 28 日，广州海运“1018”轮、“1019”轮两艘载重量为 50 吨的小型货轮，悬挂着中华人民共和国国旗，满载援越货物，从北海港出发。波涛汹涌的海面上，“1018”轮走在前面，“1019”轮跟着驶进。两轮乘风破浪，向着目的港——越南北方海防港前进。28 日 20 时 55 分左右，在“1018”轮、“1019”轮正前方不远处，突然出现了两颗照明弹。两轮立即拉响了警报，全体船员迅速各就各位，以临战的姿态警惕地注视着夜空。29 日 0 时 30 分，在越南的姑苏岛东南方，又发现美机两架，两船迅速发出战斗警报，慢速前进。不久，美机在“1018”轮、“1019”轮前方投下了照明弹，两轮快车满舵规避。随后，美机猛扑而来，俯冲扫射，机关炮弹、炸弹不断在舷外爆炸，激起高高的水柱。政

委陈永尚手提扩音器高声动员："同志们，考验我们的时刻到了。伟大的党、伟大的毛主席和我们在一起。我们一定要战斗到底！"

图 2-6 1966 年 1 月 9 日，交通部、广东省相关领导接见"南海 155"轮、"南海 146"轮、"南海 148"轮、"南海 183"轮船员代表。

"1018"轮船长陈大瑛站在驾驶台上，密切注视着美机的动向，并根据本船是货轮的实际情况，采取规避的办法，不断发出改向行驶的舵令。指导员黄大瑶、二副林荣亲自操舵，另一名船长黄不三负责摇车钟，轮机长李嗣濂和大管轮伍钦亲自操纵主机，其他船员各就各位，大家临危不惧，沉着应战，没有一个胆怯，没有一个慌乱、退缩，口令回令响亮，要什么舵马上给什么舵，要什么车速马上给什么车速。美机从左舷俯冲下来，"1018"轮就一个左满舵；飞机又从右舷下来，"1018"轮又一个右满舵，向右方冲去。船舶以快速的运动，在海上走出一条紧贴着美机战斗航线的圆弧，以规避袭击。这两条线拉距越远越好，关键是时机的掌握。但是时机很难掌握，特别是夜间观测困难的时候。这样，"1018"轮一次又一次地避开了飞机的火力，穿过密集的弹雨，迂回前进。

美机的攻击整整 1 个多小时，夜空中船员们听到的只是机关炮声和子弹的呼啸声，四周激起的浪花约有 2 米高，但都没有打中"1018"轮。最后，美机只好悻悻离去，但船员们丝毫没有放松警惕。

大约过了半个小时，也就是在 29 日 1 时 50 分，美机又发起了第二次袭击。这一次比前次更加疯狂，由两架增至五六架，其中大部分为 F4 型鬼怪式舰载歼击机，还有 F105D（即雷公式），攻击的炮火更加密集，机关炮弹、炸弹和火箭，暴雨似的向"1018"轮倾泻；一串串的照明弹，把海空照亮，下梅岛附近的海面上，一片白光，一片火海！

"1018"轮全体船员在党支部的领导下，沉着应战，继续与飞机周旋。美机的攻击达到了无可复加的地步，在忍无可忍的情况下，政委陈永尚下令回击，前后两挺高射机枪都开火了。2 时 15 分左右，"1018"轮的货舱右侧中弹一发，主甲板破洞直径约半米，货舱顿时烈火熊熊，硝烟滚滚，指导员黄大瑶不顾一切地冲下去，和黎达才、黄灼恩等同志一起迅速地把火扑灭了。大副谢瑞余虽然受了伤，但仍然坚持在甲板上指挥灭火。政委陈水尚手提扩音器，一面指挥战斗，一面鼓励大家：“同志们，顶住它！坚持战斗，船在人在！”

美机一下子发射了六枚照明弹，散布在“1018”轮的周围。它们又从左舷方向俯冲下来了。船长陈大瑛下了左满舵的口令，立即从驾驶台的右侧跑到左侧去观察，但是，驾驶台的右侧已经中了火箭，巨大的气浪一下子把正在左舷的陈大瑛和黄大瑶抛入海里。正在驾驶台右侧为大副包扎伤口的二管轮、共产党员黎达才，在火箭爆炸的刹那，立刻抱住大副，用自己的身体掩护战友，当场壮烈牺牲。船长黄不三身负重伤，四肢10多处受伤，颅骨破裂，脑浆外淌，顿时昏迷过去。机舱右侧亦中了火箭，坚守在机舱工作的共产党员、轮机长李嗣濂和大管轮伍钦，不幸中弹牺牲。大副、二副和三管轮、电报员等都受了不同程度的创伤。

船体和驾驶台设备被严重破坏了，收发报机被损坏了，电报无法发出；主机停止了转动，全船顿时一片漆黑，船体快速向右倾斜下沉，推进器轮叶翘出了水面。此时此刻，政委陈永尚不得不忍痛下令弃船。他沉着地组织船员们下海，帮助负伤的战友穿好救生衣，之后又逐个检查牺牲了的李嗣濂、伍钦、黎达才、曹志荣、蔡锦堂五位烈士的遗体，直至船体倾斜80度以上即将沉没的时候，才最后一个离船。美机对“1018”轮轮番袭击轰炸前后达3个小时之久。“1018”轮从船体倾斜到全部下沉，前后仅有10分钟左右。1966年8月29日2时30分，“1018”货轮不幸沉没，地点是越南下梅岛以东约7海里处。

陈大瑛和黄大瑶被火箭爆炸的气浪抛入海里，顿时昏了过去，被海水冷醒后浮出水面。他们大声呼叫战友，但都没有回声。陈大瑛和黄大瑶互相呼应着，抓住漂来的一个救生圈，两人互相包扎伤口，互相鼓励，拼尽全身气力游向下梅岛。与此同时，在船员们放下海的救生筏上，躺着头部、身上共有35处伤、昏迷不醒生命垂危的黄不三船长，周围聚集着几个负了不同程度伤的船员，他们正吃力地一边划水，一边推着救生筏。“政委呢？政委在哪？”他们高声呼唤着。远处传来政委的回声：“同志们，我在这里！”正当大家竭力互相靠拢的时候，美机又一次袭来，在沉船附近投下照明弹八枚，并且低空盘旋。为了避开敌人目标，他们分散游泳，待美机飞去后才又聚拢一起，如此反复数次。然而政委却始终未能和船员们聚合，大海茫茫，船员们再也听不政委陈永尚的回声了！

下海的12位船员，除了政委陈永尚不幸被海浪吞没外，其余11人经过艰苦搏斗，于8月29日10时多先后登上下梅岛南端，并迅速会合在一起。那是越南东边的一个小海岛，岛上渺无人烟，到处是嶙峋的礁石、刺人的荆棘、茂密的野藤和灌木林，没有食物，没有淡水，更没有药物。伤痛、饥饿、寒冷和蚊子、大蚂蚁，时刻折磨着船员们。美机还继续跟踪追寻，不时向荒岛盘旋、扫射、轰炸。在最困难的时刻，共产党员总是站在斗争的最前线。当天下午党小组会召开了，大家分析了险峻的形势，认为当前最要紧的是发挥共产党员的模范带头作用，团结同志，鼓励大家为战胜困难而斗争。然后，召开全体船员会议，鼓励大家克服困难、坚定斗争必胜的信心。大家分头去找水、找吃的。没有清泉，就喝石头坑里的积水；没有粮食，就摘野果、拣海蛎子充饥。白天，还要避开美机的盘旋搜索，夜间轮流站岗放哨。船员们身上都只穿着一套单衣，有的只有一条短裤，而且还被战火烧破或被风浪撕裂，已经破碎不堪了。每当夜幕降临，海风阵阵，寒冷彻骨，令人无法入睡。

大家只好背靠着背，互相用体温来取暖，甚至用树枝树叶来当被盖。共产党员熊耀章硬是把仅有的一件衣服脱给伤员，自己光着身子，冻得浑身发紫，还乐呵呵地拍着胸脯说："别看我皮肤发紫，心里可挺热火哩！"

困守荒岛总不是个办法，要设法离开。当时，因为美机的封锁，周围海面没有一条渔船。到对面的凤凰岛去，或许那儿驻有越南人民；假如没人，就再设法继续向内地岛屿前进，只要能和越南人民取得联系，就能回到祖国的怀抱。到凤凰岛要横渡相隔十海里的海峡，对于海员来说本不是难事。但是，此时此刻，对于伤痕累累、又饥又渴的"1018"轮船员来说，可不是易事。何况，这里海潮流向不定，鲨鱼时常出没，美机又不断盘旋侦察，随时都会给泅渡者带来生命危险。但是，大海挡不住无畏的战士，困难吓不倒海员的雄心。共产党员梁华保首先找到支部委员黄大瑶，请求批准他泅渡。共青团员、报务员王星虽然水性不好，但却认为自己伤势较轻，应让他去。为了便于相互照顾，船员们决定派他俩一同跨海出征。8 月 30 日清晨趁着涨潮时，同志们来到海边为他俩送行。风云多变的海峡，一会儿烈日当空，一会儿风狂雨骤。巨浪一下子把泅渡的勇士高高地抬起，一下子又把他们摔进浪谷；不时回旋的海流，把他们弄得精疲力竭。为了尽早完成任务，体质较弱的王星，恳求战友梁华保不要照顾他，只管先游过去，可是梁华保硬是拖着他吃力地向前游去。傍晚时分，眼看就要退潮，而离凤凰岛还很远，王星体力不支，再次恳求战友："你先游吧，现在你帮助的只是我一个人，如果你游过去，就会救出更多的同志！"想到岛上全体战友的生命安全，梁华保不得不忍痛告别战友，自己一个人继续往前游去。第二天，王星又被海潮冲回荒岛，这时他已全身发白，奄奄一息，大家把他紧紧地抱在怀里，用体温把他暖醒过来。

其他船员等了一天一夜，仍不见梁华保泅渡成功的信号，于是决定派人继续横渡海峡。陈大瑛和黄大瑶、黄伟超等分批出发了。游着游着，突然几个巨浪把大家冲散了，流向不定的海潮，又把他们几个先后推回了上、下梅岛。熊耀章不幸被巨浪吞没。黄灼恩则被冲上了西边另一个没有人烟的替马岛上，他在这个岛上过着吃树叶、啃海螺充饥的野人生活，坚持了五天五夜，虽然几次泅渡没有成功，但没有动摇过回祖国的决心和信心。最后，9 月 5 日，在他离船后的第八天，当他准备第四次渡海时，被前去寻觅的越南人民找到了。这时，他已经七天七夜没有吃到一粒米饭了。

经过一整天的搏斗，梁华保于 30 日晚上 8 点多钟游到了凤凰岛南端。当时，他已经没有力量站起来，海浪推一下，他艰难地向前爬一步，终于爬上岛岸的沙滩。第二天，他找到了驻岛的越南军民。当天晚上，越南军民冒着危险，驾着小船到荒岛来拯救其他船员们。在越南锦普港，中国驻越南大使馆代表妥善地接待大家，伤员们得到了精心的治疗。9 月 12 日，船员们先后回到了祖国。

"1019"轮也遭到美机袭击，船体被打穿 200 多个洞，船员机智搏斗，贴山避炸，堵漏护船，终于摆脱飞机，将船开到目的港。

美国的阻挠摇不了广州海运海员坚持中越航线的决心，反而激起了海员们强烈的义愤、昂扬的斗志。我国防部发言人也于 9 月 5 日发表了对美帝国主义最强烈抗议，"1018"轮的英勇事迹在全国主要城市向国内 71 万多人作了 136 次汇报，向东南亚、北非、北欧、拉丁美洲等 13 个国家的外国朋友约 4000 人作了 49 次介绍和座谈，成为激励我国和世界人民进行正义斗争的精神力量（图 2–7 和图 2–8）。

图 2–7　1966 年 9 月下旬，“1018”轮船员从越南海防乘机抵达广州白云机场，受到广州海运局机关干部的欢迎。

图 2–8　1966 年 9 月中旬，“1019”轮船员代表在广州东站答谢广州人民的关切。

图 2–9　“红旗 096”轮命名为“1018”，继续执行援越运输任务。

1967 年 5 月，越南民主共和国政府授予“1018”轮烈士、船员们“抗战勋章”和“团结战胜美帝证章”。交通部与广东省人委于 12 月 22 日授予“1018”轮集体以“南海英雄船”光荣称号，并保留了这条船的建制，将另一艘 800 吨级的新船“红旗 096”轮命名为“1018”，继续活跃在战火纷飞的中越航线上。1976 年，另一艘 3000 吨级新船沿用“1018”这一光辉名字，使烈士们用鲜血染红的旗帜继续飘扬在祖国的海疆（图 2–9）。

三、“南海 155”轮在中柬航线上的运输与斗争

1964 年 1 月，为支援越南南方人民的抗美救国斗争，广州海运“南海 155”轮首航柬埔寨磅逊港①，承运援助物资。此航线的增开，实质上是援越物资的过境运输，是中越航线的迂回延长，体现了中国人民把越南人民的需要看作是自己的需要，也体现了当时中国、越南、柬埔寨三国人民的团结战斗情谊。自此到 1965 年 8 月，该轮先后完成 16 个中柬航次，运输物资 42896 吨，安全航行 24270 海里（图 2–10）。在当时的斗争形势下，每一个中柬航次都遭到美国飞机、军舰的挑衅和威胁，累计分别达 186 架次和 53 艘次。“南海

① 现西哈努克港。

155”轮与美机、美舰展开了针锋相对的斗争，出色地完成了援外运输任务。为此，交通部给该轮记了一等功（图 2–11）。

图 2–10　1964 年 1 月，“南海 155”轮首航柬埔寨西哈努克港之前，轮机人员在检查机械设备。

图 2–11　1966 年 1 月 8 日，交通部、广东省工交政治部及广州海运管理局负责同志接见参加援越抗美运输荣立集体一等功的“南海 155”轮船员。

从南海到柬埔寨必须穿过越南南方沿海，当时美机、美舰在该地区大量聚集。中国人民坚决支持越南南方人民的正义立场，使美国对广州海运船舶航行出入这一地区十分敏感，形成了当时中柬航线特殊的历史环境。如“南海 155”轮第 15 航次（1965 年 7 月）在驶柬途中，刚出万山群岛不久，美机在该轮上空跟踪侦察，一直持续到距西哈努克港 30 海里处才离去。在五天五夜里，计 42 架次轮番跟踪挑衅达 1280 海里，盘旋和俯冲共 350 余圈。第 16 航次在距海南岛铜鼓咀 85 海里处遇美国雷击舰“仑肖”号（编号 499）向该轮前方横交驶近，横亘在该轮正前方并不断发出灯语，阻拦船舶前进。

“南海 155”轮在这样严峻的环境里航行，建立了严密的战备组织。在船舶党支部领导下，由船长、政委、公安干部、护航小队长等人组成全船战备领导小组，领导全船战备训练和对敌斗争。全船划分战斗、救护、消防、堵漏和战斗预备队五个队，全船每个人的岗位用战斗部署表的形式公布，并明确规定职责和岗位领导的代理人，船员一有变动便及时修订，使战斗部署落实到人，做到招之即来，来之能战。战备领导小组根据军事部门提供的航区情况，做出详细对策，进行战备思想动员，并定期进行演习。

该船还制定有战斗联系信号、灯火管制办法，规定海空瞭望区域和保卫保密措施等。根据交通部关于遇美机美舰的处置原则和航行中可能遇到的险情，制定了各种不同的应对方案。

为了提高战斗本领，“南海 155”轮安排专门的练武时间，有计划地开展天天练、人人练，持之以恒，坚持不懈。由于思想上、组织上做了充分的准备，每次遇上险情都能临阵不慌，取得了斗争的胜利。

1965 年 3 月 21 日 2 时 10 分，“南海 155”轮开往柬埔寨途中，在西沙群岛东部海面（北纬 16 度 20 分、东经 113 度 21 分），值班驾驶员二副徐焕章发现右舷 40 度 8 海里的海面上有一堆灯光，初步判断可能是美舰，战备领导小组成员立即集中在驾驶台研究观察，判定确系美舰 10 艘（含航空母舰 1 艘）编队航行，美舰编队位于“南海 155”轮正横时，其右卫舰距“南海 155”轮约 4 海里，并连续发灯语呼叫。“南海 155”轮保持着高度戒备，严密监视着美舰的编队、航向、队形变化，特别是右卫舰的动态。“南海 155”轮已作了最坏的设想和最后的一手准备。如美舰不采取行动，则各走各的；一旦对方采取行动，“南海 155”轮即选其一艘直撞过去，一拼到底。“南海 155”轮虽然是一艘商船，面对美舰十余艘的编队，镇静自若，保持着原速、原航向前进，舰队无可奈何。

1965 年 7 月 13 日早 7 时 25 分，“南海 155”轮位于北纬 20 度 41 分、东经 113 度 38 分，刚刚驶离万山群岛 7 个小时，美机就飞临“南海 155”轮上空，开始跟踪侦察，全体船员坚守岗位，严阵以待，密切监视着飞机的动向。为了抓住美机的真凭实据，实习船长将飞机的活动一一拍摄了下来，抓住证据，向国内报告。8 月 3 日，我国《人民日报》便据此报道了美国军用飞机在公海上连续对“南海 155”轮严重挑衅，破坏公海航行自由的消息。新华社同时发表了《抗议美国的海盗行径》的声明。此后该轮返航途中，美机就未敢再进行跟踪。7 月 15 日 19 时 15 分，一架美机低空盘旋 55 圈后于北纬 10 度 21 分、东经 110 度 28 分向“南海 155”轮前方 1000 米处投下一发光浮物后，又一直关灯在轮上空盘旋；20 时 50 分该机又在该轮前方 500 米处投下一发光浮物，16 日 0 时 30 分该机突然以探照灯照射该轮，5 个小时内共投 4 个发光浮物，最多时有 3 架飞机在“南海 155”轮上空低空盘旋、挑衅，直至 7 月 18 日该轮驶至离西哈努克港 30 海里处才停止。面对美机的跟踪挑衅，护航小队始终坚守岗位，搜索海空，他们在哨位上留下了两句豪言壮语：“瞭长空，絮云层层搜飞蝇；望阔海，惊涛滚滚捕蛇龙。”

“南海 155”轮在海上与美舰美机斗争，取得一次又一次的胜利，是与祖国人民的支持分不开的，美舰美机在公海上没敢真正动武，除了船员们不怕牺牲、坚持战斗外，更重要的是他们身后有祖国和人民做强大后盾。对于敌人的挑衅，为维护公海航行自由，坚决进行外交斗争（图 2–12）。

图 2–12 “南海 155”轮从越南回国后，全体船员合影（右一为船长施兴复、右二为政委普进山、右三为船长鲁平、右四为轮机长王心纯）。

“南海 155”轮在中柬航线上的英勇事迹，受到党和国家的重视。1966 年国庆节，该轮船长施兴复和“1018”号轮陈大瑛船长一起作为特邀代表，登上天安门城楼，在毛泽东主席和中央领导同志身边，参加国庆节观礼和观看节日焰火。这是党和国家对广州海运海员工作的嘉许，是广州海运海员的莫大光荣。

四、越南中部航线和“红旗 151”轮事迹

1969 年 1 月，应越方要求，广州海运“红旗 153”轮满载大米经海防港南下，于 5 日在美国海空军跟踪、侦察和拦阻之下抵达越南中部义安省宇岛海面抛锚卸货，开辟了第一个临时卸货点。1972 年 5 月 9 日，美国布雷封锁前，去船一艘接一艘，使这个卸货点基本不断船，共运去 17 万多吨援助物资。卸货时，船员为越方港口工人安排食宿，提供生活设施，热情招待，留下了值得传颂的中越两国人民的友谊佳话。

1972 年 4 月 6 日，美国为制止越南南方军民的大规模进攻，宣布恢复对越南北方的全面轰炸，并于 5 月 8 日悍然下令对越南北方港口布雷封锁，加强对北方的轰炸和炮击，限外国船员在 3 天内离开越南北方港口。在越南人民最困难的时候，于美国布雷前已到达宇岛的广州海运“红旗 160”“红旗 152”两轮，在党和国家领导人周恩来总理的直接关怀和指示下，不理睬美国的蛮横限令，岿然不动，坚守阵地，坚持斗争。为此，两轮均荣获越南政府的褒奖，授予“一级劳动勋章”。5 月底，广州海运局增遣“红旗 150”“红旗 162”两轮编队航行，前往宇岛。之后，“红旗 150”轮又从宇岛继续往南航行 120 多海里，到达广平省罗岛（又名昏拉岛，位于北纬 17 度 43 分附近）海面，开辟了更靠近越南南方的第二个卸货点。6 月中旬又增调“1018”轮和“红旗 091”轮到达宇岛。军舰距船舶仅 4 海里日夜巡弋，不时炮击岛屿和海岸，以封锁船岸之间的交通。

8 月 23 日，后到的“红旗 151”轮船长、政委等坐救生艇去“红旗 160”轮联系工作。返程途中，救生艇被美机炸沉。随艇船长周茂臣、副政委马传珠、水手张祥彬、水手谢茂良、加油方淑通共 5 人不幸牺牲。24 日，我国外交部发表声明，强烈抗议美帝国主义这一罪恶行径。26 日，越南民主共和国国会追授“红旗 151”轮 5 位烈士“一级战功勋章”。27 日，越南民主共和国交通运输部在河内为 5 位烈士举行追悼会，越南交通运输部部长潘仲慧等出席了追悼会，烈士周茂臣的遗体按照越南的风俗习惯安葬在越南义安省荣市江南乡烈士公墓。31 日，广东省革命委员会为 5 位烈士举行了追悼会。烈士们的鲜血更加激起广州海运船员坚守宇、罗两岛的决心和信心，人人请战要求参加自卫战斗，决心粉碎美国的布雷封锁和武装挑衅。

1972 年 4—5 月，美国恢复轰炸和布雷封锁以后，前往宇、罗两岛的广州海运船舶遭到了更多的包围和袭击，越方的每一艘卸货小船也都成为袭击的目标。每卸一包大米都要付出沉重的代价，甚至流血牺牲。广州海运船舶也常限于淡水存量不够，等卸不及，货物几乎整船运回。后来，根据广州海运驻越使馆南下工作组和越方就地考察，研究提出乘潮流放卸货法，并在黄埔港二虎锚地和罗岛锚地做试验，于七八月间试验成功。“乘潮流放卸货法”是将大米用两层塑料袋和两层麻包相间包装密封，使入海呈半漂浮状态，乘涨潮流及时抛入海，随潮流漂到岸边，由越方在附近海边（遍及 75 公里左右的范围）组织抢收。实践证明，乘潮流放卸货法收货率一般达 70% 左右，其余则被炸弹炸散或流失外海。越方分散在几十公里的海边收货，使美机欲炸不能。到 1973 年《巴黎协定》签字生效时为止，共漂卸 15 艘次约 5 万吨援越大米，突破了美帝的封锁，支持了越南人民。

坚持中越航线，不仅要与美国的空军、海军斗，还要克服东北季风、西南风和台风带来的风大浪涌高和酷暑等困难。1972 年台风多次袭击越南中部沿海，宇岛、罗岛锚地素无抗风先例。为了坚守阵地，不让敌舰布雷封死，7216 号台风吹袭越南时，“红旗 151”“红旗 152”轮便在宇岛锚地就地抗台。在布雷海区抗台，需要勇气和智慧。来袭的台风中心风力达 10 级，而两船为卸完货留守待命的空船，条件非常不利。但海员们沉着机智，选择锚地，抛好串连锚，台风中心经过时开车用舵，与暴风雨搏斗了整整一天，取得抗台胜利。在7211和7220号台风来袭时，“红旗151”“红旗160”“红旗162”也分别在宇、罗岛采取“敌（机、舰）离（离开避风）我才离，敌回我先回”的策略，为守卫锚地不让敌舰布雷，于锚地附近海上游动“飘浮”抗台，取得成功，夺得了船舶和“阵地”两全的胜利。此种并无前例的抗台方式，既是与天斗，更是与人斗，是在特殊条件下要具有特殊的智勇去进行的一种特殊的战斗。

在巴黎协定正式签字之前，广州海运根据越方要求，在布雷区还进一步增加了下龙湾格万口（北纬20度46分8秒、东经107度5分5秒，1972年12月14日“红旗151”轮首航），广平省筝河口（北纬17度42分3秒、东经106度29分3秒，1973年1月26日“红旗160”轮首航）和格日丽口（北纬17度29分、东经106度37分8秒，1973年1月31日“红旗151”轮首航）3个临时卸货点，抢运了数万吨军需物资，为越南人民早日夺取最后胜利赢得了宝贵的时间。表2–4为援越抗美中牺牲的船员烈士名单。

援越抗美12位船员烈士名单　　表2–4

姓　名	所在船舶	船上职务	籍　贯	牺牲时年龄
陈永尚	“1018”轮	政委	山东乳山	41岁
李嗣濂	“1018”轮	轮机长	浙江鄞县	42岁
伍钦	“1018”轮	大管轮	广东台山	43岁
黎达才	“1018”轮	二管轮	广东南海	36岁
蔡锦堂	“1018”轮	护航战士	—	—
曹志荣	“1018”轮	护航战士	—	—
熊耀章	“1018”轮	护航战士	—	—
周茂臣	“红旗151”轮	船长	辽宁长海	41岁
马传珠	“红旗151”轮	副政委	辽宁辽东	41岁
张祥彬	“红旗151”轮	水手	广东潮安	39岁
谢茂良	“红旗151”轮	水手	山东滋阳	34岁
方淑通	“红旗151”轮	加油	广东潮阳	33岁

五、开辟隐蔽航线

为了利用中越接壤一带沿海岛屿密集，利于航船隐蔽的地理条件，1964年开始中越合作勘测、考察，组建一条从我国广西防城港（包括北海港）经永实岛格但口到越南锦普港（可延伸到海防港）的适合浅水小型船舶航行的战备隐蔽航线。越方境内在蒲若东岛、昏徽岛、老望岛、昏棍岛西北角等地设有疏散隐蔽点，我国境内沿线也在珍珠港、大风江、铁山、龙门港等地设置隐蔽点。1972年5月31日正式启用这条航线，成为美国布雷封锁越南北方后另一条炸不断、封不住的海上运输线。广州海运受交通部委托，担负了该线的勘测、考察和使用组织工作。至1973年3月12日结束止，我国通过这条由中越双方合作经营的援越航线，向越南共运送了大米、汽油等物资146744吨，其中我国投入了50吨级“公”字号轮35艘、木帆船20艘共2478吨位，承运物资共64941吨。

六、海防港布雷封锁期间的三艘“红旗”号

1972年5月初，美军向越南海域商船发出警告：限5月8日离开，否则布雷封锁。5月8日，美军对越南北方7个港、河口（海防港、鸿基港、锦普港、格日丽口、筝河口、马江口、兰河口）实施布雷封锁。广州海运被美国布雷封锁的“红旗149”“红旗158”“红旗159”三轮，船员共144人，在遭狂轰滥炸的300多天里，他们经历了种种考验。

被封锁在海防港不久，首先碰到的是吃的问题。开始是副食品问题。副食品是无法长期存放的，去海防前，船舶在国内按常规准备适量的副食品，青菜首先吃完了，只好吃干菜，但干菜也很快吃完了。由于战争的原因，当时的越南北方物资缺乏，供应困难，港口被封锁后，更为困难。大家体谅越南人民的困难，供应什么就吃什么，从不挑剔和刁难。供应的青菜有时只有20%可以吃，船员们照样收下，尽量想办法吃。由于供应量不足，没有办法，一餐饭只有半个咸蛋或几十粒花生米甚至用酱油、鱼露下饭。后来大家想出办法，自己发豆芽，供食用，解决了很大问题。有时供应的面粉是苏联给越南的发酸的面粉，供应给苏联船舶，他们不要，而广州海运的船员们收下，想办法掺和着吃。越南经办人员知道船员们体谅他们的难处，有困难自己想办法克服，所以他们有了东西，不管船员们有没有提出申请，都给船员们送来，牛肉、鸡蛋、豆腐、花生米都有。这样，供应的东西多了起来，吃的困难算是克服了。

吃的问题解决了，又有淡水问题。船上原来装的淡水一天天减少，水荒开始了。船泊红河的江水盐份太高，最高含量达到5.8%，最低潮时也有2.8%，不但不能吃，用它洗澡过后全身红肿发痒、溃烂。在这样的水中洗衣服，衣服搓几下就烂，只好请越方供应淡水。但岸上的自来水设施被炸毁，只能靠两条50吨的淡水船从下龙湾的山洞运淡水，一天只能往返一次，当时被封锁在海防港的外国商船达26艘，每月只能轮流供应一次。淡水一时供不上，船上只好采取控制用水措施，每人每天限量一小桶。时值六七月盛夏季节，赤日炎炎，不用干活都会汗流浃背，但船员还要干活，天天满身臭汗，一小桶水怎么够用呢？没有办法，只有忍耐。天若下雨，大家高兴极了，既可以用雨水冲凉，又可把雨水收集起来。大家集思广益，想出各种办法，把雨水积存起来用，缓解了缺淡水的困难。红河水虽然盐分较高，但并不是不能用，船员们经过一段时间观察，发现在低潮的一小时内，水中的盐分最低，这种水虽不能食用，但洗菜、洗手还是可以的。于是船上便趁低潮时把这种水抽到船上，代替部分淡水使用，用水的困扰也就缓解了。

时间一天天地过去，什么时候可以结束封锁，是无从估计的，而每天船上发电用油，用一斤少一斤，补充没着落，这又是一个难题。每天发电要耗油3500千克，一旦燃油耗尽，就无法在封锁区内继续坚持正常活动，必须设法节约燃油。主要发电机功率大，耗油多，船员们就改用备用小型发电机，白天停止发电，机舱改用油灯照明，使发电油耗由每天 3500 千克降到 35 千克。

封锁期间，美机天天进行空袭。一次，岸上发出防空紧急警报，不一会儿，三架美机突然向岸上和船舶港口疯狂轰炸，此时越南人民军的大炮、船上的高射机枪同时向美机开炮。一架美机被击中掉进大海，另两架飞机慌忙逃跑了。之后，美机不敢低空轰炸，船员 24 小时轮流值班，白天练武，晚上放哨，船长、政委和船员们一起坚守船舶阵地。1972 年 9 月，交通部派广州海运领导魏震东、肖全喜等同志到船上慰问，他们带来了慰问信和慰问品，还带来医生给船员检查身体、看病，转达了交通部领导和局领导的亲切关怀和问候。全体船员很受鼓舞，表示坚决与美国封锁斗争到底。慰问期间，船舶曾几次遇到美机的轰炸。有一次，美机在“红旗 149”轮上空轰炸，魏震东局长和船员们立即投入战斗，一起用高射机枪迎击，迫使他们不敢低空飞行，只在高空扔下炸弹就跑了。美机丢下的炸弹产生的冲击波和散弹碎片像下雨似的落在船上。船员都戴了钢盔，没有被击伤。大家坚持战斗，口号是“船在人在，只要人在就要拼到底”（图 2–13）。

图 2–13 “红旗 149”轮船员利用未装卸的空隙在左驾驶台旁练习操作高射机枪。

反空袭时，船员就是战士，与越南民兵并肩战斗自卫；港口仓库被炸，便以广州海运船舶代为仓用，协助越方保存货物。看到美机袭击越方小船，船员们便设法予以掩护。海岸电台被炸后，船舶电台顶替与国内保持通信联系。为了帮助越南人民打破美国的布雷封锁，中国人民解放军海军派出扫雷艇冲破布雷封锁区，到海防港执行扫雷任务，和被封锁的几艘红旗船泊在一起。船员们积极主动调整铺位，搭起帐篷，安置扫雷艇的战士们住下来。在船上严重缺少淡水的情况下，尽量满足扫雷艇的用水，给扫雷艇冲洗甲板、舱盖。扫雷艇执行任务回来，船上便停止拷锈作业，小声说话，让战士们有一个安静的环境休息。扫雷艇需要修理机器、改装设备时，不管白天黑夜，船舶随叫随到，要人有人，要物有物，尽量满足需要。“红旗 149”轮电机员马根和助手李志涛，冒着高温连续几天蹲在一个很小的机舱内为扫雷艇修好了电机；“红旗 159”轮水手长皮明义帮助扫雷艇改装设备，不小心把脚骨都折断了。扫雷艇的战士们对此非常感动，称赞红旗船成了他们的“基地”“仓库”和“修理所”。

船舶被布雷封锁，长期停航不能营运开航，但船员们一天也没有停止过维修保养工作。该油漆的油漆，该保养的保养，把许多原来准备进厂修理的工程都改作自己修理，使船舶始终保持着良好的技术状态。3 轮坚持到“巴黎停战协议”生效，航道上的水雷清扫干净之后，于 1973 年 2 月 11 日胜利回国，随即就又投入了繁忙的营运。船员们克服困难的顽强精神和与越南人民同甘共苦的国际主义精神，获得了越南政府的嘉许，被授予友谊纪念章，为祖国赢得荣誉（图 2–14 和图 2–15）。

图 2-14 “红旗 149”轮全体船员被授予友谊纪念章。图为部分船员佩戴纪念章合影留念。

图 2-15 越南政府颁发给“红旗 149”轮船员的友谊纪念章。

第六节　关心职工队伍建设

一、重视海员培训工作

广州近代海运业形成后，海员的基本知识和基本技能主要是靠师傅带徒弟来传授的。广东航海讲习所（后改名广东航海学校）在广州成立后，航商可选送海员入所学习；有志于航海事业的学生亦可报考，但毕业生很难安排到商船上工作。更多的人是单凭个人经验积累来从事驾驶、轮机等技术工作，高级海员的学识和技能虽比内河小轮船员略高一筹，但是对于天文气象、航行规则知之甚少，一旦遇有紧急情况，多数是束手无策，不懂应急措施。

新中国成立初期，华南沿海航运逐步恢复，但船舶吨位小，航线运距短，航海人员培训也沿用师傅带徒弟、边干边学的方式。20 世纪 60 年代前期，职工业余教育贯彻“两条腿走路”方针，蓬勃开展，大力培养海员队伍。广州海运局人事处设教育科，企业工会设职工教育办公室，采取加强领导、统一安排和分散组织相结合的教学方式，以专业性强的短期培训为主。广州海运海员自然减员的补充是采取师傅带徒弟边干边学的办法来培养顶替的。在数量上、质量上都不能满足需要，其中问题最突出的工种是电报员，历年来都偏紧。各船选派专业对口的船员在本船或到有师资条件的船上学习，船上民主产生职工业余教育领导小组，具体组织培训工作。各船从实际出发，采用灵活多样的学制，成立以系统提高技术和业务为目标的学习班。拜能者为师，并配兼职教师，学员边学边做，结合贯彻岗位责任制进行岗位练兵，使业余技术培训紧密结合实际，促进了“大练基本功”群众运动的深入开展，提高了海员技术水平。

1963 年“跃进”轮事件后，特别是 1965 年处于战备状态下的中越航线船舶，船岸通信实行 24 小时不间断守听，急需补充报务员，建立培训海员基地迫在眉睫。

1964 年开始筹办广州海运学校，选址广州市东郊菠萝庙，开办了报务、水手、生火三个培训班。1965 年，广州海运学校招生 148 人，设有电信、驾驶、轮机 3 个专业，实行半工半读。电信专业设在菠萝庙，驾驶、轮机两专业学生因校舍不足而安排在厦门集美航海学校寄读。1966 年交通部决定将集美航海学校交广州海运领导，广州海运投资建设集美航海学校的基建项目，但刚刚处在萌芽状态的船员培训工作，在“文化大革命”期间都遭到扼杀。1967 年底寄读的广州海运学校师生从集美迁回广州，1968 年 12 月 12 日，广州海运学校停办。1969 年，广州海运学校编制被撤销。集美航海学校也于 1970 年移交福建省。海员训练班和广州海运学校各培养了一期毕业生，为广州海运输送了 300 名受过专业训练的航海人员。集美航海学校 1969 届 180 名毕业生也充实了华南海员队伍。

20 世纪 60 年代后期，业余教育遭到政治运动和极左思潮的冲击，职工教育工作不受重视，排斥理论学习和基础训练，片面强调从工农兵中培养技术队伍，以干代学，使业余教育和学习教育一样名存实亡。

1967 年 1 月 17 日，根据上级指示，广州海运局决定废除船员考试制度，实行群众推荐和领导审查批准相结合的船员选拔制度，造成了船员技术水平下降。1968 年 9 月，广州海运局接收了 12 名越南籍水上专业实习生，这批人员于 1972 年实习期满回国。

20 世纪 70 年代，广州海运事业迅速发展，对海员的数量和素质提出了新的要求。广州海运局在加紧培训从航海院校毕业分配的大中专毕业生的同时，还从转业退伍军人中挑选了一批有航海经验和业务专长的人员充实海员队伍；又从普通海员中挑选了一批素质好、愿为海运事业长期服务的人员进大专院校深造，培养了一大批高级海员，适应了海运生产的需要。自 1970 年起，广州海运在营运船或报废船上恢复开办海员培训班。培训班以跟班传、帮、带或在海运院校协助下办学习班等方式进行教学。

1970 年，大连海运学院协助广州海运在营运船“红旗 136”轮上举办三副、三管轮学习班各 4 期，参加学习的学员共 167 人。南北航线开通后，广州海运船舶增加，海员更为缺乏。1973—1975 年，“红卫一号”“红旗 136”轮培训船长、轮机长、电机员、水手等共 283 人。1975 年 10 月，广州海运利用报废船“红卫 6”轮开办三副、三管轮、电机员脱产学习班。1976 年 3 月至 6 月，广州海运在“红旗 088”“红旗 103”“红卫三号”“红卫 12”“红卫 13”5 艘营运船上举办“七二一”航海大学，采用停航时授课，开航时由老师辅导实习的方式，成套培训船员共 109 名；各轮也普遍实行了能者为师，以老带新的培训方法。

二、调整职工工资

1956 年，全国职工进行过一次全面的工资改革和调整。1959 年和 1961 年工业基本建设和交通运输部门的工人和技职人员分别有 30% 和 10% 的人升了级；1958 年以来对职工发过年终跃进奖、生产综合奖。当时，职工工资方面还存在着许多问题，主要有：一是 1957 年后，随着职工人数的大量增加，工资总额增加过多，加上连续三年困难时期，多数职工的工资不能提高。而由于部分物价上涨，实际工资有不同程度的下降，职工困难面有所增加。二是工资制度上还存在许多不合理的现象：一部分该升级的职工，多年没有升级；一部分职工的工资等级过分偏低；工资标准比较混乱；计件工资的管理不够完善，劳动定额不合理，奖励上有平均主义倾向；津贴制度的处理办法不完善，不统一。这些问题需要逐步地加以解决。

1963 年，全国职工调整工资的主要内容：提升一部分职工的工资级别，调整过分偏低的职工工资，改进计件工资和奖励工资制度。领导干部和一般干部、工人之间的升级面区别对待，单位之间的升级面也有所不同。根据中央、交通部和广东省委关于调整职工工资工作的指示精神，十七级以上干部的升级面要小一些（十级以上行政干部一个也不升）；十八级以下的干部和工人升级面要大一些，高级船员和技术干部、经济干部也参照这个精神办理外，中央决定有 5% 的优待升级面，这主要是考虑到 1963 年需要升级的人数较多，而领导干部的工资一般是比较高，应当少升一些。这样做有利于密切领导干部同群众的关系。各个单位升级面也各有不同。1950 年以来根据国家安排进行过升级的，1963 年的升级面适当小一些，未经国家批准擅自进行升级的，升级面应当相应地扣除。

职工升级根据下述条件：生产和工作需要、技术（业务）水平、工作成绩和劳动态度。干部主要根据德才条件；衡量工人的技术熟练程度，应当以工人技术等级标准为主，结合平日生产成绩来考核。

根据中央、交通部指示和广东省委调整工资会议精神，广州海运局于 1963 年 8 月 14—20 日召开了为期 7 天的调整工资工作会议，对全局职工工资调整工作做了通盘研究和统一部署。当时，考虑到局机关干部正在进行“五反”运动，而直属船舶尚未开展社会主义教育运动，故局党委决定直属船舶船员工资调整工作先走一步，以保证全局调资工作按期按质地完成任务。

此次调整工资工作酝酿时间较长，准备工作也比较充分，因此工作进行得比较顺利，整个工作的进程大体分成三个阶段：

第一，准备阶段。3 月交通部召开工资工作会议后，广州海运局即着手调资测算，7 月交通部又召开会议做了具体布置，与此同时，广东省也召开了工资工作会议。按照以上会议精神，8 月初广州海运在原来的基础上展开了工作。首先成立了机构，配备了专职干部，成立了调整工作委员会和办公室，抽调了 7 名专职干部。专门机构成立后，即组织专职干部学习有关文件、指示，包括交通部、劳动部的通知，广东省工资会议的几个报告，使专职干部了解工资调整的意义、规定，在此基础上会同有关处室进一步摸底排队，进行测算，制定工作方案，为群众评调活动打下基础。

为了使船舶调资工作全面铺开，9 月 3—6 日，广州海运局召开了历时 4 天的调整工资座谈会。参加会议的有 37 艘船舶的部分政委、船长、工会主席等代表共 52 人，有关科室也派代表出席了座谈会。与会代表通过听报告、学文件、小组讨论和分船漫谈等形式，达到“认清形势、领会政策、明确做法、提高信心”的目的。各船代表通过学习关于调资工作各项具体问题，对领导、方法步骤和升级面的控制计算等事项均做到心中有数，提高了工作的信心，从而使调资座谈会实质上起到了培训调资骨干分子的作用。

第二，评级阶段。这是调资工作的关键性的阶段，广州海运事先做了充分的考虑和安排，因此工作基本上是按照计划开展的。船舶从 9 月 10 日以后，机关由 10 月进入评级阶段。这一阶段的工作主要分以下几个步骤：

一是思想发动。机关由陈副局长、船舶由各船核心组长在全体职工大会上做了报告，在党团员会议上进行了动员，主要是讲国际形势、国内经济形势、调资工作的意义、有关的政策规定、个人应有的态度等。动员报告后，组织职工进行漫谈讨论，通过讨论，使广大职工提高认识，明确必须在发展生产的基础上逐步改善职工的生活，也了解升级条件、升级面等具体规定。

二是正式提名评级。为了广泛发扬民主，经调整工资委员会研究，确定在干部中先由群众提名，船员则根据具体情况，条件具备也可先由群众提名；否则，由领导提名。在干部中对“群众提名”反映很好，认为这样比领导事先圈定好，真正做到了发扬民主。整个评级采取了领导和群众结合，自下而上，自上而下，领导审核平衡，两上两下，三榜定案。

在船舶评级过程中，为了便于及时了解和掌握各船调资工作的进度情况、工作经验和存在问题，又专门抽调 5 个船员（其中一个是船长）经过学习，组成下船工作组，采取巡回检查，必要时驻船帮助的办法，先抓开航船、重点船，后抓停航船、封存船。从 9 月 10 日开始下船到 9 月底止，先后到过船舶 44 艘次，并在“南海 155”轮和“牡丹”轮驻船工作 8 天，及时解决了各船在开展调资工作上出现的疑难问题，为调资办公室指导各船工作提供了第一手材料。

调资办公室根据各船上岸汇报、书面汇报和下船工作组的配合资料，在 9 月 9 日、9 月 18 日和 9 月 26 日分别编辑出版了三期《调整工作简报》，及时解答了有关各类船员升级面具体计算办法、代职船员转正及工资问题、船员工资老标准向新标准过渡等 12 个普遍性的问题，对各船开展调资工作具有实际指导意义。一般说来，各船调资工作共需 15—20 天即完成第二榜的工作，基本上按预定进度进行。

三是发动群众对调整工资工作进行总结，在政治思想方面进一步提高了群众的认识。

第三，综合平衡复查定案。对第三榜名单，调整工资委员会召开了多次会议进行反复平衡和研究，认真地考虑了群众的意见。机关在出第三榜之前，还先交给各支部在党内进行了调整，第三榜初步确定后根据上级的要求又进行了一次复查，对升级名单或拉下来的逐个进行研究。除了个别人员增减外，基本未动。说明此次升级评调工作做得比较认真扎实，坚持了党的各项方针政策和规定。

由于各船工资水平有差异，因此对工资水平偏低、急需解决问题较多的船舶进行了适当照顾，从而在分单位控制升级面的基础上进行全盘平衡调整，使船员调资工作尽量做到公平合理。对高级船员则组织了技术科负责人员参加审查，原船队调资领导小组讨论，最后由党委核定批准。

在经过平衡和履行审批程序以后，船员于 11 月 5 日、机关干部于 11 月 18 日分单位下达公布了三榜定案名单。

通过调整工资工作，广州海运简化了工资标准，统一了制度；解决了提职未提薪、工资未达到职务等级和未升级工资偏低的老职工等突出不合理的工资问题；促进了生产，提高了工作积极性，增强了内部团结；提高了职工思想觉悟，改善了生活，鼓舞了工作干劲。

三、加强劳动技术保护工作

（一）劳保卡片建档工作

由于机构变动，人员调动频繁，职工劳保卡片损失很多，新入会的又没填写过，这一项工作也没进行整改或审查。因此单位对职工供养情况了解不清楚，支付劳保待遇时无依据。此项工作若不做好，会直接影响职工福利待遇，影响劳保条例的全面执行，影响职工的生产积极性。为此，有必要进行劳保卡片的整顿。1963 年，广州海运在党委的大力支持下，联合广东省海员工会组织了劳保干部训练班，分三期学习完成。

劳保卡片登记是整个劳保条例当中最重要的部分，而卡片的审查登记又是一项复杂而细致的工作，牵涉面很广。为此，广州海运还成立劳保整顿审查工作委员会，统一领导，并在“南海 148”轮试点的基础上，总结经验全面推广，较出色地完成了劳保卡片建档工作。

（二）加强劳动保护工作

1964 年广州海运的劳动保护工作，紧紧围绕党的安全生产方针，在进一步贯彻执行国务院《关于加强企业生产中安全工作的几项规定》上做了不少工作，扭转了安全生产局面，事故有一定程度的减少。

第一，专职机构和专职干部得到加强，广州海运成立了安技科，海口、北海港也分别设立了安技科和安技股，黄埔、湛江港设有三班制的现场安全检查员，黄埔港在厂、队一级都配有专职安全员。

第二，进一步开展以安全质量为中心的安全教育。广州海运认真贯彻交通部电话会议的指示，通过社会主义教育运动、安全活动日、事故处理等，对广大职工进行安全思想教育，收到一定效果。如直属海轮坚持每月两次的安全活动日，汕头港船队结合生产特点，每 5 日举行一次生产安全会议；湛江港新工人入港基本上做到三级教育，对老工人也开始组织了不脱产的技术培训，对特殊工种工人基本做到考试合格发予执照才能参加实际操作。这些对增强广大职工安全生产意识，都起到了一定积极作用。

第三，建立了一些规章制度，公布试行的有《职工劳动防护用品发放标准》《劳动防护用品管理办法》《必须认真贯彻执行伤亡事故报告规定的通知》《电动除锈机安全技术操作规程》。黄埔港颁发的有《安全质量检查制度》《装卸机械司机培训考试调配批准权限的规定》《港口生产设备安全使用规定实施细则》。湛江港颁发的有《机械装卸作业安全技术操作规程》《油库作业安全技术操作规程》《起重机作业安全技术操作规程》。八所港制定了《安全教育工作规定》。北海港制定了《装卸生产岗位责任制》等。

第四，防暑降温工作。根据经验，结合华南气象特点，该项工作布置较早，在实际工作中认真贯彻执行技术保健的组织等综合措施，取得一定成绩，在暑季没有发生中暑事故。

第五，大抓安全措施计划的完成。直属船舶 11 个项目完成 10 个，费用共 95357 元。有的船舶还能本着花钱少收效大的原则，通过技术革新来改善劳动条件，少数船采用电动除锈机，这不仅减轻船员劳动强度，且工时效率提高了 5 倍。

第六，初步解决了重点防尘问题。重点防尘工作在八所港，该港防尘问题是老大难问题。对这一项工作，1964 年从进行生产现场测尘，沙尘作业工人体检，到初步解决防尘口罩的配发，防尘装置由于有关方面的支持，方案也得到落实。

第七，加强事故调查处理和上报工作。

四、完善奖励工作

1963 年，为了正确地发挥奖励工作对增产节约的作用，广州海运根据上级有关奖励工作的指示精神，结合管理范围扩大及生产业务的具体情况，提出《广州海运管理局整顿和改进企业奖励工作的意见》。

（一）奖励制度的性质和目的

奖励制度是社会主义企业的一种辅助工作形式，它是贯彻“思想政治工作和物质鼓励相结合，以思想政治工作为主，物质鼓励为辅”的方针，体现“按劳分配，多劳多得”原则的一种分配形式，整顿和改进企业制度，旨在坚持合理分配，反对平均主义，其目的主要是充分调动职工的生产积极性，提高其社会主义思想觉悟，积极完成和超额完成各项生产指标和国家计划，加速社会主义建设。

（二）奖励形式和奖励条件

奖励形式根据企业各工种的生产特点，针对生产上需要解决的关键问题而定，奖励名称以主要奖励条件而确定，以便给职工指出奋斗目标，凡是有条件和适于实行单项奖的，按单项奖；不能实行单项奖的，进行混合奖，或者采取单项奖和混合奖相结合的形式。一些工种在生产条件变动时，根据各个时期不同要求，提出不同的奖励制度，对几种主要工种的奖励制度做如下安排：

（1）推行安全超产奖：在运输船员、计时工资的港口装卸工人、装卸司机以及能考核生产计划指标和其他工人中实行。

（2）试行计件装卸工人的安全质量奖，在湛江港已有的安全奖和黄埔港的计件工人月度奖的基础上改进试行。

（3）试行燃料节约奖，指定直属运输船队和黄埔港装卸机械司机试行。

（4）港口的现场生产人员（包括仓库人员、理货人员、装卸指导员、工具库人员、调度配工人员、装卸队的干部）推行安全生产综合奖。

（5）管理人员和服务人员实行综合奖。

上述未包括项目，若原已有奖励制度者，则进行整顿充实提高；未有制度者可根据生产条件逐步建立。但计件工人一律不实行综合奖。

关于奖励时间问题，生产人员原则上实行多超多奖或多节多奖，执行间接指标的人员应分别不同情况提出要求，并适当控制奖励面。

（1）运输船舶安全超产奖：以在安全的前提下完成运输周转量为条件，以完成吨天产量为保证指标，至于某些船舶安全无事故、周转量完成在 95% 以上者，也可给予奖励；某些船舶超额完成，但发生一般事故者，给予减奖，重大事故不奖。

（2）计时装卸工人、装卸司机安全超产奖：以在保证安全质量的前提下，完成定额工时量（包括定额工时数量和超额率）为主要条件，对于装卸工人的辅助条件，要求保证出勤率，办好交接手续，不损坏或丢失工具；机械工人应保证机械完好率，工人在超额的情况下，发生一般事故给予减奖，重大事故不奖。

（3）计件装卸工人的安全质量奖：以不发生货物损伤、机具事故为主要条件，以作业实际工时量（不包括待时因素）多寡为计奖指标，辅助条件以服从调配，不争肥弃瘦，办好交接手续为要求。

（4）燃料节约奖：运输船舶在保证气压航速和不发生机损责任事故的前提下，节约燃料者给予奖励，燃料定额应在合理先进水平，定额的形式采取航次包干定额或马力小时定额。港口机械在保证正常操作、机械完好、不发生责任事故的前提下，节约燃料者也给予奖励，燃料定额采用先进的马力台时（或台班）定额为依据。实行燃料节约时，由于船员或工人责任未实现保证条件，扣奖或不奖，本期燃料节约，上期超耗，抵扣上期超额 50%，但以一期为限。

（5）港口现场人员安全生产综合奖：以完成和超额完成月度操作量计划任务，本人不发生责任事故和工作差错（特别是货物工具差错事故）为主要条件，以遵守劳动纪律、各项规章制度，团结协作和办好交接班手续为次要条件。

（6）留局人员的综合奖：以运输已完成和超额完成货运量、货物周转量为主要条件，港口以完成和超额完成吞吐量操作量为主要条件；航务工程以完成和超额完成施工工作量为主要条件，各单位根据不同人员类别的不同评奖要求，运输和港口一项指标完成一项指标不完成，只能按率提奖 75%。

（三）具体奖励范围和对象

直接生产奖励以船舶机械或工组为对象，燃料节约奖以直接节约燃料有关的人员为对象，在集体得奖基础上分别评定个人奖，即现场人员、管理人员、服务人员的奖励。下列人员不奖：计奖期内受行政处分者；虚报成绩隐瞒事故不报经查出者；计奖期内发生责任差错或事故造成损失者；计奖期内严重违反劳动纪律者；民工、援外人员及厂外加工工人、学徒；临时工、试用人员、工作未满计奖期者；计奖期内实际出勤不足 1/3 者（超过 1/3 不满 2/3 可半奖，超过 2/3 以上可全奖）；计奖期内没有实际工作的人员（包括待派人员）；被监督劳动改造人员；未能独立进行生产的学徒、练习生、实习生（包括实习期满已转正但未担任生产工作，仍实习的人员）只发正式职工的半奖，已担任生产工作者与职工同样评奖。

（四）奖金率和奖金来源

奖金率总的控制为实行奖励制度人员标准工资的 7%，企业内部奖率的安排原则上规定主要生产工人的奖金应高于辅助生产工人的奖金，辅助生产工人应高于管理人员和服务人员，奖金在工资总额内开支。燃料节约奖按节约价值提取奖率为 10%—15%（个人奖金最高不得超过 25 元），该项奖金在燃料费项下开支，但应统计在工资总额内。

（五）奖金分配

企业对船舶工组的集体生产奖励，可按集体标准工资总额，规定不同的提成率或订出奖金标准分配；燃料节约奖应根据燃料价值高低、节约燃料的难易，规定不同的节约价值，提成率进行分配；安全奖一般应规定不同的奖励标准；集体对个人的奖金分配应根据个人对生产、安全、节约的贡献，工作干劲、劳动数量质量、劳动纪律、团结协作、服务态度等条件，分为几个等级评定，不得平均分配，也不得按个人工资比例分配；实行综合奖的人员分三个等级安排奖金标准，根据评奖条件，通过民主评定分配。

（六）奖励工作有关注意事项

在推进整顿和改进企业奖励工作中，广州海运针对有关注意事项提出三点要求：

第一，要求企业党委必须加强对奖励工作的领导，依据思想政治工作为主、物质鼓励为辅的方针，督促检查和研究奖励工作和企业生产管理工作发生的一系列问题，特别是注意纠正偏重物质鼓励的倾向，正确地发挥奖励工作的作用，更好地调动职工生产的积极性，推动生产的发展。

第二，要求企业奖励制度的规定、补充、修改应以劳动工资部门为主，会同有关业务部门研究确定，征得同级工会同意，报局批准后执行，有关燃料定额和管理制度的制定补充、修改由技术部门负责，报局批准后执行。

第三，要求整顿和改进奖励制度必须注意经济效果和合理安排各类人员的奖金关系，其定额和指标必须保持合理先进，使职工经过努力有产可超、有奖可得。确定的定额除了技术和操作条件有重大变化，一般可一年修改一次，各项指标的统计记录必须准确及时，考核奖励应有专人管理，以及时做好奖励工作。

第四，奖金必须专款专用，不准挪作其他方面开支。

五、加强医疗保障

（一）实施新的医疗费报销办法

广州海运从 1963 年 1 月 1 日开始实行《医疗费报销暂行办法》。该办法规定：

（1）广州海运职工和船员凭本人工作证、职工的供养直系亲属凭家属证，均可适用本办法规定报销。

（2）职工及其亲属除在本所及指定特约医院就医外，为兼顾居住分散的情况，可在就近的医院公立诊所或联合诊所、公社卫生院等公立医疗机构诊治。

（3）原则上自行到市面购买药物不能报销，除个别确因医院不能买到或特殊疾病需要者，需有医院医生证明并取得本所同意才能在市面购买，凭发票报销。

（4）凡经医生处方需到中药房购中药者，除应有药房发票外，还需附有原处方，方能报销。

（5）职工在规定时间做体检或因协助诊断而需体检的费用全部报销。职工报考学校及个人健康检查费一律由本人自理。

医疗费用报销项目明细见表 2–5。

医疗费用报销项目明细表

表 2–5

项　　目	职　　工	家　　属	附　　注
挂号费	全报销	报销一半	
药费			
手术费			
接生费			
注射理疗费			
补牙费			镶牙不报（工伤例外）
X 光透视照片			
住院房租		本人负担	
住院膳费	因公报销，非因公自己负担		是否因公由人事部门出具证明
出诊费			
就医路费			
药瓶押金	本人负担		
赔偿费			如损坏公物之赔偿

（二）改革公费医疗制度

1965 年，为克服公费医疗特殊化的倾向，减少浪费现象，12 月 18 日，广州海运根据广东省公费医疗改革的措施，结合实际改革公费医疗制度。

（1）从 1966 年 1 月 1 日起，凡享受公费医疗的干部、职工，一律向个人收取少量医药费。收费的比例是：门诊和疗养院住院的医药费由个人负担 10%；治疗医院住院的医药费用，由个人负担 5%；挂号费全部由个人承担。

（2）滋补药品，继续实行自费的制度（具体办法按当地卫生厅规定）。

（3）本局医疗对职工、家属在本所门诊不收挂号费。家属门诊住院仍按此前规定自付医药费 50%。在外看病挂号费自付。

（4）发给局各海轮船员使用的药品仍按过去规定不收费（船上旅客用药按原规定收费）。图 2–16 为医务人员上船为船员诊疗。

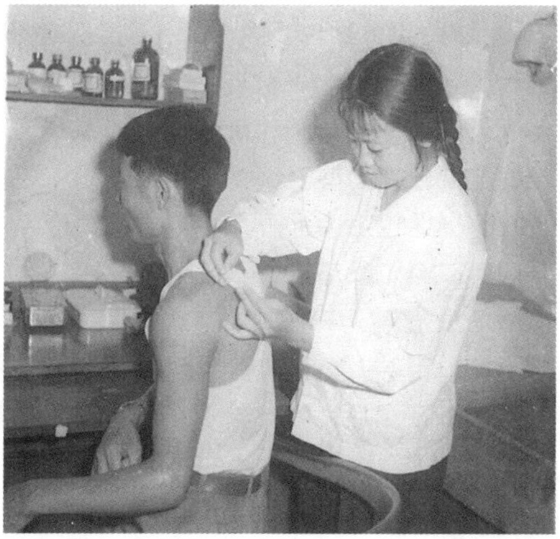

图 2–16　1969 年 5 月，医务人员上船为船员诊疗。

（5）实行此制度后，下列人员可免收：二等乙级以上的革命残疾军人，各种因公负伤人员，长期由国家供养的老干部，退休干部和职工，享受公费医疗待遇的人员实行计划生育的费用。

第七节　开展思想政治工作

一、职工思想随国民经济形势波动

1962 年，国民经济从过去的三年困难时期转入三年调整时期。广州海运的职工随着国家形势的变化，思想波动较大，变化也快。全年可分为三个阶段，1—5 月份是职工对经济形势的好转认识不足，谈困难、谈缺点较多的阶段；6—8 月份是受社会上谣言影响，思想比较动摇阶段；9—12 月是思想逐步稳定，生产上出现高潮的阶段。

（一）三个阶段的思想政治工作情况

第一个阶段是形势任务教育阶段。1962 年，国民经济总的形势是好转的。但在上半年，职工思想是比较混乱的。原因是在年初对困难估计得比较严重，过多地谈缺点和错误，一部分职工精神状态不够振奋，思想混乱，看不清前途，埋怨情绪有所增长。

当时，国民经济正在进行调整，生产任务大幅度减少，港口任务不足，广州海运直属 11 艘船舶中有 4 艘船舶停航。这时，又压缩城市人口、清减劳动力和动员家属回乡，许多人动荡不安，申请前往香港的人数较多。特别是 1958 年从港、澳回来参加建设的工人，绝大部分要求回港。总的来说，这个阶段思想状况是波动的，职工生产情绪比较低落，运输任务完成得不好。

在这个阶段，广州海运政治部的工作着重是进行形势教育，组织工作组深入基层加强思想工作。由党委书记做报告、讲形势，讲克服困难的措施，讲光明前途，要大家坚定信心，经得住困难的考验。对于停航船的职工，着重讲清在贯彻“八字方针”（即调整、巩固、充实、提高）的过程中，生产任务暂时会有一定程度的减少，但这是为了更好地前进。通过这一系列政治思想工作，帮助职工增强了克服困难的信心。但当时职工的思想情况仍然是不稳定的。

此外，1962 年 4 月，广州海运召开第二次高级知识分子和工程技术人员座谈会，传达省高级知识分子会议精神。此后，政治部还召开了几次船长、轮机长的小组座谈会，帮助他们进一步认清形势，征求他们对改进工作的意见，对他们表示信任，并且在生活上给予较好的照顾。有些干部主动检查了过去工作上的缺点，改善了合作共事关系，技术人员的工作积极性也提高了。

第二个阶段是备战阶段。6 月中旬，广州海运党委进行了备战动员。从党内到党外，层层做动员报告。6 月 23 日，新华社发表了台湾当局企图冒险窜犯大陆的公报，彻底揭露对方阴谋。当时，职工对备战问题产生两种思想，一部分人害怕战争，如黄埔港有两个工人，听了备战动员后，就收拾了东西，准备有事情就走；有些人又表现太平麻痹，没有从思想上动员起来。为此，广州海运着重配合整个形势的发展，对职工进行大张旗鼓地备战教育。深入船舶进行动员宣传，利用黑板报、大字报、图片展览、广播等宣传工具进行宣传，组织讨论，以认清形势。把职工的政治热情及时引导到生产上来，号召职工发扬海员的革命传统，全力完成国防运输任务。

自从备战动员和经过一系列教育后，企业总体情况起了很大的变化。职工觉悟提高了，精神状态振奋了，出勤率提高了，生产形势逐步好转，月月完成任务。7 月份船舶运输量比 6 月份增长 7%，8 月份又比 7 月份增长了 7.2%。

第三个阶段是增产节约、扭转亏损和支援农业运动高潮阶段。9 月，广东省委指示，备战进行正常。这时，全国贯彻“八字方针”的调整工作已显示出效果，生产逐步上升，港航运输任务逐步增加。上级下达增产节约计划，广州海运直属船舶运量从 110 万吨增加到 117 万吨，广州海运党委根据职工的生产情绪高涨的有利条件，再提高到 123 万吨。政治部大力抓增产节约，组织竞赛活动。不久，八届十中全会发表公报，明确提出形势一年比一年好，这一公报鼓舞了全体职工。广州海运抓住时机，进行大规模宣传和思想发动工作，开展了全局的增产节约运动。

11 月份，广州海运召开了 1962 年第二次船舶政治工作会议，进一步贯彻党的八届十中全会精神，把工作转入到以农业为基础的轨道上来，使全党统一思想、统一行动，掀起支援农业生产的热潮。当时，广州海运船舶正在执行五年还账的维修计划，有 4 艘万吨船先后进厂修理，运力缺乏，生产任务很紧。为了更多地完成生产任务，港航职工充分发挥积极性，许多船舶都在保证安全的前提下多装货物。船员们还发扬了协作精神，加强了港航协作和货主协作，经常配合港口装卸，加速船舶运转。港口方面也做到密切配合，如黄埔港第四季度船舶在港停泊时间比第一季度缩短一半。

船员们还克服了许多工作上的困难，如广州海运决定起用已封存一年多的“南海 160”轮，但该轮年久失修，许多设备没能及时修好。为了早日投入生产，船员们利用航行时间抢修甲板机器，白天修机，晚上当班，许多人两天两夜不休息。在材料供应缺乏时，船员积极找代用品，想尽办法克服困难，保证了生产的需要。

在支援农业方面，全体职工响应中央和广东省委的号召，优先安排农业物资运输，保证运快运好，不误农时。全年共运支农物资 110 多万吨。在第四季度有半数船舶参加过运牛任务，船员把运输耕牛看作是支援农业的光荣任务。从海南岛到广州，共运牛 2500 多头。由于和押运人员紧密配合，加强守护，没有一头牛死亡。“南海 142”轮在甲板上装 300 头牛，遇到九级大风，也没有受到损失。在安全质量方面也有不少成绩。全年未发生重大事故，特别是在备战以后，船舶运输做到月月安全。货运质量也有大的提高，黄埔、湛江、八所货损货差事故总数降低 31%，损失金额降低 65.7%。

（二）加强政治思想工作的经验

第一，在教育方法上，实行先党内后党外、先干部后群众的方法，层层发动，特别是先抓好干部的思想，贯彻教育者必须先受教育的方针。如在进行重大思想教育时，先召开政工会议，学习党的方针政策，统一干部认识，然后再教育群众。政工干部在困难时期和备战时期的坚定态度，对群众有很大鼓舞作用。除此，在必要的时候，领导干部还要深入到船舶和装卸队做报告，讲形势、讲措施、讲光明前途，鼓舞职工增强信心。

此外，要随时注意新的思想动向，及时进行教育。如港口实行计件工资制后，出现一些追求数量、不求质量的情况，造成货运质量下降。广州海运及时开展安全质量教育、个人利益与国家利益的关系的教育，使思想工作迅速跟上去，也逐步扭转这种不良倾向。又如，在货源少、停航多的时期，船员怕减少收入，不愿在停航船工作，很多人要求调动。广州海运及时进行“八字方针”的教育，使他们认识在调整过程中，生产的下降是暂时的，引导他们利用停航时期，加强维修保养，准备迎接生产高潮。

在备战以后，职工思想比较稳定了，但又发现职工中对工资问题反映较多。如有的说“现在是高物价、低工资”等，特别是代职不代薪的一部分人反映意见较多。广州海运在“南海 145”轮进行了一次调查，全船 57 人对工资有意见的占 20 人，这是较有普遍性的。广州海运通过各支部对职工进行一次勤俭建国、勤俭持家的教育，说明工资的调整只能随着国民经济的好转逐步解决，着重从思想上解决问题。另一方面，也通过工会帮助职工安排好家庭生活，使思想问题在一定程度上得到解决。

第二，政治工作既要培养核心力量，也要发动后进人员，贯彻抓两头、带中间的方法。通过党、团员和积极分子的核心骨干作用，开展政治工作，同时不放松对后进人员的思想教育。对于后进人员的工作，更耐心细致，了解他们的思想，研究其落后原因，关怀他们。第三，坚持政治挂帅，把思想教育与物质激励相结合。政治思想教育和物质鼓励相结合的方针必须全面贯彻，不过分强调物质鼓励而放松精神鼓励。如广州海运有些船舶，因领不到奖金，生产情绪低落，接受任务时挑肥拣瘦，不愿意执行较难完成的任务；一些装卸队（或班、组）为了多得奖金，弄虚作假，多报数量。因此必须在竞赛评比中，着重树立荣誉感，正确使用奖金，使之真正起到鼓励生产的作用。在加强政治工作的同时，关心职工生活，如办好食堂、改善居住条件和医疗条件，做好防暑降温工作，关心职工的家庭生活，对确有困难的职工通过工会给予适当补助，严冬盛夏及时帮助职工解决没有棉衣、棉被、蚊帐等困难，使之体会到组织的关怀和温暖，提高生产积极性。

二、加强党的基层组织工作

（一）加强组织工作

1963 年 2 月，广州海运党委传达了中央和省委组织工作会议精神，各级党委对组织工作会议拟定的方针、政策、任务表现了极大的重视，普遍提高了对加强执政党建设的重要性的认识，绝大多数党员表示要按高标准要求自己，做一名好党员。

1. 贯彻基层政治工作条例

当时，广州海运及所属单位的组织有 5 个党委、13 个总支、136 个支部，2591 名党员（占职工总数 15.5%），绝大多数支部都贯彻了基层组织工作条例，港口和船舶分别贯彻了港口政工条例和船舶政工条例。贯彻的方法是先学习三个条例，对照检查工作，再选择重点支部做出榜样，全面铺开。如在文冲船厂选择了铆焊车间支部作重点，在船舶选择了“南海 155”“南海 145”两轮的支部作重点。在船舶上开始贯彻时，普遍存在一些不正确的看法：认为原来的支部领导下，船长贯彻本身并没有毛病，误认为关系在人，不在制度。制度再好，船长、政委两人的关系搞不好也不行。反之，关系好了不论哪种制度都一样。有些是对船长信任不足，认为支部不直接领导生产会出问题，也有些船长怕负责任，认为支部出头好办事。

针对这些思想顾虑，广州海运在党内外逐条逐句展开了讨论，掌握条例精神，先解决认识问题，然后根据条例对照检查工作，党政工团在日常工作中按照条例办事。经贯彻条例，绝大多支部都明确了支部的任务是起保证作用，主要是做好政治思想工作，发挥工会、共青团的作用。通过政治思想工作和各种组织来保证生产任务的完成。贯彻政工条例后，总的反映是职责范围明确，船舶支部的工作有了正规的方法和制度。生产上发挥了行政领导的作用。行政干部有职有权，感到党的信任，树立了责任感。如“玉兰”轮过去领导客运工作责任不明确，行政管、政委也抓，后来明确了由大副负全责，客运业务员具体领导，建立了客运业务的规章制度，支部着重从思想上教育船员热心为旅客服务，认真执行制度，从而扭转了客运服务工作的落后面貌。

在政治思想工作和职工干部作风方面，政治干部抓政治工作多了，党政分工明确了。经过贯彻船舶政工条例，船舶政治工作逐渐走向了正常。

2. 整顿基层组织，考察党员

1963 年，广州海运在整顿落后支部方面做了不少工作，派人下支部帮助整顿，并进行组织调整。如八所港对 49 名总支、支部委员做了一次调查，发现有 15 人不愿做党的工作，有 6 人不安心工作，有 8 人闹名誉地位，有 8 人互相之间不团结。在整顿中，通过教育提高思想，帮助改进了支部工作，解决了不少问题。对于其中经过帮助仍不起作用的支委进行了调整，把思想觉悟高、对党的工作热心、积极负责的同志选到支部中来。湛江港务局也对 91 名不适合的支委进行了改选，增选了 19 名新委员。

通过初步整顿，基层组织都建立了比较正常的工作制度，每月安排三四次组织生活，开展批评与自我批评，支部大会总结布置工作、检查执行支部决议情况、上党课、学习文件等，部分港口还开展“五好支部”的学习和评比，起了一定的推动作用。总的来看，基层组织是适应运输生产需要的。据 8 个单位的统计，110 个支部战斗力较强的有 36 个，一般的有 66 个，发挥作用比较差的 8 个，占 10% 左右。

为做好整党及党员登记工作，部分单位选择了重点支部对党员进行了摸底了解工作，发现了一些问题，对于思想作风问题都及时帮助教育。

3. 轮训党员

当时，广州海运和所属三港一局共有职工 9771 人，党员 1625 人，其中局本部和直属海轮有职工 943 人，党员 220 人（截至 1962 年底）。在经济生活困难时期，绝大多数党员经受住了考验。各级组织都能发挥战斗堡垒作用，带动全体职工克服困难。但是，少数党员也有一些模糊认识，表现在经济生活困难时期，思想混乱，畏难退缩，心里有话不敢说。有些党员组织纪律松懈，有些支部组织生活不健全，领导核心不够团结。

根据交通部政治部和广东省委的指示，广州海运在党建工作上，贯彻了“整顿、巩固、教育、提高”的方针，在总结三年支部工作经验的基础上，有计划地开展了组织整顿。整顿方法是先对全体党员进行一次系统的党的基本知识教育和传统教育，学习刘少奇同志的《论共产党员的修养》，要求每个党员保持和发扬艰苦奋斗的优良传统，做到吃苦在前，享乐在后，终生做一个无产阶级革命战士和人民的勤务员，并以此为标准，检查思想和行动。

此外，还开展了民主集中制教育，并根据不同条件举办训练班，轮训党员。其中，黄埔港举办三期，共轮训党员75人；八所港三期轮训党员102人；湛江七期轮训党员288人，此外还有选送各级党校学习合计914人。

广州海运所属各港按当地党委的部署，按中央编的《做一个好共产党员》课本，结合实际，请一些有党的工作经验，又有一定政策理论水平的同志负责上党课，加强党课教育。湛江还挑选了30名党员干部担任教育或辅导工作。八所、海口港都上完了十课，汕头港上了九课，湛江港上了六课，船厂上了六课，航道处上了三课，广州海运本部因是开展“五反”运动的单位，未能按计划上课。

通过一系列的教育，党员克服了畏难松劲情绪，增强了革命信心，党内民主生活较前活跃了，党群关系改善了，同时还普遍对支部进行了改选，健全了领导核心和支部经常性的工作制度。

（二）下属单位建立政治工作机构

1964年，根据中央建立政治工作机构，加强思想政治工作的指示，广州海运所属港、厂政治工作机构先后建立与加强起来。黄埔、湛江港设政治部；汕头、海口、八所港，文冲船厂，航道处设政治处；三亚、北海港务办事处设政治教导员办公室。需配干部副处级以上17名、科级37名、一般干部95名，实际配备副处级以上6名、科级23名、一般干部69名。直属船舶配政治委员33名、政治指导员9名。

政治工作干部配备首先考虑的是生产第一线，如黄埔港政治部先加强基层干部建设，书记直接指挥四个干事开展工作。从部队调来20名营团级干部、15名连级干部，都放到基层政治部（处）担任副主任、政治委员、政治教导员、政治指导员。这些干部对于运用解放军组织工作经验，在开展政治思想工作方面起到了良好的作用。直属船舶的船员反映，他们从政委身上学到了解放军的精神。这些解放军和政治干部来广州海运后，抓学习毛选和开展岗位练兵（练基本功）两个方面都有显著的提高。

三、加强干部管理工作

1963年，广州海运轮训了一批干部，处科以上党员干部，根据工作性质，分别送省委党校、工交干校、地委市委党校、政治班和业务班轮训。除集中轮训外，一些单位采取办业余文化、技术、业务学习班，采取做什么学什么的业务学习制度，以及师傅带徒弟的办法，以老带新，培养提高干部的政治业务水平。

除开展政治业务培训外，1964年广州海运积极发动干部参加集体生产劳动。此前，广州海运的干部参加劳动是象征性地搞一些轻微不脏不累的活，或指手画脚，群众称之为“蜻蜓点水”。八所港群众有两句打油诗：“李书记喜欢深入俱乐部，周局长喜欢深入小卖部。”部分工农干部则认为自己在劳动中长大的，无须锻炼；有些“地富”家庭出身的干部和知识分子则认为只劳动好也是红不了的，反正当不上“五好”干部。

1964年，广州海运组织干部学习了毛泽东主席对“浙江省七个关于干部参加劳动的材料”中的批示和九评苏共中央公开信中的“无产阶级专政的历史教训”第十条。通过学习，干部受到启发，思想认识也提高了，开始主动参加集体生产劳动。当时，干部参加劳动形式基本上是两种：一是蹲点劳动，二是突击劳动。汕头、海口港和文冲船厂实行每周二、四、六下午为劳动日，海运局、黄埔港等单位实行每周四或六为劳动日，正式走上制度化、正常化。干部参加集体劳动的热情不断高涨。如汕头港仅 10 月份 20 天，不完全统计出勤 950 人次，其中科以上 129 人次，装卸水泥等 900 多吨；又如海口港 10 月份干部参加集体生产劳动，平均 8 天以上，装卸 318 吨，维修码头填沙 695 米，铺石块 950 平方米，为国家节约 1390 元。科以上干部参加劳动一般是有固定劳动场合。如汕头港书记、局长及生产业务科长下装卸大队当搬运工人，行政副局长、秘书科长下食堂；文冲船厂科以上干部也分别固定在各车间参加劳动。

通过一个阶段的劳动，锻炼了干部，密切了干群关系，指挥生产有了发言权，取得了以下成效：

一是密切了干部与工人的关系。如汕头港干部参加劳动，争挑大筐煤，而工人总是把小筐煤给干部挑，招呼干部休息。医护人员万某过去认为工人脏黑，讲话粗声粗气，下班后不给工人看病。她去现场劳动时，工人对她非常热情，休息时给她找避风暖和地方，搬椅子让她坐，又让菜饭给她吃，使她很受感动。她说工人不管什么时间来看病，都欢迎。干部与工人的距离拉近了。

二是锻炼了干部，提高了思想觉悟。汕头港技术员庄某表示，过去很少参加劳动，精神衰弱，食睡不好，天天吃药，办公头昏，精神不振，设计常出差错。参加劳动后食得好、睡得好，精神足，工作效率高。干部由怕劳动变为争先参加劳动，只要一通知就参加劳动，领导干部都带头，一般干部都会抢着干，身体差的同志也不示弱，那些“两耳不闻窗外事”的干部、“地富”家庭出身的干部也都争着去参加劳动，努力争取在劳动中锻炼成又红又专的新型的工人阶级知识分子。

三是生产指挥更贴合实际。过去指挥生产一般是喜欢在办公室发号施令，往往与实际有矛盾。干部学了毛泽东《实践论》，纷纷走出办公室，深入现场，把办公室搬到生产前线，一面参加生产，一面指挥生产，现场指挥调度和布置计划、技术、工资送上门，材料供应送上船，为基层、为生产、为群众服务的风气不断兴起。港口干部通过参加劳动，对生产一般都比较熟悉，因而在安排生产任务时，一般都比较切合实际。如汕头港做到“三到场、五到船”（三到现场：一是政治宣传到现场，二是派工派驳到现场，三是安全监督到现场。五到船：调度主任、队长分工到重点船；生产工具用料送到船；修工具人员也到船；开水送到库场、码头，饭菜送到船；医护人员定期巡回医疗，装卸危险货物也到船）。

四、掀起学习毛主席著作的高潮

1964 年，广州海运各级党组织大力宣传毛泽东思想，组织学习毛主席著作。为了照顾文化程度低的工人，广州海运将毛主席著作学习与语文讲课结合进行，用上文化课的形式讲解毛主席著作。课后布置他们谈感想、写心得，这种学习方法工人很欢迎。1964 年先后讲了《为人民服务》《愚公移山》《纪念白求恩》《反对自由主义》等六篇著作。局机关介绍了机要员刘玩文等同志如何坚持不懈、活学活用毛主席著作的经验，获得了大家的好评。

据不完全统计，广州海运 90% 以上的职工都参加了毛主席著作的学习，在不同程度上掀起了学习的热潮。文冲船厂党委陆续组织起 80 多个自学小组，全厂有 63% 的职工参加了毛主席著作的学习，仅毛主席著作单行本就买了近四千册，其铸造车间的干部和工人全部都参加毛主席著作学习。船上有些职工，因在国内买不到《毛泽东选集》了，就节省下越南盾到越南买《毛泽东选集》。各港、船的党委（支部）都根据本单位的具体情况制订了学习计划。很多单位还对党、团员积极分子提出不同的要求。为了加强对学习的领导，各部门都成立了中心小组，做到“月月有安排，周周有学习”“书本不分你我，学习不分早晚”，全船涌现出 8 个学习标兵。

第一，学习内容配合时局与中心工作。在开展“五好”运动时就学习《中国社会各阶级分析》《将革命进行到底》《为人民服务》等文章；在东京湾事件时，就组织职工学习《战争与和平》《帝国主义和一切反动派都是纸老虎》《丢掉幻想，准备斗争》；在开民主会之前就组织大家学习《主张积极的思想斗争，反对消极的自由主义》；在解决老、大、难的问题时，就给大家讲《愚公移山》。由于这些学习内容能紧密结合中心工作，因而有力地推动了生产和各项工作。

第二，带着问题学，活学活用，立竿见影。“剑兰”轮为了解决自由主义不团结的现象，就组织全船学习《反对自由主义》一文。大会讲解后，分组讨论，联系实际，检查自己。通过学习，大多数船员都能互相开展批评与自我批评，加强了团结。文冲船厂材料科孙某此前一直想回北方，不安心工作。他学了《为人民服务》后，深为张思德同志的精神所感动，批判了自己的错误思想，鼓起了干劲，白天工作干不完，晚上就继续干，有时星期天还偷偷地加班。“芙蓉”轮一位过去不愿当工会小组长的船员，学习后事事都肯干，当好了工会小组长。大家做到活学活用，出现了十分生动活泼的局面。

第三，抓好毛主席著作学习，促进生产和工作。海口港 12 号船在“五好”标兵姚学佐的带动下，组织全船学习毛主席著作并掀起了热潮。通过学习，全体船员团结一致，鼓足干劲，克服困难，提前 119 天完成 1964 年生产计划。“海供 301”水船通过学习毛主席著作，大大改变了服务态度，做到什么时候要水，什么时候送上门，无论三更半夜，大家毫无怨言，并能主动协助给海军舰艇供水，获得大家好评。“剑兰”轮民警小队在武器训练中，不怕手破流血，不满足于获得的成绩，一再提高，乘胜前进，一直达到了苏式高射机枪的分解结合由 15 分钟提高到 48 秒，轻机枪的不完全分解由 8 分钟提高到 15 秒。正如八所港的职工说：“主席著作真正好，字字句句都是宝，工人读了觉悟高，立场坚定站得牢，12 级台风吹不倒。”

第四，好人好事，层出不穷。通过毛泽东著作学习，人的思想面貌大为改观，新人新事屡见不鲜。局卸油站职工奋勇抢救国家财产，李其美、王木彬等不顾生命危险，忍受住烫伤剧痛，抢救燃料油，避免了重大事故；“丁香”轮、“南海 149”轮水手林振标、吴振周等在乘车途中遇到台风袭击，舍己为人地抢救人民生命财产；北海港工友陈老民、航道处濬粤船队船员李卓才等拾获手表，毫不犹豫立即交公；八所港电台张贤美看到同事的破脏衣服，就悄悄地拿去洗补后，再偷偷地放回原处。英雄模范事迹不胜枚举。

1965 年，通过贯彻交通部水运会议、省委工交和工交政工会议精神，学杨怀远、学王杰活动等等，广大职工对学习毛主席著作的认识进一步加深了，学习的自觉性逐渐提高了，不少人已养成了天天读、经常读的习惯。参加学习的职工越来越多，很多人克服了年纪大、工作忙、文化低等等困难，坚持学习。过去的一些“死角”正在逐渐消灭，一些老扑克迷也与扑克绝缘而与毛主席著作结缘；一些过去从来不参加学习，连一本毛主席著作单行本都没有的职工，也加入学习中。一个群众性学习毛主席著作的热潮已经初步形成。由于学习的开展，广大职工的精神面貌发生很大的变化，工作挑肥拣瘦、不服从分配的现象大大减少（图 2–17）。

图 2–17　1969 年 3 月，华南水运公司表彰广州海运局先进单位“红旗 155”轮、“红旗 1018”轮、“红旗 149”轮船员。

广州海运局职工学习王杰一不怕苦、二不怕死的革命精神，不但见诸思想，也见诸行动。湛江港拖轮水手张德，在 1965 年 9 月 20 日晚 21 时为了给日本“朝日丸”轮解开绞住推进器的尼龙缆，冒着生命危险，潜入 20 多英尺的深海忍受了常人所难以忍受的无潜水设备、天黑、深海压力、无空气等困难，上下十次，连续作业两个多小时，终于使该轮安全开航，使港口生产免受损失。11 月 20 日，汕头港航标工人郑大爱在风大浪急的海面上，忍着两脚被蚝壳割破二十余处的疼痛，抢救了一名儿童。学好人好事，做好人好事，在各单位蔚然成风。

广大职工精神面貌的变化，特别反映在后进职工的转变上。以往湛江港警队认为工资低、无前途，90% 以上的人不安心工作，只有 3 人未打报告要求调动，后来完全改变了面貌，人人争做好事。海口港驳船工人韩某，过去小病大养，旷工赌博，小偷小摸，经过学习，自觉检查了错误。11 月某天他因公伤了三个手指，医生让他休息两天，但他坚持参加生产。工友劝他休息，他说：“王杰同志知死而上，我只伤了三个手指，难道这点小痛苦都不能忍耐吗？”汕头港装卸三中队过去有个号称“请假大王”的林某，把他分配给哪个班都不要，现在转变成为学习毛主席著作的积极分子，被选为班的政治宣传员。

通过学习毛主席著作，各单位加强了生产中的政治思想工作，进行了现场鼓动，开展了各种竞赛，使职工不怕苦、不怕累，千方百计克服困难，完成和超额完成生产任务。湛江港门吊司机班在抢卸一艘 22800 吨外轮的磷土时，机不离人，苦干猛干，打破了夜间不换钢丝绳、司机不修机器的常规，原计划 18 天卸完的任务，他们仅用了 3 天半就完成，创造了高产量、高标准、高质量、高效率的新纪录。海口、北海两港经常开展装卸对手赛，大大提高装卸效率，获得显著成绩。海口港驳船司机姚学佐，学了《愚公移山》，克服了不少困难，把一艘船体漏水、机器报废的坏驳船修成好船。汕头港工具厂铸造组长谢家祥带着生产中的问题活学活用毛主席著作，大大提高了生产效率，使铸造成品率由 70% 提高到

90% 以上。

由于学习毛主席著作，广大职工增革命智慧，鼓革命干劲，促进了生产。广州海运提前 53 天完成了 1965 年度生产任务。

五、开展增产节约劳动竞赛运动

1963 年，广州海运广泛开展了增产节约劳动竞赛运动，分四个阶段进行：

第一阶段：在年初，通过评选 1963 年度先进生产者和召开各级先进代表会议，调动了职工的生产积极性。3 月广东省、水运系统先进代表大会后，广州海运认真贯彻大会精神，开展了以“支援农业、安全优质、扭转亏损、增加盈利”为中心的“五好”增产节约劳动竞赛。

第二阶段：在 5 月份结合安全大检查和“五反”运动，开展了以“优质安全，反浪费”为中心的增产节约劳动竞赛和比学赶帮活动。

第三阶段：在 8 月省经委召开的工交企业管理、政治工作会议后，广州海运着重抓反浪费，加强经济核算和抓老大难的整改工作，在职工中进行勤俭办企业的教育，掀起了向国庆献礼的高潮，使运动前进了一步。

第四阶段：在 11、12 月，形成了确保安全生产，提高质量，保证全面超额完成生产、财务计划，迎接“五好”代表大会的竞赛新高潮。

主要有以下经验：

1. 从政治思想教育入手，政治思想工作与增产节约劳动竞赛密切结合

实践证明，在做好政治思想工作的基础上，把政治思想教育与劳动竞赛结合起来，劳动竞赛才能持续发展。劳动竞赛不断发展，是人的思想觉悟不断提高的过程，也是企业经营管理、船舶生产、技术管理逐步改进的过程。劳动竞赛刚开始有些人存在着不少顾虑：增产节约年年搞，老一套；群众压力大，有话也说不出来，又要搞高指标；年年搞增产，没什么油水了；对先进者不服气，认为自己也差不多，没什么差距；有纯经济观点，评比如果没奖金就没意思；强调客观因素，认为自己条件差等。为了端正认识，扫除思想障碍，广州海运认真细致地抓活思想，组织职工学习中央《关于加强相互学习克服骄傲自满故步自封的指示》和《人民日报》社论《大比之年、大学之年》以及其他有关文件，学习雷锋精神和《一厘钱》精神，自上而下地层层做好思想工作，阐明开展增产节约劳动竞赛的重大意义，提出响亮口号，从思想“上岗”，提高认识比先进找差距，动员群众投身竞赛。在这个基础上发动职工对照五好条件，以“两赶三消灭”为中心制订集体和个人“五好”规划，开展“五好”运动。

“南海 155”轮有些船员对 1962 年“六好”船舶落选不服气，支部针对这些思想进行了教育，通过算细账找出了与先进船的差距，对个别想不通的又进行了耐心谈话，基本扫除了思想障碍，掀起了竞赛高潮，取得了成绩，1963 年上半年被评为“六好”船。

各港船对支农物资的运输基本上做到了安全优质、快速运送。黄埔港 5 月份进口化肥 8 万吨，直接换装的达 92% 以上，平均在港堆存期仅 3 天；汕头港 4 月份转口化肥 18

万吨，全部改由海轮直卸内河小船的办法，不但安全快速，而且节省了流转费用6000多元。雷锋和“一厘钱”精神在各港、船、厂普遍开花。“牡丹”轮学雷锋后，开展了“服务良好月”“人人为旅客做一件好事”等活动，订出了改进客运工作15项措施，得到旅客的好评，表扬月月增加，1963年获旅客表扬3408件，批评从第一季度20件减为第四季度5件。

2. 加强组织领导，把群众运动与科学的生产管理相结合，办好社会主义企业

增产节约劳动竞赛既是政治工作，又是群众性的生产管理活动，依靠群众解决生产关键问题，改进企业经营管理，是勤俭办企业的根本方法。

（1）在竞赛的做法上采用“四结合”的方法：讨论生产计划与制订增产节约劳动竞赛措施相结合；生产统计记录和评比资料结合；航次检查生产与增产节约竞赛条件结合；月、季、年总结生产工作与竞赛评比奖励结合。“四结合”做得好单位既不感到劳动竞赛加重了日常的事务工作，又能有制度、有规律、持续地进展。

（2）发挥人的积极因素，贯彻领导、专业人员、群众“三结合”的精神，充分调动每个人积极性。“剑兰”轮用“三结合”的方法上下反复认真算细账，领导干部算，群众算，水手算维修保养账，生火算节约燃料账，业务部算客运账。平日认为没有什么油水的民警小队也从一瓶擦枪油、一块擦枪布算账；驾驶员算了在10个六天班期中安插12个5天班期，效能大大提高。该轮通过“三结合”算细账，找到了堵塞漏洞的方法，订出了切实的措施，劳动竞赛成了群众的自觉行动，1963年的生产取得了显著的成绩，超额22.47%，提前完成年度利润计划。

（3）狠抓整改，巩固成果。1963年的增产节约运动强调以“反浪费，改善企业的经营管理”为中心。群众反映了不少问题，有些单位及时整改了，群众反映很好。整改的内容，有些抓反浪费改善经营管理，有些抓扭转亏损，有些抓服务质量。这种抓住中心的整改效果良好。整改中有些还建立和健全责任制，贯彻规章制度。如湛江港重新制订《仓库理货人员货物交接保管制度》，将仓库员、装卸工人、机械司机等扭成一股绳，推行“四结合”的理货方法，促进了生产。1963年该港照明用电比上年节约24%，机械利用率比计划提高6.7%，工伤货损事故比上年下降27.48%和48.68%，总成本比计划下降5.19%。

（4）经常深入检查和帮助基层（班组）开展工作。领导亲临现场或派出工作组具体指导工作，有力地推动了生产。文冲船厂副厂长高学仁到轮机车间带领108名职工参加义务劳动，仅在一个晚上用两个多小时清理出各种废旧材料5吨多，带动其他车间的干部、党团员、职工也纷纷行动起来。

3. 从生产出发，以班组为基础，通过找差距开展比学赶帮

广州海运还运用“两头抓”的工作方法，在比学赶帮中注意发挥先进分子的作用，经常勉励他们戒骄戒躁，力争好了更好，并随时注意发现好人好事，树立标兵，号召学标兵帮后进。“南海155”“南海156”“南海158”“南海159”四轮的燃料消耗差距很大，“南海155”“南海159”两轮消耗少，节约指标不断提高；“南海156”“南海158”两轮则长期超耗，达不到定额。通过比学赶帮活动，找到了差距，“南海158”轮学习了先进经验，

扭转了超耗，且比定额节约10%以上；“南海156”轮燃料消耗也不断降低。文冲船厂轮机车间过去月月不能完成计划，自从提出“学铆焊车间的生产管理，学铸造车间的技术管理”的口号后，调动了职工的积极性，从第三季度开始超额完成生产计划，改变了落后面貌。

各单位从各自的生产特点出发，以班组为基础，组织各种形式的竞赛，普遍采用的有：单位内不同工种班组赛；同类型船舶之间船际赛；个人对手挂钩赛；同一单位（船舶）部门或同一作业线上不同工种（班组）及个人的协作赛；单船作业赛；修船一条龙协作赛。文冲船厂开展了修船一条龙协作赛，大大缩短了修船期，克服各工种之间互相扯皮的现象，在第二、第三季度，列入一条龙竞赛的88艘修理船就有21艘船提前出厂，比计划缩短修期451天。9月初黄埔港有一次卸磷肥时，36班提出赶38班（先进班），两班同等人数同时开工，结果后进班比先进班多卸9吨；又一次22班等三个班开展卸卡车的竞赛，均比一般定额提高一倍多。

在学先进、赶先进的同时，还要帮后进，这是一件事的两方面。对后进帮好了，学先进赶先进的意义就更大。黄埔港先进班27班帮后进的28班，帮助建立组内领导核心，两组合并学习，共同研究问题，生产上互相支援，27班完成任务后，帮28班完成才一同收工。在先进班的帮助下，28班很快成了好的班组。“南海155”轮的水手王某刚到船时，不安心工作，要求调船，老水手乔忠云等就从思想上教育他，技术上帮助他，使他很快提高了思想认识和技术水平，从而安心下来，埋头苦干，1963年数次被评上月度一等奖。

比学赶帮运动步步深入，先进经验相继在各个方面开花结果。“南海155”轮的政治思想工作经验、技术管理制度、分区保养办法和“南海159”轮的节煤经验，“南海156”轮工具间管理的经验等，迅速得到了普遍的推广，有些得到了进一步的发展。如“南海158”轮学习了“南海156”轮工具间管理经验，又超过了“南海156”轮工具间管理水平，真是“青出于蓝而胜于蓝”。“南海156”轮闻讯后即赶往“南海158”轮学习。事实证明，先进总是相对的，要保持先进，只有不断学习，不断提高，比学赶帮运动就是这样你追我赶，不断发展。北海港装卸第三工班，过去出勤率很低，工作较差。在“五好”竞赛中，连续四个月出勤率达到100%，完成操作量赶在“五好”的二、八班组的前面。黄埔港装卸第27组继续加强班组管理，保持见困难就上的风格，并学习广州港南堤装卸一班长何增“破包不上肩”的经验，带上针线袋，见破就补，提高质量，效率上也保持先进如4月间卸沥青创造了708桶的历史最高纪录。

4.定期评比奖励，及时总结交流经验

增产节约指标是劳动竞赛的目标，评比奖励推动竞赛不断发展，促进增产节约指标实现的关键环节。坚持每月在评生产综合奖时检查“五好”规划，每季根据“五好”条件评选优良生产者和优胜船舶，班、组年终总评，给予精神奖励，这对“五好”运动的深入持久开展起到了督促和保证作用。平时则注意表扬好人好事，如部分船舶建立了好人好事记录簿等，并利用黑板报、广播等宣传阵地宣传好人好事。

1963年，各单位认真严肃地开展评比奖励工作，抓得紧，对推动竞赛起到显著作用。“南海155”轮月、季度评奖选出来的优胜部门，由船上颁发流动红旗，鼓励职工热爱集体、珍惜集体的荣誉。该轮改烧国产煤后，生火二班的烧煤情况好，三班差，经评比总结推广了二班的经验，三班很快就赶上了。

1964 年初，广州海运根据交通部和广东省委的指示，号召全体职工大学解放军、大学大庆、大学上海及一切先进经验，经过学习讨论，职工精神面貌大振。在总结 1963 年工作和评功摆好的基础上，开展“五好”评比工作。全局系统评出“五好”集体 21 个，“五好”职工 108 名，单项标兵集体 36 个，个人 652 名。5 月间召开了“五好”代表会议，表彰先进，交流经验，树立了两个集体、3 名个人为“五好”标兵，并对标兵的先进事迹进行了大张旗鼓的宣传，号召全体职工向他们学习。

5. 搞技术革命和技术革新，改进工具和操作方法，不断提高工作效率

如黄埔港大搞工具改革，实行散装货皮带机抓斗化，并试制万能网络 1445 只，提高装卸效率。海口港装卸工具组改进和自制了 8 项工具设备，机械队改进 7 项，其中仅自制散装铁斗能顶 48 个网络使用，不仅方便了生产，还节约 7000 元左右。北海港装卸效率不断提高，大有赶上汕头之势，如他们仿制四方漏斗装盐提高效率一倍半。“南海 158”轮职工提出 50 多项合理化建议，具体进行了 48 项改革；“剑兰”轮试用卷扬机拉单吊杆成功，代替人力操作，一个舱口可以节约四个劳动力，还提高了装卸速度。

6. 大练基本功和贯彻岗位责任制

开始时部分人不愿意练，说“生火加油还是生火加油，又当不了轮机员，练功干什么”“旧社会没技术会失业，新社会铁饭碗，练不练都一样”“干了几十年，年纪大了，不用练了”等等。经过学习为什么要练基本功的重要意义，职工们树立了当家作主为人民服务的思想，练功积极性逐步提高，制订了练功计划。如“剑兰”轮 10 名生火基本达到标准要求；“南海 176”轮结合练功开小型运动会，举行拔河、爬高、射击等比赛，大家兴趣很高，对练功劲头更大，不少人有空就练基本功。广大职工在技术上的不断熟练和提高，为提高企业管理水平，安全优质完成生产任务打下基础。与此同时，严格贯彻了岗位责任制。如“南海 155”轮随便进入驾驶台聊天的现象没有了，生火严格执行了“八不交接”制度；“南海 148”轮生火值班也主动不坐凳子了。

经过“五好”比学赶帮竞赛运动，广大职工生产积极性有所提高，完成和超额完成了 1964 年的各项生产指标，船舶节约燃煤方面也取得很大成绩。至 9 月底共节约 945 吨，比定额降低 6.35%，船舶航行每千马力小时消耗率由上年的 654 公斤降低为 590 公斤，降低 9.6%，船舶和各港生产安全质量也比上年提高。

曲折发展时期（1958—1971）**存在的问题和短板**

这一时期，企业管理体制变动频繁，同时受“以阶级斗争为纲”的影响，把政治当成中心的中心，重点的重点，开始大搞阶级斗争，但思想政治工作又以“运动”的形式开展，运动来了有政治工作，运动过后没有政治工作，并没有以制度形式固定下来。企业管理水平还很低，许多基础工作仅是开始摸索着做，基本功没有练好，经济工作不深不细，核算工作没有深入开展，各项主要经济指标与先进企业的要求比较起来，存在着相当大的差距。

成本高、质量差的状况还没有解决，严重的海损事故和工伤事故时有发生。管理机构的混乱现象比较严重，还不善于总结经验，树立先进典型。管理机关会议多、公文多、报表多，分工执掌不够清楚，岗位责任制没有建立起来。对基层单位的帮助少，对港口情况掌握不够，解决问题也不及时。工作计划性差，生产计划变动大，货源也变动大，致使运力一时有余，一时又不足，加上对运力心中无数，有些船到港后还不能安排下航次计划。对设备技术状况心中无数，维修能力和配件制造能力不足，使船舶和机械失修失养，设备技术状况不良的状况尚未能迅速好转。

第三章

开辟南北航线时期

（1972—1979）

新中国成立后，美国与台湾当局签订双边军事协定，以美海军第七舰队与台湾当局军队对台湾海峡实行军事封锁。1951 年 5 月 18 日，第五届联合国大会在美国的操纵下，通过了对新中国实行禁航禁运的决议案，致使中国沿海南北航线中断。从 1949 年 8 月—1954 年 10 月，航行在台湾海峡遭到台湾当局以武力拦截、追踪和炮击的中外商船达 228 艘次，沿海南北航线的中断严重影响了工农业生产和外贸进出口的发展。早在 20 世纪 50 年代，毛泽东主席就发出了“建立海上铁路”的指示。1966 年 5 月 11 日，周恩来总理又指示“一定要缩短南北航程”，并要求交通部尽快拟定试航方案。从 1968—1979 年，广州海运和广州远洋运输公司恢复了南北海上交通线。

南北航线是我国沿海最长的海上航线，途经我国沿海 10 余个省市，沿线有许多优良港口，连通着我国有名的江河和经济发达、资源丰富的地区，为我国国民经济最有效、最经济的重要运输渠道。这一航线是冲破台湾海峡多年僵持形势开展起来的，它顺应历史潮流，合乎时代需要，一经开辟便迅速发展，是广州海运发展史上的最重要转折点，对企业规模的迅速扩大起着至关重要的作用。广州海运的船舶运力、运输量、利润开始逐年成倍地增长，为以后的发展奠定了良好的基础。到 1979 年短短 8 年内，广州海运运力已由 1971 年的 67 艘船舶、28.2 万吨，增长到 105 艘、111.76 万吨；年货运量由 1971 年的 443.2 万吨增长到 1339.5 万吨；利润总额则从 489 万元跃升至 15013 万元。

南北航线的开辟和发展，与广州海运的发展关系密切，是广州海运一个既反映时代特点，又有自身独特亮点的崭新的历史时期。开辟的过程，是广大海员不畏艰险、不怕牺牲、敢于斗争、善于斗争、勇于开拓的典范，是艰苦创业的企业传统精神的具体体现。

南北航线的开通，使企业得到迅速发展。南北通航、艰苦奋斗抗台自修是这一时期的主题。

1972—1979 年企业基本情况统计见表 3–1。

1972—1979 年企业基本情况统计表 表 3–1

年份	船舶情况			货运量（万吨）	客运量（万人）	固定资产（万元）	收入（万元）	利润（万元）
	艘数	载货吨（万吨）	客位（个）					
1972	64	27.0	3497	351.5	26.9	21920.6	3475.3	–34.7
1973	62	25.3	3487	407.1	29.2	22436.9	4439.4	261.0
1974	61	26.5	3074	493.7	28.9	24505.4	5891.0	1125.3
1975	74	42.7	3924	626.2	30.0	38989.8	10421.2	3625.9
1976	84	62.5	5024	631.6	36.1	42089	12195.8	4564.6
1977	88	81.9	4614	928.6	39.5	57232.8	19445.6	8713.8
1978	94	91.1	6264	1147.5	42.2	68680.9	34037.8	11347.1
1979	105	111.8	7346	1339.5	53.0	86033.1	28629.7	15013.2

注：此表数据出自交通部广州海运管理局编《海运统计资料汇编》(1949—1985)。

第一节　开创华南海运事业新局面

中国共产党第十一届三中全会以后，广州海运认真学习贯彻会议精神，逐步排除“左”倾思想干扰，把工作重点转移到生产建设方面。局部性的小改革和过渡性的改革不断涌现，并随着国内政治经济改革的潮流而日益高涨，酝酿开创海运事业新局面。

一、水运事业迎来新时期

1972 年 11 月，广东省海运管理局军管组撤离，军事管制结束。1973 年，海运管理体制又一次上调，3 月 9 日，复称交通部广州海运管理局，实行交通部和广东省双重领导，计划、生产、基建、业务工作以交通部领导为主，党政工作以广东省领导为主的管理体制。其下属汕头、海口、八所、三亚 4 港和广州港机厂的生产，业务工作和干部管理以广州海运领导为主，党政工作以所在地区党委领导为主。

交通运输是国计民生的命脉，“文化大革命”期间受“四人帮”破坏十分严重，铁路运输不畅，既不安全，又不准点；港口压船压货严重；交通不通，处处告急。另一方面，20 世纪 60 年代末，随着我国国际地位的提高和国际交往之增多，我国外贸货运量不断增多。但由于当时我国的造船能力有限、远洋运输船队筹建不久和港口建设滞后等原因，远洋运输货运量的 70% 靠租用外国船只，急需充实和加强我国的远洋船队。

在这个历史背景下，1970 年 2 月，周恩来总理在听取全国计划会议情况汇报时指出：要加强远洋船队的建设，“四五”期间将远洋船队从 110 万吨，扩充到 400 万吨。随后又在文件上批示：力争到 1975 年，在远洋运输方面，基本改变主要依靠租用外轮的局面。

周恩来总理关于建设远洋船队、改变租用外轮的指示，在“四五”期间成为船舶工业和水运事业的奋斗目标，并把它作为一项战略任务来抓。国务院领导也十分重视，采取了两项重要措施：一是由粟裕同志挂帅，成立全国造船统筹办公室和港口建设领导小组，从组织上加强领导[①]；二是由国务院业务组亲自抓远洋与沿海船舶的长远规划，保障这一指示的贯彻落实。

1971 年 3 月在北京召开的全国交通工作会议提出，1971 年交通部直属水运货运量 0.57 亿吨，地方交通部门汽车和轮驳船货运量 1.37 亿吨；新造钢质轮驳船 17 万吨，水泥运输船 31 万吨。新建、改建国防公路 5700 公里。

1972 年 3 月全国交通工作会议提出，1972 年交通部直属水运货运量 0.6 亿吨，港口吞吐量 1.5 亿吨，地方交通汽车和轮驳船货运量 4.3 亿吨；新造钢质船 13.6 万吨，水泥船 3 万吨；船舶修理 652 艘。指出要大力提高运输工作质量，水运工业必须坚决贯彻“修造并举，以修为主”的方针，狠抓设备维修，提高产品质量；在处理修船和造船的关系时，一定要把保证船舶修理、改进船舶技术状况放在首位；在船舶营运率方面，远洋船舶要达到 90%，华南沿海要达到 85%，北方沿海和长江干线要达到 80% ；要抓紧收尾配套工作和续

① 《粟裕传》编写组编：《粟裕传》，北京：当代中国出版社，2012 年，第 561—564 页。

建工作，切实搞好安全生产，整顿和加强企业管理。

在周恩来总理的关怀和支持下，在粟裕同志和交通部等的具体指导和部署下，水运事业迎来了当时历史条件下的新时期。

二、肃清极左路线的影响

1978 年 12 月 18 日至 22 日，中国共产党十一届三中全会在北京举行。全会主题是把全党工作重点转移到社会主义现代化建设上来。在经济建设问题上，从纠正急于求成的错误倾向和全党要注意解决好国民经济重大比例严重失调等问题出发，指出必须采取一系列新的重大措施，对陷于失调的国民经济比例关系进行调整，对过分集中的经济管理体制进行认真的改革。会议还审查和纠正了过去对彭德怀、陶铸、薄一波、杨尚昆等同志所做的错误结论，肯定了他们对党和人民的贡献。

为了实现工作重点转移的需要，广州海运局下属各单位开展了真理标准问题的讨论和四项基本原则（坚持马列主义毛泽东思想、坚持社会主义道路、坚持党的领导、坚持人民民主专政）的教育，解放思想，肃清极左路线在思想上、组织上、工作上等各方面的影响，把各方面的认识重新统一到“四化”（四个现代化的简称，即工业现代化、农业现代化、国防现代化、科学技术现代化）建设上来。这是思想战线上的一个关键性转折，为广州海运局其后开展各方面工作的先导。

要肃清极左路线的影响，首先必须卸掉“左”倾路线压在群众头上的包袱，解决好“余悸、余毒、余刺、余气”问题，广州海运局遵照十一届三中全会的精神，对林彪和“四人帮”以及历次政治运动推行极左路线所造成的冤假错案进行了全面复查平反工作，对“文化大革命”中立案审查的 262 件案件及反右派斗争、“四清”运动中的遗留问题进行复查，解决了一批历史上遗留下来的问题。

“八条黑线”是广州海运局“文化大革命”中极左路线造成的比较典型的案例。所谓“八条黑线”，即“香港招商局十三条船假起义、真潜伏问题”“汪伪海校、中美合作所第九期特务训练问题”“伪海关人员的潜特问题”“从台湾释放回来的船员的特嫌问题”“吴淞商船学校人员参加伪淞沪警备司令部稽查学运组问题”“武昌海事学校人员参加反动组织问题”“伪交通部广州储运处人员新中国成立前参加应变会议问题”和“国民党招商局、民生公司留用人员参加中统特务问题”。“文化大革命”中“八条黑线”的立案，实质上针对的是在新中国成立前学习和参加过海事工作的广州海运人员，并将其按履历对号入座，列为“特嫌”进行审查和迫害，打击一大片好人，冤陷对海运事业发展有功和有贡献的好同志。如在广州海运 1955 年反轰炸斗争中名闻全国的“南海 163”轮英雄船长，广东省特等功劳动模范，第一、二、三届全国人大代表大会代表谷源松同志，就曾被“十三条船假起义、真潜伏”冤案牵连，进“学习班”，遭严刑拷打，身心遭到摧残。“八条黑线”所牵连的人员，大多数都是广州海运的中坚技术力量，对广州海运的发展壮大，都付出过辛勤劳动，或曾甘冒各种威胁和生命危险，才回到祖国，为祖国海运事业贡献才智和力量。解放“八条黑线”所牵连的同志，是广州海运团结大多数力量共同为建设祖国，实现“四化”的政策性大问题。只有在党的十一届三中全会以后，党的实事求是、严谨作风重新得到恢复和发扬，才能给予这些同志昭雪平反，使他们获得政治上的解放，让他们犹如“重获新生”，继续为广州海运的发展贡献力量。

到1979年8月底，“文化大革命”中立案审查的262宗案件，已全部复查完毕，右派分子43人，错划改正42人，余1人摘掉帽子；历次政治运动有申诉的88人，海损、机损事故申诉的案件7人，已区分不同情况进行复查处理，共为400名同志落实了政策，分别给予修改或撤销原结论、复薪或复职、恢复党籍、摘帽等处理，对“文化大革命”中形成并保存下来的运动材料进行了彻底的清理。其间，广州海运局召开了两次落实政策大会，在会上公开为28名同志平反，恢复名誉，推动了落实政策工作的顺利开展。8月中旬，广州海运局组织各单位对落实政策进行互检验收，基本上达到广东省委六条标准。被落实政策的同志及其家属子女普遍反映良好，如原供应站副科长顾文彬在“一打三反”运动中被极左路线残害致死，在落实政策大会上平反昭雪后，其家属子女非常感动，一再感谢党、感谢组织，对领导同志说：“这都是林彪、‘四人帮’的账，我们要团结一致向前看，为‘四化’多做贡献。”

三、把工作重点转移到生产建设上去

为了贯彻十一届三中全会精神，搞好工作重点转移，广州海运局于1979年1月10日召开海运工作会议，按照工作重点转移的要求，联系海运生产实际，部署了全年工作，提出了努力超额完成港航生产计划，在1979年内把广州海运局办成大庆式企业的奋斗目标。广州海运局党委及各级党组织都把搞好生产作为最大的政治，做到一切工作都围绕生产这个中心，用主要精力把生产建设搞上去。交通部工作组进驻广州海运后，狠抓了思想政治工作，指导帮助广州海运学大庆、学上海港，并派出工作组到海口港，第一、第二船队和机关部门，大大推动了广州海运局的工作。3月下旬，广州海运局召开了“狠抓安全质量，改变海运面貌”动员大会，5月份又召开了局工作会议和港口工作会议。各港航单位在局工作会议和港口工作会议后，纷纷制定下半年增产节约措施，掀起了学大庆和增产节约的新高潮，出现了第二季度超第一季度、第三季度超第二季度的大好形势。第一船队党委教育广大船员认清搞好南北线原油运输对实现“四化”，加速海运生产的意义，开展算“三笔账”（算单船年计划任务账，算航次周转账，算运输经济效果账）活动，把大家的思想和行动统一到为“四化”挖潜多装的大方向上来，统一到确保拿下全年油运任务的目标上来。第二船队广大船员广泛开展算细账活动，千方百计挖潜多装，在确保安全的前提下，一再突破定额，1—11月全队有63艘船舶，430个航次共多装货物19.8万吨，增加收入310万元。不少船舶政工干部都能把思想政治工作同完成运输生产任务紧密结合起来，在船上开辟本船生产任务完成情况专栏，建立起思想政治工作和运输生产任务“两本账”，对本船技术状态、安全要求和生产任务完成情况做到心中有数，对挖潜增产的具体措施做到条条落实。

在工作重点转移的新形势下，有的职工对前进中出现的新问题不理解，思想上处于僵化或半僵化状态。有些职工错误地认为，以生产为中心，马列主义、毛泽东思想可以不学了，产生了“政治机构等着砍，政工干部等着转（改行），行政干部等着减，生产工人等计

件”的思想，有的人甚至怀疑社会主义制度的优越性。一些基层单位无政府主义思想泛滥，出现无故旷工、聚众闹事、打架赌博、盗窃公物等现象。针对上述情况，从广州海运机关到港站船舶，都以十一届三中全会精神为武器，深入进行思想路线的教育。通信站党委连续召开3次座谈会，使政工干部明确在工作重点转移中，思想政治工作不仅不能削弱，而且还要加强。八所港先后召开了两次党委扩大会议、3次支部书记会议和职工代表会等一系列会议，武装思想，统一认识，在全港开展四项基本原则的教育。各级领导干部旗帜鲜明，带头解放思想，从上到下健全政治工作制度，把进行思想教育和批判歪风邪气结合起来，维护了港口正常生产秩序。汕头港思想政治工作做得扎实，有的放矢，各基层单位编写辅导课45个，上课129场次，提高了广大职工的思想觉悟，刹住了“四风”（逃港、赌博、盗窃、迷信），出现了“三主动四提高”（主动关心生产、主动抢干重活、主动协作配合，工人出勤率提高、工班装卸效率提高、生产自觉性提高、机械设备完好率提高）的新气象。

在开展四项基本原则教育中，各海轮党支部联系船舶实际，有的放矢地解决存在问题，收到明显效果。“红旗113”轮认真贯彻党支部领导下船长、政委分工负责制，抓好党的传统作风教育和民主与法制教育，发挥行政干部、党员的模范带头作用，针对生产环节和船员思想做细致的思想政治工作，调动了船员挖潜增产的积极性，1979年该轮利润达345万元，利润额创第二船队货轮的最高纪录。第一船队坚持对船员进行正面教育，开展了群众性的“八大讲”（班子讲团结、队伍讲纪律、生产讲安全、经济讲效果、管理讲科学、工作讲效率、干活讲技术、政治讲落实）活动，使领导作风有较大转变，队伍纪律有所加强，船舶管理有所提高。

为了适应工作重点转移的需要，广州海运局和各单位都加强了对政治理论学习的领导，虽然学习时间相对减少了，但形式主义克服了，学得比较扎实，效果较好。各级党组织把学习1979年叶剑英国庆30周年重要讲话、开展真理标准问题的讨论和补课作为思想路线教育的必备课，广大职工学得认真，思想活跃，敢于提问题、摆看法，肃清极左路线的影响，坚持实事求是的思想路线，充分肯定新中国成立30年来在战胜困难和挫折中取得的伟大成就，正确认识过去失误和挫折的教训，决心做献身“四化”的促进派，掀起了为“四化”学技术学业务的热潮。

搞好各级领导班子的思想建设和组织建设，是搞好工作重点转移的关键。在交通部工作组帮助下，广州海运局领导班子通过整风和组织调查，于1979年7月成立了党委。党委成员思想作风有较大转变，多次上船到港调查研究，检查指导工作。第一、第二船队，菠萝庙航修站，城安围航修站，物资供应公司和通信站等二级单位，都成立了党委。在对有些班子作了调整充实后，战斗力有所增强。在健全各单位工会机构、加强领导力量的基础上，1979年11月召开了广州海运工会第二届会员代表大会，选举产生了新的工会委员会，使工会能充分发挥作用。汕头港从局到大队的领导班子，坚持每季度进行一次认真的批评和自我批评，鼓足了干劲，增强了团结。港党委班子带领全港职工学大庆、学上海港，创出了新的成绩。许多船舶和厂站基层党支部，通过思想整顿和组织整顿，加强了思想政治工作，转变了作风，促进了生产，后进层逐步转变，先进面不断扩大。

1979年，企业形势愈来愈好，林彪、“四人帮”推行的极左路线受到更加深入的批判；

开展真理标准问题的讨论，有力地促进了人们的思想解放；党的干部政策和其他政策，逐步得到较好的贯彻落实。广大干部职工干“四化”的积极性开始调动起来，从上到下，齐心合力，克服重重困难，提前完成了年度港航计划。广州海运直属的 12 个二级单位，经年终检查验收，有 8 个建成大庆式企业或学大庆先进单位，占 66.7%。

四、港航生产节节上升

1977 年，广州海运局深入揭批“四人帮”，广大群众的政治觉悟大大提高。各级领导班子大抓企业整顿，理直气壮地抓生产，被“四人帮”搞乱的管理体制逐渐恢复，无政府主义状况不断克服，革命团结进一步加强。港航生产节节上升，一个生动活泼的新局面开始出现。

1977 年港航工作会议后，广州海运局加强了计划管理，恢复年度、季度计划，月旬度作业计划和单船生产计划，加强了大宗货源油、煤、矿等物资的经济调查与组织工作，强调了计划的综合平衡作用，为有节奏地均衡生产创造条件。企业还强调调度工作的严肃性，加强调度计划性，提高调度工作质量，修订调度通信规程，改善了调度通信联络。广大通信工作人员克服困难，积极工作，保证了通信联络畅通无阻，为海运事业做出了贡献。在运输组织工作上，注意充分发挥大吨位油轮的作用，搞好港航协作，压缩非生产性停泊时间，尽力提高这些船舶的营运效果。从 1977 年 2 月份起，在定线运输的基础上，开展广琼一条龙运输，5 月份扩大到广汕一条龙运输，对加速船舶周转和搞好港口疏运工作，都起到很好的作用。由于各港航单位认真组织生产，强化调度指挥，1977 年广州海运局取得了运输生产首季“开门红”、上半年“双过半”（时间过半、任务过半）的好成绩。

各单位抓住生产中的薄弱环节，猛攻生产关键问题。八所港抓好机械维修，充分挖掘潜力，组织生产大会战和单船歼灭战，开展万吨矿不过班的社会主义劳动竞赛，1977 年第三季度万吨矿不过班的船达 19 艘，比上半年不过班船舶总数增长 13.6%。广大船员战胜高温、台风、雨季影响，月月完成计划，一季比一季好，7、8 月货运量连续创造了历史新水平。奋战在南北航线上的大油轮全体船员，发扬广州海运海员大无畏斗争精神和“特别能战斗”的传统，在油轮装卸快、航次密、航线长、风浪大、码头远离市区的情况下，克服种种困难，挖掘生产潜力，加速船舶周转，对完成运输生产做出了重大贡献。

《人民日报》发表了《大干一百天》社论后，交通部立即召开紧急电话会议部署贯彻。广州海运及时提出了“全局总动员，大战一百天，运输超九百（万吨），增盈二千三（百万元）”的战斗口号，决心抢时间，争速度，打赢“大干一百天”这场硬仗。广州海运和直属各港切实加强了对生产的组织领导，使全局出现一个层层组织大干、人人投入大干的热潮。10 月份船舶货运量再创历史新纪录；八所港夺得 5 次万吨矿不过班的好成绩；汕头港全月装卸船 28 艘次，平均在港停时 3.88 天，比 1—9 月平均停时 5.7 天缩短 1.8 天。进入 11 月后，港航捷报频传。广琼线客货轮实行“五定”后，全月 29 个航次基本上实现了每个航次装卸不过天，客运面貌显著改观。三亚港装卸二中队领导带头干，搞好工人与机械、驳船的协作，开展工班劳动竞赛，仅用 80 天就完成操作量 39670 吨，相当于 1976 年全年总操作量的 41%，到 12 月 9 日已超额 537 吨完成全年任务。广大干部职工干劲一鼓再鼓，已超额完成年度计划的单位力争超产再超产，在“大干一百天”中做出了新贡献。

1979 年，随着工作重点的转移，各级领导解放思想，尊重客观规律，努力探索有利于发展生产力、有利于提高职工积极性的经济管理办法，使经济工作越做越细，不断提高企业的管理水平。年初提出“一个转移”（把工作重点转移到海运生产建设上来）、“三个转变”（思想、工作、作风要转变）、“一个目标”（全面超额完成生产计划，在年内把广州海运建成大庆式企业）的口号。在 1978 年每季度的财务决算会的基础上，进一步建立了季度经济活动分析会制度，全年共开了 5 次经济活动分析会（其中 4、5 月份是月度分析），通过季度运输生产实绩，按八项经济指标（产量、质量、劳动生产率、燃料消耗、成本、利润、流动资金和效率）考核分析、综合研究解决生产中的问题，采取适应性对策。如对封存船舶的具体安排、运输船舶供油点的合理选择、降低渣油单耗的措施意见、推行经济航速、关于贷款船的使用和财务结算等问题，由有关职能部门提出方案和意见，财务部门提出分析意见，然后共同讨论，集思广益，使各职能部门都了解每个问题，发挥他们的积极作用，选择适合企业实际的最佳方案，共同为完成各项决策、决定而努力。

为了促进生产，降低成本，增加利润，把企业经营的好坏同职工切身利益密切联系起来，广州海运在生产实践中试行了以下一些制度：从第一季度开始，运输部门就恢复了下达单船航次计划，并与人事部门一起制定了航次考核奖励办法，提高了广大船员挖潜增产的积极性。在总结“大庆 250”轮、“1018”轮、“红卫九号”轮试行单船经常核算经验的基础上，全面试行单船经济核算；下属各厂、站班组也试行经济核算；在下属运输船舶上实行船员职务技术津贴，对客货轮的扭亏为盈问题开展专题研究并尝试采取提高效率的措施。从第二季度起，与直属四个港口试行了船舶装卸速遣延期经济合同，取得了一定效果，加快了船舶周转。在贯彻按劳分配的经济政策方面，从 1 月份开始，除港口计件工人外，在全体职工中实行月度综合奖，7 月份召开计件工资座谈会后，在直属四个港口装卸工人中全部实行以装卸定额为基础的全计件工资制度。汕头港的效果较显著，港口装卸劳动生产率提高了 32.5%，企业盈利月月超计划。海口港经过调查小组提方案，职工代表大会讨论通过，从 8 月 1 日起试行“收入成本包干，增收节支提成”的经济包干制，把企业经营管理的好坏和职工的经济利益连在一起，调动了广大职工的积极性。8—10 月共盈利 43.99 万元，补回了 1—7 月 11.97 万元的亏损，实现了扭亏为盈。各厂、站在工人中实行超额工时奖，多超多奖，少超少奖，没有超额劳动的不奖，较好地克服了评奖中的平均主义倾向。城安围航修站把定额奖和质量奖结合起来，在按计划完成修船任务或超额完成任务的前提下，修理项目评为一级品者发给质量奖，评为二级品的发给月度奖，质量奖比月度奖金额平均多 4 元左右，评为三级品者不发奖。这样，使大家既注意数量，又重视质量，基本上消灭了三级品。

1979 年，广州海运还认真抓了厂站班组经济核算和单船经济核算的试点和推广工作，年初介绍了广州港机厂班组经济核算经验后，各厂先后举办学习班，推广港机厂的经验。上半年财务部门派人上“大庆 250”轮、“1018”轮、“红卫九号”轮蹲点，总结摸索单船经济核算的经验。9 月间召开单船经济核算会议，决定从 10 月份起全面铺开单船经济核算，使船舶经营管理进入一个新的阶段。

1979 年 7 月，广州海运成立了清产核资办公室，清产核资阶段已基本结束，并着手研究消耗定额、核库计划和处理多余积压物资的工作，供应部门共清查出固定资产 3600 万元，低值易耗品 20 万元，清出多余积压物资 30 多万元，压缩库存 104 多万元。

第二节　加强企业管理与船舶管理

1978 年 7 月 6—9 日，国务院召开务虚会，研究加快我国四个现代化的建设速度问题。会议讨论了经济管理体制的改革问题，指出在经济领导工作和管理工作中，一定要坚持摆脱墨守行政方式的老框框，放手发挥经济手段和经济组织的作用；一定要改变手工业式、小农经济式甚至封建衙门式的管理方法，坚决实行专业化，发展合同制，贯彻按劳分配原则；一定要保障工业企业必要的独立地位，适当扩大它们的经济自主权。在这个历史背景下，广州海运更加注重经营管理，采取一些具有改革性质的措施，改进管理方式。

1978 年后，货运质量越来越为航运部门重视。1979 年 9 月，广州海运局“红卫九号”轮捎带杂货从广州运往海口，卸货时短少 11 件，该轮派员与港口理货员反复清点，没有查明原因，后又到起运港复查，最后查明系数字误记。1979 年 10 月 1 日起，广州海运局的货物交接制度由港港交接制改为港航双边交接制，并委托中国外轮理货公司的分公司或办事处负责理货交接。

一、各项工作逐步走上正轨

1974 年 9 月 20 日，为适应海运业务迅速发展的需要，加强船舶工作，广州海运局成立南北线船队，设立湛江办事处。1977 年 3 月 3 日，增设第二船队，负责华南沿海和中越航线运输的经营管理。1978 年 6 月，广州海运和所属单位取消革命委员会，分别实行党委领导下的局长、队长、站长、厂长、校长、院长和处长等分工负责制。

1978 年，广州海运调整了第一、第二船队的业务分工。此前，第一船队专营南北线运输船舶，第二船队则管华南线包括越南线船舶。由于南北线货运量激增，油轮数增至 24 艘，吨位越来越大，油轮管理亟待加强；而 1978 年，中越间货运锐减，已呈断航势头。根据这些因素，广州海运及时调整船队分工，将原来的按航线分营改为按专业分管，第一船队专管油轮，以利于管理专业化，提高油运的安全性；第二船队则管客货运输，以利于业务归口，避免重复，又利于运力调整，提高经济效益。

随着党和国家的工作中心转移，国内城乡经济活动开始活跃，经济改革的曙光已初露光芒。交通部对广州海运的领导、管理方法也开始逐步改变。如 1979 年 1 月开始执行企业基金的规定和实行职工奖励制度，实行燃料节约单项奖等，开始以奖励方式鼓励生产节约；1980 年开始执行造船价款由国家基本建设投资办法改为向中国人民银行贷款办法，批准广州海运为扩大企业自主权试点单位，实行利润留成办法等。这些从经济上放宽和扩权的办法以及物质奖励办法，是以调动企业的积极性为目的的，于是广州海运也做出了相应的管理措施和办法以相适应，如尝试经济责任制和加强岗位责任制，推行一定的奖罚制度和与港口签订速遣合同等，以保证国家计划的全面完成，使企业在新的形势下获得新的活力。

至 1981 年底，广州海运的管理体制尚未出现大变动，但生产管理、组织工作等方面则采取了一些带改革性的适应措施，使广州海运运输管理和生产局面开始活跃起来，并带上了新意。

二、加强船舶调度管理

1972 年 10 月，交通部颁布沿海南北航线调度规程，规定调度指挥、通信联络均由交通部直接掌握，有关装卸、配载、供应等业务，由所属局负责办理。北上船舶由所属局，南下船舶由船长向交通部请示开航命令，包括开航时间、航速、装载货物数量、预计到达待命地点时间、船存油水数量五方面的内容。

南北航线恢复通航之后，广州海运在大连、秦皇岛、青岛、南通、南京、上海、汕头、海南、湛江、沙角 10 个沿海港口设立办事处，广州海运调度室可以随时联络，了解港口船舶密度和船舶在港装卸情况，加强了船舶的调度管理。

根据国家开展合理运输的指示，1977 年起，调度工作着重解决组织安排不合理的情况。广州至湛江海运只有 301 海里（558 公里），铁路由广州经湖南、广西再到湛江，全程为 1533 公里，平均每吨货比水路增加运费 18.64 元，按百杂货计高出 44 元。1978 年 9—12 月在该航线开展百杂货一条龙运输试航，节约运费 10 万元。因此，从广州运往湛江的货物弃陆走水。越南至海南的煤，由于海南港口条件较差，万吨级船受码头、航道水深和气象等因素限制，卸货比较困难，一般采取先运至黄埔，后用小船转运至海南的办法，虽解放了大船，但形成物资倒流，每吨增加转运费 11.20 元。1978 年尽量设法抽调小船直运至海南，减少了运输环节，降低了运输费用。

三、节约燃料成本

随着石油供应紧张的状态趋于缓和，1971 年，广州海运船舶全部用石油作能源。同时，锅炉从燃烧 100 号燃料油改为渣油。柴油机船“红旗 152”轮试烧 20 号重柴油成功。自此在低速柴油机船推广烧重柴油，船舶燃油从优质油开始逐步向低质油过渡，柴油机船由轻柴油改烧重柴油之后，燃油含硫量增加，对缸套、活塞等部件的腐蚀磨耗随之增强。为此，广州海运与兰州炼油厂于 1974 年研制低碱性气缸油，在“红旗 152”轮实船试验成功。这项试验填补了中国柴油机气缸油的空白。

1979 年 11 月，国务院在全国开展节约能源活动，广州海运热工节能工作上了一个新台阶。首先，成立了局和船队、厂、站各基层单位两级节能领导小组，并在局设立节能领导小组和节能办公室，领导各单位的节能工作，加强了用能管理，落实了奖励办法，结合科研开展节能技术革新工作。广州海运技术处每季度召开热工节能分析会，分析和总结各船队热工节能工作的开展情况，总结节能经验，查找存在问题，提出下季度的热工节能工作部署。例如，1979 年第一季度的渣油单耗超过了年度指标的 52%，经过会议分析找到原因，主要是南北线货源不足，运力富余，运输效率下降，影响渣油单耗。于是，广州海运决定封存一批耗油多、航线上不能满载的船舶，启用3艘渣油单耗低的汽轮机矿煤船“红旗107”轮、“红旗108”轮、“红旗109”轮投入南北线运输，充分发挥汽轮机船适合跑长线的优势。采取措施后，渣油年耗下降，到同年11月底已转超耗为节约。在加强运输船舶的技术管理以节约能源方面，1979年后效果更为显著。这种节能方法不需特别投资，不用改革设备，仅靠管理技术和高度的责任感，精打细算，把船舶的合理调度、合理航线、合理航速、合理营运转速等几方面参数，在每个船舶航次中根据航线和港口具体情况加以运用，使船舶不走冤枉路、不浪费机器功率，不让船舶待泊耗油。实践证明，这是很有效的节能方法。

在热工节能技术措施方面，还通过自行研究试验，或从外单位引进技术，或推广贯彻以往技术革新成果，取得了一定成绩。如：

1975年，水运企业开始试用纸浆锯末滤清器。广州海运从长江航运管理局引进纸浆锯末滤清器过滤机油技术，根据机型自行设计三种滤清器，在“大庆213”轮试验，证实与之前习惯沿用的棉纱或金属网过滤器相比，可延长机油使用周期5倍以上。

1979年，广州海运技术处与“大庆213”轮共同研究，使用亚硝酸钠—四硼酸钠处理柴油机冷却水作科研对比试验，取得缸套不结垢、不腐蚀、提高热效率的良好效果，为交通部颁布冷却水处理标准提供参考依据。同时在“大庆232”轮试验渣油重柴油混烧成功。从此，低速柴油机船国内航行时从20号重柴油改为渣重混烧，国外航行时使用雷氏一号黏度1500秒的高黏度燃料油。

对锅炉继续推广化学清洗方法，增强除垢效果，并加装阳离子交换器，以减少炉垢，提高热效率。

将3艘24000吨油轮的涡轮货油泵改为电动泵，减少热效率较低的蒸汽用量。充分利用电机的富余能力和效率较高的电机电能，此项一年便可比原来节约燃油300吨左右。

大力开展余热利用。如利用电机冷却水余热对主机气缸加热，以节约主机暖缸耗气耗油；加装或恢复使用淡水造水机以利用主机冷却水余热造淡水，使船舶航行少装淡水多装货；利用主机余热和废气锅炉余热加热燃油、滑油（分油加油），加热生活用水等。

开展节能工作取得显著成绩与实行经济上的奖励办法有很大关系。1979年，根据交通部关于试行节约燃料单项奖有关问题的通知精神，广州海运试行了《运输船舶节约燃料试行奖励办法》，按交通部下达的节能计划指标分配到船队，再从船队落实到船舶，按航次包干燃料耗量订额来考核计算节油量，再从节油油价提取3%（烧渣油船为5%）作奖金分配。这一办法把国家、企业、个人三者利益结合起来，有效调动了职工群众的积极性，使节油工作顺利开展。

四、安全工作由乱转治

1970年，中共中央下达《关于加强安全生产的通知》，安全生产制度逐渐恢复。文件下达后，广州海运立即组织干部到船传达，全文印发，人手一册。组成整改办公室，开展“四查”工作（查思想、查纪律、查制度、查领导），清理和修订沿用的规章制度，重新制订行之有效的安全制度和质量检查制度。对那些认为规章制度是管、卡、压的条条框框，只破不立，或认为可有可无的无政府主义错误思想则予以批判和抵制。1972 年 1 月 12 日，广州海运革命委员会下达《关于加强船舶技术管理工作的几点意见》，要求摆正政治和业务的关系。2 月份，由机关人员和部分船员组成修改规章制度小组，重新修订船舶规章制度试行稿。这次整顿工作重新确立继续执行的规章制度计有 13 种（恢复驾驶台规则、主机操作流程、航行停泊值班制度和水手瞭望、航前碰头会、交接班、安全活动日、消防救生堵漏演习、危险品装载、安全生产大检查等一批曾行之有效的规章制度），局部修改后执行的有 12 种，新制订颁布执行的有 18 种。新制订的规章制度都是填补过去在客运工作、船舶维修保养、船舶技术管理等方面的空白，于 1972 年 2 月颁布施行。当时广大船员已尝够分工不明、有章不循、安全没保障、正常工作受妨碍的苦头，对重新确立规章制度普遍反映良好，生产局面开始好转，海损事故损失从 1971 年年损失 53 万元下降到 1975 年的 13 万元。这一良好转机，为广州海运 1972 年开辟南北线运输，以及 70 年代后期海运事业迅速发展奠好"基肥"、培好"沃土"，只待春暖催发。1973 年 3 月，广州海运革命委员会决定撤销 1969—1971 年整改时在"红旗 158"等 5 艘船舶试行的海军舰艇人员编制，恢复以前的岗位责任编制。5 月公布实施经修订的《船舶定员编制试行方案》；7 月颁发《广州海运局船员职务规则》（试行草案），重新明确了船舶各部门的岗位职责。

但由于当时"四人帮"仍在台上，极左思潮仍占统治地位，各行各业受其干扰破坏的影响，使上述规章制度陷于软弱和瘫痪状态，一直未能全面坚持执行。十年动乱中那种无章可循、有章不循的状况一时难以根本扭转，每年海损事故和事故损失数仍呈起伏不定的状态。

1977 年 1 月下旬，发生了"红旗 102"轮与"红旗 164"轮碰撞的严重事故，暴露了企业管理上还存在不少问题。广州海运在大抓元旦、春节客运安全工作的同时，抓住"红旗 102""红旗 164"两轮碰撞这个典型事例，大张旗鼓地召开现场会议，发动群众，在连续三期的《安全简报》上总结经验教训。除组织事故专门调查小组外，还由局领导分别带领 28 人的四个工作组到各港区，开展春季安全大检查。历时一个半月的安全大检查运动，狠批了"四人帮"煽动的"制度无用论"和无政府主义等谬论，使广大职工受到一次深刻的安全思想教育，同时进一步落实了防寒、防冻、枯水、雾季等季节性安全工作。

1977 年 9 月中旬，广州海运召开了港航安全工作会议，传达了交通部 6 月芜湖会议精神，总结交流了 8 个港航安全先进单位的经验，学习贯彻了交通部制定的安全生产三项奋斗目标和十条措施，编制了《油轮安全生产管理规则》和年度安全航行竞赛评比办法，进一步从思想上、组织上加强了港航安全工作。当时广州海运营运的船舶有 72 艘实现了全年安全无事故，占船舶总数的 75.8%。

1976 年"四人帮"垮台以后，我国社会经济发展进入良好的发展时期。广州海运实现南北线通航，油运任务逐年成倍增长，油轮数目由 1971 年的 2 艘发展到 1978 年的 20 艘，而且 5 万吨级、7 万吨级的巨型油轮也相继投入南北线油运。为适应这一发展需要，至 1978 年，广州海运新制定了安全航行制度 4 种、油轮安全管理规则 11 种。1971 年共发生海损事故次数 32 次，1978 年只发生 11 次，说明在这一时期船舶的安全航行工作开始摆脱了十年内乱的阴影，逐步迈向健全组织和规范管理的阶段。

党的十一届三中全会召开以后，广州海运大力开展以安全质量为中心的增产节约工作，对颁布过的规章制度进行清理，汇编成册，全面恢复了各个部门和岗位的规章制度，为安全航行管理工作开创了一个全新的局面。

首先，国务院全国工交战线和交通部决定，从1978年起，每年9月定为“安全质量月”。1980年，国家经济委员会、国家劳动总局、卫生部、公安部、全国总工会联合通知建立“安全月”制度，规定每年5月为“安全月”。广州海运也相应地成立了由副局长挂帅的安全质量月活动领导小组和由局长挂帅的安全月活动领导小组，大张旗鼓地到基层宣传，检查有关安全航行和生产工作，提高职工对规章制度的认识，指出执行中的问题，对检查出来的事故隐患和影响较大的关键性问题，督促制定整改计划和措施，限期解决。1979年9月至年底又在运输船舶中开展“六无”（无海损、无机损、无火灾、无污染、无重大工伤、无重大货损货差）安全竞赛活动，通过竞赛进一步提高职工做好安全工作的积极性，促进“安全质量第一”和“以防为主”这一安全工作方针的落实（图3–1）。

图3–1　1979年7月，交通部工作组上油轮检查安全，与“大庆246”轮船员合影。

加强船舶的技术管理和技术改造，也是这一时期后期内安全航行工作的一个重要方面。广州海运自1979年起，先后恢复任用副总船长和副总轮机长，以加强航监和机务工作，逐年建立船舶技术管理和正常秩序。另外，在恢复船员考证考试制度的同时，成立了专职的教育部门（教育处），加强船员的教育和培训，着眼长远，抓好船舶安全工作。在航用仪器方面，1970年以前，为了更新补充设备，曾购买过英国产DECCA707、316、404等型雷达，但寥寥可数；从废旧钢船拆下可利用的雷达，也为数有限。1970年，“红旗147”轮率先装上了第一台国产752型雷达，此后国产751、753型雷达相继装上了海轮，国产的罗兰定位仪、电罗经、电测向仪亦先后自1972年开始在船上使用。国产电子航海仪器的发展，为广州海运船舶助航仪器的更新换代提供了物质基础，绕避了当时我国外贸上的许多困难，使国轮航海技术水平通过自力更生提高了一大步。经过70年代的努力，广州海运的船舶已普遍装设了雷达、罗兰、电罗经，在客轮和远航船上还装有两台雷达，以加倍保证航行安全。1979 年后，随着我国对外贸易的发展，以及对自力更生与引进国外先进技术关系的权衡，1980 年，广州海运部分参加远洋运输的船上安装了 MX-1105 型卫导 / 奥米加导航仪和 MR-160 型雷达，1980 年交付使用的“红旗 185”轮已装有电子计算机控制的“自动雷达标绘仪”（APRA）等。这些带有电子计算机参与工作的新一代航海仪器，能迅速提供检测结果，能多功能地反映船舶的运动参数，迅速为船舶的操纵和避让提供依据。随着海轮航海仪器电子化的发展和船员技术水平的提高，广州海运又酝酿船舶航海仪器的再一次更新换代。它进一步缩短了国内船舶航海水平与国际水平的差距，更为重要的是通过使用新技术，更进一步保障了船舶的安全航行。

恢复台湾海峡正常通航后，对航行南北线的海轮提出了一个安全航行的新问题，就是如何安全通过闽浙沿海渔区。渔场旺季之时，渔船密集，拖网渔船在航时只挂队形联系舷灯，无法辨认其下网与否。而有的流刺网渔船放网长达千余米，又无显著标志，近岸处大量固定渔栅，平流时才露出水面，其余时间都淹没在水中，难以发现。1979 年 12 月 7 日凌晨，发生了“红旗 128”轮在温州海面将木壳机动渔船“浙岭渔 4403”号拦腰撞断致其沉没、一名渔民失踪的沉痛事故。为确保安全，广州海运于 1980 年 1 月颁布了《航经船舶密集地区的规定》，以操作规程的形式提高海轮通过这类海域的航行安全性。

经过 10 年的工作，特别是后面 3 年的奋斗，广州海运海轮的航行安全工作已从“文化大革命”中的“乱”恢复到“治”的轨道上来，恢复了规章制度的严肃性，真正对运输生产起到了稳定秩序、保障安全的作用，使生产秩序合理，生产节奏稳定。经过这段时期的锻炼，职工队伍的法制观念重新恢复并逐渐增强。同时，应用电子计算机的新设备和新技术在船舶生产和安全航行中崭露头角，显示了航海科学技术的优越性。这是世界航海事业发展的趋势，也是航海技术发展的要求，它引发了海轮设备的又一次更新换代。

第三节　扩大船舶运力规模，提升航运科技水平

为发展运力，20 世纪 70 年代，“老旧船起家”的广州海运继续接收了大量废旧船和远洋退役船。广大海员群策群力，千方百计地修旧利废，使这些超期服役的船舶成为国家经济建设重要的运输力量。由于废旧船舶设备陈旧，工作条件艰苦，船员们发扬了吃大苦、耐大劳、苦干加巧干的精神，千方百计地完成运输生产任务，获得了良好的经济效益。

一、船舶运力增长进入新时期

1971—1979 年，广州海运运力增长较快，但新增加船舶中仍以远洋退役船、废钢船和购买老旧船为主。1971—1975 年，共增加船舶 42 艘、34.03 万吨；其中老旧船 25 艘，新造船 17 艘。按用途分有客货轮 2 艘、1096 载客位，油轮 11 艘、12.08 万吨，货轮 29 艘、21.9 万吨。由于大型油轮的增加，至 1975 年末，在船舶艘数比 1970 年增长 34.5% 的情况下，船舶总吨位数增长 119.2%。从 1976 年起，随着南北航线海上运输的发展，船舶运力

发展进入了一个新的时期，直到经台湾海峡航线开通的 1979 年止，共增加船舶 47 艘、81 万余吨，平均每年增加运力 20 万余吨。为加强国内沿海油、煤、矿的运输，增加南北航线运力，1978—1979 年，交通部从远洋系统调给广州海运局 6 艘油轮和 9 艘货轮。这批船除个别新船外，其余船龄都在 20 年左右，平均载重量近 1.9 万吨。同期，随着一批新中国成立初期投入使用的客货轮的逐步报废，建造了用于华南航线的有 500 载客位的国产“红卫型”客货轮 9 艘。到 1979 年底，广州海运共有运输船舶 105 艘、111.76 万载重吨，分别是 1975 年末实有数的 142% 和 262%。其中客轮由 1975 年底的 7 艘、3924 客位，发展到 13 艘、7346 客位。

1975 年，广州海运从香港益丰船务公司接收的 5 艘三岛式柴油机货轮“红旗 101”“红旗 103”“红旗 104”“红旗 105”“红旗 106”轮，是广州沿海运输中最早的万吨级以上货轮。这些船舶都是丹麦、联邦德国、瑞典等西方国家建造的，船龄在 17—24 年间。最大吨位的是“红旗 101”轮，16000 载货吨，满载排水量 22758 吨，主机功率 5075 千瓦，总长 172.83 米，两柱间长 151.27 米，型宽 20.802 米，型深 12.30 米。其中，除“红旗 103”轮至 1990 年还在营运外，其余 4 艘先后于 1979—1986 年报废。1978 年接收的一艘 23000 吨级艉机驾、柴油机散货轮，改名“红旗 302”，1961 年英国建造，是广州沿海运输中第一艘载货超 20000 吨的货轮。其主机功率 6564 千瓦，营运航速 13 节，满载排水量 30678 吨，续航力 40 天，总长 173.52 米，两柱间长 163.07 米，型宽 22.48 米，型深 13.64 米，满载吃水 10.255 米，有 7 个货舱。

1978 年开始，广州海运新造了一大批沿海运输货轮，并从国外购进了四五万吨级的旧货轮。1978—1984 年由上海江南船厂建造的 14 艘 16000 吨级单甲板、艉机艉驾、柴油机同型散货轮，这些船是广州沿海最早的国内新建万吨级以上货轮，也是这一时期广州沿海煤矿运输的主力船型。其主要参数为：主机功率 8826 千瓦，营运航速 14—15.65 节，总长 163 米，两柱间长 153 米，型宽 22 米，型深 13 米，满载排水量 25440 吨，续航力为 7000 海里，有 5 个货舱。电航仪器设有雷达、电罗经、自动操舵仪、测向仪、测探仪、计程仪等。1980—1981 年购进南斯拉夫建造的 5 艘 4300 吨级杂货船“红旗 185”“红旗 186”“红旗 187”“红旗 188”“红旗 189”，为艉机、方艉、柴油机船，主机功率 2207 千瓦，营运航速 13.72 节，满载排水量 7340 吨，续航力 40 天，总长 107.2 米，两柱间长 98.9 米，型宽 15.196 米，型深 7.996 米，有 4 个货舱。1980—1985 年，由广州黄埔船厂新建 8 艘 3000 吨级同型杂货船（包括“红旗 167”“红旗 168”“红旗 169”轮和“红旗 193”“红旗 194”“红旗 195”“红旗 196”“红旗 197”轮），其主要参数为主机功率 2207 千瓦，营运航速 14 节，总长 101.15 米，两柱间长 92.30 米，型宽 13.80 米，型深 7.70 米，续航力 2750 海里，有 3 个货舱。这些船都设有气象传真，其中 3 艘船还配有对讲器，5 艘船装有甚高频无线电话。1981—1987 年，先后由文冲船厂、福建马尾船厂、安徽芜湖船厂、武昌船厂分别建造了 11 艘 4500 吨级同型杂货船，船型为双甲板、艉机驾、柴油机，主机功率 2207 千瓦，营运航速 13 节，总长 105 米，两柱间长 99 米，型宽 16 米，型深 9 米，3 个货舱口。有 10 艘配有气象传真和对讲器。

新中国成立前，广州海运运输船舶中没有油轮。新中国成立后，直到 1970 年，广州海运油轮发展缓慢。1955 年打捞的油轮“桐丹丸”号，4500 载货吨，民国 7 年（1918 年）建造，因船体和主机损坏严重，无法修复航行，1958 年改为油驳船。1967 年沪东船厂建造的 4 艘 300 吨级同型号油轮（“大庆 202”“大庆 203”“大庆 204”“大庆 205”轮）投入营运，其主要参数为：主机功率 184 千瓦，营运航速 8.5 节，总长 43.70 米，两柱间长 39 米，型宽 8.2 米，型深 3.5 米，分 2 个舱口，消防设备配有 CO_2 系统和手提式泡沫、四氯化碳、手摇应急消防泵。这 4 艘是新中国成立后广州沿海运输中最早的国内新建轮船，推动了广东沿海油轮运输业的发展。其中“大庆 202”轮于 1974 年报废，其余 3 艘均于 1968 年改作辅助船。

1971 年后，油轮船队迅速壮大。是年，广州海运从广州远洋公司接收了一艘 20500 吨级退役油船“大庆 230”轮，经过修复，于次年投入营运。这是广州沿海运输中第一艘适航沿海的油轮，也是最早的万吨级以上船舶。其船型为艉机艉驾、柴油机船，1959 年南斯拉夫建造，主机功率 7240 千瓦，营运航速 11.5 节，满载排水量 7340 吨，续航力 40 天，总长 170.659 米，两柱间长 163.065 米，型宽 21.894 米，型深 12.217 米，9 个货舱口，该轮于 1979 年报废。

1973—1974 年，广州海运先后购入 3 艘油轮，其中“大庆 210”“大庆 220”为 3500 吨级；“大庆 212”为 4800 吨级，由罗马尼亚 1974 年建造。此后，在罗马尼亚新建造的 3 艘 4800 吨级油轮“大庆 213”“大庆 214”“大庆 215”轮，于 1975 年投入营运。

1975 年，由大连船厂造的 2 艘 14000 吨级同型油船（“大庆 231”“大庆 232”轮）投入营运，其主机功率为 6620 千瓦，营运航速 15 节，总长 163.4 米，两柱间长 152 米，型宽 20.6 米，型深 11.15 米，满载排水量 21020 吨，续航力为 4000 海里，9 个货舱口，采用烟火显火器报警和 1211 消防设备。

1975—1978 年，广州海运共有 7 艘 22300 吨级同型油轮（“大庆 240”“大庆 241”“大庆 242”“大庆 243”“大庆 244”“大庆 245”“大庆 246”轮）投入营运，均是大连船厂建造的新船，其中“大庆 245”轮于 1986 年在青岛港爆炸报废。这批船的主机功率 8826 千瓦，营运航速 13—13.5 节，总长 178.6 米，两柱间长 170 米，型宽 25 米，型深 12.6 米，满载平均吃水 9.5 米，满载排水量 32319 吨，续航力 7000 海里，有 8 个货舱，采用 1211、CO_2 和蒸汽等消防设备。

1976 年 6 月由中国远洋运输公司移交给广州海运投入营运的“大庆 250”“大庆 251”轮，是广州最早的 40000 吨及以上的沿海运输油船，均为 1964 年瑞典建造。“大庆 250”轮，47000 载货吨，主机功率 12945 千瓦，营运航速 11 节，总长 221.023 米，两柱间长 210 米，型宽 30.8 米，型深 15.4 米，满载吃水 11.44 米，满载排水量 61660 吨，续航力为 45 天。“大庆 251”轮，42000 载货吨。1977 年由天津远洋公司移交的 71000 吨级艉机型柴油机轮“大庆 252”（原名“珍湖”），是 1966 年 1 月瑞典建造，满载排水量 87675 吨，主机功率 16622 千瓦，营运航速 10 节，续航力 40 天，总长 239.241 米，两柱间长 231.648 米，型宽 36.88 米，型深 14.459 米，满载吃水 12.51 米，有 6 个货舱，装有甚高频收发机、对讲器、单边带收发信机、2182 值班机等通信设备。到 1990 年止，该轮一直是国内沿海运输中最大吨位的船舶。

图 3-2　1978 年马耳他干船坞（Malta dry dock）为广州海运建造的 5700 吨油轮“大庆 216”交船仪式。

1978 年和 1981 年广州海运又先后有 2 艘马耳他建造的 5200 吨级同型油轮“大庆 216”和“大庆 218”轮投入营运（图 3-2），其主机功率 3367 千瓦，船舶装有气象传真和罗兰。其中“大庆 218”轮设有卫星导航，并有机舱油污水分离装置、生活污水处理装置、含油污水排放自动监控装置等防污设备。

1975—1979 年，由文冲船厂和广州船厂先后新建 9 艘“红卫”型客货轮。其主要参数为：主机功率 2×971 千瓦，营运航速 13—14 节，250 载货吨，550 客位，总长 95 米，两柱间长 83 米，型宽 13.8 米，型深 7.5 米，满载吃水 3.6 米，满载排水量 2535 吨，续航力为 1500 海里，有 2 个货舱，设 2 根 1.5 吨吊杆。救生设备配有机动和非机动救生艇各 58 人 ×2 艘，气胀救生筏 38 人 ×10 艘，并设有国产 751 型雷达等电航仪器。

二、大力开展船员自修工作

南北航线开通后，广州沿海运输船舶可以到北方船厂修理，但仍不能满足应急性修理的需要。初期航行南北航线的船舶大都是废钢船、老旧船，需要勤检勤修，且备件型号杂而缺，增加了修复困难。华南地区修船力量比较薄弱，北方港的船厂虽然随着南北航线的开辟为修船解决了不少问题，但是仍不能满足需要，更不能随时解决应急性的修理。为了向废旧钢船要运力，保证航行安全，针对废旧船的特点，广州海运大力加强了船员自修工作，锻炼了一支既能开船、又能修船的队伍。毕竟船员对本船设备性能“脾气”最了解，若能适当帮助解决重大机件的加工或购买问题，许多修理工程都可以用最省时省力的自修办法来解决问题。海员见缝插针，利用等靠码头的空隙进行检修，有的船舶因任务需要，有时在大风浪中仍坚持边航边修，缩短了船舶停航修期（图 3-3）。按规定，废钢船“五指山”轮投产 8 个月后需停航检修，但是由于海员平时勤检勤修，船舶技术状态保持较好，连续营运 20 多个月后，只需进行短期的停航检修就能投入营运。此外，船员还大力开展扩大自修的活动，为了缩短船舶停航修期，把许多本该厂修的项目也接过来自己干，并且往往都能达到预期效果。

图 3-3　1974 年 6 月，“红卫四号”轮在海口抛锚，船长带领水手在船舷上油漆。

由于广州海运拥有一支既能开船又能修船

的船员队伍，不仅保证了航线的运力，节约大量修船费用，而且能够在航行中应付紧急情况，保证船舶的航行安全。1973 年 3 月 30 日，“红旗 130”轮在太平洋上航行时，锅炉的两个炉胆先后爆裂，裂缝宽达 14 厘米，3 台锅炉坏了 2 台，而且当时船位距台湾最近，如不及时修复，船就会失去动力随波逐流，后果不堪设想。在这紧急情况下，该轮决定停火抢修，焊补裂缝。在政委的带动下，船员轮番钻进滚烫的炉膛内，忍受着灼热的高温，冒着迷眼的烟尘和烫人的炉渣，进行抢修。经过两昼夜奋战，终于修复了 2 台锅炉续航，船舶安全驶到目的港。

这一时期，广州海运修船能力也有相应的提高。1968 年开始边建设边投产的菠萝庙航修站，1970 年起除承担航修任务外，开始承担少量计划修理任务，以后逐年扩建。1979 年 3 月，菠萝庙航修站“越秀山”浮坞正式投产，可承接 5000 吨级以下船舶的坞修工程。除菠萝庙航修站外，广州海运供应站于 1973 年将原有的水码头维修车间迁至城安围扩建为航修站，1974 年改为由广州海运直接领导，成为局属第二个航修站，弥补了运输船舶不断增加而航修能力不足的缺陷。修船能力从只修供应船发展为可以承担中小型海船的修理，并可修 5000 吨级船舶的水线以上工程。自此，广州海运 5000 吨以下的货轮和客货轮的计划修理，基本上可由两个航修站承担。

这一时期，广州海运还增加了“航修一号”和“航修二号”两艘航修船。1976 年 2 月，广州海运将报废的“红卫五号”客货轮改装为“航修一号”（图 3–4）并投产；1977 年 3 月，由“红旗 144”改装的“航修二号”投产，承担航次修理和船舶水线以上修理工程。“航修二号”机动性强，满足了大量应急修理的需要，减轻了修船基地泊位压力。这两艘航修船可承担航次修理和船舶水线以上计划修理工程。由于航修船的机动性强，可解决运输船舶大量的应急修理，减轻航修站修船基地的泊位压力。1980 年底，广州海运局运输船舶完好率达 82.5%。

图 3–4 “航修一号”船

此外，交通部 1976 年在湛江筹建的霞海船厂，在 1981 年 7 月移交广州海运领导。

三、建设海运通信中心

1949 年 10 月广州解放时，原招商局广州分公司只有几条拖轮有电台设备，船岸联系由设在沙面复兴路 49 号广州区港务局的航务电台（即密台）进行收发，没有电信管理机构，仅有电台管理员。30 多年里，华南海运通信经历了统一管理、迁建海岸电台、通信业务大发展 3 个主要阶段，机构由小到大，由弱变强，统管了广州地区和华南各港的海岸电台岸船之间（包括我国远洋船舶和来华外轮）的通信联络和电信电航仪器设备的修理，初步形成为华南海上通信中心。至 1981 年，广州海岸电台发信覆盖范围扩大到五大洲三大洋主要航区。1990 年，无线电报的拍发、抄收、传递、统计等实现了自动化，船岸间的无线电报和无线电话联络畅通无阻。

（一）海岸电台

新中国成立前，广州已有开放船岸通信业务的江、海岸电台，但发信机功率小，通信距离短，开放电路少。

新中国成立后，人民政府接管了这些江、海岸电台。新中国成立初期，船岸通信管理机构多，空中电信杂乱。1950 年 11 月，国营轮总广州分公司航务电台开放国内外船舶通信业务。1951 年 8 月，华南区海运局电信科统管华南地区交通部属水运单位的通信，并负责华南各港和北京交通部的通信任务。其时，设备简陋。航务电台发信机最大功率为 200 瓦。1954 年 9 月，邮电部所属广州、汕头、海口、榆林、北海等海岸电台并入广州海运局航务电台后，小港收信台和红花岗发信台分别迁至黄埔旗山和下沙，称广州航务电台，开设有船舶公众电路、船舶保密电路、专用电路、会晤电路和混合电路。明路开放 500/445 千赫和 8514 千赫两个工作频率，发信机最大功率为 1 千瓦，为国内、国际船舶电台提供通信服务，并负责中国南海海域的海上安全、紧急、遇险通信以及发布海洋气象预报、航行警告、航行通告、沿海通电等。1960 年广州航务电台开放船舶高频电路 12 千赫（仅限于白天）。1961 年，广州航务电台架设了 2 副对红海、地中海一带的定向天线。1963 年，广州海运开始了广州海岸电台的迁建工作。1971 年 5 月，广州海岸电台（原广州航务电台）迁入新址（收信台位于市郊南岗、发信台位于市郊罗岗）投产使用，开放的工作频率（电路）增加到 20 多条，中频电路发射功率为 2000 瓦，有效通信距离为 500 海里，高频电路发射功率增大到 15 千瓦，有效通信距离 4000—6000 海里并架设了对非洲方向的定向发信天线，主方向为 250 度，照顾范围为正负 25 度，覆盖东南非洲至西非、西北印度洋和红海东部航区。1975 年 8 月，广州海岸电台开设了中短波 2182 千赫和甚高频 14、16 频道无线电话，与在港船舶联络。1976 年，苏伊士运河恢复通航，广州海岸电台增设了对欧洲方向的定向发信天线，主方向 307 度，照顾范围正负 25 度，覆盖西北非洲至北欧航区，北印度洋、红海和地中海航区，提高了广州海岸电台对地中海和欧洲方向的远程通信能力。1980 年，广州海岸电台安装了选择性呼叫接收机。至 1981 年底，广州海岸电台开放无线电报（话）路 35 条，有效通信范围扩大到五大洲三大洋主要航区，为全国三大海岸电台之一。

（二）船舶电台保障船舶安全航行

船舶电台是船舶的耳目，不仅担负船舶运输生产的通信任务，还肩负着保障船舶航行安全的重大使命。船舶电台在完成船舶生产业务通信的同时，还要按时为船舶提供有关海上天气报告和各种航行警告，当船舶在航行中发生重大危急事项，严重危及船员生命和船舶安全，需要立即援助时，要及时为船舶呼救求援，一旦船舶遇险弃船时，船舶报务员总是把生的希望让给其他船员，自己和船长一起坚持到最后离船。

船舶报务员们同其他船员一样，不论是战狂风斗恶浪，还是在反封锁、援越抗美等艰难的岁月里，都能忠于职守，不顾个人安危，尽职尽责，在自己平凡的工作岗位上忘我劳动，默默奉献，甘当无名英雄。1964 年，“南海 155”轮在执行援柬运输任务中，遭到美国飞机军舰武装挑衅，船舶电台报务员发扬了不怕牺牲、不怕疲劳、连续作战的革命英雄主义精神，在长达一年多的时间里，电台坚持昼夜不间断地工作，保证通信联络畅通，圆满地完成了通信任务，受到领导好评。1966 年 8 月，援越货船“1018”轮在送船途中，在北部湾遭到美机连续多架次轰炸，经过两个多小时的搏斗，因连中三枚火箭被击沉，政委等七人光荣牺牲。报务员黄伟超沉着镇静，及时完成了通信任务，烧毁电台密件，和船长等 11 人一起下海，游到一个荒岛上，坚持三天三夜才脱险。该轮被授予“南海英雄船”的称号，报务员也受到记三等功的奖励。1972 年 5 月，美国对越南海域实行布雷封锁和轰炸，“红旗 152”“红旗 160”轮执行援越运输任务，在越南宇岛坚持斗争，美机在广州海运船舶周围大量投递炸弹、水雷，用穿甲弹击穿广州海运“红旗 152”轮二舱，大米浸水发胀，情况危急。遵照周恩来总理“不移位（船位就是阵地），不抛大米”的指示，全体船员坚持斗争，船岸电台及时组织专门电路，迅速将船舶损伤情况报给国内，将中央指示发给船舶。我国政府根据船舶报告，及时揭露美机轰炸广州海运船舶的事实。事后该轮船长反映：“通信联络很重要，几次重要的请示都及时得到中央指示，对我们斗争很有利，报务员工作很重要，其他船员少一个可以，报务员少了就顶不了。”1975 年 10 月，“红旗 126”轮从北方港装煤和重件驶湛江，在南海遭遇 7515 强台风，因风力过大船舶行驶很慢，转入台风中心半径范围，船体倾斜严重，加上舱面上重件松动，随时都有令船覆没的危险，在附近海域两条外轮只呼叫了几声“SOS”后就没有信息。情况十分危急。为了保障船舶和船员生命安全，船岸通信人员特别是船舶报务员黄友荀，发扬了不怕牺牲的精神，在极端困难的情况下，连续 30 多个小时坚守在工作岗位上，当发现天线漏水严重影响通信时，不顾个人安危，冒着狂风暴雨和随时都有被刮下大海的危险，爬上驾驶台顶，排除故障，确保通信畅通，及时将船舶抗台情况报给指挥机关，将上级指示传给船舶，为该轮夺取抗台斗争的胜利，做出了重要贡献。

（三）船岸联络

新中国成立前，广州已有开放水运通信业务的陆岸电台，但有效通信范围极窄，而且船舶电台数量也少，海运通信业务量小。

新中国成立初期，广州海运通信仅采用单一的人工莫尔斯电报通信方式，航务电台开放电路少，船舶电台又受军事管制，一般不拍发明码电报，航次间很少启用。随着海运生产的发展和海上军事局势的缓和，船岸间的联络增多，航务电台的气象报告、航行警告、沿海通电等广播性业务电文在广播电路上定时播发，船舶电台则按时抄收。当陆岸有关部门有指令发往指定船舶时，航务电台即在定时播发的通报表中点到该船舶呼号或船名，各船舶电台通过听完通报表判断本船是否有报。若有报，即在航务电台守听频率上呼出，与航务电台确定工作频率，然后，航务电台以该工作频率拍发电文，船舶电台则以该频率抄收电文。当船舶电文要发往陆岸有关单位时，船舶电台则在航务电台守听频率上主动呼叫航务电台，航务电台抄收好电文后即将电文转给有关部门。1957 年，交通部对华南地区等 6 个水运通信网的联络呼叫、守听频率和电报格式作了统一规定，并将密路改为明路，规定密电也可以在明路上传递。自 1962 年 3 月 1 日起，广州海运颁布试行了《电报管理办法》，该办法根据“该密则密，该明则明”的原则规定：凡属于有关船舶动态、航次计划、货源计划、船舶货电、船位报告等内容的电文用密码拍发；凡属于有关货运质量、船舶燃物料供给、工资发放、海员公休等事务性及船舶修理事宜的电文用明码拍发。

20 世纪 70 年代，广州海运事业取得了长足的进步，促进了船岸通信业务的发展。南北航线试航时，广州海岸电台专门组织了保密电路进行信号跟踪式通信，使船舶在交通部直接指挥、监护下顺利航行。1972 年，“红旗 152”“红旗 160”轮在越南宇岛锚地遭美机轰炸扫射，1973 年，广州远洋运输公司“新会”轮在西沙群岛浪花礁触礁遇险，广州海岸电台均开专用电路与船舶电台保持不间断联系。1974 年 8 月 31 日，广州海运颁发了《〈水运无线电暂行条例〉和〈水运电报规则〉实施细则》。该细则明确规定了海岸电台和船舶电台的职能范围、电台各岗位人员职责、船舶电台管理制度、在港船舶通信办法、电报处理原则等，并申明：严格控制拍发明码电报，凡有有线通达的地方不发无线电报，能在船舶抵港后办理的事项不在航行中发报，海岸电台和各船舶电台确因联络困难时方可委托其他电台转报。1975 年 8 月，广州海岸电台开放甚高频无线电话电路，船舶电台逐步配备了甚高频无线电话设备，此后船舶进出港均采用无线电话进行调度指挥，船舶之间的协调避让等联络也采用这一有效的近程通信方式，结束了过去使用灯光信号、旗语信号进行联络的落后方式。1977 年，广州海岸电台对船岸电台人工莫尔斯电报守听方法进行了改革，船舶电台在规定的频带内对海岸电台采用定频呼叫法，海岸电台相应由巡回守听改为定频守听，提高了频谱利用率。自 1977 年 11 月 1 日起，广州海运航行华南航线和中越航线的船舶执行新的通信规程；船舶在装卸完货离港开航时，必须向广州海运调度室（穗海调）和目的港调度室拍发开航电报；在抵港前 12 小时，需向穗海调和目的港拍发确报；航行船舶每日 6 时、18 时各报一次船位和气象实况；货电则由各船在开航前拟好交港口调度室转电台拍发；航行中发生一切特殊情况必须详细电告，并随时保持联系；在自然港口作业的船舶，抵港后要报抵港时间、开工时间，并于每日 18 时报一次装卸货进度；凡航行到越南港口的船舶在到达引水锚地后，立即向穗海调报抵达时间，尽可能入港时再报一次入港时间和作业安排，离港后补报在港口开装（卸）时间和装（卸）完时间；防台期间，必须严格按时抄收气象报告，锚泊抗台船舶每日 6 时、18 时各向穗海调报一次气象实况，当锚地风力达 6—8 级时，每 4 小时报一次，当风力超过 9 级和直接受台风袭击时，每 2 小时报一次气象实况及锚位等情况；南北航线船舶在航行华南航线时按此规定执行。

南北航线试航及通航初期，通信联络由交通部直接掌握，通信规定船舶北上时从南方港口至草垣岛，南下时从北方港口至 P 点（北纬 17 度 52 分、东经 115 度 8 分）为隐蔽航区，在该区内使用密码通信。自 1973 年 7 月，通信联络由广州海运自行负责，取消密路通信，改为明路联络，原隐蔽航区改为静默航区，船舶在北纬 16 度—27 度间无特殊情况不发报，必须发报时应根据情况使用信号和代密，船舶电台航经在重点航区仍实行昼夜全时值班。随着国民经济迅速发展，航行南北线的船舶越来越多，使用密码通信时较慢、差错多，特别是在防台期间不能适应需要。自 1979 年 1 月 1 日起，广州海运航行南北航线的船舶按正常通信办法联系，船舶电台按正常值班时间工作，一般内容的电报均使用明码拍发，有利于及时调度指挥船舶。

1978 年 3 月，为了配合“明华”和“长力”两轮到越南接运难侨，广州海岸电台试验性开放了高频单边带（SSB）无线电话。1979 年 2 月，广州海岸电台正式开放单边带无线电话业务，为港航生产提供了更为方便的通信服务，使遇险网络具有更远的通信能力和更有效的通信方式。同年，由位于华南地区的广州、福州等海岸电台建立了华南沿海船舶辅助电路，天津、上海和广州 3 座海岸电台相互之间建立了远洋船舶辅助电路。随着海运生产的发展和船舶电台数量的增加，海岸电台通报表播发时间间隔逐步缩短，自 20 世纪 70 年代末至 90 年代初，每 30 分钟播发一次。1980 年，广州海岸电台设立了 2 条单频顺序选择性呼叫电路，减轻了船舶报务员长时间守听的负担，缓和了呼叫频道的拥挤现象，提高了对船舶调度指挥的时效。

四、利用避风锚地进行锚地抗台

广州海运前两条南北航线，因为需要绕避台湾，都具有航程长，航道、气象比较复杂的特点，加之航行该线的海轮绝大部分为废旧钢船，给该航线的海员带来很多困难。即使其后取道台湾海峡航行，航道、气象等也未能疏忽大意，因海峡地貌特殊，岛屿密布，海流潮汐变化，对航行影响也很大。

前两条航线经过台风频繁的西太平洋航区，从夏季 6 月至 11 月为该海区的台风季节，台风频仍，凡系西太平洋编号的台风对航线几乎都有影响，而且因为中途避风锚地少，资料不多，给航行安全带来不少困难。

除了夏季的台风给船舶造成威胁外，冬季的强风也给安全航行带来一定的困难。尤其是台湾和吕宋岛之间的喇叭口和台湾海峡北口，每年 10 月到翌年 3 月间的东北强风风力往往达七八级，南下船则多在长江口或胶州湾暂停，观察风候，无把握绝不南下。

船舶在海上行进中防台往往为绕避台风，要在风浪中绕行十几小时甚至几天，一些船员由于不适应大风浪的颠簸，晕船呕吐，寝食不安。但船员们多能坚持岗位，使防台措施取得很好效果。多年里，航行南北线的船舶在华南地区遇到的台风有上百个，其中绝大多数都规避成功，保证了船舶在台风季节航行的安全。

南海航区方面，台风频繁而且有地区性的“土台风”，尽管有比较成熟的经验和有效的措施，仍然不能完全排除与台风相遇的可能性。1975 年 10 月，广州海运“红旗 126”轮从秦皇岛经上海装煤及重件南下时，由于台风徘徊不定，预测不到它的动向，在南海海面误入 7505 号强台风的危险半圆区内，遭到猛烈袭击。当时为了尽快驶离危险半圆，调整船舶航向，全速逆风前进，但航速只有 3 节，形势异常艰险。交通部和广州海运特派“穗救

201”轮在珠江口待命，随时准备出海救助。当时附近洋面的两艘外轮抗不住台风的袭击，发出呼叫信号，不久便消失在汹涌咆哮的大海里。“红旗 126”轮船身剧烈摇摆达 40 度以上，装载在甲板上的一条长 23 米、重约十吨半的龙门吊吊杆，挣脱了 8 条围径为 2 寸半的钢丝绳和 8 个焊在甲板上的角钢地柱，随着船身的剧烈摆动，在甲板上横冲直撞。船尾一艘救生艇挣断了吊艇索，一端坠落悬空摆荡，主机调速器也失去作用，滤油口堵塞，无线电天线被刮断，船舶境况十分危急。经过 30 多名船员的同心协力，奋勇搏斗，稳住船上一切摆动器物，抢修关键器械，伺机用车舵抗衡风浪的冲击，遵照防台指挥部的指挥，终于将船驶出了台风危险半径，安全返航。

1977 年，根据华南沿海台风频繁、破坏性大的特点，广州海运着重抓好防台工作。首先整顿和健全了防台指挥部的值班制度，坚持做好各项记录，重新编印了防台手册；其次加强了气象资料的搜集，做到更及时更准确地掌握台风的动向，掌握防台斗争的主动权。由于海洋局等有关单位的支持和广大船员的努力，1977 年所有船舶都安全渡过了台风季节。当年 7 月和 9 月都分别有 4 次台风连续袭击华南沿海，50 多艘次防台船舶，均没有发生重大直接损失，确保了运输生产安全。“红旗 106”轮在大衢山锚地抛锚，距 8 号台风中心仅 40 海里。由于全体船员事前做好了充分的防台准备工作，经过与 12 级狂风暴雨搏斗了 20 个小时，终于战胜了台风。

1979 年恢复台湾海峡正常通航后，南北线航船的抗台条件大为改善，可以利用沿岸避风锚地进行锚地抗台，尽量避免航行抗台的艰苦。1979 年，广州海运组织技术力量，派“红旗 115”轮到闽浙沿海考察避风锚地，开辟了南北航线附近的东山湾、厦门港、湄洲湾、兴化湾、乐清湾、沈家门等避风锚地。这些锚地中，大部分是此前没有进泊过万吨级船舶的。经此开拓措施，南北线海轮对付台风的威胁更为主动和安全。

第四节　南北通航助推华南海运事业发展

南北航线恢复通航后，广州海运参加了交通部组织的南北航线联合调查组，自 1973 年 4 月初至 7 月中旬，先后在广州、北京、天津、秦皇岛、大连、青岛、上海、湛江、北海、南宁等地对有关港口和主要物资单位进行调查。此后，组织货源不再局限于广东省内，每年根据国家、省、自治区、直辖市宏观计划，对南北航线上的煤、矿石、石油、杂货四大货源进行调查，经济体制发生变化之后，运输指令性计划减少，运输市场出现竞争，大量货源需自行组织。

1972 年，南北航线恢复通航后，主要承运煤矿两种货类，随后增加了食糖、锰矿、钛矿、橡胶等。1973 年南北线共营运了 21 个单航次，运送货物 18.2 万吨，节约外汇 36.4 万英镑，计费货物周转量 2.76 亿吨海里，实际货物周转量 6.18 亿吨海里。1974 年 7 月，广州海运“大庆 230”轮（图 3–5）首航秦（皇岛）湛（江）线，国轮首次承运南北线石油。此后，国轮逐步代替了外轮，石油总运量比重逐年增长。1974 年，南北线原油运量达 11.2

万吨。1975 年，北油南运达 73.2 万吨，占南北线年度总运量 40.0%，石油成为南北线最大宗货类。

图 3-5　1974 年 7 月 23 日，广州海运局首航南北航线的第一艘油轮“大庆 230”轮。

1975 年，南北线货运量达 190.13 万吨，周转量为 27.5 亿吨海里，分别占广州海运年度总运量、周转量的 30.3%、62.1%。此后，南北航线货运量占总运量的比例增大，南北航线成为与铁路京广线平行的南北物资交流的动脉。在此期间，广东沿海先后恢复了直达运输。其中广州至清澜、白马井、揭阳、三百门、海门 5 条航线发展较快。1975 年，运输北上昆阳磷矿 16 万吨，比 1974 年增长 3 倍。其中湛连线磷矿运量达 11.2 万吨，越南磷矿进口 8.5 万吨，广东省支农重点物资磷肥共运送 12.7 万吨，比 1974 年增长 38.5%。1975 年，广州海运首次开展了散盐运输，从北方运送 10.3 万吨散盐到广东。

越南战争爆发前，越南出口中国的煤炭是华南海运最大宗货类。1967 年后，粮食成为中越航线最大宗货类。1973 年，中越线恢复了以煤运为主的贸易运输。1965—1972 年间广州海运运送了 177 万吨物资到越南港口、河口和临时卸货点。

1976 年，广州海运石油运量达 170.5 万吨，占年度货运量 27%。此时，能源物资（石油和煤炭）是广州海运的最大宗货类。1977 年 8 月，“大庆 231”轮首次承运胜利油田原油至广州石油化工厂。全年南北线石油运量达 321.6 万吨，比 1976 年增长 1.57 倍；南海线石油运输完成 52.8 万吨，比 1976 年增长 50.2%。同年，广州海运开展货轮捎带集装箱运输。1978 年，南北航线货运量增至 657.4 万吨，其中以南下煤运量增幅最大，达 117.7 万吨，比 1977 年增长 54.5%。1978 年，石油、煤炭和金属矿石三大货类占广州海运年度总运量 85.6%。

1979 年，广州海运努力肃清林彪、“四人帮”极左路线的影响，排除各种干扰，坚决突出以生产为中心，千方百计克服困难，坚决完成国家计划。由于上下认识一致、步调一致，因此，较好地解决了运输生产上存在的两大矛盾（原油运输任务大而油轮运力不足、南北线货轮货源不足而“吃不饱”），提前完成全年港航生产计划，特别是包干完成了南北线 800 余万吨大宗货的艰巨任务，在一定程度上实现了国务院提出的“以水补铁”的指示精神，为贯彻“调整、巩固、充实、提高”的“八字方针”，打好实现“四化”第一仗做出了贡献。

一、货运从以矿石为主改为以石油为最大货类

1974 年“阳明山”轮试航南北新航线成功之后，同年 7 月，“大庆 230”轮（远洋退役船）随之首航秦湛航线，承运北方原油南下，开展了广州海运南北线石油运输。自此，油运量及其在广州海运总货运量中的比重，年年大幅度增长。1976 年、1977 年两年，广州海运南北线货运结构发生了变化，从以矿石为主改为以石油为最大货类。到 1978 年，石

油运量的比重已由 1974 年的 6% 跃升到 42.6%，超过了矿石和煤炭的比重，跃居货类运量首位。其中原油占广州海运总运量之 37.6%，基本上取代了南北航线上的租轮原油运输。

这一时期，广州海运石油运输主要为茂名炼油厂和广州石油化工厂服务，为两厂提供原油和其成品油的出口运输。

茂名炼油厂是我国早期建设的炼油厂之一，当时主要为我国西南地区提供石油产品，1968 年开始加工大庆原油。以后随着胜利油田和华北油田的开发，原油来源充足，该厂扩建，提高了加工能力，成品油供应范围相应扩展，除供应西南地区和广东省部分需要外，1973 年开始进入港澳市场，促使广州海运的华南海上油运也迅速发展。

1971 年以前，"茂油"所需北方原油原为租用外轮承运。1974 年开始，广州海运油轮逐步代替租轮担负这一任务。为此，广州海运新增了一批国产 15000 吨级和 24000 吨级油轮，拥有油轮数连年翻番。1976 年以后，广州远洋公司 6 艘 3 万吨级油轮移交广州海运，油运能力得到迅猛发展，至 1978 年完成了替代租轮运输原油的历史任务。

华南沿海油运基础十分薄弱，20 世纪 50 年代基本上是桶装油运，60 年代开始散运，但油源不多。1967 年上海沪东船厂建造的 4 艘国产 300 吨战备小油轮，因油源不足，第二年便将其中 3 艘改为辅助船，其后连续 4 年，也仅有此一艘"大庆 202"油轮。历年华南沿海油运量（不计租轮油运量）仅占总运量的 1% 左右。其后为配合国产石油打进港澳市场，1973、1974 两年，广州海运先后购入 3 艘油轮，开创了华南沿海油运新局面，次年又新增了 3 艘江海两用的 5000 吨级油轮。主要航线有湛广线，运载广东省内自用、经湛江和海口中转的原油和燃料油；湛香线，进行外贸出口成品油运输；湛汕线和湛北线，进行成品油运输等。华南线油运量 1974 年比 1973 年增长三倍多，1978 年又比 1974 年增长两倍多，年运量达到 50 多万吨。

广州石油化工厂 1978 年投产，是以生产化肥为主的原油加工企业。1977 年 8 月，"大庆 231"轮承运胜利原油试靠该厂原油码头成功，揭开了黄埔港从我国北方大量进口原油的序幕。

南北航线原油运输量大，装卸船效率高，湛江和大连两港都有深水泊位和深水航道，为广州海运使用 5 万吨级海轮提供了条件。大吨位油轮的出现，使广州海运油轮平均吨位由 1975 年的 1 万多吨上升到 1981 年的 22500 吨。这使广州海运劳动生产率、单位成本、盈利水平都得到显著改善。

在油运实践中，广州海运解决了陌生的大吨位油轮的洗舱、除气、测爆等技术管理问题，形成了较成熟的操作规程及其管理办法。如"大庆 252"轮的中三货油舱是一个 14000 吨的特大油舱，洗舱时较易聚集静电，一旦放电就会引起爆炸。1978 年第一次洗舱交修，广州海运参考有关资料，制订洗舱方案，谨慎控制水温和洗舱机排量，安全闯过了洗舱关。但是因受船期所限，不可能彻底清渣除气，又大胆地采用了舱底加温管来煮油渣，温度达 60 摄氏度。经较长时间的蒸煮，使其中的爆炸气体充分蒸发排光，油渣变成沥青。为取得最可靠的防爆数据，测爆人员冒着五六十摄氏度的高温，下到 16 米深的舱内，分层量测至舱底油渣面，取得油气浓度数据，证实油气浓度未到危险区间后，再用灭火泡沫覆盖油渣表面，防止残余的爆炸气体挥发，达到了预期的效果，取得了洗舱防爆技术的新成就。1979 年 1 月，广州海运由日本引进设备，在香港英辉船厂改装的 16000 吨旧油轮“大清河”污水处理船投产，每小时处理油污水 300 吨，彻底解决油轮的洗舱污水和各类船舶机舱污水处理问题，是广州地区的第一艘污水处理船，对环境保护和油运生产发挥了积极作用。

为适应石油运输发展，这一时期广州海运船员技术队伍、船舶维修力量和油运安全管理等方面均相应成长。在单船吨位和航区急速扩大的条件下，自力更生地发展了海员技术队伍和修船能力，建立了油运管理队伍和保护技术力量，不仅满足了运输生产增长的需要，而且使安全生产局面越来越好。

二、探索件货成组、“一条龙”和集装箱等运输方式

20 世纪 70 年代，在极左思潮影响下，华南沿海的港口装卸效率下降，船舶在港停时延长，船舶“跑在中间，窝在两头”的矛盾突出，船舶航行率很低。

表 3–2 表明，第一个五年计划期间，随着海运事业的恢复，广州海运货轮航行率逐年提高。而 20 年后，海轮航行率却比第一个五年计划期末降低了一半还多。虽然形成这种状况的原因是多方面的，但其后果是广州海运货轮（不包括矿煤船）营运财务出现大幅亏损，各类物资在途时间增加，百杂货日用品市场甚至出现“冬令商品夏天到，夏令商品冬天到”，节日供应物资靠突击抢运的被动局面。

华南沿海货轮（不包括矿、煤船）**航行率比较表**　　表 3–2

年　份	航行率（%）	年　份	航行率（%）
1953	18	1973	14.1
1954	25.6	1974	14.6
1955	34	1975	16
1956	35	1976	14.5
1957	30.3	1977	15.4
		1978	14.7

1973 年，交通部在华南成立了华南海区成组集装箱运输办公室，抽调各华南港航单位人员联合办公，各港航单位也设相应的机构和人员负责此项工作，为发展华南成组运输和集装箱运输方式进行辅导、指导和协调工作。特别在 1976 年粉碎“四人帮”、生产大恢复之后，广州海运除了继续组织船舶在广汕、广琼等航线上实行定线运输之外，还在件货成组运输、百杂货“一条龙”和集装箱运输等方面做了一些试验。

（一）件货成组运输

件货成组运输是指在港口件货成组装卸的基础上，将成组货码不拆散地在港际间运输。这一时期，进行试验和试行的有湛琼线的水泥（用货板承装）成组运输，亚埔线的盐包（用尼龙网络承装）、琼广线的胶片（用尼龙网络承装）从产地到用户的承租联运（1978 年 5 月），连埔线纯碱（用尼龙绳捆扎）成组运输，海口永兴岛砖石成组运输等。这些装在货

舱舱口范围内进行的成组运输试验，在试验期间限于船型和装卸机械不配套，未能推广应用，对压缩船舶在港停时未产生明显效果。

（二）百杂货“一条龙”运输

1977年由广东省经委组织在学习上海至东北“一条龙”运输线先进经验的基础上，开始试行了广东沿海百杂货“一条龙”运输。2月开辟了广琼线、6月开辟了广汕线、第二年7月和9月增开了广亚和广湛线，配备800吨货船作“六定”船舶（定船、定发运量、定泊位、定库位、定装卸时间、定3天疏运完毕），由港口、船舶、货主各部门在产品运输各环节中按时按点、密切配合、合同约定、各负其责，形成环环相扣、渠道沟通的运输。至1978年底共承运了10万多吨百杂货，有效地改善了华南沿海市场物资运输情况。1977年广汕、广琼线的百杂货平均待运期由38天压缩到19天，广湛线基本消灭积压货物现象。为此，广东省广州市商业批发部门每月可节约银行利息4万多元，4个月内广湛线节约水陆运费差价达10万元。货损率、货差率下降60%—70%，物资单位十分满意。但由于这一运输方式没有改变百杂货运输的本质问题，诸如批量小、票数多、装卸工艺较高而且复杂、港口装卸效率低等，致使“六定”不能保证，船舶停港时间不稳定，“龙船”载重量使用率不高，周转缓慢，“龙船”普遍亏损，运输经济效果仍达不到预期的目标。

（三）集装箱运输

1976年为解决铁路零担货运的中转交接困难，广州海运曾两次借用铁路47个集装箱在广汕线和广琼线试用。由货轮捎带运输，明显改善零担货运质量。1977年下半年，广州海运投资20多万元，按船舶、港口的起重机械能力和堆放条件、货物性质等因素，自己设计，由汕、琼、湛等港制造两吨简易集装箱218个，分别投入广汕、广琼、湛琼等航线，由货轮装在甲板上作捎带运输，受到物资单位、运输公司、船方、港方普遍欢迎。然而由于缺乏有效的管理办法，中央企业与地方企业发展不平衡，箱子周转不快，船舶和设备不配套，在技术上产生箱与船、箱与港的矛盾，集装箱运输始终处于摸索过程。到1979年全年运输箱数仅589个，货运量1076吨，占总货运量比重微乎其微，也未能取得预期效果，但它预示着运输组织改革的必然性和趋势。

三、远洋业务开始发力

党的十一届三中全会以前，国民经济继续受“以钢为纲”的“左”倾方针支配。1978年2月召开的全国人大五届一次会议上，华国锋作了题为《团结起来，为建设社会主义现代化强国而奋斗》的政府工作报告。会议通过了《1976年到1985年发展国民经济十年规划纲要》。报告和此纲要对经济发展要求过急。比如，要求到20世纪末许多省的工业要赶上和超过欧洲的发达国家；农业要实现机械化、电气化；交通运输要大量高速化；各项主要经济指标要接近、赶上、超过世界先进水平等。同时，规定的具体经济指标过高。比如，到20世纪末原油产量要达到2.5亿吨。要新建续建十大钢铁基地、十大油气田、三十个大电站、六条铁路新干线等。在中央的压力下，各部门纷纷提出高指标。如到20世纪拿下二十几个鞍钢，钢产量1.6亿吨以上。

为使钢铁生产吃“精饲料”，需大量进口澳大利亚铁矿石，短期内急需大量运力，我国远洋船队一时难以应付。1978 年交通部决定组织上海和广州海运派船支援远洋运输，以减少租用外轮，节约外汇开支。广州海运船舶老旧，船员缺乏远航经验，是承担这一任务的不利条件。但从我国到澳大利亚最近的西澳港，航程约 3800 海里，航区自然条件不太复杂，可视为广州海运南北老航线的延伸。船舶和船员经过南北航线多年的磨练，积累了一定的远航业务技术知识，是参加西澳矿石运输的有利条件。1978 年 4 月下旬，“五指山”轮和“红旗 112”轮先后到达西澳丹皮尔港和科卡托港，安全运回第一批澳大利亚铁矿石。当年共运回澳矿石 18 万多吨，为国家节约了外汇，广州海运业务也自此从面向沿海到兼营远洋迈出了新的一步，标志着广州海运远洋航线运输的开始。国外航线逐步开辟，外运货种包括油、煤、粮食等大宗货类，航线遍及欧美。1981 年，广州海运投入国外线的运力共 11.9 万吨，年运量已达 59 万吨。

四、客运的贡献与亏损并存

新中国成立初期，由专为长江建造的客货轮承担华南海上客运任务，客运设施条件差。1975 年，专为华南海运建造的红卫型客货轮相继投入营运后，服务设施才得以改善。但舱内客位设计较密集，低等级客位过多，公共休息地方少，旅客餐厅设备简陋，不具备文化娱乐条件。旺季期间还得用货轮临时在主甲板上搭建简易厕所，在货舱里搭起简易床位进行载客，以补充客轮运力不足。1979 年，“红卫 15”轮改造了 7 项客运设施，其他客货轮也积极推广（图 3–6）。

图 3–6　1974 年 7 月，“红卫四号”轮船员在检查船票。

在广州海运曲折发展时期，客运业务同样经历了起伏。1958 年开辟了湛琼线。1960 年利用在汕头港外打捞起来的货轮修复改装为“剑兰”轮，开辟了广汕客运航线，至 1963 年广州海运共经营有广琼、广湛、广汕、湛琼四条客运航线。但 1963 年“跃进”轮沉没事件后，交通部华南船舶技术检查组鉴定“剑兰”轮过于老旧，于 10 月底退出客运，没有客船顶替，广汕线客运宣告中断；广湛线也因为与公路客运分工而被撤销。

20 世纪 60 年代初期国家大量压缩城市人口和精简职工，广州海运的 4 条客运航线客运量曾出现历史上第二个高峰。20 世纪 60 年代中期由于上述海上客运航线的变故，仅能维持一条广琼线，客运又转入了低潮。“文化大革命”期间，运输红卫兵串联和运输上山下乡的知识青年赴海南岛等突击客运任务，曾使客运量又有所发展，但一直到 1975 年，都未能恢复 60 年代初期的客运量水平。在客运高峰时期和突击性客运任务中，广州海运客船运力的不足都是通过大量组织货轮参加客运来弥补的。

1966—1975 年，华南货运航线增加了 2 条，季节客运航线增加了 3 条。1968 年，广亚、琼汕季节客运线开辟。1972 年，亚广货运线开辟。1974 年，湛防（城）线开辟。1975 年，第一艘专为华南沿海航区设计的国产华南海上客货轮“红卫九号”轮投产，从此华南海上客运开始进入一个以海轮为主的发展时期。新中国成立初期回归的客货江船为华南海上客运服务了 20 多年，为开辟和发展海上客运做出了贡献，完成了历史使命，逐步退出华南客运。

1975 年，第二次全国农业学大寨会议以后，“南繁育种”逐步推广到全国绝大部分省市。每年冬季，各省育种人员取道广州、湛江前往海南岛南部各县，翌年夏，携带种子从三亚、海口返回大陆。1975 年，广州海运客运量再次突破 30 万人次，1976 年达 36.1 万人次。自 1977 年，广州海运按季节派专船开辟了广亚、湛亚等“南繁育种”客运航线，及时运送育种人员，满足了全国增产粮食的需要。

1975 年以后，9 艘国产客货轮“红卫九号”至“红卫 17”在 4 年内先后投产。这批根据华南客流和港口条件专门设计制造的海上客货轮，逐步取代了 20 世纪 50 年代的“门”字号江船，使华南海上客运面貌为之一新，客运量逐年增长，1976 年突破了历史水平。1977 年 11 月，广琼线实行了“五定”（定船、定线、定班期、定时间、定码头）制度后，1978 年比 1976 年又增长了 16%。1978 年，广州海运开辟了北海至海口、八所、三亚以及北海至黄埔等接侨临时客运航线，运送难侨 2 万多人，使难侨及时得到安置。1978 年以后，广州海运客运航线增多，并不失时机开辟一些旅游专线，货运航线也有增加。

随着粉碎“四人帮”后各项政策逐步落实，城乡经济交流日趋活跃，停航 16 年的广汕线要求恢复的呼声迭起。1979 年 4 月，广州海运专门调查了汕头、厦门一带的客流情况后，同年 7 月 1 日，由“红卫九号”和“红卫 15”两轮对开首航，正式恢复广汕客运航线定期航班。1979 年广汕线客班轮恢复后，广州海运年度客运量较上年增长 26%，达 53 万人次。其中广琼线占 63.8%，广（埔）汕线占 17.3%，湛琼线占 7.2%，琼汕线占 4.8%。1981 年各航线完成客运量共 62.6 万人，比 1978 年又增长了 48.3%。

海上客运的发展，新型客轮的投产，满足了国民经济和国防事业的发展需要，这是祖国繁荣昌盛的标志，也是广州海运海员对祖国的贡献。然而从财务角度看客运发展的历史，却记录着历年都存在亏损的问题。“文化大革命”前，1964 年广州海运共有 10 艘客货轮，亏损 34 万元；“文化大革命”后的 1977 年 8 艘客货轮，共亏损 248 万元；1978 年 11 艘客货轮，亏损更高达 305 万元。客运亏损多年来已成为老大难问题，1979 年起曾经根据“以货养客”方针，大力采取提高客货轮的载重量利用率、加速货物装卸疏运、多方增收节支等办法，几经努力，仅能使亏损额减少，不能扭亏为盈。但从 1979 年始，“红卫九号”“红卫 13”“红卫 14”等轮出现单船盈利。客货轮亏损的原因是多方面的，有航方问题，也有港方问题；有管理问题，也有客票票价问题。1982 年，广州海运计划处报交通部《关于广州海运客货轮近几年减亏情况及今后继续减亏措施意见的报告》中则初步提出了“我们觉得目前单纯行政管理的客运管理形式不改变，对客运的发展，包括对新建客货轮的设计选型上都是有妨碍的”的见解，亦即提出了要按经济规律来管理客运问题，这是牵涉全国客运政策的大事。

第五节　开辟南北航线实现南北通航

新中国成立后，由于美国和国民党当局对台湾海峡的军事封锁，我国沿海被人为地阻隔为北方和南方两个航区，国轮一直不能南北通航。20 世纪 60 年代后期，广州海运为适应国民经济的发展，大量租用外籍船舶承运我国沿海南北之间的物资。70 年代初期沿海南北的运输也主要依靠租用外轮。

租用外轮进行我国南北物资交流，对我国的经济发展能起到一定作用，但并非长远之计。20 世纪 70 年代初，随着我国工农业生产的发展和对香港贸易的增长，我国南北沿海之间货物流量急剧上升，仅矿砂北上、北煤南运、成品油南下、北方到香港物资等年运量已达数百万吨。以 1972 年为例，该线全年货运量已达 280 万吨。当时租船运输费用每吨约支付外汇 2 英镑，全年即需支付外汇达 560 万英镑。南北沿海的运输如果继续依靠外轮，显然不能适应国民经济迅速发展的形势。解决用国轮顶替租轮问题，为国轮尽快打开南北沿海的通路，已成为时代发展的要求。

一、承担开辟南北航线任务

1971 年 10 月，第二十六届联合国大会通过了恢复我国在联合国的一切合法权利的议案。1972 年，美国总统尼克松来我国访问，中美双方在上海发表了《中美联合公报》。公报中，美方表示：认识到台湾海峡两边所有中国人都认为只有一个中国，台湾是中国的一部分，美国政府对这一立场不提出异议。从此，美国对我国的态度发生了变化，国际局势朝着有利于我国的方向前进了一大步，意味着美国和台湾当局对我海上的封锁有所松动。这就为开辟沿海南北航线提供了国际条件。为此，周恩来总理适时地提出，力争 1975 年以前基本结束依靠租用外轮的局面。自此，冲破封锁，由悬挂五星红旗的国轮来经营我国南北海上运输的方案便正式提上议事日程。

早在 1968 年 6 月，广州远洋公司的“黎明”轮就进行过远洋南北航线的试航工作，但由于受当时国际条件特别是海上封锁的局限，该航线远避了美国舰船经常出现的各主要海域，航线较长。从南方港口出发，沿着南海西部和南部边缘航行，出巴拉巴克海峡，穿过苏禄海，由菲律宾棉兰老岛北端进入太平洋，再向东北驶到东经 138 度才折向日本沿海，通过大隅海峡到达北方港口，航程长达 4533 海里。这条远洋南北航线首次突破了美国和台湾当局对我国实行的南北海运封锁，但绕航距离太长，难以为沿海运输所使用，必需另辟新航线。

1972 年，鉴于中美两国关系的变化，美国对我海上封锁的松动，交通部决定在远洋“黎明”轮试航航线的基础上，由沿海船舶进行开辟南北航线的工作，并把筹备工作任务下达给广州海运。按广州海运当时的条件，承担开辟南北航线任务确实存在困难。当时的大型船舶都是作为废钢进口的外国废旧船和我国远洋公司的退役船，各种技术性能难以保证远航安全。后经交通部会同广州海运对船舶技术状态作了细致的调查分析，认为投入广州海运运输的进口废旧钢船是经过挑选检验留用的，有些还能保持远航条件，而有些租轮的技术状态也不过如此。并且，广州海运船员多年使用废旧钢船，已掌握这些船的故障规律，练就一套自修技术和应急抢修本领，又有多次远航柬埔寨和欧洲的远洋航行实践，开辟南北线的任务是可以完成的。经交通部审核批准，确定由广州海运海轮承担开辟南北航线的任务。

二、成功开辟远程绕航南北航线

1972 年 5 月，广州海运开始了酝酿远程绕航的南北航线试航的准备工作。首先对初步选定承担首航任务的“五指山”轮船体和动力装置的技术性能进行了全面检查测定。“五指山”轮是广州海运 1970 年购进的废钢船“格斯特凯号”，曾改名为“红旗 137”轮。在承担开辟南北航线任务时，更名为“五指山”轮（图 3–7）。该轮是由美国 1945 年建造的运输舰改装，载货量 9700 吨。该轮船体结构、主副机动力装置、通信导航设备的技术状况是当时广州海运船舶中较好的一艘。为了准备南北航线，广州海运抽调了足够的人力、物力，组织船员尽最大努力把船舶维修保养好。经反复检查，尽可能排除船、机、电等故障，配齐南北线航行所需的航海文件、图书资料，相应恢复和增加一些必要的设备，以应付可能出现的故障和紧急情况。同时，根据所经航区特点，增加技术管理内容，进一步明确职责分工，对轮机部长时间热油、防冻放水、造水测量、凝结水含盐测量、船舶电台在隐蔽区的值班规则、驾驶台在船舶通过海峡的关键航段的值班和应变部署等，都做了细致明确的规定。

图 3–7　1972 年 10 月，“五指山”轮开辟南北绕航航线。

远程绕航南北航线试航的设计由交通部会同广州海运，参考 1968 年 6 月广州远洋公司“黎明”轮试航航线，周密分析国际国内形势，共设计了 3 个试航航线的方案。经报国务院、总参，1972 年 8 月 31 日获批准以第一航线方案为试航方案。该航线由八所港出发，向东经菲律宾属圣地亚哥岛、佛提岛航门，入锡布延海，再经提卡俄航门，出圣柏那提诺海峡进入太平洋，绕过台湾和琉球群岛，折入大隅海峡，然后驶抵我国北方港口。该航线航程为 3370 海里，比“黎明”轮的远洋航线航程缩短 1163 海里。航区范围东面限于东经 134 度 4 分以西，南面限于北纬 12 度 27 分 1 秒以北。这一航线位于国际通航水域，属近海航线，利于沿海船舶使用远洋船标志行驶，已取得合法性。为防止意外，航线距离台湾最近点不少于 600 海里，避开了轰炸机巡航范围，在南海海域部分虽与台湾舰船航线有交叉之处，但我海军可以事先掌握通报，组织回避。该航线虽通过菲律宾水域，经分析在当时的国际形势下，菲律宾不至于因我船舶通过其领域而另行制定歧视规定。

为确保迅速掌握情况，及时处理问题，试航船以及该航线初期的船舶调度、通信、联络均由交通部直接掌握。通信上规定船舶北上时从南方港口至草垣岛（日），南下时从北方港口至 P 点（北纬 17 度 52 分、东经 115 度 8 分）为隐蔽航区，在该航区内使用密码通信。为避免意外，规定必须在白天通过菲圣柏那提诺海峡。同时，配备两套领导班子参加试航，即政委，船长，大、二、三副，轮机长及大、二、三管轮各配备两名，其目的是一方面确保安全，另一方面为增加运力做准备。

经过数月认真、全面、充分的检修和准备后，冯云升船长率“五指山”轮于 1972 年 10 月 10 日从黄埔莲花山锚地起航，前往八所港装矿。临行前，广州海运军代表陪同交通部副部长于眉上船做动员，反复检查各项准备工作落实情况，鼓励全体船员坚定信心，排除万难，胜利开辟新航程。10 月 12 日，“五指山”轮在八所港正式受载。“五指山”轮是设有 3 层货舱的通用杂货船。为适应远航，避免在大风浪中出现倒矿损失稳性的可能性，在八所港装矿时，船员与港口密切配合，用了 10 天时间进行分层平舱，最后装载铁矿石 9000 多吨。

当时，这条被军事封锁了长达 20 多年的航线，只要是悬挂着五星红旗的国轮从这里经过，随时都有飞机和炮艇的威胁，更何况承担这次任务的是一艘从国外购进的废钢船。当时，作为一名具有十多年船长生涯的船长，冯云升心里比任何人都清楚这次任务的风险和艰巨。航线经过的海区又是太平洋盛行台风的生成和发展区域，每年有二三十个强台风生成，该航线几乎没有一处避风锚地，风险可想而知。但为了发展祖国航海事业，冯船长早已把个人安危抛诸脑后。10 月 22 日，“五指山”轮全体船员举行誓师大会。船员们一致表示：决不辜负上级的信任和期望，克服各种困难，一定要胜利地把船开到目的港大连。悬挂五星红旗的“五指山”轮从八所港徐徐起航，它肩负着海员和人民的重托，为开辟新航程破浪前进。

10 月 23 日，海面上刮起了强风，大浪汹涌。在剧烈的摇晃中，台湾当局数艘军舰由台湾向南沙群岛方向开去，为了避免在航线交叉处遭遇军舰，交通部先指示“五指山”轮提高航速，争取先于军舰冲过交叉点。但因强风达八级，海上风浪过大，船舶达不到预定航速，这个方案未能实现。后又指示绕航避过军舰，同时做好相关准备，防患于未然。经过几天的绕航，终于安全地避开了军舰。轮船航行靠近吕宋岛时，又遇上数架次美机向“五指山”轮俯冲和盘旋，该轮按原定航线行驶，不予理睬，美机见“五指山”轮是悬挂五星红旗的船只，就飞走了。

在南海航行中，风浪一直都很大，船舶横摇最大时达 30 多度，加上矿砂船重心低，摇摆周期较短，摇摆越来越剧烈，相当一部分船员缺乏远航经验，不少船员第一次遇上这样恶劣的环境和天气，不适应这种剧烈摇摆，晕船呕吐，甚至吃不下饭，睡不好觉，有的船员甚至提着小桶上驾驶台值班，一个班次内呕吐达 10 多次。但每个人都始终坚守岗位，聚精会神地做好本职工作，不叫苦不叫累，不要求派人顶班。为了保证船舶安全航行，船员们加强巡视瞭望，加强对船舶设备的监视和维护。大风浪把船首甲板面上的 5 条尼龙缆打松了，水手长沈满良带领几个水手，冒着被风浪卷下海的危险，坚持在甲板面上把冲散了的尼龙缆整理好，牢牢加固。重吊滑车因剧烈摇摆发生松动，水手郑树祥冒着生命危险爬上摇晃的重吊，及时把滑车固定好。海水把锈蚀严重的起货机罩打穿，海水涌进起货机内，浸湿了电动机，电工刘则成等夜以继日地修复电动机，经过清洗后再烘干保养，确保起货机到港时能正常使用。航行中主机透平冷凝器曾 5 次出现漏水的紧急情况，需要停车进行堵漏。1 次在菲律宾内海抛锚，另外 4 次均在太平洋西部漂航。船员们边呕吐边工作，最后一次漂航达 9 小时，甲板部已经休息的船员都发动起来参加冷凝器堵漏，共堵塞了 12 根冷凝管。平时需要 12 小时方能完成的任务，由于大家通力协作，密切配合，只用 4 小时就完成了抢险堵漏的任务。在交通部直接指挥下，"五指山"轮于 11 月 7 日胜利地抵达了目的地——大连港，完成南北线的试航任务，实际航程为 3185 海里。至此，在我国海上运输史上具有重要意义的南北航线宣告通航。

远程绕航南北航线的胜利通航，打破了美国和台湾当局对华南航区长达 20 多年的封锁，开通了南北海上运输的渠道，对于减轻铁路压力，促进南北物资交流发挥了重要作用。在交通部及广东省的直接领导下，1973 年，南北航线运输全面铺开。经过一年多的航行实践，广州海运对该航线各个航区的情况已基本熟悉，掌握了一定规律，实行了一些防范措施，一年多没有遇到过特殊的情况，也没有出现重大的安全事故，表明该航线基本走上正轨，初步形成了一条正常的运输生产航线。

远程绕航南北航线经一年多的运输生产实践，便显示出较高的经济效益。至 1973 年底计，共有 3 艘船舶投入该线营运，航行了 22 个单航次，全年运量达 182418 吨，上缴利润达 171.9 万元。若按租轮的租价每载重吨 2 英镑计算，全年为国家节约外汇达 36.5 万英镑。此外，该航线开辟后，使华南地区（特别是广东）长期积压的物资也得到及时疏运。如海南岛出产的国防建设急需的铁矿石长期无法运出，致使矿山不能维持正常生产，该线开辟后问题便得到解决。因此这航线不仅深受货主的欢迎，广东省委也表示满意。

1973 年，为进一步了解这条航线的经济价值，交通部组织交通部科学研究院、黄埔港务局、湛江港务局和广州海运 4 个单位，用了近 3 个月的时间，在广州、天津、北京、上海、大连等 9 个省市的有关港口和主要物资单位进行了经济调查，进一步证明南北航线对我国经济建设具有很重要的意义和作用，其经济效果也是明显的。另一方面也表明，南北航线是一条仍有潜力可挖的航线，主要依据是：

（1）该航线货源充足，货类品种不断增加。该线开始仅承运矿砂、煤炭两种，自 1973 年下半年起，即增加了糖、锰矿、铁矿、橡胶、杂货、磷矿等多种货类。

（2）经济效益高。可以节约大量外汇，平均每船每航次可节约外汇 17373 英镑。

（3）该航线绕距较长，既影响船舶周转，又增加了燃物料消耗。如 1973 年全年因绕航损失的货物周转量达 34439 万吨海里。若能进一步修改航线，缩短航程，可进一步提高经济效益。

当时投入该航线的船舶多系废旧船、退役船。由于技术条件、装卸条件较差，影响了营运效率。如三层货舱的"五指山"轮、"大通山"轮，装矿扒矿所需时间就接近整个航程所需时间。如改善船舶条件，营运效率将大为提高。

三、成功开辟第二条南北航线

从国际形势看，自从联合国大会恢复我国合法席位以后，与我国建交的国家越来越多。中日两国于 1972 年 9 月实现邦交正常化，中美两国在上海公报的基础上关系日趋友好，国际形势的发展也进一步抑制了台湾当局作军事冒险的可能性，为我国开辟更靠近大陆沿海、更经济的南北航线提供了条件。

其时，广州远洋公司的“祁门”轮于 1973 年 11 月成功试航了南北新航线。“祁门”轮的南北新航线较广州海运航线航距缩短近 1/3，距台风发源地较远，受台风威胁较小，是一条比广州海运航线更为经济的航线。在“祁门”轮试航南北新航线的启迪下，1974 年 2 月广州海运建议交通部以“祁门”轮南北新航线为基础，根据广州海运船舶条件开辟第二条南北航线，这一建议很快得到交通部的批准，并确定由“阳明山”轮承担南北贴近航线的首航任务。广州海运第二条南北航线设计，是由湛江出广州湾，经菲律宾吕宋岛北部的巴布延海峡进入太平洋，再经日属冲绳岛的久米岛西侧，直驶长江口花鸟山，再到北方港口。

图 3–8　1974 年 7 月，“阳明山”轮开辟南北贴近航线。

“阳明山”轮（图 3–8）是一艘万吨级的内燃机杂货船，1973 年被认为不适合跑远洋航线，从远洋退役后由广州海运接管。其主机多个气缸盖存在不同程度的裂纹，其余设备也存在不少问题。上级对“阳明山”轮航前的组织工作和思想工作很重视，配备了较强的船舶领导班子：船长樊发仁、王明德，政委吴金山，政治指导员洪振能，他们有丰富的航海经验和思想政治工作经验。轮机部则大多数是年轻人，尽管经验少些，但精力充沛，工作积极肯干，且有专业知识。接到试航任务后，在装货移泊中，“阳明山”轮的船员就遇到了难题——舵机油泵系统发生故障。当时湛江没有维修的厂站，要按时开航就必须靠船员自己来抢修。轮机员们二话没说，动手就干，连续苦战了二十多小时，终于排除了故障，保证了按原定计划开航。为了保证完成这次试航任务，在船舶党支部领导下，开航前在船上举行了宣誓大会。船员们个个情绪高昂，表现出战胜一切困难的决心和勇气。

1974 年 7 月 2 日，“阳明山”轮在湛江装载 9200 多吨磷矿后正式开航。为了确保船舶机器的正常运转和航行安全，船舶建立了严格的值班制度。政工、保卫人员在重点海域安排值班瞭望；轮机员在日常编制下采用双岗值班制（轮机长和三个轮机员分两班轮值）；驾驶值班人员加强瞭望，特别在东沙群岛和台湾东侧航段，几双眼睛严密监视着海面、空中的一切；电台保持 24 小时值班，报务员时刻收听着规定的频道。全船几十个船员都坚守在岗位上，空班的同志也主动走上甲板注视着周围的情况。当船航行到久米岛附近时，美军的海上巡逻机出现了，在“阳明山”轮上空盘旋、俯冲。这样的场面不少船员还是第一次亲身经历，但大家非常镇定。船员们一方面高挂五星红旗，保持着原航向、原航速昂首前进，另一方面坚守自己的岗位，以应付可能发生的一切事态。经过 7 天航行，“阳明山”轮终于到达了目的地——青岛港，胜利完成了开辟南北贴近航线的任务。

第二条南北航线较第一条航线具有三个优点：

（1）缩短航程近 1200 海里。以船速 14 节计，每航次航行时间减少 3 天半，可节约燃油 80 吨。

（2）原航线走峡长流急、转向点多、过往船多的圣柏那提诺海峡，贴近改走巴布延海峡，峡短且宽、转向点少、过往船少，提高了船舶航行的安全性。

（3）距台风发源地及台风通常的通路较远，遭遇台风的机会较少。

第二条南北航线较第一条航线也存在不足之处，如：

（1）该航线离东沙岛 110 海里，离台湾 220 余海里，离台湾东岸 320 海里，因而遭遇台湾舰船的机会较第一条航线为多。

（2）由于沿线几乎无防台锚地，遇有台风威胁，只有采取绕避的方法，即必须由锚地抗台办法转为行进中抗台办法，给该航线船舶抗台提出了新的课题。

南北航线由于绕航台湾，而且与台湾高雄至南沙、东沙群岛的舰船航线相交，随时都有与台湾当局舰船遭遇的可能。为了对付可能遇到的威胁，交通部制定下达防备干扰的具体措施：

一是对台湾舰船采取绕避或夜间通过航线交叉点的办法避免相遇。对有规律活动的台湾舰艇，如高雄至南沙、东沙之间的补给航线上，通过海军提供的情报，比较容易掌握；对机动航行或不定期巡航的台湾舰艇，则主要靠广州海运船舶的高度警惕，灵活处置。

二是尽量不暴露自己。北上船舶自离开华南最后一港始至草垣岛，南下船舶自离开北方最后一港始至 P 点（北纬 17 度 52 分、东经 115 度 8 分），定为隐蔽航区（南北新航线开辟后即改为静默区），在该区内规定使用密码通信（静默航区规定无特殊情况尽量不发报），并在该区内加强警戒，电台 24 小时不间断值班。

三是北上或南下的船舶都选择白天通过。

四是在国际通航水域，广州海运船舶以我国远洋公司船舶身份处理问题。

五是遇威胁处置原则以及人员武器配备均按远洋公司船舶的办法办理。

六是与美国、苏联船对遇时，采取不予理睬、照常航行的办法对付。

南北航线上的斗争与援越抗美运输线不同，闻不到火药味，这一斗争在于航行数年、常备不懈，执行规定、一丝不苟。在交通部的直接领导下，在军区的大力协助下，广州海运船舶通过艰苦努力，成功地避开了各种威胁和骚扰，保证了南北航线的通航。

从“五指山”轮首次开辟南北航线到阳明山轮试航第二条南北新航线成功，表明广州海运对南北航线的整个航区的掌握已日趋成熟。为此，1973 年 7 月起交通部又对航行南北线船舶的调度指挥、通信联络等方面进行了新的调整：

首先，调度权由交通部下放到广州海运。即凡在南北新航线航行的船舶，均由广州海运直接指挥，航行中的船舶动态由广州海运掌握。船舶开航前，北上船舶由船长直接向广州海运调度室请示开航命令；南下船舶可由船长用电话向交通部（由交通部转告广州海运）请示开航命令，并报航行计划。北上或南下船舶分别设待命点，船舶到达待命点，如未接到停航命令，即可直驶南下或北上。

其次，通信联络由原隐蔽航区改为静默航区。即船舶航行在北纬 16 度至北纬 27 度间无特殊情况不发报；如必须发报时，应根据情况使用信号或代密，取消密路通信，改为明码联络。

从此，“阳明山”轮开辟的第二条南北航线，列为广州海运正常经营的航线之一，业务蒸蒸日上，发展迅速。广州海运投入南北线的运力，从 1972 年的 1 艘船、载货定额 9700 吨，发展到 1978 年的 33 艘船、72 万吨，平均每年增加运力达 12 万吨。其间在补充老旧船的同时，还补充了部分新船。南北线的货运量也从 1972 年的 9000 吨增长到 1978 年的 676 万吨，平均每年增长 113 万吨；货运量的比重从占广州海运总运量的 40.6% 上升为占 59.6%，成为广州海运的重要运输航线，也是我国沿海直达运输运距最长、配备船舶运力最多、运量最大的航线。

与运力、运量大幅度增长的同时，货物品种也由矿石、煤炭扩展到石油、磷矿、纯碱、食糖、生盐 7 种，其中尤以石油增长速度最快。至 1978 年，油运量累计已达 983 万吨，占该航线同期总运量的 1715.2 万吨的一半以上，石油成为我国沿海运输的最大宗货类。

南北航线也为物资部门节省了大量的运输费用。仅以矿石、煤炭为例，1972 年到 1977 年，从海南岛为鞍钢运输矿石 102 万吨，比走铁路直达运输节约运费 1048.5 万元；为广东省从秦皇岛运到黄埔的煤炭 103.9 万吨，节约运费达 669.5 万元。

初步形成的南北航线，成为祖国社会主义建设事业的经济动脉。

四、穿越台湾海峡的南北航线试航成功

1978 年以后，国内外形势发生了很大变化。党的十一届三中全会胜利召开，制定了以经济建设为中心和改革开放的政策，我国国民经济建设开始进入大发展时期。南北航线经过 6 年平安无事的通航以后，国际形势又进一步向有利于我国的方向发展。1978 年 12 月 26 日，中美两国发表了联合公报，决定自 1979 年 1 月 1 日起建交，美国宣布断绝同台湾的外交关系。1979 年初全国人大常委会发表《告台湾同胞书》，提出在新的历史条件下，争取祖国和平统一正义主张。同时，国防部部长徐向前也签署命令，指示福建前线部队从 1979 年 1 月 1 日起停止对大金门、小金门、大担、二担等岛屿的炮击。中国对实现祖国统一大业采取的正确政策和态度，得到国内外各界人士的赞扬，台湾当局坚持反共和分裂的政策，在国际上日益孤立，失去一切道义和政治上的国际支持；加上我国海军的成长壮大，海峡两岸军事力量的对比发生变化，迫使台湾当局在军事上不敢轻举妄动，台湾海峡的局势趋向和平。在这一形势下，为了促进台湾与大陆间的往来，争取台湾早日回归祖国，进一步发展我国海上运输事业，促进祖国沿海口岸的物资交流，以适应“四化”建设的要求，无论从政治上还是从经济上考虑，国轮通航台湾海峡的时机已经成熟。

1979 年 5 月 17 日，交通部召开了专门会议，研究并部署了广州海运南北线船舶开辟通航台湾海峡的任务，广州海运副局长王鸿义和副总船长龚鎏参会。为了圆满完成上级交给的任务，广州海运成立了以王鸿义为首的五人领导小组，负责筹备试航工作。领导小组组织了专门力量制订试航方案（包括航线设计、通讯联络办法、指挥监护、安全保卫、应急措施等等），并专门组织船员熟悉台湾海峡的避风锚地及航行中应注意的事项等。他们还对各种设备进行了全面、彻底的检查，并组织民兵进行了实弹消防、伤病员救护等演习，保证船舶、船员以最佳的状态投入试航。

经过研究，最后选定“红旗 121”轮为试航船。开航前，领导小组上船召开动员大会，宣讲海峡通航的政治意义、经济意义，大家表示在试航过程中有“人在就有船在”的决心，

表示要发扬“一不怕苦、二不怕死”的革命精神，保证出色完成此次试航任务。为了加强船舶领导班子和各业务部门岗位的工作，让更多的船舶领导熟悉航线，为增加运力做准备，船舶主要技术干部配备了两套人马。船长是蒋晓曦，政治委员是吴康茂，指导船长是龚鎏。通过组织准备、政治动员、技术准备以及在船上增加两座12.7毫米口径的高射机枪等军事武装准备之后，“红旗121”轮（图3-9）便于6月10日上午7时满载18090吨铁矿，从珠江口起航，向台湾海峡驶去。

图3-9 1979年6月，“红旗121”轮开辟台湾海峡直航航线。

按试航方案，航线分为3段。第一段由珠江口到北纬23度，第二段由北纬23度到27度，第三段由北纬27度至长江口。第二段为通过海峡的紧要航段，广州海运规定船进入北纬23度必须立即发回联络电报，经指挥部根据情况复电后，船舶才继续北上。“红旗121”轮10日22时30分进入北纬23度后，即按计划部署了应对随时可能发生变故的组织措施和技术措施，警惕地航行。11日5时，通过东定岛，晨光中船尾还升起五星红旗。在整个海峡航行中没有发现特殊情况，但11日凌晨以后遭到一场暴风雨，过兄弟屿后，船上的“751”型雷达分辨不出岸形和雨云，定不了船位，福建海岸的“1S3”罗兰台又没有信号，海峡地貌不规则，又不利于用测深仪测深定位。“红旗121”轮船员通过冷静、细心的观察，发现所有的对遇船都从本船左舷通过，判断船已偏离了航线，便立即决定提早转入一个航向。25分钟后，雷达荧光屏上开始捕捉到乌丘和下屿岛的回波，随后闽北和浙南的“1S2”罗兰信号也能收到，船舶又重新行驶在预定航线上。11日18时30分，“红旗121”轮通过东引岛，12日傍晚顺利驶抵长江口。由此，封锁了30年的台湾海峡禁区终于被冲破，广州海运第三条南北航线——台湾海峡航线宣告试航成功。

在试航台湾海峡之际，为了油轮满载南下安全起见，广州海运也开辟了台湾东侧距岸100海里航线，此航线经钓鱼岛、与那国岛、巴士海峡、东沙群岛至华南各港。在台湾海峡通航数月后，峡内航船平安无事，南下的油轮也从台湾海峡通过了。

“红旗121”轮顺利抵达上海后，交通部副部长彭德清带领有关人员上船，广州海运局长高梦槐也赶到船上，对“红旗121”轮首航南北直通航线成功表示祝贺。在上海锦江饭店由交通部主持召开的试航会议上，龚鎏代表“红旗121”轮做了试航总结报告。彭副部长等领导对“红旗121”轮试航成功给予了高度的评价。通过台湾海峡的南北航线，经济效益更为显著。海峡航线的航程比原来绕航台湾东部公海航线少走774海里，从黄埔到上海几乎少走一半路程，“红旗 121”轮一个单航次即可节约 52 小时的航行时间和 70 吨的燃料油。此外，航行新航线属沿岸航行，沿岸有许多避风锚地，遭遇台风袭击的机会相对减少，航行安全更有保障。因此，自 1979 年 11 月底，广州海运南北线船舶已全部改航台湾海峡。

五、南北航线通航的重要意义

具有光荣传统的广州海运海员，学习大庆“自力更生、艰苦奋斗、开拓奉献”的精神，为振兴祖国海运事业，建筑起一条贯穿台湾海峡的“海上铁路”，使万里海疆上悬挂五星红旗的国轮代替了悬挂外国旗的租轮，终于实现了周恩来总理关于“力争 1975 年基本结束依靠外轮的局面”的指示，为国家节约了一笔可观的外汇。

南北航线的胜利通航，结束了南海与东海、黄海和渤海之间长达 20 多年的分割局面，使祖国万里海疆成为南北贯通的康庄大道，形成了广阔的水运网。新中国成立前，外国航运公司经营沿海运输是半殖民地的表现。新中国成立后的 20 多年里，因美国和台湾当局军事封锁台湾海峡，被迫使用租轮经营沿海运输。直至南北航线开通后，新中国才真正掌握了沿海航运的主权。南北航线对促进沿海口岸物资交流、国民经济繁荣等发挥了巨大作用。尤其是广东省国民经济发展需要的能源、重点物资、特区建设的基建材料和设备，以及保障人民生活的必需品等，都通过南北航线这条大动脉源源不断地运进来。同时，又将华南地区大量的物资及时地运出去。

南北航线的开辟和发展，提高了广州海运海员的航海技术，丰富了海员的航海经验，为广州海运开拓远洋运输事业打下了坚实的基础，也使广州海运进入了一个新的发展阶段。伴随着国民经济的发展，企业规模不断扩大。1973 年广州海运成立了专管南北航线船舶的船队与专管华南线（包括越南线）的船队。1978 年，广州海运调整了原来南北航线的华南线船队，改为专管油轮的第一船队和专管客货轮的第二船队。广州海运运输船舶管理从此向专业归口的方向发展。

南北航线是一条连接我国南北方的海上交通运输大动脉，这条航线运距最长，从北国边陲城市丹东港至南疆的新兴的防城港，运距 1698 海里；从天涯海角的三亚港至首都门户的天津港，运距 1836 海里，它又是一条经济合理的通道；从大连至广州海运直达 2496 公里，比铁路直达缩短 1023 公里；从海南岛（海口）至上海海运直达 2007 公里，比铁路加一段海运中转缩短 372 公里。南北航线跨越我国东南部沿海十余个省市，沿海岸集中了我国许多优良港湾和对外贸易运输的集散港，还连接大江名川。这些地区是我国经济发达、资源丰富、人口密集的地区之一，也是最早开放、商品经济最发达的地区之一。它途经我国一条黄金海岸带：4 个经济特区、14 个沿海开放城市、3 个“金三角”和海南岛开放地区。这一黄金运输线，对沟通南北物资和商品的交流，促进这些地区的经济发展和对外贸易，缓和铁路运输紧张，对特区的开发、港澳的繁荣都具有重要意义，并且随着时间推移越来越显示出它重大的价值。

南北航线打通了进入广东的海上通道，其经济上的意义不亚于建一条京广铁路，成为广东联系内地的两条交通大动脉之一。广东所急需的能源、粮食、钢材、化肥、轻工产品和特区建设的各种物资，可以源源不断地通过海路输入。自 1981 年以来，还从秦皇岛装运煤炭到香港的电厂，换取“电”输往省内，补充了广东电力的不足。另一方面，广东省的食糖、非金属矿石、“广货”“岭南佳果”和各类新产品——电子产品、服装、家具、食品，也可通过海运运往各地，故先后开辟过广州至上海、青岛、天津、营口、大连海上定期货班轮。因此，开辟南北航线得到省市领导的高度重视，被誉为广东省发展经济的又一条“生命线”。

1979 年内累计通过台湾海峡的船舶有 172 艘次，货运量 872.3 万吨，占广州海运局总运量 65.9%，比 1978 年南北航线货运量增长 32.7%；节约运力 730 万吨天，节约燃油 9270 吨，相当于节约燃料费 171.8 万元。由于南北畅通，货畅其流，至 1981 年底，广州海运南北线货运量比 1978 年增长 60%，已达 969.2 万吨，充分显示了这一航线对我国南北地区的经济交流所起的重大作用。1982 年运量突破 1000 万吨，首次超过京广铁路经过坪石限制口输入广东省的运量。1985 年，南北航线共 150 条，货运量达 1498 万吨。1988 年运量突破 2000 万吨。1989 年运量上升到 2256 万吨，又一次超过京广铁路南段复线建成后经坪石口的运量。长期以来，京广铁路衡阳以南复线未修通，每年有 300 万吨货物运不进来，铁路运输处于十分紧张的状态。广东省的出路只有依靠海运南北航线。即使 1988 年底南段复线修通以后，海运南北航线运输任务不仅没有减少，而且继续增加京广铁路与海运南北线——“海上铁路”两条大动脉，并行不悖地发挥各自优势，为广东省国民经济建设发挥出更大的作用。1990 年，广州海运局营运的南北航线 176 条，北方港口区间航线 11 条，货运量达 2337 万吨。

海运南北线还显示出它特殊的作用。1982 年 5 月上旬，广东省北部地区遭受百年不遇的暴雨灾害，有几个县被洪水淹没，灾情十分严重。而京广南段铁路源潭站以北一段铁路被洪水冲毁，中断运输达 12 天之久，不仅原由铁路正常运输的大量物资停运，中央调拨给广东省的 20 万吨煤炭、水泥等救灾物资，也无法运进来。正是此时，通过广州海运船舶所经营的“海上铁路”源源不断地将急需物资抢运进来，有力地支援了灾区恢复生产、安定生活。

1988 年广西壮族自治区遭受严重自然灾害，广州海运接受了国家下达抢运救灾玉米的任务，迅速调集了 14 艘万吨级以上的大船，陆续开往秦皇岛港、大连港抢运玉米 29 万吨到防城、北海两港，把党和国家的关怀及时送到灾区人民手中。

1989 年，铁路运输受阻，呈现运输紧张，而广州海运船舶没有停止过运输，抢运食盐 3 万多吨，保证广州市市场供应，稳定了民心。七八月间，广州海运响应中央号召，保“电煤”运输，保证生产不滑坡，每月抢运煤炭超过百万吨，创煤运历史记录，受到上级部门的表彰。广东省副省长张高丽到广州海运慰问鼓励广大海员职工坚守岗位，保证南北物资运输畅通，为广东的改革开放、稳定局势和经济发展做出贡献。

广州海运通过南北线为海南省运输各类物资，也受到海南省政府的重视和赞誉。海南岛与大陆隔海相望，进出岛物资绝大部分靠海上运输，特别海南建省、办大特区后，进出岛物资急剧增加，为保证海南开发建设和人民生活急需的煤炭、粮食及出岛的矿石、食糖、橡胶等物资，长期以来由广州海运船舶承运为主。

1972—1997 年广州海运南北航线货运量见表 3–3。

1972—1997 年广州海运南北航线货运量（单位：万吨） 表 3-3

年份	货运量	其中		年份	货运量	其中	
		南下货运量	北上货运量			南下货运量	北上货运量
1972	0.9	0	0.9	1985	1498	1186	312
1973	17	8.7	8.3	1986	1648	1309	339
1974	52			1987	1948	1580	368
1975	183			1988	2091	1801	281
1976	266			1989	2256	1922	334
1977	527			1990	2337	1985	352
1978	657			1991	2503	2101	402
1979	872			1992	2711	2261	450
1980	858			1993	2783	2303	480
1981	969			1994	2977	2400	577
1982	1171			1995	2701	2037	664
1983	1342	1096	247	1996	2855	2011	844
1984	1494	1171	323	1997	2655	1744	911

第六节 中越航线的恢复与断航

越南中部临时卸货点有宇岛、罗岛（筝河口）等，这些临时卸货点是在 1969 年为援助越南人民的抗美救国斗争而开辟的，在越南战争期间一直保持着运输联系。1972 年，广州海运有 61 艘次船舶航行在中越航线上。1972 年 12 月 27 日，"红旗 151"轮首抵下龙格万口。

从 1973 年到 1975 年，中越航线处于战后恢复时期。广州海运船舶满载中国人民对重建家园的越南北方人民的支持和情谊，重新航行到海防、鸿基等越南北方的港口，发展贸易运输。广州海运一方面不断扩大与越南北方的正常贸易运输，以运煤为主，货运量逐年增长；另一方面继续向越南中部沿海临时卸货点派船，支援越南南方人民的民族解放斗争。巴黎协定签订后，广州海运仍继续派船到这些临时卸货点，为援助越南南方人民的解放斗争运送了以粮食为主的大批援越物资。从 1973 年巴黎协定签字到 1975 年 6 月越南中部航线结束，中越航线总运量达 189.4 万吨。越方感念中国海员在战争中所做出的贡献，给予友好的回应，越方代表团多次到广州海运访问，感谢我国给予越南人民的援助。

1973 年 1 月 26 日，"红旗 160"轮首抵广平省筝河口。1973 年 1 月 27 日，巴黎协定签订。1 月 31 日，"红旗 151"轮首抵格日丽口。这 3 个临时卸货点（龙格万口、广平省筝河口、格日丽口）共抢运了数万吨物资。同年 2 月 5 日，"红旗 088""红旗 089""红旗 157"3 轮驶入扫雷后的海防港，恢复了越南北方航线。为把援越物资直接送到越南南方人民手中，1973 年 9 月 1 日，“1018”轮第一次驶过北纬 17 度，抵达越南南方共和临时革命政府所辖的广治省越门港、东河港。这是自越南战争以来，驶抵越南南方共和临时革命政府所辖地的第一艘外国船。

1973 年 2 月 18 日，越南交通运输部部长潘仲慧在中国治病回国前，在越南驻广州总领事陈文通的陪同下，到广州海运及海轮进行访问。同年 4 月 25 日，潘仲慧部长在越南海运局局长黎文奇等陪同下，探望了靠泊在海防港码头的“红旗 157”和“红旗 153”两轮的全体船员。他们在谈话中代表越南劳动党中央、越南交通运输部热情赞扬和衷心感谢中国海员为支援越南人民所做出的巨大和有效的贡献，并深切感谢中国海员不断向越南运送物资，支援越南人民的革命事业。越南《人民报》在第一版刊登了潘仲慧部长探望两轮的消息，并特别说明了“红旗 153”轮是 1968 年底首次把援越物资直接送到义安省的中国船舶，而“红旗 157”轮则是在巴黎协定签字后，首批开进海防港的中国 3 艘货轮之一。

1973 年 11 月 23 日，由越南南方民族解放阵线中央委员会主席团主席、越南南方共和临时革命政府顾问委员会主席阮友寿，外长阮氏萍率领的代表团，在邓小平同志的陪同下，参观了广州海运停泊在黄埔港的“红旗 135”轮。阮友寿主席向港口工人和船员发表了友好讲话。他说：“今天我们同直接支援我们斗争的人们会面，心情无比激动。中国船员克服千难万险，把许多物资送到越南的港口，支援我国人民的正义事业，对此我们表示钦佩。”

1974 年 5 月，应我方邀请，以黎文奇为团长的越南民主共和国海运代表团访问我国，签署了中越两国《会谈纪要》。同年 10 月，根据这一《会谈纪要》精神，经广州海运驻海防办事处刘成龄同志与越南海运局副局长邓文戈会谈，确定了越南锦普、鸿基两港的蟑螂岛、桔岛为我国船舶引水锚地。

自 1974 年 7 月 1 日起，广州海运行驶中越线商船取消战备航线，由各船根据实际情况决定航线。1975 年 5 月 2 日（越南南方全部解放的第二天），“红旗 155”轮首抵岘港。6 月 5 日，“大庆 210”轮也首抵西贡港。1975 年 8 月上旬，广州海运根据交通部电话通知，不再派船去宇岛、罗岛，越南中部航线才宣告结束。这些友好活动反映了越南人民同我国人民的友谊，同时也是中国船员在越南战争期间给予越南人民真诚无私援助的明证。

在短短的 3 年时间里，中越之间航运有了一定的发展。但随着中越两国关系的变化，中越贸易和航运关系日趋淡薄，给中越航线特别是对越南北方的运输带来了一定的影响。1973—1975 年对越南北方港口的运输量平均每年为 61.4 万吨，虽然每年有所增长，但仍远低于战前（1955—1964 年）年平均运量 73.26 万吨的水平。1976 年以后，年货运量呈直线下降趋势。

1976 年 5 月 7 日，“红旗 150”轮引领 3 艘拖轮驶往柬埔寨，经越南南方以南公海时，越南 3 艘小炮艇无视国际公海法，其中 1 艇拦截“红旗 150”轮，并鸣枪警告，“红旗 150”轮对此行动未予理睬，照常航行，越炮艇自行离开。自 1977 年 12 月，越方拖延贸易合同，交煤量逐月减少。至 1978 年 3 月，运煤船在越港口最多时达 4 艘，平均在港停时增到 17.11 天，损失运力 274 万吨天。1978 年 1 月 1 日，“红旗 162”轮装载援柬物资自湛江港驶抵磅逊港。随后，“红旗 152 轮”也参加了援柬运输。12 月 27 日，“红旗 117”轮在锦普港装载一批煤炭回国。至此，中越航线中断。

第七节　坚持“人才优先、以人为本”

1978 年 3 月 18 日至 31 日，全国科学大会在北京召开。邓小平同志作重要讲话，强调科学技术是第一生产力，[①]“四化”的关键是科学技术的现代化，指出我国知识分子的绝大多数已经是工人阶级的一部分，是党的一支依靠力量，要在我国造就更宏大的科学技术队伍。当年 10 月 10 日至 11 月 4 日，中共中央组织部分批召开落实知识分子政策座谈会。会议指出对知识分子要充分信任，放手使用，做到有职有权有责；调整用非所学，做到人尽其才、才尽其用；努力改善他们的工作条件和生活条件。

一、重视知识和知识分子的作用

重新评价知识和知识分子在建设祖国方面的作用，落实知识分子政策，也是党的十一届三中全会以来政策上拨乱反正的最大转折之一。给知识分子去掉“臭老九”的帽子，把他们作为工人阶级的一员给予信任和重用，这一生产关系的调整，必然带来科学技术生产力的解放，加速祖国建设的进程。1978 年全国科学大会召开以后，恢复了科学技术的本来面目，科技工作得到重视，邓小平同志是年发表了“科学技术是第一生产力”和“新中国的知识分子也是我国工人阶级的一部分”的论述，对摆正知识分子的政治地位和正确评价他们在“四化”建设中的作用，阐明了理论依据，从此落实知识分子政策便赋予新的含义。

广州海运的知识分子队伍构成主要为：新中国成立前学习、工作，新中国成立初便参加革命工作的，包括起义人员和北归人员；新中国成立后我国大专院校和部队培养的专业人员；广州海运自己培训的专业技术人员。随着企业的发展，上述三类技术人员大部分已成为广州海运的中坚力量。但由于极左路线的干扰，知识分子只能接受长期改造的任务，极少数得到重用的也是在“利用”这一极左政策思想指导下给予的“恩赐”。知识分子长期得不到信任，知识和技术长期被带上“白专”的枷锁。

1978 年，随着全国形势的变化，广州海运抓紧落实知识分子政策，强调尊重知识和人才，成立了科技处和科学技术研究所，召开科技大会，把科技工作提到议事日程上。1979 年，通过认真考察和选拔，报交通部批准，任命了 1 名总轮机长、1 名副总船长和 1 名副总轮机长，还任命了 4 名主任工程师、50 名工程师、40 名技术员和助理技术员，晋升船舶三副、三管轮以上技术干部 202 人，提拔各级各类干部 400 名，其中技术业务干部占 82.2%，非党领导干部 7 名。这是解放思想、落实政策的一个成果，是党的组织路线得到贯彻执行的具体体现。不少老船长、老轮机长由于政策落实，心情舒畅，热情很高，生产敢抓敢管，技术做好传帮带，充分发挥了他们的技术专长，对搞好安全生产起到了很好的作用。

1980 年广州海运通过考察和选拔，经交通部批准，第一批内先后任命了总船长、副总船长、总轮机长、副总轮机长各一名，高级工程师 10 名，工程师 119 名（其中 4 名为主任工程师），助理工程师 224 人，晋升和提拔了一批船舶技术干部和技术业务干部，在各级

---

① 中共中央文献编辑委员会编:《邓小平文选》(第三卷)，北京：人民出版社，1993 年，第 269 页。

领导班子中增加了知识分子的比例，并有计划地提高各级领导干部的文化水平。对技术干部实行了技术考核制度和技术职称评定制度，对科技成果实行了奖励制度，创办了《海运科技动态》《航海》等科技刊物。知识分子和科学技术在广州海运的各项工作和活动中，开始被摆正了位置，发挥应有的作用。

二、培训工作恢复正常秩序

20 世纪 60 年代前期蓬勃发展起来的广州海运职工业余教育，由于受到“文化大革命”的冲击，一度名存实亡。此一停顿，直接影响广州海运船舶技术干部的补充和提高。其时，全国各大专院校“停课闹革命”，专业教育停顿，院校培养的技术人员来源枯竭，而 70 年代开始，广州海运南北线的发展，船舶数急剧增加，船员缺乏的问题更为突出。在这种情势下，为了应付生产形势的迫切要求，只能用自力更生的办法，量才破格使用受过专业教育的在职船员，提拔有航海经验的工人，从海军补充转业或复员军人，因而培训工作更为燃眉之急。1970 年广州海运便先后恢复在营运船和报废船上办船员培训工作。培训方式有 3 种：一为不脱产，以跟班传帮带的方式；二为在院校帮助下，在营运船上办学习班；三为自办海运学校或请外校代培。由于当时教育思想的混乱，三种教育方式往往是彼此掺和的。这一时期举办过的培训班主要有：

“红旗 136”轮于 1974 年退出营运，“红卫一号”客货轮于 1973 年报废，此两船于 1973—1975 年间培训了船长、轮机长、电机员、报务员、水手等共 283 人；1975 年“红卫六号”客货轮也报废改为培训船，至 1979 年止也培训了三副、三管轮、电机员、报务员、电工等 620 人；另于 1977 年 3 月至 6 月，在“红旗 088”和“红旗 102”“红卫三号”“红卫 12”和“红卫 13”5 艘营运船上举办了“七二一”工人大学性质的航海大学，任务和学员分配到船，要求按船员职务分工成套培训，航海大学共培训了学员 109 名。

广州海运于 1973 年 4 月重新举办海运学校，在广州海运英德水泥厂开学，旨在为广州海运及交通部在华南单位培养船员，设海船驾驶、轮机修理、船舶电工、船舶通信 4 个专业，但因师资配备不足，上述 4 个专业未能招生，仅附设的技工部招生 80 人，其中车钳班 29 人、水手班 51 人。1974 年 10 月，技工部迁回广州，在报废船“红卫一号”轮上上课。1975 年 4 月，校址移至停航船“红旗 136”轮。1973—1977 年，广州海运学校招收技工部学员 950 人，交由广州海运菠萝庙航修站、广州港机厂、汕头港和武汉河运学校代为培训。1978 年，广州海运学校迁址菠萝庙，并通过统考招收中专班学生。

20 世纪 70 年代中期，广州海运的培训工作发展很快，但受当时极左思潮影响，教学活动偏重于掌握实际操作，以干代学，不重视基础理论学习，特别是不脱产培训方式，学员学习期满，只凭船上党政领导认为可以，便予以代职使用。因此，培养的船员虽然能解一时之急，但由于基础理论学得少，分析问题和处理异常问题的能力水平较低，给安全生产带来潜在的不利因素，相对地降低了船舶技术队伍的技术素质。“文化大革命”前广州海运船员受过大专航海技术教育的占总数的 55.56%，1978 年这一比例明显下降到 22.2%。

1978 年底党的十一届三中全会以后，各行各业都抓了一个“考”字，以此促进各行业的质量调整，技术人员的考核和考试制度也逐步建立起来。为了适应新局面的需要，广州海运针对自身技术力量状况，也相应采取了如下一些措施：

从 1979 年起，广州海运先后恢复任用副总船长和副总轮机长，以加强航监和机务工作，建立船舶技术管理的正常秩序。另外恢复了船员考证考试制度，还成立了专门的教育机构——教育处，加强船员的教育和培训，从长远角度抓好船舶安全工作。1979 年 3 月，成立了工人、技术人员技术业务考核领导小组，以“考”字开路，在全局范围内掀起了为建设“四化”学习业务技术和科学文化知识的热潮；为了全面考核提高船舶技术干部和工人的技术水平，当年分别对 1104 名干部船员和 1455 名普通船员进行了考核。与此同时，下属各单位也采取多种形式积极开展职工业余教育和培训工作。如营运船“红旗 088”轮和“红旗 172”轮等 7 艘船从本船实际出发，开办了各种专业班和业余学习班，专门专项培训本船船员；广州海运本部也举办了 4 个电视大学英语班。1979 年内，下属各港、厂、站自办各类业务培训班共有 42 个、18 个专业，学员达 1150 人。各单位还普遍开展了岗位练兵和技术提升活动，提高工人应知应会技能和实际操作本领。1979 年初在“红旗 088”轮召开基本功汇报表演现场会议，广州海运教育科全年发放和翻印各种技术资料、教材 25000 多册，对推动全体职工业余技术学习起到一定的作用。

三、筹建职工医院

1972 年 5 月 3 日，广东省海运管理局革命委员会向省交通战线提出，市各医院由于病床较紧张，往往有些船员患病得不到及时治疗，给工作带来一些影响。根据广大群众要求，局革命委员会研究，本着自力更生、因地就简的原则，将黄埔新围仓库改建为职工医院。

1974 年 1 月 5 日，交通部广州海运管理局向交通部计划局上报《广州海运医院设计任务书》，指出根据交通部计划局、人事局多次指示和广大职工要求，计划在广州市内建一所病房 450 床位，门诊日均 900 人次的综合医院。

《广州海运医院设计任务书》进一步提出，广州海运局担负着华南沿海和越南等航线的运输任务，除船队外，下属还有四港（汕头港、海口港、八所港、三亚港）、三站（菠萝庙航修站、供应站、通信站）、一厂（港机厂），共有职工 14700 多人，加上家属达 58000 多人。随着我国外贸任务增加和南北航线的逐步开辟，海运事业将发展很快，广大海员和港口工人所肩负的任务将更加艰巨和繁重。海员工人坚持在生产第一线，但在长期工作中，时发各种急慢性病、传染病及外伤。由于广州海运局没有相应的治疗机构而得不到及时治疗和住院，不少职工带病工作。尤其家不在广州的船员，即使患了传染病也只能住在招待所里，不但生活无专人照料，而且易造成疾病的蔓延和流行，影响了正常工作。兴建广州海运医院是广大海员和港口工人的强烈要求，也是亟待解决的实际问题。

广州市中山大学东侧交通很方便，当时有市内公共汽车 14 路和 25 路直达医院门口，高压电线路和自来水管道在建筑用地旁边通过，接用方便、经济，地势平坦且较高，东西两边是学校，北边是田野，南边临新港路，环境清静，是一块较理想的医院用地。

1974 年 2 月 22 日，交通部《关于广州海运医院设计任务书的批复》指出，为解决广州地区部属水运单位职工和家属的医疗问题，必须在广州地区建设一所医院。因此，同意广州海运局在广州市中山大学东侧建一所综合性医院。

1979 年 2 月 15 日，广州海运局报送交通部《关于广州海运医院体制管理等问题的报告》提出，广州海运医院为处级单位，医院业务由交通部专业局领导，党的关系、政治工作由广州海运局代管。其机构设置、人员编制由医院制订方案报交通部审定后，下达执行。干部配备以广州海运局为主。

四、职工“安居”才能“乐业”

广州海运自 1953 年开始宿舍建设。从 1953 年到 1979 年，共 26 年的时间里，广州海运先后建设了石冲口远安街、荷包岗、南华东等宿舍共 59845 平方米，平均每年 2301 平方米。按职工人数平均，每人占有住房建筑面积 5.6 平方米。与国家规定大型厂矿企业每职工平均住房建筑面积 20 平方米相差甚远。当时这些宿舍都是三四层楼房，标准较低。由于船舶逐年增加，宿舍没有与运力增加的同时配套建设，造船投资没有包括宿舍投资，不像港口建设那样，生产生活设施一齐配套进行，造成运力越增加，宿舍越紧缺，许多职工居住问题长期得不到解决。有的职工三代同挤住一间房，有的结婚多年也分配不到住房。广大船员在海上日夜辛劳，返家后居住条件仍很差，住房的困难给生产的发展带来了一定影响。

党的十一届三中全会以后，广州海运深刻认识到职工“不安居就不能乐业”的重要关系，在交通部的支持下，为解决职工住房紧缺的困难做出了很大的努力。广州海运从宏观上确定了总体规划，提出了“五年扭转困难局面，十年基本缓和”的奋斗目标，集中力量实施。但是，要实现这一目标，难度很大，除了解决投资问题外，还有许许多多困难。以往建一栋宿舍，常常要两三年以上时间。《羊城晚报》于 1980 年 10 月 4 日发表文章《建房关卡多，如陷八阵图》，计算过在广州市要建一栋房子，在一般情况下，从提出建房计划、层层报批，一共要经过 45 道手续，盖 45 个公章。再加上当时施工力量和原材料紧缺，可知其难度之大。广州海运领导下定决心，从局机关和船队抽调力量组建了三个住宅筹建办公室，迎着征地、拆迁、施工队伍和材料等方面的困难，采取多条渠道进行的方式，积极发展广州海运住房建设，先后筹建沙园、隔山、石冲口三个住宅区。广州海运安排基建投资计划时，把宿舍建设投资作为重点解决，每年宿舍建设投资都保持在 1000 万元左右，占全局基建投资的 70% 以上。在计划、财务、供应等部门的配合下，广州海运与船队及各二级单位共同努力，从 1979 年起步，1980 年初见成效。1980 年一年即建成宿舍 15 栋，32652 平方米。

第八节　拨乱反正助推生产发展

粉碎以江青为首的“四人帮”反革命集团后，1976 年 11 月，中共中央在北京召开全国宣传工作座谈会，提出揭发批判“四人帮”的罪行。12 月中共中央将《王洪文、张春桥、江青、姚文元反党集团罪证》批转全党，系统地公布了“四人帮”篡党夺权的阴谋和罪行，全国迅速形成群众性的批判高潮。由于“四人帮”的残余分子还在许多地区和部门存在，极大地阻碍了拨乱反正工作的正常开展，为此中共中央决定在全国范围内彻底清查“四人帮”帮派体系。各级有关领导遵照中央的指示，实施坚决有力的措施，为开展清查工作扫除障碍。经过两年多的清理，基本肃清了“四人帮”在组织和思想上的残余和影响。

一、揭批“四人帮”促进生产

1977年，广州海运干部职工按照中央和省委的部署，从年初到9月底进行了揭批“四人帮”篡党夺权阴谋的第一战役，以及揭批“四人帮”反革命面目及其罪恶历史的第二战役。从10月开始，打响了揭批“四人帮”反革命修正主义路线实质及其在各方面表现的第三战役。

在揭批“四人帮”的斗争中，各单位领导同志立场坚定，旗帜鲜明，加强对运动的领导，广泛学习和运用大庆“三大讲”（即大讲“四人帮”横行时，党受其害，国受其害，身受其害的深仇大恨；大讲同“四人帮”针锋相对做斗争的经历；大讲同“四人帮”斗争的经验体会）的经验。大多数单位在“三大讲”中，做到领导层层带头讲，典型引路深入讲，重点问题反复讲，联系本港、厂、站、船实际，对“四人帮”干扰最大、流毒最深的问题，人人讲危害，普遍受教育，形成一个生动活泼、扎扎实实的群众性自我教育运动。汕头港针对“四人帮”破坏港口，企业管理混乱、生产徘徊不前等问题，开展“要不要党的领导”“要不要进行党的基本路线教育”“要不要搞好社会主义生产”“要不要坚持合理的规章制度”等专题讨论。全港“三大讲”共开展了800多场，3000多名职工人人上阵，个个建立了新旧社会“两本账”，讲出了对“四人帮”的深仇大恨，讲出了对毛泽东的热爱，激发了大干社会主义的积极性。该港青年工人林某，受“四人帮”无政府主义思潮的毒害，1976年打架10多次，旷工70多天，人称“难剃头”。党支部在“三大讲”中同他一起忆苦谈心，狠批“四害”，提高了他的政治觉悟，最后林某被评为先进生产者，还当上青年班副班长，群众高兴地说：“‘难剃头’变成了青年班的‘小火车头’。”“红旗108”轮“三大讲”活动着重做好艰苦细致的思想政治工作，特别注意在发动后进层上下功夫。全船5个比较后进的船员都消除顾虑，讲出自己身受其害的苦头，决心在“五赛五比”竞赛中争上游，8月份全部被评为学大庆红旗手。通过开展“三大讲”和路线对比活动，广大职工的精神面貌焕然一新，心情舒畅，思想活跃，党的实事求是、密切联系群众的思想路线和优良传统、作风正在恢复和发扬。被“四人帮”长期搞乱了的一些路线是非正在逐步澄清，促进了海运事业的大治快上。

各单位始终把清查工作作为揭批“四人帮”的重要组成部分，对同“四人帮”有牵连的人和事，一件一桩不含糊，一人一事不放过。广州海运运动办派出专案组协助城安围航修站，放手发动群众，对两个重点对象进行深入的清查，做到清查与揭批相结合，专案工作同群众清查相结合。在揭批“四人帮”的斗争中，广州海运各级公安部门深入传达贯彻全国第二次铁路治安工作会议和交通部直属港航治安工作会议精神，开展党的基本路线教育和反腐蚀斗争教育，发动群众，狠狠打击贪污盗窃、投机倒把和各种刑事犯罪分子的破坏活动，搞好安全防范工作，使企业生产秩序大为安定，广大职工群众拍手称快。

二、深入开展“工业学大庆”运动

大庆油田，是我国工业战线上的一面红旗，是我国最大的油田。自 1960 年投入开发建设到 1990 年，累计为国家生产原油 10.1 亿吨，向国家上缴利润和税金 779 亿元。20 世纪 60 年代初打响的大庆石油大会战是一部艰苦创业史，在会战中创造了不少好经验，创立了“大庆精神”，获得党中央肯定。其主要内容是：为国争光、为民族争气的爱国主义精神；独立自主、自力更生的艰苦创业精神；讲求科学、“三老四严”的求实精神；胸怀全局、为国分忧的无私奉献精神。“大庆精神”对广州海运建设和发展一直发生着深刻的影响。广州海运在 20 世纪 60 年代和 70 年代广泛开展的“工业学大庆”运动，使大庆精神在各港航单位深深地扎下根。

毛泽东同志早在 1964 年就发出了“工业学大庆”的号召。周恩来同志曾经指出：“大庆是学习和运用毛泽东思想的典范；是大学解放军，具体运用解放军政治工作经验的典范；大庆始终坚持了集中领导同群众运动相结合的原则，坚持了革命精神和科学态度相结合的原则，坚持了技术革命和勤俭建国相结合的原则，全面体现了社会主义建设总路线的多快好省的要求。”

20 世纪 60 年代初，广州海运广大职工在局党委领导下，掀起了贯彻“鞍钢宪法”“工业学大庆”的热潮。粉碎“四人帮”后，广州海运响应党中央号召，成立了“工业学大庆”办公室，组织了赴大庆学习参观团，1977 年 6 月在全局工业学大庆会议上，表彰了 5 个“工业学大庆”标杆单位、3 位“工业学大庆”标兵、60 个“工业学大庆”先进单位（集体）、131 名“工业学大庆”先进生产（工作）者。在全国和广州海运“工业学大庆”会议推动下，广州海运再一次掀起了“学大庆业绩，创大庆式企业”的群众活动新高潮（图 3-10）。

图 3-10　广州海运工业学大庆会议全体代表留影。

在大庆精神鼓舞下，广大职工发扬大庆人为国分忧的爱国传统、艰苦创业的英雄本色、无私奉献的高尚情操，推动了企业各级领导班子和职工队伍建设，促进了企业安全生产。南海英雄船“1018”轮在履行援越运输的国际主义义务中，涌现了大批危险吓不倒、艰苦难不倒的英雄船员。继承“1018”轮建制的船舶于 1969 年复航，始终坚持形势教育、传统教育不断线，坚持严格的科学管理制度，连续十年在安全生产上打胜仗，多次评为广州海运、广东省“工业学大庆”先进集体。1972 年担任开辟南北航线首航任务的“五指山”轮，是一艘已有 32 年船龄的废旧钢船，首航途中虽然 4 次漂航抢修，美国飞机多次在其在上空盘旋，还有台湾当局军舰挑衅，但该轮依旧勇往直前。由于老船设备陈旧，加上两年没有进厂修理，很多管系早已烂穿，船员们发扬了苦干大干精神，自己吊缸检修 9 台大型泵浦；原已废置的污水泵，经十几次检修改装可以勉强使用；造水机的蒸发管和冷凝管烂穿，船员们利用装卸货时间，连续奋战三天终于修复。他们还自力更生更换蒸气排气管 40 米、水管 10 米、污水管 6 米，改装旧设备和修旧利废共 20 个项目，冒着五六十摄氏度高温对机舱舱底拷锈达 300 平方米，清洗锅炉 1 个，清洗油柜 3 个。船员们自豪地说："人员新怕什么，船舶老怕什么，故障多不可怕，大风大浪也不可怕。"他们就是以大庆铁人艰苦创业的精神鼓舞斗志，团结协作，保证"五指山"轮这条废钢船连续 6 年安全航行在南北航线上，连续 4 年被评为广州海运工业学大庆先进船舶。"航修一号"轮的船员发扬艰苦创业挖潜力，敢打硬仗闯新路，小蚂蚁战大象的精神，1976 年组建投产后，坚持服务上门，甘当配角，日夜突击，出色地完成了繁重的航修任务。1977 年他们完成了 13 艘次航修任务后，又连续作战，提前 4 天完成了七万吨级的"大庆 252"轮主副机的修理工程，提前 12 天完成五万吨级"大庆 250"轮 106 项工程的航修任务，成为深受运输船舶欢迎的"赤脚医生"船。

1974 年，"红旗 088""红旗 089""红旗 095"三轮和"红旗 136"轮的船员在支援西沙海战运输中，一不怕苦，二不怕死，及时把战备物资运到西沙前哨，受到有关部门的赞扬。为了加速发展社会主义水运事业，广大船岸职工千方百计挖掘生产潜力，主动搞好船、港协作，运输生产搞得热气腾腾。4 月下旬，"红旗 144"轮在海口港湾卸煤，船员们把港口工人的困难看成是自己的困难，不怕麻烦，不怕劳累，边卸货边移船位，调整吊杆 100 多次，协助港口卸煤 400 多吨。5 月 26 日，"红旗 163"轮从越南返航途中勇战 7 级风浪，抢修主机故障，抵黄埔港前又发扬不怕疲劳连续作战的精神，升起吊杆，打开舱盖，做好卸货前准备工作，保证港口赶在月底前完成抢卸任务。"红旗 186"轮船长顶烈日、战高温、学屯昌、鼓干劲，和工人一起在大舱里吊装重件。"红旗 148"轮船长陈祖荣急运输之所急，因"红旗 147"轮船长接急电离船回家，他主动提出到"红旗 147"轮代理一个航次的引航工作，当"红旗 148"轮在湛江卸完货后，他又驾驶着满载矿砂的"红旗 147"轮从八所返回湛江，创造了一个航次引领两艘船的先进事迹。

广大港口工人鼓干劲、争上游，快装快卸，为缩短船舶停时、加快船舶周转而日夜奋战。5 月 18 日，八所港装"红旗 143"轮块矿 10140 吨，只用了 10 小时 55 分，特别是装"雪莲"轮平炉矿 16550 吨，仅用 14 小时 15 分就装完赶高潮离港。6 月份，汕头港在大雨连绵，全月受雨天影响停工 150 个小时的情况下，港党委及时分析生产形势，召开 3 次紧急动员会，发出"战雨天、夺高产、迎七一"的号召，全港工人鼓足干劲，"下雨坚持干，雨停争着干，晴天拼命干"，机关科室和队厂干部星期天不休息投入战斗，终于超额完成上半年生产计划。

粉碎了"四人帮"，扫除了"工业学大庆"的障碍，广州海运广大职工举旗抓纲学大庆，各级党组织首先抓领导、抓认识，保证了"工业学大庆"健康地开展。1977 年 1 月初，广州海运和各港、厂、站先后成立了"工业学大庆"专门机构。2 月港航工作会议总结了广州海运学大庆的经验教训，提出了 1977 年 9 项战斗任务。在全国"工业学大庆"

会议的强劲东风推动下，6月广州海运召开了规模空前的全局“工业学大庆”会议。这次会议提出了广州海运1977年普及大庆式企业（集体）的规划，树立了7个标兵个人和标杆集体。不少单位对照大庆和先进单位揭矛盾、找差距，修订年初制定的规划，决心迈开大步提前进入大庆式企业（集体）的行列。在“1018”轮向全局发出开展革命竞赛的倡议以后，有30多艘船舶开展了部门流动红旗赛、个人插红旗等竞赛活动。“红旗155”轮同八所港“永向前女工五班”互相传经送宝。不少船舶提出“远学大庆，近学‘1018’‘五指山’‘红旗155轮’轮机部”的口号，到这些“工业学大庆”标杆单位观摩学习，出现了一个虚心学习兄弟单位好经验的好风气。从2月到9月，广州海运先后组织了4批共23个学大庆蹲点工作组、调查组共66人次，重点到规划1977年建成大庆式企业（集体）的单位蹲点和调查研究，帮助这些单位创办大庆式企业（集体）。在大战第四季度中，广州海运又多次召开学大庆座谈会、汇报会、经验交流会，派出工作组开展群众性大检查和年终总结评比活动。这三次大宣传、大发动，使广大职工提高了对学大庆重要意义的认识，加深了对大庆油田基本经验的理解，进一步促进了广州海运“工业学大庆”群众运动的深入开展。

广州海运学大庆标杆单位“1018”轮、“五指山”轮、“红旗155”轮轮机部等单位，通过“工业学大庆”运动，加强了党支部的战斗堡垒作用，建设起一个坚强团结的领导班子，锻炼了一支严格遵守纪律、能够打硬仗、勇于争上游的船员队伍，初步建立了一套合理的规章制度，促进了船舶大治、生产大上。如“1018”轮在学大庆的三次高潮中，学习大庆科学管理和解放军政治工作经验，初步摸索出一套船舶管理办法，制定了船舶在10种情况下（船舶抵港时、航行风浪大时、停航修理时、船员受到表扬或批评时、不安心本职工作或工作有困难时、收到亲友来信来电时、公休或调离本船时、负伤或患病时、新船员来船时、老同志退休时）的10种政治工作方法，建立健全了以岗位责任制为中心的8项规章制度（劳动考勤制、安全生产制、当班责任制、经济核算制、岗位练兵制、设备仓库评比制、内务管理制、考验验收制），提高了全体船员管好船、开好船的革命责任心，调动了船员干社会主义的积极性，使全船上下出现一个人人遵章守纪、关心生产、重视安全、努力节约、钻研技术的新气象，取得了全年安全航行12000多海里、分别提前18天和30天完成货运量和货物周转量，实现扭亏为盈，完成财务利润计划的好成绩。

三、狠抓整顿带动企业发展

“四人帮”一直把交通运输作为他们破坏的一个重要目标，他们帽子乱飞、棍子乱打，给交通部扣上“卖国主义”“假洋鬼子”“当代李鸿章”等大帽子，把矛头指向周恩来和中央其他领导同志。“四人帮”的干扰破坏，搞乱了思想，削弱了机构，搞垮了制度，败坏了作风，使广州海运企业管理存在不少问题。广州海运根据华国锋主席关于“改进和加强社会主义经济管理”的指示，把整顿企业管理作为“工业学大庆”的一项重要内容，狠抓了以下几方面的整顿工作。

（一）整顿领导班子，整顿机关作风

广州海运和各单位把整顿领导班子作为整顿企业的首要任务来抓。广州海运工业学大

庆会议后，抽调30多名干部，组成13个“工业学大庆”工作组，到两个站和11艘船蹲点5个月，狠抓领导班子、企业整顿和队伍建设，并在“1018”轮和“红卫九号”轮进行整党整风试点。这些单位领导班子通过思想整顿，提高了继续革命的觉悟，焕发了革命精神，增进了团结，精神面貌起了很大变化。汕头港党委十分重视搞好革命领导班子革命化建设，港党委坚持一季一次小整风，一年党委整风4次，给基层党总支、党支部办整风学习班134期，较好地解决了领导班子的路线、干劲、团结、作风等方面的问题。原来比较后进的装卸三中队，经过整风出现了领导跟班劳动、职工出勤率高、学习气氛好、生产大干快上等变化，成为装卸大队的先进中队。

在整顿领导班子的同时，广州海运党的核心小组认真抓了机关作风的整顿。一抓政治思想教育，对党员进行“七个懂得”的学习，在全体干部中开展经济战线“十个要不要”的专题讨论，联系机关中存在的无政府主义和无组织无纪律现象，揭批“四人帮”的谬论，排除影响和干扰。二抓干部队伍的政策落实，分批调整配备好各处、科和基层领导班子，任命提拔干部149人；对临时负责、代职的各类船舶干部共960人进行定职或提升，解决了长期悬而未决的老问题，使机关处、科和各级领导骨干力量得到充实和加强。三抓局务会议等一系列办公制度，制订机关处室年、季工作规划，使各级干部增强了责任感，各项工作有条不紊地进行，几年来积压的工作得到了较好的清理，机关工作效率有较明显的提高。四抓行政生活福利工作，加强了汽车队、职工食堂、招待所、维修队的管理，搞好门诊和巡回医疗工作，成立了船员宿舍筹建办公室，加强了对职工宿舍建设的领导。所有这一切，促进了机关干部思想革命化，使机关工作更好地为基层运输生产服务，从而为海运工作大治快上打下了一个好的基础。

（二）整顿机构体制，充实加强基层

为了使企业管理工作更加适应海运事业迅速发展的需要，广州海运本着“精兵简政”的原则，对管理机构进行大力精简。从年初提出调整机构方案，到11月底，经过发动群众，上下结合，三榜定案，将机关处室24个部门调整为19个部门，各处室干部从原来428人减到284人，精简144人，占33.6%。同时充实加强基层，建立和健全第一、二船队，湛江办事处和海运科研所等单位，改变了过去机构庞大、人浮于事、效率不高的状况，有利于加强船舶建设和海运工作的全面管理，使机关工作更好地面向生产、面向群众、面向基层。

1977年，船舶劳动管理有所加强。人事部门克服了船员不足、工种不平衡的困难，配备好新增加的12艘船舶船员745人，并在5艘船舶上开办的“七二一”航海大学专业班，培养了三副、三管轮、电机员共109名，业余班68名学员也毕业实习，为发展海运事业培养输送了一批技术力量。10月份经过试点和召开调资工作会议，全面铺开了调整工资工作，整个过程进展顺利，全局60%的职工提高了工资，调动了广大职工的工作积极性（图3–11）。

（三）整顿财务管理，努力扭亏为盈

由于“四人帮”的干扰破坏，广州海运经济核算，尤其是单船、班组核算，受到很大冲击。1975年抓了一下，1976年又不敢抓了。1977年，广州海运狠批“四人帮”提出的

图 3-11　八所港务监督全体员工。

"企业不要算经济账""只要路线正确，亏损也不要紧"论调，努力纠正重生产、轻成本，只抓产量产值，不抓经济核算的错误倾向。在重点抓好企业成本核算的同时，选择4艘船开展单船经济核算试点，为在1978年全面铺开单船经济核算做好准备工作。广州海运财务部门加强与港口、船舶联系，经常深入港口查对运费，追回漏收运费16万元，并催回其他运费达100余万元。

1977年，国务院发出《关于大力开展扭转企业亏损，增加盈利工作的通知》后，广州海运各单位紧急动员起来，大打一场扭亏增盈的人民战争。局、港都成立了扭亏增盈领导小组和办公室，加强了对扭亏为盈工作的领导，多次召开职工大会和工作会议，传达上级关于抓紧扭转亏损的重要指示和国务院文件精神，大讲为国家提供积累，是社会主义企业的光荣职责；大讲企业发生亏损，就意味着没有给社会主义添砖加瓦，是不合理、不合法、不光彩的。同时把全局算总账盈利而南海线严重亏损的情况，原原本本向广大职工交底。广州海运扭亏增盈办公室还把单船盈亏资料发到船上，发动广大船员查原因、定措施、堵漏洞，发扬当家理财精神，明确扭亏增盈主攻方向，为运输船舶增加盈利而努力。各港党委对扭亏增盈工作也十分重视，做到行动快、抓得紧、效果好。如海口港针对企业管理存在的问题，10月份召开5次扭亏增盈专门会议，解决了生产与建港费用结算、操作量外流、库存物资积压和废品处理等问题。他们还成立了收费检查小组，经过一个多月的核对，查处漏收和少收装卸费、堆存费共29000多元。由于狠抓了扭亏增盈工作，仅10月份就完成利润计划的33%，全年上缴利润31万元。

（四）整顿后勤供应，更好地为生产服务

物管处广大职工揭批"四人帮"对物资工作的干扰破坏，认真抓好货源组织工作，在物资供应比较困难、供应设施不配套的情况下，开源节流、清仓利库，基本上保证了生产建设所需的燃材料供应。但是，物资储备仍严重不足，供应设施的配套建设和供应管理工作落后于运输生产的发展。1977年8月上旬，广州海运工业学大庆工作组到物管处蹲点。11月上旬，再组成27人的工作组，由广州海运一把手带领，继续对物管处进行全面整顿，下决心把供应工作促上去。交通船队问题较多，根据广大职工要求改进交通船队工作的强烈愿望，广州海运于8月下旬派出驻队工作组，经过3个多月的调查摸底，思想发动，调整充实了领导班子，建立健全了规章制度，纠正了不正之风，方便了运输生产。实践证明，只有集中力量，认真整顿，工作才能搞上去，问题成堆的老大难单位才会出现崭新面貌。

1979年，广州海运各级党组织针对职工队伍中青年工人多，技术业务水平低，受"四人帮"影响还没有彻底清除等特点，在职工队伍建设中，继续抓整顿组织纪律，抓后进职

工转化，抓技术业务学习，提高了职工队伍的思想素质和技术素质。汕头港党委围绕党的中心工作进行政治思想教育，抓倾向性问题，抓苗头，把政治思想工作做到生产中去，做到班组中去，做到家庭中去。该港各单位还十分重视抓先进、树榜样，抓后进、促转化的工作，对后进职工情况做到心中有数，转化工作有计划，发动群众做思想工作。当年，全港27个后进班组，已有13个进入先进行列；137名后进职工，已有102名基本转变过来，其中有的成为生产骨干或先进生产者。物资供应公司、城安围航修站等单位结合大战二季度，进行组织纪律大整顿，运用抓典型、发简报的办法，把整顿纪律和思想教育结合起来。城安围航修站有个曾经送去劳教的青工，经过党支部长期耐心教育，稍有进步即予表扬，调整工种予以信任，后来又指定其为二仓负责人，上半年被评为先进生产者。通信站党委在整顿基层支部的基础上，在维修所抓民主选举班组长的试点，随后在各基层单位普遍民主选举班组长，加强了基层建设，较好地发挥了班组骨干的模范作用（图3-12和图3-13）。

图3-12　1974年5月，“红卫四号”轮政委王洪仁指导民兵练习高射机枪。

图3-13　1974年7月，“红卫四号”轮民兵在练习瞄准射击。

开辟南北航线时期（1972—1979）的问题和短板

这一时期，由于“四人帮”的影响和干扰未彻底肃清，加上企业自身原因，工作中还存在一些问题，主要是：企业经营管理的基础工作，如清产核资、计划统计、规章制度等问题虽然抓了一下，但仅仅是个开始。企业管理水平同生产发展的要求不相适应。成本高、效率低、质量差的问题在一些单位中仍相当突出，生产潜力和劳动潜力没有充分挖掘出来。岗位责任制、安全质量还抓得不狠，还存在许多薄弱环节。油轮与矿船不足，运力与运量出现矛盾。思想政治工作比较薄弱，在工作重点转移后，企业的思想政治工作还跟不上形势发展的要求，没能很好地把深入细致的思想政治工作做到各个生产过程中去。后勤供应和生活福利工作已开始重视抓，但还跟不上生产发展的需要。财务管理还不细，部分单位基本上存在吃大锅饭的现象。船员技术业务水平亟待提高，安全工作尚有许多薄弱环节，安全情况还不稳定，海损事故较多，这些事故一方面是由于船员基本功差、基础技术知识不扎实，另一方面是有些船舶驾驶人员航行值班时思想麻痹，责任心不强，对避碰规则理解不够造成的。

改革开放后，广东对外经济活动中实行特殊政策和灵活措施，对企业各项工作都带来较大的变化，海运生产和建设怎样才符合多快好省的要求？要解决哪些问题才能把生产搞活？整个经营管理怎样干？这些问题都需要认真研究解决。

第四章

腾飞发展时期

（1980—1992）

这段历史时期，正处于我国实行改革开放政策的前期，党的十一届三中全会以后，改革开放政策给社会进步和企业发展都注入了无限的活力和生机。乘改革开放和搞活经济的东风，广州海运认真贯彻执行党中央和国务院关于经济体制改革的放宽搞活大中型企业的一系列方针政策，不失时机地深化企业改革，加强经营管理，挖掘内部潜力，发展运输生产，提高经济效益，重视精神文明建设，促进企业全面稳步发展。经过几代人的艰苦奋斗，广州海运取得了前所未有、突飞猛进的发展，在我国华南及南北沿海运输中占主导地位，成为国家对国内运输市场实施宏观控制和实现计划经济目标的强大支柱之一，在国民经济建设中发挥了越来越重要的作用。

1992 年，广州海运已发展成为一个拥有固定资产 36.79 亿元、运力 243 万吨（不含多经、联营等其他公司）的综合性大型海上运输企业，主要担负国内沿海客货运输任务，兼营国际远、近洋运输和船舶租赁业务，350 多条客货航线遍及国内沿海港口、长江中下游港口和世界各大洲港口，年货运量 4131 万吨、货物周转量 668 多亿吨海里，客运量 285 万人、旅客周转量 2.9 亿人海里，为国民经济建设发展做出了巨大贡献。同时，广州海运拥有与运输生产相配套的管理机构和后勤辅助保障系统；机关管理工作已初步现代化，运输船舶指挥调度电脑管理系统已与交通部微机远程系统联网传递信息；广州海岸电台拥有能全时覆盖和沟通全球各主要航区海上通信的无线电通信网络，还拥有可连接全国邮电系统网络和交通水运通信网的有线通信网络，成为华南地区水上通信的枢纽；大型的燃物料供应系统完整配套，拥有供应船队、车队和仓库、油料基地；两个中型修船厂实力雄厚，承担下属船舶的修理任务；电子设备厂的产品配套齐全，已成系列，销售至世界许多国家和地区；海员医院医疗设备先进，达到市级医院标准；两个海员、职工培训基地教学手段现代化，每年培训出大批专业技术人才。此外，还有一批为航运市场提供补充性服务的横向经济联营公司，为广州海运的发展积累了宝贵的经验，打下了坚实的基础。

1980—1992 年企业基本情况统计见表 4–1。

深化企业改革、开展经济承包、开放搞活企业是这一时期的主题。

1980—1992 年企业基本情况统计表 表 4–1

年份	船舶情况			货运量（万吨）	客运量（万人）	固定资产（万元）	收入（万元）	利润（万元）
	艘数	载货吨（万吨）	客位（个）					
1980	104	114.6	5962	1395.3	63.2	95514.1	31715.7	16001.5
1981	111	118.4	5741	1424.3	62.6	104026.1	32731.0	14630.2
1982	110	121.0	5772	1602.5	58.0	110814.2	36408.2	16426.0
1983	111	130.0	6372	1744.3	60.3	116292.3	38441.7	19242.9
1984	120	148.2	9088	1886.1	71.5	126205.4	43611.3	21730.6
1985	137	169.2	9536	1990.7	93.0	164974.5	46945.1	19496.2
1986	134	178.7	8798	2246.9	97.1	175332	52820.7	18297.3

续上表

年份	船舶情况			货运量（万吨）	客运量（万人）	固定资产（万元）	收入（万元）	利润（万元）
	艘数	载货吨（万吨）	客位（个）					
1987	134	183.7	8798	2513.8	124.5	185768	59030.9	19135.3
1988	136	195.5	8016	2779.3	173.7	202861	65817.5	21445.6
1989	141	202.1	8628	3042.7	180.8	228630	80213.2	26793.9
1990	152	246.35	8653	3167.0	206.4	289776.4	96245.7	31162.4
1991	153	257.25	8738	3713.1	241.5	324215	129226.1	38535.3
1992	153	274.35	8738	4131.4	285.0	367905	158484	43392

注：此表数据出自交通部广州海运管理局编《海运统计资料汇编》（1949—1985）以及相关年份《广州海运统计资料》。

第一节　体制机制改革释放生产活力

1979年7月13日，国务院将《关于扩大国营工业企业经营管理自主权的若干规定》《关于国营企业实行利润留成的规定》等五份文件下发各省、自治区、直辖市和有关部门，要求在少数国营企业组织试点，“放权让利”，以改革现行管理体制，调动企业和职工的积极性，搞活生产。

党的十一届三中全会之后，广州海运也发生了深刻的变化。南北航线打破了30年的封锁，开通了穿过台湾海峡这条黄金水道，运输生产不断发展，经济效益不断提高。1986年与1978年比，货运量增长近一倍，船舶载重吨增长了173.86%，航行港口增加了32个。广州海运从生产型向生产经营服务型、从封闭型向开放型、从独家经营型向联合经营型转化，这一切是广州海运广大职工在党的改革开放政策指引下艰苦奋斗的结果。没有改革开放，就没有广州海运的大发展——这是广州海运的经验和结论。广州海运的发展成果令人鼓舞，但又不同程度存在着“塔子虽尖，基础薄弱”的情况，潜藏着一些不容忽视的问题。

面对商品经济大发展、市场竞争激烈的严峻挑战，广州海运的出路只能是继续改革。改革管理体制，促进生产发展，即推行经理负责制，实行党政分开，并调整管船机构，实行干部聘用任期目标责任制。只有全面推行经理负责制，理顺党政关系，才能真正确立经理全面负责的中心地位，强化企业生产行政的指挥系统；只有按经营承包和专业化管理的需要调整机构，把管船的重心转移到轮船公司，才能真正落实经济责任制，从严管理船舶，提高工作效率，提高企业管理工作水平；只有对干部实行聘任任期责任制，才能充分调动干部的积极性，不断提高干部的素质。总之，只有改革，才能更好地发展运输生产，不断提高经济效益，增强竞争能力。

一、实行行政领导负责制

1986 年 9 月 15 日，中共中央、国务院颁发关于全民所有制工业企业三个条例，即《全民所有制工业企业厂长工作条例》《中国共产党全民所有制工业企业基层组织工作条例》《全民所有制工业企业职工代表大会条例》，指出改革企业的领导体制，是城市经济体制改革的一个重要组成部分。改革的基本内容是：企业实行生产经营和行政管理工作厂长负责制；明确企业党组织的工作重点，做好企业党的思想建设、组织建设和思想政治工作，保证和监督党和国家各项方针政策的贯彻实施；进一步健全职工代表大会制度和各项民主管理制度，发挥工会组织和职工代表在审议企业重大决策、监督行政领导干部、维护职工合法权益等方面的作用。此项改革，自 1984 年开始，在全国部分全民所有制工业企业中试点以来，取得了显著效果：第一，强化了企业生产经营管理系统，开始出现了指挥灵、决策快、办事效率高的新气象。第二，初步改变了企业党政不分、职责不明的状况。企业党组织开始从行政事务中解脱出来，党的建设和思想政治工作有所加强。第三，建立和健全了职工代表大会制度，职工民主管理的内容和范围逐步明确，职工主人翁责任感有所加强。第四，生产稳步发展，经济效益有了提高。这些成绩表明，中央关于改革企业领导体制、实行厂长负责制的决定，是正确的，是适合我国工业企业现代化管理要求的。通知强调，企业领导体制改革，同其他改革一样，从试点到成熟，要有一个逐步发展的过程。改革中必然会出现许多新的问题，这些问题只能通过改革的不断深入得到解决。企业领导体制改革的各项内容，也只有通过实践才能逐步制度化、规范化。

实行厂长负责制，必须保证厂长在企业生产经营重大问题上的决策权，突出厂长在行政指挥中的作用。但是，绝不应把实行厂长负责制同加强和改善企业的领导、巩固和发扬民主管理对立起来。而是要使企业行政、党组织和工会等群众组织的工作，都紧紧围绕生产经营这个中心，按照分工，加强各自职责范围内的工作，调动各个方面的积极性。实现这一要求，就企业党组织来说，必须从思想观念到工作内容、工作方法，来一个大的转变，要从繁忙的日常行政事务中解脱出来，把工作重心放到积极支持厂长实现任期责任目标和统一指挥生产经营活动上来，放到保证监督党和国家各项方针、政策的贯彻执行上来，放到搞好企业党的建设和思想政治工作上来，保证企业生产、经营工作任务的顺利进行。

广州海运从 1988 年第三季度开始全面实行船舶行政领导负责制，是交通部最早实行船长负责制的单位之一。广州海运在全局范围内稳步推行行政领导体制改革，有组织、有计划地逐步实行局长—经理（厂长）—船长三级行政领导负责制，并相应实行了各级行政领导的任期目标责任制。通过企业领导体制改革，强化了企业的生产经营指挥系统，确立了责权相统一的制度，提高了办事效率。

根据党的十三大精神和交通部关于企业领导体制改革要“加快步伐、稳步前进”的指示，为推进全局承包经营责任制的实施，深化体制改革，广州海运党委于 1987 年 12 月 12 日发出《关于全局各直属单位实行厂长（经理）负责制的决定》。该决定指出，从 1988 年 1 月 1 日起，各直属单位实行厂长（经理）负责制，局机关各部门和直属单位下属车间、中队、仓库、电台、站等基层单位均实行行政领导负责制，这些单位的党组织执行保证监督的职能，其建制和隶属关系暂不变。实行厂长（经理）负责制后，各直属单位、机关各职能部门的行政主要领导由局长提名，征求局党委意见后，由局长聘任，并向局长负责。行政副职和处级经济技术负责人，由各单位、各部门行政主要领导提名报局长，征求局党委意见后，由局长聘任。各行政职能科室和基层行政负责人，由厂长（经理）或行政主要领导提名，征求同级党委意见后，由厂长（经理）聘任。干部、财务部门负责人的聘任，要征得相关部门的同意。各单位党委成员暂由局党委任命，待条件成熟后召开党代会选举产生，报上级党委批准。工会领导成员的产生按原有规定不变。该决定要求各级党政工领导结合党的十三大报告的传达贯彻，组织干部职工学习有关文件，全面理解全民所有制工业企业三个条例及其补充通知的精神，有针对性地解决干部、职工中的思想认识问题，转变观念，统一认识，为顺利实现厂长（经理）负责制打下坚实、可靠的基础。各单位要按照中央、国务院关于三个条例的补充通知的规定精神，围绕“厂长是一厂之长，是企业法人代表，对企业负有全面责任，处于中心地位，起中心作用”这个要求，理顺本单位党政工三者关系，结合本单位实际情况制定必备的规章制度，以保证厂长（经理）负责制的实施。

经过实践证明，推行行政领导负责制有利于企业的管理，促进企业的发展，主要表现在六个方面：

一是强化企业的生产经营管理手段，使企业出现了决策快、指挥灵、办事效率提高的新局面。二是落实经济承包责任制，使职工明确了各自职责，其切身利益与安全生产效益紧密结合起来，能较好地体现按劳分配的原则，较好地调动了职工的生产积极性，增强了企业的凝聚力。三是理顺了党、政、工三者的关系。党政领导和工会组织分工更加明确，做到同心同德，加强了职工思想教育工作，增强了广大职工的主人翁责任感，为实现任期目标而共同奋斗。四是加强了党的建设，一方面强调搞好党内的团结，另一方面强调克服党内的自由主义、无组织无纪律状态，从而提高了党员素质，使党组织具有坚强的战斗力，真正形成企业的政治核心，促进企业改革和生产发展。五是落实船长负责制，加强了船舶管理，确立了以船长为中心的新领导体制，船舶领导充分体现职能分、思想合，工作分、目标合，权限分、步调合。六是进一步完善民主管理，使职工明确了方向，增强民主意识，充分让职工履行参与企业民主管理的权利和义务，让他们参政议政，同心同德办好企业。

广州海运认真贯彻国家治理整顿方针，不断深化企业内部各项配套改革，逐步加强和完善企业内部经营管理机制，协调各方面的利益关系，克服改革中出现的困难和矛盾，增强了广州海运在计划商品经济运输生产中的竞争活力。

二、开展经济承包

为适应新的承包形式，广州海运对内部分配制度进行了一系列配套改革，把广州海运对交通部承包的指标，实行包括产量、安全质量、利润、福利为主要内容的内部综合承包，通过签订承包合同方式，明确单位、个人的责、权、利，在考虑总体利益的前提下，承认有局部利益的差别，从而调动了各生产组织的积极性。

1980 年 9 月，交通部批准广州海运为扩大自主权试点单位。自 1980 年 1 月 1 日起，实行企业利润留成办法，利润留成比例为 3%，其中生产发展基金 0.5%，职工福利基金

1.57%，职工奖励基金 0.93%。翌年 5 月利润留成比例调整为 4%，其中生产发展基金为 0.5%，职工福利基金 2.37%，职工奖励基金为 1.13%。

1982 年，为了完成港口利润计划，直属四港（汕头、海口、八所、三亚）实行了利润包干制度，定利润包干指标，定超额利润分成比例，调动了各独立核算单位提高经济效益的积极性。同时，还对菠萝庙和城安围两个航修站实行的内部独立核算办法进行了修订，进一步明确责权利。

1985 年，广州海运根据国家搞活大中型企业的十条具体政策措施，积极推行经济责任制，开展了 13 个单项经济承包试点，取得较好效果，增强了企业活力，基本上消化了因各种价格上涨而增加的成本，对缓和利润大幅下降趋势起了较大作用。通过试行对船舶修费、修期承包，改变了修费高、修期长、修费超支失去控制，营运率长期得不到提高的局面。船舶修理费比成本提成基金节约 507 万元，营运率提高 6.96%，达到 86.54%，出现了多年未有的好局面。基本建设通过试行投资包干，积极推行了招标、投标，克服了“敞口花钱”“吃大锅饭”的弊病，对 12 项工程进行招标，比定额预算节约 44 万元；通过试行船舶材料承包，节约材料费 240 万元。此外，两个船厂、通信站、医院、修理所、交通船队等单位的经济承包以及客轮客餐承包、节约定员承包等，也都做出了有益的尝试。

1986 年，广州海运根据《中共中央关于经济体制改革的规定》和《国家经委、国家体改委关于增强大中型国营工业企业活动若干问题的规定》，开展了以经济承包为重点的改革试点工作，在 1985 年试行经济承包工作的基础上，遵循“巩固、消化、补充、完善”的原则，进一步完善了各项经济承包责任制，严格了考核制度和办法，全年开展了 14 个单项经济承包。经过努力，较好地完成了运输船舶修理费、船员外派收入、运输船舶通信导航设备修理费和通信站、医院业务收支差减亏等承包任务，和承包额相比，增加收入 313.5 万元，节约开支 614 万元，两个船厂共增利 90 万元，取得了可喜的效益。通过开展经济承包工作，广州海运逐步完善了承包管理制度，增强了企业的活力，挖掘了企业内部的潜力，激发了广大职工“当家理财”的主人翁责任感，调动了职工工作积极性，对实现广州海运运输生产增产增收、降低成本、缓和利润大幅度下降趋势起到了重要的作用。同时，通过承包，企业的面貌发生了“三多”“三少”的可喜变化，即：关心企业信誉、前途和经济效益的人多了，为企业的增收节支而积极出谋献策的人多了，努力工作、为企业多做贡献的人多了；不顾企业利益、损公肥私的现象少了，管理上的漏洞少了，工作扯皮、办事拖拉的现象少了。

推进和完善以领导体制为中心的各项改革，适应承包经营的需要，是统揽大局的大事，也是承包经营能否成功的关键。1986 年，广州海运认真贯彻全民所有制工业企业三个条例、《中共中央、国务院关于认真贯彻执行全民所有制工业企业三个条例的补充通知》和交通部关于推行厂长负责制工作的通知精神，在菠萝庙船厂、城安围船厂、电子设备厂、海员医院实行了厂（院）长任期目标责任制，加强和完善了 4 个单位的经营管理机制，探索实行领导体制改革，取得了较好的效果。

1988 年是广州海运实行局长负责制、对交通部承包的第一年。广州海运对交通部的承包形式是“四包一挂”：包上缴税金、包技术改造、包安全生产、包国家重点运输生产计划，实行工资总额同换算周转量和实现税利复合挂钩。对交通部承包经营，既给企业带来相应活力，也带来压力。1988 年，广州海运安全质量、能源消耗、经济效益三大类指标已到达国家二级企业标准，为企业的升级打下了良好的基础。结合局长任期目标责任制和企业升级标准，广州海运提出了“以改革为中心，以企业上等级为目标，狠抓安全，严格管理，依靠提高效率，多创经济效益”的工作方针，制定了安全质量、运输生产、利润、新建住宅、精神文明建设等 5 个方面的目标值和 26 项对策措施，并层层落实，进一步加强了方针目标管理。广州海运改变过去单项经济承包的办法，实行综合承包，把广州海运对交通部承包经营的指标分解下去，以核算单位为主，实行包括安全、质量、产量、利润、奖金、福利等内容的综合承包，并与厂长、经理负责制挂起钩来，通过签订承包合同的方式，把单位、个人的责权利明确下来，调动了职工的积极性。

1989 年，广州海运进一步完善经济承包制，把对交通部经营承包的指标分解到各直属单位，实行包括产量、安全质量、利润、福利为主要内容的内部综合承包，通过签订承包合同方式，明确单位、个人的责、权、利，调动了广大职工的积极性，搞活了内部分配，提高了生产、工作效率，尤其是各船公司根据各自特点修订了安全奖、超产奖、缩短航次奖、优质运输奖、老旧船单船承包等多项奖励办法，充分调动了船员安全生产、多装快跑、多做贡献的积极性，船舶效率显著提高，稳定了生产一线的船员队伍。

1989 年，广州海运建立并逐步完善了局、船公司、船舶三级行政领导负责制，各级行政领导和广大职工增强了当家做主的责任感和工作积极性，并保证了企业生产的指挥统一，强化了企业管理。各级党组织在发挥保证监督作用和政治思想工作方面，从繁杂的行政、生产事务中解脱出来，加强了党的领导，切实保证监督党和国家方针政策的贯彻执行，以及各级组织的民主管理，并加强了党的自身建设。

1990 年，广州海运继续完善三级行政领导负责制，当年的工作重点是正确处理“核心”和“中心”的关系，加强了党的领导和党组织在企业中的政治核心作用。各级党政领导工作默契配合、相互支持，党政关系逐渐理顺。在企业重大经营决策和人事任免方面，行政领导主动坚持一贯做法，先征求党委意见，党委也从政治和思想方面发挥保证监督作用，并在具体做法上大力支持行政领导的决策，党政领导形成了团结、和谐的关系。

1991 年，广州海运对交通部实行第二轮承包。为保证承包任务的顺利完成，根据《企业法》，继续推行行政领导负责制，同时加强了党组织在企业中的政治核心地位和对企业思想政治工作的领导，建立健全了职工民主管理制度。是年，广州海运召开了第一届党代会，加强了企业党组织的建设，进一步明确了企业党组织的任务。年初，召开了广州海运第五届职工代表大会，选举产生了广州海运工会新领导班子和企业管理委员会，制定并颁发了《广州海运局重大问题决策程序》《广州海运局企业管理委员会工作细则》等文件，加强了对船舶思想政治工作的领导，进一步明确政委是船舶领导人之一，在上级党委和行政的领导下，负责船舶思想政治工作，并协助船长兼管部分行政工作，使政委工作逐步到位，船长、政委职责明确，协调工作。

三、实行局长负责制

“七五”（1986—1990 年）计划后三年是我国实行“治理经济环境、整顿经济秩序、全面深化改革”的关键三年，也是广州海运实行首届局长负责制和对交通部实行承包经营责任制的三年。

根据中共中央、国务院颁发的全民所有制工业企业三个条例及其补充通知和《企业法》《交通部关于推行厂长负责制工作的通知》精神，1988 年 3 月 26 日，交通部以（88）交企字 178 号文批复，广州海运从 1988 年起对交通部实行为期三年（自 1988 年 1 月 1 日起至 1990 年 12 月 31 日止）的企业承包经营责任制，同时相应实行局长负责制和局长任期目标责任制，实行“包死基数，确保上交，超收多留，歉收自补”的企业承包经营责任制办法。

三年间，在交通部和广东省的正确领导下，广州海运认真贯彻执行党的十一届三中全会确定的路线、方针、政策，坚持“一个中心，两个基本点”的基本路线，坚持“发扬艰苦创业精神，确保安全、争创高效”的工作方针，加快深化企业内部改革的进程，不断发展和完善企业承包经营管理机制，积极推行方针目标管理，落实各项经济承包责任制，狠抓安全质量，进一步挖掘内部潜力，大力开展“双增双节”活动，努力提高企业经济效益，加强精神文明建设。通过党政工团齐抓共管，紧密配合，广大职工团结一致、艰苦努力，战胜了种种困难，全面实现了首届局长三年任期目标，提前超额完成了对交通部为期三年承包经营的各项经济技术指标和承包任务。1991 年 3 月 4 日，广州海运召开第五届职工代表大会暨第五届工会会员代表大会，局长钱维扬在会上作报告，总结了首届局长负责制完成情况，并对下一步工作提出要求。

局长任期目标完成情况详见表 4–2。

任期目标完成情况　　表 4–2

目标类别	序号	目标名称	单位	目标值			完成值		
				1988 年	1989 年	1990 年	1988 年	1989 年	1990 年
运输生产	1	货运量	万吨	2480	2700	3000	2779	3043	3167
	2	换算周转量	亿换算吨海里	320	350	380	375	459	495
安全质量	3	重大责任事故	案次	0	0	0	0	0	0
	4	海损责任大事故频率	件 / 千航次	1	1	1	0.98	0.31	0.26
	5	重大货运事故	案次	0	0	0	0	0	0
	6	工伤死亡率	%	0.1	0.1	0.1	0.056	0	0.057
	7	货物赔偿率	‱	5	5	5	1.47	0.75	0.04
燃油消耗	8	船舶综合燃油消耗比		=1	≤ 1	< 1	< 1	< 1	< 1
经济效益	9	承包上缴利税	万元	6400	6400	7200	7125	7794	8002
	10	人均实现利税	元 / 人	13000	12500	12000	13880	17380	20010
	11	资金利税率	%	14	13	11	17	20	18

续上表

目标类别	序号	目标名称	单位	目标值			完成值		
				1988 年	1989 年	1990 年	1988 年	1989 年	1990 年
技术设备	12	船舶保有量	万吨	185	200	220	188	195	232.2
	13	船舶完好率	%	90	90	90.5	91.42	92.13	93.65
	14	船舶营运率	%	78.5	78.75	79	79.64	79.94	76
	15	标准油库建设		全面铺开建设	基本建设完毕	正式投产	储油量 6 万立方米的新造储油库已建成投产		
	16	两船厂技术改造		进行配套设施的建设，提高修船能力			完成了“越秀山”浮坞的移位工程，3.5 万吨级的修船码头和浮坞工程正在组织建设		
管理现代化	17	基础工作		到 1990 年达到先进、准确、齐全、配套水平			已达到先进、准确、齐全、配套水平		
	18	全面质量管理		逐步达到国家经委制定的八条基本标准			已达到国家经委制定的八条基本标准		
	19	方针目标管理		逐步做到纵到底、横到边，层层落实			已做到纵到底、横到边，层层落实		
	20	电脑开发		完成调度系统等 9 个项目应用开发，实现主要业务系统联网工作			已完成运输船舶调度、财务、计划、人事、物资、档案、船舶机务、基建管理系统的开发，并投入使用，联网调试成功		
职工教育	21	岗位技术业务培训	人次	7300	4700	3200	7745	6680	6431
	22	学历教育	人次	500	500	400	610	545	585
	23	继续教育	人次	270	220	280	360	273	429
	24	技校建设		征地建设			已建成海运技校，1990 年首次向运输生产第一线输送了 152 名毕业生		
生活福利	25	职工住宅建设	平方米	30860	35000	32140	已经完成		
	26	职工收入水平		跟上广州地区职工生活水平提高的幅度			基本跟上广州地区水平		
精神文明建设	27	上报部、省级文明单位个人标兵先进典型个人	个（人）	2	3	4	2（3）	上级未开展	未评
	28	职业道德良好单位百分率	%	40	50	60	达到要求		

三年里，通过实行局长负责制和承包经营责任制，广州海运在运输生产、安全质量、基础工作以及精神文明建设等各项工作中取得了可喜的成绩，主要表现在以下几个方面：

1. 运输生产稳步增长

承包三年间，广州海运年年超额完成国家下达的运输生产任务，三年共完成货运量8989万吨，其中1988年完成2779万吨，1989年完成3043万吨，1990年完成3167万吨，1990年比1987年增长26%，年平均增长8%。三年共完成货物周转量1329亿吨海里，其中1988年完成375亿吨海里，1989年完成459亿吨海里，1990年完成495亿吨海里，1990年比1987年增长42.2%，年平均增长率为12.5%。三年共完成客运量559万人次，其中1988年完成173万人次，1989年完成180万人次，1990年完成206万人次，1990年比1987年增长66.1%，年平均增长率为18%。三年共完成旅客周转量7.6亿人海里，其中1988年完成2.9亿人海里，1989年完成2.5亿人海里，1990年完成2.2亿人海里，1990年与1987年持平。承包期三年，广州海运基本完成了局长任期目标中的运输生产任务指标，为我国国民经济建设和人民生活水平的提高做出了应有的贡献。

2. 安全生产取得一定成绩

承包三年期间，尤其1988年、1989年各项安全指标均完成较好。1990年事故频率高，但未发生大的或重大的货运质量、污染、人身伤亡、火灾事故。

3. 生产效率有显著提高

1990年吨船年产量继1988年、1989年之后，又创广州海运1990年以前历史最好水平。1988年为19118吨海里，1989年为22205吨海里，1990年为22337吨海里。1990年比1987年吨船年产量增长20%，年均增长6.3%，有力地促进了广州海运经济效益的提高。

4. 船舶运力有较大增长

三年共新增船舶21艘，增加运力共70.6万吨，船舶保有量1987年为126艘、174.6万载重吨，1990年为134艘、232.2万载重吨，吨位增长33%，年平均增长率10%。新增船舶技术经济性能有较大改善，降低了广州海运船舶平均船龄，提高了船舶的现代化程度，增强了企业的实力和后劲。

5. 经济效益逐年提高

三年共实现利润79401万元。其中1988年为21445万元、1989年为26794万元、1990年为31162万元；1990年比1987年增长62.9%，年平均增长率17.7%。为国家财政收入和企业的发展做出了贡献。

6. 发展和更新了与运输生产相配套的运输保障、支持系统

为改变广州海运油料储备“以船代库”的落后、被动局面，建成了储油量为6万立方米的新造储油库，为广州海运船舶运输的发展提供了有力的后勤保障；完成了“越秀山”浮坞的移位工作，为城安国船厂形成了5000吨级船舶综合修理能力，菠萝庙船厂3.5万吨级修船码头和3.5万吨级浮坞工程组织上马，为提高广州海运的修船能力拉开了序幕；完成了广州海运01电台报房的技术改造，实现了电脑处理船岸收发报、纠错、计价、传递自动化，在国内的海岸电台中处于领先水平；广州海运有线通信网改造工程的建成，成为交

通部最大的区域通信网；加快了电子计算机的应用步伐，在主要技术部门实现了计算机的辅助管理。

7. 教育和船员培训工作进展很大

三年里，广州海运坚持“面向企业，面向生产，服务企业，服务社会”的职工教育指导思想，完成了各种专业培训任务。三年共培训 23658 人次，特别是船员“三小证”“四小证”及船长、轮机长、政委培训工作取得较大成绩；海运技校 1990 年首次向运输生产第一线输送了 152 名毕业生，壮大了广州海运海员队伍。

8. 职工收入和福利有较大改善

承包期内，广州海运在交通部的支持下兑现了工效挂钩政策，职工平均浮升工资 3.5 级，其中船员增资较大，稳定了职工队伍。职工宿舍建设步伐加快，三年共建成职工宿舍 28 栋，建筑面积 100124 平方米，改善了职工住房条件。

9. 企业管理水平不断提升

企业管理通过“抓管理、上等级、全面提高企业素质”的企业升级工作得到了逐步加强、提高，企业管理各项基础工作基本达到“先进、准确、齐全、配套”的要求，初步建立了适应海运特点的管理基础工作体系；方针目标管理逐步做到了纵到底、横到边、层层落实，建立了自下而上的保证综合经营目标完成的方针目标管理体系。全面质量管理达到了国家提出的八条基本标准；能源管理、档案管理获得国家二级企业称号，计量获国家三级标准证书，获得 1988 年广东省省级先进企业称号，企业管理各项指标达到沿海地区国家二级企业考核标准。

10. 精神文明建设取得一定成绩

三年里，广州海运坚持两个文明建设一起抓，加强了思想政治工作，宣传了艰苦奋斗、不畏艰险、无私奉献、开拓进取的企业光荣传统，确立了“同舟共济、振兴海运”的企业精神。确立了企业是利益共同体的观念，加强廉政建设，严肃认真处理“油案”，纠正了行业不正之风，得到了上级的肯定，广州海运纪检部门荣获 1990 年度全国纪检工作先进单位称号。

四、改革内部分配制度

1984 年，广州海运坚持按劳分配原则，改革奖金分配制度，试行了机关职工浮动职务岗位津贴办法，根据贡献大小发放奖金，打破分配上吃“大锅饭”的平均主义。同时扩大了运输船舶船员技术职务津贴范围，进一步调动了船员的积极性。在“大庆 217”“大庆 219”轮试行节约定员补贴奖金办法，取得了较好的效果。为充分调动企业骨干力量的积极性，发挥他们的专长，更好地为企业服务，广州海运制定了《工程技术人员超龄在职补贴办法》和《运输船舶船长、轮机长等干部船员调岸工作补贴办法》。为解决工资种类繁杂的实际情况，实行简化统一工资标准，实行企业浮动工资，提高职工收入，为以后的工资改革打下基础。

1985 年，在交通部统一布置下，广州海运开展了理顺工资关系的工资改革工作，经过认真调查研究、测算对比和长时间的酝酿，参照广东省的做法，提出了岸上和船上人员两个工资改革方案，经交通部批准，对岸上人员工资进行了改革；船员工资改革也走出了第一步，增加工资幅度比岸上人员要大。

1987年，广州海运制定出完成年度运输生产任务的“计划”“重奖”“立功”三条奖励线，提出了相应的具体标准，调动了职工超额完成运输生产任务的积极性；合理改革运输船舶的奖金分配制度，实行了“南北航线津贴”“船舶月度生产奖”新办法，对在老旧船舶上工作的船员给予一定补贴奖励。这些措施有效地调动了船员的生产积极性，提高了运输生产效率，对稳定船员队伍起到了积极的作用。

1988年底，交通部批复同意广州海运从1988年1月1日起至1989年12月31日止，试行工资总额同经济效益挂钩的办法，这是广州海运深化企业经济体制改革，实行局长负责制和对交通部实行财政经济承包后，又实施的一项重大改革配套措施。对于发展运输生产，不断提高企业经济效益，实现局长任期目标，“使职工收入跟上广州地区水平”的要求，有重要意义。

首先，工资总额同经济效益挂钩意味着企业要通过发展生产提高经济效益来改善职工生活，不能再吃国家的大锅饭。交通部核定广州海运以上年运输周转量和实现税利为挂钩指标，视完成情况按规定比例上下浮动，并重点考核承包上缴税金、安全质量、重点物资运输计划等指标。如果未完成包干税利财务指标，则扣减全部新增效益工资。每发生一案重大安全责任事故和重大货运事故，扣减新增效益工资的30%。对于重点物资运输计划，每少完成1%，则扣减新增效益工资的5%。由此可见，要求很严格，这是压力，也是动力。只有全体职工团结起来，努力增产，厉行节约，重视安全质量，才能完成上级的要求。实践证明，1988年广州海运两项挂钩指标均超额20%以上，各项考核指标完成较好，使广大职工增加了工资收入，效果很好。

其次，实行工资总额同经济效益挂钩，是解决国家和企业分配关系的重要途径。以往，工资分配的权力集中在国家，企业只能照章执行，导致生产好坏、贡献大小一个样。不少企业经济停滞不前。随着改革开放，经济上实行宏观控制、微观搞活的方针，国家对企业的工资分配也推行按经济效益挂钩浮动办法。即按企业实际创造的经济成果分配工资基金，把国家、企业和个人利益密切联系起来，从而拉开企业之间职工收入的差距，有助于克服平均主义。当时交通部核定广州海运的分配关系是：双挂钩指标各占50%，采取总挂分提办法，即基本工资部分在成本开支，奖励部分在企业留利开支，按规定计提工资和奖励基金，体现多劳多得。同时，还适当下放分配的自主权，即在国家规定的工资政策范围内，广州海运有权决定内部工资分配形式和具体办法，这就有利于结合生产，搞活工资分配。1988年，广州海运把奖金切块包干到各单位，下放奖金的二次分配权，搞活内部分配，拉开船岸差距，实行了安全奖、超产奖、缩短航次奖、优质奖、老旧船维修保养补贴等奖励办法，把奖金与安全生产、经济效益、工作贡献挂起钩来，按比例浮动，调动了船员投入生产、多做贡献的积极性，船舶周转速度和劳动生产率都有了很大的提高，这是搞活内部分配的初步尝试。

再次，实行工资总额同经济效益承包后，上级对企业的要求日益明朗，有利于企业逐级落实经济责任制，提高管理水平。1989年，广州海运实行企业内各单位工资挂钩承包，推动基层完善配套改革，调动广大职工积极性，深入挖掘生产潜力，扭亏增盈，确保广州海运超额完成上级承包指标。

1989 年，广州海运在修订岗位职责、编制定员的基础上，实施了行政干部、专业技术干部职务的聘任制和党群干部委任制，初步打破了人事制度中干部制度的职务终身制，明确了各级领导和干部的职责分工，完善了任期目标的考核制度，有效地调动了广大职工的工作责任感和积极性。同时，积极引入竞争机制，初步动摇了“终身制”“铁交椅”，使人事管理逐步走向制度化。

1990 年，广州海运制定颁布了《广州海运局工资总额和劳务费分配管理暂行办法》等一系列规章制度，强化工资资金管理，审核各单位的奖励分配办法，加强宏观调控，抑制消费过热、分配不当现象，坚持分配为安全、效率服务，船岸拉开差距，促进了安定团结和生产一线职工的稳定。同时，进一步完善承包经营责任制，明确单位、个人的责权利，搞活内部分配，要求在确保安全生产的前提下，积极推行安全奖、超产奖、缩短航次奖、优质运输奖等多种奖励办法，调动广大职工的积极性。

1991 年，广州海运重新修订了企业内部工效挂钩办法，鼓励各船公司和各单位安全、优质、高效地完成生产任务，各船公司根据各自的特点制定了船舶安全生产奖励办法、船舶多装快跑奖励办法、快速抢卸奖励办法、海上原油过驳作业劳务费管理办法、船员扩大自修劳务费管理办法等一系列奖励制度，调动了广大船员安全生产的积极性。例如，油轮平均航次周转时间由 1990 年的 17.94 天缩短到 1991 年的 16.17 天，赢得了营运时间，提高了船舶效率。在 1991 年全局职工效益工资升级中，突出实绩考核，采取在严格考核的基础上对在生产工作中责任较重、完成岗位任务较好、工作积极主动、成绩突出的部分工人、干部和专业技术人员多升级；对完成承包责任制较好的副处长以上干部和运输船舶船长多升级的办法。这个办法的实施，有利于鼓励广大职工在各自的岗位上努力完成本职工作，为发展生产搞好工作多做贡献。

1992 年“工效挂钩”进一步完善，经济效益提高，本着进一步拉开差距的原则，在全面调整一次分配的同时，进行了三项试点：一是在菠萝庙船厂和城安围船厂率先试行工资总额包干的改革，下放分配权，使两个船厂能以劳动效率为考核依据，对职工进行真正的按劳分配，体现多劳多得的原则，很大程度地调动了职工的积极性。二是在整体分配调控上，坚持了工资奖金分配向生产一线苦、脏、累、险职工和高技术、贡献大人员倾斜的方向，在运输船舶试行了船长、轮机长岗位工资制，调动了船舶主要领导干部的积极性。三是在最大的油轮“滨河”轮继续推行减员、增薪试点，取得了较好效果。各船公司共组织精简定员 23 艘船、284 人。通过一系列分配制度的改革，健全了企业激励机制。

五、实行船长负责制

广州海运的船舶以往实行的是党支部领导下的船长、政委分工负责制，这对各方面任务的完成起了重要作用。随着我国经济体制改革的不断深入，进一步改革和完善企业以及船舶领导体制势在必行。

实行船长负责制，是全面推行和完善企业局长（经理）负责制的需要。在广州海运和轮船公司改革领导体制，党政职能分开，实行局长（经理）负责制后，如果船舶领导体制依然不变，上下不配套，势必会影响局长（经理）负责制顺利实施，与深化企业内部的各种改革不利。

同时，实行船长负责制，是强化船舶行政指挥系统的需要。船舶是运输生产的独立单位，是以确保旅客、货物运输的安全质量为中心的。在复杂的自然环境中工作，必须明确船长的中心地位，发挥船长的中心作用，强化具有全船权威的行政指挥系统，建立严格的生产经营责任制。而且，实行船长负责制，也是加强船舶党支部自身建设的需要。船舶党支部的职能转到保证监督作用后，就能用更多精力，按“党要管党”和“从严治党”的要求，加强党组织的思想建设、组织建设和作风建设，更好地发挥党员的先锋模范作用。同时，党支部还要保证和监督党和国家方针、政策的贯彻实施，保证和监督上级各项指标、规定的贯彻落实，支持船长行使职权和完成安全生产任务等。

船长负责制就是在广州海运局长和船公司经理的领导下，由船长对船舶生产指挥、行政管理、技术管理、涉外工作和思想政治工作统一领导，全面负责。船长负责制同船舶党支部领导下的船长、政委分工负责制相比，其最大的特点和区别，就是前者是单一的船舶行政首长负责制，或叫单轨制；后者是在党支部领导下的双首长负责制，或叫双轨制。

1987 年 12 月，广州海运党委发出通电：根据十三大精神和交通部指示，船舶领导体制将逐步有计划地改变为船长负责制，船长由轮船公司经理聘任，对船舶全面工作安全生产负全责；另设副船长协助船长负责思想政治工作和部分行政工作。这是航运体制改革的重大措施，船长负责制是航运企业实行局长（经理）负责制的重要配套改革内容。1988 年先进行试点，通过试点总结经验，在做好人员培训的基础上，逐条船地推行，以落实岗位责任制。如第二货轮公司把 46 条船分成 3 个船组，每种类的船舶抽一艘作试点船，取得经验后，逐步铺开，并准备定人、定船。船长承包给 50% 的机动数，并固定一个周期（一年或一年半），人员定员后，船长有人事权和奖金分配权，对表现确实不好的、违法乱纪的，船长有权做出处理。当年全局已有 122 艘运输船舶实行了船长负责制，占运输船舶总数的 93%，突出了船长的中心作用，调动了他们的工作积极性。

实行船长负责制后，船长从分工负责转变为全面负责，船舶党支部从领导地位转变到起保证监督作用，同时不再设政治委员，增设副船长，协助船长管理船舶的思想政治工作和部分行政管理工作。

1989 年，交通部要求部属航运企业实行船员定船制度，船舶要严格按照定员标准，由船长和人事部门商量提出名单，征求船员本人意见，经企业领导审定，为船舶配备好领导班子，根据不同的情况采取一艘船定一套船员，另加必要的后备船员，或两艘船定三套船员，三艘船定四五套船员，也可以采取固定几个主要干部船员（包括船长、副船长、轮机长、大副、大管轮、报务员、电机员和业务员），其他船员暂时不定的办法，实行船员定船。定船的周期一般为 2 至 3 年或第一个岁修之日起至第二或第三个岁修结束之日止。船员定船后，船长有权对本船船员（包括公休或轮休、病假或事假的船员）进行管理和调配。

（一）“红旗301”轮抓好“四个一”，推行船长负责制

1988年5月24日，“红旗301”轮正式宣布实行船长负责制，由船公司聘任吴永桂为船长，钟庆锡为副船长，任期三年。当年，“红旗301”轮已有31年船龄。

为搞好船长负责制，广州海运和船公司派工作组上船，与船舶领导一起研究实施方案，主要是抓了“四个一”，即配好一个领导班子，转变一个观念，突出一个中心（船长的地位），落实一个目标（船长任期目标）。

第一，配好一个领导班子，选好船舶的领导干部，是搞好船长负责制的前提。改革前，广州海运对所属运输船舶的船长、政委分别进行了轮训，并制定了船长、副船长的聘任条件。在此基础上，船公司对“红旗301”轮的船长、政委按船长负责制的条件进行了考察，在对船舶主要领导干部的选配上，除按条件要求外，船公司首先还注意到他们之间能否团结共事，同时对大副、轮机长、大管轮等船舶部门领导的配备也征求了船长的意见，以便建立能团结共事的强有力的行政指挥系统。此外，工作组上船后，从上到下进行了调查，了解干部、船员对船长、副船长的反映，了解定船后船员是否安心在本船工作等。经过上述工作后，船公司才正式给船长、副船长颁发聘任书。

“红旗301”轮聘任的船长、副船长是该船原任的船长、政委。聘任后，他们对能在一起共事感到满意，其他干部和群众对船舶领导也比较拥护。船员们说：“去年（1987年，编者注）我们在船长政委领导下，安全生产取得了很大的成绩，被评为先进船舶，现在公司又聘任他们当领导，我们信得过。”

第二，转变一个观念，就是要确立船长的中心地位，起中心作用的观念，这是搞好船长负责制的思想保证。观念的转变来源于对改革的正确认识。起初，一些船员认识不足，说：“我们船员关心的是奖，不是长！只要奖金多，福利好，改革不改革都一样。”针对这些问题，该轮先后召开了干部会、船员大会，大力宣传实行船长负责制的意义，让船员了解改革形势，以及形势发展的需要，讲清领导体制必须适应社会主义市场经济的发展。经过学习，船员们提高了认识。

第三，突出一个中心（船长的中心地位），正确处理好行政、党组织、船舶职工大会之间的关系，这是搞好船长负责制的关键。该轮的领导认为，要充分发挥“三个作用”，就要理顺职责，协调好关系，这样才能使新的领导机制正常地运转起来。于是他们首先健全组织。党支部进行了改选，工会召开了会议，学习了《船员职务规则》《船舶党支部工作条例》，加强各自职责范围内的工作，并拟定了协调行政、党组织、职工大会之间关系的十条决定，规定“船长按职权范围，对安全、分配等重大问题的决策，除紧急情况外，事先要向党支部、工会通报情况，听取意见，经有关会议讨论，最后由船长做出决定”“属于船舶的日常安全生产的指挥工作，以及需要临机决断的问题，船长有权根据具体情况，迅速做出决定和处理”“当船长与党支部或职工大会负责人对一些重大问题有争议时，应首先由船长协调，属于船长职权范围内的工作，需要迅速做出决定的，船长要当机立断，并承担一切责任”等等。

第四，落实一个目标（船长任期目标），建立严格的经济责任制，这是实行船长负责制的出发点和落脚点。实行船长负责制，归根结底是要加强船舶管理，搞好安全生产，提高

经济效益。“红旗301”轮制定任期目标责任书，首先是船长向船公司承包，向经理负责；二是船长根据任期目标，提出了船舶安全、营运、生活福利、精神文明建设、违纪处理等7项措施，定期进行检查；三是召开第一届职工大会，船长向大会报告任期目标，同船员进行对话，由大会审议表决通过，体现了职工的民主管理。

（二）“红旗169”轮推行目标管理，增加经济效益

船舶实行船长负责制后，应该尽快推行目标管理，认真制定实施细则，进一步落实好岗位职责，从责、权、利三方面来保证船舶各项工作的顺利开展，从而创造最佳的经济效益。

船舶实行船长负责制后，如何在确保安全航行、优质服务的前提下，进一步搞活运输业务，增加经济效益，这是船舶面临的新课题。“红旗169”轮根据船公司下达的单船任务，制定了该船1988年方针目标管理开展图，同时根据杂货船舶的特点，整理出船舶货物运输质量岗位标准图，并认真组织实施，推动了船舶各项工作顺利开展。

船长负责制只是确立船长在船舶处于中心领导地位，至于如何发挥船长的中心作用，以达到加强船舶管理、增加经济效益则因船而异，应该结合各船的具体情况施妙法。“红旗169”轮推行目标管理制，明确船长任期目标和制定各项同安全、质量、奖金挂钩的指标，进一步落实岗位职责的做法，不仅调动了全体船员的积极性，也理顺了船舶内部党、政、工三者关系，做到每层领导、每个船员都有具体的目标、任务和责任，以确保船长任期目标的实现，因此是一项有效的措施。明确了船舶在船长任期内的目标和各自的职责，使船舶、部门领导能保持清醒头脑，树立了综合治理的思想和长远打算，从而使工作主次分明、有条不紊，避免懒惰或忙于干杂务的“消防救火式”的管理。广大船员明确船长任期目标的实现与自己的奖金、劳务费等切身利益息息相关，从而自觉认真地落实岗位职责，统一思想、统一行动，避免了“一人一把号，各吹各的调”的一盘散沙现象。船舶党、工、团工作都一致围绕船长任期目标开展，从而使各项工作有机地协调起来，形成一个目标一致、团结战斗的整体。

（三）承包后的副船长

实行船长承包责任制后，虽然政委的职务改称副船长，分工也有所调整，但许多人认为副船长的工作不重要了，甚至戏谑副船长为“搭船佬”。然而，“红旗303”轮的副船长吴亚贵，却以自己的实际行动，改变了人们的偏见。

1988年，“红旗303”轮在文冲和菠萝庙船厂修理期间，由于修理工程大、修理面广，有时机舱部、甲板部的工人都上船烧电焊，吴亚贵就到场看火。收工时，还认真巡视各船各动火点、各工序，发现有事故隐患，就及时排除，并经常与船长一道召集全体船员开安全会议，使大家都非常重视安全生产。在9个多月的修理期间，船上没有发生过一宗安全责任事故。吴亚贵为“红旗303”轮早日修理好出厂参加营运，作了不少的努力。

伙食管理是船员的一个敏感问题。有些船员分不清，认为只要有伙食节支便是好。1988年底，由于“红旗303”轮刚出修理厂，加上又办了些招待和会餐，早餐大厨还变换了不少新品种，伙食收支只是平衡，没有结余。于是有些船员说了不少牢骚话，个别人还

有闹事的苗头。吴亚贵立即组织召开了船员大会，与大家细分析，摆道理，并进一步健全了伙食管理制度，平息了这场风波。

宣传、教育是副船长的本职工作。人们对以往那种旧的说教式宣传教育已感到乏味，甚至是讨厌，新的形势应有新的方式。每当上级组织有新的规定或文件下来，吴亚贵便及时传达，并组织大家开展讨论、对话，沟通大家的思想。他还把文件精神摘录下来，编成短文，出黑板报，做到人人皆知。而且，吴亚贵注意把小事做好，以身作则为船员服务。船上的文化生活单调，大家都想看些好录像，可因船靠广州的时间短，谁也不想去换录像带。吴亚贵便主动去换，而且又要去机关办事、取文件，常常是忙得连在家吃顿饭的时间都没有就回船了。

在船上，实干精神是不能少的。吴亚贵常常与服务员一起打扫卫生，与水手一起带缆、开舱盖、打油漆等等。正是吴亚贵这种实干和主动的工作作风，渐渐改变了船员对副船长的成见，副船长成了船员们离不开的“好船佬”。

（四）副船长改称政委

1990 年初召开的交通部政工会议决定，为充分发挥基层党组织的政治核心作用，把船长负责制推向更加完善、健康的轨道，副船长的职务名称改为政委，也是船舶领导人。政委受广州海运党委和行政双重领导，以党委领导为主。广州海运党委书记黄庆炜指出，稳定高于一切，对于交通部党组的重要部署，广州海运将采取坚决、积极和稳妥的步骤予以实施。广州海运党委明确船舶继续实行船长负责制，副船长改政委是对船舶领导体制改革的完善。船长在船舶处于中心地位，对船舶安全、生产、经营和行政管理工作统一领导，全面负责；船长对船舶两个文明建设的责任并没有减轻和放松。船舶设置政委（副政委或指导员）为船舶领导人之一，是为了更好地发挥船舶党支部的政治核心作用和加强船舶思想政治工作。船长、政委要互相支持、互相配合，齐心协力做好船舶各项工作。在广州海运党委正式委任的政工干部到职前，船舶领导干部的职责和相关关系维持原状不变；第二、第三季度分期分批抽调副船长到岸培训，经考查和考核后，由广州海运党委正式委任为船舶政委、副政委或指导员。各轮船公司要从政治素质、组织领导能力、思想作风等方面，对现任副船长进行一次全面考核，在交通部批准实施新的船长、政委职务规则后，分期分批抽调现任副船长到岸学习。学习结束时进行考试，合格者方能取得政委的资格，并由轮船公司党委委任为船舶政委（副政委或指导员），分配到船就职。合格一批就委任一批，对不具备条件不能担任政委（副政委或指导员）者，应免去现有职务另行安排工作。

1990 年广州海运举办了 4 期船舶政委培训班，提高了政委的理论水平和工作能力，顺利地完成了副船长制改为政委制的工作。首期政委培训班于 1990 年 4 月 6 日开班，76 名副船长进行为期半年的全脱产学习，先学习语文、政治、历史、地理、企业管理课程，再重点学习哲学、党史、党建等专业课程。经考核合格者，发给《船舶政工干部岗位培训合格证书》，不及格者不能上岗。通过学习，学员们掌握了一定的基础理论和专业知识，提高了思想政治理论水平和工作能力、管理能力，以更好地发挥船舶党支部的政治核心作用。

各轮船公司根据对学员的工作实绩考核结果和在培训班的学习成绩，正式委任他们为船舶政委，并即派往船舶工作。随后，根据交通部指示，沿海、远洋船舶政工干部一概称为政委，不再有副政委、指导员的名称。

六、开展企业全面整顿工作

党的十一届三中全会以来，随着工作重点的转移和工业企业全面整顿的逐步深入，工业企业的面貌发生了很大的变化。无论在生产水平、技术水平和经营管理水平上，都有不同程度的提高。但是，企业管理落后的局面，还没有得到根本的扭转，其原因虽然是多方面的，但主要原因是企业管理的基础工作还很薄弱，远远不适应现代化大生产的需要。

1982 年，根据交通部组织工作座谈会议精神，广州海运制订了选拔中青年干部的两年计划。各级党组织把选拔优秀中青年干部作为企业整顿的第一位工作，积极贯彻党中央的指示和交通部党组的要求，大多数二级单位都制定上报了预备干部名单。经过一段时间的考察和培养，到 11 月下旬，菠萝庙航修站已按“四化”的要求产生了新的领导班子，5 名领导班子成员中有 4 名大专毕业生，平均年龄 42 岁，比原来的 47 岁下降了 5 岁。同时着重对船舶政工后备干部进行了考察选拔，提拔了船舶政治指导员 10 人；接收安排了大中专毕业生 294 人，充实了各单位的技术干部队伍。经过反复酝酿，广州海运调整了机关处室及二级单位的领导班子，广州海运领导班子人数由原来 10 人减为 6 人，平均年龄从 63 岁降为 50 岁，具有大专文化程度的占 67%；处级干部平均年龄为 49.3 岁，具有大专文化程度的占 43.5%，中专文化程度的占 12.9%，有技术职称的占 45.2%，大大提高了革命化、年轻化、知识化、专业化程度，为搞好企业全面整顿工作创造了有利条件。同时，根据首钢和其他兄弟单位的经验，结合实际情况，制定了广州海运机关和部分二级单位的经济责任制试行方案，从当年 10 月 1 日起试行。

根据交通部决定，广州海运被列为 1983 年开展企业全面整顿工作的企业之一。为了把企业整顿好，达到交通部颁布的 5 项验收标准的要求，进一步提高经济效益，为国家多做贡献，当年 5 月，广州海运组成了企业整顿领导小组和企业整顿办公室。5 月下旬开始，企业整顿工作在全局范围内全面铺开。局机关及直属二级单位通过认真学习中央文件，进行了广泛的思想发动工作，使广大职工尤其是各级领导干部充分理解企业整顿工作的紧迫性，增强责任感。

按照“精简、统一、效能、节约和反对官僚主义”的原则，广州海运对原有的组织机构、职责分工和定员编制等进行了调整。经过广泛征求意见，反复审议，精简了广州海运一级机构设置，处室由原来的 23 个裁并为 19 个，精简率为 17.4%，直属单位共设 10 个。本着“关系理清、职责分清、责任划清”的原则，确定了直属各单位、机关各处室的职责范围，以及定员编制和各类工作人员的岗位责任制，建立了考核制度。7 月份公布了精简、整顿后的组织机构，机关行政处室设有办公室、计划处、基建处、财务处、人事处、运输处、港航监督室、技术处、物资供应处、科技处、广州海运公安局；党群部门设有政治部办公室、宣传处、组织处、机关党委、纪检办公室、工会、团委等。直属单位设第一船队、第二船队、物资供应公司、通信站、菠萝庙航修站、城安围航修站、霞海修船厂、广州海员医院、培训中心、电子设备厂、劳动服务公司（集体所有制）和汕头、八所、海口、三亚4个港务局。代管单位有广州物资管理处、广州船检办事处、广州海运学校、水上检察院（筹）、水上法院（筹）、广州航海学会、华南成组运输办公室。为了使企业朝专业化方向发展，以便集中精力搞好运输生产，根据港航分工的原则，在这次改革中，广州海运提出将汕头、海口、八所、三亚港务局从广州海运划出的意见，得到了交通部的批准。根据交通部《关于调整华南四港管理体制的通知》，1984年1月1日将汕头、海口、八所、三亚港从广州海运划出归交通部直接领导，海南三港组成海南港务管理局。

广州海运企业整顿工作在广东省和交通部工作组的帮助下，经广大干部职工努力，取得较好成绩，达到《交通部企业整顿五项工作验收标准》要求。1984年3月，由交通部、广东省经委共同组成的验收团对广州海运的企业整顿进行了全面检查验收，确认广州海运为企业整顿合格单位。

1985年10月，根据全国企业整顿领导小组和交通部关于对已验收合格的企业进行一次全面复查、补课的决定，广州海运进行了企业整顿复查工作。这次复查以经济效益为中心，以经济责任制和管理基础工作为重点，特别是针对原来验收时提出的需进一步整顿改革的问题来进行。检查内容包括：领导班子问题、经济责任制问题、管理基础工作问题、精神文明建设问题以及经济效益问题；技术进步、设备管理、劳动组织、劳动纪律整顿和培训教育等工作也在复查之列。广州海运党委要求直属各单位、机关各部门按照上述内容进行复检自查。考虑到1984年企业整顿时没有对船舶进行细致的检查，这次第一、二船队及客轮公司所属船舶是重点复查对象。为了搞好这项工作，广州海运党委要求各单位做到高标准、严要求，要得出“复查合格”“复查基本合格”及“复查不合格”三种结论。各单位要根据本单位、本船舶的实际情况明确复查的重点和要求，并尽快恢复整顿领导小组及其办事机构，加强对这项工作的组织领导，要把这次企业整顿复查工作同企业整党、纠正新的不正之风结合起来，同企业各项改革结合起来，同搞好运输、产品、施工质量结合起来，同推进企业管理现代化结合起来。

在1984年企业整顿验收合格基础上，广州海运认真抓好企业补课工作，按照“四化”要求，对各单位和机关科级干部进行了调整和填平补齐，使中层干部知识结构和年龄结构更加适应现代化的要求，对企业基础工作薄弱环节进行了认真整改。如，成立了标准计量领导小组，颁发了《广州海运局标准计量领导小组暂行工作条例》等标准化工作条例和有关规章制度，使标准化工作有领导、有规章制度逐步推开。同时，举办了五个培训班，组织专业人员参加培训和考试，使绝大多数计量人员取得了合格证书，逐步实现统计工作电算化，在实现了运输生产四大指标电算化基础上，开始对材料核算、财务总体账务管理进行计算机开发工作，其中材料核算电算化后效果良好。此外，健全和完善物资储备和消耗定额，档案管理也取得了较大进步，全面质量管理教育和推广工作也迈开了步伐，QC小组已在运输部门和部分船舶建立起来。经过整顿补课，企业管理进一步完善，管理水平稳步提高，经济效益明显。12月份交通部派出企业整顿复查验收组对广州海运进行复查验收，对“补课”工作表示满意。企业整顿复查验收合格。

七、积极推进企业升级工作

在党的十一届三中全会精神的指引下，广州海运生产稳定发展，连续 11 年完成了国家运输计划，连续 3 年没有发生重大安全责任事故，多次荣获省部级先进企业的称号，多次荣获全国同行业先进单位称号，为确保华南地区的煤炭运输和广东的经济发展做出了贡献。1988 年，广州海运安全质量、能源消耗、经济效益三大类指标已到达国家二级企业标准，为企业的升级打下了良好的基础，广州海运以企业上等级为目标，按照“先进、准确、齐全、配套”的要求，认真抓好各项管理基础工作，为企业升级做好准备。通过企业升级考核，广州海运已初步形成了自己的管理特色，主要表现有 6 个方面：

一是实行了以企业领导体制为中心的各项配套改革，明确了局长是法人代表，在企业中处于中心地位，形成了局长行政指挥、党委监督保证、职工民主管理的新的企业领导体制。

二是有计划、分步骤地加强管理基础工作，围绕安全、优质、高效、低耗，提高企业素质的目标，加强了对企业规章制度、标准化等 7 项管理基础工作的建设，初步形成自己的管理基础工作体系。

三是积极实行全面质量管理，推进企业管理现代化，制定了推行全局质量管理的长远规划和年度实施计划，逐步完善了以安全、质量为主体的质量保证体系，深化了企业管理整体功能。

四是加快技术进步，增强企业后劲。1980 年以来，广州海运共取得科技进步成果 20 项，合理化建议与技术改造成果 35 项。

五是专业管理基础扎实、制度完善。全局的财务、计划、能源、物资、设备、安全、档案等企业的各项专业管理工作职能明确，制度完善，基本符合国家级企业所规定的要求。

六是精神文明建设不断加强，努力建设“四有”（有理想、有道德、有文化、有纪律）职工队伍。经常对职工进行法制和思想教育，推动民主管理，在实践中逐步形成了“同舟共济、振兴海运”的企业精神，增强了企业的凝聚力。

1989 年，广州海运召开标准化工作会议，布置标准化等企业升级五项工作：一是完善广州海运标准化体系。调整标准化委员会成员，完善以技术标准为主，包括工作和管理标准在内的标准化体系，制作企业标准项目明细表并打印装订成册。二是完善其他各项管理基础工作。清理 1986 年至 1989 年完成的计量、信息、定额、规章制度、培训教育、班组建设工作项目，汇总装订成册。三是初步建立广州海运企业管理现代化体系。召开广州海运首届企业管理现代化成果交流会，并将成果汇编装订成册。四是写出全局、机关各部门和直属各单位基本情况资料，打印装订成册。五是收集整理国家二级企业标准，将其中企业管理工作基本要求必查资料汇编装订成册。

广州海运围绕安全优质多创经济效益，不断提高企业管理水平，切实加强和健全了企业管理基础工作，基本建立了适应海运特点的管理基础工作体系。在认真清理各项管理基础工作的基础上，将机关各部门主要、常用的 96 项规章制度汇编成册，下发给各单位，完善了以技术标准为主，包括管理标准、工作标准在内的标准化体系，进行了局属单位计量升级和定级复查工作，1989 年广州海运被评为广东省标准计量先进单位；对凡能进行定额考核的工作，基本上都实行了定额管理；进一步开发使用船舶运输生产信息管理数据库系统，对船舶调度、财务、计划统计、海务监督、物资供应、人事、工资、船舶机务等实行了微机辅助管理，实现了广州市海珠区滨江西路 40 号办公大楼与荔湾区沙面办公楼微机跨江联网、船公司与主要业务处室数据通信共享。

1990 年初，应邀到广州海运进行企业升级和综合管理咨询的中交企协企业升级咨询组指出，1989 年 7 月广东省加强企业管理领导小组评定广州海运为 1988 年度省级先进企业，各项升级指标均达国家二级企业标准，符合广州海运的实际情况。1990 年 6 月，交通部国家级企业评审组对广州海运申报国家二级企业进行了为期 5 天的评审。评审组根据《沿海运输行业国家二级标准》和《交通行业国家级企业管理工作基本要求评审细则》的要求，对广州海运 1989 年度的安全质量、能源消耗和经济效益等 9 项指标进行了查证核实，认为广州海运 1989 年度的 9 项考核指标和管理工作均达到相关规定的要求，评审结果由评审组报请交通部企业管理指导委员会审批。评审组通过听、看、查、问、谈等形式，对广州海运企业升级工作进行了全面的评审、检查，肯定了广州海运勇于探索，开拓经营，锐意改革，强化管理，取得明显实效。在加强企业管理，争创国家二级企业的实践中，逐步形成了本企业经营管理的特色：领导班子齐心协力，勇于改革，求实进取；勇于探索，深化改革，逐步完善经济责任制；以 TQC 为主线，努力推进管理现代化；重视科技进步，增强竞争能力；积极开展企业升级活动，努力强化各项管理基础工作。

1991 年，广州海运围绕全面提高整体素质开展企业内部升级活动，重点放在船舶部门。年初，经过深入调查研究和反复征求意见，制定了《广州海运局船舶部门升级管理办法（试行）》并经职代会讨论通过。该办法把安全质量、技术经济指标和船舶部门建设纳入部门升级考核，并与浮动工资挂钩，这是广州海运改革工作的一项新的尝试。这项活动直接关系到每个船员的切身利益。活动的开展，增强了船员尤其是船舶部门长参与管理的意识，船舶各项原始记录和台账等管理基础工作也有所改善。开展船舶部门升级活动，要求机关各项管理工作同时跟上。1991 年以来，船舶定船定员工作有一定进展，逐步做到船员尤其是干部船员的相对稳定。

第二节　科学管理促进增产增收

为确保完成运输生产任务，广州海运积极开展科学管理，加强对货源组织、船舶调度指挥、修船和节能技改的运营管理，降低运输成本，提高船舶营运率，促进增产增收增效。

一、注重经济效益

1983 年，广州海运财务部门积极发挥会计工作在企业管理中的作用，定期进行经济活动分析，找出运输收入和运输成本升降的原因，为运输部门安排生产，预测经济效益提供了重要数据。此外，按照利改税要求，认真搞好企业留利测算工作，提出了奋斗目标，保证了企业的留利及职工的奖金福利。技术部门想方设法节约修理费和缩短船舶修期；一年间，通过对修理项目进行审核，节约修理费约25万元，并核减了有关修船厂（站）多报的工程费用50万元。电子设备厂加强企业管理，积极试行经济责任制，狠抓安全生产和产品质量，使生产有较大的发展。行政管理部门在搞好为运输生产服务的同时，采取措施努力控制行政费用开支，为提高经济效益做出了贡献。

1984年，为了适应国民经济发展的需要，增强企业活力和竞争力，广州海运加强了综合经营计划工作，积极推行目标管理。年初，根据客货源和运力情况，深入分析测算多种生产方案的经济效益，在保证企业对国家承担的经济责任、提高经济效益的前提下，结合运输生产形势和企业内部生产条件，提出了适合广州海运的经营计划和奋斗目标，并提出了落实措施。在执行综合经营计划的过程中，注意经常做好经济调查工作。定期召开经济活动分析会，围绕企业经营目标，对广州海运的财务状况、生产经营成果进行了细致的分析研究，全面考察企业生产、技术经营活动效果。通过日常经济活动随时反馈的信息，掌握执行结果与计划对比的差异，进一步查明原因，加强计划监督和控制，不断进行调整和采取相应措施，取得新的平衡。同时，充分注意发挥会计工作在企业管理中的作用，为企业理好财、管好家，保证了经营目标的实现。

此外，广州海运还较系统地研究了广州海运1984年后几年内的货源、运力、人才、资金、成本等方面的发展情况，编制了7年（1985—1991年）的《生产经营经济预测》，从而把广州海运7年中生产经营方面的经济情况勾画出一个总体轮廓，为广州海运实行第二步利改税改革，核定调节税税率提供了较可靠的数据，为编制“七五”计划和长远规划打下了基础。

1986年，为适应经济体制改革和运输生产发展的需要，广州海运积极推行方针目标管理。1986年初，根据国民经济发展对运输生产的需要以及企业实际情况，确定了“坚持改革、强化管理、开拓航区（线）、确保效益”的经营方针，制定了经营目标。围绕这一方针目标，制定了9条对策64条措施，按照职责分工，层层分解落实，形成了纵到底、横到边，自下而上确保经营目标完成的P、D、C、A（Plan,Do,Check,Action，即计划、执行、检查、处理）对策体系及组织体系，使各单位、各部门、广大职工清楚地知道为实现经营目标要干些什么和怎样去干。

在试行方针目标管理过程中，广州海运注意做好经济调查工作，定期召开企业经济活动分析会，全面考察企业综合经营情况，找出实际执行结果与方针目标对比的结果，采取措施不断调整和平衡。由于推行了方针目标管理，企业的各项管理工作在比较协调的基础上，开始进入了现代化管理的轨道，较好地完成了综合经营计划。

二、成立专业化船公司

随着企业规模的发展壮大，迫切需要理顺企业内部的管理体制。为适应承包经营责任制和行政领导负责制的需要，广州海运将原来的三个运输船队进行改组，成立了四个专业化轮船公司，实行船舶专业化管理。

1987 年 12 月 3 日至 8 日，广州海运召开机关整顿工作第二阶段的会议。会议的主要内容是落实广州海运体制改革的几项具体方案，主要是把原有三个船队划分成油轮公司、第一货轮公司、第二货轮公司和客轮公司，另外将旅行服务所关于旅客和船员的业务分别划归客轮和生活服务公司，将电子计算机集中统一管理，并决定实行经理负责制，各直属单位实行行政主要领导负责制，船舶逐步实行船长负责制。与会人员就《关于全局各直属单位实行厂长负责制的决定》《广州海运管理局属下轮船公司职责》《关于修订局机关处室职责、定员和个人岗位责任制的工作部署》和《交通部广州海运局干部管理体制改革总体方案》等进行了广泛的讨论。

会议着重讨论了轮船公司的职责问题。大家一致认为，轮船公司是在广州海运的领导和职能部门的指导下，贯彻执行国家关于海上运输的方针政策，负责对所属船舶从投入营运到报废期间，进行营运管理的内部独立核算的专业运输单位。其职责有：一是执行党的方针、政策，国家的法律、法规和局的规章制度；二是执行广州海运下达的指令性运输任务，在广州海运统一调度运输船舶的前提下，组织指导性和市场性物资运输，提高船舶生产效率和经济效益；三是负责船舶安全生产、客货运输质量、服务质量管理及事故处理，完成广州海运下达的安全质量指标；四是负责船舶技术管理，落实船舶的维修保养和节能工作，完成广州海运下达的各项技术经济指标；五是严格遵守财经纪律，执行财务制度，负责经济核算，控制船舶营运生产成本，正确、合理使用各项基金，完成广州海运下达的利润和创汇、外派船员劳务收入等各项财务指标；六是负责劳动管理，落实岗位责任制，贯彻执行国营企业职工奖惩条例，全面负责船员队伍的管理和建设，完成广州海运下达的劳动生产率指标，在广州海运下达的工资总额、奖金额度范围内，改革完善内部分配制度，充分调动各职人员的生产积极性；七是负责企业管理基础工作，实行全面质量管理和方针目标管理，实现广州海运分解到船公司的企业定级升级的目标；八是加强社会主义精神文明建设，教育职工树立全心全意为人民服务的思想和“安全优质、文明服务”的职业道德风尚，充分发挥职工参加社会主义建设的积极性、智慧和创造力；九是在广州海运统筹的集体福利范围内，负责合理组织职工福利的第二次分配，争取随着运输生产的发展，职工福利逐年有所提高。

1988 年，广州海运划小经济核算单位，改革了管船机构，成立了专业化船公司，将原来的 3 个船队改组为 4 个轮船公司，把管船的重心从广州海运机关转移到轮船公司，实现了管理的专业化，增强了轮船公司直接管理船务的职能，制定了船公司的管理机制，有利于进一步保证船舶安全生产。1 月 1 日，广州海运撤销第一船队，成立油轮公司，负责油船营运管理；撤销第二船队，成立第一货轮公司和第二货轮公司，分别负责原第二船队的散装货船、杂货船的营运管理。具体情况如下：

1. 油轮公司

1974 年 7 月，广州海运成立南北线船队，负责南北航线运输经营管理。1977 年改称广州海运第一船队。1979 年组建为油轮专业管理船队，有油轮 24 艘、57 万吨。1988 年 1 月，易名为广州海运油轮公司。1990 年该公司有油轮 31 艘、84.5 万吨，有职工 2700 多人，办公地址在滨江西路 40 号 9 楼。

2. 第一货轮公司

1977 年 3 月，广州海运成立第二船队，负责华南沿海和中越航线运输经营管理。1979 年第二船队组建为货轮和客货轮专业管理船队。1988 年 1 月，广州海运第一货轮公司成立，负责散装货轮的营运管理，有散装货船 38 艘、80.4 万吨。1990 年该公司有 48 艘散装货轮、127.3 万吨，有职工 3100 多人，办公地址在滨江西路 40 号 8 楼。

3. 第二货轮公司

1988 年 1 月，广州海运第二货轮公司成立，负责杂货船的营运管理，有杂货船 43 艘、18.4 万吨。1990 年该公司有 41 艘杂货船、19.8 万吨，有职工 3400 多人，办公地址在滨江西路 40 号 11 楼。

4. 客轮公司

1985 年 1 月，广州海运把客货轮从第二船队划出，成立客轮公司，负责客货轮的营运管理，实行客轮运输专业化管理，有客货轮 16 艘、8899 客位。1990 年该公司有客货轮 14 艘、7657 客位，有职工 1600 多人，办公地址在滨江西路 40 号 7 楼。作为管理体制改革的试点，该公司实行经理负责制，中层干部（科级）由经理任免。机构设置由该公司自行决定，实行定编包干，允许客轮公司对船舶实行经济承包试点，鼓励其发展多种经营（图 4–1）。

图 4–1　1984 年 12 月 30 日，广州海运客轮公司成立茶话会。

除以上船公司外，此间广州海运主要直属单位还有：

1. 通信站

1965 年 8 月，广州海运电讯科改设电讯处。1973 年 3 月易名通信站。广州海运通信站主要负责交通部所属广州地区有线、无线、电报、电话通信，并负责运输船舶的通信导航设备和岸台有线、无线通信设备的技术管理，负责对部属单位的通信业务指导。其所属基层单位有广州海岸电台（包括收信台、发信台、中心台）、维修队、修理所。广州海岸电台有发信机 36 台、发信天线 34 座、收信机 34 台、接收天线 26 副，共开放线路 24 条。

其通信范围可达世界（除北极、北美地区外）主要航区，并已应用计算机技术，逐步向全球海上遇险和安全系统方向发展。1990 年通信站电报操作量 76.5 万份，3305 万字；水运长途电话操作量 23.8 万分钟，2.6 万次；无线电话操作量 32.9 万分钟，7.3 万次；有职工 461 人。办公地址在滨江西路 40 号 13 楼。

2. 菠萝庙船厂

1968 年 10 月，广州海运船舶航修站在广州市黄埔区庙头成立，有职工 100 多人。航修站的成立，缓解了广州沿海运输因船舶老旧、修理任务重的问题，保证了运力。1971 年该站修船能力由航次修理发展到计划修理。1972 年改称广州海运菠萝庙航修站。1979 年 3 月，3000 吨举力浮坞“越秀山”号投产，从此，广州海运可自行坞修 5000 吨以下船舶。1985 年 2 月，易名广州海运菠萝庙船厂。1990 年该厂有职工 902 人，主要设备有 5000 吨级浮船坞一座、25 吨吊机 2 台、30 吨和 10 吨吊机各一台，各类机械加工设备 54 台，港作船 8 艘。码头岸线长 345 米，低潮水深 –7 米。设有轮机、综合、厂修车间和工程船队。当年修理船舶 29 艘（不计航修），工业总产值 1500 余万元。

3. 城安围船厂

1973 年，广州海运供应站为了改善所属供应船舶的修理状况，决定在城安围兴建一座船舶航修站。1975 年航修站边建设边投产，初期主要借助电焊船等设备进行航修，修理船舶以供应船为主，交通船和海轮为辅。1978 年改造成为 5000 吨级以下船舶修理基地，1985 年易名广州海运城安围船厂。1990 年该厂有职工 842 人，码头岸线长 324 米，200 吨船排一座，25 吨和 10 吨门吊各一座，设有轮机、船体、电工和铜工四个车间。当年修理船舶 26 艘（不计航修），工业总产值 1300 余万元。

4. 物资供应公司

1962 年广州海运设材料处，有 11 艘供应船。1977 年改设物资供应处，对外称物资供应公司，一套人马，两个牌子，担负着物资管理和物资供应双重职能。1990 年该公司在番禺新造镇的新造油库建成投产，储油能力 4.5 万吨。当年有职工 1392 人，各类物资供应 76 万吨。有供油船、供水船、供料船、拖轮、驳船等共 42 艘，3 万余载重吨，800 多千瓦；生产车辆 28 辆，其中载重汽车 21 辆，54 吨；仓库 2 座，14647 平方米，露天堆场 9000 平方米。办公地址在滨江中路 288 号。

5. 广州航运电子设备厂

1974 年 9 月，广州海运无线电修造厂建成投产，建有厂房 6175 平方米，设计能力年产值 80 万元，计划编制 150 人。1978 年 9 月，改由交通部领导，党政工作由广州海运领导，厂名定为交通部广州航运电子设备厂。1981 年 7 月，根据交通部关于改变电子设备厂领导关系的通知，该厂重新划归广州海运领导和管理，并易名为广州海运电子设备厂。该厂是生产无线电通信设备的专业工厂，厂址在广州市昌岗东路 252 号。1979 年后，该厂引进国外先进设备和技术，生产“丽佳”牌调频无线电话和对讲机系列产品，并生产组合音响、收录音机、汽车收放机等民用电子产品，拥有 7 条流水作业线，产品销售世界许多国家和地区。1990 年该厂拥有 500 多万元固定资产，职工 487 人，当年工业总产值 700 万元。

三、积极组织货源

1980年，广州海运运输的大宗货物除石油维持原有水平外，矿石、煤炭等货类均减少。计划、运输、商务部门于当年派出64人次，分赴华南、西南、中南、华东、华北地区的14个省、市组织货源，共兜揽计划货源100多万吨。同时开辟新航线，争取回程货源，将航行港口扩大到烟台、温州、宁波、定海、南通、厦门六港。1981年实行“铁水分流”，广州海运提出水路运输方案，开辟八所港至南通的矿石运输航线，运至南通后由长江轮船总公司转运至武汉。这条航线的开通，为广州海运北煤南运取得大量的回程货源。当年共争取到计划外货源42.7万吨。

1982年起，为稳定货源，广州海运试行与货主签订运输合同的方式，由货主与港口联系，疏通港口装卸渠道，保证船期。1983年，派出多批干部，深入矿山、工厂、港口调查货源，收集第一手资料，积极组织货源。凡是在装卸条件较差的港口的货物，都力争实现合同运输。签订运输协议的航次，船舶在港停时明显缩短。签订运输协议后，南运的化肥，4000吨级船在港停时为7天，万吨级船为15天，分别比以前缩短19天和14天。1984年根据运输市场情况，广州海运派出货运人员近120人次，深入28个城镇及港口开展调查研究工作，煤炭、矿砂货源组织较好，是年比年计划多揽货70万吨，南北航线船舶空放减少。1984年与货主签订运输协议、合同共37份。1985年起采用连环合同形式，船方与货主签订合同后，货主与港口再签合同，形成一种互相保证的合同关系。1986年广州海运与广东省有关部门签订“以煤换电”的煤炭运输协议，与深圳电力开发中心签订沙角电厂燃煤运输协议，全年共与货主签订航次运输合同155份。

1986年因运力与货源增长不同步，大型散装货轮富余，广州海运派出货运人员122人次，深入全国各地组织货源，通过年度订货会和月度调运会争取货主、港口的支持，稳住大宗货源，使90%以上货源得到保证。尤其是原油货源组织得较好，使油运量达989.2万吨，创历史最好水平，给企业带来较大的经济效益。除了保证组织计划内货源外，还积极兜揽计划外货源，为富余运力找出路，争取到从香港、广东至北方的成品油19万吨，首次使一些小油轮来回满载，打破了油轮历来空放北上的局面，取得了良好的效益。

1989年货源波动较大，从第一季度到第三季度，运力需求从紧张到极度紧张，而从第四季度开始，运输市场突然由“热”变“冷”，运力富余，货源不足。南下的主要货类玉米，由于南北差价甚小，北方大批积压，南方饲料销路不畅；南下水泥、钢材等因国家压缩基建规模而减少。广州海运及时开展市场调查，召开4次大型货主座谈会，提出优惠运价，主动到货主、港口、收发货单位征求意见，了解运输需求量情况，积极揽货。至1990年，先后派出人员分驻大连、营口、锦州、秦皇岛、天津、青岛、烟台等地，了解市场运输情况。此外，还到南京、镇江、高港、南通、上海、宁波、温州以及华南地区的汕头、蛇口、赤湾、湛江、北海、防城、海口、八所、三亚等地组织货源，有效地改变了货源下滑的局面。1990年与鞍山钢铁公司、广东省电力燃料公司、海南农垦公司等8个单位签订物资运输长期合同，稳住了中长期大宗货源；又与省粮油贸易公司、省盐业运销公司、市饲料公司等10个省、市、县属单位签订运输意向书。

1991年，广州海运派出多批人员深入港口、矿山、油田、工厂开展较大范围的货源调查，积极参与各类订货会、货运平衡会等，在此基础上，对港口能力和社会需求作了全面科学的分析，在保证国内主要货物运输的前提下，确立了“国内运力安排适度偏紧，国内外运力随机调节”的运力使用方针，减少了船舶窝在国内港口排队的现象，从而提高了船舶效率。坚持煤船“以卸定运”，配合港口做好油船抢卸快卸，对杂货船压船严重的港口，多次派专人与货主、港口协商，共同做好疏港工作。广州海运各驻港口机构加强对港口船舶密度、到货、疏运等业务信息的收集，为广州海运及时合理调度船舶提供了依据；继续扩大合同运输，将货主、航方、港口三方面利益捆在一起，既提高了船舶效率，又增加了运输收入。

四、加强船舶调度指挥

1980 年后，调度人员和货运人员的碰头会被作为调度工作制度的确立，并由原每星期一次改为每星期二、五两次。1982 年船舶调度工作贯彻“铁水分流”、中小港口直达运输的方针，广州海运新开大连—蛇口、连云港—北海、烟台—北海、秦皇岛—汕头、宁波—汕头等航线，扩大分流直达运输范围。根据南北航线货源充足，百杂货数量大大增加的情况，调整船舶航线安排，一方面压缩航行国外航线船舶使用量，确保南北和华南航线煤运运力需要；另一方面组织北方至华南中小港口直达运输，减轻华南主要港口压力，改变中转占用运力的情况，保证重点物资的运输，提高船舶使用效率。当年南北航线货轮在港停时明显缩短，平均每航次比上年缩短 2.53 天。通过组织回程货源，减少空放航次，多走三角航线和运载多港货物，船舶合理储备油水多装货等措施，货物载重量利用率比上年提高 3.15%。在调整船舶使用方针的同时，加强了船舶调度工作，努力做到从船舶装载性能、港口状况、节能要求、载重量利用、实际收益等各项经济技术指标统筹考虑，合理安排船舶使用。优先安排国家急需的三大货类和军需物资的运输，对一些人民生活需要，但运输效率很低的货类，采取与货主订租船合同的方式，与货主共同努力压缩船期，提高效率；在港口状况发生变化的时候，及时调整运力，避免失误造成运力损失；适时根据港口船舶密度，指示船舶合理掌握到港时间，减少排队，努力提高船舶效率。

1983 年，广州海运与广州石化厂、茂名石化厂密切联系，做好船舶抵港靠泊准备工作，协商加快卸油进度的办法，减少船舶在港停时。污水处理、空载压水、洗舱等几项工作采用了“边卸边压舱”“边装边处理”“卸油至一定程度即启用清舱泵”等办法，改变了装卸完毕始进行的老办法。南北线油轮航次周转期 22.19 天，比 1982 年缩短 2.31 天，原油船相应增产约 20 万吨。油轮装货推行科学积载，合理储存油水，节减淡水消耗，增加载重量。1983 年每吨船每航次载货提高到 1.026 吨，比 1982 年增加 0.007 吨。当年开辟南北新航线 14 条，组织三角航线。由于航线组织比较合理，南北线货轮相对空放里程每航次比 1982 年减少 81.42 海里。

随着业务和船队的发展，调度人员逐渐增多。20 世纪 80 年代中后期达 30 多人，值班调度每班安排 3 人。1986 年，调度室装置电子计算机管理系统，船舶动态、船位、值班日志、生产快速统计、每五天的生产日报、每月的船舶运行图、船舶在港密度图均输入电脑，查找、排印方便快捷，提高了工作效率。根据货源、货流的变化，合理统筹、安排、调整运力，努力做到从船舶转载性能、港口状况、节能要求、实际收益等方面合理调度船舶，大大地减少运力损失。下半年，广州海运吸取“德堡”轮事故教训，采取措施加强对航行船舶的船位管理，并对调度室进行整顿，加强了调度力量，增设了南通、海口港工作组。

1987 年后，广东省对石油、煤炭的需求量大幅度增长，港口设施能力与船舶运力不足，煤船在港排队等卸停时过长。1988 年，针对煤运存在的问题，广州海运积极建议并促成广东省成立煤炭运输协调小组，协调港、航、货三方关系，以合理安排调度船舶，使煤船在港停时缩短。在煤运高峰时，调回航行国外的 6 艘散装货船参加国内运输，还成立沙角电厂办事处，做好煤运的协调联系。1989 年，运输市场波动较大，船舶调度着重抓船期，抓疏港，合理安排运力，尽量多装快跑。3 月份月度货物周转量首次超过 40 亿吨海里，9 月份月度货运量首次突破 300 万吨。同时，加强重点货物和重点航线的运输调度，根据气象、货源和装卸港口的码头、堆场、机械等情况，不断调整船舶密度，抽调杂货船运煤，抽调散货船抢运救灾粮。同时密切与港口、驻港办事处的联系，及早安排泊位、拖轮、引水、补给等，力求快装快卸，缩短停时，保证重点物资的运输。

五、开展全面质量管理

全面质量管理（TQC，Total Quality Control）起源于美国，1961 年由美国质量管理专家菲金鲍姆命名。自此，全面质量管理引起了人们的关注，尤其是在日本，被许多工业企业广泛运用，不断发展其内涵和作用。20 世纪 40 年代初，在全面质量管理概念出现以前，人们已先后经历了质量检验阶段和统计质量管理阶段，为全面质量管理奠定了基础。20 世纪 60 年代，随着科学技术的发展，电子计算机、宇宙航行器等精密器械的大量投产，对产品质量提出了更高的要求。部门和企业之间的联系增多，出现了系统的概念，在质量管理中，要求把质量问题作为一个有机整体综合分析研究。对质量管理的新要求，促成了全面质量管理的产生，全面质量管理能提供新理论、新方法。人们评价质量三个阶段时，认为产生了两个飞跃：第一从以事后检验为主转变为以事前预防为主，第二从以提高工作质量为主转变为以提高产品本身质量为主。1978 年，全面质量管理传入中国，并迅速被广泛应用于国防、机械、化工、造纸、制药、金属加工、电子、汽车、钟表等工业领域中，以及服务性行业等。

1986 年，为提高企业的现代化管理水平，广州海运开展了全面质量管理工作。年初，制定颁发了《广州海运局全面质量管理暂行办法》，从上到下，层层发动，组织开展 QC（Quality Control，质量管理）活动，以提高运输生产质量和工作服务质量，先后举办了三期科级干部 QC 学习班，培训了 249 名科级干部，采取各种形式对局机关、基层单位、船舶进行了普及教育。当年底，全局已登记注册的 QC 小组有 255 个。为及时总结推广 QC 活动经验，1986 年广州海运召开了首届 QC 成果发表暨表彰大会，16 个 QC 小组在会上发表了成果，9 个单位汇报交流了经验，推动了全局范围内的 QC 活动蓬勃发展，取得成效。这些成果的特点之一是内容丰富多彩，涵盖提高管理水平，提高货源质量，挖潜增产、降低消耗，提高经济效益和工作效率，安全生产等多方面工作。特点之二是选题的挑选有一个共同点，即结合本单位、本部门的工作实际，把突出的质量问题作为课题来开展

图 4-2　广州海运局首届 QC 成果发表会。

活动，效益显著。特点之三是活动能提高效益，直接经济效益是增加收入，提高工作效率，减少损耗，降低成本，也产生间接的效益，如因质量高而提高了企业的信誉，受到货主、用户的欢迎。两个 QC 小组（“红旗 171”轮 QC 小组，琼申线港航、“红旗 167”轮联合 QC 小组）被评为交通部优秀 QC 小组，另一个 QC 小组被评为广东省优秀 QC 小组，这是广州海运开展 QC 活动三年后首次获奖，实现了零的突破（图 4–2）。

其中，“红旗 171”轮 QC 小组运用 TQC 方法，对装运件杂货存在货差、货损问题进行了 PDCA 循环。针对造成货差货损的 6 个方面的因素具体实施对策，循环期与 1985 年同期比，货物残损率降低了 70%，货物短缺率降低了 89%，承运食糖货差率下降 84%，货损率为 0，提高了信誉。

琼申线港航、“红旗 167”轮联合 QC 小组实现 PDCA 循环期，货差率、货损率为 0，提高了经济效益，“红旗 167”轮循环期比循环前增收 23,551 元，增收率 9.09%。

在搞好全面质量管理工作的同时，广州海运还积极探索港航联合 QC 小组的新路子，大力加强横向联系，并将港航联合 QC 小组扩展至货主单位，课题范围从解决货运质量扩展到解决安全生产、精神文明建设，争取优质运输线路，促使琼申线客运质量大大提高，受到交通部的表扬。

1987 年，为学习和吸收兄弟单位开展 QC 活动的先进经验，广州海运组织了二级单位和机关部分处室主要领导 14 人，由广州海运领导带队赴哈尔滨学习黑龙江航运局的现代化管理经验，并结合自身实际情况，研究制定全面质量管理目标和考核奖励办法，部署了 1987 年企业管理上等级工作。6 月 10—12 日，广州海运召开第二届 QC 成果发布会，此次发表的二队机关文件归档、“红旗 106”轮修船承包、“大庆 252”轮排干卸净、“丁香”轮创“六无”船舶等 32 个成果，与 1986 年首届会相比，具有一定的深度和广度，较全面地反映了广州海运深化全面质量管理，推动广州海运企业管理向科学化、系统化、现代化发展的情况。第二届会议发表的数量较多，32 个成果是从全局 105 个成果中挑选的，比首届会议翻了一番，而且成立的 QC 小组也增长了一倍；成果的分布面广，船舶、厂、站、培训中心及机关都发表了成果；成果内容丰富，涉及面广，包括基础工作、运输生产、工程、通讯、产品、服务质量等等。在首届会上空白的党群部门，也从提高政工干部素质、建设职工之家、改善团的组织制度、幼儿教育等方面发表了成果。

1988 年，广州海运深入开展全面质量管理活动，以“巩固、发展、深化”为目标，加强对 QC 小组的组织管理，提高 QC 成果发表率和成果质量，按照“三有”（有课题、有活动计划、有活动记录）、“三定”（定活动目标、定活动内容、定活动时间）的要求，对全局的 QC 小组进行了一次清理和整顿。全年共取得 133 个 QC 成果，质量普遍提高。秦—连—青—湛原油运输线港、航、货联合 QC 小组和“玉兰”轮客运部 QC 小组的 QC 成果被评为交通部1988年优秀QC成果。年内，还组织了全局岸上职工4000多人参加全面质量管理基本知识全国统考，合格率达100%，普遍增强了干部职工的全面质量管理意识，促进了管理工作。

1991年，广州海运加强了TQC的教育培训，进一步普及了TQC基本知识，增强了职工的质量意识。通过开展活动，取得了一批QC成果。其中“大庆247”轮等2个QC小组被评为交通部优秀QC小组；《关于海运企业人才断层问题的探讨》等3篇现代化管理成果论文被评为全国交通系统优秀现代化管理成果论文。

六、提高货运质量

1980年3月6日，“红旗126”轮在烟台港卸糖，因港口工人在舱内动用火种而遭火灾。双方密切配合，及时封闭货舱，并向舱内喷灌31瓶CO_2，才避免了一起严重的货损事故，使损失减少到最小程度。同年，广州海运支付理货费用126万元，货运质量反而下降，货差率为1.31‱，超过交通部下达的指标。1981年，广州海运加强监舱工作，并通过复查，撤销了7宗、共337件货差事故。

针对理货员不按理货章程履行职责情况，广州海运自1982年9月1日起，实行船员理货，加强船舶现场管理，派商务员跟船下港，协助船舶推行全面质量管理试点工作，并积极对具备封舱条件的船舶实行封舱运输，对不具备封舱运输的船舶加强了船员监舱工作，取得良好的效果，货差事故大为减少。1985年底，广州海运有9艘船成立了QC小组，并和有关港口、理货公司一起开展“百杂货一条龙船QC小组”活动，成立了埔申、埔连、广青、琼申等6条南北线客货运输联合QC小组。1986年，广州海运设立《船舶货运质量航次记录簿》，建立了货运质量监督员制度。

1986年12月17日，中国外轮理货公司与广州海运签订了协议书，约定广州海运航行国内的杂货船委托中国外轮理货公司所属分公司或办事处理货（在自然港或货主码头仍由船员理货），时间从1987年1月1日起至1990年12月31日止。自1987年1月1日起，广州海运建立了航次货运质量登记制度。1987年，广州海运通过积极开展港、航或联合QC小组活动，创立优质运输线，每年在全局范围内举行两次货运质量大检查活动，根据季节、气象和航区，对重点货种、重点航线进行重点管理。如在运输食糖期间，派专人随船到装卸港协助船舶加强现场管理，深入到货主单位，就货物包装、打包、装卸和交接程序等方面提出改进意见。针对老旧船适货性能差的情况，增加了防范措施。1987年货损率0.1‱，货差率0.07‱，赔偿率1.42‱。货运质量管理实现了从处理货运事故到预防货运事故的转变，琼一八一沪港航货食糖优质运输QC小组获交通部优秀成果奖。自1988年1月起，交通部对航运企业货运质量只考核重大货运事故和赔偿率两项指标，并要求各单位根据实际情况考核二级单位货损、货差率，广州海运相应制定了新的《广州海运局船舶货运质量月报表》。1989年榨季糖运，广州海运大部分航次采用封舱交接，货差由货主负责。该榨季共承运84艘次、37.5万吨、750万件，货差率1.3‱，货损率0.70‱，赔偿率0.44‱。1989年至1990年榨季的糖运，因航运市场行情变化，货主大都不同意封舱交接，而要求数量必须准确，出现的差损由航方负责。针对这一情况，广州海运商务部门落实预防措施，对内港船舶实行上船指导，对外港船舶则发电报逐船落实，或派员跟船和驻港协助船舶进行质量预控和现场解决有关交接等问题，并及时总结推广一些船舶的先进经验。“羊城”等轮建立了自行理货小组，抽调人力参加理货或监舱；“红旗 177”轮船长、大副、业务员经常在装卸现场巡视检查。该榨季共承运 67 航次、26.1 万吨、522 万件，货差率 0.5 ‱，货损率 0.15 ‱，赔偿率 0.28 ‱，是几年里糖运质量最好的一年。

1990 年，广州海运提出“消灭重大货运事故，减少一般事故，事故赔偿率逐年下降”的货运质量目标，建立了“专营成线，群管成网”的质量管理体系。同时，积极开展 QC 活动，对外建立港、航、货、外理货联合 QC 小组，对内则以船舶为单位开展以提高客货运输质量为中心的 QC 活动，建立旅客、货主意见反馈表。为了进一步提高黄埔—大连航线客货班轮的货运质量，减少货损、货差，广州海运局与大连港、广州港携手建立了黄埔—大连航线客货班轮两港一航联合 QC 小组。广州海运局经常开展全面质量管理活动，召开 QC 成果发表会，表彰先进 QC 成果、先进集体和个人，鼓励职工运用科学的管理方法和工具解决生产实际问题，提高运输服务质量。

1991 年，广州海运局制定并颁布《广州海运局船舶货运质量监督员条例》，并转发交通部《关于严格按〈管规〉规定做好货物交接工作的通知》《中华人民共和国海关对进出境国际航行船舶及其所载货物、物品监管办法》等。广州海运 100 多艘运输船舶都制定了货运质量预防措施。认真落实岗位责任制，抓好监舱、监理、交接、签认等工作；组织了两次全局性货运质量大检查；对南糖北运实施质量跟踪管理，使糖运质量较 1990 年有明显好转；继续抓好船员和业务人员的培训，强化质量意识，提高业务水平；搞好与港口、外理、货主单位的配合和协调，共同制定措施，堵塞漏洞，有效地提高了船舶货运质量。

七、狠抓安全生产管理

（一）建立健全安全航行管理制度

20 世纪 70 年代，运输船舶普遍装设雷达、罗兰、电罗经，在客轮和远航船还装有两台雷达。1980 年广州海运部分参加远洋运输的船舶安装了 MX–1105 型卫导 / 奥米茄导航仪和 MR–160 型雷达。当年投入营运的“红旗 185”轮装有电子计算机控制的自动雷达标绘仪（ARPA）等。这些带有电子计算机参与工作的新一代航海仪器，能迅速提供检测结果，多功能地反映船舶的运行参数，迅速为船舶的操纵和避让提供依据，保障了船舶适航北方沿海和远洋。同时组织在广州港内装卸作业的船舶船长、驾驶员分期分批参加培训，由海务监督室的工程师宣讲有关雷达的正确使用方法，提高操作水平，确保航行安全。20 世纪 80 年代，新造船舶大量采用新技术、新设备，新造船舶基本都装设机舱集控室。国内新造的 6.5 万吨级油轮，设有原油洗舱设备、货油装卸遥控监测装置和油轮惰性气体防爆装置。这些设备技术先进，符合国际公约的要求。

1980 年 3 月初，广州海运运输船舶在 7 天之内连续发生海损事故和潜伏性事故多起。如“红旗 126”轮在烟台港卸糖失火，“红卫七号”轮在湛江口外触礁，“大庆 243”轮在伶仃水道 1 号浮标附近擦底漏油，以及其他几起擦碰、雾航违章快车造成紧迫局面等。特别是“红卫七号”轮触礁搁浅事故是继半年前广东省航运厅震动全国的“8·24”“曙光401”客轮海难事故之后的一次客货轮恶性海损事故，当时引起了交通部、全国海上安全指挥部、广东省委、湛江地市委、南海舰队、湛江军分区、湛江港务局等党、政、军工10个有关领导机关的重视，出动了6艘登陆艇、5艘拖轮、1艘客货轮（“红卫17”），由各单位有关领导率领，赶赴现场进行营救。经组织抢救，535名旅客全部脱险转移，难船也随即拖回修理。这一事故在广州海运引起的震动很大，加以7天内事故发生率如此之高，实属惊人。广州海运党委决定立即在全局各船舶中开展一次安全生产大检查、大整顿工作，由局长挂帅，抽出四位副局长组成4个检查组分赴湛江、海口、黄埔、广州各海轮开展查漏洞、查事故苗头、查隐患、查规章制度的“四查”工作，船舶检查面达90%以上。这次安全大检查的声势之大、发动面之广，是广州海运前所未有的，它像一剂催化剂一样，把广州海运的安全工作推向了一个新的高潮。

这一时期，广州海运还有机地把航行安全工作与各业务部门联系起来，如船舶航行安全，固然是航监部门的主管工作，但它不是单纯和孤立的，与运输调度、技术、通信等部门都有关系。基于这一整体管理的思想，广州海运从1980年起规定每天召开一次调度会，生产、航监、技术、人事、供应、通信、船队、计划、工会、办公室各部门都派处室负责人参加，共同研究安全生产事宜，以利于各职能部门从各个不同角度提出和分析运行船舶的不安全因素，从指挥核心内消除不安全因素，提高安全航行的概率。从1979年到1981年内发生的海损事故看：1979年海损事故19件，直接损失587334元；1980年海损事故21件，直接损失1370000元；1981年海损事故9件，直接损失513000元；1981年海损事故大幅度减少，反映了广州海运的船舶航行安全工作已抓住了核心，工作已纳入了正轨。

1981年2月，广州海运成立安全委员会。1983年11月，建立指导船长、指导轮机长制度，任命张嘉成等12位指导船长和周厚成等6位指导轮机长，并制定了《广州海运局关于建立指导船长、指导轮机长制度的实施细则》。为协调安全管理，督促有关方面认真解决安全问题，1984年10月建立《船舶安全情况通知单制度》，对船舶在安全方面存在的问题，由安全委员会办公室按照机关各处室和二级单位的安全工作责任制职责范围，用《船舶安全情况通知单》形式通知有关部门或单位，予以认真研究解决；暂时不具备条件解决的，提出解决的步骤与时间安排，处理情况详细填入通知单。

1986年6月16日，广州海运在罗马尼亚布拉伊拉船厂以补偿贸易方式建造的第一艘5千吨级货轮“德堡”轮在接船后装货回国途中，在北纬9度55分、东经59度59分，北纬10度15分、东经60度5分，北纬8度55分、东经59度55分，北纬9度、东经61度水域主机因故停车，船舶失控，受恶劣气候影响，大风浪导致船舶剧烈摇摆，货物移动，船舶倾斜沉没。35名船员中共33名船员遇难，2人在海上漂泊24日后获救。这是广州海运成立后发生的最严重的一次海损事故。7月19日，交通部部长钱永昌、副部长林祖乙在交通部听取了生还的2名船员关于事故情况的报告。7月25日，以交通部副部长林祖乙为组长、交通部海洋运输局局长孟广钜为副组长的交通部“德堡”轮事故调查组共18人到达广州，对“德堡”轮事故进行调查。广州海运成立由刘志强副局长为组长、龚鎏总船长和广东省海员工会副主席黄河为副组长的“德堡”轮海事调查组开展了调查。事故调查报告指出，“德堡”轮事故的发生，暴露出安全管理工作上不少薄弱环节，教训十分深刻。一是方针目标管理工作开展不够扎实，流于形式；二是岗位责任制制度不够落实；三是机关管理上下左右的协同联系沟通不够，信息渠道不畅；四是造船方面存在问题，特别是国外造船环节多、层次多、遇事扯皮多，难以保证造船质量；五是船员队伍的素质没有跟上船舶向自动化、现代化发展的形势。

1986 年 10 月 18 日，空载靠泊在青岛港黄岛油码头西泊位的 24000 吨级原油运输船“大庆 245”轮在排卸压舱水时爆炸起火，沉搁全损，造成 7 名船员死亡，1 名重伤致残。码头栈桥部分管线、设施和路面遭受不同程度的破坏，1 名当班码头工人严重烧伤。事故发生后，交通部钱永昌部长亲自指挥抢救，并亲临现场组织调查。调查认为，广州海运局油轮船队成立近 10 年来，初步建立起一整套安全生产管理规章制度和十多项实施细则，安全工作逐步改善，但由于部分船舶老旧，设备不完善，尤其是机电设备技术性能不佳和船员的数量、素质，以及技术管理工作都跟不上生产发展的需要，在油轮安全管理、安全生产上存在一定薄弱环节。本次事故暴露出的主要问题，一是岗位责任制不落实，个别船员责任心不强，政治素质和技术素质有待提高；二是有的船舶领导不敢严格管理，尤其是对规章制度的执行抓得不严；三是管理制度不完善；四是思想政治工作薄弱，“安全第一”方针的教育不落实；五是平时救生消防演习流于形式，导致船员在事故发生后应变能力差。

痛定思痛，广州海运认真吸取这一惨痛教训，狠抓安全和技术管理基础工作，决定在各轮深入开展安全大检查，组织编写包括检查思想、纪律、规章、管理、设备、通信等方面共 900 多条的《船舶安全检查标准和验收标准》，印发试行。

1987 年，广州海运认真吸取“德堡”轮沉没、“大庆 245”轮爆炸两起重大恶性事故的教训，狠抓安全生产，制定了在确保不发生重大责任性海损、货损、污染事故和人身死亡事故，不发生重大责任性恶性机损事故前提下，完成各项生产任务的综合经营目标，提出了在安全生产上打一个翻身仗的奋斗口号。并根据事故中暴露出来的问题，有针对性地采取了以下一些措施：一是通过方针目标管理，把安全责任落实到每一个职工、每一个岗位，与职工的工作和奖金水平紧紧挂起钩来，作为评定全年工作好坏的一个根本性的标准；二是重新审查内部承包项目，凡原来承包办法中跟安全生产有矛盾的或是安全生产没有否决条款的，都重新进行修订补充，防止承包中出现短期行为，使每一项承包都成为推动和促进安全生产的保证；三是组织力量对油轮和老旧船舶开展全面细致的技术调查，重新确定船舶的使用方针，针对油轮烟囱经常冒火花的问题，增设了油轮烟囱灭火罩和蒸汽灭火装置；四是鼓励遵章守纪，严惩违章作业、违反劳动纪律行为；五是重新修订颁发试行新的《船员职务规则》，明确船员岗位责任，推动岗位责任制的落实；六是整顿、调整、强化调度指挥系统，改进调度管理手段，使用电脑管理船位，加强调度会议的协调职能，加强对远洋船舶的管理；七是组织 150 多名机关干部随船工作，帮助船舶贯彻《船员职务规则》以及落实各项安全措施。由于狠抓了安全生产，安全生产情况有了较大的改观，全年未发生重大安全责任事故，船舶安全面达 90%，在交通部对部属水运企业进行的两次综合考评中，广州海运均排名第一，实现了安全生产打翻身仗的目标。

1989 年，广州海运进一步理顺和明确安全责任、职责范围，逐步形成了机关、船公司和船舶三级安全管理体系，明确了广州海运与多种经营船公司之间的安全管理责任关系，进一步明确并落实了各级主要领导和分管安全工作的领导为安全第一责任人或安全直接责任人的责任。结合推行船长负责制和工资效益挂钩，落实安全否决权，把安全指标和每个单位、每条船舶、每个职工的岗位考核和经济利益挂起钩来，形成全局上下人人关心安全、重视安全、相互监督安全的新气象。

广州海运曾实行沿海和远洋两套船员职务规则，1981 年对《船员职务规则》第四章“驾驶员”部分内容进行修订，统一远洋和沿海运输船舶驾驶员职务规则，翌年 3 月实施。1985 年 11 月，广州海运成立《船员职务规则》修订委员会，对原实行的《船员职务规则》《船员分工明细表》再次进行修订，历时一年多，1987 年 5 月颁布试行。1988 年 2 月，根据试行中的反映和交通部对船员领导体制改革的要求，对试行草案某些章节作重大修改，新修订的《船员职务规则》于 1989 年 1 月实施。1989 年，广州海运海务监督室运用全面质量管理办法，总结船舶安全航行管理工作几十年的实践经验，从探索船舶航行安全的规律入手，对 1980 年到 1985 年船舶航行事故情况进行调查研究，分析事故原因，找出不安全因素，采取相应的预控措施，把传统的“事故管理（处理）”转变为事前预控。

1991 年，广州海运认真贯彻全国交通工作会议精神，针对安全工作中的薄弱环节，制定了安全质量工作奋斗目标和工作计划，把确保安全质量作为“效益年”活动的主攻方向，加强安全导向和安全预控工作，严格管理，狠抓落实。年初设立了安全委员会办公室专职机构，挑选专业技术干部，充实了安全工作的协调力量，促进了安全“六无”工作的开展。在认真总结 1990 年船舶安全工作的基础上，制定了 1991 年船舶安全航行预控重点和预控措施。着重从以下四个方面实施安全导向和安全预控：一是把防碰撞、防搁浅、防触损列为 1991 年船舶安全航行预控的重点，强调严格执行“避碰规则”，遵守安全航速，强化驾驶台劳动纪律。二是抓紧提高职工的思想政治素质和技术业务素质，减少人为过失。在船舶开展“双基”（基本国情、基本路线）教育，倡导“奉献在岗位”，开展党员身边无事故活动。加强事故案例教育，结合学习有关规章制度，深刻吸取教训，提高业务能力，并举办船长、驾驶员培训班，召开安全航行、安全靠泊经验交流会，实行对部分新船长、新轮机长跟踪考核和指导。三是进一步完善以安全质量为导向的经济责任制考核办法，修订内部经济承包、工效挂钩办法及生产奖励制度。例如：挖潜多装受奖，但超载受罚；老旧船按夏季载重线封顶；对遇雾及视线不良时不备机、不执行安全航速的船不发奖等等；机关实行了月度奖金与安全生产挂钩新办法，在部门上等级、评先进等各项活动中，强调“安全否决权”。四是 5 月份、10 月份组织了两次较大规模的船舶安全生产大检查，专门组织驻港工作组上船检查，落实交通部安全办公会议决定及安全工作要求，及时发现事故隐患，采取整改措施。此外，投入 2556 万元对运输船舶适航能力以及关键设备进行更新改造，以提高企业的综合生产能力。如对“红旗 196”轮进行适航改造，解决了该轮冬季航行北方的问题。1992 年，针对年初船舶事故多的特点，5 月份和 10 月份组织了以反违章隐患为主要内容的全局性安全大检查，有针对性地抽调指导船长、轮机长和机关业务骨干驻港或随船，加强对船舶安全的现场检查指导，及时解决问题。两次共派出检查组 88 人次，检查船舶 136 艘次，受检船舶覆盖面 80.4%，查出了事故隐患，提出整改意见 276 条。正确利用安全否决权，落实安全奖惩制度，加强了对安全工作的引导和监督，对违章和造成事故的责任者，严格按事故“三不放过”原则进行认真处理。如第一货轮公司发生“大罗山”轮触马友石礁责任性重大事故，广州海运、第一货轮公司分别对公司主管经理、航监科长、监督员以及“大罗山”轮船长进行严肃处理，既教育了广大职工，也维护了安全工作的严肃性。

（二）做好海上石油过驳安全工作

鉴于海上石油过驳风险大，1991 年我国尚无这方面完善的安全管理规定，为了确保石油过驳的安全，广州海运积极向上级有关部门反映了石油过驳中的安全问题，得到了重视。在交通部、省经委和市交委的关心下，广州海运与海监局、港务局、广石化等有关单位共同制定了《广州港原油过驳作业实施方案》，明确了安全责任和措施。广州海运严格执行实施方案，加强现场安全管理和指导，不断总结，提出改进建议，增加了安全因素，保证海上石油驳运工作顺利进行。1992 年，针对油轮过驳作业频繁、过驳作业安全系数要求高的情况，广州海运在 1990 年的基础上，进一步探索和完善海上石油过驳安全措施。油轮公司积极与有关方面合作制定安全过驳方案，同时认真调查、分析研究，选择过驳锚地，全面成功地在东部油田、珠江口以及南京锚地驳卸 160 艘次，安全无事故。

（三）龚鎏与他的“一点锚”技术

龚鎏 1928 年 5 月出生在上海崇明岛，从小立志长大后当一名好船长。他以优异的成绩考入上海交通大学，后转学上海吴淞商船学校驾驶系。1949 年开始他的航海生涯，1958 年起历任船长、副总船长、局长、总船长等职。1983—1984 年，任广州海运局局长。1988 年被人事部和交通部授予“有突出贡献的航海专家”称号。

新中国成立初期，华南航线运输生产是在环境极端恶劣和设备十分简陋的船舶上进行的。当年的船舶都是蒸汽船，吨位小、温度高，工作与生活条件非常艰苦。龚鎏以良好的技术素质和高度责任心克服重重困难，研究航海科学规律，取得运输生产佳绩。1954 年，龚鎏在“南海 175”轮上任二副。该轮在广汕航线上从事定线运输，创造了一个月完成 14 个单航次的纪录。一次，台风袭击榆林，龚鎏驾驶“南海 181”轮在榆林港卸完货，海军通知他要将船开离军港抗台。然而，20 世纪 50 年代的榆林港外抗台条件很差，当时曾有一艘抗台的英国“查普林”号轮就是被台风吹到礁上的。如何安全抗台？在台风到来之前，龚鎏先放救生艇到港外实地视察，发现有一只浮筒在山边；回到榆林港查阅资料，证实是日本侵略榆林时安放的浮筒。他请潜水员检查浮筒锚链情况，然后准确计算出船舶受风面积，采用一个锚链带浮筒，另抛八节锚配主机抗台的方案。那一天，12 级以上台风袭击榆林，“南海 181”轮却安然无恙。

龚鎏在长期的海上生涯中边实践边学习。坚持扎进书堆里，勤奋学习，每年都要记几本航海日记，这使他的驾驶技术和指挥能力不断提高。他对技术精益求精，平时十分注意钻研各港码头的特点、航道水流情况，所有操作过程中讲究车钟、舵令效果。华南各港他都不用引水，条件较复杂的外港也自引靠泊。许多熟悉龚鎏船长的船员都佩服他靠码头的指挥操作技术。龚鎏性格直率，只要见到船员有违反规章制度或操作规程的，便当面批评指出。他还通过言传身教，把自己积累的航海经验知识、技术和作风无私地教给后一代船员，培养了一批大副、船长技术骨干。

龚鎏对航海事业执着追求。早在 50 年代末，他就首创了用水线角求回旋经的方法，为船舶操纵提供了理论依据。后来，他独创“一点锚”方法成功抗台，正是他孜孜不倦、刻苦钻研的成果。

台风对华南地区影响最大，龚鎏从实践中发现，以往抗御台风普遍采用的《防台指南》中推荐的“八字锚”“串连锚”“抛回锚”等防台方法，虽然理论上可行，但在实际操作中常常发生“走锚”现象。他下决心寻找更好的抛锚防台方法。

1975 年，一次强台风向海南南部地区袭来，龚鎏及时把“红旗 155 轮”移到三亚港外一片开阔海面抛“八字锚”防台。在 12 级大风中，船走锚了。开头走得很快，后来却停了下来。他查对资料证实海底地质相同，再细心观察，发现双锚齐齐排在一起。一个念头闪电般地在他脑海中掠过:“双锚抛在一点上，结果会如何呢？”他潜心钻研了两年多，终于得出结论：双锚抛在一起，避免了“八字锚”两条锚链在发生偏荡时此弛彼张的弊病，系留力超过了“八字锚”。他的结论通过实验得到证实。

1976 年，19 号台风猛袭湛江沿海。由于港口要求抢卸完货才离开，当时龚鎏船长所在的“红旗 147”轮只能在台风到来之前几小时驶到锚地避风。这次台风中心离湛江港很近，最大风力达 13 级。他采用“一点锚”并用车、舵配合控制偏荡，同时通过雷达严密监视锚位变化。台风过后，他发现船舶一点也没有走锚。“成功了！”他独创的“一点锚”防台方法终于在实践中得到了证实。

1978 年，龚鎏船长首次将“一点锚”防台方法在广州海运局安全会上提出，被认为是“抗风力强、快捷方便、抓力超过传统八字锚的好方法”，并开始在全局推广。自此，广州海运局每年约近百艘次船舶运用“一点锚”抗击 12 级以上强台风，都没有出现严重走锚现象。采用“一点锚”操作法抗台，不仅在华南沿海的船公司得到广泛使用，上海、浙江等一些船公司也迅速推广。浙江海门海运公司从 1986 年起推广了“一点锚”，实践证明它大大增加了锚的系留力，是防止走锚的最好措施。1989 年 9 月 15 日，8923 号台风袭击海门，该公司所属的 16 艘船舶在港内避风，当时最大风速达 44m/s，平均风速达 38m/s，风向偏东为主；再加上天文大潮及风暴潮、潮位远远超过警戒线，海浪冲垮江堤，仅仅几十分钟时间浙江沿海一片汪洋。这次台风中，该公司 3800 吨级船舶抛“一点锚”，出双链各 7 节；只用前进一车速就顶住了 12 级风力再加上 7.5 级节流速的袭击。两只千吨级驳子没有动力，只用“一点锚”各出链 7 节也顶住了风浪的袭击。

“一点锚”抗台，打破了传统的抗台抛锚方式。“一点锚”看似简单，但却使船舶抗台抛锚方法发生了重大改革。1986 年，龚鎏以《论“一点锚”》作为中方八篇论文之一参加中日航海技术交流会，并当场答辩，获得中外行家的一致好评。

（四）加强船舶防台工作

1979 年广州海运制订出《防台指挥通信规程（试行）》，从船舶防台分工、台风季节期间对船舶有关防台设备和属具的检查、举行紧急操舵演习和防水堵漏演习、台风威胁中的措施、台风袭击中的紧急措施，以及台风过后工作等都做了详细规定。1987年和1988年，广州海运又两度对《防台指挥通信规程》进行修订，1988年由广东省海上安全指挥部转发省各港航单位。由于推广“一点锚”等技术革新成果，加之领导重视，指挥得当，广州海运防台成效显著。至1990年，广州海运连续8年防台无事故，有85艘船舶应用“一点锚”抗击12级台风均安然无恙。1991年，广州海运防台指挥部总结以往经验，在船舶防台方面实行在台风到来之前，提前12—24小时下达防台命令，按台风的行进方向15度—35度扇形范围、在风力上加1级来考虑布置防台、避台工作，显著地提高了安全因素。1991年影响广州海运船舶的台风19个，受其影响的船舶达358艘次，“红旗206”等8艘船舶在广州海运防台指挥部的统一指挥下，采取有力措施，顺利抗击了12级以上台风的袭击，确保了船舶安全。

广州海运通常每年五六月间发出年度做好防台工作通知，对防台工作提出各项具体要求：各船舶以“预防为主，防抗结合”的方针做好防台工作；各海轮船长负责本船防台工作，组织船员学习《防台守则》《海轮防台手册》；台风季节前各船舶将防台设备落实到个人，逐项认真进行检查，并填写《防台设备检查表》后报防台指挥部及船公司；船舶在开航前做好货物的防移工作和稳性核算，在航行中认真研究气象资料，掌握台风动向和大风范围半径，若赶在台风前应充分估计大风浪中的时速并采取可靠措施，确保主辅机不发生故障，若安全无把握则应减速滞航或择地锚泊防台；泊港船应主动与港口防台指挥部加强联系，争取早做安排进防台锚地并及早抛妥“一点锚”；船舶报务员在船舶已受台风威胁时应随时保持电台值班；无论航行或停泊船舶，可能遭到八级以上台风袭击时，船长要及时召开防台会议，布置落实防台措施，台风过后要认真检查设备，填报防台报表；各海轮严格执行《船舶停泊值班制度》和《船舶在广州港区停泊船员留船值班暂行规定》；船公司航监科派人参加局防台会，参加防台值班。1992年5月16日，广州海运局向各海轮及属下有关单位颁布了《〈广州海运局防台指挥通信规程〉实施细则》，对防台会议、防台值班、防台值班守则、应急处置、船舶防台通讯与协调等均作出明确的规定，强调争取防台的主动权，并继续推广“一点锚”的防台经验。当年有261艘次船舶遭受11个台风影响，其中2艘抗击12级台风，由于组织指挥措施得当，防台及时，没有发生责任性事故。

八、城安围船厂：大力推进管理体制改革

城安围船厂是广州海运两个船舶修理基地之一，主要负担广州海运各轮船公司5000吨级以下客、货、油轮的修理任务。1975年航修站边建设边投产，由于建厂时间短，缺乏经验，在相当长的一段时间里，生产发展慢，效益欠佳。直到1986年，年产值只有450万元，全员劳动生产率6200元/人，生产能力很低，安全和产品质量也不稳定，用户意见较大，船员普遍不愿到该厂修船。生产能力低的原因是多方面的，主要原因是管理体制不合理，干部管理意识差，管理水平不高。

为促进生产发展，提高生产能力，适应运输发展的需要，1987年，广州海运在城安围船厂试行管理体制改革，实行厂长负责制和厂长任期目标制。经过三年的努力，取得了较显著的效益。管理体制改革使城安围船厂发生了新的变化。

（一）管理体制改革完善了企业治理结构

过去，城安围船厂长期党政责任不清。领导班子决策慢、效率低，不能适应现代化企业生产经营的需要。实行管理体制改革即厂长负责制以后，企业治理结构有了明显的变化：

第一，突出了厂长在行政管理中的领导地位，强化了企业生产经营管理系统，实现了厂长对企业生产经营管理的统一领导。实行厂长负责制以后，厂长有三个明显的变化：一是地位变了，变成生产经营的决策者和指挥者。二是职权变了，过去职权分离，厂长难以对生产经营实行统一指挥，实行厂长负责制后，厂长掌握生产经营决策权、行政干部任免权、职工奖惩权，职权得到了统一。三是厂长责任重了，改革后，厂长作为企业法人代表，必须对广州海运负责，完成广州海运下达的任务；要对厂负责，努力提高企业的竞争能力和经济效益；要对职工负责，在发展生产的同时，要不断提高职工物质文化生活水平。厂长负责制改变了长期以来决策慢、效率低的状况，过去生产经营中的老大难问题，改革后由厂长拍板解决，对于因市场变化而必须迅速决策的问题也能及时处理，企业的竞争能力、应变能力有了提高。

第二，党委在企业中的核心地位得到加强，强化了党的组织建设和思想建设，改变了党不管党的状况。实行厂长负责制以后，厂党委的工作有了三个明显的变化：一是职责变了，变为主要抓党的建设和职工思想工作，工作重点放在自身的建设和保证监督上，使党委从大量的行政事务中摆脱出来，改变了原来党不管党的状况，加强了党的建设和思想工作。二是创造了在新时期对党员的考核办法，用定量的方法计算党员的工作并加以考核，与经济奖惩挂钩。三是促进了党员队伍的发展和党员素质的提高。

第三，加强了民主管理。职工代表大会是职工民主管理的主要形式，是职工参政议政的重要途径。但长期以来，职工代表大会往往是“吃吃饭，举举手”，没有真正发挥民主管理的作用。实行厂长负责制后，厂明确规定：职工代表大会有计划审议权、重要规章制度通过权、职工福利基金的使用决定权、对厂行政领导评议监督权。职工直接参与厂内各项改革和经营决策活动，民主管理发生了根本变化。此外，厂管理委员会、厂务会、厂长定期与职工座谈会等，都是职工参与民主管理的方式，厂民主管理气氛明显增浓了。

（二）管理体制改革的具体内容与成效

在管理体制改革中，为了适应生产经营的需要，厂长对原有的行政组织体制、劳动人事制度、分配制度等方面进行了大胆的改革，并收到了明显的成效。

一是行政机构改革。城安围船厂原有行政机构是建厂时从兄弟单位照搬过来的，适应当时计划经济和单纯生产型的管理。改革开放以后，市场竞争激烈，原来的层次多、分工细、决策慢的行政体制显然不能适应，必须进行改革。如何进行这项改革？1987 年，厂长张炎启率队前往上海立新船厂学习，翌年便对船厂的生产组织管理机构进行改革。首先在厂的决策层上“动刀子”，建立了“一正三副”和管理委员会制度，把厂长在决策上的主导作用和群众代表专家的智囊作用、集体智慧有机地结合在一起。接着将原有车间按船舶轮机和甲板的管理形式进行重新划分，调整车间工种和人员，由原来的轮机车间增加管子工、铆工，改为机电部；原船体车间增加钳工、木工，改为舾装部，部内实行封闭式生产。因为工种增加了，具备了应变能力，独立性强，以往轮机车间要等船体车间的管子工、铆工，船体车间要等轮机车间的钳工，这些扯皮现象消失了，适应了船舶修理这种一次性、多工种配合、按期完工的生产需要，也符合船舶管理状况，深受船方的欢迎。在生产第一线的“修整”处理好后，“手术刀”接着又落在动真格的“砍枝”上，把生产主管从生产科放到两个部，真正使生产指挥人员拥有生产指挥和命令的权力，避免了多头指挥和“众人负责、无人负责”的混乱现象。改革后，原有的三个车间按船舶大副和轮机长的管辖范围改组为机电部、舾装部和生产服务部。机电部主要承担船舶轮机长管理的机电修理任务，舾装部承担船舶大副管理的甲板工程任务，生产服务部负责为生产服务的机械设备管理和修理工作。同时，将生产主管从生产科下放到生产部门。各部门的工种、人员配备进行了适当调整，实行内部封闭式生产。厂—生产科—部—主管—工班，是一竿子插到底的直线型管理，以往横向开的“枝丫”不见了，扯皮的少了，厂长的指挥也灵了。以往船进厂先是主管看工程，开修理单，再分到车间，如此工班取得修理单到开工最长的要一个星期，最短也得三五天，船进了厂也不能开工。改革后，船进厂后，生产科组织各主管上船看工程，翌日便可开工，平均修期缩短5—6天。实践证明，这一改革措施是成功的，有利于直线指挥，有利于开展部门经济核算，减少了扯皮，提高了管理效率、工作效率和经济效益。

二是干部制度改革。政治路线确定之后，干部就是决定的因素。为了提高干部队伍的素质，增强管理意识和能力，根据厂长提议，在实行厂长负责制的同时，实行中层干部聘任制。在推行中层干部聘任制后，城安围船厂又开始推行一般干部聘用制。

船厂使用层层聘用的制度，办法是逐步摸索，逐步总结，逐步扩大。为了让步子走得更稳妥，船厂首先对中层干部的状况进行调查、摸底，同时广泛征求各方面的意见，并对这些中层干部过去一年的工作进行考核，经厂领导反复酝酿，于1987年7月聘任了23名中层干部，聘任期一年。这批干部平均年龄只有38岁，文化程度绝大多数是中专以上。一年之后，他们中绝大多数能较好地完成厂长分解下来的指标，被厂长续聘；有两人由于能力低或缺乏干劲、业绩差而被解聘，这对全厂以致整个广州海运的震动是很大的。此后，中层干部意识到要动真格了，他们有了紧迫感和危机感，干部只能升不能降的观念也受到了一次冲击，他们的工作积极性和责任心增强了，转变了作风，促进了生产。以往舾装部的生产总是前松后紧，修期长，拖了全厂的后腿。新聘任的领导班子上台后，不断出些“新道道”，建立健全各项车间管理制度，制定比较合理的奖金分配方案，调动职工的生产积极性，生产大幅度上升，一跃而为全厂的先进典型。

对中层干部的聘任成功后，紧跟着船厂又迈出了第二步，这就是对企业管理层的一般干部的聘用。在聘任中层干部的过程中，厂部已通过各种宣传工具不断介绍外单位干部聘用的方法和改革干部制度后的效果，使大家都有充分的思想准备。1988年初，各个部门提出了初步的聘用名单。其中，一些具备了一定理论知识、有丰富实践经验的生产技术工人骨干被聘为合同制干部并享受同级干部待遇；11名原来的干部却落聘了。对落聘的干部如何安排呢？厂部做了专门研究，最后根据不同情况做出不同的安排：工作能力差、水平低但仍肯尽力工作，或有一些明显缺点，能认识并改变的干部，组织上说服原部门领导尽量聘用。有一名技术干部，工作还肯干，但因怕苦怕累，工作不主动而落聘。针对这种情况，组织上给他调整岗位，之后他逐渐克服了缺点，有了进步。对工作态度消极、纪律散漫、迟迟不改的 6 名干部，则坚决作待聘处理，由人事科组织他们进行学习，让他们认清自己的不足之处。经过一段时间学习考察，其中两名干部进步较大，经人事部门与有关部门协商，被安排到新的岗位上去。其余 4 人仍没有改变，被下浮工资半级，取消各种企业自费津贴，并停发奖金，安排到基层当工人。年底，其中 3 人自己要求调到外单位。

在干部的聘用过程中，厂部受到了来自各方的压力，毕竟，实行了 30 多年的“铁交椅”制度，人们的观念很难一下子转变过来。但是厂部顶住了压力，坚持原则。虽然最后处理的只有 6 个人，占干部的 2.5%，但它的震动力却是相当大的。城安围船厂从此出现了人人努力工作、个个认真学习的局面。

三是开展优化劳动组合。城安围船厂干部队伍的“铁交椅”打破了，但一线工人却还没动。虽然经过多年的摸索，该厂在奖金分配中拉开了档距，打破了平均主义的大锅饭，但工资与各项津贴仍铁打不动，这就给少数职工有空子可钻。为改变这种状况，该厂在对一般干部的聘用结束之后，开始考虑对班组工人进行劳动优化组合。

1989 年，城安围船厂起草了《城安围船厂优化劳动组合试行办法》，经厂第八届三次职代会讨论通过，决定在试行一段时间之后，再进入全面的优化劳动组合阶段，对生产岗位上不需要或用不上的富余人员，将根据情况做出不同的安排；或者组织起来办各种自负盈亏的企业，或者重新安排适当的工作，或者厂内待业、调出、辞退等。在三个一线车间（部）和气瓶检验站，首先择用了 32 名正副班长，各个部门的领导分别与他们签订了劳动合同协议书。然后，再由这些工班长在部门领导的指导下，挑选档（组）长和工人。据不完全统计，在三年多的优化组合里，共处理了 40 名落选者，其中，开除 15 人、除名 3 人、辞退 6 人、离职 4 人、重新安排岗位 9 人、调出 2 人、待处理 1 人。经过这样的优化组合，一些表现差的职工被淘汰了；一些能力低、工作表现尚好的工人也适当调整了工作岗位。职工的危机感增强了，生产积极性也得到提高。

一线工人的优化组合大大震动了后勤服务岗位上的职工，当全厂的机构调整、一线工人的优化组合取得初步成效的时候，厂领导又把目光转向了后勤。后勤岗位上有相当一部分是老、弱、轻度残疾，且文化程度低，要精简后勤、定员定岗，困难颇大。但厂部还是迎着困难上，从 1989 年 4 月起，用了将近 4 个月的时间，组织人员分头到各个岗位现场，通过看（观察劳动强度）、记（工作日记）、查（收集、统计有关的工作记载资料），了解状况，分析岗位设置合理性、人员数量标准和岗位职责，提出定岗定员方案，然后于 9 月份召开后勤人员动员大会，公布调查结果并付诸实施。历时两个月，共处理了 25 人，其中重新安排 9 人，离职工人、退休或退养 4 人，除名 2 人，待派 8 人，初步改变了后勤部门臃肿、人浮于事的状况，对一线生产部门和后勤人员产生了积极的影响。

四是改革分配制度。以往城安围船厂由于分配制度的不完善，职工的工资与劳动态度、劳动效率、技术水平、贡献大小严重脱节，领导受气，职工泄气。为了扭转这个局面，从 1984 年开始，城安围船厂就有计划地进行了分配制度的改革。

首先是进行了“浮动工资”的改革。其具体做法是每人每月从基本工资中抽出 15 元作浮动，与奖金捆在一起使用，把原来死的工资变为活的，这样工人从原来 0.23 元一个定额工时的奖金增加到 0.41 元，增长了 78.3%。而且实行下不保底上不封顶，工人干得好产值高，奖金就高，肯干的工人每月可拿到奖金 200 元左右。不肯干的人不但奖金拿不到，连基本工资也拿不齐。这样对工人的触动很大，大大激发了他们的积极性，出现了一线工人自觉找活干、争活抢活干的局面。为了更好充分地调动广大职工，特别是大多数生产骨干的积极性，城安围船厂又改变以往基本工资平均计提的办法，采取提工资标准分档计提，工资低少浮，工资高多浮，把浮动工资分为六个等级，其中最高的计提 21 元，最低的计提 6 元，使浮动工资更加合理。按利润计奖，是城安围船厂奖金分配的又一改革，奖金完全与经济效益挂钩。广大职工为了多创产值、增加利润、多拿奖金，不但努力多接任务，还注重管理，开展核算节约材料。新的分配制度，促进了生产车间的经济核算和增产节约活动的开展，激发了广大职工的劳动热情。城安围船厂产值一年比一年上升，材料消耗一年比一年下降，修船商品产值、材料消耗已达到国家一级企业标准。

五是实行承包经营责任制。承包经营是提高企业经济效益的有效途径。1988 年，城安围船厂在车队、船队实行承包试点，收到了良好的效果。1989 年，承包经营责任制在全厂推开，主要生产部门机电部、舾装部、CO_2 气瓶检验站都实行了经营承包。因为承包指标比较合理，政策能够兑现，职工看得见摸得着，极大地提高了积极性，所以各承包部门合同执行情况良好。1989 年实际完成产值、利润比 1988 年和承包合同都有较大幅度的增长，产值平均增长 40%，利润平均增长 70% 以上。在实行承包经营责任制的同时，该厂还注意避免“以包代管”的倾向，强调各部门在承包的同时要狠抓管理，以管理保承包，以管理促承包，并派遣有关科室人员深入部门基层，切实帮助他们提高管理水平。

六是开展“考工”工作。企业职工的素质，直接影响到企业的竞争能力、生存能力。城安围船厂中青年职工占绝大多数，他们受“文化大革命”影响，文化底子薄。厂领导早就意识到这一点，曾经组织职工进行补课学习，甚至采取不上课就扣奖金的办法，但收效甚微。通过对兄弟单位的考察学习，城安围船厂结合实际，决定从 1989 年开始实行“考工”。

“考工”工作是一项新的尝试，没有现成的经验可以借鉴，但城安围船厂还是迎着困难上。他们根据该厂干部岗位多，工人工种多，每个工种有 8 个级别、情况复杂的特点，制定了《关于促进我厂技术进步　提高职工素质的暂行规定》，确定了考工的范围、等级、方法、内容和政策。工人“考工”分理论知识、实际操作、工作表现 3 项，各占 100 分，3 项成绩合格且总分达到 240 分者，不奖不罚；3 项成绩中有一项不及格者，下降半级效益工资；两项不及格者，下降一级效益工资，其余类推。其中理论知识、实际操作成绩在半年内可补考一次，合格后补发所降工资，不合格者效益工资继续下降。总分达到 260 分以上者，可参加升级考试，考上高一级者给予相应的工资级别补贴，下次工资升级优先考虑。干部“考工”成绩与干部聘任聘用挂钩，凡考试不合格、补考一次仍不合格者，聘任聘用资格取消。

“考工”的目的是提高职工的素质，解决把“逼我学”变成“我要学”，而不是要把他们考倒，所以要把重点放在抓好培训教育上。对干部的培训教育，城安围船厂采取请进来的办法，从厂外聘请了专家、教授来厂讲授关于经营管理和公文写作的知识，还请本厂主要职能部门的领导结合管理工作实际，有针对性地进行讲课。为了防止干部“考工”走过场，他们还请工人做干部理论知识考试的监考人，而工人的考试则由干部监考。对工人实操部分，实行现场评分的办法，保证“考工”的质量。在首批“考工”中，参加钳工、铆工、焊工几个主要一线工种考试的 141 名职工中，钳工一次考试合格率为 73%，铆工、焊工则为 100%；中层包括厂级领导干部 35 人一次考试合格率也达 100%。第二批“考工”的电工、铜工、木工的一次考试合格率则分别为 88%、76%、90%，一般干部公文写作知识一次考试合格率达到 97%。广大干部职工的素质有了比较明显的提高，促进了企业生产经营的进一步发展。1991 年，该厂的船舶一级率品达到 100%，船舶修期 50.7 天，比“考工”前减少了 17.5 天。当时，这两项指标在华南地区修船行业中，均处于领先地位。

七是开展班组升级。班组是企业的细胞，这细胞活跃与否，关系到企业能否有希望、有活力、有基础，能否在企业竞争中立于不败之地。这就需要搞好班组升级，提高班组长和职工的素质，以适应现代化生产管理的需要。城安围船厂的领导看准了这一点。

城安围船厂从 1988 年开始做准备工作，1990 年对 15 个一线班组进行了升级试点，取得了很好的效果。1991 年扩大到全厂机关科室与后勤，出现了一个争创升级班组的热潮。班组要升级，班组长的素质高低至关重要。由于历史原因，该厂 80% 以上的班组长只有初中文化水平，班组长的工作也只是派任务、发奖金、填考勤表之类，管理意识和水平较差，班组人员鱼龙混杂，人齐心不齐，难以管理。针对这些问题，该厂进行了班组长培训。通过培训，班组长对工作有了新的认识，开始重视班组的安全管理、质量管理、基础管理和经济核算，还学会了做思想政治工作。班组长培训后，便进行了班组劳动优化组合，根据各人的工作能力和态度、技术素质来聘任班组长，然后由班组长挑选班员，淘汰了劳动态度差、贡献小、纪律差的班员，净化了班组，班组长在班里有了威信，管理顺了，指挥也灵了。以上两项工作做好了，城安围船厂便广泛地吸收了兄弟单位开展班组升级的经验，结合实际制定了《城船厂班组升级实施办法》《班组升级考核标准》和《班组管理标准》，对班组的安全管理、质量管理、经济效益、基础管理和精神文明建设提出了具体细致的要求，并利用墙报、广播、班前会广泛宣传班组升级的重要性和实际意义。各班组设立了检查记录、考核卡片和台账，为年中评审班组审计提供依据。该厂将班组升级分为三个等级，得分 960 分以上的为一级班组，得分 910 分以上 960 分以下的为二级班组，得分 860 分以上 910 分以下的为三级班组，合格者由厂领导颁发班组等级合格证书，并与工资挂钩，一级班组、二级班组、三级班组每人分别升 1.5 级、1 级、0.5 级效益工资。半年一评比，年终一评审，保持者待遇不变，升高一级的待遇上升，达不到原等级的，待遇下降。这一办法很有吸引力，牵动着每个职工的心，人人都为本班争创一级班组而出谋划策，努力工作。如 1990 年，机电部铜工班充分利用废旧料，自车废旧法兰 1000 多个，节约原材料 4 万多元。1991 年 7、8 月份生产非常忙，工班很难安排工作，铜铆班采取了请外协和内部调整的办法，大档化小档，小档变大档，一档做多条船，档与档之间互相调动，出色地完成了“红旗 195”轮、“红旗 186”轮约 30 万元产值的任务。又如“红菊”轮 3 台灯机管路改装工程，铜铆班事前做好了充分的准备工作，在钳工工程完工后，他们只用了 5 天时间就改装完毕，提前交付试验。

厂长负责制使城安围船厂的面貌发生了显著变化，生产经营取得了良好的成绩。1989年，完成产值1216万元，剔除物价上涨部分为972.8万元，比1986年增长110%，利润比1986年增长近3倍，全员劳动生产率达到11820元/人；安全、质量比较稳定，职工收入有明显提高；荣获了广州市安全生产先进单位、环境优美工厂等荣誉称号。城安围船厂还开办了厂里和宿舍区职工幼儿园，解决了厂内职工子女的入托问题。据不完全统计，当时城安围船厂原来有黑白电视机的家庭，80%都换上了彩电，许多家庭还增加了冰箱、音响等大件的生活用品。

第三节　船队建设与船舶技改

运力是海运企业组织生产的基本条件，要提高实力，必须发展新运力。但“七五”初期，国内造船价格和贷款利率不断升高，造船、买船要冒极大的风险，造船被业界认为是“最具投资风险的举动”。但身处改革浪潮中，犹如逆水行舟，不进则退。面对机遇与挑战并存的海上运输形势，广州海运在局长钱维扬的带领下，做出了“造船”的抉择。

对此，钱维扬在为广州海运《入局必读之艰苦创业的历程》的撰文——《以企业后劲为重果断决策 为合理船型的实现赢取时间》中写道：

我局在70年代便已着手进行选择合理船型以更新老旧船型的工作，曾建造了9艘红卫型客货船取代更新了广琼线上的“门”字号老旧客货船；并且设计了华南型客货船作为经营华南航运客货轮基本船型，并已建造投产了2艘。货船方面，70年代后期在多种方案中优选建造了14艘1.6万吨级散货船，油船也建造了6艘2.4万吨级原油船。到80年代，为了适应煤运任务的增长，我局在1.6万吨散货船型的基础上加以改进，建造了一批2.0万吨级散货船和3艘3.5万吨级常规散货船。1983年，根据国务院重大技术装备办公室组织开展煤炭海运、港口系统重大技术装备论证工作的通知，我局在部科技攻关领导小组领导下，承担深化研究南北航线和海南航线煤运船的研究任务。在部水运科学研究所、上海船舶设计院和大连理工大学的支持帮助下，我局经过论证，提出了煤运船型选型报告及船型攻关计划，提出南北航线以2.0万吨散货船为保留船型，以3.5万吨级经济型和6.0万吨级散货船为发展船型，并以3.5万吨级经济型为我局规划南北线主力船型；海南航线则以5千吨级散货船为保留船型，以万吨级浅吃水散货船为发展船型。

经过选择，3.5万吨级经济型选用了3.5万吨级浅吃水肥大型，是3.5万吨级常规船型的更新船型。它的特点是能适应水深较浅的航道而又具有良好的技术性能和经济效益。它的可行性报告经国务院重大装备办和国家计委批准后，1987年便完成合同设计和技术设计审查，进入合同施工建造阶段。能否将如此精心优选的船型建造成实船，便成为我局“七五”期间造船计划的核心问题。

1985年，我局的造买船计划执行遇到了困难，而这困难在“六五”期间便已逐渐形成。“七五”期（1986-1990）交通部下达我局的船舶购置计划为船舶66艘、132.85万吨、400客位。到1987年，时间已经过了两年，除了“六五”期间拖后续建的11艘船和外购二手船4艘之外，新造船舶完全没有着落，照此发展下去，整个“七五”造船计划有落空的危险。

…………

另一方面，随着华南地区经济的发展，在沿江沿海布局了十座大型燃煤电厂的建设，并已相继开工和建成，这些电厂都建有专用卸煤码头。北方秦皇岛等4个吐煤港，根据国家煤炭输送系统规划也不断加强建设和扩大规模，生产能力在迅速扩大。这一咄咄逼人的南北煤炭产销形势，严峻地指明了我局近期内煤运运量将成倍增长和我局原有的散货船将难以完成这一任务的前景，扩充煤运运力的紧迫程度已达刻不容缓。

正当各种矛盾交织一起难以理顺之际，造船厂方面露出了可以插针的缝隙和希望，大连船厂和渤海船厂表示船台有空隙，可以承接建造3.5万吨国内船的任务，不过报价上涨30%，原来3800万元/艘调升为4892万元/艘！这是难得的机会！于是矛盾的焦点转移到建造合同订与不订的决策上来了。

如果要订，则要增加企业负债和还本付息的负担，“六五”期间造船已结欠银行贷款4.36亿的债务，需要再增加4亿元，等于翻了一番！而市场的涨价势头预示船价肯定还会继续上涨，船舶迟造不如早造，但要冒财务风险，若从长远着眼，3.5万吨浅吃水型船舶效益好，补充了运力，企业有后劲。

如果不订，企业可少担财务风险。但随着老旧船、超龄船的报废，老本将要吃尽，运力缺口更大，船队也将要萎缩，与华南煤运量即将剧增形成了强烈的对比，将严重影响华南地区的经济建设和我局的形象。

这一重大决策，对决策者的决策思想来说是勇于创新与因循守旧的思想较量，也是改革开放新旧观念的决战。我局通过组织深入的讨论，认真分析和认识当时的市场形势和我局的任务，分清和衡量正反决策所产生的各种利弊，在统一认识的基础上，经过领导集体决定，从国家和企业的长远利益出发，终于抓住了造船时机，于1987年底与大连船厂签订了5艘、与渤海船厂签订了3艘3.5万吨（级）浅吃水肥大型散货船的建造合同。此事在当时造船界、航运界产生很大的反应，引起一些议论。有的认为是哄抬船价，不自量力；有的认为是短期行为；也有的认为抓准了时机。以后，当船价继续扶摇直上翻番直抵8500万元/艘时，非议才逐渐停息。时至今日（1990年8月，编者注），订造的8艘3.5万吨（级）浅吃水肥大型散货船，有6艘已经投产，1艘正准备接船，只余下1艘在建。这一船型的实船已通过国务院重大装备办组织的鉴定，李鹏总理在国务院的专题报道文件上也作了“这件事办得不错”的批示。实践证明，我局这一造船的决策，为局节约了船价开支，增加了符合“安全、高效、优质、低消耗”要求的运力，并赢得了3—4年的时间，为企业争得了效益。

我局的造船买船工作经过1987年这一回合，解决了一个大问题，但并不是造买船的问题都解决了。这8艘3.5万吨（级）浅吃水肥大型船只占“七五”造船规划66艘的12%，还有更多的问题在后头等待解决。但是，这一决策的经验：在改革开放形势下如何认识和适应市场规律进行经营，如何改变以往只等待国家下政策、下投资稳坐钓鱼台的经营态度，以及抓准问题的实质，为国家和企业的利益甘冒风险等方面，应当给我们留下一些有益的东西。

从 1980 年开始，广州海运船舶购置以建新船为主，针对在改革开放中华南地区经济发展较快而能源缺乏的特点，重点发展能源运输船舶。1980—1990 年，建造 16 艘 1.6 万—1.9 万吨级散货船，以接替和更新老旧煤矿船，承担海南矿北上和北煤南运任务；1985—1988 年建造 3 艘 6 万吨级油船，以更新和满足北方港口至湛江港的油运运力发展需要；1985—1990 年在国内建造 10 艘 3.5 万吨级至 3.8 万吨级的浅吃水经济型散货船，以解决北方港口至黄埔和华南各大电厂的煤运运力更新和发展需求。1980—1990 年的 11 年间，广州海运共购置船舶 89 艘、164.64 万吨，其中，1990 年共购置 14 艘、43.16 万吨，为历史上新增运力最多的一年。至 1990 年底，广州海运局共有运输船舶 134 艘、232 万吨、7657 客位。船舶艘数占交通部直属企业沿海运输船总艘数的 37.3%，占全国沿海运输船总艘数的 5%；而船舶总载重吨则占交通部直属企业沿海运输总运力的 46.4%，占全国沿海运输总运力的 39.3%。

此外，1990 年，广州海运局与地方合资或职工合资经营的深圳、珠海、广州振兴、广州海隆、海南海盛、广州开发区海电 6 家船务有限公司共有货轮 10 艘、14.14 万吨；客轮 5 艘、809 个客位。

1991 年初，上海造船厂派员来穗向广州海运表示建造 20000 吨散货船的意向。广州海运主管造船商务工作的造船科、船价审核办的有关人员分析了当时造船市场的行情，提出假如厂方能先向银行贷款垫付进度款，待广州海运落实贷款资金后连本带息偿还的话，可以考虑签订合同。这一意向得到了局长办公会议的肯定，后经多次接触、商榷，6 月 14 日，广州海运与上海造船厂以赊账的新的付款方式签订了一个平等的、两相情愿的 2 艘 20000 吨散货船建造合同。这个价值近 1.8 亿元的合同是双方根据当时造船市场的行情和各自的现实情况，互利互惠而又顾全大局的结果。全年完成新造船舶 7 艘、13.55 万吨，其中正式投产 5 艘、12.65 万吨；落实在建船舶 11 艘、33.35 万吨；签订建造合同 13 艘、39.75 万吨。

图 4-3　广州海运局与上海船舶研究设计院 4800 吨成品油轮、3.5 万吨散货船设计合同签约仪式。

1992 年，广州海运首次发行了船舶购置债券 1.1 亿元，开辟了购船资金新渠道。全年完成新造船舶 5 艘、17.54 万载重吨，签订建造合同 7 艘、18.7 万载重吨。

为改善华南水上客运的快速性和舒适性，广州海运科技和技术部门开展了“广—琼线采用穿浪型客船”可行性研究和综合论证，还进行了 3.5 万吨级浅吃水肥大型油轮开发应用研究、15 万吨级油轮船型开发研究等工作（图 4–3）。

一、货轮船队建设

1982—1983 年，广州海运从国外购进了 2 艘 40000 吨级以上旧货轮。一艘为 40000 吨级散货船“阳明山”轮（原万吨级杂货船“阳明山”轮完成开辟南北航线任务后，于 1980 年报废，此散货船是重新命名），1965 年 4 月日本建造，其主机功率 11842 千瓦，营运航速 13.5 节，总长 206 米，两柱间长 195 米，型宽 27.4 米，型深 16.65 米，满载吃水 12.32 米，满载排水量 54822 吨。另一艘为 50000 吨级散货船“罗浮山”轮，1968 年 9 月瑞典建造，主机功率 9782 千瓦，营运航速 12.5 节，总长 217.581 米，两柱间长 208.788 米，型宽 29.566 米，型深 17.602 米，满载吃水 12.814 米，满载排水量 65798 吨，有 7 个货舱，设有卫星导航。

1985—1986 年，由江南船厂新建的 6 艘 18500 吨级散装货轮投入营运，这批船是 20 世纪 80 年代新建船舶的主要类型之一，其主要参数为：主机功率 5649 千瓦，营运航速 13 节，总长 164 米，两柱间长 154 米，型宽 22 米，型深 13.4 米，满载排水量 26420 吨，续航力 10000 海里，5 个货舱口。装有卫星导航、气象传真，以及对讲器、甚高频等无线电通信设备、消防设备配有离子式及感温式探测器和 CO_2 灭火器。同期，在大连船厂新建的“鼎湖山”“长白山”轮和渤海船厂新建的“峨嵋山”轮 3 艘 35000 吨级同型散装货轮，船型为单甲板、艉机型、柴油机，其主要参数为：主机定额功率 8164 千瓦，营运航速 13 节，总长 195 米，两柱间长 185 米，型宽 28.4 米，型深 15.8 米，满载吃水 11 米，满载排水量 48845 吨，续航力 15000 海里，6 个货舱口，3 根 15 吨的起重吊。其电航仪器配有 MX-1105 型卫星导航，美国 CAS- Ⅱ避碰装置，国产 CZJ-1 气象传真，国产 DY-12M 型罗兰。

1989—1990 年投入营运的大连船厂新建的“华蓥山”“碧华山”“万寿山”“东平山”“沂蒙山”和渤海船厂新建的“大明山”“大别山”“大瑶山”（后改名“荣誉山”）轮 8 艘 35000 吨级同型号经济型散装货轮（即上述钱维扬文章提到的 8 艘 3.5 万吨级浅吃水肥大型散货船），其主要参数为：主机定额功率 7604 千瓦，营运航速 14 节，总长 195 米，两柱间长 185 米，型宽 32 米，型深 15.2 米，满载吃水 9.811 米，艉 10.180 米，满载排水量 50253.9 吨，续航力 10000 海里，6 个舱口。这批船也是新造沿海散货轮的主要类型之一，被称为经济型，与吨位相同的其他船型相比，具有吃水浅、载重量大、造船成本低、耗油省的特点，比较适合中国沿海煤矿运输需要和港口通过能力。电航仪器配有 MX1112 型卫星导航、TF-733 型气象传真和罗兰，无线电通信设备有窄带印字报。对讲器和 NAVTEX2 航行警告接收机。这批船荣获国家重大技术装备成果特等奖（图 4-4），李鹏总理曾为此批示：“这件事办得不错。”当时这类船舶成为我国北煤南运的

图 4-4　1991 年 3 月，广州海运局开发的 35000 吨级浅吃水经济型散装货轮船型项目获“国家重大技术装备表彰成果奖”。

主力，比常规船载货量提高了 15%，具有良好的经济效益和社会效益（图 4–5 和图 4–6）。

图 4–5　第一艘浅吃水型散货船“华蓉山”轮下水仪式。

图 4–6　“华蓉山”轮，建于 1989 年 9 月，38000 载重吨。

1990 年新增的 60000 吨级散货船“大罗山”轮，是广州最大吨位的沿海运输货轮，1976 年 10 月丹麦建造，其主要参数为：满载排水量 76190 吨，主机功率 14820 千瓦，营运航速 13 节，总长 224.40 米，两柱间长 213 米，型宽 32.24 米，型深 18 米，7 个货舱口。配有卫星导航、气象传真、对讲器等设备。

1990—1993 年，在广州船厂建造了“威虎岭”“梅花岭”和在上海船厂建造了“仙霞岭”“凤翔岭”“青云岭”5 艘、1.9 万吨级艉机型散货船，其主要参数为满载排水量 2.65 万吨，主机功率 5647 千瓦，营运航速 14 节，总长 164 米，有 5 个货舱。配有卫星导航、航行警告接收机、气象传真等设备。

1991 年，购进 6 万吨级散货船“玉龙山”轮。该轮是 1980 年日本三菱重工建造，满载排水量 7.65 万吨，主机功率 1.02 万千瓦，营运航速 11.5 节，总长 224 米，有 7 个货舱；配有卫星导航、气象传真、对讲器、VHP 等设备。

1991—1992 年，在罗马尼亚建造了“英堡”“星堡”“高堡”“爱堡”“桥堡”“连堡”6 艘、4300 吨级艉机型多用途杂货船。满载排水量 700 吨，主机功率 2760 千瓦，营运航速 13.5 节，总长 101.50 米，有 3 个货舱。

二、油轮船队建设

1985—1988 年，广州海运共有 3 艘 61000 吨级国产油轮投入沿海运输。1985 年 1 月，大连船厂造的“大庆 257”轮投入营运；其后，1986 年 12 月 31 日和 1988 年 1 月，上海江南船厂建造的“柳河”“锦河”轮先后投产。这 3 艘油轮为同型号船，船型为钢质、单甲板、球鼻艏、方艉、艉机驾、柴油机。其中“大庆 257”轮是广州第一艘国产 60000 吨及以上的沿海运输船，其主机功率 11474 千瓦，营运航速 14 节，总长 231.2 米，两柱间长 220.7 米，型宽 35.6 米，型深 18 米，满载排水量 81283 吨，续航力为 10000 海里，有 8 个货舱和一个两用舱，采用惰性气体消防报警和泡沫消防设备，以及原油洗舱和惰性气体防爆装置。其中避碰雷达设备能够在船附近出现障碍物或移动物体时，根据测定的物标距离和方位及时报警，为船舶雾航、夜航防止碰撞事故提供了安全保障。至 1990 年底，广州海运共有油轮 31 艘。1991 年，广州海运加强了技术改造，抓紧了船舶更新和配套设施的建设，船舶更新的重点由散货船转向油船，进度款中油轮占 74%。1991 年 3 月，5000 吨级方艉双层底艉机型成品油轮“金泉”轮投入营运，该轮由保加利亚建造，其主要参数为：满载排水量 8872.43 吨，主机功率 2941 千瓦，营运航速 12 节，总长 117.78 米，两柱间长 109 米，型宽 16.20 米，型深 8.40 米，有 5 个油舱。配有卫星导航、避碰系统、气象传真等设备。1992 年至 1993 年，大连船厂建造了“淮河”“定河”“阳河”“明河”4 艘、5.5 万吨级艉驾艉机型方艉球鼻艏油轮，满载排水量 7.66 万吨，主机功率 8826 千瓦，营运航速 13.5 节或 14.3 节，总长 228.5 米，有 7 个油舱。

三、客货轮船队建设

1982 年，广州海运购进日本 1962 年建造的全通船楼型客货轮“紫罗兰”轮（原名“樱花”），4000 载重吨，722 客位，主机功率 7208 千瓦，营运航速 16.5 节，总长 157 米，两柱间长 145 米，型宽 21 米，型深 11.9 米，满载吃水 7.58 米，满载排水量 15412 吨，续航力为 17700 海里，这是广州沿海运输中第一艘用于中国沿海南北航线航行的客货轮，也是广州沿海运输史中吨位最大、载客最多的客货轮。该轮于 1988 年 4 月 30 日报废。

1983—1984 年，新增 2 艘“华南”型客货轮“马兰”号和“山茶”号，均为广州造船厂新造船。主要参数为：260 载重吨，600 客位，主机功率 1655 千瓦，营运航速 15 节，总长 107.6 米，两柱间长 96.4 米，型宽 15.2 米，型深 8 米，续航力为 1500 海里，装有 2 台雷达和气象传真等电航仪器。

1984 年，新增投入沿海南北航线营运的“长征”型客货轮有“万年红”和“珍珠梅”号，为当年沪东船厂建造，1900 载重吨，720 客位，主机功率 3641 千瓦，营运航速 17 节，总长 137.88 米，两柱间长 124 米，型宽 17.6 米，型深 8.4 米，满载吃水 6 米，满载排水量 7706 吨，续航力为 3500 海里，无线电通信设备增设有甚高频。这是广州沿海客货轮中航速最高的船舶。

1985 年，购入希腊造的滚装客货轮 2 艘：“红棉”轮，1971 年建造，1500 载重吨，476 客位，可载 60 辆小汽车，主机功率 2942 千瓦，营运航速 17 节，总长 86.3 米，两柱间长 74.5 米，型宽 14 米，型深 5.5 米，满载排水量 2528 吨；“红菊”轮，1974 年建造，900 载重吨，可载 60 辆小汽车，449 客位，主机功率 2207 千瓦，营运航速 14 节。至 1990 年底，广州海运共有客货轮 14 艘。

1991 年以后，华南沿海客运市场萎缩，广州海运局将经营亏损的“马兰”“红菊”“红棉”“水仙”“玫瑰”“金莲”“丁香”“海棠”“牡丹”“芍药”10 艘客货轮予以陆续处理，至 1996 年，只剩下“玉兰”“珍珠梅”“万年红”“山茶”4 艘客货轮。

四、加强修船管理

1981 年，广州海运针对修船费用逐年增加的状况，试行了修船费用承包办法，调动了船员扩大自修工程范围的积极性，减少了停营修理时间，全年仅修理费比上年减少约 200 万元；菠萝庙航修站已能承担 1.6 万吨级船舶水线以上修理工程。1982 年，广州海运根据船舶技术状况改善的情况，适当延长了船舶修理间隔期，并择优选厂修理，将部分船舶交给北方、香港等修船质量好和效率高的船厂修理，减少了修费开支，缩短了修理期，同时，进一步健全劳务补贴办法，调动船员进行维修保养的积极性，完善了修船费用财务审核制度。全年船舶厂修占用运力 6653 万吨天，比 1981 年减少 18.5%，平均修期 116.6 天。42 艘完工厂修船中，平均修期以上的占 40%，外厂修理 23 艘，延期 19 艘。航修和机损修理 1336 万吨天，比 1981 年减少 12%。1982 年底，广州海运船舶完好率达 90%，比 1981 年提高了 1.72 个百分点。1983 年，广州海运通过对修理项目进行审核，节约和核减修费约 75 万元。同年，因为船员自修劳务补贴费款源未解决，提取率又低，广州海运中断了船员自修劳务补贴制度。1984 年广州海运恢复了该项制度，并征得财政部门和银行同意，将 1982 年欠下的应付补贴在本年还清，再次调动了船员的积极性。1984 年广州海运逐步推行修船工程招标办法，合理调整南方与北方、内地与香港修船布局，缩短了修期，节省了修费。至年底，船舶完好率达 90%。1985 年，广州海运将菠萝庙航修站、城安围航修站分别易名为菠萝庙船厂、城安围船厂，同时实行运输船舶修理费和营运率内部三级（技术处、船公司、运输船舶）承包办法，平均修期缩短到 58.5 天，营运率达 86.5%，平均修理费减少到 33.3 万元，修理费比成本提成基金节约 507 万元。自开展承保以后，各海轮普遍重视船舶技术管理，加强了年、季、月度预防检修计划。1985 年 10 月，广州海运菠萝庙船厂、英国迪施公司和香港海通公司合资成立广州经济技术开发区迪施有限公司。该公司引进境外先进工艺技术和加工设备，经营进口柴油机主要零部件的翻新修复业务，翻新修复件使用寿命与新件相当，而修理费仅为新件价格的 30%—50%，为内地海运企业节省了备件外汇。

“七五”期间，广州海运在确保船舶技术状况正常的前提下，继续扩大海员自修工程范围，以达到节约修理费开支和提高营运率的目的，并结合实际情况逐年完善了修船管理制度，船舶完好率连年保持在 90% 以上。1986 年，广州海运建立了运输船舶修理费承包考核制度，增加了船舶完好率和机械设备维修保养工作量考核指标，克服了简单采取修理费包干和考核营运率的弊端。1987 年，由于物料价格上涨，全国修船厂修船价格平均提高 30%—50%，但广州海运运输船舶实际修理费较计划修理费仍略有结余。1988 年，针对各船厂修船继续增长和修理外国船数量增多的情况，广州海运各船公司为了缓解外部环境带来的压力，坚持以扩大海员自修为主的方针，修改船舶维修保养奖励办法，不同程度地充实了奖励与安全挂钩的内容。1989 年，广州海运颁发了新的船舶维修保养奖励办法，并要求船公司结合实际情况制定实施细则。1990 年，广州海运在运输船舶维修保养劳务奖励办法中增加了“修船完工艘数”考核指标，督促船公司定期对船舶进行厂修，以保证船舶正常的技术状况，满足适航、适货和安全航行的需要。

1990 年，广州海运完成了“越秀山”浮坞从菠萝庙船厂到城安围船厂的移位工程，为城安围船厂形成 5000 吨级以下船舶修理综合能力和菠萝庙船厂扩建成为 35000 吨级船舶坞修能力奠定了基础。至 1990 年底，菠萝庙船厂拥有低潮水深负 7 米、长 345 米的修船码头 1 座，5000 吨级浮船坞 1 座，功率 1200 千瓦和 2500 千瓦的拖轮各 1 艘，工程船 4 艘，45 米跨距 25 吨吊机 2 台，30 吨和 10 吨吊机各 1 台，船体加工设备 15 台，金属切削机床 43 台，铸锻设备 6 台；城安围船厂拥有低潮水深负 4.5 米、长 324 米的修船码头 1 座，200 吨级船排 1 座，船体加工设备 5 台，42 米跨距 25 吨吊机 1 台，25 吨和 10 吨吊机各 1 台。以上两厂分别成为广州海运万吨级和五千吨级以下的船舶修理基地，其修船工程量约占广州海运船舶修理年工程量的 20%。1990 年，菠萝庙船厂修船 29 艘，修船产值 1429.6 万元；城安围船厂修船 26 艘，修船产值 1248.2 万元（图 4–7）。

图 4–7　菠萝庙船厂"越秀山"船坞移位城安围船厂竣工投产典礼。

1991 年，广州海运狠抓船舶技术管理工作，在年初召开的机务工作会议上，专门对进一步提高船舶营运率和为运输生产均衡提供运力等问题，进行了研究和部署，并提出了明确的要求。各级机务管理人员坚持深入船舶现场，督促、检查、落实各项船舶技术管理和维修保养措施。同时，还颁发了《广州海运局辅助船舶机电设备事故管理细则》和《广州海运局运输船舶机务管理指标（体系）考核办法（试行）》，积极做好船舶维修保养体系（CWBT①，为汉语拼音 Chuanbo Weixiu Baoyang Tixi 的首字母缩写）的宣传、准备、试点、推广工作，狠抓修船"三单"和"三到位"（即开好修理单、审好估价单和结账单；要求修船主管在外地船厂修船时也要像在广州地区一样做到船舶进、出坞，系泊试验或出厂试验时都要到位），尤其是把开好修理单作为重点，严格把关，对不符合要求的修理单，由机务部门指导、帮助船舶重新开单。同时，配合各修船厂做好修船工作，使船舶按时出厂的情况有所好转。广大船员通过开展部门升级活动，加强了日常维修保养工作，减少了临时性航修。例如，"泰堡""红旗 173""罗浮山""万寿山"等轮认真落实岗位责任制，坚持完成月度检修计划，发动机舱全部人员勤检查，加强日常维修保养，发现问题及时解决，保证了设备的正常运转，营运率几乎达 100%。针对运输生产的不平衡性，适时安排船舶修理，解决了运力需求与修船工效之间的矛盾，避免了运输高峰期修船多的状况，提高了营运率。菠萝庙和城安围两个修船厂逐步开展了修船设施的技术改造工作，提高了修船能力。

1992 年，针对船舶进入修船高峰期和各大船厂修费大幅上升带来的困难，广州海运进一步加强了船舶维修保养和修船工作。各级机务人员和广大船员努力克服困难，狠抓基础工作的完善和各项技术管理措施的落实，积极推行 CWBT 管理，使船舶维修保养工作向经常化和科学化的方向迈出了坚实的一步。在修船价格猛涨的情况下，严格要求准确开出修理单，把好价格关，并能据理压价，既确保修好船又控制了修费的过快增长。如仅对"桂

① CWBT 是以我国原有的船舶设备维修保养制度为基础，吸取国外的现代化管理经验发展而来的一项系统管理工程，它是在考虑了船舶设备使用说明书、船检规范、交通部颁布规章以及主管部门要求等因素后，编制出的规范化设备维修保养计划。在此基础上，对设备进行分类编码，制出设备维修手册和工作卡片，按日期排在工作计划板上。船舶轮机员按工作卡片和设备维修手册的计划和要求对各种设备进行循环式维修保养，以 4 年为周期完成一轮对所有维修保养的大循环。

河”“玉龙山”两轮在友联船厂修理费的审核和压价，就为广州海运减少了50多万港元的修费支出。广州海运还从分配上采取措施，制定了《运输船舶船员从事职责外修船劳务管理试行办法》，修改完善并颁布了《运输船舶维修保养劳务奖励试行办法》等，鼓励广大船员努力搞好船舶维修保养，减少了临时性航修，提高了营运率。下属两个船厂通过深化改革、从严治厂，调动了工人的积极性，提高了工作效率，缩短了修期，为广州海运船舶营运率的提高做出了贡献。1992年，广州海运船舶营运率从上年的83.2%提高到85.13%，提前实现了机务工作的“八五”奋斗目标。

五、深入开展节能技改

广州海运实行全面能源管理，不断加强能耗统计分析等各项能源管理基础工作，广泛推广节能新技术，深入开展节能活动，使运输船舶燃料综合单耗年年低于交通部指标。1988年这项指标连续第九年下降，比1978年降低了35.9%。广州海运节能成效在全国交通系统水运企业中，连续十年处于领先地位，多次荣获全国同行业以及广东省节能先进单位称号。1982—1990年，广州海运所获的节能工作荣誉称号有：1982年度全国行业节约能源先进企业、1983年度交通部一级节能先进企业、1984年度国家节约能源先进企业（银质奖）、1985年度国家节约能源先进企业（银质奖）、1988—1990年连续三年获国家节约能源二级企业、1990年度广东省节约能源先进企业。

1980年3月，广州海运下达《关于大力开展合理运用经济航速节约燃料活动的通知》。9月，颁布《关于运输船舶运用经济航速的通知》，下达具体实施办法，通过提高热能利用率，合理使用热工运行参数，充分利用余热，减少跑、冒、滴、漏，走经济航线，开经济车速等各种途径，取得良好效果。同时推广船舶柴油机改烧重柴油，以重代轻，渣重混烧；锅炉采用渣油掺水燃烧。当年，实现渣重混烧的船舶85艘，中速柴油机改烧20号重柴油的船舶88艘，发电副机改烧重油的67艘，烧渣、重油的比重为燃油总耗量的90.4%。燃料单耗指标下降，柴油为9.15千克/千吨海里，渣油为51.05千克/千吨海里，均低于交通部下达指标，节约燃油4万余吨，其中柴油2.6万吨，渣油近1.5万吨，大大超过交通部下达的2.8万吨的节油指标。

1980年，广州海运还颁布对航速较高的大型新船航次营运航速限额不超过13节的规定。当时，这类船共有18艘，一年可节约燃料5000吨左右。同时，以“红卫13”号轮作试验，求出同类型客货轮航行广琼线的节油最佳运行参数比原额定转数每分钟慢5转，全航程比原来迟到32分钟，每航次可节油307.5千克。此外，船舶还根据每个航次的气象、潮水、泊位等情况，灵活选用该航次的最佳经济航速。调度部门也与港口加强联系，了解港口候泊情况，直接电告指挥船方合理用车，控制航速，特别注意抓耗油多、吨位大的船舶，如“大庆250”“大庆252”“大庆253”“大庆256”等油轮，这类5万吨级油轮其时共有6艘，每艘每航行天用油约40吨，6艘船在1981年节油数量占第一船队总节约数的87.56%。如此这般，上下配合，船岸合作，各按其能，把节能工作有序地拧在一起，发挥了较好的节能效力。这种向技术管理要油的做法，对1980—1981年两年广州海运耗油量大幅度下降起很重要的作用，使广州海运跃入交通部节约能源的先进行列。“大庆253”轮被评为 1981 年度交通部节能先进船舶。

1980 年 6 月，广州海运从技术处、科研所、船队以及船员中抽调技术人员 9 人组成 3 个热工节能普查队，到运输船舶组织热工测试，全面检查设备的耗能情况，重新查定能源消耗定额，协助船舶调整热工参数，宣传推广余热利用。经过一段时期的工作，收到良好效果。如“红旗 132”轮原为意大利建造的老旧船舶，1978 年从香港远洋公司移交广州海运时，主机各缸热工参数相差较大，爆炸压力最大相差 1.6 兆帕。1981 年，热工普查队经过 10 余次测试，适当增加压油管长度和选择油管内径，控制喷油量和喷油延时，各缸的爆炸压力差减至 0.2 兆帕，耗油量从 691.6 千克 / 小时降为 598 千克 / 小时，解决了该船的老大难问题，获得显著的节能效果。1981 年节约燃油 3.6 万吨，比 1980 年多节约 9500 吨，燃油费用比 1980 年减少约 400 万元。除热工节能工作队之外，广州海运每年还组织贯彻机务会议工作组，于每年机务会议过后便组织下船，随船抓点，帮助和检查船舶做好热工节能管理工作。

1982 年，广州海运继续推广以重代轻和经济航速，根据港口具体情况，预测船舶抵港时间，以采用合理车速，作为降低燃油单耗的主要措施，对部分柴油机船推行在港停泊合理使用锅炉和余热利用等技改措施，收到良好效果，比 1981 年实际单耗节油近 8000 吨。轻柴油消耗量占总消耗量的比重由 1981 年的 7.3% 下降到 5.3%，重柴油耗量由 59.1% 下降为 53%，渣油耗量从 33.6% 增加到 41.7%，因掺烧渣油而减少燃料费用 88.8 万元。

1983 年，广州海运在加强科学管理的同时，积极采用节能新技术。首先在“红旗 123”轮进行调整主机压缩比试验，有效压缩比由 10.98 提高到 11.16，船舶航行可节油 3.5 吨 / 天。同时，利用电机冷却水余热对主机进行保温，节省了暖缸所需能源；并利用电机废气余热加热生活用水，将油轮原有的蒸汽涡轮货油泵改为电动货油泵，节约了大量燃油。运输部门密切掌握港口密度，普遍采用功率大、节油潜力大的万吨级以上的船舶营运，以经济航速航行，不赶任务绝不轻易加车。合理调度，船舶普遍采用经济航速，尽量减少船舶压舱水，节约排水时间，减少能源消耗。同时，继续实行“以重代轻”“渣重混烧”，多烧（渣油或重油）多奖，少烧少奖、不烧扣奖的办法，使燃用渣油的比例有所提高，燃油综合单耗下降为 8.41 千克，比 1982 年降低 8.69%，节约 1.8 万吨，折合人民币 380 万元，节约了燃料差价费用。此外，还根据上级机关关于调整渣油特别税的决定，及时与有关单位交涉，退回税款 98.5 万元，大幅度降低了燃料成本。由于广州海运不仅重视在技术上节能，而且重视在管理上节能，因而节能效果较好。1983 年，广州海运燃油综合单耗为 8.41 千克 / 千吨海里，比交通部下达指标降低了 14.2%，比上年降低了 8.7%。

1984 年，广州海运建立全局性能源管理网，实行全面能源管理。除继续实行船舶节油奖励办法外，还进一步制定了油轮减少压舱水和节约淡水的奖励办法，改革了供应船的节能包干办法，进一步调动了广大船员节能的积极性；在调度船舶时，密切掌握港口密度，及时通知船舶采用经济航速。在台风季节，及时指挥船舶抓紧时机赶过大风大浪区域或建议船舶择地抛锚避风，以免船舶逆风硬顶，多耗燃油；此外，还完成了 92 台 CAIOB 型解放牌汽车的节能改造项目，将 7 艘 2.4 万吨级油轮的蒸汽货油泵改为电动货油泵，进一步提高动力设备热能利用率。1985 年推行燃料承包，油轮实施淡水航次包干定额，压缩出港燃油、用水载量，精确计算港口潮汐，利用高潮进港多装货。

1986 年，广州海运进一步实行全面能源管理，采取有力措施，制定实行了各项动力设备的管理考核办法，完善规章制度，加强了能耗统计分析等各项能源管理基础工作。推广节能新项目，试行了航次包干用油办法，减少跑、冒、滴、漏，做到船舶航行时合理用车，停泊时合理使用发电机台数；在客轮全面推广停泊时不烧锅炉的办法，充分利用余电余热，取得了较好的节能效果，保证了在增产的情况下，不烧高价油，船舶燃料单耗比交通部下达的综合指标降低 13.94%，节约燃油 23.8 万吨，低速柴油机主机掺烧渣油 9.4 万吨，节约渣、重、柴油的差价费 1309 万元。

20 世纪 80 年代中后期，广州海运逐步健全能源原始记录和统计台账，并制定定额考核和奖惩制度。这个时期的节能技术改造项目主要有 8NVD-48A 主机加中冷器、8NVD 主机增压器、SKL 节能型油泵、停泊不用燃油副锅炉、船舶主机压缩比调整和余热利用等。1984 年运输船舶燃料单耗实绩为 8.18 千克 / 千吨海里，比交通部下达指标降低 15.67%。以综合实绩计，比 1983 年节约人民币 480 余万元。1985 年，燃油综合单耗实绩为 8.13 千克 / 千吨海里，比 1984 年节油 1441 吨。1986 年 9 月，“大庆 241”轮在国内首次使用海虹油漆厂生产的船底自抛光常效防污漆（SPC，Self-polishing Anti-fouling Coatings），防止贝类、海洋生物在船底生长，减少船舶阻力，提高航速，以达到节能目的。据统计，至 1990 年，有 12 艘船舶曾使用这种涂料，每艘船可节能 6%。1986 年，运输船舶燃料综合单耗为 8.09 千克 / 千吨海里，比交通部下达的综合指标降低 13.94%。1988 年，新疆独山子炼油厂研制的低碱性油（KOH 15g/L，KOH 为氢氧化钾）在“红旗 204”轮试用成功。1988 年 12 月，“大庆 242”轮以加装螺旋桨前置补偿导管节能，节油率达 5% 左右。截至 1990 年，采用此方法的有 4 艘船舶，年节油 600 吨。1987 年，燃料综合单耗实绩为 7.92 千克 / 千吨海里，比交通部下达的综合指标降低 15.28%，节油 4.53 万吨。1988 年，运输船舶燃料综合单耗为 7.61 千克 / 千吨海里，比 1987 年降低 3.95%，节油 10000 余吨，比交通部下达计划降低 18.64%。

1980—1989 年，广州海运运输船舶的综合燃料单耗连续 10 年下降。这 10 年中，低速柴油机船舶主机掺烧渣油 72 万吨，节约渣油与轻柴油的差价为 1.85 亿元；因运输船舶的综合燃料单耗连续下降，节约燃油 11.8 万吨，计 5000 余万元。两项共节约人民币 2.35 亿元。1990 年，运输船舶燃料综合单耗为 7.43 千克 / 千吨海里，比 1989 年下降 0.15%，节油 420 吨。

1992 年，广州海运下属各单位按照“长远打算、短期安排”的原则，合理安排和落实技改项目，从过去的小规模、项目分散向大规模、项目集中方向发展，并把技改重点由陆岸逐步移向船舶。对船舶进行自动化改造的工作，在上年做好基础工作的基础上，1992 年开始实施，在“金鸡岭”“红旗 176”“天堡”等轮进行了设备改装或故障排除等工作。又如“大庆 254”轮单点系泊改造、2.4 万吨级油轮发电机组更新、1.6 万吨级散货船发电机组更新等 8 个船舶技改项目占投资技改的 47%，对提高当时运输船舶的适航、适货能力起到了显著的效果。在计算机管理方面，1992 年已从微机开发转向小型机开发，完成了计划系统开发，还进行了船舶动态管理微机系统、生产统计管理微机系统在AS400机上的移植工作，完成了财务系统主要子系统的调试工作，为实现资源共享、提高工作效率创造了条件。

1992年，广州海运在燃油价格平转议使企业成本大幅上升的形势下，强化节能意识，积极将一些成功的节能新技术推广到船上应用，取得了较好的节能效果。全年共投资200万元对多艘能耗高的船舶进行技术改造，其中对15艘散货轮加装电热设备而使其在停泊时不用辅锅炉一项，每年就可节约燃油750多吨。有20艘船的船体涂用SPC油漆，节能效果也十分显著；一批新造的节能型船的投产，也促进了节能降耗工作。1992年广州海运船舶燃油单耗为7.16千克/千吨海里，比上年下降了0.14千克/千吨海里，与上年同期相比节约燃油4939吨，节约人民币300万元。此外，在加强技术节能的同时，各单位还积极向管理要能源，认真落实用能设备的管理制度，使设备经常在高效率、低耗能的技术状态下经济地运行，特别是部分轮机人员在设备允许的条件下，大胆、合理地使用廉价低质燃油，据统计全年节约燃油差价1450万元，取得较好的经济效益。

六、通信技术逐渐实现自动化

新中国成立初期，船舶电台设备简陋，火花式发信机功率小，发信距离近，收信机接受频率很有限。到1990年左右，已发展到有各类船舶150多艘设有电台。20世纪五六十年代使用的火花式和电子管的老旧通信设备，经过技术改造更新，换上了国产或进口的新机器，集成电路频率合成的单边带收、发信设备，全频道甚高频（VHF）无线电话、气象传真接收机、ARQ自动接收机等广泛使用。少数船舶还装配有卫星通信等新的技术设备，在发展海运保障船舶航行安全中发挥了重要的耳目作用。

船舶电台不仅担负着有关船舶运输生产的通信任务，还肩负着为运输船舶提供海洋气象报告、气象警告、航行警告、航行通告等信息以及本船的遇险、紧急通信的使命。1985年12月“罗浮山”轮远航美国，在太平洋上遇到恶劣天气，因风浪大船舶摇晃严重，使船舶第三、五、七舱肋骨断裂，三舱大量进水，情况危急，全船紧急动员抢险自救，在七天七夜的抢险过程中，船舶电台全时值班，两个报务员坚持在报房工作，共收发电报100多份3000多字，通过高频单边带无线电话30多次588分钟，做到迅速准确不间断，出色地完成了通信任务，为船舶安全脱险做出了贡献。报务主任李义华受到交通部的表彰。

“七五”期间，广州海岸电台对甚高频无线电话设备进行技术更新，采用自行设计制作的高增益定向天线，通话覆盖范围扩展到虎门以外内伶仃水道，并改善了通话质量。在收信台、中心台分别安装了对欧洲、美洲、非洲方向的3副远距离高增益收信天线和对澳洲、东海、南海中距离小型环形有源收信天线，使广州海岸电台收信天线与发信天线配套。引进的安全信息播发系统（NAVTEX），符合国际海事组织（IMO）提出的覆盖400海里的要求。设备环境也得到了改造，达到恒温、恒湿、防尘、密封的要求。1989年5月，单边带无线电话改造工程竣工后，转接时效提高3倍，转接成功率提高到99.5%。1990年1月5日，广州海岸电台收信台分布式自动转报系统13条电路正式开通使用，使无线电报的拍发、抄收、传递、统计等实现了自动化，在国内属首创，达国际先进水平。至1990年底，广州海岸电台共有发信机 36 台，发射总功率 157.7 千瓦，发信天线 34 座；收信机 34 台，收信天线 26 副；窄带直接印字电报（NBDP）设备 3 套；海上安全信息系统（NAVTEX）播发设备 2 套。同年底，广州海岸电台共开发无线电路 24 条，其中：莫尔斯电报船舶电路 9 条，发信覆盖了除北极和北美地区外的世界主要航区；窄带直接印字电报（NBDP）ARQ 方式船舶电路 1 条；远洋和华南沿海船舶辅助电路各 1 条；甚高频无线电话和单边带无线电话电路各 3 条，单边带无线电话全天候覆盖包括印度洋、澳洲全部和太平洋大部；广播性业务电路有莫尔斯电报电路 4 条、安全信息系统（NAVTEX）试播电路 1 条和窄带直接印字电报（NBDP）FEC 方式插播电路 1 条。1990 年，广州海岸电台电报工作量 76.5 万份 /3304.7 万字，单边带无线电话工作量 11.1 万分钟 /1.7 万次，甚高频无线电话工作量 21.8 万分钟 /5.6 万次，水运长途电话工作量 23.8 万分钟 /2.6 万次。

广州水运电话是全国交通系统建设最早、规模最大、设备最完备的水运有线通信网。20 世纪 80 年代初，由于广州水运电话投入使用，广州海运等水运单位机关处室逐步配备了电传机、传真机，船舶电台发往有关处室（单位）的电报可以经海岸电台直接传送给用户。1981 年 5 月，广州水运电话通信工程正式投产使用。广州水运电话以 1200 门步进制自动电话总机为中心，设有自动总机 4 处。本机网容量共 3300 门，设有长途话台 2 座，可转接广州地区 11 个水运单位的长途电话，并可将船舶电台电话进行无线 / 有点转接，及时沟通船舶与有关陆岸单位的联系。自 1981 年 8 月 1 日零时起，广州海运执行交通部《水上运输调度通信规程》，并结合实际情况作了补充规定，船岸联系办法如下：船舶离港后，应在 2 小时内向穗海调和目的港发“离港电报”（“子”电），并向穗海调补报开装、装完或开卸 / 卸完时间；航行船舶每天 6 时、18 时向穗海调发“船位电报”（“卯”电）；航行船舶在抵达目的港 12 小时前发“抵港确报”（“辰”电）；航行中遇机器故障、等候潮水等原因而停止航行或继续航行均须在一小时内向穗海调和目的港拍发“停航续航报”（“午”电）；船舶在航行中如发生海损事故，须立即电告附近港口和穗海调，如果船舶遇险可按国际通信办法处理；船舶在航行中如接到改变航线的命令或遇特殊情况需改变航线时，须在改变航线一小时内报告穗海调、原目的港和改变航线后的目的港（“酉”电）；防台期间，应按有关规定保持与穗海调和防台指挥部的联系；凡航行南北线的船舶在起航前均应根据有关规定做出航行计划，并于开航一小时前用电话报穗海调，经批准后执行；航行在台湾海峡重点区域时，须拍发“戊”电和“己”电。此船岸联系办法至 1990 年底没有变化。至 1985 年，广州海运各类船舶普遍配备了甚高频无线电话设备，大部分船舶装备有单边带无线电话收、发设备。“七五”期间，气象传真接收机、海上安全信息接收机（又称 518 接收机）、窄带直接印字电报等设备为船舶电台广泛使用，少数船舶电台还装备有海事卫星通信等新技术设备。

20 世纪 80 年代末，船舶电台普遍配备了传输速度快、误码率低的窄带直接印字电报等设备，广州海岸电台分布式自动转报处理系统投入使用，船岸间的无线电报联络手段实现了自动化，提高了电报时效和准确程度。1987 年 9 月，2000 门程控数字交换总机替代 1200 门步进制总机投入运行后，广州水运电话转接速度快，服务功能多，通话质量好，并以程控数字总机为中心形成了本机网、广州地区网和华南长途网三个水运通信专用网，联网总容量达 25070 门。本机网容量 2000 门；地区网以中继线形式连接了广州远洋运输公司、广州救捞局等 13 个广州地区水运单位总机，联网容量达 4670 门，并用专用电缆与广州电信局 5 个分局汇接；长途网通过租用有点专线连接了北京、湛江、海口、蛇口、汕头的水运电话总机，联网容量达 18400 门，并可经交通部总机与全国其他地区的港航单位通话。广州海岸电台通过水运有线通信网开设了电传专线，建立了水运电话传真系统，同时还对早期埋设的电缆等有线网络进行了改造。

广州海岸电台沟通南极。我国南极科考初期是通过广州海岸电台（XSQ）转报的。1991 年中秋之夜，广州海运通信站广州海岸电台把我国设在南极的两个考察站发出的无线电波，转换到广东新闻台热线电话系统，实现了广州、北京、南极三地同时对话的现场直播——广东人民广播电台新闻台在国内首次举办直播特别节目《您好，南极人！》。当时，全国只有北京海洋局电台和广州海岸电台能够实现与南极通话。而广州海岸电台借助研制成功的分布式自动转报处理系统，使莫尔斯电报的拍发、处理、编辑、传递、计费、统计等都实现了自动化，是世界上为数不多的几个国家才有的技术，通话的效果甚至比北京海洋局电台还要清晰。

第四节　多管齐下发展运输生产

广州海运经过多年经营，已形成了以华南为基地，以南北线为主干，以煤炭、石油、矿石运输为主体的运输市场，煤、油、矿的运量已占广州海运总运量的 85% 以上。广州海运根据国民经济建设和运输市场的需求，克服运力增长与货源增长不平衡等困难，大力开拓运输市场，积极发展运输生产，先后开辟了国内外客货新航线 100 多条，航区日益扩大；在立足沿海运输的同时，还较快地发展了远洋运输业务。350 多条海上客货航线遍及国内沿海、长江中下游和世界各大洲的近百个港口，运输生产持续增长，年年超额完成国家下达的任务。由于运输生产完成较好，经济效益不断提高，1983 年广州海运被国家经委列为全国提高经济效益显著的 11 个企业之一。

一、“水运分流”进一步发挥重大作用

随着改革开放的不断深入，航区分工被打破，中小港直达运输和江海直达运输业务开展，“水运分流”进一步发挥重大作用，南北港口间通航航线条数大幅度增长。至 1990 年底，南北航线通航港口达 62 个，广州海运营运中的南北航线约 170 条。

1985 年，广州海运开辟了 31 条华南沿海货运航线，主要有：汕头至唐家湾、蛇口、湛江，黄埔至厦门、地都、北海，广州至厦门、蛇口、白马井，湛江至厦门、白马井，厦门至汕头、广州、黄埔，海口至汕头，三亚至汕头、广州、黄埔，北海至汕头、三亚，白马井至汕头，赤湾至广州、厦门、汕头、海口、三亚，蛇口至广州等。1986 年，广州海运增辟了 8 条华南货运航线，主要有：汕头至厦门，广州至西沙群岛、泉州，湛江至厦门、

汕头、汕尾，蛇口至汕头，涠洲至湛江等，全年开辟货运航线近40条。1987年，广州海运增辟了15条华南货运航线，主要有：厦门至海口、北海，汕头至三亚，汕尾至湛江，黄埔至泉州、蛇口、赤湾，湛江至地都、蛇口，海口至三亚，珠海至蛇口，蛇口至厦门、珠海等线。1988年，广州海运增辟了8条华南货运航线，主要有：三亚至防城，北海至海口，赤湾至湛江、北海，蛇口至三亚、湛江、八所、厦门。1989年，涠洲至黄埔，珠海至广州，赤湾至八所，蛇口至泉州、汕头等地5条华南货运航线开辟。1990年，广州至地都，陆丰至海口，盐田至三亚，蛇口至黄埔、珠海、海口，赤湾至海口航线开辟，广州海运营运中的华南货运航线有65条。1997年，广州海运华南货运航线有53条。

1981年，广州海运组织了海南铁矿经南通过驳转运至武汉钢铁公司的江海直达运输，至年底共运输15.7万吨。由于海南矿石运输改为江海联运，以及百杂货回程货源增多，南北线除石油外，对流量趋于平衡，北上224万吨，南下245万吨。1983年7月份，南下煤炭运量较大，黄埔港卸煤有困难，广州海运一方面派人下港研究，搞好港航协作；一方面及时向领导机关汇报。广东省副省长匡吉主持召开了广东省煤炭疏运会议，在港口、铁路、驳运部门配合下，很快解决了问题。在广东省蔗糖丰收、大量蔗糖需要外运的情况下，虽然天气连续阴雨，卸港压船严重，广州海运仍然满足了地方的需要，及时派船装运。对于一些要求急运而装卸又无把握的物资，广州海运主动与货主签订运输协议，船货双方共同催促港口卸货，缩短了卸货时间，加快了船舶周转。

1985年，广东省农业生产结构发生变化，经济作物增产，粮食作物种植面积减少，北方及长江流域粮食大量南运。1986年后，广东经济发展速度加快，物资需求量增加，广州海运对关系到国计民生的油、煤、矿、粮、胶等重点物资投入了足够的运力，1986年运送重点物资2041.7万吨，其中石油989.2万吨、煤炭452.8万吨、矿石352.8万吨、粮食113万吨，有力地支持了广东的经济建设。由于广州海运及时派出运力承运了临时增加而又至关重要的汕头电厂发电燃油、广东省与香港换电煤炭和汕头的救灾物资，受到了广东省和汕头地区有关方面的好评。

1987年，广州海运在运力增长与货源增长不协调的情况下，为确保完成运输生产任务，采取了一系列措施：一是及时向上级汇报面临的困难，并积极提出解决问题的建议，得到上级和有关部门的理解和支持。如在煤运卸港效率不正常的情况下，确定煤运“以卸定装”，大大减少了运力的损失。二是在确保安全的前提下，推迟老旧船的报废时间，弥补了运力的不足。三是合理调度船舶，组织快装快卸，加快了船舶周转，压缩了船舶在港停时。四是突出抓好石油、煤炭两大重点货物的运输，运输煤炭687.6万吨，其中为沙角两个电厂和广东省与香港的“煤换电”共运输257万吨，为缓和用电紧张做出了贡献；石油量首次突破1000万吨。五是通过积极开展港航货联合QC小组活动，提高了运输质量，使货损率、货差率、赔偿金额比例大大低于交通部颁标准。

1988年，国民经济高速发展，对运输需求量激增，客货源充足，出现航运市场竞争日趋激烈、港口卸船能力不适应的局面。针对上述特点和运力不足的情况，广州海运确定了重点运输的方针，采取各种措施，及时向上级汇报和请求帮助解决运输生产上的难点，尽量减少运力损失。

在提高企业经济效益的同时，广州海运注重提高社会效益，坚持为社会提供优质便利的交通运输服务，把支持地方经济建设作为己任，全力以赴抓好关系国计民生的重点物资运输，较好地完成了广东省各大电厂发电用煤、炼油厂所需原油、化工用盐、救灾物资等运输任务，有力地支援了广东省的经济建设，受到上级领导和货主的好评。

1989 年初，广州海运继上年共抢运了支援广西的救灾粮 29 万吨，广州海运及 13 艘干货船荣获“1989 年救灾粮食货源组织和调运工作成绩显著单位”称号。第三季度，为稳定国民经济，防止经济滑坡，广州海运在国务院统一组织下开展抢运煤炭工作，创月度煤炭运输最高纪录。1990 年，南北线货运量占广州海运沿海年总运量的 87.3%，其中北上货 352.2 万吨、南下货 1984.9 万吨，煤炭、石油、金属矿石运量占沿海运量的 90.5%，全年完成广东省煤炭调入量的 52.3%，完成广东省所需的全部国内原油调入量。

1989 年春夏之交，广州市曾掀起一股抢购大米、食盐风，顷刻间，市面食盐脱销，居民情绪紧张。在这紧急时刻，广州海运抽调“红旗 103”“红旗 134”“红旗 116”“红旗 192”“红旗 082”“红旗 091”“红旗 092”7 艘货轮投入抢运食盐的战斗。船员们急人民之所急，迅速行动，与港口工人通力合作，以最快速度将 3 万多吨食盐从三亚、八所、天津等地源源运回广州，有效地缓解了广州的紧张局面，受到广东省人民政府的高度赞扬。当时，正值 8905 号强台风袭击海南、广西一带沿海，在这一带坚持生产的广州海运 11 艘船舶的船员，为了保护国家财产，与狂风恶浪进行了顽强搏斗。当 12 级以上强台风正面袭击三亚、八所时，海浪铺天盖地拍打着停泊在锚地上的船只，一艘外轮被狂风巨浪抛上了山，而广州海运“水仙”“红旗 091”“八达岭”“红旗 110”轮的船员，在船长们的指挥下，身处险境，临危不惧，顶着 30 度左右的强烈摇摆，顽强与狂风较量。经过近三天的艰苦奋战，终于保住了船舶的安全。

1991 年夏季，华东、华中地区遭受特大洪涝灾害，牵动着亿万人民的心，也引起了广州海运广大职工的关注。广州海运及时进行了支援灾区人民的动员，在短短几天内全局职工个人捐款近 20 万元。此外，还优先安排运力，保质保量、不讲价钱地运输水泥、钢材等救灾物资，组织由局领导带队的慰问组分赴安徽、江苏、浙江、河南等重灾区慰问船员家属，帮助他们解决实际困难。由于在抗洪救灾中做出的显著成绩，广州海运被评为交通系统抗洪救灾先进集体。

1991 年，广州海运船舶散货船运力与货源的不平衡性增大，临时性富余运力增加。对此，广州海运通过细算账，积极平衡内线和外线运力，落实外线运力，通过光租、期租、航次租船、自主经营等多种方式，拓展外线运输。

1992 年，为加快“三西”煤炭的外运，支持国民经济的发展，广州海运在交通部的统一领导下，识大体、顾大局，全力以赴组织运力，将外贸船舶调回国内参加运输。广大船员抗台风、战酷暑，出色地完成了交通部下达的煤运任务。在广州海运等港航单位的共同努力下，秦皇岛港煤炭增运任务提前于 12 月 28 日完成，受到交通部通报表扬。全年广州海运共运煤炭 1458 万吨，比上年增长 18.15%，其中南下煤炭 1345 万吨，比上年增长 30.41%。在矿石运输方面，1992 年初，进口矿到港集中，广州海运对矿船运力的投入进行了严格的控制，尽可能多运煤、少运矿，避免了运力的严重浪费。10 月份以后，在进口矿明显减少、各港卸货效率好转时，广州海运及时调整矿运计划，增加了矿船运力的投入，使矿运量满足了钢厂的要求。全年共运海南矿 335 万吨，比上年多运 23 万吨。

二、开创煤炭运输新局面

1988 年，随着广东工业生产的发展，广东工业用煤量急剧上升，煤炭供不应求的现象日趋严重。广东省经委专门成立了煤炭协调小组，并希望广州海运加快煤炭运输，确保广东工业用煤特别是发电用煤的需要。

面对艰巨的任务，广州海运上下都动员起来。广州海运领导十分重视煤炭运输工作，对各有关方面的工作作了具体的部署和指示，并在各部门指定专人负责。运输处派出工作小组，奔赴青岛、秦皇岛、石臼所等煤炭输出港联系货源，随时掌握各港船舶装卸情况和周转情况，对沙角 A、B 电厂，黄埔港各区随时了解用煤存煤和卸煤情况，实行统筹管理，合理安排运力。每逢星期二、五，运输处专门召开煤运碰头会，及时解决运输过程中的问题。有关领导还深入生产现场了解情况，确保运输畅通无阻。

为了解决运力不足的问题，广州海运一方面加紧对老旧船舶的修理，使之尽快投入营运；另一方面，向香港天龙公司租赁三万多吨的“威海”轮投入运输，以解燃眉之急。有关部门还合理调度，提高了船舶的利用率。8 月份，沙角 B 厂待煤急用，而南通港矿砂压港，广州海运及时把部分船调回来运煤。

为促进船舶多拉快跑，及时靠离码头，调度室经常向救捞局、航道局等兄弟单位借用拖轮，得到这些单位的大力支持；船公司派出有经验的指导船长上船自行引航，减少了港口拖轮少、引水缺而引起的时间延误。船公司采取合理的奖励办法，第一货轮公司规定各轮运煤来穗每航次的基准天数和吨位，对提早一天完成一船煤的运输任务的船舶，奖励 400 元；在确保运输安全的前提下，每多装一吨煤给予一定的奖励，提高了船员的生产积极性。

船舶跑得快，后勤工作要跟得上。第一货轮公司在沙角成立了办事处，及时为各轮联系解决加油、加水及其他实际问题，并备有专车送船员往返广州；供应公司的油船水船，为了不误船期，破除了以往不出沙角的习惯，到桂山锚地为海轮加油加水；交通船队的船舶穿梭于各海轮之间，方便了船员返回广州海运办事。人们纷纷称赞他们是一支优秀的后勤部队。

经过广州海运上下团结协作，共同努力，挖掘运输潜力，1988 年 1—8 月运煤 485 万吨，仅 8 月份就运煤 39 艘次，运量 93.5 万吨，平均每天有一船多煤运抵黄埔，开创了广州海运煤炭运输新局面。

1989 年，针对一些省市因煤炭紧缺，严重影响工业生产和居民生活情况，交通部于 7 月底发出了抢运北煤、压低北方港煤炭存量的紧急通知。一声令下，广州海运职工立即行动起来，一个抢运北煤的战役打响了。

运输处精心组织运力，制订措施，迅速调回 3 艘外贸船舶“峨嵋山”“飞鹰岭”“大通山”轮回国参加煤运，并动员 3 艘万吨杂货船支援煤运，使煤运总运力达到 64 万吨，比上半年平均水平增加了近 10 万吨。为保证船舶合理进行，调度主任上阵与调度计划员一起安排船舶运行计划，计划员与有关港口保持密切联系，解决了一个又一个影响装、卸作业的难题，为船舶快速周转创造了条件。

参加煤运的船舶发扬不怕疲劳、连续作战的精神，一方面与频繁的台风搏斗，到港后放弃回家与亲人团聚机会，争分夺秒地做好机器维修保养，使船舶保持良好的营运状态，为加快船舶周转提供了物质技术保证。在这场战斗中，“阳明山”“大屿山”“兴安岭”轮等一大批船舶多装快跑，取得月完成两个完整航次再运出一个航次的佳绩，受到表彰。

为了给煤运提供更多的运力，广州海运技术部门与菠萝庙船厂的干部工人紧密合作，昼夜奋战，抢修船舶，使“尖峰岭”“西樵山”“红旗205”轮按期投入营运。在“八达岭”轮与“红旗120”轮不慎碰撞受伤后，他们又以最短时间抢修出来，其中“红旗120”轮仅用了2天多时间，“八达岭”轮只用12天时间，比正常工期大大缩短，有力地支援了煤运。

为了打好这一战役，还有不少同志默默地苦干着。历时8、9两个月的抢运煤炭的攻坚战结束了，广州海运的海员实现了月运煤炭超百万吨大关的目标，两个月合计运煤229万吨，有效地解决了广东煤炭供需紧张的矛盾。在广州海运召开的抢运煤炭庆功会上，广东省经委副主任胡朝懿同志到会，代表省长和全省人民向广州海运职工表示衷心感谢。国务院、交通部也先后对广州海运职工在抢运煤炭工作中取得的成绩给予了通报表彰。

三、提高客运服务质量

改革开放后，货畅其流，人便于行，航区分工被打破。继货轮通过台湾海峡之后，南北客运航线恢复通航。1981年，湛（汕）尾线开辟。1983年，广州海运与深圳市联营的深圳船务公司开辟了蛇口—珠海、桂山—珠海、湾仔—珠海等客运航线。在客运竞争激烈的情况下，广州海运发展了新的客运航线。1983年11月，在交通部、广东省、上海市领导下，广州海运与上海海运一起开辟了广州至上海的客运班轮航线，揭开了南北航线客运新的一页。11月30日，广州海运从日本购进的二手客船“紫罗兰”轮经整修后，载客327人首航广州—厦门—上海，这是新中国成立后30多年来客轮首次通过台湾海峡（该航线于1995年4月6日停航）。同日，上海海运“长柳”轮从上海首航黄埔（图4–8）。

图4–8 “紫罗兰”轮，原名“樱花”轮，4000载重吨，客位722个。

自1984年7月1日起，广州—上海客班线挂靠厦门港。为适应开发海南的需要，1984年年初广州海运开辟了广州—三亚的客运航线，“山茶”轮从广州首航三亚，7月份开辟了海南—香港客运航线。为沟通蛇口与汕头两个经济开发区的往来，决定广汕航线客轮挂靠蛇口，自11月9日，广汕线客班轮停靠蛇口港，但因进出蛇口港旅客季节性较强，经济效果不明显而中止。根据厦门特区的需要，决定穗沪航线客船挂靠厦门港，使该线客运量增长了3倍，同时减少了亏损，改善了经济效益。1985年3月29日，“紫罗兰”轮从广州首航青岛、大连，4月1日抵达青岛港，4月2日抵达大连港，开辟了广州—青岛—大连客班线，是中国沿海运距最长的客运航线。该航线于1993年10月1日正式停航。1985

年7月18日，广州—上川岛旅游专线开辟，广州海运“红棉”客滚轮首航。1986年6月，根据沿海城市经济建设和开放的战略，开辟了广州—厦门—温州客运航线和湛江—海口客滚航线，广州海运“红菊”客滚轮投入湛琼线营运（1990年9月退出），方便了沿海城乡人员往来，支持了沿海城市建设；同年8月，广州—厦门—温州客班线开辟，由广州海运“山茶”轮首航。1987年4月1日，广州—汕头客班线因客流量连年下降，亏损严重而暂停。1987年夏，开辟了广州—厦门和广州—下川岛夏季旅游线，分别由“金莲”“红棉”轮首航。1990年，广州海运仍以“珍珠梅”“万年红”轮两艘“长征”型客货轮营运南北客班线。1993年7月，开辟了广州—北海临时旅游航线。1994年1月，临时加开香港—广州客运航班，“山茶”轮和“红棉”轮参加营运。1995年末，广州海运最后的一条广州—海口客运航线停开。

自1983年起，深圳、珠海地区短线客运量急剧上升。同年，华南海上客运扩展到北方沿海，以载客位为722人的“紫罗兰”轮营运。自1984年7月1日，广州—上海客班轮挂靠厦门港，全线客位利用率由31.9%上升到86%，广州开出时客位利用率达92.3%。1985年，广州—青岛—大连客班线开辟后，南北线（包括北北线）客运量较1984年增长4.03倍，陡增至2.48万人次。1985年，广州海运客运量已达93.7万人次，比1978年增长1.22倍。但随着公路和航空运输在竞争中渐处于优势，海上客运量除深圳、珠海地区短线一直保持上升外，其他主要航线客运量下降，其中以广汕线最为突出，即使是在春运期间，客货班轮不加班运行，也未出现旅客滞留现象。1985年，首次开广州—上川岛旅游线，运送旅客1.43万人次。1987年夏，旅游热出现新高潮，广州海运及时派船上夏季旅游线（广州—下川岛和广州—厦门），7月完成客运量12万人次，超过历年春运量；8月再创纪录，达13.2万人次。1988年，广琼线客运量有较大的回升，但1989年又开始下降。1990年春运客运量大幅度下降，全年广州海运客运量206.33万人次，周转量2.24亿人海里，其中南北线及北北线客运量占15.0%，周转量占28%，以广州、海口为客运中心的格局没有改变。

1990年广州海运客运航运表见表4–3。

1990年广州海运客运航运表 表4–3

航　运	开航时间	首航年月
广州—厦门—上海	每月逢0、5从上海、广东对开	1983年11月
广州—青岛—大连	逢3、18日从广州开航	1985年3月
广州—海口	每日9点对开	1951年
广州—三亚	逢周一广州开航	1984年3月
香港—海口—三亚	逢4、8、15、26日从香港开航	1984年7月
广州—厦门—温州	逢周日从广州开航	1986年8月
广州—上川岛	夏季旅游航线	1985年7月
广州—下川岛	夏季旅游航线	1987年7月
广州—厦门	夏季旅游航线	1987年7月

为适应客运市场竞争激烈的形势，广州海运努力提高服务质量，为旅客提供热情、周到、便利、优质的服务。1980 年，广州海运部分客轮增设了照相、代售书刊和开办茶点、夜宵、冷饮等服务项目，全年客轮收到旅客表扬信 4000 余封。1981 年，针对历年来旅客行李运输港航交接不清、差损赔偿经常发生的现象，广州海运客轮设立了一名行李员，负责交收旅客行包，行包运输差损现象逐步减少。这一年，华南海上客运服务增加了代电代邮、放映电影等项目，客舱服务员热心为晕船旅客送水、送药，到客舱出售餐票。1982 年在客轮开展了“文明礼貌当先锋，优质服务多贡献”的活动，不断提高服务质量。1983 年 6 月，广州海运结合实际情况举办了客船服务员培训班和广播员培训班；同年“水仙”“玉兰”“牡丹”“金莲”轮设法延长开餐时间，送饭到桌，改变了旅客排队取饭的拥挤现象。1984 年 5 月，针对客餐质量差的现象，广州海运多次组织工作组深入客船检查服务质量，督促客船搞好服务工作，并改革客餐经营方式，决定在“水仙”轮试行旅客餐食服务项目利润包干责任制，调动了船员开展多样化服务的积极性，对改善客餐供应，提高服务质量探索了出一条新路；同年 9 月，广州海运在所属客轮全面推广“水仙”轮经验。1985 年，广州海运客轮公司成立了客运工作检查组，随船检查服务质量，促进服务作风的转变，各轮以（交通）部级“文明船舶”——“水仙”“牡丹”轮为榜样，不断提高服务质量，开展了理发、音乐茶座、舞会等服务项目，活跃了旅途生活。1985 年，广州海运压缩“红卫”型客船客位，扩大公共休息场所；在餐厅及娱乐室加装空调，并逐步改造了“长征”型客轮空调系统。

1986 年上半年，广州海运对客轮服务骨干人员进行全面培训；下半年，对所有客轮的服务质量进行全面检查，认真贯彻执行交通部关于提高客运服务质量的十项规定，并颁发了《水路军运基础建设规程》，提高了客运服务质量。在春运和军运繁忙期间，组织足够力量投入营运，安全、优质地圆满完成了春运、军运任务，受到了旅客、部队的好评。当年，广州海运开展旅客意见征询活动，进行了满意率测定，利用反馈信息来促进服务质量的提高。“金莲”轮客运部开展全面质量管理活动，下半年旅客满意率从 54% 上升到 75%，不满意率从 12% 降为 7%。

1987 年，客轮公司开办了服务员英语培训班、旅客心理培训班和厨工提高班，利用录音广播临时解决了广播员播音质量普遍较低的问题。各轮制定了“全面服务，重点照顾，点面结合”的服务原则，充分利用客轮舱室大的特点，举办老幼乐园、音乐舞会和同乐晚会等免费文娱活动，服务人员送饭到桌，服务到舱，对“六种旅客”（老、弱、婴、病、残、晕）进行全过程专人义务服务。1988 年，针对物价上涨，客餐成本增大和旅客需求多样化的实际情况，客轮公司从长远利益出发，规定各轮各餐综合毛利控制在 37% 以下，客餐高中低档相结合，高中档引入宾馆式服务。这一年，客运服务实行《客运服务工作标准化》，“玉兰”“丁香”“水仙”等轮结合实际制定了《客运工作规程》《服务质量控制方案》《客运质量自检制度》，使服务工作逐步走上标准化、程序化、规范化轨道。全年旅客满意率达 95%。

1989 年，在国务院决定调整水运客运票价后，广州海运客轮公司进一步提高客船的服务质量，并派出工作组分赴各客运站和客船，宣传客票调价的意义，加强了客运工作，确保了客运和调价工作平衡、顺利地进行。为了配合水运客票票价调整，改善客运设施，对客轮上多种经营项目进行整顿，取消了麻将牌出租项目，停止收取华南线旅客大型、高档物品的保管费，建立健全船舶伙食验收制度，全年旅客满意率达 96.88%。至 1989 年底，广州海运在 5 年间用于客运设施改造的资金共达 1200 余万元。1990 年广州海运客轮公司实行广播员、行李员、售货员必须经过考试获得资格才能任职的办法，提高服务质量，各轮增设了卡拉 OK 等设备，并将客餐服务引向“半茶楼式”，增加花样品种，降低毛利，满足多数旅客的需要。这一年，广州海运客运亏损 901.1 万元，比上年减亏 852 万元，全年旅客满意率达 98.4%，“玉兰”“水仙”轮被评为交通部“文明客船”。“玉兰”“山茶”轮两艘客货船不断提高客运服务质量，荣获“1992 年全国公路水路旅客运输文明单位”称号。

四、经营特区海上客运

深圳—珠海，水路近 30 海里，20 世纪 80 年代以前，人们来回两地，以广州为中转，费时费事费钱。从 1983 年 7 月起，广州海运与深圳市联营的深圳船务公司相继投入了“岭南春”“粤海春”“深圳春”和“珠江春”客轮，每天运送旅客 2000 多人，旅客一个小时左右就到了蛇口—九洲、蛇口—香洲，方便省钱。

特区海上客运的“开荒牛”是“岭南春”轮，一天两个来回，节日还要加班，而客轮船员仅七八名，既要开好船，又要搞好服务。他们看到不少旅客是饿着肚子上船，一合计，“为旅客开客餐”的服务项目就干开了。当时做船长的黎锡高，带领大家除了开好船，还顶着烈日、寒风到珠海采购菜类和食品，天未亮就做当天客餐。两个特区的乘客，吃着热气腾腾的面条、饭菜，都称赞不已。为此，《深圳特区报》刊登了《“岭南春”上春意浓》的通讯。

1985 年，这条航线添置了现代化的高速客轮“粤海春”“深圳春”和“珠江春”号，以往两个多小时才能到达目的港的“岭南春”号退役了，一个小时左右就到了的新式客轮投入客运，速度快了，开船的人却更少了，有的船设 6 个人，有的船仅 4 个人，但特区高速度、高效率、高质量的风格，在船员中得到了体现。

正常的航班是一天四班，但随着特区交往的密切以及旅游业的发展，一天六个航班是常有的事，人手奇缺，既要开船，又要维护机器、检票、带位、清洁……一个人要干几个人的工作，很辛苦。但船员们说得好：“海运局派我们来参加特区海上客运，我们要争气、争光！”“方便两个特区的旅客，是我们的心愿。”于是，每天天未亮，船员们就起床做好开航准备工作。上客时，各就各位，各司其职。这些高速客轮使用的是高速机器，如保养不好，容易出故障，3 艘客轮就打破界限，互相帮助，搞好维修保养。五一节前夕，“粤海春”轮主机冷却系统坏了，“深圳春”轮的船员闻讯，立即赶来援助，一起干到深夜。开航以来，这 3 艘客轮从未因机器故障影响开航。

对待旅客如春天般温暖，这是船员们的心声。用他们自己的话来说就是要“进行‘微笑运动’，将会给旅客留下深刻印象”，他们做到笑脸相迎。在人手少的情况下，还想了许多办法提高服务质量。旅途中，有的旅客要喝水，船员们办起了小卖部，为旅客供应饮料；有的旅客想看录像，船员们就利用晚上时间录制电视台节目，待开航时播放；有的旅客到港后住不上价格合理又方便的旅店，船员们就主动与驻深圳的广州军区修建办接待站联系、挂钩，利用广播的形式介绍旅店；为方便旅客，深圳船务公司出专车两部，接送旅客。

在特区的航线上，经常有不少“特殊的旅客”乘船，船员们主动做好接待工作。1986年5月3日，中央电视台和国外某单位联合在特区拍纪录片，从深圳到珠海所带的器材很多，船员们就主动帮他们搬上船，并妥善保管。1986年春节前，柬埔寨国家元首、民柬主席西哈努克亲王乘“深圳春”轮从蛇口到九洲进行参观，船员们列队欢迎，热情有礼，受到有关部门的表扬。

五、开拓集装箱和石油运输

集装箱运输是杂货运输的先进方式。与国内外同行相比，这一时期，广州海运只是处于起步阶段。1990年10月，广州海运第一艘国际标准集装箱船“柳堡”号正式投入防城—香港线营运。1992年，为了加强集装箱运输的专业化管理，充分发挥集装箱船的营运效果，扩大集装箱运输业务，广州海运充实了集装箱运输的经营管理队伍，积极开展并完成了集装箱运输公司的组建工作；并在总结上年防城—香港航线运营经验的基础上，通过调查研究，广开门路寻求合作等途径和艰苦努力，先后开辟了上海—香港、香港—菲律宾集装箱班轮航线，撤销了运管效果较差的防城—香港线。1992年全年完成的集装箱运量超过4500标准箱与传统的杂货运输方式相比，经济效益明显提高。

1984年国家调整了原油流向，南运原油安排在南京港或小的码头装运，而南京港引水和排污问题尚未彻底解决，原油运输效率下降。针对上述问题，广州海运一方面积极向交通部申请外汇购置补充中型油轮，另一方面努力挖掘内部潜力，加强中型油轮的修船工作，密切与港口的协作，组织快装快卸，加速船舶周转，并多次派人到港研究解决饮水、排污问题，确保了原油运输任务的完成，减少了油源外流。1986年9月25日，“大庆257”轮首次抵达南海涠洲10–3油田“南海希望”号终端，装第一载海洋油54692吨，揭开了广州海运，也是中国航运企业承运海洋石油的序幕（图4–9）。

图4–9 “大庆257”轮下水装载海洋油。

海上石油运输大规模拓展，是广州海运“八五”期间油轮业务发展的主要阵地。1991年，在确保南北原油运输的同时，广州海运根据国内南下原油油源萎缩、国际油运市场疲软的状况，确立了“力保南海海洋油国内市场”的油运经营方针。面对多家强有力的竞争，广州海运一方面转变作风，主动上门加强与南海东部石油公司及有关炼油厂的沟通，另一方面采取措施提高船舶服务质量，周密组织运力，确保按货主要求的受载期承运，支持了油田的正常生产，从而提高了信誉。全年共承运南海海洋油213万吨，比上年增加92万吨。

1991年，南海东部油田正式投产，每年以产量百万吨以上的规模扩大。该海区大风浪天气较多，需单点系泊作业，设备由外籍人员管理，对广州海运来说是比较陌生的。为扩大对海上油田的运输服务，广州海运先后对“桂河”“柳河”“大庆 257”轮进行了技术改造，配备技术业务素质较高的船员，同时加强现场管理和监督指导，油轮公司经常派员亲临现场，协助船舶熟悉在开敞海面进行单点系泊操作，确保了作业安全，从不熟悉到初步掌握、直到外籍员工的认可，赢得了信誉，并高效率地完成了南海石油运输任务。加上南海西部油田的原油运输，全年承运南海石油 145 万吨，占全局原油运量的 12.16%，这么大规模地完成海上石油运输任务在广州海运历史上尚属首次。南海石油北运，减少了油轮空放，对提高船舶载重量利用率、船舶效率和经济效益起到了很大作用。

六、外贸运输开新局

1984 年，广州海运自找了远洋船舶代理。年初经请示交通部，广州海运与香港新力公司合作，成立了新力海运公司，打开了兜揽境外货载的新局面，远洋运输有了较大增加。全年完成境外运输货物周转量 43 亿吨海里，对完成各项经济技术指标发挥了较大作用，为国家多创造了外汇，取得了较好的经济效益。1986 年初，广州海运成立了外贸运输领导小组，加强对外贸运输工作的管理，通过香港南方公司和其他揽货点积极兜揽货源，取得成效，全年外贸运输量达 266.29 万吨。

1991 年，为了适应国外线运输扩大的需要，广州海运成立了专门从事国外运输业务的振华船务有限公司，并设立了专门的外贸管理科，充实了各类管理人员，提高了国外线船舶管理效率，克服种种困难，尽量将技术性能较好的大吨位的油船、散货船投入国际市场，配备技术业务水平较高、英语水平较好的干部船员，进行国外线运输。在机务、人事、海监等部门尤其是油轮公司、第一货轮公司广大船员的积极努力下，保证了国外线运输工作顺利开展，使临时性富余运力充分发挥效能。同时，广州海运积极通过香港南方公司扩展与美国、加拿大、新加坡等国的海上运输业务（图 4-10）。

图 4-10　广州振华船务有限公司成立仪式。

1992 年，国际航运市场仍处于萧条时期，船多货少，竞争激烈，运输部门千方百计做租家工作，努力使符合条件的船舶打入国际市场。为了拓展国外业务，南方船务公司在美国、加拿大、新加坡增设了子公司和合营公司；在香港合资成立百仕达公司。为吸引外资和港资，与香港越秀企业集团公司签订了合作经营太平洋船务有限公司的合同，为多途径进入国际市场积累了经验。下半年运力增运“三西”煤，抽回部分外贸船后出现压港时，经努力，又使大部分船舶很快返回外贸线营运，减少了国内压港造成的运力损失。在第四季度油轮运力富余形成新的高峰时，广州海运及时召开油轮运力安排研讨会，寻求对策，揽到了一批国内进出口油源，避免了可能出现的油轮闲置。全年直属船队完成外贸货运量 826 万吨，货物周转量 250 亿吨海里。

恢复中越航线。随着中越关系的正常化和中越之间外贸业务的发展，广州海运在进行充分调查、认真组织和准备的前提下，于 1992 年 7 月 8 日派出“红旗 186”轮在中断中越航线 13 年之后首航鸿基港，开始了越南货物的小批量运输。与国内南北玉米运输相比，该航线运价好，船舶周转快，效益较高。更为重要的是，这对广州海运此后扩大越南和东南亚地区的航运业务具有积极意义。

七、重建南方公司

1979 年初，乘着改革开放的东风，广州海运管理局党政领导决定在香港设立面向国际的航运“总窗口”，重建香港南方船务企业有限公司（简称南方公司），派出了技术处科长何绍良、城安围船厂代厂长兼党委副书记左鹏两人到香港筹备，同时监管广州海运到香港船舶装卸、修船等业务以及船员在香港的纪律，筹备开辟香港至海南的客货运航线。1985 年 5 月 25 日，南方公司在香港中环中华总商会设宴招待香港航运界及工商界来宾，由钱维扬董事长宣布南方公司成立（图 4–11）。香港爱国人士霍英东亲临酒会。

图 4–11　1995 年 6 月，广州海运（集团）公司总经理、南方公司董事长钱维扬（中）主持召开董事会。

南方公司成立后，6 名外派干部（除上述两人外，还有广州海运派出的机务、业务、财务等 4 名干部）立即展开工作。广州海运给南方公司的经营原则是自筹资金、自负盈亏、独立核算。南方公司以艰苦创业精神，运用机动灵活的战略战术，在瞬息万变的航运市场奋勇作战。该公司聘请香港招商局属下招商船务公司总经理作南方公司副董事长，以使香港银行贷款有人担保；贷款在中环区租了办公室，不装修，买旧的办公桌椅；买了四套两房一厅的住宅，安顿 6 名赴境外干部。在香港雇用了杂工、财务人员各一名；以 50 万美元买了一艘运木材的货轮，改名“银杉”轮；向广州海运租了一艘散货船，改名“银松”轮。这就是南方公司开始在香港创业的全部家当。

天道酬勤。南方公司以最短的航线获取高运费，用让船舶中途挂靠别港改换提单，改变直航性质的办法，将大宗玉米、煤炭从北方各港口运往韩国、中国台湾。此举既不违反相关惯例，亦能解决两地所需。经过艰苦奋斗，南方公司不断发展，成立不到一年，趁 1997 年香港地产狂跌之际，果断地以 600 万港元购入在香港中环金融中心地段的国际大厦写字楼。该写字楼装饰较豪华，香港影星成龙、洪金宝等曾在假日借用南方公司办公场地拍电影。南方公司在内地各大港口建立了牢固的快速装卸关系，加速船舶的运营。路是闯出来了，船队也形成了。派驻香港的干部增加到 11 人，香港雇员 10 余人，自购船 5 艘，租广州海运 5 万吨级散装船 3 艘。南方公司还在新加坡、美国、加拿大设立了分公司，在内地建立的其他业务有：和杭州政府合办杭州丝绸厂、在海南合办航运公司、香港立豪进出口公司……以后又继续购入国际大厦写字楼全层。南方公司在香港逆势而上，闯出了一条新路，这与“前线”工作人员的努力分不开，更重要的是广州海运知人善任、运筹帷幄、指挥若定，以及各职能处室的大力支持。

第五节　兴办多种经营企业

1983 年，随着国家的政治经济体制改革与开放搞活政策的不断深入发展，广州海运在确保运输任务和各项工作完成的前提下，陆续兴办了多种经营企业，开展多种经营，解决了职工子女就业和编余人员的工作问题。1988 年，广州海运积极发展横向经济联合，坚持“以促进和发展海运事业为宗旨，发挥海运优势，利用地方政策，扩大势力，形成生机勃勃的联合机制，更好为国民经济发展服务”的方针，着眼于经济特区和广州经济技术开发区，使特区的优势、地方的优势与本企业的优势结合起来，形成了全民、集体、集资股份、内引外联等多种性质的经济联合实体。先后与海南、广州、珠海等地有关单位共同出资成立了海达、海盛、珠海、海隆等船务或实业公司，广州海运二级单位也积极发展横向经济联合，取得一些成绩。

一、多种经营企业的发展

（一）多种经营企业的兴起与分类

广州海运下属及二级单位开办的多种经营经企业（简称：多经企业），行业分布广，涉及航运主业、航运配套产业以及商贸、生产加工、旅游等陆岸产业；从性质看，既有独资公司，也有合资公司，还有股份制企业；从区域看，既有腹地资源丰富的内地，又有毗邻港澳的优势，与香港企业开展合作。经营项目主要是海上客货运输、船舶运输服务、货代、船舶修理、海运技术咨询、劳动服务、商业、旅业、生产加工业、汽车客运等，大致可分为以下三类企业：

1. 服务性质的公司

成立这类公司旨在安排企业整顿后的富余人员及解决职工待业、子女就业，实行自主经营、独立核算、自负盈亏；主要经营与海上运输有关的业务，附带兼营一些其他业务。由于处于初办阶段，缺乏必要的业务、技术人员，经济效益并不很理想。但这类公司对促进企业轻装发展、减轻企业社会负担起到一定作用。这类公司属广州海运办的有：广州海运劳动服务公司、广州海运货运服务公司、海讯船舶技贸咨询服务有限公司，属二级单位办的有：广州海昌公司、华海服务公司、广州海运通信站劳动服务站、广州海运物资供应公司劳动服务站、广州菠萝庙劳动服务公司、城安国航修劳动服务公司、海员医院综合商店、广州航运电子设备厂劳动服务公司。

2. 集资性质的公司

此类公司依据上级关于“鼓励职工、部门、地区在自愿互利的原则下集资入股”和

“运输事业多层次、多形式、多渠道、多家经营”的有关精神而成立的。资金来源由职工招股继承，实行独立核算、自负盈亏。这类公司有：广州振兴船务有限公司。

3. 合营性质的公司

这类公司是根据上级关于开展多种经营的精神开办的，以发挥各自的优势，共同服务社会。这类公司有广州海运菠萝庙船厂与广州经济技术开发区商业服务总公司、香港文泰利公司合办的海发运输公司，与南方企业发展公司合办的广州南海（黄埔）发展公司。

1989 年，随着国家经济体制改革的全面深入和对外开放、对内搞活政策的贯彻落实，多种经营已成为广州海运深化企业改革，增强活力，增加收入，安置富余人员和待业人员劳动就业的重要方式之一。为了体现以“海上运输为主，多种经营为辅”的经营方针，加强对多种经营工作的宏观管理，加强基础工作，逐步理顺关系，提高社会效益和经济效益，确保广州海运多种经营单位守法经营、健康发展，广州海运颁发了《广州海运管理局多种经营管理条例》。

（二）强调“一业为主、多种经营”方针

1992 年 6 月 16 日，中共中央、国务院作出《关于加快发展第三产业的决定》，要求全党和各级政府高度重视第三产业，各级党政领导干部要统一思想，转变观念，开阔思路，发挥创造性，动员广大干部群众，为实现加快发展第三产业这一重大战略任务而努力奋斗。当年 11 月 9—10 日，广州海运召开了 1992 年度多种经营工作会议，会议通过学习文件，转变观念，从发展社会主义市场经济的高度研究广州海运多种经营企业发展规划和 1993 年工作计划，以及多经企业转换经营机制，走向市场、加快发展的办法，并讨论了《广州海运局关于加快发展第三产业的实施意见》。该意见指出，广州海运从事交通运输服务，是国民经济发展的先行官，本身就是第三产业。企业发展必须坚持“一业为主，多种经营”的方针，从全局、宏观的角度有机地安排企业的主业经营和多种经营，充分运用企业的资源和潜力，用足用好中央和地方的各项优惠政策，以主业带动辅业，以辅业促主业、帮补主业，使企业在市场竞争中发挥更大优势，取得更好的经济效益。要按照社会主义市场经济的要求，推动第三产业的发展，新办的第三产业实体，一开始就应推向市场，使之在市场中得到锻炼，真正成为自主经营、自负盈亏、自我发展、自我约束的生产者和经营者；对已办起来的老企业，也要按此原则进行改造，让他们在市场竞争中求得立足和发展。

会议指出，根据“一业为主，多种经营”的发展方针，考虑到今后华南地区经济发展对海上运输需求的急剧增长，以及广州海运原已具有的海上运输优势（雄厚的实力基础、广阔的市场、丰富的经营管理经验），广州海运发展第三产业，首先要重点发展海上运输业。必须加强横向联合，利用地方的优惠政策和合作者的优势，采取联营、合作经营、承包经营等方式，通过引进外资、吸收地方资金、股份集资、发行债券、融资租赁等办法，进一步发展运力。在发展海上运输中，除了重点发展油运、煤炭等散货运力外，还要注意发展集装箱、液化气等专业运输工具，开发新的运输方式。此外，在客运方面，要引进或开发新型高速客轮，以逐步替代陈旧、落后的传统客货轮。同时，加快发展航运上下游业务。要积极开展商贸经营，利用广州海运海上运输的有利条件和物资供应系统所具有的完

善设施，联合商贸部门和生产部门，组建、发展运贸结合或运、工、贸结合的企业，发挥各方的优势，以取得更好的经济效益。根据散运和港口发展的状况，选取港口配套设施薄弱的地方（如珠海、海南等），争取地方的优惠条件，建立以船用燃润料供应、储存为主，兼营其他物资供应的供应基地。积极而又稳妥地进行房地产开发，抓紧在广州组建房地产开发公司和工程承包公司，以开发商品住宅起步，立足于开发经营，也可以作为向广州海运提供职工住宅的基地。扩大船货代理代办等延伸服务和劳务输出业务。利用客轮及客运航线的有利条件，联合港口、旅游等部门，开展海上旅游业务及其相应的服务业务。开发和拓展海运技术咨询、科技咨询和信息研究等业务。逐步涉足金融投资、股票、证券方面的业务，在适当时机，成立投资公司、财务公司等。

二、主要多种经营企业的兴起

（一）劳动服务公司

1983 年，为尽快解决富余人员再上岗和职工子女就业问题，广州海运决定在汇源宿舍区划出一部分住房，筹建劳动服务公司的工作场所，同时拨出 15 万元专款，无息贷给劳动服务公司作为开业资金，为劳动服务公司开业奠定基础。

（二）菠萝庙船厂劳动服务公司

1984 年 5 月份，成立菠萝庙船厂劳动服务公司。该公司积极开展多种经营，逐步形成了一个以劳动服务为主的综合性经济体系，经营有方，方向对头，解决了部分职工家属就业和富余劳力的工作问题，收支略有结余。除了其本身经营的 13 项业务，还合股经营两个联营公司，经营汽车运输装卸、饮食服务、拆船等比较适合当地需要且经济效益较好的项目，如购进了 8 辆翻斗自卸车和一辆铲车，投入营运。接管了宿舍区职工饭堂，除了保证正常的供应外，还开设了小炒服务；由职工家属组成的车衣组也对外营业。1984 年 9 月，该公司还与广州南方企业股份开发合资经营广州南海发展公司，先后办了酒楼、运输、电子加工厂等。又与广州经济技术开发区商业服务总公司、香港文泰公司成立三方合作的海发运输公司，于 8 月中旬正式开业。

（三）广州振兴船务有限公司

1984 年，广州海运根据《国务院关于进一步扩大国营工业企业自主权的暂行规定》中关于“鼓励职工、部门、地区在自愿互利的原则下集资入股”和“运输事业多层次、多形式、多渠道、多家经营”以搞活经济的精神，充分发挥老技术人员、老船员和老旧船舶的余光余热作用，积极为广州经济技术开发区的开发事业服务，根据自愿集资经营的积极性，于 11 月 9 日，向广州市经委呈请批准招股集资开办广州振兴船务有限公司的报告，同年 12 月 15 日得到市经委审批同意。1985 年 2 月 28 日，广州海运全体职工集资的广州振兴船务有限公司在广州沙面成立。当时，该公司有 2 艘货轮，41400 载重吨，其中散、杂货轮各 1 艘。同时还承租部分船舶经营沿海运输。初期经营国际的货物运输，1990 年经过企业整顿之后，改为经营国内沿海运输。

（四）广州迪施有限公司

1987 年 5 月 28 日，菠萝庙船厂与香港海通有限公司、英国迪施公司合资经营船用柴油机主要部件翻新业务的企业——广州迪施公司正式开业。该公司引进获中国船检局批准、英国劳氏船级社和挪威船级社认可的专有技术工艺，以及使用进口设备、进口原料，组织从事各种机型的低中速柴油机铸钢活塞头、气缸、排气阀、增压器外壳等部件的翻新加工业务，促进我国船舶运输事业的发展。随着广州迪施在航运界的名声日著，1989 年 11 月，中国远洋运输总公司也入股该公司。

作为翻新和加工船舶主要零部件的专业性很强的公司，当时在国内屈指可数，广州迪施公司一直走在前头。翻新船舶的钢活塞、铝活塞、排气阀、气缸盖等，是广州迪施的起家产品，在此之前，这些部件一旦损坏，只能靠进口更换。广州迪施开业后，给船舶的运输生产带来很大的便利，为船公司节省了外汇并缩短了修期。有一次，油轮公司的主力船“大庆 257”轮在上海江南船厂修理，临时发现主机的 5 个活塞头裂损严重，上海各厂均认为无法修理，船上又无备件，急得机务四处寻找，最后只在国外找到 2 只现货，空运回上海，仅运费就达 10000 多美元。广州迪施公司承担了余下 3 个的翻新任务，克服了技术工程上的困难，加班加点按时完成任务并运去上海，争取了船期，减少了损失（65000 吨油轮耽误一天就损失 12000 美元）。

随着生产的发展、市场的开拓，广州迪施公司的生产业务已从翻新活塞发展到翻新和制造并举的阶段。产品不仅供应船舶，而且还为我国四个大型柴油机厂活塞的国产化做出贡献。此外，作为为船舶服务起家的广州迪施公司，还把自己的服务面发展到广东省日益壮大的柴油机发电厂。

业务的拓展，扩大再生产的进行，使广州迪施公司原在菠萝庙船厂的 640 多平方米厂房已远远不够使用，1990 年该公司在广州开发区建新厂房。广州迪施公司以价格合理、质量可靠、服务周到而闻名，公司产值和利润年年递增。1990 年，该公司共创产值 360 多万元，人均产值近 10 万元，人均创纯利 4 万多元，在开发区 100 多个公司中，其经济指标排在第五，受到开发区表彰。1991 年 5 月该公司被开发区确认为先进技术企业。

（五）广州海工实业公司

1988 年，全国总工会召开关于发展工会事业、兴办工会经济实体会议，提出“工会办实业有利于减轻国家的困难，逐步改变职工福利全部由国家包下来的现有局面，为国家财政增加收入，有利于解决职工生活的一些困难”“应允许工会的结余经费进入生产和流通领域，以利增值，把死钱变活钱”等有关意见和要求。广州海运于 1988 年 6 月成立广州海工实业公司，为职工福利基金会筹集活动经费，调动职工生产积极性。该公司主营水上货物运输、船务代理，组织船员对外技术服务，船舶技术咨询服务，兼营代客接送船舶提供船员劳务，买卖废旧船舶和船舶零配件附属设备及与水运有关材物料购销，土特产和农副产品贸易。

（六）广州海隆船务有限公司

1989 年 1 月 28 日，由广州海运、广州市经济技术开发区穗农实业有限公司、广州联合运输总公司联合组建的广州海隆船务有限公司在广州市开业。该公司主要经营国内海陆客货运输及船货代理业务等，主要由广州海运经营管理。

（七）珠海船务企业有限公司

1989 年 4 月 18 日，广州海运与珠海特区对外开放港口九洲港务企业集团有限公司联营的珠海船务企业有限公司在珠海市开业。该公司是一个海上运输企业，以船舶、运输、租赁、代理等经营方式，经营国内外石油及普通货物和集装箱的海上运输，开展联营业务，兼营国内外代理船舶的租赁，船、货代理等，有一艘 33000 吨级可同时运输多种成品油的进口油轮“香海”号。

（八）广州海运船舶服务公司

1989 年 6 月 28 日，广州海运船舶服务公司在广州市昌岗中路 125 号正式开张营业。该公司主要经营粮油副食品，家用电器、建筑材料、煤、水陆代办业务、零售和批发服务，并兼营代售汽车、摩托车各类零配件及内外维修汽车、土建工程等业务。

（九）南通迪施有限公司

1989 年 7 月 2 日，广州海运与英国迪施国际有限公司、香港海通有限公司和中国远洋运输总公司正式签约，决定合资 100 万美元，在中远南通船厂成立南通迪施有限公司，以进一步增强我国船舶机械设备的综合修理能力。这表明，我国海洋运输事业实行对外开放政策和发展计划，继续得到国际国内同行的支持。英国迪施国际有限公司主要从事柴油机零部件修复、翻新和生产业务，历史悠久，工艺技术先进，其产品得到英国劳氏船级社的认可，分支机构遍布世界各地，在国际上享有盛誉。中远南通船厂距上海港仅 90 多公里，交通便利，厂区 21 万平方米，有 1120 米岸线，扩建后成为当时我国最大的大型海运船舶修理基地。而广州海运与香港海通公司、英国迪施有限公司有先期成功合作的经验。南通迪施有限公司成立后，充分利用合资各方的优势和便利，不仅大大降低广州海运船舶的备件费，缩短修理期，提高经济效益，而且可为其他国家和地区的船舶提供服务。

（十）广州经济技术开发区海电船务有限公司

1990 年，为了缓解广东省发电用煤运输紧张局面，经广东省人民政府和交通部批准，广州海运与广东省电力工业局合资在广州成立广州经济技术开发区海电船务有限公司，合资双方股份各占 50%。公司有散货船 1 艘，27000 载重吨，经营国内沿海运输。该公司于 2 月 8 日正式开业。

（十一）广州海运对外技术服务公司

1991 年 3 月，根据交通部 1990 年 10 月 29 日海员外派工作会议精神和广州海运经营业务范围，为适应国际劳务市场的形势和广州海运海员外派工作的实际情况需要，完成交通部下达广州海运的“八五”期间的海员外派任务，经研究决定组建广州海运对外技术服务公司并向交通部报批。该公司是广州海运领导的预算外企业，是一个独立核算、自负盈亏、自主经营，具有法人资格的全民所有制经济实体，公司经营范围以海员劳务技术服务及海员培训为宗旨，对外业务接受中国海员对外技术服务公司的管理和指导。当年 7 月 11

日，交通部批复同意组建广州海运对外技术服务公司，该公司于 12 月 10 日正式挂牌营业。

（十二）广州海星旅游公司

1993 年 2 月，成立广州海星旅游公司。该公司为自主经营、独立核算，具有法人资格的全民所有制经济组织，主营招徕、接待旅行者，组织旅游，提供游览、饮食、住宿、交通、通信服务，兼营旅客票务服务，零售、批发旅游产品、土特产品。成立该公司旨在探索改善广州海运客轮公司的经营机制，扭转客轮公司连年亏损的经营局面。当时，广州海运客轮公司拥有的 14 艘客轮，业已开辟了沿海航线和广州至海南、厦门、青岛、大连、深圳、珠海航线和各旅游专线（广州—上、下川岛），这为海星公司开拓旅游业务奠定了基础。

（十三）新海缆绳厂

1992 年 1 月 8 日，广州海运与广东省江门市新会县拆船总公司共同投资兴办的、华南地区规模最大、技术最先进的现代化缆绳厂——新海缆绳厂在新会县城东侯新村开业。该厂主要生产聚丙烯单丝八股缆和以锦纶丝为主要原料的锦纶三股缆，产品适用于海上大小船舶运输和海上石油勘探及渔业、林业、矿山、国防等行业，除了能满足广州海运的需要外，还供应其他海运行业，并出口东南亚一带。

三、艰苦创业的海盛船务公司

海南建省以前，广州海运一直承担着海南进出岛大宗散货及重要物资的运输业务，对海南经济发展起着至关重要的作用。1988 年，海南建省办大特区，经济体制上发生了许多深刻的变化，海南地方航运事业发展十分迅速，不少船务公司纷纷涌现，但由于历史的原因，对海南大宗散货及重要物资的运输，船务公司若没有雄厚的运力保证，是很难承担的。海南第一任省委书记许士杰颇具前瞻性眼光，当年，他赴任海南前专程前往广州海运，要求支援海南建设。他指出，海南离开海运，就是一个死岛。广州海运立即做出回应，当年就在海口设立了办事处，负责代理广州海运在海南货物运输任务及其他工作，进一步巩固海南的货源市场。海南建省后，大特区超常规的发展，掀起了一浪高过一浪的经济热潮，不仅广东，国内外许多企业都纷纷涉足海南，投资开办公司，兴办实业。

广州海运领导班子意识到，要充分吸收和利用大特区政策优势，必须在海南设立一家企业，并逐步使之本地化。经过一番努力，1989 年 4 月 28 日，由广州海运与海南海旺实业有限公司合作经营的海南海盛船务实业有限公司（简称“海盛船务”）经海南省工商局登记注册后正式开业（图 4–12）。

图 4–12　海南海盛船务实业有限公司开业。

海南建省初期，基础设施薄弱，生活环境艰苦，海盛船务克服了种种困难，靠租来的两艘旧货轮打开市场；一切从海南经济建设的需要出发，以优质服务为企业扎根海南打下了坚实的基础。海盛船务最初所面临的困难是难以想象的，经营上主要依靠租用的两艘杂货船，载重量0.8万吨，流动资金只有200万元，办公场所也是临时租用的两三间办公室，交通工具仅有一辆面包车、几台摩托车。特别是公司1989、1990年连续两年亏损，引起了人们对这个刚诞生企业前景的担忧。在艰难的条件下，广州海运给予海盛船务在人力、财力、物力等方面的支持，与海盛船务共渡难关。广州海运的支持也激发了海盛船务创业者的工作热情和事业必成的决心，坚守海南这块阵地，坚持大力发展海运业。海盛船务依靠大特区经济政策优势，依靠海南省交通运输厅、广州海运的领导和大力支持，依靠一个好的带头人和团结精干的职工队伍，克服重重困难，发扬"艰苦创业、团结拼搏、优质高效、开拓进取"的企业精神，硬是在千帆竞发、波谲云诡的商海里，一步一个脚印地步出了一条奋进、自强的路子来。

1990年11月30日，海盛船务董事会第三届第一次会议通过了"关于海南海旺实业有限公司退出海盛公司股份，由交通部广州海运管理局独资经营"的决议。上述事项经呈报海南省交通运输厅，该厅《关于明确海南海盛船务实业有限公司上级主管机关的批复》同意，海盛船务从1990年12月1日起，作为广州海运在海南省创办的独资企业，上级主管机关为海南省交通运输厅，该公司在海南享有与海南特区水运企业同等权利与义务。

为了寻求更大的发展，海盛船务先后于1990、1991年从广州海运租"红旗153""红旗301"轮参加营运。1991年，海盛船务实现利润147万元。在今天看来，这也许算不了什么成绩，但在当时形势下，这确实是来之不易的收获。从此以后，海盛船务进入了全新的发展阶段。从1992年开始，海盛船务开始转向以大宗散货运输为主的运输结构调整。广州海运又向海盛船务投入了几艘船舶，同时，海盛船务自筹资金购买的第一艘2万吨轮船"东山岭"号也投入海南市场的营运，承担起马村电厂用煤和石碌铁矿石出岛的运输任务，实现了由杂货运输向散货运输的转变，开始确立了海盛船务在海南海运界的领先地位，当年创利税1000多万元，成为海南的纳税大户，并被海南省人民政府授予"先进驻琼企业"的称号。

四、开辟物资来源渠道

新中国成立前，广州海轮燃物料供应主要依赖香港。1951年10月，广州海运为华南沿海航线的复航做准备，成立了材料供应科。当时，材料供应科既无贮料仓库，也无供应设施，仅有5名职工。随后，沿海运输逐步恢复，船用燃物料的供应，除蒸汽机用煤由交通部统一调拨外，其他部分物料由船舶从香港采购带进。另一小部分日杂用品则临时采购送船。供应科职工自己动手修缮旧平房，改作仓库，将废旧船舶的锅炉、油泵拆下来，建立了有10个卸车位的简易卸油站。1953年物流供应量约600千克。1957年，如意坊卸油站建成，卸油能力29.2万吨/年。1961年广州海运从广东省航运厅分出，当时既无供应设备，也无国家指令性计划分配的物质指标，只能向海军借用燃油3000吨，才保证了船舶燃油供应。1962年，租用广东省农垦局黄埔修理车间，作为黄埔仓库基地，建筑面积1600平方米。其时，黄埔仓库送料靠手提、肩扛、板车拉。1964年1月14日，广州海运成立供应船队，有供应船12艘，共5250载重吨。是年，广州海运在湛江港设立加油点，燃物料供应量发展到 2.85 万吨。1964 年至 1970 年，增加供应船 19 艘，改造了卸油站设施，新建了供水船码头、南华东仓库、新围仓库，购入了黄埔仓库产权。1967 年 6 月，运输船舶燃油紧缺，经多次与交通部、石油部、铁道部和供油厂家联系仍无法解决，物资管理人员向周恩来总理书面汇报了这一情况。周总理对此十分关注，亲自过问，使燃油供应的问题获得解决。1971 年 1 月，广州海运将供应处、供应船队、物资仓库、旅客服务所等单位合并成立供应站，有供应船舶 23 艘、生产车辆 1 辆、物资仓库 2 个（共计 4396 平方米）。其中广州南华东仓库储备船舶生产用料、船舶配件以及旅行卧具等；黄埔仓库储备钢材、缆绳、木材、水泥、锚链、钢丝绳、废旧料等重件物资。

南北航线开通后，广州海运的船舶大幅度增加，平均运距显著增长。物资供应部门同北方港口陆续建立了代供关系，加强了广州地区物资供应设施建设，并同有关厂家共同开发船用化纤缆绳和救生口粮，缓解供应物资紧俏的局面，降低了成本，保证了及时供应。1976 年，广州海运建设了琶洲材物料转运站。1978 年，黄埔仓库扩建 2800 平方米。至 1978 年底，广州海运有供应船舶 42 艘、1.8 万载重吨，载货汽车 22 辆，年燃物料供应量 21.9 万吨。

党的十一届三中全会以后，随着国家物资供应体制改革的深化，流通领域指令性计划逐步缩小，市场调节范围逐步扩大。广州海运物资供应公司一方面向国家指令性计划货源订货，另一方面积极进行社会资源调查，开辟物资来源渠道，弥补指令性计划的缺口，并合理使用资源，保证了正常供应和合理的库存。

广州海运不仅在广州、湛江地区建立了物资供应基地，还同全国主要港口建立了横向联系，以代供或委托代办等方式建立了供应补给网店，使运输船舶在外港能及时补充燃物料和淡水，保证了运输生产的顺利进行。1983 年，在上海、大连派驻供应人员，负责运输船舶燃物料供应。至 1985 年底，广州海运物资供应公司拥有供应船舶 46 艘、3.2 万载重吨，仓库 3 座、建筑面积 2.1 万平方米，料棚占地面积 3534 平方米，载货汽车 30 辆，起重等机械设备 23 台。1989 年，广州海运物资供应公司建立了计算机辅助物资管理系统，对仓库储存的近 5000 种材物料的收、发、存动态进行统计，及时反映超、欠储存材物料信息，以利调整采购计划，降低供应成本，提高库容利用率。1990 年 12 月，广州海运新造储油库全部工程竣工，工程用地总面积 9.4 万平方米，油库主体码头长 182.5 米，拥有 5000 吨级和 1000 吨级泊位各一个。库区内设有供热系统、动力系统、油品装卸工艺系统、消防等系统，油库储油量 6 万立方米（约 4.5 万吨），年储油能力 50.6 万吨。广州海运“以船代库，租库储油”的状况已成为历史。至 1990 年底，广州海运物资供应公司有供应船 40 艘，净载重量 3.1 万吨；燃物料年供应量发展到 38.3 万吨，年供水量达 37.7 万吨（图 4–13）。

图 4–13　1990 年 12 月 23 日，广州海运局新造油库试投产剪彩典礼。

1991 年，广州海运物资供应部门为加快船舶周转，及时为船舶供油、供水、供料，开发计算机辅助管理，对物资供应的全过程（包括物料的计划、审核、采购、仓储、供应、财务核算等环节）进行了一条龙配套改革，实行定量储备、以需定购、定额供应。积极采用小型集装箱送料上船，既减少了物料损耗，又方便了船员。为确保运输生产燃用的供应，积极派人驻厂并加强管理，想方设法催提交燃油，做到指标落实、催货、到货一条线，不发生脱节现象，克服了国内燃油供应不平衡带来的困难，使全年燃油到货率 99.6%。新造油库试投产，改善了广州海运储油供油条件，由于供应及时，保证了船舶的正常营运。1992 年，供应部门通过完善计算机管理系统，编制了新的材料目录，将传统的按季度发料方法改革为更利于加速资金周转和船舶领料的按周期循环发料，进一步完善了物料供应。在油料价格逐步向国际价格靠拢的过程中，供应部门积极做好国家有关部门和炼油厂家的工作，派出得力人员加紧催货，争取多拿回计划内指标。与此同时，加强了市场调查和缺口部分油料的市场采购工作，以确保运输船舶燃、润料的供应。经过艰苦努力，在第四季度基本无计划内燃油供应的情况下，全年燃油到货率仍达到 90.5%，有力地保证了运输船舶的正常营运，抑制了生产成本的上升。

五、加强多种经营公司的管理

1988 年 11 月 4 日，广州海运动员并开展了对下属各全民所有制和集体所有制多种经营单位和以局或有关部门为主的在穗联营合资单位的清理整顿和规范管理工作。广州海运把这次清理工作作为贯彻落实党的十三届三中全会“治理经济环境，整顿经济秩序”精神的一个重要步骤来抓，成立了由局长钱维扬、副局长丛选龙、纪委书记牛振和及有关处室领导组成的清理整顿公司领导小组和办公室，具体负责领导这项工作，重点清理 1986 年下半年以来成立的，特别是综合性、金融性和流通领域的公司。各多种经营公司及其主管部门结合财政、税收、物价大检查，严肃、认真、主动地对“人、财、物”的重点检查项目进行实事求是的自查，并把自查情况上报有关单位。广州海运清理整顿办公室在各公司自查的基础上，有重点地检查和抽查不少于 30% 的单位，通过清查，提出对各公司的撤销、调整、保留的具体方案。在清理整顿过程中，广州海运要求各公司边调整、边建设，认真处理，主动纠正出现的问题，明确经营方针和经营范围，提高公司在政策、法律允许范围内依法经营的自觉性，进一步建立健全财务、人事、工资、奖金、福利和经营管理等各项规章制度，以提高各公司的社会效益和经济效益，促进经济活动健康发展。

为加强广州海运多种经营工作的管理，做好调整巩固工作，坚持守法经营、廉洁奉公的文明工作作风，进一步提高经济效益，广州海运于 1988 年 11 月 11—12 日召开了多种经营工作会议，总结多种经营工作情况。会议指出广州海运从 1983 年开办多种经营以来，经过几年的工作，多种经营作为安排人员和职工家属子弟就业，缓解企业整顿改革后一部分精简下来的人员安置矛盾问题的目的基本达到。多种经营队伍从无到有，从小到大，涌现出一批经营管理和经济效益较好的单位，如振兴、货运、海昌、迪施、海发、导航等公司，造就和锻炼了一大批多种经营管理人才，不少公司管理人员立志改革、勇于开拓、兢兢业业，争创效益的精神和事迹值得表彰。但由于经验不足，管理不善等原因，多种经营工作也出现了失误：如经营决策失误，离开了本行业的优势而盲目经商；没有严格执行合同管理制度，由于合同纠纷而造成损失；有个别管理人员执行管理制度不严，搞损公肥私的违纪违法活动，导致企业经济损失。为此，广州海运及时组织各公司学习党的方针、政策，组织各公司领导到第三产业搞得好的先进单位参观学习，还请工商行政管理局、税务局人员宣讲税务制度和有关规定、知识。同时，强调做好四方面的工作：一是进一步加强指导和监督，设置一个专门的机构进行指导、协调、制约；二是加强请示报告制度，凡对外签订价值 5 万元以上的经济合同，凡吸收社会上的特殊人才，要送审报批；三是划清全民与集体所有制企业的界限；四是注重选拔素质较强的干部加强对多种经营公司的管理。

1989 年，广州海运学习贯彻党的十三届五中全会《关于进一步治理整顿和深化改革的决定》，根据中央精神和交通部行业管理的部署，对企业主业外的公司按实业、服务业、中间环节三类进行了分析，对广州海运所属及联营公司提出了进一步治理整顿的新方案。广州海运根据国务院、交通部和广东省、广州市有关清理整顿公司的精神和要求，采用整顿理顺关系，取消重复设置和撤并结合的办法，坚持执行国家的政策和规定，合理调整经营的结构和布局，继续加强对多种经营工作的管理。凡局属实业类的多种经营公司（特别是经营海上运输的公司）必须按交通部和广州市清理整顿办公室的要求与规定，严格执行行业管理规定，办理专项业务许可证经营手续（如海上运输、商品专卖、特种服务）。凡没有办理行业专项审批许可手续的项目，一律不得违章经营，并确立了广州海运与广东省、广州市、特区联营的船公司不再重复设置，只办一个船务公司的原则。方案还具体提出，属于流通和技术咨询性的公司应尽量归口，各咨询性公司和各种技协由广州海运统一管理，货运代理和船舶代理业务也实行统一管理，一些经营商业的流通性质公司应结束业务，或撤出股份，待清理完账后予以撤销；属于二级公司的服务性商店、厂、场、技协部等机构，应归口合并到其保留的多经公司里面，各二级单位只许保留一个服务性公司。另外，船舶废旧物料回收处理，统一由广州海运供应处委托其劳动服务公司负责。整顿后的公司要切实执行自主经营、独立核算、自负盈亏的方针，在人、财、物和资金上与广州海运完全脱钩。经营管理工作归口由广州海运多经处负责，在分配上接受广州海运劳资处的检查和指导，广州地区的公司人员应和广州海运的分配水平相当。

广州海运认真贯彻了中央关于进一步清理整顿公司决定，全面清理整顿了所有的多种经营公司，撤销了一批经营不善、长期亏损的公司，并转了一些重复性的公司，保留了一些社会需求和经济效益好的实业性和服务性的公司，使公司的数量和布局向合理化方向发展，以加强公司对多种经营公司的宏观控制和监督管理。

1990 年，广州海运多种经营公司经过一年多的清理整顿工作，经交通部和广州市清理整顿公司办公室的全面审核，撤销广州海运劳动服务公司、菠萝庙船厂劳动服务公司和广州海信劳动服务公司 3 家公司，合并调整注销广州精通科技电脑资讯服务公司和广州海运货运服务公司，保留振兴等公司。清整后广州海运下属公司实际减少数是 5 家，占广州海运在广州市工商局登记注册公司总数的 27.8%。至于广州海运与地方横向联合成立的联营公司，广州海运只是股东之一，不是主管单位，其主管关系划归地方序列。保留下来的公司，在市工商局登记注册时法定主管单位均是“广州海运局”。当年 8 月，14 个多经公司领取了新的企业法人营业执照，分别是：广州振兴船务有限公司、广州海鹏货运服务公司、广州海工实业公司、广州海昌油轮服务公司、广州华海船舶服务公司、广州航达货轮服务公司、广州华达客轮服务公司、广州船舶通信导航公司、广州海运船舶生活服务公司、广州海迅船舶科技咨询服务公司、广州海运物资供应劳动服务公司、广州航运电子设备厂劳动服务公司、广州海运城安国劳动服务公司、广州海迅船舶科技咨询服务公司精通服务部。至此，广州海运下属多种经营公司过多过滥和营业范围重复交叉等问题已得到初步整顿。

六、广州海员医院积极探索改革发展

1981 年 5 月 5 日，交通部《关于同意广州海员医院交由广州海运局管理的批复》指出，同意将原交通部广州海员医院交由广州海运管理局管理，其名称应改为“广州海员医院”。该院承担广州海运局和广州地区部属单位职工、家属以及港澳船舶海员就医，也可向社会开放。1981 年 12 月 28 日医院正式开业（图 4–14）。

图 4–14　广州海员医院开业合影。

1982 年 4 月 28 日，广州海运局《关于交通部广州海员医院改名的通知》指出，根据交通部将广州海员医院交给广州海运局管理使用的通知，4 月 10 日局长办公会议决定将“交通部广州海员医院”名称改为“广州海运管理局海员医院”，挂两个牌子：广州海运管理局海员医院、广州海运管理局海员疗养院。同时使用两个公章，即一套人马、两个牌子、两个章子。医院在承担海运系统职工、家属医疗保健任务的同时，还对社会开放，承担了周边群众的医疗保健任务。

1981 年至 1991 年的 10 年是医院的初步发展期，主要是建章立制、学科建设和专业人员配置。这一阶段实行的是计划经济体制下的福利性管理模式，医院运营所需要的经费由广州海运全额拨给。

1982 年底，广州海员医院建院伊始，医院经济效益和社会效益都很低，给企业增加了很大的经济负担。面对困难，医院认识到发展要靠改革开放，严格管理，提高医疗技术和护理质量。

1983 年 3 月，经广州海运批准，医院增设干部病区，收治对象为广州海运副科级以上干部。从 1985 年开始，广州海员医院实行单项经济收支亏损差额承包，医院业务总收入

逐年增加。1985 年 2 月 1 日，广州市卫生局《对海员医院申请定为一级医院的批复》指出，同意海员医院与市属综合医院同等，希望继续充实设备，加强技术力量，严格医院管理，发挥综合医院的作用，为交通运输系统和广州市人民群众提供优质服务。1985 年 7 月 16 日，广东省卫生厅同意医院成为广东医药学院（现广东药科大学）实习基地，自此，医院一直为该校的实习医院（图 4–15）。

图 4–15　广州海员医院第一届护训班毕业合影。

1987 年，海员医院成为广州海运的院长负责制试点，当年 7 月，医院与广州海运签订了《院长任期目标责任书》，实行全面承包责任制，使医院的各项工作得到更好的发展，经济效益和社会效益提高。1988 年，与广州海运签订医院承包业务收支差额亏损 20 万元协议。业务总收入从 1984 年的 115 万元发展到 1988 年的 350 万元，翻了两番。

从 1992 年开始，医院按照“二级甲等”医院的标准和要求开展等级医院创建工作。首先从狠抓基础工作入手，改造了环境，健全了制度，完善了学科，配备了设备，开展了“二甲”必备的各项医疗技术项目，广大员工以饱满的热情积极投身创建等级医院工作。1995 年 10 月 18 日经广州市卫生局评审，医院以全市同类医院总分第一名的优异成绩通过了“二级甲等”医院的评审。1996 年 8 月，医院又通过了国家“爱婴医院”的评审（图 4–16）。1996 年 10 月，交通部广州海上安全监督局指定广州海员医院可为广州海运集团有限公司申请 A 类《海船船员适任证书》的船员进行体检。

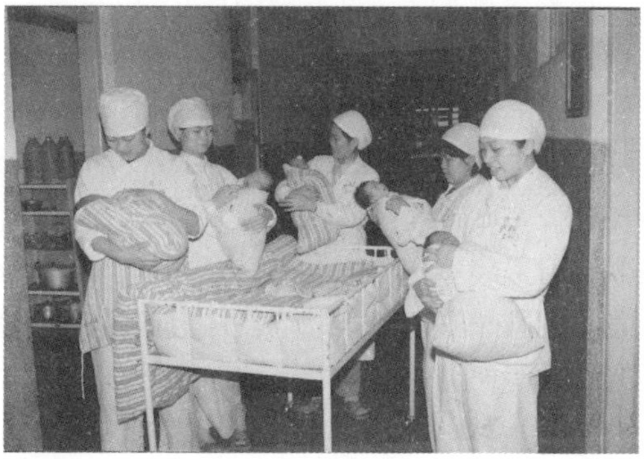
图 4–16　1987 年在广州海员医院妇产科出生的婴儿。

提高医疗技术和护理质量是医院改革发

展的重要环节，海员医院通过多形式、多渠道提高业务技术水平，健全医院三级查房制度和疑难病例讨论及会诊制度。坚持为广州海运生产和职工家属健康服务的宗旨，定期为船舶送医送药，开展海员各类体检。他们发展横向联合，与中山大学附属医院和广东医药学院等单位开展业务技术合作，开展多种技术交流，开设专科门诊，成立慢性肺气肿康复研究中心等，促进医院提高诊治技术水平。有一大批广州海运内外的危重及疑难病人在海员医院得到及时的确诊和治疗，医院工作量逐年增加，从 1985 年到 1988 年，门诊总量每年约增加 6%，住院总量每年增加 8%。

1997 年，广州海运对医院实行除购置固定资产由广州海运负担外，年按核定经费及指标，1996 年减拨 250 万元，要求收支持平。1992—1997 年这一阶段所做的大量基础性工作为医院之后的发展奠定了良好的基础。1998 年医院财务决算收支差 16.6 万元，结束了上级拨款经营的历史。2002 年 12 月，医院为了更好地适应市场和面向社会，更名为广州新海医院。

第六节　提高职工素质和福利待遇

1981 年，中共中央、国务院发布《关于加强职工教育工作的决定》，指出："职工教育是开发智力、培养人才的重要途径，是持续发展国民经济的可靠保证，它同现代化建设的成败有极其密切的关系，一定要作为一件大事及早规划，尽力搞好。今后要在经济上实行进一步的调整，加强职工教育是实现调整措施的重要内容之一，一定要结合调整的逐步进行，有计划地实行全员培训，建立比较正规的职工教育制度。"

一、加强职工教育培训

十一届三中全会后，技术人员考核和考试制度逐步建立，促进了船员素质的提高。1979 年 7 月，交通部颁发了《中华人民共和国轮船船员考试考证办法》，原持有证书的船员要签换证书，无证的船员要考试发证。20 世纪 70 年代，广州海运发展了 40 多艘运输船舶，由于"文化大革命"以来我国船员考试工作的停顿和不重视，不少船员没有领取考证证书；而此时国际海协也规定航行国际航线船舶的海员须持有自救、消防、艇筏、急救 4 个项目的学习及格证书（简称"四小证"）。为了帮助这部分船员顺利通过考证考试，1980—1981 年，广州海运在"红卫六号"轮举办了船员考证补习班 11 期，在培训基地举办报务员考试学习班 7 期，帮助驾驶、轮机、报务人员共 1249 人补习了专业理论和一些必要的操作工艺，帮助他们顺利通过考证考试。

除船员外，广州海运于 1980 年 2 月成立了干部培训队，培训各部门职工的业务和技术。至 1981 年底，共举办了政工、财务、运输（调度和货运）、文书档案、劳动工资、纪检、物资管理、安全技术、团干部、工会干部等人员培训班，共培训 531 人。

1981 年，党中央就加强职工教育问题指出，"教育工作是持续发展国民经济的保证，是‘四化’建设成败的关键”，把职工教育提到了一个新的高度。根据这一精神和交通部的指示，广州海运于1981年5月在原人事处教育科的基础上，成立了教育处，进一步加强了对职工教育工作的领导，广州海运所属四港也分别成立了职工教育机构。1982年初在原培训基地上把“红卫六号”培训船与干部培训队两机构合并，成立担负全局全员培训任务的培训中心，将广州海运海员接待站东楼辟为职工培训基地。至此，广州海运职工的培训工作，开始迈上了更趋完善的新阶段。

1982年，广州海运修订完善了《广州海运局职工教育管理条例》，制定了《职工自学奖励条例》。根据中央提出的对青壮年职工开展“双补”的要求，广州海运加强了对教育工作的领导，充实了培训中心师资力量，同时，积极组织广大青壮年职工学文化、学技术，采取办班和业余自学方式，开展文化补课活动，鼓励职工自学赴考。在7月、9月组织的两次统考中，有69名青壮年职工通过考试，领到了合格证书。在抓好青壮年职工“双补”的同时，继续举办船员考证辅导班，开办辅导班5期，参加学习585人次，到年底，已有1300多名船舶干部领到证书，此外，还进行了三副、三管轮培训招考工作，开办了文科电大班及领导干部、新工人、专业技术人员等各种培训班，为提高职工技术文化水平起到了有效的促进作用。

为了贯彻落实中央和上级有关职工教育工作的指示，1984年，根据中共中央《关于加强职工教育工作的决定》，广州海运加强了职工教育培训工，认真抓好思想、组织、计划、措施四个方面的落实工作，按照“加强领导、统一管理、分工负责、通力协作”的原则，结合实际情况，成立了广州海运职工教育委员会，加强了领导力量，健全了各级职工教育机构，充实了师资队伍。为了达到“改进教学秩序，加强学员管理，提高教学质量”的目的，进行了一系列改革，制订《关于职工教育管理的若干规定》，试行了一套有利于管理的教学新办法，使培训工作增添了活力，创造了一个团结、紧张、严肃、活泼的教学环境。为了提高职工队伍的政治素质和业务技术素质，开展职工全员培训工作，加快青壮年职工“双补”工作的步伐，全年举办了各类培训班19个共25期，培训人员共1281人。对新招船员进行了上船前的培训，为了加快干部船员队伍的建设，举办了两期驾驶员、轮机员短训提高班。继续搞好电视大学函授大学的办班工作，开办了电大党政干部专修班，鼓励各单位结合本单位实际情况因地制宜开办夜校及各种专业训练班。此外，积极与大连海运学院等单位洽商，筹建大连海运学院广州分院。

“六五”期间，广州海运职工教育工作主要贯彻“面向企业、面向生产，为提高经济效益服务，为两个文明建设服务”的方针。1985年6月19日，培训中心教学楼、游泳池等工程竣工并通过验收。同年11月，广州海运琶洲救生艇操纵训练基地建成。培训中心与广州电视台联合录制了教学片《救生艇筏的操作》。

“七五”期间，广州海运不断改革培训方式，坚持以短期为主、业余为主、自学为主，采用半脱产、脱产、自学、函授等形式，在船舶开展岗位练兵、技术比武、以老带新等活动，较好地解决了工学矛盾。同时，结合运输生产需要，以岗位培训为主线，以船员培训为中心，举办多层次、多渠道的培训班、在外送培训中，坚持工作需要、专业对口、业余为主原则。针对海员分散流动的特点，高级海员考证培训一般采用脱产培训形式，普通海

图 4-17　1990 年，广州海运局技术比武总结颁奖大会现场。

员培训则采取在船业余、半脱产培训形式以及在船上开展岗位练兵、技术比武、以老带新等形式。如广州海运第二货轮公司加强待派船员的管理，成立船员留局待派部，组织待派船员进行理货知识、轮机管理、航海英语等业务培训（图 4–17）。

5 年间，广州海运制定了 20 个岗位培训规范，举办了船长、轮机长考证培训班各 5 期，54 人获得船长适任证书，53 人获得轮机长适任证书；举办了两期学制一年的三副三管轮提干班，共 99 人参加学习，65 人获得适任证书。1986 年，广州海运青工“双补”工作结束，文化、技术补课合格率分别为 82.2% 和 72.2%。随后，有计划地转入开展工人中级技术培训工作。1987 年 4 月，广州海运培训中心微机教学室建成；7 月，语音训练室建成。1987 年，广州海运把开展岗位职务、技术业务培训作为职工教育的重点，努力抓好提高职工队伍文化水平、技术业务素质的工作。培训中心的职工教育工作重点转为培训干部船员，开展大专、本科学历教育，开设水运管理、船舶驾驶、轮机管理等专业。下半年，先后举办了微机应用、现代化管理等学习班，拓宽了科技人员知识面，改善了干部队伍知识结构。当年，船员干部升级考证合格率超过了经营计划确定的指标，超额完成培训 10 套船舶班子干部船员的任务；船员专业培训有了新进展，有 1300 人获得港监颁发的“四小证”（救生艇、筏操纵、海上救生、船舶消防以及海上急救）合格证书，127 名水手和机工获得中级技术培训结业证书；新招 600 名船员工人经过不同程度的培训，顺利走上工作岗位；141 名岸上干部领取了广东省高中文化补习毕业证书；科技人员、管理干部大学毕业后的继续工程教育工作开始稳妥起步。

1988 年，广州海运更加重视对分配到局的大中专毕业生的培训工作。通过集中办入局学习班、陆岸专业毕业生分散上船跟班实习锻炼、跟踪考察几个阶段，至 1990 年底，共举办学习班 23 期，参加学习的毕业生达 573 人。1990 年，广州海运开办了船舶驾驶、轮机管理函授大专试点班，由大连海运学院集中面授辅导。培训中心还总结办学经验，自编《船舶操纵》《轮机知识》《航海英语》等教材。

1989 年，开始举办陆岸专业毕业生入局教育培训、上船劳动实习，将上岗前教育纳入规范化培训轨道。同时，为适应不断发展着的船舶自动化程度和不断更新的机型，自 4 月份起，广州海运先后派出以船舶轮机长和机务管理干部为主体的学员，分赴大连柴油机厂、大连海运学院进行 Sulzer 6RTA52 柴油机技术及轮机自动化管理培训。首期 RTA52 型柴油机技术培训班 12 人，在大连柴油机厂进行一个半月的培训，主要学习 Sulzer 6RTA52 型柴油机的结构原理、维修保养、控制系统以及主机的选用等。进行轮机自动化管理培训的有 21 人，在大连海院培训一个月，主要学习船舶轮机自动化、微机在经济营运、机务管理等方面的应用、节能理论和技术及对一整套 16 万吨级油轮机舱模拟设备的使用和故障排除训练等（图 4–18）。

图 4-18　1989 年 6 月，参加大连海运学院轮机长培训班的广州海运局学员。

"七五"期间，广州海运共培训干部职工 3.03 万人次，其中：高等教育 1761 人次、中等教育 447 人次、文化基础教育 1371 人次、岗位培训 2.55 万人次、岗前培训 1026 人次、大学后继续教育 1062 人次。至 1990 年底，广州海运高级海员中具备大专以上学历的占 25.1%，具备中专以上学历的占 68.4%。1991 年，广州海运加强了以提高船员的操作技能为主的职工教育培训，培训教育的质量明显提高，完善了职工教育管理体系，制定颁发了《广州海运局职工教育管理条例》和《广州海运局职工教育考核暂行规定》，明确了责任，理顺了关系，加强了考核。

1991 年，广州海运局参加岗位培训和文化学习的职工共有 5310 人，约占统计职工总数的 30%，其中：参加岗位培训（资格、技术等级、适应性）学习 4761 人，参加学历教育学习 549 人；工人中，参加岗位培训和文化教育学习的有 2579 人，占工人总数的 24%。干部培训方面，参加业务培训和文化学习的有 2731 人，占干部总数的 39.4%，其中：岗位培训 2242 人、高等教育 218 人、中等专业教育 73 人、高中文化学习 94 人。1991 年，广州海运局被评为广东省职工教育先进企业。

教学设备方面有：

海员专业技能示范室：设在培训中心教学大楼 8 楼，通过示范、实操，掌握船舶上各种消防器材的使用方法，了解救生艇、筏的结构，正确使用救生设备，掌握海上的一般急救常识等。

船舶大型 CO_2 固定灭火系统实操室，设在培训中心大楼旁，使船员了解船舶大型 CO_2 固定灭火系统装置的结构和操纵方法。

船舶消防模拟室：设在广州航职校，消防模拟室分设机舱、货舱、船员居住处，共两层。

救生艇实操训练基地：设在广州航海俱乐部，通过实操使船员掌握如何在海上待救，达到获救的目的。

吊放救生艇训练基地：设在琶洲。

跳水翻筏训练基地：在培训中心教学大楼前建一个长 12 米、宽 8 米、深 4 米的跳水池。

1986—1990 年广州海运船员岗位培训情况见表 4-4。

1986—1990 年广州海运船员岗位培训情况表（单位：人次）　　表 4-4

年份	船长培训班	副船长培训班	政委培训班	轮机长培训班	电机员	报务员	三副	三管轮	英语	安全培训班	厨工培训班	电工	客运人员	四小证	三小证
1986	57			59	42	22			114					740	
1987	18			2	12	15	27	35	48					1924	
1988	279	167				65	71	79	18	273	178	84		2421	
1989	44			31	71		22	15		59	77	66		3120	434
1990	48		208	33	11	46	23	15	10	667	162	30	68	1929	86

注：船员“四小证”是指救生艇、筏操纵，海上救生，船舶消防以及海上急救。

二、开办专业学校

1981 年 10 月 15 日，广州海运学校与文冲船舶修造厂广州水运工业学校合并，校名仍用广州海运学校，归交通部领导，设有船舶驾驶、轮机管理、船舶无线电通信 3 个专业。1985 年，增设水运财务会计专业。1989 年 9 月，该校归武汉水运工程学院领导，并增设海洋船舶驾驶、轮机管理大专班。1990 年底，有教师 143 人（教授 1 人、副教授 17 人、讲师 46 人、助教 61 人、教员及未定职称等 18 人），另聘教授、副教授等兼职教师 20 人。自建校至 1990 年底，毕业生总数 3771 人，其中中专生 1999 人、技工生 1692 人、“七二一”工人大学生 80 人。

1987 年 3 月，广州海运开办广州海运技工学校（图 4-19），作为海上运输船舶技术工人培训基地，以适应“先培训，后上岗”的要求。这对解决新船员先培训、后上岗，开展技术业务培训问题，对从根本上提高普通船员政治、文化、技术、业务素质起到重要作用。该校招收初中毕业生，学制三年。同年 9 月 1 日，船舶水手、船舶机工两专业共招生 160 人。1988 年，增设了船舶电工专业。至 1990 年底，该校有教职工 123 人，其中高级讲师 3 人、讲师 11 人、助讲 11 人、教员 14 人；另外还聘请了 4 位校外兼职教师；在校生达 460 人，拥有专用教室 8 个、电化教室 1 个、实验室 8 个。1990 年，首届毕业生 153 人走上了工作岗位。

图 4-19　广州海运技工学校

三、职工教育蓬勃发展

广州海运职工教育事业经过 40 多年，特别是改革开放 10 多年的奋斗，蓬勃发展，取得了喜人的成绩。职工教育事业的发展从小到大、从弱到强。1985 年起，建立和逐步完善了企业职工教育委员会及其领导下的各级领导小组的三级管理体系，逐渐形成以岗位培训为主线，以船员培训为重点，兼顾陆岸职工培训的多种层次、多种渠道、多种形式的职工教育培训体系。平均每年培训职工 5546 人次，全员培训率为 30.8%，平均每年培训职工均超过职工总数的 1/3。

一是职工教育经费的大量投入，保证了职工教育工作的大力发展。“八五”期间平均每年投资量是“七五”和“六五”平均每年投资量的 1.6 倍和 5.4 倍。从 1981 年到 1993 年共 13 年，企业总共投资 1190.47 万元用于职工教育培训。

二是加快了教育培训基地的建设，扩大了培训规模。1982 年成立的广州海运培训中心，经过 10 多年的发展，每年培训学员近 3000 人次，成为以本企业为主，面向华南地区水运系统的职工教育培训基地。1987 年成立的广州海运技工学校，5 年里共毕业学员 681 人，为海运队伍建设增添了新鲜血液。1992 年 7 月成立的广州海运党校，到 1994 年两年间共培训党员和干部 895 人，为提高企业党员的综合素质和加强党的建设做出了积极的贡献。

三是建立了一支素质优良、结构合理、相对稳定的职工教育队伍。到 1994 年广州海运共有职工教育专兼职干部 48 人；培训中心、党校、海运技工学校共有专职教师 136 人，其中具有高级专业技术职务 9 人，具有中级专业技术职务 41 人，具有初级专业技术职务 86 人。

四是职工文化素质逐年提高。广州海运职工队伍中具有大专以上文化程度的，从 1986 年的 9.9% 提高到 1994 年的 14.9%（其中本科以上占 7.7%，大专占 7.2%）；具有高中（中专、中技）以上文化程度的，从 1986 年的 49.1% 提高到 1994 年的 59.7%（其中中专以上文化程度的占 30.7%）。

五是船员干部考证合格人数逐渐满足了企业运输船舶快速增长的需要。从 1989 年开始，广州海运培训中心作为华南地区唯一有资格进行适任证书考试前培训的教育基地，学员考试合格率高于国内同类培训平均水平。到 1994 年，培训中心已为企业培训了 146 名合格船长、127 名合格轮机长以及配套的船员干部，解决了企业船舶干部紧缺的状况，满足了运输生产的需要。

六是专业技术人员的继续教育逐步走向正轨。广州海运制定了《广州海运（集团）公司专业技术人员继续教育暂行规定》，并逐步在全公司推行和实施了继续教育证书制度。自 1986 年到 1994 年，广州海运对 3252 名各类专业技术人员开展了继续教育培训，有效地拓宽了专业技术人员的知识面，改善了专业技术队伍的知识结构。

七是普通船员培训有了极大发展。据不完全统计，1986 年至 1994 年，广州海运有 9245 名普通船员通过了“四小证”培训；2349 人通过了油轮安全培训；1206 名新船员按照“先培训，后上岗”的要求，参加了资格性岗位培训；1719 名水手、1544 名机工获得交通部认可的海上航行船舶学徒制工人船员资格性岗位培训证书。

八是学历教育收到明显成效。从 20 世纪 80 年代初到 1994 年，广州海运为适应有关人员提高文化学历层次要求，先后在培训中心与大连海运学院、上海海运学院、中国统计干部函授学院、广东省电视大学等院校举办了大学本科和专科学历教育。据不完全统计，196 人取得大学本科、专科毕业证书，611 人外送培训获得大中专毕业证书，621 名机关干部完成了高中文化补习任务。

九是广州海运职工教育取得的成绩受到上级教育部门的肯定。广州海运培训中心先后被交通部、广东省有关部门任命为华南地区水运系统船员干部培训基地、继续教育基地、GMDSS（Global Maritime Distress and Safety System，全球海上遇险与人命安全系统）船舶无线电操作员培训基地。1991 年广州海运被广东省职教办评为广东省职工教育先进企业，陈裕家、杨溥德、吴柏坚、吴江平、马锦喻、黄俊平等人被交通部评为全国交通系统先进教师、全国交通系统先进教育工作者等。

四、落实技术干部政策

1982 年，广州海运对在“文化大革命”中立案审查的 262 人进行了重新审查处理，清理了干部职工的档案材料，解决了一些干部职工和起义船员的遗留问题。同时，广州海运还认真落实了知识分子政策，组织了两次关于落实知识分子政策工作的检查。3 月份召开了技术干部座谈会。根据检查和会议中反映的问题，采取了相应的措施。如对知识分子中的冤假错案进行认真的审查和平反昭雪，合理安排他们的工作；注意从知识分子中发展党员；向 592 名中、高级知识分子发放一次性生活困难补助费，共 25700 元，做到政治上充分信任，工作上大胆使用，生活上尽量照顾，从而调动了广大知识分子参与“四化”建设的积极性，使他们在各自的岗位上，充分发挥自己的聪明才智，为促进广州海运安全生产、科研、经营管理、技术革新等工作起到了积极作用。10 月，广东省经委工作组到广州海运检查，对落实知识分子政策的工作表示满意。截至 1986 年底，广州海运解决知识分子各类历史遗留问题及善后工作共 291 人件，其中平反冤假错案 70 人；补发了 40 人在“文化大革命”中被错扣的工资 26 万多元；清退查抄财物 23 户，金额近万元；解决已调离或离退休、死亡人员落实政策问题共 24 人；清理了全部知识分子的档案。同时，1979 年以来，有 251 户知识分子农村家属迁进广州，解决夫妻分居两地问题；许多知识分子“政治上恢复了名誉，精神上放下了包袱”，纷纷以崭新的面貌投身“四化”建设。1987 年，交通部落实知识分子政策检查组在广州海运召开会议，传达交通部落实知识分子政策检查工作总结会议精神，会上推选出广州海运等 17 个工作比较突出的单位，提出表扬。

授予技术干部技术职称，是落实技术干部政策的一个重要方面。广州海运于 1980 年 8 月成立了技术职称评定委员会，各二级单位也相继成立了技术考评小组，并建立技术干部考核档案，解决一些技术干部专业不对口、学非所用的问题。1980 年共向 889 名技术干部授予了技术职称，其中高级工程师 10 人、工程师 119 人、助理工程师 224 人、技术员 86 人。由于落实了党的各项政策，解决了一些历史遗留问题，发挥了科技人员的作用，调动了一大批人的积极性，形成了安定团结局面，促进了生产业务工作。

1988 年，职称改革工作经过艰苦努力，评审和自检工作已基本结束。评审陆地专业技术干部共 1934 人，按岗位和申报人的条件，分 10 个专业系列（工程、经济、统计、会计、教育、卫生、翻译、图书、新闻、档案）审定了各级专业技术人员的任职资格，其中，高级 159 人、中级 556 人、初级 1075 人，为聘任工作奠定了基础。同时船舶系列的职改和评审工作也逐步展开，开展了大量细致的工作：一是进行了调查摸底等基础工作，按学历、资历、业绩、特长等，对全局知识分子和专业技术干部分别统计归类，并按各系列人员学历结构、年龄分布、职称层次、专业类别等分单位建立卡片。根据交通部的规定，结合实际情况，制定了8个专业技术职务聘任制实施细则和职改工作程序图，印制了大量学习资料和填报表格。二是建立了领导和工作机构，抽调17名专业干部脱产进行职改工作，召开职改工作会议141次，编印职改简报10期。三是认真组织评议评审、外语考试、专业知识考试、答辩工作和对高级职称专家推荐工作。专业评议评审工作严格要求，严格掌握政策，没有发生大的偏差和矛盾。四是认真做好思想政治工作，引导专业技术人员学习政策，全面正确评价衡量自己，确定努力方向，鼓励专业技术人员充分发挥自己的才干，创造更好业绩，为海运事业多做贡献。

五、重视职工福利待遇

（一）提高职工收入水平

职工生活水平在生产发展的情况下得到相应提高是企业的一项重要任务。1984年上半年，广州海运顺利完成了职工的调资工作，给符合调资条件的11625人调升了工资，平均每人每月增加工资8.90元，其中增加工资较多的有671人，平均每人每月增加工资19.15元；年内给贡献较大的职工按1%晋级面晋升了工资。1987年广州海运在生产发展的前提下，想方设法进一步提高了职工的收入水平。

1990年，根据国务院通知，广州海运开展调整企业职工工资、提高大中专毕业生见习期的工资待遇和企业离退休人员待遇的工作。按规定，1989年9月30日在册的全民所有制正式职工（含劳动合同制职工，不含未定级人员、停薪留职人员和计划外用工），经过考核合格，均可在本人1989年10月1日以前的档案标准工资基础上调整增加一级工资。对分配到广州海运工作的大中专毕业生，其见习期的临时工资待遇作了如下调整：本科生由当时的企业干部工资标准15级（59元）提高到13级副（75元）；大专毕业生由15级副（54元）提高到14级（69元）；中专生由16级（49元）提高到15级（59元）。见习期满后，由其所在单位根据其实际工作能力和表现，合理确定其定级工资，一般掌握在不高于本人见习期临时工资一级以内。为鼓励大中专生到船上工作，在运输船上当船员的大中专毕业生见习期满后的定级工资水平，可比陆岸同类人员高定一级。适当提高离退休人员的待遇，对1949年9月30日以前参加革命工作的离休人员最低离休费，分为四个不同标准做了明确规定。给离休、退休人员增发离退休费，调整退休退职人员生活费的最低保证数。这次国家安排企业职工调整工资和提高离退休人员的离退休费，是在国家财政比较困难的情况下进行的，体现了党和国家对广大职工的关心。

1991年广州海运荣获国家二级企业称号后，根据国家有关规定和企业效益工资情况，广州海运在全局范围内进行了一次效益浮升工资，同时对离退休人员增加了一定数额的生活补贴，全局增资630万元，再次调整船员伙食标准，在船船员生活得到改善。

试行船长轮机长岗位工资制。为鼓励轮机长、驾驶人员快速成才，体现多劳多得的分配原则，实现船员工资向重要岗位倾斜，从1992年10月1日起，广州海运试行船长、轮机长岗位工资制度。试行的船长、轮机长岗位工资制度，体现了一岗一薪、变岗变薪的特点，船长的工资根据船舶航区、船型和吨位等因素，划分不同的工资标准；轮机长的工资根据自动化和非自动化船舶，按船长标准的100%和95%支付。实行岗位工资后，不再向船长、轮机长发放船岸差、航贴、海龄补贴以及其他各种补贴，伙食补贴按原制度执行；船舶航行国外期间，外汇航行补贴按广州海运原规定制度和标准，从岗位工资中按交通部规定的兑换率，以外汇发放。各船公司给船长、轮机长的生产奖、燃料和原材料节约奖、安全奖、劳动竞赛奖和老旧船补贴，以及职责外劳务费仍按原标准发放。船长、轮机长公休期间、未上新岗期间以及实习船长、轮机长的工资，按实行岗位工资的标准执行，激励了关键岗位船员的快速成长。

（二）改善职工居住条件

从1980年到1989年10年间，广州海运投资两亿多元，先后建成和基本建成7个住宅区：沙园西华直街住宅区、隔山住宅区、石冲口远安新街住宅区、汇源住宅区、五羊新城住宅区、基立下道住宅区、穗花新村住宅区。当时正在筹建中的还有寺右路住宅区、天河住宅区，一共9个住宅区，以及分散市区各处的单栋住宅（包括越秀区保安街、中山二路、农林下路、农林上路、八旗二马路等12栋和海珠区永乐东、南华东、细岗、泥岗、龙庆里、蒙圣横、土地巷、素社等30栋），以及越秀区延安路、黄埔区的菠萝庙船厂宿舍，共134栋380518平方米。打开一张广州市区地图，广州海运的住宅楼星罗棋布。除了在广州市区建设住房以外，广州海运还在湛江、汕头、南通、上海、青岛、大连等地通过多种渠道为外地船员解决部分住房。十年的住宅建设，使广州海运的住宅总数达到36万平方米（已扣除拆迁赔偿部分），每个职工的住房建筑面积从1979年平均5.6平方米，提高到1989年底的20平方米，一定程度上缓解了住房困难。

广州海运11年住宅建成数见表4–5。

广州海运住宅建成情况 表4–5

建成数量 / 年份（年）	建成栋数	建成平方数
1980	13栋	29986平方米
1981	15栋	37809平方米
1982	17栋	42713平方米
1983	13栋	31397平方米
1984	13栋	33275平方米
1985	13栋	35880平方米
1986	15栋	36440平方米
1987	7栋	33260平方米
1988	10栋	31174平方米
1989	11栋	35584平方米
1990	7栋	33000平方米
合计	134栋	380518平方米

1980年，广州海运抓紧职工宿舍的建设，要求基建部门把基本建设立足点转移到建

设职工宿舍的重心上来，要千方百计克服困难，切实抓出成效。广州地区二级单位及基建部门各宿舍筹建办积极努力，在其他部门的大力支持下，加快宿舍建设的速度。1980 年广州海运本部有 5 栋宿舍交付使用，共计 18162 平方米。跨年的 5 栋也于 1981 年二季度前交付使用。1980 年，广州地区的二级单位有 7 栋宿舍交付使用，部分地解决了职工住房的困难，并使许多职工有了盼头。1983 年，基建部门克服种种困难，使宿舍建设前期准备工作、工程进度、安全质量都达到了预期的效果，并在宿舍设计上，力求布局合理、方便使用，全年广州海运本部共建成宿舍 11 栋，计 27722 平方米，有 422 套住房交付分配使用。1984 年建成宿舍 13 栋和一个加层，完成建筑面积 33275 平方米，交付使用的住房有 568 套，进一步缓和了职工住房紧张的局面。1987 年安排住宅建设投资 1050 万元，要求建成交付使用 10 栋，30860 平方米。1989 年加快了宿舍建设步伐，全年建成职工宿舍共 11 栋，建筑面积 35584 平方米，交付职工使用 453 套。1991 年建成职工宿舍 8 幢，建筑面积共 33107 平方米，557 套（除赔偿 71 套外，实得 486 套）；为解决新婚大龄青年住房困难，在旧宿舍区改造了一栋鸳鸯楼，可解决 70 户；为改善老干部的住房条件，与有关部门签订合同，购买 4000 平方米商品房；为保证宿舍建设的用地，积极开发新的宿舍小区，在晓港东购买地皮，建成宿舍约 70000 平方米。

1988 年，广州海运第四届职代会指出，宿舍建设要注意总结经验，严格把关，用全面质量管理观点，抓好从地质勘探、设计出图、基础施工、主体建造、内外装修、水电安装以及建材质量检查等各个环节，确保工程质量。要努力在有限投资的情况下，精心设计，多建造方便生活、满足生活要求的住房，以进一步改善职工居住条件。在抓好广州地区宿舍建设的同时，根据财力和可能，有计划地在外地，首先是上海、汕头、湛江等地兴建职工住宅，逐步解决家住外地职工的住房困难。基建部门在抓好宿舍建设同时，还要抓好新造油库、海运技校、两个船厂配套建设等工作，全面完成综合经营计划确定的基建任务，进一步完善后勤、配套设施。要改进房管工作，实行房管员上门收租制度，落实调离职工退房工作，相应制定非广州海运职工住局宿舍新的房租标准，积极为住房改革做好准备。

在新建成众多住宅的同时，住宅设计、建造水平也逐年有所提高，住宅功能也逐步完善。广州海运基建部门不断探索如何把来之不易的有限资金用得最好，在住宅的功能上做了不少改进，使住宅尽可能地满足广大职工的需求。例如，从过去的公用厨房厕所改为单门独户、独厨独厕，以避免干扰。从户型上，较多建造两房一厅小型户以适应大多数职工的需要。在层高方面，不少地方为了节省造价，层高多采用 2.8 米，广州海运坚持 3 米。一部分楼宇还把底层与顶层楼高建为 3.2 米，以保证通风和隔热。在防潮上，把地面标高提高。在阳台使用功能上，考虑到洗晒及绿化等活动，宽度统一定为 1.4 米。在给排水方面，采用上下水池，以保证供水需要；厨房排水直接进入污水管，以保证厨房地面干燥整洁等。厅的面积一般不少于 14 平方米，以便于布置家具和安排起居活动。从 1989 年开始，对厨、厕装修作了改善，厨厕内贴白瓷片墙裙和马赛克地面。

住宅建设不能单考虑把一栋楼房建成，还要抓好配套收尾。广州海运基建部门注意做好配套收尾工程，建成一个内外环境协调的住宅区。过去房内装修一新，屋外道路泥泞，职工反映强烈。改进后，花基、围墙、道路、单车棚等一起配套完工，防盗设施也逐年改进。

广州海运十年住宅建设，不仅建成了30多万平方米住宅，缓和了居住矛盾，改善了职工生活，同时，还培养造就了一支从设计到施工、组织管理的基本建设队伍，训练了人才，积累了经验，使广州海运继续进行基本建设工作有了一个厚实的基础。这是企业发展后劲的一个重要组成部分。

（三）解决职工子女入托、就业问题

为了进一步解除职工的后顾之忧，在招工工作中，广州海运特别注意招收了职工上山下乡的子女。为解决职工幼儿入托难的问题，广州海运在宿舍区开办了南华东幼儿园、沙园幼儿园，1983年在石冲口宿舍区开办了新的幼儿园，9月1日开学；1985年在汇源新村宿舍区新建汇源幼儿园；1991年开办明月幼儿园。为维护女职工的合法权益，1991年成立了女职工委员会。

（四）向北归船员颁发纪念证书

新中国成立初期，一批在民族资产阶级拥有的船舶上工作的船员响应党的号召，驾船回归新中国怀抱。广州海运积极向交通部反映情况，并根据《关于“北归船员”有关问题处理》的精神，反复调查，核实认定曾在民生公司下属“玉门”“虎门”“民众”“太湖”“黄海”等33艘船舶上工作、驾船回归的216名爱国船员，从7月份起享受北归船员政策规定的增加10%工资的待遇，对已出国（境）或死亡人员发给一次性补助费，充分体现了党和国家对北归船员的关怀，这批爱国船员多年的愿望也终于变成了现实。1989年7月，广州海运工会、人事处、劳资处联合举行北归船员座谈会，广州海运局长钱维扬向216位爱国船员颁发北归船员纪念证书。

第七节　抓好企业精神文明建设

广州海运紧紧围绕抓好两个文明建设，整顿机关作风，促进运输生产这个中心，开展了内容充实、形式多样的思想政治工作。

一、召开首届党代会

1991年2月28日，中国共产党交通部广州海运管理局第一次代表大会隆重开幕（图4–20）。参加这次代表大会的有广州海运下属19个党委、党总支，268个党支部的308名正式代表，代表了全局5532名党员。其中有运输船舶船员代表140名，代管单位代表18名。大会有三项议程：一是听取、讨论和通过广州海运党委工作报告和纪委工作报告；二是听取广州海运行政领导关于第二届局长负责制的任期目标和工作设想；三是选举产生新一届广州海运党委和纪委。会议为期3天，3月1日，各代表团分组对大会的报

告进行讨论；3 月 2 日，通过选举产生新的党委和纪委。其中，党委委员为：钱维扬、黄庆炜、刘志强、牛振和、钱保尔、姚作芝、钱澄根、从选龙、邓兆邦，纪委委员为：牛振和、杨大庆、姚作芝、曹鹏高、屠孝楷、汤秋瑾、陈忠教。

图 4-20　1991 年 2 月 28 日，中国共产党交通部广州海运管理局第一次代表大会。

交通部党组向大会发来了贺电，出席这次大会的上级领导有：广东省委组织部古伟中、省府直属机关党工委时德福、省府直属机关纪工委来杰、省经委人事处陈慰祖、广州市交委会肖进贤和广州航务军事代表办事处杨辉民，还有广州海运历届领导魏震东、高梦槐、吴英民、张玉华、王鸿义也参加了会议。

广州海运局长钱维扬致开幕词。他说，党的十三届七中全会强调指出，十年规划和“八五”计划的顺利实施，关键在于加强和改善党的领导，必须下大力量搞好党的自身建设，提高党员素质。根据七中全会的精神，这次大会总结改革开放以来广州海运党组织建设的经验和教训，发扬党内民主，统一思想认识，认真研究从严治党和加强企业思想政治工作的部署和措施，明确“八五”期间广州海运的经营方向和任务，制定相应的保证监督措施。

钱维扬强调，1991 年是实现十年规划和“八五”计划的第一年，也是广州海运第二届局长负责制、局长任期目标责任制和对交通部第二轮承包经营的第一年，任务宏伟而繁重。通过这次党代会，要振奋党组织和党员的革命精神，团结和发动群众，用自己的双手去战胜困难，开拓前进。他在大会上做了关于第二届局长任期目标和工作设想的报告，对广州海运的运输生产、安全质量、船舶增长、职工培训、生活福利和精神文明建设等方面提出了设想。

广州海运纪委书记牛振和在会上做了纪委工作报告，介绍了广州海运恢复纪检组织十年里的主要工作情况。他指出在局长负责制的条件下，要做好纪检工作，就要研究这个变化的特点。首先要更新观念，以增强工作的活力；第二要从纪检工作特点出发，支持行政领导工作，在重要问题上发挥作用；第三，实事求是是纪检工作的出发点和归宿；第四要积极主动取得行政领导的支持，努力做好纪检工作。

广州海运党委书记黄庆炜在大会上作了党委工作报告，总结了局长负责制下广州海运党组织的工作情况和主要经验。

（一）局长负责制下的企业党组织工作

广州海运的发展史，是企业坚决贯彻中国共产党的路线、方针、政策，不断加强党组织建设，带领干部职工奋发图强、艰苦奋斗、勇于开拓、日益兴旺的历史。华南国营的人民航运企业从它诞生的第一天起，就建立了第一个党支部，在企业恢复生产中发挥了战斗堡垒作用。以后随着党员队伍的扩大，广州海运组建了党的总支部。1955 年，当时的中央人民政府交通部党组任命了广州海运第一任党委书记。几十年来，各级党组织从来都是健全的，在企业发展过程中起到了应有的政治核心作用、战斗堡垒作用和保证监督作用，而且党组织也不断加强自身建设，增强了凝聚力和战斗力。到 1990 年底，广州海运共有正式党员 5532 人，约占职工总数的 30%。共设二级党委 16 个（含 4 个代管单位），直属党总支 3 个，基层党支部 268 个（图 4-21）。

图 4-21　1985 年 9 月 15 日，广州海运客轮公司第一次入党宣誓仪式在客轮上举行。

1988 年，广州海运开始实行局长负责制，这是企业领导体制改革深化的重要标志。三年里，广州海运党委根据党的十三大修改的党章规定，领导各级党组织紧紧把握“一个中心，两个基本点”，主要做了五方面的工作：

1. 推行企业领导体制改革

一是在《企业法》公布生效后，广州海运积极稳妥地实施了企业领导体制改革，同时注重发挥党组织的政治核心作用，注重全心全意依靠工人阶级。在由党委领导下的行政领导分工负责制向行政领导负责制过渡的过程中，广州海运党委和各二级单位党委根据上级要求，具体做了筹备、部署、指导和检查督促等大量工作。广州海运党委积极支持和配合行政领导改革船舶管理体制，调整了广州海运管理机构的设置，实行了党政分开。二是积极支持行政领导进行干部人事制度和专业技术职称的改革工作。该项工作涉及面广、政策性强、情况复杂。广州海运党委对此高度重视，本着“积极、稳妥、工作不断不乱”的原则，将其列入重要议事日程。在专业技术职称改革中，广州海运党委发挥保证监督作用，抓好掌握政策、做好思想政治工作、稳定专业技术干部队伍三个环节。三是在贯彻中央“三个条例”和《企业法》过程中，十分重视对职代会工作的领导。每年广州海运职代会召开前，广州海运党委都认真审定职代会的指导思想，明确提出当年职代会的重点议题。每年职代会召开时，广州海运党委委员除了自始至终参加会议、指导工作外，还在会上提出加强思想政治工作的要求，发挥职工代表在加强企业精神文明建设方面的作用。

2. 认真抓好党的组织建设

改革开放以来，特别是实行行政领导负责制后，如何加强党的建设和纪律检查工作，对行政领导实行有效的监督，保证《企业法》的正确贯彻，是一个十分重要的问题。广州海运党委认真从思想、组织、作风等各方面抓了这个问题，从 1989 年 3 月起着手做民主评议党员、清理不合格党员的准备工作，狠抓党组织和党员的规范化管理工作。1988—1999 年，广州海运各级党组织积极开展“创先进党组织，争当优秀党员”的活动。1988 年，广州海运评出局级先进党支部 13 个，局级优秀党员 54 人；1989 年评出局级先进党组织 13 个，局级优秀党员 56 人，其中有 5 个党组织、13 位优秀党员和 4 位优秀党务工作者受到广东省政府直属机关党工委的表彰，有一人被评为省级优秀党务工作者；1990 年，评出局级先进党组织 20 个，局级优秀党员 57 人。1990 年，广州海运还进行了先进政工干部的评比。“创先争优”活动为广大党员和基层党组织树立了榜样，推动了广州海运党的建设。有些单位还规定优秀党员必须由先进生产（工作）者中产生，这一做法强调了党员必须出色完成生产工作任务，值得推广。三年里，广州海运遵循“坚持标准，保证质量，改善结构，慎重发展”的方针，积极做好发展党员的工作。1988—1990 年，共发展党员 155 名。其中女性 24 人；干部 128 人，工人 27 人；知识分子 115 人；35 岁以下青年职工 95 人。

3. 认真抓好党的思想建设

一是认真开展对党的经济工作方针的学习。党的十三届五中、七中全会召开后，广州海运都及时召集处以上干部，原原本本传达中央文件和中央领导同志的讲话，并按规定很快向广大党员和群众传达。二是密切结合企业运输生产实际，对党员和职工开展形势教育。1989 年、1990 年两年职代会以后，广州海运党委都组织了声势较大、主题明确的形势教育，引导党员、职工认清企业运输生产和各项工作面临的形势和任务，在充分肯定成绩的基础上，正确认识面临的困难和问题，统一全局上下的认识和行动。三是组织干部学习马列主义、毛泽东思想的基本理论。1990 年广州海运在前几年组织干部正规化理论教育取得成绩的基础上，根据中央和广东省委部署，认真组织干部学哲学，共安排 103 名处级干部（含高工）参加广东省政府直属机关党工委的哲学学习班，绝大多数局级领导参加了中央和省委的脱产学习。

4. 认真抓好党纪教育和党风建设

一是联系实际开展教育，增强了广大党员干部端正党风，保持廉洁的自觉性。自 1986 年开始，广州海运党委每年都组织党风检查，并重点查了党风党纪教育情况。对犯过错误的党员，各级党组织还重点进行跟踪教育，对这些同志不歧视、不放松，既帮助他们进步，又教育广大党员。二是从严执行党纪，严肃查处党员违纪违法案件。从 1988 年到 1990 年三年间，广州海运纪委共立案 66 宗，结案 57 宗。三是抓好制度建设，重点落实“两公开一监督”制度。广州海运和各直属单位相继制定了党员干部保持廉洁的规定，从思想、工作、作风等方面提出严格要求。如处以上干部每月经济收入向同级纪委报告的制度。实践证明这一制度是爱护干部、有效防止他们犯错误的有力措施，1990 年又扩大到科级干部和船舶的船长、政委、轮机长。

5. 认真加强思想政治工作，推进企业社会主义精神文明建设

一是积极贯彻交通部党组关于开展“学雷锋、学严力宾，树行业新风”活动的决定。1990 年交通部学雷锋、树新风报告团到广州做报告，严力宾等交通系统英雄模范人物的先进事迹深深感动了广州海运广大职工。在当年 5 月份的广州海运学雷锋情况交流会上，10 多名先进职工汇报了学雷锋情况，展示了学雷锋的可喜成果。1990 年 8 月，广州海运党政工团联合发出通知，要求在全局开展向严力宾学习的活动。1990 年 11 月全国交通系统学雷锋经验交流会以后，广州海运又邀请严力宾事迹报告团做报告，掀起了“两学一树”的热潮。二是十分重视企业精神的树立和培养。经过充分的酝酿和研讨，1989 年 3 月公布了以“同舟共济、振兴海运”八个字概括的广州海运企业精神。广大职工认为，这一精神反映了航运企业的鲜明特点和对职工队伍的基本要求。三是深入开展企业传统教育。1989 年在纪念建局 40 周年活动中，广州海运党委发动群众，忆局史，讲传统，树典型，学先进，挖掘了企业精神财富。广州海运组织了 4 次革命传统报告会，党政主要领导分别在会上做了传统教育报告。广大职工学习之后，反响强烈。四是协调党政工团各方面力量，齐抓共管企业的精神文明建设。广州海运职工思想政治工作研究会成立也积极开展工作，组织了多次理论研讨会，选送论文参加了中国交通职工思想政治工作研究会航运分会的三届研讨会和广东省职工思想政治工作研究会的多届年会。1990 年广州海运政研会又被吸收为全国职工思想政治工作研究会的团体会员。

（二）党组织工作的主要经验

回顾广州海运各级党组织在改革开放后，特别是实行局长负责制过程中的工作，广州海运党委总结了以下两条经验：

第一，党组织在企业的政治核心地位，决定了党组织必须高度重视领导班子建设，把领导班子建设成为团结协调、开拓创新、能经风雨的坚强领导集体。各级党组织在这方面应抓好四件事情：一要在坚决贯彻执行中央的方针、政策，与中央保持高度一致的前提下，支持行政领导的决策，维护行政领导的权威，保证行政领导依法行使职权，独立负责地处理经营管理、生产指挥、技术开发中的问题。而作为行政领导也要注意做到，重要情况主动向党组织通报，重大决策主动同党组织商量，干部任免主动征求党组织意见，思想政治工作主动同党组织一起抓，工作、思想和言行主动接受党组织和群众的监督。二要在遇到困难和挫折的时候，加强协调工作，及时统一认识，总结经验，团结前进。三要在日常工作中，注意调查研究，掌握倾向性问题，协助行政领导把握正确的政治方向，稳妥推行各项工作方针、政策，保证企业的社会主义方向。四要在实施行政领导的决策过程中，运用党组织的威信，发挥党员的先锋模范作用，保证政令畅通，并且坚持党的群众路线，努力克服官僚主义，充分反映广大职工的意愿和要求，相信和依靠群众，完成企业的运输生产和各项工作任务。

第二，党组织在企业的政治核心作用，决定了党组织必须紧紧围绕安全运输生产这个中心，扎扎实实地开展工作，强调办实事，讲真话，抓落实，求实效。首先，要在思想上确立安全运输生产就是航运企业的中心任务的观念，明确党组织政治核心作用发挥得好不

好，最终应体现在企业安全运输生产任务的完成情况上。其次，要在行动上采取切实可行的措施，促进企业安全运输生产任务的完成，不要停留在一般号召上。此外，要在组织上给予充分保证，在培训骨干、制定制度、执行纪律等方面加以落实，保证安全运输生产任务的完成。例如，广州海运党委为深入贯彻党的十三届五中、六中全会精神，落实 1990 年广州海运行政领导提出的工作方针，于年初制定了组织机关干部随船工作的计划，并指定由党委办事机构具体负责组织工作，包括工作组出发前的培训，随船期间的情况综合、协调和回来后的总结汇报。由于抓得紧，工作也有了实际效果。全年共有 379 名机关干部（包括 2 名局级领导、44 名处级干部、134 名科级干部）在 105 艘海轮随船工作一个月，覆盖面达 75%。随船工作组成为沟通上下联系的重要渠道，检查安全生产的主要手段，加强队伍建设的有效措施。

二、加强企业民主管理

广州海运企业民主管理源远流长，经历过多年曲折发展的过程。20 世纪 50 年代到 60 年代中期，长期实行党委领导下的职工代表大会制，“文化大革命”十年动乱中，这一制度遭到破坏。1981 年，党中央、国务院颁发了《国营工业企业职工代表大会暂行条例》，重申工矿企业要实行党委领导下的职工代表大会制。广州海运从 1982 年起贯彻《暂行条例》，恢复职工代表大会制度，召开了首届职工代表大会。此后，职工代表大会的工作比较正常地开展起来。

1982 年，除三亚港和通信站外，其余 10 个二级单位（不含两个船队）均建立起党委领导下的职工代表大会制度，这标志着企业管理制度走向新的发展阶段。海口港从 1979 年开始建立起两年一届、每年一次的职工代表大会制度，从 1981 年的行政与工会签订合同，发展到 1982 年行政与作业区签订合同，不断扩大职工参加企业民主管理的权利，促进了港口生产工作的开展。城安围航修站职代会经常讨论生产计划中的重大问题，建立主席团成员每周轮流接待群众来访、半年民主评议干部等制度，发挥了职工群众当家做主的积极性。他们的经验在 1982 年 8 月省海员工会召开的企业民主管理座谈会上做了介绍。

1986 年，中央在总结城市经济体制改革试点的基础上，颁发了全民所有制工业企业“三个条例”。广州海运紧跟中央的部署，联系运输生产实际，于 1986 年在第一船队、第二船队和客轮公司建立职代会制度，使船公司的职工群众有更直接的机会参政议政，同时使广州海运局级职代会代表人数更精干，能够集中精力审议企业的大政方针和经营决策，提高参政议政水平。

经过 10 年的工作，广州海运以职工代表大会为基本形式的民主管理不断得到加强，并逐步实现了网络化、规范化和经常化，在企业运输生产中发挥了重要作用。

一是组织机构健全，规则制度完善。广州海运民主管理机构横向按照职权分工建立健全了生产经营、民主评议干部、职工分房、生活福利、劳动争议和提案工作 6 个专门委员会；纵向顺着企业组织体系，形成一个从局、公司（厂站院校）到船舶到班组上下贯通、责权分明的企业三级民主管理网络。同时建立健全了一整套民主管理规章制度，如《广州海运局职代会工作规范》《广州海运局贯彻〈全民所有制企业职工代表大会条例〉实施细则》《广州海运局重大问题决策程序》《广州海运局企业管理委员会工作规则》《广州海运局船舶职工大会实施细则》，这些规章制度的建立，促使了广州海运民主管理正常、顺利地开展。

二是职工代表大会质量逐年提高。广州海运职工代表大会任期与局长任期同步，每年召开一次大会。每次职代会在广州海运党政工的密切配合下，开得简朴热烈圆满成功。广州海运职代会狠抓职工代表培训、广泛征集提案、认真落实职代会职权、及时传达职代会精神、坚决执行职代会决议等几个环节，取得了较好成绩。在职代会上先后审议通过了《关于深化职业道德教育、树立海运企业精神的方案》《关于我局实行工资总额同经济效益挂钩的实施方案》《广州海运船舶部门升级管理办法》等重大决策，充分调动了广大职工的主人翁责任感，发挥了广大职工的集体智慧，为企业的两个文明建设起到了积极的促进作用。

三、学习贝汉廷、杨怀远

1985 年 10 月，全国海员工会、交通部政治部做出决定，号召广大职工向贝汉廷和杨怀远学习，促进交通战线的两个文明建设。

贝汉廷是上海远洋运输公司船长，30 多年里，为发展祖国的远洋运输事业倾注了全部心血。1979 年，国务院授予他全国劳动模范的光荣称号。1982 年当选为六届全国人大代表。1985 年 8 月，他赴联邦德国接收新船，在返航回国途中，不幸因心脏病逝世。杨怀远是全国交通系统的“老劳模”。从 20 世纪 60 年代初期，就以他的全心全意为人民服务的“小扁担”精神闻名遐迩。1985 年，他仍然在“为人民服务”的客轮岗位上，继续发扬“小扁担”精神。6 月 3 日，交通部部长钱永昌在给杨怀远的信中指出“为人民服务”是极其宝贵的精神优势。

1985 年 11 月 8 日，广州海运近千名干部职工聚集在接待站礼堂，聆听交通部贝汉廷、杨怀远先进事迹报告团到广州后作的第一场报告。两位劳模、优秀共产党员的先进事迹，感人肺腑、催人泪下、激人奋进。曾与贝汉廷同过船的上海远洋船舶政委俞佩璜，怀着深切的敬佩之情，追述了贝汉廷全心全意为共产主义理想奋斗的一生，许多听众边听报告边擦眼泪。杨怀远在热烈的掌声中报告了他 23 年如一日，用“小扁担”全心全意为旅客服务，并闯过“压力关”“地位关”“名誉关”和“金钱物质关”，坚持把实现共产主义理想同做好眼下的一点一滴结合起来的事迹。广州海运党委书记黄庆炜要求广大干部职工响应交通部党组的决定，迅速掀起一个学习贝汉廷、杨怀远的热潮，对照模范找差距，深入开展理想纪律教育，搞好两个文明建设，把各项工作搞上去。同日，贝汉廷、杨怀远先进事迹在船员接待站二楼开始展出，至 15 日结束。展览以图片、实物、放映录像等方式，再现了贝汉廷、杨怀远的先进事迹。展出的第一天，就有 700 多人次参观，许多观众在留言簿上写下了自己的感想。

1985 年 11 月 16 日，广州海运党委做出《关于开展学习贝汉廷、杨怀远先进事迹的决定》。决定指出，贝汉廷、杨怀远都是优秀的共产党员和全国劳动模范，是交通战线的杰出代表，是中国海员的光荣和骄傲，是广大职工学习的好榜样。要在全局范围内，广泛深入地开展学习贝汉廷、杨怀远先进事迹的活动，把理想、纪律教育不断引向深入。决定强调，向劳模学习，要做到四点：一要充分认识开展学习贝汉廷、杨怀远活动的重要意义。宣传和学习他们的先进思想、先进事迹，是交通部党组贯彻落实全国党代会精神，加强交通系统精神文明建设和“四有”职工队伍建设的一项重要措施。要通过学习贝汉廷、杨怀远的先进思想和先进事迹，振奋广大职工的革命精神，进一步端正党风、转变社会风气，建设一支有理想、有道德、有文化、有纪律的职工队伍。二要抓住贝汉廷、杨怀远先进事迹中最本质的方面，进行对照学习，找出差距，改进工作，搞好自身的思想革命化。三要把学习贝汉廷、杨怀远的活动同理想、纪律教育紧密结合起来，在学习中，要特别注意联系本单位和个人的思想实际，坚决克服和纠正广州海运在改革开放和搞活经济过程中出现的“一切向钱看”等不良思想倾向。四是各级党委要加强对这一活动的领导，充分发挥工会、共青团的组织作用，运用各种形式大张旗鼓地、理直气壮地宣传贝汉廷、杨怀远的先进事迹。要通过报告会、座谈会、观看录像、出墙报以及《广州海运报》进行宣传，并注意抓好本单位典型。

在广州海运党委的号召下，各单位、船舶纷纷组织学习贝汉廷、杨怀远先进事迹，对照先进找差距，畅谈学习体会，制定整改措施，改进工作方式方法，反响十分热烈。《广州海运报》及时配合宣传，陆续发表各单位学习情况以及职工学习体会，营造了学先进、赶先进的浓厚氛围。

客轮公司党委组织该公司全体干部职工，认真学习、讨论杨怀远的先进事迹，对照先进找差距，制定措施，改进工作，牢固树立为人民服务观念，热情为旅客服务。该公司领导带头学，机关带头做，改变过去“上面有病，下面吃药”的做法。机关人员检查对待来公司办事船员态度生硬、效率低等问题，为船员着想，主动热情接待船员，并且开设茶水供应。同时，还实行“当日事当日清”制度，提高工作效率。

客轮公司还组织服务质量检查组，逐船检查船舶服务质量。同时，该公司领导实行现场办公，尽快解决船上实际困难。开往香港的“山茶”轮，服务设施和费用问题一直没能很好解决，客轮公司书记、经理便直接上船，在开航前把问题处理好。

以往，在一些职工中存在着“一切向钱看”的思想，个别轮船出现乱收费、乱涨价的现象，有的船员热衷搞“捎买带”等违法行为，有的甚至发生殴打旅客的严重事件。针对上述问题，客轮公司领导要求各轮党支部组织船员结合学习杨怀远先进事迹，找差距，杜绝乱收费、乱涨价、殴打旅客的不良现象。

“珍珠梅”轮根据旅客反映的船上菜色广东风味浓、价钱贵的情况，开设大众饭菜，注重北方风味，搞好服务工作，和姐妹轮“长柳”轮（属上海海运局）一起，共同建立“南北文明航线”。

1985 年被誉为优质服务的“芙蓉”轮，在成绩面前不自满，开展“对口学”，学习杨怀远在开航时，定时送水下客房。结合本船情况，开放阅览室，举行音乐茶座和舞会，使乘客旅途愉快。同时，服务部人员根据本船航线，自学海南、汕头等地方言，更好地为旅客服务。以往，扶老携幼方面，只有个别人员自觉去做，学习杨怀远之后，服务部已组织起扶老携幼小组，在靠港前召集老弱病残者，进行重点照顾，安排先离船。

四、成立职工思想政治工作研究会

1986 年 4 月 12 日，广州海运职工思想政治工作研究会成立。这是广州海运第一个有关思想政治工作的研究组织。该会的宗旨是：坚持四项基本原则，总结和交流思想政治工作经验，研究和探讨思想政治工作的规律和特点，提高思想政治工作的科学水平，为海运事业的发展服务。主要任务是：根据局党委的中心任务，征集学术论文，开展调查研究，总结和交流典型经验，定期研究职工思想动向，组织学术讨论，举行专题讲座，编印宣传材料；与同类组织举行学术交流。该会通过民主选举，选出会长、副会长、秘书长、副秘书长和理事，理事会成员每两年选举一次。

广州海运政研会分别参加了交通部和广东省的职工思想政治工作研究会。局党委书记、会长黄庆炜是交通部政研会的常务理事，副会长兼秘书长黄声华是广东省政研会的理事。在交通部、广东省政研会的指导下，广州海运政研会本着理论与实践相结合、理论为实践服务的精神，围绕企业的中心工作，组织政工干部开展调查研究和理论探索活动，努力在思想政治工作方面为局领导当参谋，对推动实际工作和提高政工干部的业务素质，起了一定的促进作用。1987 年发表论文 33 篇，其中 5 篇被评为交通部航运系统优秀论文，2 篇被载入广东优秀论文选；1988 年发表论文 30 篇，其中 6 篇被评为交通部航运系统优秀论文，1 篇被评为广东的优秀论文；1989 年收到论文 10 多篇，1 篇被选为全国企业报优秀论文，并为《企业报研究》杂志所刊用。

五、加强职工思想教育

20 世纪 90 年代初期，国际形势风云变幻、错综复杂，西方敌对势力加紧对社会主义国家推行和平演变战略，社会主义事业在部分国家受到严重挫折，如何巩固社会主义的制度和成果，增强反和平演变能力，是当时面临的最紧迫的思想政治任务。1991 年，广州海运坚定不移地贯彻党的“一个中心，两个基本点”基本路线，坚持物质文明和精神文明两手抓的方针，在搞好安全生产和提高经济效益的同时，还大力加强精神文明建设。在全局职工中广泛、深入、扎实地开展“基本国情、基本路线”的“双基”教育，在全体党员中开展了“党的基本路线、马列主义的基本理论、党的基本知识”的“三基”教育和党内法规教育，深入开展“学雷锋、学严力宾、树立行业新风”的“两学一树”活动，加强廉政建设和职工道德教育，取得了一定效果。通过教育和引导，广大职工坚定了社会主义信念，增强了抵御和平演变的能力，促进了行风好转，涌现出许多团结进取、成绩显著的先进集体和兢兢业业、勇于奉献的先进人物。

（一）开展“双基”“三基”教育

1991 年，广州海运有计划、有步骤地全面铺开“双基”“三基”教育，从机关到公司、厂站、船舶都成立了“双基”“三基”教育领导小组，加强了领导，制订了教育计划，编制了教材，培训了“双基”“三基”教员队伍，各单位都将完成“双基”教育任务作为任期考核指标之一，保证了“人员、时间、内容、效果”的落实。在推行“双基”“三基”教育过程中，各单位努力克服工学矛盾，领导带头学习、宣讲，加强指导，保证教育质量，并采取有效的措施、灵活的形式、多样的方式，充分利用录音、录像等宣传工具，使“双基”“三基”教育生动活泼地开展，收到了较好的教育效果。据不完全统计，“双基”教育面达 94.5%，考试及格率达 100%，“三基”教育任务也按计划如期完成。通过“双基”“三基”教育和形势教育，广大职工对我国基本国情有了进一步了解，对东欧剧变有了新的认识，增强了贯彻执行党的基本路线的自觉性，广大职工进一步坚定了社会主义和共产主义信念，加深了对社会主义制度的热爱，更加珍惜改革开放和安定团结的政治局面，职工要求入党的人数明显增加，工作中讨价还价的现象明显减少，积极主动做好本职工作的人明显增多，在广大职工中形成一个“讲理想、讲道德、讲纪律、讲团结”和“奉献在岗位”的新风尚。油轮公司船员通过学习，卸掉了包袱，振奋了精神，集中精力搞好安全生产。“桂河”轮承担驳油任务初期，由于船舶设备还不适应单点系泊的操作要求，船员付出的劳动量大大增加，但他们积极肯干、团结协作、努力克服困难，较好地完成了驳油任务。“大庆 254”轮在宁波港卸油时，货主怕油卸不净，主动提出给船员劳务费、送伙食，被船员婉言谢绝。该船按时按量将油卸净，以优质服务赢得了货主的赞誉。

（二）开展“学雷锋、学严力宾、树立行业新风”活动

1990 年 12 月 25 日，应广州海运和广州远洋公司的邀请，严力宾事迹报告团南下广州做报告，广州海运、广州远洋等 10 多个交通系统单位的 5000 名职工聆听了报告。横贯会场的巨幅标语写着“学习严力宾，做坚定的共产主义战士，忠于党，忠于祖国，忠于人民”。

严力宾是青岛远洋公司“武胜海”轮一级机工，1989 年 11 月 18 日，在一场火灾中为保护国家财产献出他年仅 32 岁的生命。青岛远洋组成的严力宾事迹报告团，先后在山东、上海、北京等地做了 100 多场报告，他的英雄事迹在社会上引起了强烈的反响。严力宾的同事、船舶政委李学民在题为《坚定的共产主义战士》的报告中，介绍了严力宾短暂而光辉的一生；与严力宾同船 13 个月的好友李建国回忆了严力宾对事业、对生活的热爱；严力宾的父亲严国臣用质朴的语言，生动地说明了革命家庭教育对严力宾成长的重大影响；严力宾的妻子郭爱萍催人泪下的演讲，描述了她心中的严力宾。广东省委宣传部副部长周圣英在会上做了讲话，指出交通行业是社会性、服务性很强的行业，交通行业职工坚持弘扬雷锋精神，涌现出杨怀远、陈小平等一大批先进模范人物，如今又涌现出严力宾这样的时代英雄，是广大交通职工的光荣和骄傲。他希望通过开展学雷锋、学严力宾，树行业新风的“两学一树”活动，以更加优异的安全生产成绩，展示交通职工队伍崭新的精神面貌。

广州海运通过观看录像、座谈会等形式，深入开展学严力宾活动。1990 年 9 月 15 日出版的《广州海运报》整版刊登了严力宾的先进事迹。

1991 年，广州海运积极响应交通部党组的号召，把“学雷锋、学严力宾、树立行业新风”作为加强职工队伍建设的一件大事来抓。通过学习先进人物，树立全心全意为人民服务的思想，广大职工的人生观、价值观有了新的变化，涌现出许多好人好事，5 名同志分别获“五一劳动奖章”以及交通部、省级先进生产者等光荣称号。客轮公司“玉兰”轮通过“两学一树”活动，坚持“情暖旅客讲奉献”，被旅客称赞“玉兰花开飘南海”，以安全、

文明、优质、奉献、信誉为基调树立了国营客轮的良好社会形象，该轮被评为全国交通系统“两个文明”建设先进集体，成为华南水运系统唯一获此殊荣的船舶。“玉兰”轮的经验在 10 月 7 日至 11 日召开的全国交通系统“两个文明”建设表彰会上得到普遍好评，交通部领导对该轮的经验给予充分肯定，认为是改革开放前沿地区精神文明建设的典型。“马兰”轮积极为旅客着想，提高服务质量，搞好船风船貌，被评为全国卫生船舶，全国爱卫会负责人题词赞誉“马兰”轮“马兰卫生誉全球”。

1991 年 10 月，广州海运党委发出决定，号召广大职工认真学习“玉兰”轮等先进集体和劳动模范先进事迹，掀起社会主义精神文明建设的新高潮。决定指出，广州海运广大职工认真贯彻党的十三届六中、七中全会精神，坚持落实局的工作方针，无私奉献，开拓进取，在“两学一树”活动中，涌现了一大批先进集体和模范人物，其中“玉兰”轮的事迹尤为突出。他们坚持抓好“四有”职工队伍建设，领导班子团结战斗，开拓进取；广大船员情系旅客，忘我劳动，优质服务，无私奉献。他们精心培育“团结、拼搏、开拓、进取”的“玉兰精神”，建设“文明窗口”，被誉为华南水运战线上的“文明花”，为企业赢得了良好的声誉。

改革开放带来了“有路大家走，有水众人行”的客运新局面，国营海上客运事业面临着严峻的挑战。航行于广州至海口、三亚的“玉兰”轮，响亮地提出“不向钱看向客看”的口号，开办了免费的同乐晚会。船员还拿出自己的部分奖金，添置了乐器、音响、灯光、卡拉 OK 录像带等一批设备，使同乐晚会内容更加丰富多彩，深受旅客的欢迎和赞扬。

“玉兰”轮搞活客运的重要手段是在坚持扫、拖、端、送、洗等服务制度的基础上，开展“微笑使者”“友爱在客舱”“文明服务”“全面服务”“重点服务”“主动服务”等活动，并注意帮助旅客排忧解难，以文明优质、旅客至上的职业道德风貌树立了国营客轮的良好形象。一名回海南探亲的老华侨，离琼时他宁愿多等两天也要再乘“玉兰”轮。一名香港同胞拍下“玉兰”轮船员背老人下船的镜头，他在给船上寄来的照片背面写道“中国活雷锋”。

“玉兰”轮船员的事迹有口皆碑，“熟客仔”和慕名者源源而来，据不完全统计，从 1986 年到 1991 年安全运送旅客 25 万人次，旅客满意率达 96%，每年收到表扬信 1000 多封，连续三年被评为省部级文明建设先进集体，中央、广东省、广州市等的报纸、电台、电视台多次报道其事迹。

1992 年，广州海运弘扬“同舟共济、振兴海运”的企业精神，宣传企业形象，教育广大职工在市场经济的新形势下，树立正确的人生观、价值观，增强了企业凝聚力，涌现了不少先进人物。为此，广州海运于“五四”前表彰了 10 名自学成才青年，又于下半年授予 17 名同志“八十年代优秀大学毕业生”荣誉称号，其中生产一线占 11 人。“玉兰”“山茶”两艘客货轮不断提高客运服务质量，荣获“1992 年全国公路、水路旅客运输文明单位”称号。

六、继承发扬企业光荣传统

1989 年是广州海运建局 40 周年，在曲折发展的道路中，广州海运几代海员历尽艰辛，同舟共济，奋勇拼搏，为祖国的海运事业做出了贡献，并用他们宝贵的鲜血和生命，以及可歌可泣的英勇业绩铸造了广州海运的四大光荣传统。

（一）同舟共济，振兴海运的爱国主义精神

广州海运广大海员虽然常年漂泊在海上，但他们身在船舶，心系祖国，表现了热爱党和国家的拳拳赤子之心。新中国成立初期，原招商局起义船员在起义回归的斗争中，用鲜血和生命换取了最后胜利。20 世纪 60 年代的援越抗美运输中，一无外汇、二无津贴、三无大件可买，海员们告别亲人后，等待他们的是美机军舰的狂轰滥炸和生命危险。但为了履行国际主义义务，他们没有害怕动摇，而是前赴后继，勇往向前，表现了激昂的爱国热情和无私的国际主义精神。

（二）白手起家，艰苦奋斗的创业创效精神

广大华南海员十分热爱海运事业。他们爱船如家，对工作认真负责，一丝不苟，表现了高度的主人翁精神。在国民经济建设恢复时期，广大海员与港口密切配合，与装卸工人一起装卸货物，多次创造高产优质成绩。为了做好船舶维修保养，他们千方百计扩大自修，付出了辛勤劳动；他们积极开展合理化建议活动，创造了锅炉操作和炉水处理新方法，节约了大量的燃料和物料；他们想方设法实现了江船出海，用北归的江船开辟了粤西和海南的客货运输航线。

（三）战风斗浪，无私无畏的英雄主义精神

广大华南海员勇于、敢于斗争，具有不畏艰险、不怕牺牲的英雄气概。华南沿海台风频繁，对船舶的威胁极大。广州海运广大海员发扬人定胜天的精神，凭着集体智慧和大智大勇，年复一年成功地抗御了一个又一个特大台风。1953 年 11 月，“南海 163”轮在海口创下了抗击 12 级台风的成功先例。此后，在 20 世纪 70 年代开辟南北航线中，广州海运总结了一套航行中抗击强台风的经验，汇编了抗台手册。“红旗 126”轮胜利抗击 12 级台风的英雄业绩，是广州海运海员抗台斗争中的又一光辉范例。

广大海员不畏艰险的可贵品格，在中越航线上得到充分的体现。1956 年，广州海运在中越航线投入船舶 23 艘，美国飞机对船舶挑战威胁达 253 架次，军舰尾追和盘查达 14 艘次。广州海运海员无所畏惧，坚决听从祖国召唤，将个人生死置之度外，为完成运输任务一往无前，不避艰险，义无反顾，贡献出自己的一切。

（四）迎接挑战，勇于开拓的创新进取精神

1954 年社会主义改造前，私营航商问题重重，职工队伍整治情况复杂，形势严峻，危险丛生。广州海运不惧挑战，勇于承担起私营船舶的社会主义改造工作。全面摸底、集中经营、分户立账、各记盈亏、加强监督……在一系列有条不紊的“快刀斩乱麻”动作中，广州海运认真贯彻执行党的统一战线政策，注意到港澳环境，扩大团结面，取得了改造的胜利，也赢得了口碑，广州轮船公司资方于 1956 年 3 月申请并入广州海运。

此后，广州海运以旧船去闯开一条充满风险的路子，开辟南北航线，靠的就是知难而

进的进取精神。在改革开放的新形势下，广州海运海员胸怀全局，勇于开拓，挖掘潜力，多装快跑，运输生产连年创纪录，企业规模实现了腾飞。

经过约两年的倡导、培育、总结和提炼，1989 年 2 月，广州海运形成了富有海味的“同舟共济，振兴海运”的企业精神。结合建局 40 周年纪念活动，开展了以忆局史讲传统、艰苦奋斗为主题的思想教育，举行了 4 次企业革命传统报告会及系列活动，大力宣传艰苦奋斗的企业传统（图 4-22）。

图 4-22　广州海运局企业精神研讨会。

“同舟共济”，就是团结一致，同甘共苦，不畏艰险，共谋大业。企业是一个利益共同体，企业的兴衰成败有赖于包括经营者在内的全体职工的共同努力。海运企业是风险行业，为了确保船舶运输生产安全，提高运输生产效率，使广州海运在改革中稳步前进，在竞争中立于不败之地，要求每个职工要具有热爱海运事业、勇于为海运事业献身的精神，视局如家，从全局到每个基层集体紧紧拧成一股绳，朝着一个目标共同奋斗。要在干部、干群之间和部门之间形成一种精诚团结、患难与共的紧密关系，在改革开放的经济海洋中，抵抗各种风浪的袭击，驾驶好企业的航船，到达成功的彼岸。

“振兴海运”，就是安全优质，文明服务，讲求信誉，开拓进取。广州海运自成立以来，发扬勇挑重担、不畏艰险、吃苦耐劳和敢于战斗的革命精神，为祖国的海运事业做出了贡献。在治理经济环境、整顿经济秩序和全面深化改革的形势下，广州海运生产发展面临运力不足和负债沉重两大困难，要求广大职工继续发扬优良传统、努力学习、积极工作、锐意进取、审时度势、不断创新和建立新的企业经营机制。要求广大职工坚持全心全意为货主和旅客服务的方针，安全优质，信誉第一，在争取较高经济效益的同时，注重社会效益，保证企业在激烈的竞争中站稳脚跟，不断发展壮大。

“同舟共济，振兴海运”的海运企业精神提出后，通过结合形势的教育活动，逐步在广州海运职工中产生了共鸣，使职工了解了企业现状，明确了企业的奋斗目标，促进了生产的发展。广州海运多次受到交通部、国家经委及广东省的各种奖励和表彰，这是全体职工团结一致，共同努力的结果。1989 年，广州海运全体职工和衷共济，排除了种种干扰，保证海运畅通，确保食盐、粮食和石油等物资的运输，为广东省的安定团结、生产建设和人民生活做出了贡献，多次受到广东省的表扬。此外，广州海运还响应交通部关于抢运北煤的通知，动员全局上下积极抢运煤炭，成绩显著，受到了国家的表扬。这些都是广州海运提倡和培育良好的企业精神带来的效果，也是全局职工同舟共济、振兴海运、努力奋斗的成果。

七、评选第一届“海运功臣”

从 1949 年到 1989 年，40 年间，广大海员职工艰苦奋斗、辛勤劳动，为加强祖国海运事业的建设和发展贡献了自己的智慧和力量，使广州海运从无到有，从小到大，不断发展，成绩喜人，其中也涌现出了许许多多感人的英雄事迹和功绩卓著的模范人物。为表彰在广州海运艰苦创业的历程中做出重要贡献和突出业绩的个人，鼓励和教育全局职工特别是青年一代学习、继承和发扬企业的光荣传统，振奋精神，推动企业不断战胜各种困难，广州海运在 1989 年 3 月份做出了关于在纪念建局 40 周年之际开展推荐评选“海运功臣”活动的决定。全体职工踊跃参加这一活动，开展了一场有意义的企业精神和企业传统的教育。从 8 月底起，全局职工开始对各单位在发动职工推荐基础上选定的 33 名候选人投票。截至 10 月 9 日，共有 10634 人参加投票，投票率为 60%，其中有效票 10221 张，有效率为 96%。考虑到历史和宣传的原因，相当多的职工对候选人情况只能从《广州海运报》刊登的简介中了解大概，有一定的局限性。为更准确地反映“海运功臣”的评选结果，广州海运专门召开局党委扩大会议，对票数前 25 名的候选人进行了认真的讨论和慎重的评议，最后决定授予 20 位同志“海运功臣”称号。

10 月 21 日，广州海运建局 40 周年庆祝大会在海员接待站举行。广东省副省长张高丽、省经委副主任胡朝懿、省直属工委书记符立、市交委副主任祁根、广州航务军代处主任史万荣和政委胡文南、省海员工会副主席黄河等领导应邀出席。大会向被授予“海运功臣”荣誉称号的王文举、王明德、冯云升、何炳材、李炳洪、谷源松、张洪元、张嘉成、陈强、陈永尚、陈国华、沈邦根、施兴复、高梦槐、徐树良、秦毅、龚鎏、黄金龙、魏震东、樊发仁 20 位同志颁发“金质荣誉纪念章”，向 443 位职工颁发银质“海员荣誉纪念章”，向 1889 位职工颁发铜质“25 年局龄职工荣誉纪念章”。

20 位“海运功臣”的先进事迹十分感人，也各有特点，有四种精神是他们所共有的，值得学习、继承和发扬：

一是，他们具有崇高的热爱祖国、热爱党、热爱社会主义的爱国主义精神，并把这种可贵的精神体现为自己辛勤的劳动和无私的奉献。

二是，他们具有热爱海运、艰苦奋斗的创业精神，几十年如一日，不怕苦、不怕累，克服了各种困难，出色地完成了组织上交给的许多艰巨任务。

三是，他们具有不畏艰险、勇挑重担的大无畏精神，在援越抗美运输、开辟南北航线以及其他为发展社会主义海运事业的各项工作任务中，做出了重要的贡献。

四是，他们具有迎接挑战、勇于开拓的进取精神，胸怀全局，知难而进，既有藐视困难、敢于斗争的改革勇气，又能扎扎实实讲求科学地实干，为企业改革发展打下了坚实的基础。

为了弘扬广州海运“同舟共济、振兴海运”的企业精神，鼓励和教育全局职工特别是青年一代学习、继承和发扬广州海运老一辈海员的光荣传统，广泛宣传海运功臣的先进思想和先进事迹，促进广州海运“两个文明”建设的深入发展，广州海运决定由龚鎏、施兴复、张嘉成、何炳材、沈邦根、冯云升、陈强、张洪元、李炳洪、徐树良等组成“海运功臣”报告团，深入到秦皇岛、上海、广州、湛江等港区的船舶，向广大船员、职工作巡回报告，使广州海运光荣传统和功臣事迹广为传播，深入人心。广大职工受到了爱企业、比贡献、树正气的教育，增强了企业的凝聚力。

八、《广州海运报》复刊

由广州海运局创办的《广州海运报》在“文化大革命”期间一度停刊，1985 年 9 月 25 日复刊。当年六七月间，报社组建初期，提出在青年职工中实行公开招考、试用的方案，得到广州海运党委和组织、人事部门的支持。有 30 多名青年参加了各种考试，包括实地采访考试。报社白手起家，但得到各方支持，计划处、财务处、人事处、局办公室等单位给予财力、物力帮助。广东省画院院长、广东美术家协会主席、著名老画家关山月，闻《广州海运报》复刊的消息，欣然命笔，为“广州海运报”题名。1987 年 8 月 31 日，《广州海运报》获得中华人民共和国新闻出版署发的报刊登记证，国内统一刊号 CN44-0093，批准了《广州海运报》的刊期、发行范围和主编人选，该证由广东省新闻出版局颁发。1992 年 7 月经国家新闻出版署批准，国内统一刊号 CN44-0128。《广州海运报》随着海运企业的改革发展，也在不断地进步和成熟，报纸由原来的旬刊发展为周报，4 开 4 版，周三出版。

复刊以来，《广州海运报》在党委和行政领导下，坚持“立足企业、服务企业”的办报宗旨，根据企业改革发展需要而开展新闻报道工作，以海员职工为主要对象，以报道企业的经营活动为主要内容，为企业的两个文明建设服务，努力建设成为企业党政领导和职工的“喉舌”，成为指导工作、推动生产的助手，成为宣传群众、进行思想政治工作的阵地，成为传播知识、促进学习的阵地，成为寓教于乐、活跃生活的俱乐部。1997 年，《广州海运报》荣获全国企业报晋京展一等奖。

腾飞发展时期（1980—1992）**存在的问题与短板**

1980—1992 年，企业安全生产是工作上的一个难点，安全情况不稳定，安全管理基础工作仍不够扎实，事故隐患多，发生多起大事故。船舶安全管理状况不平衡，先进与落后的差距仍然很大。船舶设备管理和维修保养工作的基础工作、规章制度的健全完善以及人员的技术素质和责任心方面，都存在着与安全生产、现代化管理不相适应的状况。体制改革还不够彻底，管理制度还不够严格，存在不少薄弱环节。市场竞争意识不强，效益的观念还未真正树立起来。随着企业走向市场，不少职工仍未能从传统的经营模式观念中转变过来，存在着依赖思想，缺乏积极的开拓和竞争观念，还不能适应企业走向市场参与竞争的新形势。岗位工资制度尚处于试点阶段，企业还未能建立一种根据职工的岗位工作性质、贡献大小来分配工资待遇的量化体系，分配向一线和关键岗位倾斜的步子还不够快，在一定程度上影响了职工的积极性和主动性的发挥。政治思想工作还不完全适应新形势的要求，工作方法很大程度上停留在上说下动、上传下达和出事补漏的状态上，未能很好发挥促进、推动业务工作的作用。各单位、各部门及上下之间的协调配合还不够，工作效率不高，客轮亏损进一步加大等等。

第五章

现代企业制度试点时期

（1993—1997）

现代企业制度试点时期是企业体制机制改革较快、变化较大的时期。在此期间，经历了放权让利、利改税、承包经营责任制、政企分开等系列改革。1993 年广州海运管理局更名为广州海运（集团）公司。1994 年底，公司被国务院确定为全国百家建立现代企业制度试点企业，于 1996 年更名改制为广州海运（集团）有限公司。企业抓住机遇，加快发展，船队结构向现代化、经济化、大型化方向发展，船队管理模式逐步实现了与国际航运接轨，建立了安全管理体系（SMS 体系），船员队伍的素质有了较大的提高，物资供应、通信导航、船舶修理、医疗卫生、教育培训等配套设施进一步完善，企业管理水平有了显著的提高，初步建立了现代企业制度的架构。在企业生产经营取得发展的同时，广州海运重视职工福利建设，扩大职工住宅面积，使广大职工安居乐业。1995 年 11 月 21 日，由国家国有资产管理局和中国经济效益纵深行组委会组织的“中国的脊梁”——国有企业 500 强评选结果公布，广州海运名列第 73 位。1997 年，广州海运的现代企业制度试点工作取得初步成效，现代企业制度组织框架基本建立。1997 年底，广州海运拥有船舶运力 315 万载重吨（含多经公司），总资产 77.23 亿元，资产负债率 51.8%，保持在良性范围内；航线遍及世界 600 多个港口。

建立现代企业制度、政企分开、一业为主、多元经营、参与组建中国海运集团是这一时期的主题。

1993—1997 年企业基本情况见表 5–1。

1993—1997 年企业基本情况统计表 表 5–1

年份	船舶情况			货运量（万吨）	客运（万人）	总资产（万元）	收入（万元）	利润（万元）
	艘数	载重吨（万吨）	客位（个）					
1993	163	299.2	8514	4599.9	219.6	620993	169346	8027
1994	163	326.6	7589	4890.5	187.7	7482250	201636.7	6351.2
1995	145	315.3	3376	4778.8	156.4	8270074	218393.3	2199.5
1996	139	319.7	1276	5203.9	129.2	7809726	242730.0	200.3
1997	124	314.91	–	5435.4	116.6	7722721	248131.4	1964.8

注：此表数据出自相关年份的《广州海运统计资料》。

第一节　深化体制改革

党的十一届三中全会以来，广州海运认真贯彻中央关于搞好搞活国有大中型企业等一系列文件精神，深入推进国企改革，转换企业内部机制，建立起一套科学有效的管理体制，充分调动各生产要素的积极性，增强企业的竞争能力，在改革的道路上进行了积极有益的探索。

一、组建企业集团

（一）组建企业集团的背景

党的十四大确立社会主义市场经济体制的改革目标后，我国经济体制改革的步伐明显加快，大型国有企业转换经营机制、推行股份制、走集团化道路已成为大势所趋。在这种情况下，广州海运顺应时代发展潮流，着手组建广州海运集团，为企业从原来传统计划经济模式转向市场经济模式做好准备。在此之前，自1988年开始，在交通部、广东省的领导下，广州海运已从内部管理和经营机制着手进行体制改革，制定了一系列改革措施，在完善经营责任制方面，实行对交通部承包责任制。在保证国家重点物资运输和上缴财政任务的前提下，明确了国家和企业的责、权、利关系，调动了企业的生产积极性；在内部管理机构方面，进一步完善管理体制，划小核算单位，在原有船队的基础上组建了4个专业化轮船公司，实行内部经营承包；在开展多元化经营方面，本着“立足于地方、服务于地方、受益于地方”的原则，广开经营渠道，充分利用广州海运本身的运输优势和地方的灵活政策，先后在我国沿海地区、经济特区开办了一系列多种联营公司和全资公司；形成了跨地区、跨行业，具有生产、经营、开发、服务等多功能的经济联合组织；企业综合实力已初具规模，为组建集团打下了物质和组织上的坚实基础。

1992年10月12日，交通部批准广州海运管理局按企业集团的模式，变更企业名称为广州海运（集团）公司，并于1992年11月24日经广州市工商行政管理局核准，换发了广州海运（集团）公司企业法人营业执照。

1993年，新更名的广州海运（集团）公司，由“承包经营”改为实行“税利分流”。随后，各船舶公司也相继更名：广州海运局油轮公司改为广州泰华油运公司，第一货轮公司改为广州兴华船务公司，第二货轮公司改为广州锦华船务公司，广州海运集团集装箱运输公司改为广州恒华集装箱运输公司，广州海运局客轮公司改为广州海星客运公司。3月上旬，交通部以交体发〔1993〕275号文批复，批准以广州海运（集团）公司为核心企业改制成立广州海运集团，英文名称GUANGZHOU MARITIME TRANSPORT GROUP，缩写为：GMTG。

（二）广州海运集团的组建方式及组织结构

广州海运集团是以全民所有制为主体，以广州海运（集团）公司为核心企业，是一家以海上运输为主业、跨地区、跨行业的多元化、股权化的大型企业集团。

组建广州海运集团的实施步骤是：

第一步，完善、扩大核心企业。从1993年1月1日起，正式启用“广州海运（集团）公司”名称；按企业集团的规范要求，重新设置广州海运（集团）公司的组织机构，明确机构职责，以适应企业集团的运行机制，适应市场经济要求，下放生产经营管理权，建立二级核算体制；组建职能性公司，加强核心企业功能建设。

第二步，完善、发展紧密层企业。变更二级单位以及二级单位所属冠有广州海运管理局头衔的单位名称；组建集装箱运输公司、通信导航公司、太平洋船务公司和贸易开发公司；有计划、有步骤地将紧密层企业进行法人登记。

第三步，完善、壮大半紧密层企业。加强半紧密层企业的管理，组建海运海星旅游公司，并将印刷厂、接待站、修理厂等改造为经营性实体。同时拓展新的经营领域，集中资金参股或联营具有一定规模、一定管理水平、有发展前途的先进企业，壮大集团成员企业队伍。

广州海运集团作为一个整体并不是法人，而是独立法人之间的有机联合体，是一个具有四个层次组织结构的经济组织：

一是核心层企业。广州海运集团的核心企业为广州海运（集团）公司，既是资产经营型为主的控股公司，也是一个生产经营的实体。

二是紧密层企业。广州海运集团的紧密层企业按规范要求，可分为三类：第一类是由核心企业统一对交通部承包、各紧密层企业对核心企业承包的企业，这类企业包括油运公司、兴华船务公司、锦华船务公司、集装箱运输公司、客运公司、菠萝庙船厂、城安围船厂、航运电子设备厂、物资供应公司、通信导航公司；第二类是由核心企业投资入股并达到控股的企业，这类企业有珠海船务公司、海南海盛船务公司、海隆船务公司、深圳船务公司等；第三类是由核心企业长期租赁的企业，主要有太平洋船务公司等。

三是半紧密企业。由核心企业参股或紧密层企业全资、控股的企业组成，主要有海电船务公司、海运海星旅游公司、振兴船务公司、迪施公司、北海桂海船务公司、海工公司、海鹏公司、船舶通信导航公司、海运印刷厂、新海缆绳厂、海运无线电修理厂、海员接待站等。

四是松散层企业。由与核心企业有稳定经营业务关系的企业，或紧密层企业、半紧密层企业参股的企业组成。企业内部的事业单位如海员医院、海运技工学校等也被划为集团的成员单位。

（三）广州海运（集团）公司的管理模式

广州海运（集团）公司是交通部直属一级国有企业，在广州市工商行政管理局注册，是一个具有法人资格、独立核算、自主经营、自负盈亏的经营实体。广州海运集团和广州海运（集团）公司，采取两块牌子，一个班子。广州海运（集团）公司作为广州海运集团的核心企业，是集团的规划中心、决策中心、投资中心、生产组织指挥中心和技术开发中心，统一管理所属各企业，行使母公司的职能。广州海运（集团）公司由董事会、监事会、正副总经理、职能部（室）和职能公司组成。

广州海运集团不设专门机构，其职能由广州海运（集团）公司执行。广州海运（集团）公司的机构设置，适应“四个系统”和“三个中心”功能的要求。“四个系统”是：决策系统［为广州海运（集团）公司董事局］、经营管理系统［由广州海运（集团）公司分工领导和职能部门组成］、执行系统（为广州海运集团的成员企业）、监督系统［包括广州海运（集团）公司监察、审计、党组织、工会委员会、职代会，对本企业实行监督，保证职能］。“三个中心”是指投资中心［由广州海运（集团）公司负责实施］、利润中心（由紧密层和半紧密层及各公司、企业实现）、成本中心（由各运输船舶、生产单位和后勤部门组成）。上述四个系统和“三个中心”，是体现集团功能的组织基础。

按照集权和分权相结合的原则，广州海运（集团）公司实行“七统一”的管理：

一是统一发展规划和年度计划、年度经营目标。由广州海运（集团）公司统一对交通部，集团成员企业根据集团的发展规划、年度计划及经营目标，具体组织实施，年度由广州海运（集团）公司考核。

二是统一承包（纳税）。由广州海运（集团）公司统一对交通部承包，紧密层再对集团公司承包。实行税利分流，由广州海运（集团）公司统一上缴税金，再对紧密层企业核定基数进行承包。

三是统一信贷和投资。对于船舶建造、购置、重大基建、技改和开发项目的贷款投资，由广州海运（集团）公司对银行统贷统还和统一安排；集团紧密层成员企业依法和按集团规定，行使广州海运（集团）公司赋予的固定资产经营权（如船舶从投资到报废期间的资产经营权），但资产的转移和处置由广州海运（集团）公司统一决定。

四是统一对外业务。对于进出口贸易和相关商务活动、外事活动、涉外海事处理以及外贸运输业务（除集装箱运输外），由广州海运（集团）公司统一对外。

五是统一资产和统一管理。对于紧密层成员企业的国有资产保值、增值和资产交易，统一由广州海运（集团）公司负责；广州海运（集团）公司可根据实际情况有权调拨紧密层企业的资产和公积金，集团紧密层成员企业有为完成收入计划和成本开支计划所必需的资金运用权，有自主决定公积金的开支权。

六是统一工效挂钩。由广州海运（集团）公司对交通部“统挂”，再向紧密层企业“分挂”；成员企业可根据工效挂钩和广州海运（集团）公司制定的分配原则改革内部的分配制度和制度内奖惩制度，自主决定工资基金和公益金的开支。

七是统一任免紧密层企业主要领导干部、统一集团劳动用工制度。紧密层成员企业可以根据干部队伍“四化”的要求，有权挑选行政副职报广州海运（集团）公司审定和聘用，有权聘用中层干部报广州海运（集团）公司备案。

（四）广州海运集团与广州海运（集团）公司的关系

广州海运集团不设置专门组织机构，是在广州海运（集团）公司组织机构的基础上增设理事会，作为集团的协商议事机构。集团的决策系统为广州海运（集团）公司董事会；集团的监察系统为广州海运（集团）公司监事会；集团的经营管理系统为广州海运（集团）公司领导（总经理、副总经理、总船长、总轮机长、总经济师、总会计师）和职能部门、职能公司组成。广州海运（集团）公司对外代表广州海运集团。广州海运集团与广州海运（集团）公司的主要区别：是全集与子集、联合体与联合体领导核心区别，是整体与实体、法人联合体与法人的区别。

二、开展现代企业制度试点工作

1994 年 11 月，广州海运被列为全国百家现代企业制度试点企业之一。当时，交通部系统的企业被列为试点的只有广州海运一家。按照国家经贸委相关指导意见，建立现代企业制度主要从以下三个方面进行：一是解决企业的现实问题，为建立现代企业制度做好基础工作。包括合理处理国有企业的历史债务问题，解决企业中富余人员的分流问题，解决企业办社会、企业养老和医疗费用过重、企业建造职工住房等。二是建立现代企业制度的基本框架，实现企业制度与国际接轨，并具有中国特色。包括：改革——完善企业法人制度，明确企业出资者，确立企业的财产组织形式，建立科学规范的公司内部组织管理机构（关键是公司法人治理结构），改革企业劳动人事工资制度，健全企业财务会计制度；改组——优化企业的运力结构（含技术结构），组织结构、劳动力结构和产业结构，使企业的生产要素结构适应国内外航运市场的变化和要求，有利于多元产业的发展；改造——以市场为导向，依靠科技手段进行节能降耗，集中资金发展航运市场急需、关系国民经济建设大局的重点物资运输的运力和新的支柱产业；加强企业管理，建立科学高效的管理运行机制（上述简称“三改一加强”）；发挥党组织的政治核心作用；完善工会工作和职工民主管理。三是建立现代企业制度的配套改革措施，需要政府为试点企业提供必要的政策支持和外部条件。包括加快政府职能转变和机构改革步伐，建立起有效的经济管理和国有产权管理制度；加快市场体系建设步伐；加快建立社会保障制度。试点工作遵循以下原则进行：一是发挥国有经济的主导作用，确保国有资产保值增值；二是出资者所有权（股权）与企业法人财产权相分离，保障出资者、债权人和企业的合法权益；三是重在企业组织制度创新和规范化运作；四是从实际出发，吸收借鉴国外有益经验，继承与创新相结合；五是推行相关配套改革，建立和改善必要的外部条件；六是分类指导，调动各方面积极性，稳步推进改革工作。

广州海运在国家经贸委、交通部和广东省的指导下，按照党的十四届三中、四中、五中全会精神，坚定不移地贯彻落实党中央关于国有企业改革的基本方针，并根据《公司法》等法律法规和上述指导意见，结合企业实际，不等不靠，创造条件，积极探索。广州海运一方面组织干部职工认真学习，提高对改革试点工作的认识，做好因改革带来岗位变化的心理准备，把思想统一到十四届三中全会的决定上来，并抓紧时间制定试点方案。另一方面为适应建立现代企业制度，按照广州海运发展战略，本着“精简、效能”的原则，对部分机构进行了合理的调整：一是把海星客运公司并入锦华船务公司，组建了统一经营远洋运输业务的南方船务有限公司，试行了管船舶与管船员分开的新模式。二是成立了广州海运（集团）公司现代企业制度试点办公室、广州海运（集团）公司人才交流中心、广州海运（集团）公司社会保障部等部门，以适应现代企业制度试点工作的需要。

1995 年，广州海运按照国家经贸委两次“上海会议”的有关要求和国家经贸委国经贸企〔1995〕56 号文件规定的试点工作程序，结合实际，积极推进企业改制、改组、改造，探索建立现代企业制度的途径。2 月 8 日，广州海运召开转机建制试点工作分工动员会议，就试点准备阶段有关职能部门承担的资料收集、调查研究和方案撰写任务作了布置，这标志着广州海运建立现代企业制度试点工作正式展开。会议指出，建立现代企业制度试点的根本任务是把企业推向市场，使企业成为“自主经营、自负盈亏、自我发展、自我约束”（以下简称“四自”）的独立法人实体，试点的目的在于解决一些企业改革中深层次的实际问题，包括历史包袱，企业办社会和内部机制等。

从制定试点方案的总体思路到 1996 年 7 月方案修改条款的批复，历时 1 年半有余，期间对方案进行了反复的讨论修改，并提交广州海运五届四次、六届一次职代会讨论通过，还向国家有关部门和广东省人民政府进行了多次汇报，十易其稿，写出了包括《广州海运

（集团）有限公司章程》等共 20 多个附件的《广州海运（集团）公司建立现代企业制度试点实施方案》。1995 年 9 月 6 日，交通部在北京主持召开广海现代企业制度试点实施方案论证会，国家经贸委、国家计委、财政部、交通部和全国海员工会代表对该方案进行了充分论证。会议认为，公司试点方案总体思路清晰，试点内容、方案符合规范，发展目标具体明确，具有可行性。会议原则通过了方案。

图 5-1 1995 年 2 月 8 日，参加广州海运建立现代企业制度试点实施方案论证会的人员。

图 5-2 广州海运汇报开展现代企业制度试点工作情况。

（一）试点改制的基础条件

广州海运的试点改制，是把原有的与计划经济体制相适应的传统企业制度改革为与社会主义经济体制相适应的现代企业制度，是在国有企业的基础上进行的，是一项复杂的系统工程，难度大。因此，拟定试点实施方案要研究企业自身改革的有利条件，增强职工搞好试点改制的信心和决心。

1. 从党的十一届三中全会到 1995 年，广州海运经过 10 余年的改革与实践，企业管理体制和经营机制发生了较大的变化，为现代企业制度的建立进行了有益的探索，积累了初步的经验。广州海运遵循国有大中型企业改革的基本思路，经历了扩大企业自主权、两步利改税、承包制，贯彻执行《企业法》，充分发挥党组织政治核心作用的局长（总经理）负责制等方面的改革，积极探索搞好国有企业的新路子。特别是“七五”“八五”期间，抓住广东改革开放的机遇，大胆地进行了大规模的技术改造。党的十四大之后，广州海运按集团化、国际化、多元化的改革与发展思路，转换企业经营机制，创新管理，以适应社会主义市场经济体制的要求。1993 年，按政企分开的原则，企业更名为广州海运（集团）公司，开拓组建广州海运（集团），企业内部下放部分经营权；成立财务结算中心，加强资金的集中管理；参加了 1993 年国家清产核资试点，对企业的国有资产进行了认真的清产核资；改革企业财务会计制度，全面实行《财务通则》和《会计准则》，用好用足企业理财自主权，增强了企业发展后劲；全资的海南海盛船务实行股份制改造等。1994 年起，广州海运实行二级核算体制，严格执行各项考核制度；进行劳动合同制改革，实现岗位技能工资制，改革职工社会保障制度，以及做好广大职工参加现代企业制度试点的思想教育发动工作。

2. 在经济体制市场化的过程中，广大职工的观念也在转变，职工的整体精神状态良好，信心足。广大职工能正确理解企业改革，想企业之所想，急企业之所急。不少职工提出“要抓住试点机遇，闯出一条符合我们企业自身发展的新路”“晚改不如早改”“长痛不如短痛”等，职工对试点改制持积极支持的态度。

3. 国民经济持续发展，特别是广东制定了 20 年赶上亚洲“四小龙”的战略目标，经济将迅速发展，能源及大宗货源运输需求将进一步扩大，广州海运的市场前景好。

4. 作为国务院确定的百户试点企业之一，国家经贸委、交通部等有关部委和广东省政府的政策支持和具体帮助，为广州海运的试点创造了较好的外部条件。

（二）试点改制的必要性

党的十一届三中全会以后，广州海运经过十几年的改革，尽管在各个方面都进行了大量的有益探索，并于 1993 年 1 月将企业更名为广州海运（集团）公司，但（集团）公司仍是非公司型法人企业（当时称为国有企业或工厂制企业），主要是按《企业法》组织和运作。试点改制就是要按照《公司法》建立现代公司型企业制度，解决企业深层次的问题，实现转机建制，使企业成为适应市场经济的“四自”法人实体和市场竞争主体。试点改制前制约广州海运发展的困难和问题突出表现在：

1. 企业体制和管理问题。（集团）公司的投资主体不明确，产权不清晰，具体代表国家作为国有资本出资者的机构职能界定不清，权力和责任不明确。（集团）公司的出资者为国家，“全民所有”实际上是不明确不具体的；（集团）公司的资产是国家依照《企业法》，按国家所有权与企业经营权分离的原则授予企业经营管理的，《转换企业经营机制条例》给予企业的也只是经营自主权，企业没有法人财产权；国家对（集团）公司的债权人、职工等承担无限责任；（集团）公司的权力机构是“企业的主管部门”，企业的决策权力分属国家各主管部门；按照《企业法》的规定，（集团）公司实行总经理负责制，党委起保证监督作用，工会实行民主管理，强调的是一元化领导，未设董事会，无决策层。同时，（集团）公司直线职能制的组织机构，管理幅度过大，难以适应集团多元化、参与市场竞争和进一步发展的需要，尚未建立层次分明的企业集团权责体系，（集团）公司与直属单位之间，单位与部门之间权责不清，管理粗放、资产经营责任难以落实，存在物资消耗大、资金运用分散、资金周转慢及浪费等管理问题；劳动人事制度在调动职工积极性上缺乏激励和约束机制；职工保障社会化程度低，企业包得过多，等等。

2. 企业办社会负担重。广州海运承办的广州海事法院、广州海运公安局、广州海员医院、广州海岸电台等社会职能单位，1995 年的费用补贴达 1223 多万元。企业非经营性资产比重大。

3. 企业富余人员多。广州海运 1995 年末有职工 16000 多人，预计有富余人员 2000 多人。员工队伍素质与国际接轨有距离。

4. 运力结构配置与市场需要开始出现不适应。华南的能源海上运输市场呈现由国内市场向国外发展的趋势。由于计划体制的分工，当时，广州海运船队主要是沿海通用型，油船、散货船在吨位、船型及技术性能等方面与市场竞争需要有一定距离；杂货船经营效果差；客船更为突出，亏损逐年增大。

（三）试点的指导思想、原则和目标

1. 试点的指导思想。以邓小平同志建设有中国特色社会主义理论和党的基本路线为指导，按照党的十四届三中全会、四中全会、五中全会和中央领导同志的讲话精神，根据《公司法》及有关法规，结合广州海运实际情况，不等不靠、创造条件，全面探索、重点突破，转变观念、转换机制，建立起适应社会主义市场经济体制要求，产权清晰、权责明确、政企分开、管理科学的现代企业制度。务求试点成功，促进企业不断发展。

2. 试点的原则。一是继续发挥国家大型骨干航运企业的作用，担负关系国计民生的煤、油、粮、矿等重要物资和国防交通海上运输任务；二是坚持公有制的主体地位，探索公有制与市场经济相结合的有效途径，实现出资者所有权与企业法人财产权相分离，保障出资者、经营者、劳动者和债权人的合法权益，确保国有资产保值增值；三是制度创新、管理创新、技术创新并举，改革、改组、改造与加强内部管理相结合，全面规划，总体推进，重点突破，协调发展，平稳过渡；四是在企业改名改制、组建广州海运集团的基础上，按照《公司法》的要求，吸收借鉴国外有益经验，继续与创新相结合；五是坚持加强党的领导与实行民主集中制的原则，全心全意依靠广大职工搞好试点工作。

3. 试点的目标。通过“三改一加强”，全面调整企业内外关系，建立起规范的现代企业制度，使广州海运发展为以国内海运市场为依托、国际航运市场为开拓方向，以海运为主、多元化经营，以国有经济为主体、多元产权结构并存，以经济效益为中心的跨地区（国家）、跨行业的大型企业集团。

（1）改革目标：通过试点，建立有限责任公司（国有独资公司）的组织形式、科学规范的内部管理机构，以及建立权责明确的权力机构、决策机构、监督机构和执行机构等科学的企业领导体制与组织制度，转换经营机制，使广州海运成为“四自”法人实体和市场竞争主体。

（2）改组目标：通过试点，实现广州海运产业管理专业化、集约化、公司化，投资主体多元化；多层次分流富余人员，分离企业办社会职能，减轻企业负担；优化生产要素结构，使企业资源配置适应市场需要。

（3）改造目标：通过试点，建立“科教兴航”机制，依靠科技进步，采用先进的船型和机型，积极应用现代管理科技、航海科技和信息技术，争取在20世纪内使广州海运的运输管理手段和技术装备达到国内先进水平。

（4）管理目标：通过试点，建立和完善企业管理制度，调整所有者与经营者之间的责、权、利关系，调整企业内部运行主体之间的组织协调关系，以及调整内部主体之间的科学管理体系，达到堵塞漏洞、降低成本、提高质量的要求，争取在20世纪内使企业的安全、质量、效益等方面赶上并超过国内同行业先进水平。

（5）切实加强和改进党组织工作，党组织发挥政治核心作用，保证、监督党和国家的方针、政策在本企业的贯彻执行。

（6）切实加强和改进思想政治工作，为企业的改革和发展提供思想保证和舆论导向，促进企业的两个文明建设。

（7）充分发挥工会和职代会的作用，维护职工的利益，把广大职工的积极性发挥好、

引导好、保护好。

（四）明确国有资产投资主体

改制前，广州海运的国有资产属于国家是明确的，但具体代表国家作为国有资产出资者的机构职能界定不清，权力和责任不明确。广州海运的资产是国家依照《企业法》按国家所有权与企业经营权分离的原则授予企业经营管理的，在《企业法人营业执照》里登记的经济性质是全民所有制。“全民所有”实际上是不明确不具体的。而公司制企业则以清晰的产权关系为基础，以完善的法人财产制度为核心，以有限责任为特征。

1.《公司法》明确了国家授权投资的机构或国家授权的部门为国有资产投资主体，国家经贸委和国家体改委的有关文件参照《公司法》的上述规定，具体明确了国家授权投资的机构主要有国家投资公司、国家控股公司、国有资产经营公司、具备条件的企业集团的集团公司等形式。在上述机构未建立或不健全，无法按上述形式确定试点企业投资主体的情况下，可以由其主管部门暂时代行国有资产投资主体智能。广州海运是交通部的直属企业，交通部根据上述文件精神，研究决定:“在国家有关政策出台前，交通部代行广州海运国有资产投资主体职能，授权广州海运（集团）有限公司经营公司范围内的国有资产。”广州海运的试点改制是按此前提条件，根据《公司法》，选择国有独资公司的组织形式，将企业改制为国有独资的有限责任公司，更名为“广州海运（集团）有限公司”，并于1996年7月24日公司注册登记改制成立，进入具体运行阶段。

2.交通部作为广州海运代行的出资者，行使国有资产所有者职能，依法对广州海运范围内的国有资产进行价值形态的经营与管理，不直接支配公司法人财产，不能抽回出资，以出资额为限，享有出资者权利，对公司的债务承担有限责任；同时，根据《公司法》授权广州海运经营公司范围内的国有资产，由广州海运董事会行使出资者的部分职权，决定广州海运的重大事项，但广州海运合并、分立、解散、增减资本和发行债券，必须由出资者决定。广州海运对本公司范围内的全部法人财产拥有占有、使用、处分和收益的权利，成为享有民事权利、承担民事责任的法人实体。

3.出资者根据有关规定对广州海运的国有资产保值增值实施考核，并为企业生产经营创造良好的宏观环境。出资者在行使国有资产所有者职能的同时，必须对其行为承担相应的法律责任。广州海运与出资者签订国有资产经营责任书，遵守国家的政策法规，接受出资者的指导、监督和考核，并对广州海运范围内的国有资产保值增值负责。

（五）建立公司法人治理结构

改制前，按照《企业法》的规定，广州海运实行总经理负责制，党委起保证监督作用，工会民主管理，强调的是一元化领导。企业的决策权力分属国家各主管部门。这是与计划经济时期“国有国营、政企不分”相适应的企业领导体制。而建立现代企业制度——公司制企业，要按“产权清晰、权责明确、政企分开、管理科学”的原则，企业自主决策，自担风险，成为“四自”法人实体和市场竞争主体；要按《公司法》的规定，出资者进入企业，聘用经营者和劳动者。在公司制企业中，既承认出资者、经营者、劳动者都是企业不可缺少的主体，又承认这三者追求的目标、获取利益的方式是有差异的；公司的权责是按出资者、决策者、执行者三个层次来明确的。因此，要通过制定《广州海运（集团）有限公司章程》，建立一套科学的治理结构来平衡各方面关系，使企业的权力机构、决策机构、执行机构和监督机构各自独立，权责明确，并形成制衡关系，以保障出资者、经营者、劳动者的合法权益。

广州海运是国有独资公司，按照《公司法》规定，由董事会、监事会、总经理层构成公司法人治理结构，不设股东会。但在公司章程中明确出资者的权利和义务。

1. 公司董事会由9人组成，由出资者按照董事会任期委派或更换。董事会中的职工代表由公司职工民主选举产生。董事会每届任期为3年，可以连任。董事会设董事长1人，副董事长1—2人，由出资者从董事会成员中指定。董事长为公司的法定代表人。董事会集体对出资者负责并报告工作。

依据《公司法》的规定，公司董事会由出资者授权行使股东会的部分职权，决定公司的重大事项，但公司的合并、分立、解散资本和发行公司债券，必须由出资者决定。董事会作为出资者的受托机构，在公司法人治理结构中处于中心地位，起着关键作用。它是使出资者的所有权和公司的法人财产权既相分离又相依存的纽带，集股东权益和公司发展安危于一身。因此，必须确立董事会作为公司经营管理决策机构的法律地位。同时，公司董事会以国有资产保值增值为目标，着重考虑企业的长远发展和重大决策，超脱于具体事务，把决策的执行工作以及日常生产经营活动的指挥协调权授权给总经理行使，不越权干涉总经理的日常指挥协调活动。

2. 公司设总经理1人，副总经理（含总船长、总会计师、总经济师、总轮机长或总工程师）若干人。总经理由董事会提名，出资者同意后由董事会聘任或解聘；副总经理由总经理提名，董事会聘任或解聘。总经理是公司的高级管理人员，对董事会负责，副总经理协助总经理工作。公司董事会成员可以兼任总经理或副总经理。总经理按公司章程的规定，除有《公司法》明确的经理职权之外，还有在紧急状态下的临时处置权。总经理依照《公司法》和公司章程规定行使职权、承担义务。

3. 公司监事会由13人组成，监事会按《国有企业财产监督管理条例》和国务院授权，由交通部派出，对公司财产保值增值状况实施监督，对交通部负责。公司监事会依照监管条例和公司章程规定产生并行使职权、承担义务。

（六）建立事业部制的组织管理机构

长期以来，广州海运采用直线职能制的组织管理机构，对企业的发展起了一定的作用。但随着企业规模不断扩大、业务更加多元化之后，直线职能制的一些弱点也就表现出来了。其主要缺点是：一是企业最高领导层的协调工作量大，把主要精力集中在日常经营工作，容易忽略长远发展的总体战略决策；二是对外适应性差，对市场变化反应欠灵敏；三是仅有两个层级，有效管理幅度相对有限。直线职能制主要适用于中小型企业以及产品（服务）品种比较单一、市场销售情况比较容易掌握的企业。显然，直线职能制已不能适应广州海运集团化、国际化、多元化发展和参与市场竞争的需要。图5-3为改制前广州海运（集团）公司组织机构图。

为理顺和明确各层级职责，实现有效管理，使管理机构能适应企业发展和市场竞争的需要，广州海运在建立公司法人治理结构的同时，将直线职能制的组织管理机制改组为事业部制的组织管理机构，在企业内部按行业进行归类经营管理，设立事业部。与直线职能制相比，事业部制的主要优点是：各管理层级权责更明确、更清晰；有利于企业最高层领导摆脱日常事务；具有三个层级，扩大了有效管理幅度，给企业的规模延伸创造了极大的空间。

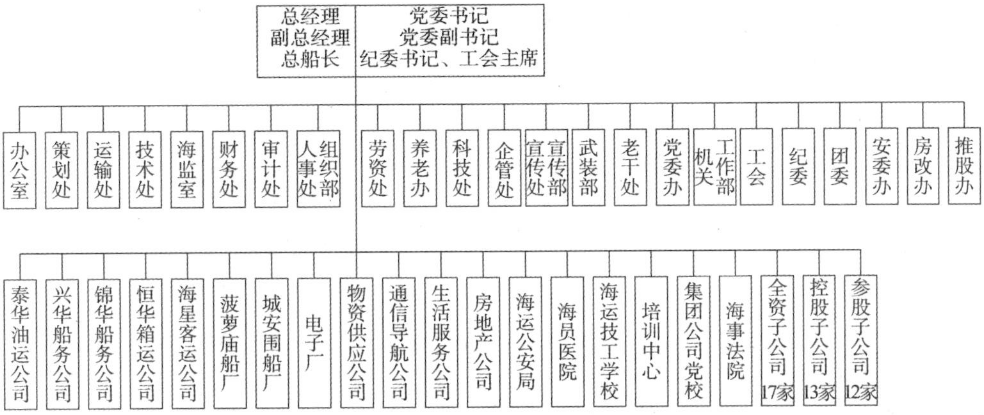

图 5-3 改制前（1994 年底）广州海运（集团）公司组织机构图。

按事业部制，广州海运划分为三个层级。第一层：公司总部，由公司领导机构、行政各职能部门和党群各部门组成，为企业战略决策层，承担投资中心功能；第二层，事业部，由按经营行业设置的 6 个事业部（分别是：航运事业部、工业事业部、供贸事业部、房地产事业部、通信导航事业部、投资管理事业部）组成，为企业经营管理层，承担利润中心功能；第三层，基层企业单位，由下属企业（分公司和子公司）及附属单位组成，为企业常规性生产经营层，承担成本中心功能。事业部制的组织管理机构，有利于做到层层负责、各司其职，实现职责明确的有效管理，调动广大职工的积极性；有利于公司领导有更多精力研究企业发展战略和研究调查市场变化，及时把握时机，确定投资方向；有利于企业内各个行业的发展等等。新的管理机构从 1996 年 1 月开始运作。图 5–4 为广州海运（集团）有限公司组织框架图。

（七）广州海运（集团）有限公司挂牌成立

1996 年 7 月 15 日，交通部下发了交体法发（96）650 号文《关于〈广州海运（集团）公司建立现代企业制度试点实施方案〉修改有关条款的批复》和交体法发（96）1284 号文《关于〈广州海运（集团）公司建立现代企业制度试点实施意见〉的批复》，由交通部代行广州海运出资者职能，广州海运（集团）公司更名为广州海运（集团）有限公司。1996 年 7 月 24 日，广州海运改制为国有独资企业，在广州工商行政管理局登记注册完毕。1996 年 8 月 9 日，广州海运（集团）有限公司正式挂牌（钱维扬任副董事长、总经理，1997 年 8 月 28 日任董事长、总经理）（图 5–5），挂牌成立仪式暨庆祝酒会于当日在白天鹅宾馆举行；交通部副部长洪善祥（图 5–6）、广东省省长助理吕伯涛和广州市副市长姚蓉宾等领导出席。广州海运（集团）有限公司的挂牌成立，标志着广州海运建立现代企业制度试点工作取得阶段性进展，并逐步成为“四自”市场经济主体。

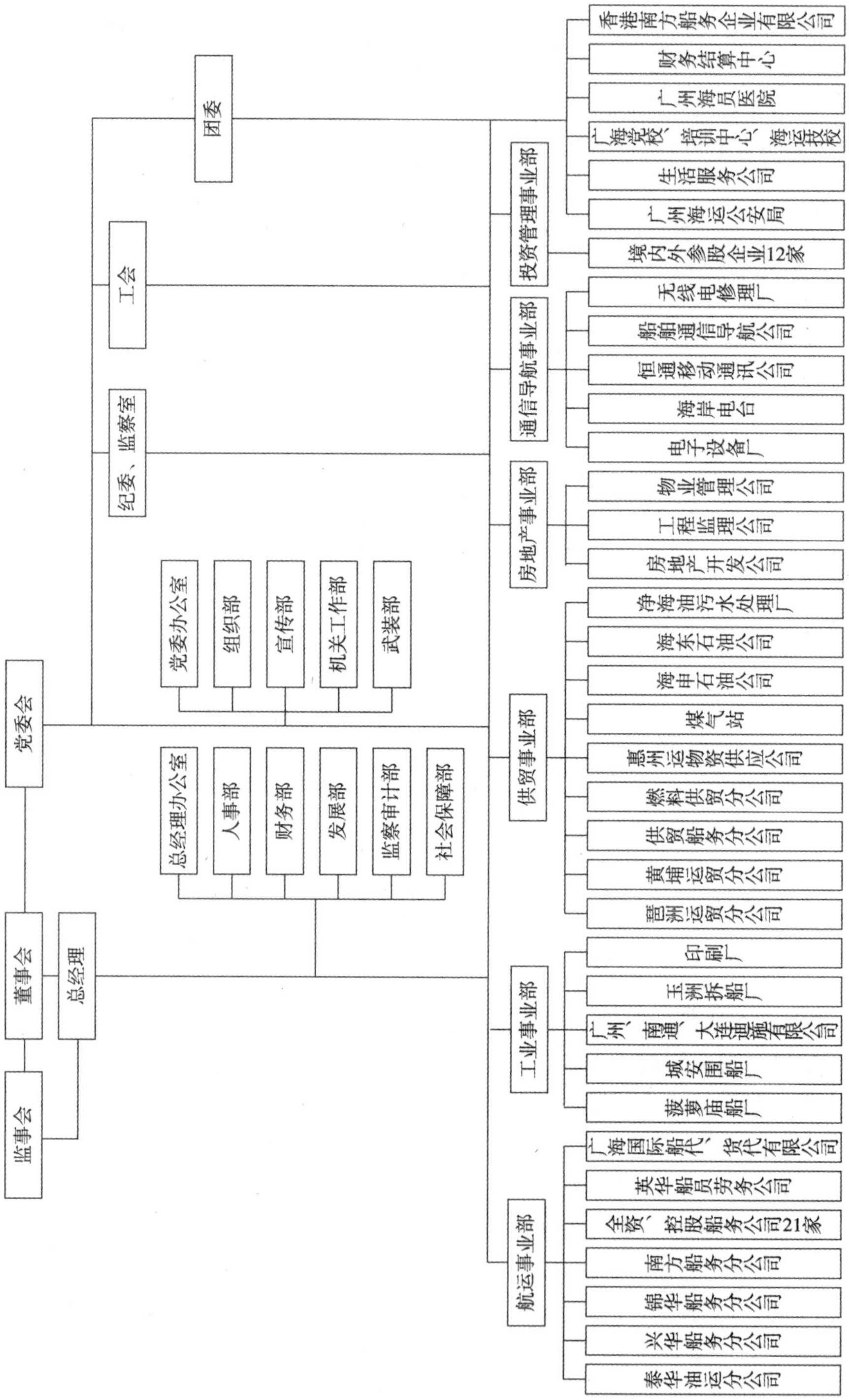

图 5-4 广州海运（集团）有限公司组织框架图

图 5-5　广州海运（集团）有限公司在沙面南街 22 号成立挂牌。

1996 年 11 月 6 日至 7 日，中共广州海运（集团）有限公司第一次代表大会在沙面礼堂召开，近 160 人出席。党委书记戴金象作党委工作报告，总经理钱维扬作现代企业制度试点工作报告，纪委书记李有当作纪委工作报告。大会选举了公司新一届党委会、纪委会（图 5-7）。

图 5-6　交通部副部长洪善祥为广州海运（集团）有限公司成立揭牌

广州海运（集团）有限公司下设的分公司有 10 家，全资子公司 49 家，控股（含相对控股）子公司 20 家，参股公司 15 家，集体企业 10 家，合计 112 家企业。依照《中华人民共和国公司法》，广州海运（集团）有限公司建立了董事会、总经理和监事会等机构。1997 年 11 月，办公地址迁至滨江中路 308 号广州海运大厦。

图 5-7　1996 年 11 月 7 日，中国共产党广州海运（集团）有限公司第一次代表大会。

广州海运（集团）主要直属企业有：广州泰华油运公司、广州兴华船务公司、广州锦华船务公司、广州海星客运公司、广州南方船务有限公司、英华船员劳务公司、菠萝庙船厂、城安围船厂、广州航运电子设备厂及物资供应处、房地产开发公司等。

（八）现代企业制度试点工作取得的成效

广州海运在国家有关部门的支持下，不断推进现代企业制度试点工作的实施，取得了明显成效：

一是职工观念得到转变。在企业改革推进中，广州海运积极组织广大职工干部学习市场经济理论、市场经济法规以及现代企业制度理论和《公司章程》等，促使广大干部职工正确理解和认识市场竞争形势和经济转轨、转型的目的，深刻领会现代企业制度的内涵。此举有效调动了广大职工参与改革的积极性，为企业改革和发展奠定了思想基础。

二是明确企业的未来发展目标。为使制定的试点《实施方案》符合企业实际，具有可操作性，广州海运对 3 年的经营状况、资产负债、资金运用及效益情况进行了调查摸底，搞清本企业的现状，找出影响企业效益的症结。在制定试点《实施方案》前期，先后召开了企业发展战略研讨会、党委扩大会和职工代表大会，对企业自身现状和国内国际航运市场进行全面分析，提出企业发展战略、明确了建立现代企业制度试点应达到的目标。

三是建立了规范有效的法人治理结构。依照《公司法》规定，根据交通部的委派和任命，组成了董事会、总经理和监事会，在企业内部建立起权责分明、相互制衡、有效运作的公司法人治理结构，实行董事会领导下的总经理负责制。1996 年 3 月，出资者指定了公司董事会 9 位董事、董事长和副董事长。《广州海运（集团）有限公司章程》于 1996 年 7 月 24 日经广州市工商行政管理局核准。同时，对下属非法人企业，按照国家有关规定和《公司章程》规定，注册改制为分公司，建立起公司、分公司和子公司的组织框架，明确了企业法律责任。1996 年 8 月 6 日，公司召开了董事会第一次会议，审议通过了《公司董事会会议及工作制度》，监事会由出资方等部门 13 位监事组成，指定了监事会主席，1996 年 4 月、10 月在广州召开了第一届监事会第二、三次会议。按照现代企业制度分设的出资者、决策者、执行者的基本特征和事业部制的要求，建立了公司总部作为投资决策中心、按行业设立的事业部作为利润中心、各成员单位作为成本中心的机制。按新机制要求，以精简、高效的原则定编定员，明确了各中心、各层次的关系和职责；配合新机制建立，建立和完善了适应现代企业制度要求的管理制度，明确了职责，按公司制实行规范化管理，投资权集中到董事会，财权与事权分离。新机制运行后，实现了层层负责、权责明确和有效管理，调动了各层积极性，增强了市场竞争能力。

三、深化改革，适应市场经济

（一）建立适应市场经济的体制机制

1992 年，中央召开了一系列会议，就 1993 年企业改革做出了重大部署，即深入开展国有大中型企业转换企业经营机制工作。十四大确定的建立市场经济体制的目标，是一次理论的大突破，思想的大解放，是改革开放发展的必然结果，是社会主义经济的内在要求，是提高资源配置效率的必由之路。海运企业只有走向市场，才会有新的活力。据此，广州海运在 1992 年 11 月召开了党委第 21 次扩大会议，就 1993 年的改革问题做了研讨，并做出了 6 项决定。即：

一是划小财务核算体制，部分下放运输生产经营权，要求初步形成两级核算和责、权、利统一的体制，完成管理上的历史性转变。

二是认真做好清产核资工作，为企业转换经营机制做充分准备。

三是坚持“一业为主，多种经营”，大力开展多元化经营和运贸业务结合。

四是打破福利大锅饭，实行福利费包干；改革住房制度，医疗及煤气补贴由暗补改为明补。

五是进行劳动、人事和分配制度的改革；在用人制度上实行竞争上岗、公开招聘以及人员分流。分配上，船员实行岗位工资，机关人员试行岗位技能工资。

六是加快信息化管理步伐，提高工作效率和管理现代化水平。

党委第 21 次扩大会议为广州海运深化改革、转换机制、实现历史性变革做出了重大的决策。随着各项决议、决定的落实，广州海运各项改革初见成效，生产上也完成了国家下达的各项指标。更重要的是上述各项措施争得了改革先机，为 1994 年的深化改革打下了基础。正因为广州海运先走了一步，所以 1994 年交通部推荐广州海运作为全国百家试行现代企业管理制度的试点单位。

为适应市场经济需要，广州海运稳妥地做好了内部部分经营权的下放工作。为了使各直属船公司的责、权、利更好地统一起来，健全船公司进入市场、参与竞争的机制，在经过半年多的酝酿准备后，广州海运于 1993 年 8 月 1 日将运输生产的部分经营权下放，并顺利地实现了平稳过渡。广州海运的 5 个船公司对广州海运（集团）公司实行承包经营，运输处的油运科、散运科、散货科、杂货科、集装箱科、客运科成建制划归 5 个船公司。各船公司在部分经营权下放后，都能够大胆实践，积极探索经营新路子。广州海运运输处转向内外贸运输平衡和内贸运输协调运营，防止内耗、依法经营，并制定了岗位职责，建立起与市场经济相适应的专业化运输管理体制。

1994 年，是广州海运为适应建立社会主义市场经济体制而深化企业内部改革的重要一年。这一年国家在财税、金融、外汇、投资体制等方面出台了一系列重大改革措施，对广州海运的生产经营活动产生了较大的影响。

1995 年是国民经济第八个五年发展计划的最后一年，也是广州海运以建立现代企业制度为方向、抓住试点契机、积极推进企业内部改革、努力增创经济效益的重要一年。全体职工在交通部和广东省的领导和支持下，按照“稳步推行三改（改组、改制、改造），阔步走向市场，开拓多元经营，注意保值增值，突出企业效益”的工作方针，逐步建立起与现代企业制度相适应的企业经营、管理运行机制。

1996 年，经过努力，广州海运基本理顺了国内运输与外贸运输的关系、船公司与船员公司的关系、营运与修船的关系、主营船公司与多经公司的关系，减少了内耗，提高了效率，发挥了整体优势，创造了规模效益。外贸运输明确由南方分公司统一经营，其他船务分公司则集中精力，搞好安全、机关管理等日常工作；南方分公司与其他船务分公司之间签订船舶租赁协议。英华船员分公司负责船员工资和部分奖金的发放，另一部分奖金由船务分公司视船员的具体表现来发放。各船务分公司管好在船船员，英华船员分公司则在总体上为船员提供公平竞争上岗的机会。修船服从营运的不平衡性，根据营运计划合理安排修船时间，保证了在营运的船舶适航适货；营运计划的制定也考虑船舶的实际状况，尽量做到给修船提供宽松的条件。煤炭运输以兴华分公司为主，各多经公司协作；而煤炭运力的安排，则由兴华分公司统一调控，形成统一对外的竞争格局。

（二）钱维扬：走向市场经济的改革先锋

钱维扬1938年生于江苏宜兴。像那个年代出生的大多数人一样，他没有快乐的童年，有的只是兵荒马乱的环境和饥寒交迫的生活。目睹旧中国的贫穷与落后，经受苦难生活的磨练，过早地承担生活的重担，他幼小心灵中深深地埋下了自强与奋发的种子。他如饥似渴地追求知识，发奋读书，立志改变祖国贫穷落后的面貌。1955年，他以优异的成绩考上了我国航运的重点高等学府——大连海运学院，从此他的一生便与海运结缘。

1960年，钱维扬学成毕业，被分配到广东交通学校（现广东交通职业技术学院）任教师，1962年调入广州海运局运输处任调度员。每当站在珠江边，他总是看着一艘艘插着外国旗帜的大型轮船穿梭驶过，而国内货轮却少得可怜，他的思绪就像滚滚的珠江水翻腾不息。他深深感到，新中国的海运业还很落后，他仿佛感到了自己肩头的责任。他默默下决心，一定要把振兴国家海运作为自己的毕生追求。

钱维扬以江浙人特有的精明、好学、有耐心、肯吃苦的性格，坚持不懈地努力工作，出色地完成每一项任务。20多年的奋斗，本着对事业执着的追求，不断进取，练就了不服输的性格。无论是工作还是为人，他都赢得了同事的赞许，获得领导的肯定。1983年4月，他从调度室副主任破格提拔为广州海运局副局长（图5-8）。

图5-8 钱维扬在广州海运（集团）公司第四届职工代表大会上。

他更大的事业舞台是从1984年11月开始的。当新一轮改革大潮席卷全国，他走上了新的领导岗位，就任广州海运局局长。

1.大机遇、大风险关口的运力发展决策

进入20世纪80年代，改革春风吹遍大地。广东省是全国改革开放的综合试验区，政策灵活、优惠，有濒临港澳得天独厚的经营条件，这对经济持续高速增长提供了极为有力的保证。当时，广东省经济每年都以10%以上的速度增长。经济增长，动力先行，运输先行。广东的火力发电生成了大量的煤炭和石油运输需求，而全省的大部分煤炭和接近全部的原油要靠海运运入，难怪有人说，广州海运停产一周，广州市就会陷入“瘫痪和黑暗”。可见海运市场前景是广阔的，只要广州海运有运力，就不怕没有货源。

然而，广州海运的船舶运力却已无法满足市场需求了。尽管与新中国一同起航的广州海运有过辉煌的历史。但进入 20 世纪 80 年代，却要面临一个无法回避的挑战：全局运力明显不足，且船队竟有 30% 的运力属于超期服役的老旧船。若继续依靠前辈们留下的老旧船来苦苦经营，不但从运力数量上不能满足华南经济发展的需求，而且老旧船修理费用高，燃料消耗大，效率低下，难以创造良好的效益，也难以形成真正的实力。

要提高实力，必须发展新运力。可当时的造价就像断了线的风筝，扶摇直上。要大量造船，资金怎么筹集？此时造船，贷款债务必然会成倍增加，企业有这么大的承受力吗？造船被企业界认为是“最具投资风险的举动”，这风险又如何规避呢？

实际上，处于 20 世纪 80 年代中期，我国的社会主义市场经济还未正式确立，人们的习惯思维还没有走出计划经济模式。企业要发展，还是习惯于伸手向国家要投资，等着国家给拨款。然而，如果被动等待国家投资，不仅导致企业船队发展缓慢，且广东省的交通运输问题也会成为经济发展的瓶颈。

应该说，在这样的形势和背景下作决策，不仅要面对企业资金压力与财务风险，还要面对政治责任风险。发展的道路充满曲折。效益与风险的交锋，新观念与旧思想的决战，此时正在钱维扬脑海中进行着。是等待国家下政策、拨资金，守着老本吃保险饭；还是摆脱“国家依赖症”，大胆地走自我发展、自我更新之路？这是对企业家的一次大考，是对改革家的一次检验。

逆水行舟，不进则退。它告诉人们这样一个道理：一个人，一个企业，乃至一个国家，要在世界上立于不败之地，就必须发奋进取，不能抱残守缺。

采用建造与购置相结合的方式，加快船队发展，这是钱维扬面对形势挑战做出的重大战略抉择。为此，钱维扬和他的助手们进行了大量的市场调查和论证。资金缺可以先借，要突破就要打破常规，走负债经营的路子。钱维扬给大家算一笔账：如一条散货船按正常营运 24 年来考虑，即使 14 年还清贷款本息，也还有 10 年的赚头，何况一条散货船还不止用 24 年呢。有了船，企业才能提高市场占有率，才能创利。况且，迅速发展的海上能源运输大市场，不就是还贷的可靠保障吗？考虑到船价上涨因素，其实造船越早相对越便宜，迟造不如早造。

账越算越清，越算信心越足，胆子越大。他的想法得到了领导班子和上级领导的支持。在统一思想的基础上，“七五”期间，广海果断贷款 10 亿元，签订了包括 8 艘 3.5 万吨级经济型散货船在内的共 46 万吨造船合同。

此后，由于国际海运事业急剧发展，加上国内造船业的竞争，船价成倍增长。而正是这批船舶，日后成为广海运输生产的主力军。钱维扬以自己的胆识和智慧，在走上领导岗位的第一步，就抓住机遇使企业获得了长足发展。

“七五”期间，广州海运局在运力发展上打了一个漂亮仗，共新增船舶 32 艘、44 万载重吨，占当时船舶保有量的 40%，使企业船队一跃成为我国沿海海运企业中最年轻的船队。

机遇从来只是照顾有心人。面对千变万化的市场，钱维扬总是不放过每一个有利的时机。继“七五”之后，钱维扬又在运力发展上采取了一系列大动作。他精明地盯着国际船舶市场，在航运低潮船价下跌时，大胆地借贷一笔外汇，购进 13 艘、44 万载重吨国外二手船扩充船队。针对资金严重不足的困难，他又采取了融资租赁方式买进 2 艘 6 万吨级散货船，拓宽了运力发展的路子。

进入 90 年代，随着航运市场的变化，钱维扬审时度势，及时对船队结构进行调整，处理了经营效益差、4000 吨以下的小船和老旧的“红旗”型散杂货船 24 艘、11.35 万吨；针对客货船严重亏损，无力与公路、铁路、航空竞争的情况，果断决策，于 1996 年初将全部 13 艘客货船处理完毕，退出了水上客运市场；为适应南海海洋油运输市场的需求，加大了油轮更新力度，重点增加了 13 万吨级油轮 1 艘、6 万吨级油轮 4 艘、3.5 万吨级油轮 4 艘、1.1 万吨级成品油轮 2 艘。同时，他还把目光投向国际市场，组建专门从事远洋运输的南方船务公司，实行专业化管理和规模经营，将船队一半的运力投入外贸运输，为广海实施“立足沿海，发展远洋”的战略目标迈出了坚实的步伐。

统计数据表明，广州海运（集团）有限公司在改革开放以来，运力已从 1979 年的 111.8 万吨增至 1997 年 315 万吨，增幅达 181%。

由于钱维扬以及企业领导层决策正确，措施得力，使船队规模实现了跨越式发展，船队结构向现代化、大型化方向发展，运力的数量与质量均有很大提升，这不仅为广东省的经济发展提供了坚实的运输保障，也在全国乃至全球航运市场叫响了“广州海运”的品牌。

2. 敢于“第一个吃螃蟹”的先行者

根据党的十四大提出的建立社会主义市场经济体制的要求，经交通部批准，广州海运局从 1993 年 1 月 1 日起正式更名为广州海运（集团）公司，钱维扬出任总经理。借助建立社会主义市场经济的大背景，钱维扬以敢于“第一个吃螃蟹”的大无畏精神，在企业内部大力推行改革创新。

然而，要做好改革创新这篇文章谈何容易。对于广州海运这样的老企业，多年在计划经济体制下建立和发展起来的管理模式、运行机制以及各种旧观念在人们心目中根深蒂固。冰冻三尺，非一日之寒。旧观念、旧体制是人们前进的绊脚石，是企业改革创新的拦路虎。在旧体制下过惯了舒服日子的人们，一旦要面对竞争压力，在他们思想上引起的震动必然非常之大。

明知山有虎，偏向虎山行。在困难面前从不退缩的钱维扬，毅然带领企业踏上了全面改革、体制机制创新与管理创新的艰难之路，书写了一个又一个“率先”的先行者传奇。

一是率先推行现代企业制度。1994 年底，广州海运被国务院确定为全国百家建立现代企业制度试点单位之一，也成为交通部系统的首个试点。钱维扬带领全体员工解放思想，大胆实践，积极探索，确定了“立足沿海，发展远洋，海运为主，多元经营”的战略目标，按建立现代企业制度的要求研究探索建立新的管理体制和领导体制，其组织管理架构由直线职能制改为事业部制。企业划分为公司总部、事业部、基层单位三个层级，分别承担决策中心、利润中心和成本中心功能。同时根据交通部的委派和任命，组成了董事会、总经理和监事会，在企业内部建立起权责分明、相互制衡、有效运作的公司法人治理结构，实行董事会领导下的总经理负责制。在推进试点工作中，广州海运按现代企业制度的要求，健全企业财务会计和内部审计制度；建立了总经理确定财务预算与决算制度、董事会批准预算决算制度、监事会负责财务检查制度以及出资者加强财务监督的制度（图 5-9）。

图 5-9　1995 年 6 月，钱维扬董事长与英辉南方船厂管理层召开会议。

二是率先打破企业分配的“大锅饭”。在企业职工代表大会上，他提出，要打破分配上的“大锅饭”，把分配与个人才能、业绩、贡献大小结合起来；要大胆采取灵活的分配方式，对贡献大、责任大的职工实行高薪。他从解放思想开始，让职工破除平均主义思想，树立新观念。他鼓励职工树立勤劳致富思想，确立为社会创造财富越多、拿钱越多越光荣的理念。在他的着力推动下，广州海运在地方航运企业中率先推出了一系列改革措施，如在调整岗位技能工资中，重点向一线船员倾斜，向船长、轮机长等专业人才倾斜。

三是率先推进劳动、人事、分配三项制度改革。在钱维扬的推动下，广州海运积极实行全员劳动合同制，打破“终身制”，引入劳动力市场竞争机制。在用人制度上，搬掉“铁交椅”，实行行政干部和专业技术干部逐级聘任制，党群系统科以上干部实行委任制，严格考核干部的“德、能、勤、绩”，能者上，庸者下，引入公开招聘的竞争机制。上述举措，既是调动企业劳动者积极性的关键性改革，更是触及企业职工自身利益的改革。在当时社会保障尚未成熟的条件下，他积极稳妥推动企业的各项改革，率先试点，成立社会保障部，把实施“三项制度”改革后派生的各种新问题，交由社会保障部统一进行消化管理，让生产单位轻装前进，集中精力参与市场竞争。同时，进一步改革和完善了企业内部的各项福利保险制度，如职工养老保险制度、住房分配制度和医疗保险制度的改革，体现了国家、企业、职工个人共同分担费用的原则。

四是率先建立起企业内部的船员劳务市场。首先是成立英华船员劳务分公司，建立起统一船员管理平台，将原分散于各船公司管理的船员，集中由船员公司统一管理，以合理配置劳动力资源和优化船员整体素质，此项改革成为国内大型航运企业的首创。船员公司与船公司之间通过劳务合同建立业务关系，形成企业内部劳动力市场和竞争上岗的机制。

五是率先实施安全管理体系。安全是企业最大的效益，也是保持企业稳定，树立良好形象的重要方面。1996 年 11 月，广州海运通过了交通部的严格审核，成为国内率先开展安全管理体系试运行的航运企业，并第一批获得交通部颁发的符合证明（DOC,Document Of Complication），取得进入国际市场的通行证，安全管理成效显著，安全品牌形象也提升了企业的市场竞争力，使广州海运连续多年取得良好的经济效益，多项生产指标创造了历史新高。此前，广州海运的油轮曾出现被海洋油终端多次拒载的严峻局面，这不仅影响企业信誉和在国际市场上的竞争力，造成经济损失，且对中国船级社（CCS,China Classification Society）和国家的信誉也会造成一定的影响。钱维扬对此十分焦虑。为尽快扭转被动局面，他狠抓航行国际航线船舶通过港口国检查（PSC,Port State Check）和大石油公司检验工作，以及到南海油田海上终端提油的油轮管理工作。在针对存在问题狠抓整改措施的同时，还利用无数个休息日到船上去，要求大家转变观念，借助安全管理体系加强管理，并亲自深入到机舱、甲板等部位仔细检查。通过努力，广州海运的船舶安全管理情况大有改观，船舶接受港口国检查和大石油公司检验的无缺陷通过率大大提高，油轮从被拒载转为被认可和表扬。南海油田外方人员用“中国最好的油轮”“效益最好的油轮”等字眼来评价广海的一程船舶（图 5–10）。

图 5–10　广州海运（集团）有限公司安全管理体系审核首次会议代表合影。

一项项改革措施的出台，一个个“率先”历史的开创，迅速改变了企业的面貌。然而，改革并非一帆风顺，与任何新生事物一样，不是一开始就能为人们所接受，特别是当改革与眼前利益、固有利益发生冲突的时候。如福利制度的改革就颇费周折。当免费医疗要收钱、内部低价的煤气按市价供应、无偿分配的住房也要花钱购买时，有人开始对集团的改革措施质疑了。

在改革的路上，钱维扬始终按党的改革方针政策办事，根据企业的实际考虑问题，坚持一步一步地走，每一步都力求稳妥、有力。

最终，改革带来的效益和效果打消了人们的疑虑。当福利费由过去的暗补改为明补时，浪费减少了，企业效益提高了，职工确实感受到改革使自己的生活改善了，实惠增加了。钱维扬在接受媒体采访时说:“改革一定会使企业越办越好。”通过实践，职工群众对企业改革的态度也由最初的质疑转为广泛支持。

3. 把“局长的忧虑”转化为“人才强企”的动力

曾有一段时间，钱维扬几天寝不安席，食不甘味，陷入一种深深的焦虑之中。已是后半夜，他竟从床上起身，挑灯夜战，连夜写了一篇长文《局长的忧虑》。是什么让他如此焦虑?

原来，他在为一个数字而失眠。那是人事部门提供的一份运输船员统计表，与上年相比船员的流失又增加了。他喃喃自语，语气沉重:“又少了 174 人。”在流失的船员中，高素质的比例越来越大，如三副、三管轮，大部分是刚从学校毕业的学生，而且更使人担心的是船长、老轨的数字也在减少。

人才是企业最宝贵的资源。然而，我国海运企业却长期以来存在着人才短缺、技术骨干青黄不接的严重问题。尤其是改革开放以后，海运企业走向市场，人才竞争更加激烈，如何有效地防止人才和技术骨干外流，同时又能尽快造就一支高质量的人才队伍，就成为海运企业赢得市场、获得发展的一个焦点。

钱维扬深知人才的重要性。人才问题是他上任之后考虑得最多的问题。但是，由于历史的原因，广州海运出现了人才断层、技术干部数量不足的问题，有60%以上的高级船员长期得不到公休而超负荷地工作；总部机关不少岗位由于没有补充来源也难以提高管理者的素质和业务技能。而船队的迅速发展，船舶新技术的广泛应用，又对船员及陆岸管理人员的素质提出了更高要求。

据1990年统计，广州海运处以上干部50岁以上的已经超过54%，机关中层干部普遍趋于老化。另外，干部队伍总体素质也偏低，还有相当部分船舶技术干部文化程度在初中以下。当时，企业内本已稀缺的人才，又受到社会上高薪及各种优厚待遇的吸引，造成了相当部分人才的流失。

海运是一个风险和艰苦的行业，在市场经济里，人员的流动是必然的，但高素质船员过多的流失，对处在大发展的企业来说却是一种极大的潜在危险。

想到这里，一种对企业前途、命运的忧患意识和强烈的责任感，促使他提笔向《广州海运报》写下了长文《局长的忧虑》。他在文中提出了一连串问题：将来靠谁来开船？船舶吨位越来越大，技术越来越先进，经营环境因竞争激烈而越来越严峻，船长、老轨、技术干部如何从数量、质量上去适应和保证？在竞争日趋激烈的情况下，如何稳定船员队伍尤其是技术干部队伍？

很快，“局长的忧虑”变成了全局的忧虑，他提出的问题在广大船岸干部职工中引起很大的反响。培养人，吸引人，留住人，成为大家热议的话题。

海员们常年漂泊在大海上，过着枯燥的生活，对家庭的思念和牵挂，往往会影响着他们的日常工作和生活。“要更多地关心关爱船员，为他们排忧解难！”钱维扬这样要求机关管理干部，同时更是以身作则。他不顾工作的劳累，特别是每逢节假日，经常深入到船上和基层单位。无论是对刚走向工作岗位的青年船员，还是工作多年的老船员，他都与他们促膝而谈，细听心声。平时，无论多忙，他总是亲自批阅船员的来信，热情接待来访的船员，尽力为他们解决困难。船员的困难和疾苦总会使他牵肠挂肚，经他亲自过问解决的“农转非”、住房、子女入学、家属就业等老大难问题就不下百起。

有一件事让海员职工们很感动。他在本职工作之余，还兼了不少社会职务。多年来，他所得的报酬始终分文未取，全部捐献给了海员活动中心和幼儿园。他认为，这不过是区区小事何足挂齿，但船员们却深深感受到一份温暖，而广大群众更是从一件事来认识一个党员、一个干部甚至整个党的形象。

人心换人心，广大船岸职工着实感到了领导关怀与企业温度。感情是金钱买不到的，当社会上诸多公司以重金到处收罗人才的时候，广州海运却以真情稳住了人心，留住了人才。

钱维扬把“局长的忧虑”转化为“人才强企”的动力。他把有限的基建资金拨出一部分投资建设了海运技校和海员培训中心，建成了门类比较齐全和完整、师资比较雄厚的培训基地。经过培训，一批又一批的合格人才走上岗位，成为海运队伍的生力军。

他大胆启用年轻人，促进了人才的成长。当人们为4万吨级船舶“万寿山”轮的船长才年仅32岁而惊叹时，而这位年轻人实际上已当了4年船长。即使是一艘最大的10万吨级油轮，船长、老轨也仅30岁出头。为年轻人创造大显身手的舞台，这是企业家的责任。钱维扬对所属的船公司提出了让青年快速成长的要求，让大中专毕业生提前上岗，大胆使用，有效地缩短人才成长周期。这种做法在专业技术人员中产生了强烈的反响，他们看到了一条快速成长的希望之路。

他还想尽办法吸引人才。每年给全国有关院校赞助经费，保证人才资源能够源源不断进入企业。同时，他坚持在省内外的人才交流市场调研，广开人才渠道。

正是这样，在激烈的人才竞争中，广州海运建立和保有了一支高素质的人才队伍。当钱维扬看到企业的船长、老轨数量已超过500名，实现了公司制定的规划目标，他异常兴奋:“这就是我们看家的实力啊！”

经过几年的不懈努力，广州海运已经成为人才济济、活力四射的大型企业集团，更有一大批优秀的年青管理干部脱颖而出。1997年，机关45岁以下的处级干部已经占了40%，最年轻的只有31岁。钱维扬欣慰地说:“这些后起之秀，正是我们企业未来的希望！”

4.“廉”字撑起官场人生的最高峰

领导者如何身先士卒，赢得民心；如何增强整个团队的凝聚力和向心力，这是国有企业顺利完成向市场经济转变的一个突出问题。钱维扬深知这一点。他提出“同舟共济，振兴海运”的口号，以此作为企业精神来激励全体职工，也严格约束自己。

钱维扬为官一任，始终坚持勤政廉政，作风正派，率先垂范，深为大家敬佩。一个“廉”字，耸立起他职业生涯的最高峰。

钱维扬带头艰苦奋斗，处处精打细算，从不铺张浪费。很难想象，一位手中握有审批上亿款项权力的总经理，却习惯将用过的信纸信封翻过来再用。生活上更是简单朴素。对此有人说这是“小气”“没有派头”。的确，在社会主义的初级阶段，特别是市场经济比较发达的今天，国家对企业的正常业务交往已经限制很少，有的还给予相当灵活的政策。但这能成为动辄大操大办、请客送礼、铺张浪费的理由吗?

不！钱维扬认为，共产党员任何时候都不能忘记艰苦奋斗的传统，靠浪费国家的资财来搞攀比、讲派头不是真本事，现代企业家追求的应当是国有资产的保值增值，企业效益的提高和职工生活的改善，而不是为个人添什么“派头”。

广州海运成立40周年大庆活动就是一个好例子，人们至今难以忘怀。

历经40年的风雨沧桑，经历了几代人的奋斗，广州海运局从成立的几条船，发展成为拥有各类巨轮达200多万吨的大型海运企业，特别是经过改革开放十多年的飞速发展，企业实力、经济效益迅速增长。在迎来自己40周年的大喜日子的时候，花几十万元搞一场大型庆祝活动，确实也合乎情理。当时，在庆祝活动的安排上，人们的想法很多。“40周年是大庆活动，要大搞！”在节日即将来临之际，年轻人已按捺不住。“应该花点钱好好搞一搞，隆重点嘛”。一些老同志也开口了。更有人建议，给局长搞个专访，电视报道，开个记者招待会，要大场面、大气势。

然而，钱维扬把这些想法都一一否定了。他说，广州海运40年，是艰苦奋斗、艰苦创业的40年，艰苦奋斗是我们企业的“传家宝”，任何时候都不能丢。他倡议不搞形式主义的庆祝活动，而是通过回顾艰苦创业史，教育全局一万八千职工继承和发扬企业光荣传统来庆祝局庆。他亲自主持讲局史、忆传统报告会，发动评选“海运功臣”活动，组织功臣到船舶、基层巡回演讲，用先进人物的光辉形象来启迪和教育职工。这种做法，既省钱又有现实意义，在职工中传为佳话。

在日常生活中，在市场经济的冲击下，面对社会上的各种出格行为，钱维扬始终保持着清醒头脑，他以自己的处事原则，处处从小事着眼，一点一滴地维护企业的利益，赢得了广大职工的信任和支持。

他带头努力工作，每天下班后仍在办公室伏案工作已是他多年的习惯。他十分珍惜和善于利用时间，每次出差往返总是尽量安排在星期天或晚上，会议一结束或事情一办完马上就赶回来。在他的时间表里，几乎没有空余的时间，一次会议接着一次会议，一个洽谈接着一个洽谈，一个矛盾接着一个矛盾要解决，一份报告接着一份报告要处理……他一天工作10多个小时，有时忘了吃饭，有时星期天也顾不上休息，日复一日，年复一年，周而复始，不知疲倦地为企业工作着。

他带头清正廉洁，从不以权谋私。他把在军航处兼职等的报酬都如实向纪委登记，用于奖励有突出成绩的部门，或购买字典等学习用品奖给海运技校“三好学生”。他从不受礼，常常将港口、货主馈赠的物品、食品、水果转送给幼儿园、住院病号等。在1990年国家财政困难之际，他带头过紧日子，主动降低自己的奖金标准，深深感动了船岸干部职工。

他还自觉地置身于广大职工的监督之下，每月都向纪委申报个人经济收入，自觉依法纳税，并在职工代表大会上带头公布个人住房面积等。

他重视思想政治工作。坚持正面教育为主，把消极因素转化为积极因素。他经常教育干部要多看他人的长处，不要盯住人家的缺点不放，为此，他专门买了《有效的管理》一书亲自签字赠送给处以上干部，要求从中学习调动人的积极性的经验。

在他的表率作用下，企业职工艰苦奋斗、廉洁奉公、秉公办事逐步形成风气。

钱维扬为官一任，造福一方。他一手推动的金融投资，二十年累计收益上百亿；他一手主导的办公大楼建设与职工培训、职工安居工程，包含了上百幢建筑；他一手打造的船队，更包含上百艘各类船舶。如果把这些资产与资金全部折算成楼宇，或可排满广州城区的珠江两岸。然而，这位为企业创造巨额财富的掌门人，其自己的住房却是非常普通甚至有些“寒酸”。原来，广州海运早期职工住房分配时，钱维扬看到船员们的住房普遍不宽敞，就主动降低自己的住房标准，减少居住面积，把自己的“局长标准”主动降低为100平方米的“处长标准”。直至去世，钱维扬就一直住在这个降低标准的房子里。二十年过去了，船岸职工居住条件早已有了大幅改善，而他依旧停留在那个早期的“处长标准”上。广州海运的领导班子换了一届又一届，每届领导班子都觉得企业亏欠他太多，都想帮他改善居住条件，哪怕是帮他装修一下房子，但都被他和他的妻子坚定地拒绝了。

2017年7月24日，钱维扬因病在广州逝世，享年80岁。他筚路蓝缕，艰苦奋斗了一生，几乎没有给家人留下什么财产，但却给企业留下一个丰厚的家底和良好的基础，更以一个“廉”字为我们党留下一笔弥足珍贵的精神财富。尽管他退休已有20年，尽管按他的要求其葬礼办得非常低调，但还是有数百名广州海运员工闻讯赶来，自发地为他送行。大家无不悲伤哀恸，潸然落泪，默默地与钱维扬做最后告别，祝他一路走好。

四、海盛船务推行股份制改革

海盛船务从广州海运的全资子公司转变为多家参股、多种经济成分并存的股份制企业，是海盛船务发展史上的重要里程碑。

1993年3月18日，由广州海运（集团）公司、海南省电力公司、海南港务局、招商银行、交通银行海南分行等5家单位在原海盛船务公司的基础上，以定向募集的方式，改制设立了海南海盛船务实业股份有限公司。广州海运以7050万元入股，占海盛股份的56.4%，成为控股股东。广州海运职工共持有海盛内部职工股1410万股，占11.28%。这是交通部直属航运系统首家股份制企业。著名经济学家厉以宁为海盛船务的成立题词:“为国营海运企业的股份制改革创造经验，开辟新途径。”这一举措，旨在通过股份制改组的方式，加快海盛船务经营机制的转变，多渠道筹集发展资金，扩大公司的运输规模，满足海南特区的经济发展对海上运输的需求，并根据实际情况和公司的投资能力，拓展新的经营领域，实现公司股份化、多元化的经营战略目标。结合广州海运企业体制改革的进一步深化，按股份制的要求明确海盛船务的责、权、利关系，在市场经济的新体制下，使公司真正成为自主经营、自负盈亏、自我发展、自我约束的商品生产和经营单位。

股份制改组是海盛船务发展中极其重要的一环。这一举措使该公司实现了五大转变:一是实现了由广州海运作为国营大型企业的单一投资主体，向国家、法人和个人持股的多元投资主体的转变；二是实现了由计划分配市场向竞争开拓市场的转变；三是实现了由完成上级指令性任务向追求最大经济利益并回报股东的经营目标转变；四是实现了以海运单一产业向发展石油仓储、船舶代理、贸易、旅游等多元产业结构的转变；五是实现了由传统行政管理方式向适应市场经济的现代企业目标管理模式的转变。伴随着五大转变，海盛船务资产也由原来的7000多万元增加到了1.25亿元以上，拓展了融资渠道，吸纳了大量社会资金，可以进一步购置大型船舶，增强控制市场的能力，扩大了经营规模，逐步垄断了海南大宗散货的运输市场，从规模上要效益，在管理上出效益，还带来了机制和观念上的转变。股份公司靠股东大会、董事会、监事会治理。海盛船务借改制的东风，不失时机地发展壮大实力。1993年利用定向募集资金，从国外购买了2.8万吨级的散货船“建华岭”轮，1994年又购买了3.5万吨级的散货船“狮子岭”轮；3月18日，利用募集资金和国家银行贷款以及广州海运的支持，投资1.35亿元在海南澄迈县美当湾征地227亩，兴建了一座5000吨级栈桥码头和8个可装汽油、柴油和燃料油等多油种的油罐，容积为3.2万立方米。该油库工程于1996年12月12日竣工投产，并以油库为实体，由广州海运、海盛船务、国家交通开发投资公司三方成立了海南国盛石油有限公司，成为在全国率先探索改革燃料油流通体制、并担负海南省燃料油配送中心职能的新型企业，承担着国家分配给海南省的燃料油国内出口和进口资源的组织调进任务，标志着海南国盛石油有限公司由建设施工阶段进入了经营运作阶段，进一步增强了海盛船务的竞争力（图 5–11）。

图 5–11　海南国盛油库投产典礼。

海盛船务从股份制改组开始，就一直致力于争取股票上市、成为社会公众公司的工作，公司股东大会、董事会也把公司上市作为一项重要的工作目标。经过不懈努力，1993 年、1994 年海盛船务连续两年利润突破 4000 万元，1995 年利润也接近 3000 万元，同时该公司作为海南省交通基础支柱型产业，得到了省委、省政府的大力扶持，海南省政府把当年 4 成以上的上市额度下达给海盛船务，并把该公司确定为海南省首家在上交所上市的公司，希望“特区企业走向全国”。

1996 年 4 月 11 日，经中国证监会复审同意，海盛船务 4170 万 A 股在上海证券交易所定价上网发行，发行价每股 3.90 元。海盛船务作为海南第一家在上交所上市的 A 股股票，公司作为 A 股在上交所上市的第一家海运企业，格外引人注目，购买者十分踊跃，申购中签率仅为 2.28%。为配合公司股票上市，海盛船务在上海举行新闻发布会，海南省常务副省长汪啸风在会上表示，经过宏观调控和产业结构的调整，海南经济已走出低谷，开始以较快速度增长，这预示着海南将会产生一批业绩良好的股份公司和上市公司，沪琼两地经济合作的前景广阔。

海盛船务发行股票扩大了海南企业在上海证券市场的影响，促进了海南经济与发达地区经济的融合，吸纳社会资金，支持海南大特区经济建设的发展。公司公募集资金 1.5 亿元以上，按照公司《招股说明书》募集资金运用方案，发行股票所募集到的资金主要用于公司的基本建设和技术改造。公司根据海南市场变化的情况，及时调整运力结构，处理了不能产生较好经济效益的杂货船，大力巩固货源市场，稳定流向合理、效益良好并对海南经济建设举足轻重的大宗散货运输，购置了两艘 3 万吨级二手散货船，在放弃杂货运输的同时，大型散货船保有量增至 6 艘，运力达 16 万吨以上，继续居海南水运的首位，继续承揽了海口电厂发电用煤进岛和海南铁矿矿石出岛的运输任务，在海南市场外部环境持续萧条、企业大面积亏损的不利环境下，海盛船务仍然能够凭借规模优势，创造了稳定的经济效益。海盛船务的航运业务能够在极为不利的市场条件下，在激烈的竞争中仍然维持盈利的稳步增长，是与公司 A 股上市募集资金所购置的两艘散货船都能迅速产生显著效益分不开的。

海盛船务 A 股上市，实际上是公司转机建制、推进股份制改革的继续，是促进公司各方面工作再上一个新台阶的巨大动力，它不仅直接带来了海盛船务在资金上的活力，而且还带来了管理上的活力和人员的活力。公司根据上市后外部、自身环境的变化情况，在管理上提出了更高的要求，进一步调整内部机构，合理紧缩部门和人员设置，撤并了一些部门，人员也比以前更加精简，而办事效率却比以前提高了很多，各部门创先争优，积极进取，努力把各方面工作做好。在这种情况下，职工的积极性也被充分地调动起来，而且公司 A 股上市，成为社会公众公司，也更加激发了广大员工对公司的自豪感和责任感，发挥“我要做”的工作热情，树立了很好的企业精神风貌。

海盛船务上市进一步提升了公司形象和在海南及海南航运业的领先地位。经过配合股票上市的各种宣传活动，广大股民和社会各界进一步增进了对公司的了解，与公司相关的货主单位继续确立了与公司的合作关系，公司对于海南的大宗散货市场占有率得以扩大和巩固。1996 年海盛船务完成货运量 250 万吨以上，实现利润 3500 万元，比 1995 年有较大增长。通过股份制改制并上市，海盛船务资产规模逐年增大。至 1996 年年底，总资产 4 亿元以上，成为海南省资本规模最大、经济效益显著、管理运作规范的股份制航运企业。

海盛船务按照“海运为主，多元经营，提高效益，稳步发展”的经营战略，提出了“立足海南，发展沿海，走向远洋”的三步走方针，大力发展海上运输事业，有力支持了海南大特区的经济发展，在广大股民中树立了务实求稳的形象。1994 年海盛船务进入“全国 500 家最大服务业行业企业”行列，1995 年又被海南省政府授予“科技进步优秀企业”称号，公司还是海南历年的纳税先进单位和企业规范化管理先进单位。1997 年依靠海南的大宗散货货源，成为海南省最大的船务公司。除主业外，海盛船务还在旅游、贸易、代理、证券、房产等方面进行了尝试，积累了一定经验。从 1993 年改为股份公司到 1996 年底的 4 年期间，海盛船务在市场机制的推动下，取得了可观的经济效益：1993 年纳税 646.51 万元，税后利润 3739.12 万元，每股盈利 0.30 元，股东派息每股 0.23 元；1994 年纳税 821.44 万元，税后利润 3712.25 万元，每股盈利 0.30 元，股东派息每股 0.18 元；1995 年纳税 776.35 万元，税后利润 2324.41 万元，每股盈利 0.19 元，股东派息每股 0.15 元；1996 年纳税 776.35 万元，税后利润 3277.27 万元，每股盈利 0.196 元，股东派息每股 0.12 元。

五、参与中国海运集团组建

1997 年 7 月 1 日，中国海运集团正式成立。8 月 18 日，中国海运集团和中国海运（集团）总公司在上海举行挂牌仪式。中国海运集团以中国海运（集团）总公司为核心，由中国沿海最大的三家航运企业，即上海海运（集团）公司、广州海运（集团）有限公司、大连海运（集团）公司，以及中国海员对外技术服务有限公司、中交船业公司等单位组成，是经国务院批准的全国 120 家大型企业集团试点单位之一。自 7 月 1 日起，广州海运现代企业制度试点工作终止。

广州海运从大局出发，积极参与中海集团组建。一是加强宣传工作，树立全局观念，培养集团意识。中海集团的组建是交通部贯彻十五大“抓大放小”搞好国有企业改革精神，优化沿海运输企业资源配置，促进结构调整，实行专业化、集约化管理的重大战略举措。为了使广大职工进一步了解中海集团，及时转变观念，公司充分利用《广州海运报》《工作快报》等媒体宣传报道中海集团成立的目的、意义和筹备、改革工作的进展情况，公司各级领导在各种场合都介绍中海集团改革情况，强调树立集团意识。通过广泛的宣传，使全体职工增强大局意识，理解和支持改革，培养了集团意识。二是以实际行动配合和支持中海集团的组建工作。公司以积极的态度，配合中海开展调研，并从人力、财力等方面大力支持中海的组建工作，共输送了 15 名素质较高、对市场适应能力较强、具有实践管理经验的干部；同时根据中海专业化经营的战略要求，调整了运力，并根据事业部行业特点，确定了与之相适应的财务管理和核算关系，为以后财务衔接、资金管理、股权和财务交接做了大量基础工作；第三，搞好油轮资产评估；顺利移交船代、集装箱等业务到中海集团；及时做好中海货运组建前期工作。在改革过程中全体职工表现了较好的集团意识和大局观念，有力地支持了中海集团的组建和改革。

六、广州海运公安局管理体制伴随企业的改革而变化

1955 年以前，在广州海运设保卫组、科、处，下设武装护航中队（连级编制），主要任务是与美制蒋机轰炸及破坏作斗争，武装保卫沿海船舶运输，由广州市公安局管理。

1955 年下半年成立广州海运管理局公安处，下辖武装护航大队，主要负责广州海运局、民生轮船公司广州分公司和广州轮船公司的船舶保卫工作，由广东省公安厅管理。

1966 年 6 月成立广州海运管理局公安局，局长任志文（后任广东省梅县地区政法委书记），设政治处、办公室、船舶保卫科、港口保卫科、武装护航中队，辖黄埔港、湛江港、北海港、海口港、三亚港、八所港、汕头港七个港口公安分局。

“文化大革命”时期，1969 年 1 月，华南水运公司成立后，撤公安局设保卫组。1971 年 1 月，华南水运公司撤销，成立广州海运管理局革命委员会，设保卫办。

1971 年 8 月，交通部公安局正式组建。

1972 年 8 月，重新组建公安处，设政工办、办公室、侦查科、治安民警科、机关科、船舶科，乘警队、守护队等，恢复成立并辖海口港、三亚港、八所港、汕头港四个科级港口公安局。业务由交通部公安局管理。

1978 年，广州海运管理局公安处更名为广州海运公安局，设立党委（图 5–12）。

图 5–12　1978 年，广州海运公安局干警合影。

1984 年，海口港、八所港、三亚港和汕头港四个港口公安局与广州海运公安局脱钩，直接归交通部公安局管理。

1980 年后，广州海运公安局的组织架构基本确定，设政治处、办公室、政保科、消防科、治安科、预审科、刑警队、看守所、训练班等处、科级部门，以及乘警队、守护队等，后成立后勤装备科。随着形势的发展，只是个别业务单位做了调整，如在 1992 年首授警衔的工作中，海岸电台守护队和武器库守护队被撤销。随着广州海运退出客运业务，绝大多数乘警队被裁撤，经交通部公安局和广东省公安厅的批准，广州海运公安局于 1995 年分别组建了治安大队和戒毒所。

从以上历史沿革可以看出，广州海运公安局基本实行业务工作由主管单位领导，行政管理等由所在单位领导的管理体制。即公安业务由交通部公安局和广东省公安厅领导，以交通部公安局为主，人事、组织、经费等由广州海运管理。随着改革的不断深入，广州海

运公安局的管理体制开始发生变化。

1995 年，广州海运（集团）公司进行体制改革，以建立现代企业制度。为配合广州海运完成改制任务，交通部在《关于广州海运（集团）公司建立现代企业制度试点实施方案中若干问题的批复》（交体法发〔1995〕1049 号）指出，调整广州海运公安局的管理体制，将其从广州海运划出，交由部公安局直接管理，其党组织关系挂靠广州海运党委管理。自此，广州海运公安局不再是广州海运（集团）公司的一个职能部门。

1997 年，在中国海运（集团）总公司成立后，为进一步加强和理顺海运公安局的领导和管理，交通部在《关于海运公安机构管理体制若干问题的通知》（交公安发〔1997〕613 号）文中规定，上海、广州、大连海运公安局作为交通部公安局的派出机构，其公安保卫工作由交通部公安局直接领导，党的关系挂靠所在地区中海集团所属的海运集团党委。业务工作实行交通部公安局与所在省（市）公安厅（局）双重领导，以交通部公安局领导为主。编制实行单列，由交通部适时核定。编制总额内的内部机构设置、定员增减，由海运公安局提出方案，征求所在海运单位意见，报交通部公安局审批。经费渠道不变，原则上实行经费单列。民警享受公安待遇，逐步实行公务员工资制度。

从广州海运（集团）公司改制到组建中海集团，广州海运公安局的管理体制逐步与所在公司脱离，实行政企分开，但经费渠道未变。

第二节　大力提升企业管理水平

一、合理调度船舶运力

20 世纪 90 年代，广州海运坚持“以卸定运”的原则和“立足沿海，发展远洋”的战略方针，针对国内和国外两个航运市场在不同时期的特点，认真做好市场分析，各方协调，及时加强运力调整。1992 年上半年，进口矿到港集中，广州海运对矿船运力投入严格控制，尽可能多运煤，少运矿，避免运力的浪费。10 月份以后，进口矿明显减少，各港卸货效率好转，广州海运又及时调整矿运计划，增加矿船运力投入，使矿运量满足了钢厂的要求。下半年，因增运“三西”煤炭抽回部分外贸船后出现压港时，则迅速调整运力投入，使大部分船舶很快返回外贸线营运，减少了国内压港造成的运力损失。当油轮运力富余形成新的高峰时，公司又及时寻求对策，避免可能出现油轮闲置的局面。

1993 年，针对各炼油厂和中转接卸点趋于饱和、堵塞的状况，一方面进一步密切与卸货港口、有关货主的联系，加强疏港工作；另一方面在保证国内运输的情况下，及时将富余油轮运力投向国际市场。

1995 年，在确保南下管道油运输的同时，针对海洋油生产继续保持增长的势头，公司合理调度船舶运力，使运输船舶多装快运，保证“北油南运”和“南油进江”的正常运行。海洋石油运输受气象因素影响，不均衡情况比较突出，调度部门与船舶密切配合，在风浪大时，主动抓住雨天过后和中午风浪较小的间隙适时进行靠泊或系泊作业，减少运力损失。

下半年，海洋油运输量大，生产调度部门克服台风影响等不利因素，抓运力效能，在一程运力稍显宽松的情况下，着重抓二程运力、抓卸港，在港口和炼油厂的配合下，黄埔、宁波、南京三个过驳点、卸油点在船舶密度较大的情况下仍很顺畅，确保了运力的衔接。

1996 年，广州海运根据海洋油生产和运输的特点，按照“以销定产，以卸定运，略有富余”的原则，合理组织安排油轮运力，充分发挥 10 万吨级“宁河”轮的主力油轮作用，牢固占领南海海洋油的运输市场。为使煤运市场走向规范化、有序化，广州海运发挥大集团优势，对属下多经公司作出统筹安排，抽出 28.2% 的运力投放外贸航线及国内非华南航线，确保企业在华南煤运中的主导地位。

1997 年，由于合理调度船舶运力，广州海运运输生产主要指标均达到上级部门的计划要求，并创下全年运输生产的历史新纪录。

二、加强船舶安全管理

（一）加强督促检查

1994 年，广州海运成立安全生产综合治理领导小组，其主要工作重点放在船舶防海损、机损、火灾、污染、工伤、货损、货差以及对主要干部船员、陆岸管理干部安全生产方面的考核；每年台风季节和强风、枯水、雾季到来前，组织力量开展安全大检查，并组织雾航守则、防台知识学习，做好防范工作；制定《广州海运（集团）公司对船舶总指示》，并发放到各部门和船公司、船舶执行；按国际海事组织的要求，完成了所有外贸船舶防油污应急计划的编写，规范船舶防止油污管理工作。各船公司根据各自实际情况，开展多种形式的安全活动，如十万里航行无事故、十万小时设备运行无责任性事故，雾航、防台百日无事故，党团员身边无事故等活动，取得一定成效。除各船公司主管部门坚持做好到港上船检查的日常工作外，从 3 月份起还连续派出 4 批共 96 名由机关干部和具有高级职称的专业技术人员组成工作小组，通过随船和驻港，以船舶安全生产为主题进行调研和检查，全年共检查船舶 215 艘次，实现问题整改 435 项。

1995 年，广州海运坚持“安全第一”的工作方针，努力抓好各项安全管理工作。针对机损较多、造成经济损失的状况，广州海运专门召开了机务经理会议，对事故进行分析，提出整改措施。此外，还吸取“大庆 216”轮重大火灾事故教训，对船舶机舱恒温隔音室的管理做出了明确规定。1995 年第二季度海盗频繁对在珠江口桂山水域抛锚的船舶作案，针对这一情况，广州海运公安局组织实施了打击海盗专项斗争，调整警力，通过到桂山岛调查及多次上船伏击、守候，一举打掉 4 个长期在桂山水域作案的海盗团伙，抓获犯罪分子 39 名，缴获赃物价值人民币 100 多万元，为企业挽回了损失。

1993 年 7 月份发生“大庆 256”轮爆炸和“安堡”轮火灾事故后，广州海运及时分析事故原因，采取整改措施；严格按“三不放过”的原则对事故进行处理，既教育了事故责任人，又使广大船员从中受到教育。1995 年、1996 年，分别对 32 宗、27 宗事故进行分析和通报，对造成事故和险情的有关责任人按“三不放过”原则进行了严肃处理。1996 年，广州海运还重新任命了各事业部和各单位 27 名防火责任人，保证了防火责任制的连续性。消防监督部门与公安科组织检查小组，坚持认真检查船舶和陆岸单位，对存在不安全因素的项目，发出火险隐患整改通知书和不安全因素整改通知书，将安全隐患消灭在萌芽之中。

1997年广州海运发生了“紫云山”轮触礁、“大庆243”轮火灾爆炸和“永池”轮撞船3起重大事故，特别是“大庆243”轮爆炸事故，造成很坏影响。事故发生后，广州海运及其下属泰华公司立即召开安委会及各种会议，通报事件情况，分析事故原因，同时还召集有关专家对油轮，特别是老旧油轮的安全问题、静电防护问题进行了多次研讨，制定了《油轮静电防护规程》；重申有关油轮安全制度，如严格执行留船班制度、吸烟管理制度，加强对静电的防范等；积极落实国务院对“大庆243”轮火灾爆炸事故调查组提出的有关整改意见，更换了油轮测探工具，对所有油轮加装了点烟器，并进一步落实了防静电工作服等事宜，对“大庆243”轮同类型的油轮进行重点消防检查，整改消防隐患。

为提高油轮的安全管理水平，1997年，广州海运摄制了《终端提油操作指南》宣传片，发放到各油轮。该片由具有丰富油轮管理经验的船长讲解，并演示提油操作应注意的事项。这一年，广州海运还召开了油轮过驳安全靠离操作研讨会，对油轮过驳的有关安全问题进行较全面的探讨。

（二）做好季节性安全工作

雾季、台风历来是广州海运安全工作的重点。1993年，广州海运设立防台指挥部，总经理担任总指挥，其组成人员随机构、人员变动而及时调整。同时注重抓好预控工作，雾季要求船舶政委跟0—4班，使雾航碰撞事故明显减少，这一做法得到安全管理部门的肯定。1994年，广州海运坚持不懈地进行部署：开展百日防台无事故活动，取得了连续11年防台无责任事故的好成绩；开展雾航百日无事故活动，采取政委临时跟值二副班，督促严格遵守雾航规则和航行值班制度，也取得了雾航无碰撞事故的好成绩；为抓好枯水期的安全航行，广州海运海监室组织海务系统专家，研究制定富裕水深标准，确保安全航行。1995年针对季节性安全工作的特点，在总结历史安全工作经验的基础上，将当年的安全工作划分为：1—4月份开展“雾航安全百日无事故”活动，5月份开展“反三违”活动，6—9月份开展“防台百日无事故”活动，10月份到年底开展“冬季防火和强风枯水季节安全航行百日无事故”活动。一系列活动推动了安全管理工作进一步规范化、制度化；船舶与基层单位主动及早准备，落实安全工作。1996年6—9月份，广州海运在开展“防台百日安全无事故”活动中，先后成功地抗击了9615和9618两个台风的袭击，该两个台风破坏力极强，风力分别达到13级和15级。1997年，海务办在防台中，按照安全管理体系（SMS，Safety Management Systems）规定对船舶进行指导，实施控制，取得连续14年防台无事故佳绩。

（三）开展安全宣传教育培训

广州海运积极开展船员安全宣传教育以及技术培训、考核工作，增强船员安全责任和防范意识，提高船员安全技能和素质。专门召开会议向各二级单位和部门领导传达国务院及交通部安全会议精神，要求各单位在安全活动月和公司船长会以及安技、机务、消防等专业性的安全会议上组织职工学习，并派工作组广泛宣讲，进一步增强职工的安全意识。根据交通部有关安全工作的指示和企业实际情况，重点抓好安全规章制度的落实。在消防安全方面，广州海运公安部门加强消防监督力度，坚持以法治火，向各海轮发出《关于船舶使用固定展示防火控制图识别符号的通知》，帮助完成了有关船舶防火控制图的复制。针对船舶碰撞事故多的情况，组织驾驶员进行国际避碰规则和雾航规则的学习、考试，至1994年底，逐年累计参加学习考试的船员有874人，考试率81.3%；合格817人，及格率93.5%。测评成绩由船公司航监科负责记入驾驶员个人技术档案。为尽快与国际标准接轨，1995年，广州海运认真抓好GMDSS培训工作，开展GMDSS电子证书人员培训。根据STCW公约（《1978国际海员培训、发证和值班标准》公约）95修正案及交通部港监的要求，广州海运开始筹建油轮安全培训基地，并继续开展了驾驶员“两个规则”的培训考试工作。按交通部要求，参加测评率达100%，测评合格率（80分以上）达100%。此外，还开展了包括干部船员适任证书、船舶自动化、国际安全管理规则、船员安全心理学、避碰与重大事故分析等内容的脱产培训。

（四）开展安全管理体系建设

1994年，广州海运成立了安全管理体系文件编写小组，开始了广州海运安全管理现状的调查评估和体系文件的编写工作。9月3日，与广州船级社签订建立船舶安全管理体系技术咨询合同，由船级社提供技术质量管理咨询、评审、辅导等，并建立相应船舶安全体系。1995年，广州海运举办了国际安全管理规则基础知识培训班和内审员培训班，组织人员编写并印制了安全管理手册、程序文件、须知文件。为尽快提高航运安全管理水平并与国际接轨，广州海运还选定4艘试点船舶开始了安全管理体系试运作，并任命一名副总经理为公司安全监督代表。广州海运安全管理体系于1995年11月20日试运行，成为国内率先开展安全管理体系试运行的航运企业。1996年11月17日至22日，交通部安全管理体系（SMS）审核组对广州海运安全管理体系进行认证审核顺利通过。

1. 完成SMS体系的改版工作

1996年初，广州海运SMS办公室根据事业部制运作的模式，结合第一次内审发现的问题，按国际船公司的管理模式，组织有关人员对SMS重新进行了体系设计，完成了体系文件的改版工作，建立起适应事业部制运作方式的SMS。第二版SMS文件于1996年7月1日正式运行。

2. 认真组织内审和管理评审

为鼓励广大职工参与体系实施的积极性，广州海运将外审结果与各部门（个人）的年终考核、职称聘任及奖金挂钩，进一步调动了干部职工的积极性。为确保通过评审，广州海运SMS办公室于1996年9月上旬组织了对第二版SMS文件运行后的第一次内审，并于1996年11月上旬组织了一次模拟审核。经过总结和分析，广州海运安全管理评审会议决定正式向主管机关提出认证申请。1996年11月，广州海运SMS顺利通过了交通部审核组历时7天的严格审核，成为第一批通过交通部DOC审核的单位。

3. 积极推进船舶 SMS 工作

1996 年，广州海运共完成 20 艘船舶的 SMS 文件发放和体系运行工作，试点船 SMS 的运行情况成为工作重点。获得主管机关颁发的 DOC 后，“安堡”“沂蒙山”“定河”“连堡”等轮作为广州海运代表船也顺利通过了外审，获得了 SMC（船舶安全管理证书）。1997 年 6 月，广州海运又通过了中国船级社代表巴拿马和利比里亚政府的 DOC，标志着广州海运获得了国际海运管理公司的资格。获取 DOC 后，广州海运转入船舶推行 SMS 工作，到 1997 年底，广州海运对主营所有入级船舶以及部分非入级船舶实施 SMS，共 62 艘完成了外审工作，获取了 SMC。

通过体系的实施，广大职工的观念发生了较大的变化，对实施 SMS 有了进一步认识。他们不仅接受了 SMS，并已逐渐将其融入日常的管理和工作中。

（五）重视 PSC 检查

1995 年，广州海运的船舶在国外港口被扣次数为 9 艘，且有上升趋势，不仅影响广州海运信誉和国际市场上的竞争力，造成经济损失，对船级社和国家的信誉也造成一定的影响。为此，广州海运专门指定了一名副总经理抓此项工作，并要求各船公司结合安全管理体系的推行，建立联络员制度，保证有专人负责；同时还结合学“华铜海”轮活动，制订了有关规章制度和奖惩制度。公司明确规定：船舶被扣和被干预及验舱通不过将以事故论处，并与工资升级、年终考核和船员证书挂钩；在对油轮接受大石油公司检查方面，广州海运要求船公司参照港口国控制对策制订具体实施办法，力争采取切实措施提高船舶管理水平，扭转被动局面，从而在国际运输市场上争得生存空间，占据应有的份额。

1996 年，针对国际港口国检查（PSC）对船舶要求越来越严和广州海运船舶在 1995 年检查中出现的问题，广州海运采取了多种措施，包括：与港监、船级社三方联合，对在 PSC 检查中留有黑档案和船龄 15 年以上的船舶，进行开航前检查；各船公司加强对船舶的综合检查；聘请专家对船舶进行技术指导；举办 PSC 培训班；对检查中发现的各类问题进行跟踪；发动广大船员做好船舶的维修、保养等基础工作；对船舶受检情况进行监控，并将出现的问题及时在《SMS 通讯》上进行通报；船舶成立自检小组，按 PSC 检查要求进行自检，将不合格项消除在受检前；将检查结果同工资、奖金、年终考核、船员证书等挂钩，未通过检查的按事故进行严肃处理。此外，广州海运总经理还致电外贸船舶的船长、政委，督促他们严格进行自检，争取一次性通过检验，为国家、为企业争光。通过以上努力，各分公司和船员对 PSC 检查的认识明显提高。1996 年广州海运船舶在 PSC 检查中的情况有明显好转，无缺陷通过的船舶增多，并涌现了“东平山”轮、“玉龙山”轮等一批先进船舶。1996 年一次性无缺陷通过美国海岸警卫队（USCG）检查的船舶就有 7 艘。

1997 年，通过实施 SMS 建立安全管理新机制，广州海运及各分公司的安全管理逐步走向规范化轨道，安全管理水平跨上了新高度。在接受 PSC 检查中全年共有 43 艘次船舶接受检查，其中 19 艘次获准无缺陷通过，3 艘次被滞留，滞留率为 7%，比 1996 年的 15% 有明显好转；14 艘次油轮接受国际大石油公司安全检查，4 艘次获 1 年有效免检，未发生被国际大石油公司拒绝的情况。

三、完善投资管理与资金管理

为适应转轨需要，1993 年广州海运在有关部门特别是各级财务部门的共同努力下，推行了财务制度的三大改革：一是广州海运与国家财政的关系由“承包经营”改为实行“税利分流”；二是 7 月 1 日起实行新的“两则”（会计准则和财务通则）；三是进行清产核资试点，执行试点单位政策，使资产增值 18.6 亿元。财会工作初步适应了机制转换的要求，与国际企业制度接轨，合理反映了广州海运经营成果，发挥了财务会计反映、监督、分析和参与决策的职能作用。1996 年广州海运制订了《广州海运（集团）公司财务管理办法》，建立和理顺了财务管理和核算关系，加快了内部资金周转，实行了外汇结售制，及时真实地反映了各船公司经济效益情况；同时还理顺了会计工作秩序，加大依法理财力度，对有问题的单位，发出整改通知书，限期整改，使企业财务工作上了一个新台阶。

（一）完善投资管理

在 1993 年国家清产核资试点工作的基础上，广州海运从 1995 年 2 月起，又进一步开展土地、对外投资新增资产的清产核资工作；对多经公司包括直属单位的子公司的资产进行清理，对经营者任期内经营行为、财务往来账目进行财务审计，明确了资金回报方式、时间和回报率，确定了第一批 9 家多经公司我方股东代表人，落实了经营者资产管理责任，确保国有资产保值增值。同时，鉴于多经公司及各个公司的账外资产较多，无偿占用资金现象严重以及投资审批机制不完善、资产流失等现象，广州海运从 1995 年下半年开始，在进行财务审计基础上，加强了资金管理，明确了各单位及多经公司的对外投资权归属广州海运的规定，确定了资金管理必须通过财务结算中心的工作流程，以加快资金周转。1996 年，广州海运从加强资金管理入手，制定了《资金有偿使用规定》和《投资管理办法》，取消了下属各单位在银行的存款户头，对各单位分散投资、随意占用资金情况进行了初步清理，收存了大量的分散资金，初步实行了企业内资金统一管理，有利于投资决策权的集中。为了充分利用中海海盛股份有限公司（原海盛船务）的融资窗口，盘活存量资产及融通资金，1997 年广州海运对中海海盛进行了资本运作，将下属几家公司的股权进行转让或出售，收购了海南国盛石油有限公司的部分股权。

1997 年，投资管理事业部从控制成本入手，对经营不善或业务不足的单位实行减人增效，共分流富余人员 35 人。培训中心、海员医院和生活服务公司通过拓展对外业务和成本控制，使经费得到较好控制。

（二）投资招商银行

1988 年 10 月，广州海运投资入股招商银行，成为招商银行第三大股东。经中国人民银行总行批准，招商银行首次增资扩股，其资本金由 1 亿元增加到 4 亿元，广州海运投资 4000 万元，占股 10%。此次增资扩股，招商银行股东由原来招商局集团一家扩大为 7 家，分别是招商局集团有限公司、中国远洋运输总公司、广州海运局、广东省交通厅公路管理局、山东省交通厅物资工业公司、秦皇岛港务局和南海东部石油公司。

1994 年，招商银行第二次增资扩股，广州海运占股被稀释，降至 5.19%。为进一步优化广州海运的资产结构，提高企业投资效益，广州海运于 1995 年 9 月 2 日召开总经理办公会，决定增加对招商银行的投资并扩大股权比例。1995 年 12 月 31 日，广州海运收购了北京市华远房地产股份有限公司持有的招商银行 1100 万股；1996 年 3 月 31 日，又收购了深圳新江南投资有限公司持有的 300 万股。两项收购完成后，广州海运持有招商银行股份由原 58270540 股增至 72270540 股，股权比例由原 5.19% 增至 6.437%。此次增股总投资为 8086 万元，其中股权收购总投资为 7500 万元。

招商银行是我国第一家由企业创办的自主经营、独立核算、自负盈亏的银行，于 1987 年 4 月 8 日在深圳蛇口成立。自成立以来，招商银行把经济效益放在第一位，重视银行信誉，坚持优质服务，坚持不断创新，建立和健全运转灵活的经营管理机制，取得了良好的经济效益。

广州海运作为招商银行的大股东之一，积极参与招商银行董事会工作，积极参与银行发展决策及对该银行的有效监督。1988—1998 年，广州海运投资招商银行共分得投资收益 2.37 亿元。

（三）加强资金管理

1993 年 9 月 1 日，广州海运（集团）公司内部结算中心挂牌开业（1998 年 1 月 1 日易名为中国海运集团结算中心广州分部）。通过结算中心，基本实现了资金的高度集中，为加强基层资金的管理，充分利用资金，防止资金流失与沉淀，保证各项投资用款和加快企业的发展，提高企业经济效益发挥了积极的作用。

1995 年，广州海运针对企业严峻的外部经营环境和建立现代企业制度工作需要，进一步加强资金管理，工作取得一定成效。一是制定了《广州海运集团资金有偿使用规定》并公布实施，改变了广州海运资金借贷方面原存在程序不规范的状况；统一了企业内部借贷规定，对没有签订借贷协议的单位补签了协议；1995 年共与 6 个单位补签了 9 个借贷协议。二是进一步落实资金的集中管理。截至 1995 年底，在广州海运结算中心开户的单位已有 63 个；中心还开办了现金结账业务，既增加存款规模，又方便各单位资金存取，同时积极采取措施，用活沉淀资金，努力提高企业经济效益。截至 1996 年底，通过结算中心开户达到 128 家，增加存款 3000 万元，减少利息支出 160 万元；1996 年业务量比 1995 年增长 68%，达 59.08 亿元，其中内部结算 10.6 亿元；按节约在途时间 3 天计算，节约利息约 35 万元。同时，通过核定各单位流动资金，加快了内部结算速度，提高了资金的时间价值。

1997 年初，广州海运在结算中心的基础上，成立了内部银行，以进一步提高资金效益。内部银行通过规范运作、开展优质服务和做好运费的催收工作、利用利率调控内部单位资金占用，充分利用内部富余与闲散资金，灵活运用各种投资方法，取得了可观的经济效益，开户数达 157 家，完成人民币计算量 115.9 亿元，主营业务收入 5441 万元。广州海运通过资金经营取得效益达 3100 万元。

（四）加强运费催收工作

企业间账款拖欠是改革中的顽症。1995 年，广州海运为扭转运费拖欠达 7 亿多的被动局面，着重抓了运费的清欠工作。各级领导高度重视，亲自抓，建立了运费催收例会制度，逐步完善内部约束和监督机制；业务与财会人员也提高了对催收运费工作的认识，积极开展清欠工作，克服老账历史原因复杂和联运货物催收手段无力等不利因素，通过换钢材、抵扣修理费、“老债挂账，不欠新账”等途径，运费催收工作取得一定效果。为了便于清欠工作的顺利开展，财务部门完善了应收账款的核算办法，实行按港口、货主分列细目逐个核算。为了督促各船务公司积极开展催收工作，广州海运把船务公司的应收账款额与年度效益考核结合起来，规定一年以上收不到的款项在考核时视同呆账扣减利润指标。由于清欠工作的复杂性和艰巨性，还有大量的工作要做，特别是外贸船运费的清欠任务更加艰巨。截至 1995 年底，应收余额达 7.2 亿元。

1996 年，广州海运强调了“谁签合同，谁承担收回运费责任”和“经营一把手是应收账款管理第一责任人”等规定，并将应收账款余额与单位年度效益挂钩。为此，各船务分公司普遍重视运费回收，组织专门催收队伍，采取了有效措施，加大清欠和催收力度，1996 年底比年初应收账款减少 1.5 亿元，提高了资金的使用效率；有效地控制了应收账款上升的势头。

1997 年，出现了以往信誉较好的大货主拖欠运费的现象，海洋油、电煤及杂货运费拖欠时间延长，造成应收账款大幅度上升，5 月初达近 5 亿元。面对上述困难，广州海运落实运费催收责任制，将责权利有机地统一，调动有关人员积极性，通过理顺广州海运内外贸运输关系，加强内部定期沟通，建立货主资信档案；盯住重点和难点问题，对收回老旧账给予一定奖励，并以钢材抵运费及法律手段，使应收运费从年初的 4 亿元降低至年末的 2.28 亿元，降幅为 43%；运费回收率为 98.87%；周转天为 48 天，比 1996 年下降了 18 天。

四、菠萝庙船厂以改革带动管理

菠萝庙船厂把握时代机遇，积极转变观念，深化内部改革，以深化改革带动企业管理迈上新台阶，在生产和建设中取得了可喜的成绩。

企业要在市场上站稳脚跟，必须不断增强自身的实力，在技术上要敢于碰硬，确保修期和质量；而质量第一、修期第一、安全第一、用户至上，则是菠萝庙船厂一贯坚持的经营方针。1992 年下半年，“摩星岭”轮在菠萝庙船厂修理时，发现 4 号、5 号缸导板座存在长达 1 米的裂纹，这是个棘手的难题，其修复工艺相当复杂。此前船舶遇此问题大多要花一笔外汇到国外修理。面对这块“硬骨头”，该厂知难而上，将其视为一次锻炼和提高的大好机会。该厂先后与广州船检、广州造船厂、文冲船厂、外国专家以及其他有关单位共同研究，反复讨论，制定工艺，最后安排该厂焊工技师进行施工，成功修复了该导板座裂纹。

确保修期、及时提供优质服务是船东的愿望，菠萝庙船厂想船东之所想，急船东之所急，赢得了船东的信赖。1993 年年初的一个星期日，有一艘油轮搁浅，需拖轮前往作业。当时该厂船队的船员正在家里休息，接到通知后，他们迅速奔赴出事现场，及时使该油轮脱浅，减少了船东的损失，保证了航道的畅通。

菠萝庙船厂厂长梁学维有着超前的管理意识，当人们对改革中出现的一些问题争论不休的时候，菠萝庙船厂已经实实在在地采取他们认为必要的措施了。梁学维说：“改革是一种大趋势，我们只能主动不能落后，我们的改革是结合厂情而开展的，我们厂与广州经济技术开发区只有一河之隔，如果我们跟不上形势，就会被淘汰。”作为厂长，梁学维坚持了解全国的改革形势，把握国家改革发展的大趋势，并结合实际制定出相应的改革措施。在他的带领下，该厂领导班子经常到全国各地的兄弟厂矿企业学习拜访，对改革中出现的问题进行交流磋商，取长补短。为解决“大锅饭”问题，他们自1984年开始就进行了不同层次的改革尝试，经过几年的摸索，取得了一定的经验。因此，当广州海运准备选择“三项制度”（人事、劳动和分配制度）改革试点时，菠萝庙船厂便主动请缨，成为试点单位。

从1984年起，菠萝庙船厂就开始进行分配制度的改革。当时，厂领导认为，在分配制度上要真正体现高效益与高效率观念，要敢于拉开差距，克服平均主义和大锅饭的负效应，厂里职工的收入高低要与企业的效益挂钩，与职工个人的劳动贡献挂钩。本着这个宗旨，该厂的分配制度几经修改完善，并于1992年试行了岗位技能结构工资，在分配制度上进一步引进了激励机制。

菠萝庙船厂将岗位技能结构工资重新划分为岗位技能工资、效益工资、辅助工资和奖励工资，并逐步使效益工资这一部分增大，以体现贡献大者得益大。在轮机车间，工人的收入逐渐拉开了距离，一些贡献大小的收入差距有的达到5—6倍，一些劳动量和劳动强度大、生产环境差的岗位，人们乐意上；青年人竞争上岗的现象也开始出现。由于车间对工人实行经常性考核，考核结果与收入直接挂钩，职工的责任心更强了。一位负责大车床操作的老工人，由于加工的构件大，技术要求高，工作量也很大，因此该工人的收入在车工工段里也最高。31岁的组长颜国泉，带领一班年轻人，不怕工作苦和累，勤勤恳恳，他们的人均产值最高，收入也达到一定的水平。人们觉得他们应该得到那么多的收入，他们更觉得自己有干头。

菠萝庙船厂按照“面向社会，公开招聘，全面考核，择优录用”的劳动用工方针，在职工中引进固定工、合同工、短期合同工等。工厂的劳动用工走向社会，在社会招收合同工，给工厂带来了活力，也带来了压力。工人有选择到菠萝庙船厂工作的权利，菠萝庙船厂也有选择工人的权利。工人如果干得不好，船厂可以解聘，这样可以激发职工工作积极性。但是，菠萝庙船厂同时是一个技术密集型的企业，培养一个普通的钳工就需要三年才能转正，培养技术水准更高者就要更长的时间了。所以，菠萝庙船厂就必须考虑企业如何留得住人。合同工可以把眼睛盯着社会，哪家收入高去哪家，也给企业以压力。因此，劳动用工制度的开放与分配制度的有机结合很重要。

菠萝庙船厂逐步推行干部聘任制。在基层，他们选拔了一些劳动技能好、有责任心的工人为段长、组长。他们不唯文凭，而是重能力、重贡献，厂里对工人实行经常性考核，有能力的可以跨级上岗。厂里对管理干部实行考试招聘，通过各方面能力的考察答辩，一些事业心强、综合管理能力强的中层管理干部脱颖而出。如果干得不好，每位管理干部都有回到原生产岗位的可能，干部聘任制的特点就是能上能下。

在生产任务方面，该厂从以往向上级“等靠要”转向“任务市场找”，主动出击，以优质、高效的服务来吸引船东。在船舶修理中，他们采取“抓好两头，压缩中间”的做法，主动和船方联系，船舶还在外港卸货时，该厂生产技术人员便到船上看工程，待船舶进厂修理时，他们的一切准备工作已就绪。他们有条不紊地按进度计划紧张、紧凑地进行施工，随时满足船方的要求，努力压缩船期。船舶出厂后，他们便跟踪了解所修设备的运行情况，做好事后服务。1993 年上半年，“广深”轮在沙角急需航修。该厂接到任务后，半个小时内即组织好施工人员驱车出发，到船上后连午饭也没吃便动手干。“星堡”轮刚靠该厂码头，施工人员马上就上去施工。就这样，菠萝庙船厂依靠高效服务找市场，坚持按期优质完成，赢得用户信赖。

除了服务观念转变，职工思想意识也逐步转变。该厂轮机车间在展开讨论后，提出了要实现 10 个方面的转变，其中包括：变“按时上下班”为“有活就得干”，变“领导要我干”为“我要找活干”，变“干活为奖金”为“干活为生存”，变“你干我看”为“人人动手一起干”。这些新观念的提出以及在修理外轮过程中的感受，促进了职工的思想意识转化。在外轮“银松”“乐进”号的修理过程中，该厂职工目睹了外籍船员认真积极的工作态度和饱满的工作负荷后，思想受到很大的触动。一名职工看到“乐进”轮按期出厂后，写了一篇感想，文中说“要对自己的主人翁精神做一个深刻的反思”“要提高市场的竞争能力，我们必须适应市场的需要”。

五、开展严打整治工作，确保运输安全

20 世纪 90 年代，随着改革开放不断深入和社会主义市场经济的初步建立，交通港航治安形势也出现了新情况、新问题，广州海运公安局始终坚持把维护辖内的安全稳定放在各项工作的首位，始终不渝地依法严厉打击各种严重刑事犯罪活动，及时开展严打整治斗争，取得了较大成效。

（一）开展打击海盗专项斗争，整肃桂山锚地治安秩序

1993 年开始，随着地方和公路上打击“车匪路霸”活动不断深入，各类违法犯罪分子纷纷选中这片曾经是净土而又充满经济发展活力的珠江水域。从此，一些惯于在交通工具上作案的犯罪分子舍陆取水，集中在珠江水域进行盗窃、抢劫、设赌行骗等犯罪活动，导致珠江航运公司内河客运量及经济效益直线下降。在广东省公安厅的协调支持下，广州海运公安局及时组织警力，首批派出 15 名乘警分组驻船。经过周密部署，迅速出击，一举打掉了 4 个犯罪团伙，抓获违法犯罪分子 36 名。随着乘警派驻管理和加大打击的力度，逐步整肃了这条内河航线客运秩序。

1995 年初，在珠江口桂山锚地聚集了一群海盗。他们驾驶机动船艇伺机登轮偷盗缆绳、油漆等生产物资。初期，海盗犯罪分子是在夜晚出动，后来竟然发展到光天化日之下持刀持枪登轮抢劫。一艘洪都拉斯籍货轮接到港口进港卸货通知起锚时，才发现全船的缆绳被盗窃一空，船长愤然向警方报警。该水域海盗的猖獗犯罪活动，不但严重干扰了船舶运输生产安全，还严重损害了我国的声誉。为此，广州海运公安局迅速组织警力，开展了打击海盗专项斗争。

1995 年 6 月 24 日，参战民警在停泊桂山锚地的“丹霞山”轮上和一艘引水船上埋伏。

大约在20时50分，一艘小艇悄悄向“丹霞山”轮驶来，三名海盗顺着船头锚链飞快地爬上船准备作案时，埋伏的民警勇猛地扑上去制服一名海盗，在引水船上的民警，不顾月黑风高、流急浪涌，在“丹霞山”轮雷达的指引下，奋勇追捕，当场抓获9名海盗，缴获作案船、艇2艘。首战告捷后，广州海运公安局佯装“偃旗息鼓”，麻痹敌人。待海盗们以为打击行动结束了，7月5日，民警们以迅雷不及掩耳之势突然横扫珠江口的东澳岛、大蜘蛛岛、小蜘蛛岛和大万山岛，端掉了海盗的老窝，抓获了30名海盗。后经证实，这些人都是在越南犯罪后负案在逃的亡命之徒。这次专项斗争，共抓获越南籍海盗39人，缴获作案工具一批和价值100多万元的赃物，有力地维护了珠江口桂山锚地的海运秩序。为此，中央电视台在晚间新闻节目中做了报道。

（二）开展严打整治工作，为企业安全运输生产保驾护航

借我国经济体制从计划经济向市场经济转轨之机，社会上的不法分子趁机进行诈骗等经济犯罪活动，他们把黑手伸向了海运企业。广州海运公安局及时组织警力，严厉打击各种违法犯罪活动，侦破了一批有影响的案件，维护了辖内的治安秩序。如：1995年4月，侦破冒充广海集团名义进行房地产诈骗案；1996年侦破诈骗广海集团500万元特大诈骗案；1997年4月，侦破广州海员宾馆被盗3.4万元的特大盗窃案；1997年侦破诈骗广海集团600多万元货款特大诈骗案；1996年侦破“大鹏”轮发生的5万美元被盗特大盗窃案等等。

1996年初，新华社香港分社反映，境内一些不法分子大量制造的假海员证流入香港，严重干扰了香港对海运业的管理，造成不良影响。交通部公安局将该案交给广州海运公安局侦破，并列为部局督办案件，限期破案。参战民警循着蛛丝马迹线索，锲而不舍地追踪，民警的足迹走遍汕头、汕尾、湛江等省内沿海城市。终于在汕头将“狐狸”的尾巴揪住，成功打掉了这个制贩假海员证的犯罪团伙，如期完成任务，受到交通部公安局领导的表扬。1996年8月，交通部公安局为广州海运公安局“4·19”伪造海员证专案组记集体二等功。

（三）严格船舶消防管理，确保运输生产安全

船舶消防是海运公安的基础工作之一，具有较强的专业性，广州海运公安局在坚持“以法治火”、强化消防管理的同时，还针对船舶消防的特点做好日常消防管理工作，围绕船舶消防的规律，加强消防监督，确保船舶运输生产安全。1995年3月8日，“大庆216”轮在广州南村油码头卸油时，机舱集控室发生火灾。油库消防人员到达现场后，在不熟悉机舱构造、未清楚起火位置的情况下，用陆岸消防惯用方式，打开机舱天窗往里强行喷射消防水。这种消防方法容易造成不必要的损失。广州海运公安局消防科民警赶到现场后，及时制止并提出可行的消防灭火方案，取得了成功。

1994年1月28日凌晨，停泊在大濠洲5号锚地的希腊籍货轮“安芬”轮因鱼粉自燃，殃及相邻的机舱起火，船员已弃船。港口消防大队因不熟悉机舱构造，施救8小时仍未见效。广州海运公安局迅速派消防科民警前往现场。消防科民警根据该轮防火控制图和火情，提出了灭火意见，消防大队调整了灭火战斗部署，于3小时后将火扑灭。第二天，港方又专门邀请广州海运公安局协助该轮的火场勘查。

（四）成功创办强制戒毒所

1990 年代中期，广州海运公安局在查处（破）的治安案件和刑事案件中发现，辖内及客轮的旅客涉毒违法犯罪活动越来越严重，有不断升级的趋势，我国已由毒品过境国逐渐演变成为一个毒品过境和消费并存的国度，为害甚烈。为此，在缺乏经验的情况下，广州海运公安局毅然决定创办强制戒毒所。在交通部公安局和广东省公安厅的领导下，经过全体民警的努力，广州海运公安局不仅创办了强制戒毒所，而且将其办成了省级一类、交通公安系统第一家强制戒毒所。

第三节　顺应市场增强运输实力

一、加强船队建设

进入 20 世纪 90 年代，国家财税、金融、外汇、投资体制重大改革措施陆续出台；受国家宏观调控政策的影响，煤炭运输市场平淡，国内外航运市场运力过剩，船东之间的竞争呈白热化。特别是 1997 年，煤炭市场销售不旺，各地方船公司争抢激烈。根据航运市场的需求，广州海运不断改善船舶运力结构，购置新船，对现有船舶进行技术更新改造，发展专业化船队，提高市场的竞争力。

1991 年至 1997 年间，广州海运新造运输船舶 26 艘，购进 4 艘，合计增加运力 77.24 万载重吨。至 1997 年底，广州海运共有运输船舶 124 艘，运力 314.87 万载重吨。其中：直属公司有 90 艘，206.81 万载重吨；多经公司有 34 艘，108.06 万载重吨。供应船、交通船、拖船、驳船和航修船等各种辅助船舶 65 艘，2.3 万载重吨，1535 客位。

货轮方面，1996 年，在上海求新船厂建造了“桃园”“林园”两艘球鼻艏、方艉、艉机格栅式 8500 吨级全集装箱船。满载排水量 1.13 万吨，主机功率 5400 千瓦，营运航速 15.8 节，总长 123.35 米，有 3 个货舱。至 1997 年底，广州海运局共有货轮 53 艘。

油轮方面，1992 年至 1994 年，在渤海船厂建造了“玉池”“晋池”“丹池”“明池”4 艘 3.25 万吨级方艉球鼻艏型油轮，满载排水量 4.79 万吨，主机功率 8183 千瓦，营运航速 13 节，总长 180 米，有 7 个舱口。1992 年至 1995 年，又先后购入了 1983 年丹麦建造的 9.5 万吨级“滨河”号和 1973 年日本制造的 10 万吨级“祥河”号 2 艘二手油轮。1995 年，在德国建造了“泰川”“平川”号 1.1 万吨级艉驾艉机方艉球鼻艏双壳油轮，满载排水量 1.7 万吨，主机功率 4200 千瓦，营运航速 14 节，总长 142.78 米，5 个油舱；两轮建造费用来自政府贷款，装有轴带发电机、可变螺距螺旋桨，技术含量较高。1997 年，在武昌船厂建造了“银泉”“明泉”4300 吨级艉楼艉机型成品油轮，满载排水量 7268.61 吨，主机功率 3360 千瓦，营运航速 13.6 节，总长 113 米，有 5 个油舱。1997 年底，广州海运（集团）有限公司有油船 37 艘。其中原油船 26 艘、成品油船 11 艘。

1996 年，广州海运通过香港南方船务企业有限公司开展国外融资租赁船舶业务，先后融资租赁“银樱”“银杏”“银槟”“银樟”“荣誉山”“阳河”“桃花山”“银梅”“银杨”9

艘船。1996 年完成新造 39800 吨散货船 1 艘，614TEU 集装箱船 1 艘，1000 吨油轮 1 艘，为境外船东监造散货船 3 艘。1997 年新建造投产船舶 3 艘，融资购入船舶 2 艘，新增运力 205800 载重吨，处置船舶 11 艘，共 253300 载重吨。

二、加强修船管理

广州海运始终重视修船管理，改善船舶状况，提高营运效率。一是各船公司及时派人深入现场，到船厂了解设备和修理质量、速度等情况，择优选厂，并认真组织人员与修船厂签订修船总协议。同时，结合生产需要，合理安排，平衡修船计划。二是抓好船员扩大自修工作；广州海运重新明确了市场经济新形势下船员扩大自修劳务费的发放原则、标准及考核办法，部分船公司制定了单船考核细则，以调动船员扩大自修的积极性，鼓励船员修理大工程、难工程项目。三是认真抓好船舶修理审核，抑制“水分”，节约修费、缩短修期。四是菠萝庙、城安围两船厂克服资金周转困难、修船任务严重不足、配套设施尚未齐全等困难，狠抓内部管理，积极走向市场。两船厂将经营工作放在首位，同时狠抓修船质量和修期，以良好的信誉与各船东建立互信的合作关系。

1993 年，为了提高船舶营运率，各单位积极推广 CWBT 维修管理方法，运用先进技术和优质设备，努力改善船舶技术状况，对一些影响营运的设备进行彻底维修；还通过改革修船出厂试航的做法（如在广州修理出厂的船舶一般不再试航）以及做好船舶配件的供应、管理工作，争取进口设备配备件国产化等措施，既提高了船舶营运率，又减少了费用支出。

1994 年 12 月 6 日，3.5 万吨浮船坞“飞龙山”号在菠萝庙船厂举行投产庆典，并迎来第一艘坞修船“万寿山”轮。菠萝庙船厂原有的“越秀山”浮船坞则调拨给城安围船厂使用（图 5–13 和图 5–14）。

图 5–13　1994 年 12 月 3 日，菠萝庙船厂“飞龙山”船坞竣工。

图 5–14　“飞龙山”船坞

1995 年，为配合开展学习“华铜海”轮活动，鼓励船员扩大自修、节约成本、提高船舶营运率，广州海运专门发文，进一步明确和细化了对 1995 年度船员扩大自修工程劳务费的管理办法；还组织所属两船厂和四个船公司有关技术人员组成修船调查组，对两厂及国内部分船厂 1994 年承修广州海运船舶情况进行调查、研究、分析，找出两船厂在修费、修期和质量方面的差距，促使他们不断改进工作，提高竞争力，增加广州海运船舶修理量。

为了使有限的修理费最大限度地发挥作用，做到“营运船舶任何时候都必须保持最佳适航适货状态”，广州海运对全部船舶修理方案评估坚持以船况为依据的原则，严格把关，特别是对修理单和结算单，机务人员尽可能进行跟船审核，减少胡乱开单现象；选厂方面，实行多厂报价，择优选厂；实行重点船重点修理，认真研究船舶超期修理的原因，落实责任奖罚制度，并积极开展船舶循环检验工作，促进机务管理水平提高。1996 年机损事故大幅度下降，全年发生机损 14 宗，比 1995 年减少 9 宗，经济损失比 1995 年减少 527.2 万元，有效控制了修理费。1996 年 12 月 10 日，广州海运无线电修理厂取得中国船级社质量认证公司颁发的 ISO9002 质量保证体系认证证书，成为国内船舶无线电设备修理安装行业中首家持有此类证书的企业。

三、科技为企业发展提供新动力

1993—1997 年，广州海运坚持“依靠科技，振兴海运”的战略方针，密切结合生产实际需要，积极开展科学技术研究，积极引进、消化、吸收新技术和新工艺，促进海运科技的开发和应用，为企业发展提供高效的新动力。

（一）积极开展研发合作

1993 年广州海运油轮上试用了救生艇自由漂浮设备。该设备由广州海运和宁波福明船厂承担研制，于 1990 年 10 月通过交通部部级技术鉴定。鉴定认为该设备在世界上处于领先水平。该设备能够在海船遇难下沉时，使救生艇自动脱绑脱钩自浮扶正，增加船员获救机会。

广州海运与华南理工大学共同研制了 SC-1 便携式矿砂含水率测定仪，该仪器为矿砂船避免因装载含水率过高的颗粒（粉）矿物货种，在风浪中产生横倾提供了可靠的技术依据；还与华南理工大学共同完成广州海岸电台分布式自动转报系统的研制，实现了电报收发、传递、管理、统计、计费和结算的自动化，提高了电报传输速度和质量，对适应国际海事组织的全球海上安全救生系统提出的通信要求具有重要意义。

为适应经济发展的需要，广州海运进行了“开展集装箱运输可行性”课题研究，对包括航线及船队构成、运输系统设施、组织机构和经营管理方式等提出了具体的实施方案，为广州海运集装箱专业运输公司成立和运作提供理论支撑。为使油运生产中污水处理达到国际公约和国家环境保护要求，广州海运开展了“油污水处理站可行性研究”，由交通部立项。

由广州海运和中国船舶工业总公司 708 所共同研究开发、渤海造船厂承造的 35000 吨原油船新船型，荣获多项科技成果奖：1995 年广州海运局科技进步奖一等奖、1995 年中国船舶总公司科技奖一等奖和 1997 年国家科技进步奖三等奖。为了提高国内外油运能力，解决海洋油田原油运输和“北油南运”的需要，广州海运立项建造该类型船舶，并编制设计任务书。35000 吨新型船为浅吃水肥大型船，技术指标高，设计难度大，经过完工试航和营运，证实开发此型船是成功的，技术指标已达到或超过国外先进同型船水平，适合于航行国际航线。该类型船在主尺度、结构、艏艉线型和艉部水动力节能装置优化设计等方面均有创新。与国内外同期建造的同类型船舶相比，具有耗能低、航速高、走远洋航线失速现象少、操纵性好（可适合浅水窄航道的要求）、振动小的优点，能顺利进入珠江口靠石化码头，成为国内“北油南运”、海上油田运输、支援华南地区电厂和石化厂油运的主力船型。船体结构合理，节省了船体钢材，船舶空载重量轻，同时增加船舶承载重量，主机设置纵向减振器和扭转减振器，大大改善了船体振动。该类船舶具有舱容大和装载量多等显著特点，以及适合于多装快跑的市场需求的优良性能，经济性能高，从技术上提高了效益。

广州海运积极推广应用新的科研成果，先后把智能恒电位仪（用于船体防腐）、浮子机械式油轮货油舱油位计应用于船舶上，继续推广喷涂、涂镀等新工艺。广州海运还分期分批举办学习班，提高广大工程技术人员和船员对新设备的使用管理水平；积极开展服务于生产发展的科技情报工作，与全国交通系统的 70 余个有关单位建立了情报交流关系，并积极组织科技人员撰写论文，参加科技情报网活动。

（二）通过技改降低燃油成本

1991 年至 1997 年间，广州海运加强节能基础管理工作和燃油、润滑油的质量管理工作，合理使用油品，有效地降低了燃油成本。具体做法为：加强对船舶柴油机冷却水和锅炉水处理，做好防腐防垢工作，提高设备的热效率；做好船舶造水机的保养，要求跑长航线的船舶使用造水机，节约用水，提高船舶的载重量；船舶定期做好锅炉吹灰和清洗工作。鉴于有条件的船舶主机都使用高黏度燃油，为此，新造油库的调合油静态燃油混合装置专门调合出雷氏 1 号黏度为 1000 和 1500 秒燃油，规定 1 万吨以上船舶使用 1500 秒燃油，杂货船和集装箱船使用 1000 秒燃油；航行国际航线的船舶电机用油原则上应用 MDO。同时，规范船舶燃油管理，于 1995 年发布实施了《广州海运（集团）公司运输船舶燃油管理规定》，属下兴华船务公司还制定施行了《船舶燃润油管理条例》。

1994 年，受经济形势的影响，船舶经营成本增加幅度较大。鉴于此，广州海运技改部门通过定期的经营分析，并考虑成本上涨因素，努力节约船舶港口使费，降低燃油成本。技术部门根据船舶类型和主机工况，分别确定了各船规定燃用的燃油品种，部分杂货船还进行了改烧燃料油的改装，并使大部分大功率船舶主机使用 1500 秒燃油；针对市场上燃料油含硫量的具体情况，匹配相应的碱性气缸油，确保船舶的安全航行。广州海运还与新疆独山子炼油厂合作，研制船用柴油机机油，并经实船试用成功，填补了我国长期无船用柴油机机油的空白。物资供应部门定期提供沿海主要港口供油价格表，以利于船舶根据航次需要经济合理选择加油点。外贸船舶也利用在国内港口的时机向外轮燃供公司加免税油。物供部门对内供燃油实行了挂牌供应和供油取样，改善了服务质量。当计划指标得不到落实时，能积极提出代提方案并主动配合实施，确保了合理的库存，并逐步增加了调和油的供应比例，全年供应燃料油 18.14 万吨，其中调和油达 17.59 万吨，占 96.96%。

1995 年，广州海运继续扩大船舶使用重质燃油比例，规定除“红卫”型客船、3000 吨级杂货和 5000 吨级油船外，其余船舶都要使用 1000—1500 秒燃油，节约燃料费 1500 万元。同时还采取定期化验监督和跟踪技术指导等措施，加强对营运船舶的润滑油管理。

此外，广州海运还与新疆独山子炼油厂研究开发了高档次国产润滑油，以替代进口油品，节约了大量外汇。

1997 年广州海运设立了量油组，抽查审核船舶实际燃油存量，推广使用“节油王”燃油添加剂；试用国产高碱性气缸油代替进口高碱性气缸油，合理使用国产备件取代进口备件和控制库存。

广州海运持之以恒开展节能技改项目：船体加装前置导流管、船体涂用 SPC 防污漆、船体最佳纵倾仪、高压油泵改造、透平增压加装中冷器、压缩比调整、停泊不烧燃油辅锅炉、螺旋桨切边、蒸汽动力和加温管包扎、电机冷却水对主机暖缸等等。推广应用“海啸”A、B 型，“节油王”等柴油添加剂，与炼油厂合作研制成功国内短缺的船用气缸油和主机、电机系统油，填补了国内船用润滑油的空白，节约了外汇开支。每年对所属船舶核定并下达燃油单耗指标，提出节油目标值，合理使用主机转速，严格控制油水存量便于多装货。

为了节约运输成本，广州海运船舶烧重质燃油占总油耗的比例从 1993 年的 52.26% 提高到 1997 年的 81.41%，而运输船舶的燃油单耗则从 1991 年的 7.33 千克 / 千吨海里下降为 1997 年的 6.51 千克 / 千吨海里。

在节能方面，广州海运取得了不少成绩。广州海运局获 1990 年度国家级节能企业称号；1991 年，广州海运局节能办公室被评为全国交通系统节能先进集体；广州海运（集团）公司获 1995 年全国设备管理优秀单位称号；广州海运（集团）公司获全国交通系统“八五”期间节能先进企业称号；“大庆 252”轮、广州海岸电台发信部分别获全国交通系统“八五”期间节能先进集体奖。

（三）物资供应积极拓展外部市场

1993 年 4 月 22 日，以节能为目的的新造油库调合油静态燃油混合装置投入试生产。其主要用途是把渣油和轻油、柴油混合成一定黏度并可直接调合，供海轮使用。该装置具有生产 500 秒至 2000 秒燃料油的能力，随着生产调配运作的成熟，可逐步增加调合燃料油的品种。同年，东莞广海卸油站建成。

1994 年，广州海运物资供应公司定期提供沿海主要港口供油价格表，以利于船舶根据航次的需要经济合理选择加油点。外贸船舶也利用在国内港口的时间向外轮燃料供应公司采购免税油。物资公司对内供燃油实行每日挂牌供应和供油取样。油库确保合理库存，逐步增加调合油的供应比例，全年供应燃料油 18.14 万吨，其中调合油占 96.96%。

净海污油水工程有限公司、东莞海东石油有限公司均于 1995 年投产；东莞广海卸油站、新造油污水处理站均于 1996 年 1 月投产。新造油污水处理站主要承担船舶油污水处理和经营部分储油业务，其工程总投资近 3000 元。

为弥补内供任务之不足，“穗海供 109”轮、“大庆 220”轮、“大庆 223”轮、“大庆 225”轮 4 艘油船和“穗海拖 400”轮、“穗海拖 401”轮两艘拖船分别于 1995 年和 1996 年拓展航行港澳航线，以增加营运收入。

1996 年，燃料分公司除开发水运单位船舶供油外，还将业务向陆岸方面延伸至南海、番禺、佛山等地，供应3008柴油机油的客户扩大到18家，并取得了新疆独山子石油化工总厂船用润滑油在华南地区的代理权；黄埔、琶洲运贸分公司利用码头、装卸场地，开办集装箱运输，全年创收500多万元；船务分公司全年创收880万元，比1995年增加利润465万元。

（四）扩大通信覆盖范围

广州海岸电台收信台分布式自动转报系统于1992年4月13日通过交通部部级鉴定。该系统自动化程度高，实现了收、发、传递及业务管理的全自动化；工作可靠、准确，使电文的差错率降低到千万分之一点六，远远低于部颁标准；报文传递快捷，比原手工方式提高时效数十倍；工作效率高，在电台减少了1/6人员的情况下仍可处理10倍于原来的报务量；操作方便，报文自动翻译，自动检错；扩充与适应能力强，可以方便地连接其他类型的通讯子系统，如传真（FAX）、用户电传（TELEX）、窄带直接印字电报（NBDP）、数字选择性呼叫（DSC）等；性能价格比高，价格仅为进口类似系统的1/10左右，且整体性能优于进口系统。该成果项目获广州海运（集团）公司1995年度科技进步一等奖。

1991年后，广州海岸电台针对大部分机线设备陈旧老化的情况，一方面不断进行技术革新和技术改造，另一方面投入资金进行设备更新。1993年，更新了中频和高频发射机各1台。1994年，改造1信道和20信道发射机各1台。1995年，更新发射机1台。1996年，开发了发信部电脑值班管理系统，改变了传统的人工记录方式，使发信部向电脑化管理迈出了探索性的一步；将VHF基站东移至沙角，扩大了通信覆盖范围改善了通信质量和沙角锚地以及珠江口的通信效果；在发射机上运用可编程控制器遥控发射机的频率、高低压、工作种类、带宽等；改进了NBDP人工座席，优化业务自理流程。广州海岸电台与瑞典TMAB公司合作，新增全球海上无线电传（MARITEX）业务于1996年12月正式开通，覆盖范围包括印度洋、西太平洋、澳大利亚、东南亚等海区，通信费用比卫星C站更便宜。广州海运大厦5000门程控电话总机经广州市电信局验收并入公网于1996年10月1日正式开通使用，广州海岸电台公益性业务电路设施工程设计通过专门审查。

1994年，广州海运属下广州经济技术开发区恒通移动通信公司引进美国摩托罗拉800兆无线集群调度通信系统开通。1996年，该公司又建立了白云山和蛇口两个新基站，形成以广州为中心覆盖珠江航道的水上集群调度通信网。1997年又进行800兆集群移动通信系统的扩网建设扩建基站，扩大了覆盖范围。按照交通部通信中心的总体布置，完成VHF通信网的重组、调整、施工的重新组网工程，为船舶提供更可靠的安全保障。

1997年，实施海岸电台公益性业务电路改造和全球海上遇险与安全系统（GMDSS）改造，将广州海岸电台从广州市郊南岗搬迁到广州海运大厦。

针对南岗01电台磁场环境不断恶化，1997年1月，经广东省无线电管理委员会办公室批准，选定在番禺万顷沙围垦十九围西南部建设广州海岸电台新收信台，并建设广州海岸电台万顷沙新收信台至广州海岸电台中控台之间的微波电路。为防止上述电路发生故障时，造成全球海上遇险与安全系统（GMDSS）系统等海上通信的中断，决定建设万顷沙收信台经东莞虎门大桥东桥堡、南岗鹿步至广州海岸电台中控台微波电路，以作为备用微波电路。后因与东莞虎门大桥管理部门就中继站站址和补偿问题未能达成共识，最后决定备用微波电路改为万顷沙经顺德市大岭山至中控台，微波电路传输容量为 120 路。广州海岸电台各台（站）定为：01 台——原广州海岸电台，广州市郊南岗鹿步；03 台——广州海岸电台番禺万顷沙收信台；04 台——广州海岸电台中控台，广州市滨江中路广州海运大厦；05 台——广州海岸电台南沙黄山鲁中继站，番禺南沙珠江农场黄山鲁山；06 台——广州海岸电台顺德大岭中继站。

至 1997 年，广州海岸电台开放的业务电路计有：莫尔斯电报（AIA）的中、高频电路 9 条，窄带直接印字电报（NBDP）电路 4 条，单边带无线电话（SSB）电路 7 条，全球海上无线电传（MARITEX）网络广州分台电路 4 条。

广州海岸电台所有工作种类电路能全时覆盖的海域为：以广州为中心，东至太平洋东部（东经 100 度以东），南至澳大利亚海域，西至非洲东海岸；每日大部分时间 AIA 电路能沟通工作的海域为：地中海、西欧、西南非洲、美洲太平洋海岸；每日短暂时间 AIA 能沟通工作的海域为：美洲大西洋海岸，西北非洲海岸；窄带直接印字电报（NBDP）和单边带无线电话（SSB）电路能保障的通信范围为：印度洋全部、太平洋中部、澳洲水域、东南亚、日本和俄罗斯远东海域及中国沿海。

经交通部无线电管理委员会办公室同意，1997 年，广州海岸电台接管蛇口通信公司甚高频无线电话（VHF）台后对其进行技术改造，改善了桂山岛以内珠江航道 VHF 通信质量，扩大了广州台 VHF 业务覆盖范围（图 5–15）。

图 5–15　1997 年 3 月 20 日，广州海岸电台通信设备中标签字仪式。

船舶电台方面，根据国际海事组织（IMO）《1977 年国际海上人命公约（SOLAS 公约）1988 年修正案》《国际搜寻救助公约》和中国船检局的有关强制性规定，要求船舶必须于 1999 年 2 月 1 日前实施完成全球海上遇险与安全系统（GMDSS）。广州海运于 1992 年开始实施全球海上遇险与安全系统（GMDSS），1995 年先在“威虎岭”轮安装使用，1996 年在“长白山”等 4 艘船上安装，1997 年又投入 1304 万元，专门用于船舶 GMDSS 通信设备的购置。

（五）完善企业信息管理系统

企业进入市场，必须推广应用计算机管理等现代化管理手段，建立起准确、灵敏的信息网络，并与国内国际接轨，以不断提高工作效率和管理水平，有效地参与国内国际市场竞争。1994 年广州海运完成了船舶机务计算机管理系统开发任务，对系统主要岗位配置了终端，实现了联网，并完成了对船舶资料卡的汇编工作。1995 年，广州海运重视计算机推广应用，加强内部信息管理。为及时掌握市场信息，购进了与航运业务有关的国际规则内容光盘，供有关部门参阅，并调查了中国联合信息网、广东新纪元信息网的情况；还建立了船市行情数据库，供各有关部门参考。与此同时，广州海运还开发了集装箱动态子系统和社保部微机局部网，并根据机构调整情况及时修改、完善了财务系统软件。自引进 IBM AS/400 小型机后，广州海运已有终端 200 多台，开发并运行的系统包括计划统计、财务、机务、人事管理等系统；整个企业的信息管理系统得到不断完善。

第四节　抓住机遇发展航运主业

广东省是改革开放的前沿阵地，经济高速发展，所需主要能源煤和原油的 50% 和 98% 要靠水路调进。以老旧船起家的广州海运及时抓住机遇，依靠科学技术进步，大力发展散货船和油轮；通过更新改造和扩充船队，使运输船队结构向现代化、经济化、大型化方向发展。船队规模从 1978 年的 94 艘／ 91.1 万吨，发展到 1987 年的 134 艘／ 183.7 万吨，1997 年达到 124 艘／ 314.9 万吨，运输船舶占广东省沿海船队总规模的 90% 以上（不计远洋船舶），平均船龄 14.8 年；经营航线（重载）从 1978 年的 92 条，增加到 1997 年的 900 多条，其中国内沿海航线近 300 条，国外各大洋上航线超过 600 条；货运量从 1978 年的 1147.5 万吨，增加到 1987 年的 2513.8 万吨、1997 年的 5435.4 万吨，1997 年比 1987 年翻一番，比 1978 年翻两番多。其中南北航线运量已形成与京广铁路并驾齐驱之势（1997 年，广州海运经营的南北航线已有 200 条），重要物资煤炭、原油、成品油、金属矿石的运量占水上进入广东总量的比例分别是 70%、98%、80%、99% 以上；广州海运已成为华南地区、特别是广东经济发展不可缺少的重要支柱企业。同时，广州海运建立起与运输生产配套的船员劳务、物资供应、通信导航、船舶修理、船舶代理、基本建设、职工医疗、职工教育培训基地等支持保障系统。1994 年，广州海运被国家评为中国 500 家最大服务企业之一，在我国海洋、内河、公路、管道运输业务企业中名列第七位。1996、1997 年，在全国直属交通企业几乎全面亏损之际，广州海运是为数不多的盈利企业之一。

广州海运密切注意市场变化，充分运用运价可以上浮 20% 的国家新政策，努力增加营运收入。运输与财务等部门密切配合，认真做好有关方面工作，争取运价政策及时到位。另外，针对国家全面放开成品油、杂货运价的新情况，遵循“随行就市、价高质优”的经营方针，及时调整市场运价，并积极开展运费催收工作，促进了经济效益的提高。

1973—1997 年黄埔港始发及到达的南北航线见表 5-2。

1973—1997 年黄埔港始发及到达的南北航线表 表 5–2

年份	营运航线数	新增航线数	新 增 航 线
1973	2	2	连埔、秦埔
1974	4	2	埔沪、营埔
1975	5	3	津埔、青埔、沪埔
1976	4	0	
1977	5	0	
1978	6	2	宁埔、埔秦
1979	8	2	青广、埔宁
1980	10	2	埔连、广青
1981	22	14	埔沪、津埔、烟埔、通埔、张埔、连广、秦广、津广、通广、沪广、广沪、甬广、广烟、广张
1982	19	5	甬埔
1983	22	3	云埔、营广、云广
1984	24	0	
1985	23	4	臼埔、镇埔、广连、广温
1986	44	13	埔龙、镇埔、葫埔、金埔、广营、葫广、烟广、宁广、温广、张广、高广、广椒、广姚
1987	36	2	庆埔、海埔
1988	37	3	榕埔、汉埔、龙广
1989	44	5	埔仪、埔阴、丹广、庆广、岚广
1990	38	4	金广、广镇、臼广、威广
1991	48	5	广雄、广基、埔泉、台广、台埔
1992	47	3	笔广、笔埔、广门
1993	47	3	绿广、湄广、湄浦
1994	44	0	
1995	39	1	广马
1996	31	3	莱广、舟埔、唐埔
1997	30	1	广唐

注：港口港名简称如下：埔：黄埔；广：广州；榕：福州；温：温州；椒：海门；甬：宁波；上海；宝：宝山；金：金山；镇：镇江；通：南通；张：张家港；阴：江阴；仪：仪征；宁：南京；安：安庆；汉：武汉；高：高港；云：连云港；岚：岚山；青：青岛；臼：石臼所；威：威海；烟：烟台；龙：龙口；津：天津新港；津：塘沽；秦：秦皇岛；葫：葫芦岛；营；营口：连：大连；丹：丹东；姚：姚港；海：镇海；雄：高雄；基：基隆；泉：泉州；台：台中；门：海门；笔：笔架山；绿：绿华山；湄：湄洲湾；唐：京唐；马：马尾；莱：莱州港；舟：舟山。

进入 20 世纪 90 年代，广州海运每年建造新船舶，购进大吨位二手船，使运输船队不断壮大，运力迅速增加。面对海上运输市场竞争日趋激烈，南北航线煤炭、管道原油和海南铁矿石运量逐年减少；海上客运市场萎缩的严峻形势，广州海运力争主动，一方面稳住南北航线煤炭、石油、矿石等大宗传统货物运输的主导地位，另一方面率先占领广东、海南两省沿海各大新建火力电厂的煤炭运输和南海油田海洋油运输市场。

自 1991 年起，南北航线南下的管道原油、煤炭和北上的海南铁矿石，海运市场逐年萎缩。南下的管道油和煤炭运输量分别从 1992 年的 684.93 万吨和 1020.85 万吨减少到 1997 年的 108.17 万吨和 704.83 万吨；北上的海南铁矿石运输量也从 1991 年的 238.32 万吨下降至 1997 年的 102.33 万吨。

面对国内南北航线三大支柱货源年年减少，运输市场竞争日渐激烈，船舶运力的富余量增大，广州海运不断调整运输结构和运输策略，努力拓展新市场、新业务，广开揽货渠道，大力发展集装箱运输和远洋运输业务。

1997 年，广州海运总货运量达 5435.4 万吨。其中煤炭、石油、矿石分别为 1562.9 万吨、2644.7 万吨和 655 万吨。远洋货物运输量为 1769.2 万吨，占全年货运量的 32.55%。全年承运集装箱 16462 个，其中重箱 12334 个。

一、重点抓好煤、油、矿运输

煤、油、矿是广州海运运输生产的三大支柱，约占广州海运年度货运量的 83%。历年来，广州海运都紧紧抓住三大货类的运输，为完成年度货运量计划奠定了基础。

（一）北煤南运

在北煤南运方面，广州海运始终坚持“以卸定装”的原则，较好地满足了国内北煤南运的需要。1993 年，针对竞争日趋激烈的情况，广州海运从年初开始就从南到北做好各方面的协调工作，并对内部各公司进行有效调控，使煤炭任务得以顺利完成。

1994 年 6 月 18 日，广州太平洋船务有限公司成立开业。该公司由广州海运与香港越秀集团公司合资组建，主要承运广州珠江电厂的发电用煤。当时，地方船公司以特有的优势和灵活的经营手段与广州海运竞争。鉴于这一情况，广州海运一方面通过不断改善服务，认真履行合同条款，稳住老货主；另一方面在国内安排足够的散货运力与地方公司拼实力，保住了应有的市场份额。下半年，受国家宏观调控政策的影响，煤炭销售平淡，北方装港出现了排队等煤的现象；为了保住船舶效率，运输业务部门在抓卸港的同时，积极与装港保持密切联系，较好地完成了煤炭订货会计划数。

1995 年，受国家宏观调控政策的影响，煤炭运输市场比较平淡。由于社会散货运力增长较快，南下煤炭货源相对减少，华南新的卸港、新的泊位投产后，卸煤能力得到了提高。华南火电厂装机容量虽然提高了，但发电实行配额，昔日北煤南运的格局发生了较大的变化。1995 年上半年北方煤炭供给平缓，秦皇岛等四大煤炭输出港煤源不足，南方火力电厂耗煤减少，厂存煤炭居高不下，无法接卸更多的煤炭，而市场煤炭销路也不畅。对此，广州海运积极采取措施，努力提高船舶效率；针对列入生产平衡的计划煤炭减少、而计划外从天津下水煤炭有较大增幅的实际情况，一改拼实力的策略，一方面通过提高船舶效率继续把富余运力投放到外贸线，另一方面与参加北煤南运的两家地方公司签订了合作协议，实行最低保护价，积极促使市场规范化、有序化，保持了广州海运在北煤南运中的主导地位。同时，广州海运还进一步增强服务意识，在稳住老货主、保住老装港的前提下，积极开拓新的装煤港，先后派船到营口和京唐港装运南下煤炭，满足了华南对煤炭的需求。1995年广州海运南北线煤炭运输市场占有率超过 80%，发挥了国有大型航运企业的支柱作用。

1996 年，受国内经济大环境的影响，国内煤炭需求不旺，煤运量没有达到年初所预期的总量，特别是电煤之外的市场用煤，明显少于预计的数量。由于同期投入的运力并没有减少，造成运力过剩，导致竞争加剧。为使煤运市场走向规范、有序化，广州海运发挥大集团优势，对属下各多经公司做出统一部署，抽出部分运力投放外贸航线或国内非华南地区航线。另外与广东其他两家地方煤运船公司达成同比例减少运力投放协议，促使煤炭的运价回升，维护了三方共同的利益，也维护了广州海运在华南煤运中的主导地位。

1997 年，由于受年初抢运秦皇岛港煤炭和市场销售不旺、各地方船公司争抢激烈等因素影响，广州海运电煤运量均较 1996 年有不同程度下降。面对新情况、新挑战，广州海运牢固树立“货主是上帝”的经营意识，强化服务质量管理；改变以往用减少运力来提价的做法，发挥集团优势，统一对外，采取灵活机动的市场煤运价格，做好大宗货主的攻关工作；以联营、让利的方式稳住大货主；成立了煤运协调小组，收集信息，对市场进行分析和预测并提出对策；抽调部分煤运运力，改运杂货，并适当安排个别煤船运力参与远洋运输。通过以上各种措施，改变了被动应付的局面。

（二）矿石运输

1993 年，海南矿石运输克服了上半年欠账较多、下半年矿源不足等困难，几经努力，基本上达到了计划要求。1994 年海南矿运输受进口矿和三角债的影响，销售不畅，拖欠运费仍较多。为提高船舶效率，广州海运坚持适时派船，承运矿石 282 万吨，超额完成年度计划。同时，还充分利用北上空放船舶，努力开辟了宁波进口矿的二程运输，全年共接运 34 船、79.1 万吨矿石货物，取得了较好的经济效益。1995 年，海南矿一直受资金拖欠、销路不畅和进口矿的影响，货源与往年相比又有较大的回落。在海南矿每况愈下的情况下，广州海运积极争取了进口二程矿货源，并经努力解决了运费不能及时到位和卸港过于集中天津的问题，月度运量一度超过海南矿。“新两规”（《国内水路货物运输规则》《港口货物作业规则》）颁布实施后，货主可以自主选择承运人。对此，广州海运及时派员到宁波、舟山了解情况，与货主和代理建立业务联系，积极争揽货源，争取宁波、舟山进口矿中转货源。1995 年承运了进口二程矿 104.53 万吨，缓解了国内航线散货运力富余的压力。

（三）石油运输

针对 1993 年各炼油厂和中转接卸点趋于饱和、堵塞的状况，广州海运积极寻求上级部门的支持，进一步密切同卸货港、有关货主的联系，加强疏港工作；并克服困难，积极开辟渤海油田等新货源。同时，在保证国内运输的情况下，及时将富余运力投向国际市场；加强自身的经营管理能力，全年约有 70% 的外贸运输船舶由广州海运自己组织货源。

针对南下管道原油继续消减的情况，广州海运一方面通过努力缩短船舶在港停时，重点抓湛江和南京两港，另一方面把技术状况较好的船舶投放到国际海运市场。然而，要进入国际油运市场，油轮管理必须与国际接轨。为了在管理上解决与国际接轨问题，广州海运上下群策群力，积极将大型油轮逐步推向国际油运市场，特别是泰华公司为此做了大量的工作。

1994 年，成品油货源波动幅度相当大，在下半年进口油得到控制后，货源较充足，泰华公司提出了立足为大货主服务的思想，定期召开成品油船货平衡会，还适时把一些原油船改装成品油，并创造了月度成品油运输 39 万吨的历史最高纪录。

1995 年，为了进一步发挥大型油轮的效用和摆脱在国际油运市场揽货较困难的局面，广州海运从抓油轮基础管理入手，选择条件较好的油轮作为突破口，以此带动其他船舶，提高整体管理水平。在上半年海洋油产量尚未增加时，广州海运积极开展了香港大型油轮原油驳运业务。泰华公司层层落实各项安全防污措施，加强广州方向的疏港工作，协调好南下管道油船和过驳油船的到港密度，缓冲到港压力，充分提高油轮的运作效率。在过驳任务相当繁重的情况下，仍能保证外轮所要求的船期，较圆满地承运了短程原油 100 多万吨。下半年，“明河”轮在通过两家大石油公司的检验后，投入到美洲油运市场营运。同时，根据下半年海洋油运输量较大的情况，广州海运积极争取购进了 13 万吨级“祥河”轮。为充分发挥该船的效用，以满足南海海洋油的批量和流向的要求，管理部门和全体船员努力提高航次装载量，并把航区扩大到宁波港。

二、积极开拓海洋油市场

1986 年 9 月 25 日，广州海运 6 万吨级的新油轮“大庆 257”驶达北部湾围 10–3 油田，靠上南海油田 17 万吨级的储油船“南海希望”号，于 27 日满载原油驶离并开往目的港。该油轮首次安全通过琼州海峡，完成了南海油田 8 月 7 日试产以来的第一批原油，也开启了广州海运海洋油运输历史性的一页。

（一）从“慢一拍”到“快一拍”的转变

海洋油市场的开拓过程，是广州海运由传统内贸运输标准管理转向国际高标准管理的过程，也是船员们转变思想观念、提升综合素质的过程。

起初，熟悉“管道油”的船员们对于“管道油”与“海洋油”的运输差异还没有清晰认识。他们认为，运“管道油”是从码头到码头，运“海洋油”是从海洋平台或油气处理终端到码头，两者只不过是一个起点不同而已。但其实，两者差异很大。一是计划经济与市场经济的差异。运“管道油”是完成计划经济时期的生产任务，可以“慢一拍”地运作。而运“海洋油”需按照市场经济要求运作，必须“快一拍”，实效性强，油轮的受载必须准确可靠，否则就会影响海上油田的正常生产。若提油作业不及时就会造成关井压产。二是提油作业的差异。运“管道油”是在风平浪静的海港码头进行，而运“海洋油”是在水深浪急的海上进行。海上提油不仅要保证自身船只的安全，而且还要绝对保证海洋石油平台和油气终端的安全，这就要求“海洋油”的运输船只无论是设备完好率，还是人员的技术素质等，都必须符合国际高标准。

由于认识的差异，初期的海洋油运输没有得到货主的认同。南海东部合作油田一位外方负责提油作业的系泊船长曾写过一份报告，报告中说：在中国船东未改变操作方式之前，我绝不接受提油作业的指令。因为我在他们的船上发现几个问题：一是提油轮的门窗都是打开的，这不安全；二是惰性气体的窗盖也是开着的，舱内没有惰性气体，而惰性气体是油轮防爆必不可少的；三是有的船员在提油作业时聊天，感到不可思议。

对于货主方的“老外”提出的意见，船员也觉得不可思议。几十年来我们都是这样干过来的，运“海洋油”怎么就突然不行了。这些“老外”是否有点过分了。

为了减少双方的摩擦，公司只派船况好、船员素质高的油轮进行海洋油运输。但进入1995年以后，海洋油产量接近高峰期，仅派船况良好的船只已无法满足运输需求，这导致广州海运必须有更多运力投入这个市场。结果，在1995年底，就发生了一起南海东部合作油田拒绝给广州海运油轮提油之事。

被货主拒之门外，事关重大。广州海运立即进行整改。首先，从转变船岸员工特别是船员思想观念入手，增强大家的市场意识、安全意识和环保意识。其次，安排有丰富经验的机务和航海技术骨干深入每一艘油轮进行全面检查，按照国际标准一条船一条船地进行整改，每条船的设备更新改造费用达数百万元。三是加强管理，建立船只设备的日常维修保养制度，改变原来不到时间不维护保养的老做法。

在整改过程中，总经理钱维扬带队上船直接督促检查。经过几个月的努力，广州海运的船风船貌有了深刻变化。原来油轮上“老外”担心的管汇系统、锚机系统、液压系统、空调系统尤其是惰性气体防爆系统，都有了很大改善，“老外”完全放心了。原来油轮在提油作业时，船员戴草帽、穿拖鞋的现象没有了。原来甲板和栏杆上满是油污，此时也变得干干净净。“老外”们开始对广州海运油轮刮目相看，认为是中国当时最好的船东。昔日被船员们戏称为“鬼佬”的客户则成为船上的顾问与座上宾，彼此间除了工作之外，还结下了深厚友情。1996年初，为了帮助广州海运在油轮安装防硫化氢装置和探测系统，一位“老外”主动利用业余时间，并自出路费与海洋石油东部公司有关业务人员一道，为广州海运提供咨询服务，并开展业务培训。

1996年12月10日，广州海运邀请海洋石油公司代表在肇庆召开海洋油运输恳谈会。大家回顾了海洋油运输从不在意、不适应到服务准点、合作默契的过程，感受到了广州海运在运输服务上从计划经济“慢一拍”到市场经济“快一拍”的显著变化。石油公司代表一致认为，广州海运坚持恪守为货主提供优质服务的宗旨，加强船员道德教育与素质教育，坚持质量第一，信誉第一，保证了油田的正常生产，取得了令人满意的成效。1988—1998年的10年间，广州海运共承运海洋油3400万吨，其中一程运输2100万吨，二程运输1300万吨。

（二）海洋油运输逐年保持增长势头

进入20世纪90年代，海洋油运输保持持续增长的势头。

1994年，广州海运狠抓黄埔和宁波港二程船过驳的衔接工作，为稳住南海海洋油货源创造了条件。

1995 年，在确保南下管道油的同时，海洋油货源继续保持增长势头。广州海运合理调度运力，坚持运输船舶多装快运，确保了“北油南运”和“南油进江”的正常进行，为国家对原油资源的合理配置提供了运力保证。海洋油运输受气象因素影响，不均衡情况比较突出。对此，广州海运加强了计划管理，运输船舶密切配合，在风浪较大时，主动抓住雨天过后和中午风浪较小的间隙，适时进行靠泊或系泊作业，减少了运力损失。下半年，生产调度部门积极克服台风拖后等不利因素，狠抓运力效能，在一程运力稍显宽松的情况下着重抓二程运力、抓卸港，在港口和有关炼厂的配合下，黄埔、宁波、南京三个过驳点、卸油点在船舶密度较大的情况下仍很顺畅，确保了运力的衔接。1995 年全年运输管道油 438 万吨、海洋油（一程、二程）773 万吨，外贸原油 540 万吨。

1996 年南海海洋油产量增幅大，年产量首次突破千万吨大关。海洋油的生产和海洋油运输一样，受天气影响较大，生产很不均衡，而且对油轮技术状态要求高，运输环节多，卸接难度大。广州海运积极采取措施，主动适应市场，精心组织运力，合理安排油轮航线，在确保油井不压产的前提下，全力以赴抓船期、抓疏港、抓过驳安全措施，充分发挥“宁河”轮这艘 13 万吨级主力油轮的作用，满足了收、发货方的要求，赢得了南海海洋油运输市场。全年共运出一程海洋油 113 船、681 万吨，运出二程海洋油 243 船、462 万吨，取得了良好的效益。

流花油田是 1996 年投产的新油田，产量高，但含硫化氢量大。为抓住这一市场，广州海运在南海东部公司的支持下选定“淮河”“定河”两轮，按照流花油运输的有关要求配备了硫化氢检测和防护系统，对船员进行了必要的培训；并于 1996 年 5 月成功运输了第一载流花油，填补了国内油运的一块空白，为广州海运拓展了市场。

1996 年，为巩固南海海洋油市场和拓展国际油品运输，广州海运还加强了油轮接受大石油公司检验和终端检查的工作。通过努力，以往多次通不过大石油公司检验的被动状况有明显改观，全年共有 8 艘油轮 14 艘次通过大石油公司检查。在南海海洋油运输中，广州海运油轮也实现了由被终端拒载，到逐步被终端认可接受并受到终端表扬的可喜转变，其中“定河”轮被南海终端誉为国内管理最好的油轮。

1997 年以来，广州海运管道油运输任务大幅度减少，但南海海洋油生产稳定；同时，国际油价比 1996 年同期有较大幅度下降，进口原油较多。广州海运抓住机遇，针对海洋油运输环境差、难度大、风险多、要求高的特点，结合油田终端管理者要求，按国际标准严格要求自己，着重抓船舶的基础管理工作，提高服务质量，加强同油田终端作业者、销售公司及港口等有关方面的联系，按“以销定运、以卸定运、略有富余”的原则，周密做好调度计划，合理安排运力，既保证了海洋油和一、二程过驳等操作的连贯性、安全性，又较好完成了进口油中转运输任务，取得了较好的经济效益。

三、终止海上客运业务

1992 年，广州海运增开了大连—烟台的客运航线。但由于海上客运在快捷性方面远不及民航和铁路，而且受台风等自然因素影响较大，长距离的海上客运优势变得越来越弱，其主要客源——商业贸易的旅客纷纷弃水走陆或改乘民航，海上的客运量从1990年开始便逐年下降。同时，国家对燃油价格逐步放开，工资、材物料、修理费用上涨，虽然1992年国家给了客运票价上浮25%的政策，但航线成本仍然很高，无法摆脱企业连年亏损且亏损幅度逐年加大的状况。1993年10月1日，经交通部批准，广州海运经营了5年的广州—青岛—大连客货班轮实行停航。

1994年，海上客源继续下降，亏损日趋严重。对此，广州海运根据华南沿海客运市场萎缩的情况，及时停开既没有经济效益，又没有社会效益的航线。申穗客运航班因亏损严重，自1994年4月20日起停航。1995年，海上客源继续下降，春运客运量也仅为上年同期的86.8%。春运期间，为了缓解铁路华东线的压力，广州海运按省、市春运指挥部的指示和承诺，在实际上得不到亏损补贴的情况下仍以大局为重，在节前加开了一班广州—厦门—上海线。春运结束后，根据客流情况和企业对社会负担的承受能力，1995年4月，广州海运妥善停止了广州—厦门—上海线，并将广州—海口线改为隔日班，减少了企业亏损。广州海运也全部退出南北航线的旅客运输。

随着航运市场的变化，广州海运审时度势，及时对船队结构进行调整。针对客货船严重亏损，无力与公路、铁路、航空竞争的情况，广州海运果断决策，从1994年下半年到1995年，将一批经营亏损的客货船陆续进行处理，同时以出租、封存、转让、出售等方式，对一些效益不好的多用途船也进行了处理。截至1995年年底，共处理船舶12艘、1904个载客位、16.6万载重吨，收回资金10920万元，扣除船舶净值后为8311万元，减少了企业亏损，增加了效益。1996年初，广州海运将全部13艘客货船处理完毕；6月13日，“珍珠梅”“万年红”最后两艘客货轮也作报废处理，这意味着广州海运海上客运业务的彻底结束。

在处理不良资产和无效益资产的同时，广州海运还积极调整优化船队结构。根据煤运市场发展趋势，1996年为适应市场新订造了一批散货及集装箱船，优化了船队结构。1997年共淘汰、拆解了成本大而不适合市场要求的散货船11艘；新建投产5000吨级成品油轮2艘，38000吨散货船1艘，融资购买2艘6万吨级巴拿马型散货船舶2艘；根据国内运力过剩以及船舶技术状况，将“梅花岭”等5艘船投放境外运营，将“大庆219”轮出售给珠海船务公司。调整了运力和船龄结构，增强企业发展后劲。

四、积极拓展外贸运输业务

1995年，针对国内航运市场供大于求的状况，广州海运积极拓展外贸运输业务。为克服外贸运输体制分散、效益与效率低下的局面，广州海运按照试点方案明确的“以国内海运市场为依托、国际航运市场为开拓方向”的企业发展战略，1995年1月1日成立了南方船务有限公司，将分散于各直属船公司的主要远洋船舶，由南方公司独立经营，独立核算，统一经营广州海运的外贸运输业务，以利于开拓国际航运市场。1月6日，广州海运（集团）公司南方船务有限公司在海运大楼（广州市滨江西路40号）举行挂牌成立仪式。南方船务有限公司的成立标志着广州海运公司经营策略从“以沿海运输为主”，向“立足沿海，拓展远洋”的方向转变。与此同时，广州海运还把狠抓外贸运输船舶效率和效益作为当年工作重点，努力克服粗放经营、效益低下的短板，狠抓船舶技术状况和基础管理工作，在激烈的国际市场竞争中努力求得生存。全年约有 73 艘、171 万载重吨的船舶投入到外贸航线。

1996 年，广州海运进一步强化远洋运输管理，进一步明确外贸运输由南方公司统一经营，其他船务公司则集中精力，搞好安全、机务管理等日常工作。南方公司与其他船务公司签订船舶租赁协议，共同拓展国际市场。在"立足沿海，发展远洋"的战略方针指导下，各单位认真贯彻执行广州海运《外贸运输管理暂行规定》和《远洋提单管理暂行规定》，在提单、代理、备用金、理赔和保险业务、重大海损事故处理和运费回收等方面实行统一管理；并引进了市场机制，模拟市场运作，以理顺远洋运输的关系，进一步明确各有关方的责任。虽然当时广州海运的远洋运输与国际先进水平有差距，但已克服了效益低下、管理粗放的短板，机关业务人员管理水平和船员操作技能得到了提高，船舶基础管理得到加强。1996 年，远洋运输已初见成效，各项运输生产指标比 1995 年均有提高，远洋运输收入比 1995 年提高了 11%，船舶营运率比计划高出 3.8%。在此基础上，广州海运还建立了一套行之有效的制度，培养了一支有水平、有责任感、能吃苦的远洋运输专业队伍，为实现远洋船队的持续发展开了个好头。

1997 年，广州海运进一步加强管理，提高远洋运输能力。按照"统一经营、分工管理、模拟市场、共同负责"的外贸运输管理原则，集中优势和力量，不断拓展经营范围，提高自营比例。当年远洋船舶在广州海运船舶总数中所占比例已达 50% 左右，自营比例达 90% 以上。具体操作中，还引进了市场机制；通过内部模拟市场操作方式，进一步理顺了内外贸运输的关系，发挥了各船公司的优势；修订了航次考核办法，激励船员重视和加大 PSC 预控力度。

五、不断拓展集装箱业务

集装箱运输是广州海运积极培育的新业务。1993 年 1 月 3 日，广州海运又一专业船舶运输公司——集装箱运输公司（后更名为广州恒华集装箱运输公司）正式挂牌成立。原属第二货轮公司（广州锦华船务公司）的多用途船"柳堡""连堡""英堡""高堡""星堡"5 艘船舶划拨给广州恒华集装箱运输公司管理。1993 年 9 月，"英堡"轮首航香港—湛江集装箱航线，每周一个往返航班。1993 年 11 月，开通了广州（佛山）—上海的全集装箱航线，由"红旗 167"轮首航，承运国家标准的 5 吨箱。该航线的开通，缓解了广东的进出省物资的运输紧张状况。1995 年，广州海运又进一步调整了箱运策略，根据箱量情况，在市场上灵活租用成本较低的集装箱船投入运输，与"堡"字号相比节约了营运成本。为进一步扩大集装箱运输业务，当年 10 月又与境外企业合作，在香港注册成立了胜晖船务有限公司。

在集装箱揽货方面，广州海运克服起步晚的困难，向自行揽货迈开了第一步，建立了湛江、防城港两个揽货公司，自发货运提单，在开展业务的同时也锻炼了一批箱运业务人员。

1976—1997 年广州海运集装箱运量情况见表 5-3。

1976—1997 年广州海运集装箱运量　　表 5–3

年份	箱数合计（个）						其中：重箱（个）						重量（吨）	
	小计	40 英尺箱	20 英尺箱	5 吨箱	2 吨箱	1 吨箱	小计	40 英尺箱	20 英尺箱	5 吨箱	2 吨箱	1 吨箱	合计	其中：货重
1976	431				431								604	468
1977	102				102								202	161
1978	352				352								711	570
1979	589				589								1076	840
1980	891				891								1693	1337
1981	1256				1146	110	1027				917	110	1868	1272
1982	3167				3070	97	2924				2827	97	4091	2529
1983	5613		200	15	5192	206	4685			15	4552	118	6745	3690
1984	6878			90	6751	37	6098			90	6008		8776	5321
1985	8483			796	7687		7401			794	6607		13035	8548
1986	10343			1636	8669	8	8384			1613	6769		17610	11919
1987	9285			1281	8004		8026			1240	6786		15890	10863
1988	10922			2373	8549		10358			2373	7985		24070	17774
1989	10733			2224	8509		9926			2168	7758		23985	17947
1990	12546	43	307	2712	9848		11313	10	115	2669	8519		29479	21747
1991	15781	856	1962	3075	9888		13500	460	1048	3070	8922		58561	43789
1992	20414	1882	4635	3207	10690		16876	1429	2945	3206	9296		106573	81743
1993	27860	6058	7485	2832	11485		22269	4837	5742	2434	9256		184257	136879
1994	43236	11690	12702	6938	11906		30954	7670	9044	5274	8966		324739	240366
1995	30211	8057	13834	1325	6995		22171	5946	9637	885	5703		299568	234578
1996	33697	12400	21297				23169	9506	13663				258206	214432
1997	16462	6241	10221				12334	5427	6907				252423	208009

六、中越航线复航与亚洲近洋航线开辟

1992 年后，随着中越关系的正常化和中越之间贸易业务的发展，广州海运于 1992 年 7 月 8 日派出“红旗 186”轮，在中越航线中断 13 年后首次复航至鸿基港，开展了越南货物的小批量运输。

1993 年 12 月，广州海运海星客运公司的“金莲”轮出租给海南省三亚湾有限公司，首航海南三亚—越南岘港航线，后因客源少，只开了 3 个航次便停开。广州恒华船务公司继 1993 年 12 月全集装箱船“银樱”轮开通香港—菲律宾航线后，于 1994 年 7 月又开辟

防城—泰国和防城—新加坡全集装箱班轮航线，每月往返两班。广州海运“大庆 219”轮于 1994 年 1 月启运石脑油首航上海—菲律宾航线。

1996 年 9 月，“定河”轮成功地承运了第一载至韩国中方外销海洋原油 6 万吨，受到终端赞誉。

七、抓好货源组织工作

随着运输市场的逐步形成，货源成为船方争夺的焦点。广州海运高度重视货源组织工作，努力提高服务质量。1991—1997 年，广州海运贯彻执行交通部历年颁布的《水路货物运输合同实施细则》《外轮理货业务章程》等重要规章，坚持做好优质服务。为确保货源的稳定性，公司一方面加强与货主的密切联系，按货主要求安排运输生产；锦华公司等单位建立了“货主档案”；兴华公司争取到了部分煤运配载权，为优先考虑货主的利益创造了条件；同时还加强了货运质量管理，1991—1997 年，广州海运运输船舶没有发生过重大货运质量事故。

1992 年，广州海运针对国内和国外两个航运市场在不同时期的特点，认真做好市场分析，及时加强揽货和运力调整，在确保完成国家和交通部下达的增运煤炭任务和确保海南矿等重点物资运输任务的同时，大力加强石油运输、外贸运输等货源的承揽和拓展工作。由于措施及时，工作扎实，在油轮运力增加较快的情况下，揽取并承运了较多的油源，使货运量有大幅度的增长。同时还走访广东省经委、计委和省燃料公司，沙角 A 厂、B 厂，珠江电厂，黄埔电厂等单位，开展货源调查，密切与货主的关系。

1993 年，广州海运 4 艘新造大型油轮相继投产，运力大大增加而油源没有相应增加，新船因没有“外贸户口”而不能走国际航线，大、中型油轮运力过剩。运输部门采取各种措施，积极开辟渤海油、南海西部海洋油等新货源，承运南北线原油 70.77 万吨。煤炭运输方面，自年初开始就从南到北做好各方面的货源协调工作，使煤炭运输任务得以完成。为适应杂货运输市场的变化，运输部门想方设法巩固老客户，争取大客户、新客户，并根据不同货主的情况采用不同的形式经营，如租船、包船等。

1994 年，广州海运进一步加强运输生产协调和船舶现场管理工作。在 1993 年下放部分经营权后，虽然激发了直属船公司搞好运输生产的积极性，但也产生了一些内部杀价竞争等新问题。为了发挥企业的整体优势，广州海运加强了各船公司（包括多经、联营公司）的协同管理，特别是在煤运方面采取了定期召开碰头会、制定运价下限、限制内部多方询价、控制船舶到港密度等措施，为增强竞争力和提高企业在北煤南运市场的占有率创造了有利条件。同时，广州海运多次组织人力去大西南等地进行货源组织和市场调查工作，让新货主体会广州海运船多、技术状况较好、管理人才多的优势，建立为货主提供优质服务的良好信誉；在全国运输状况不景气的时候，得到了大多数货主、客户的理解和支持，大宗货主也在友好协商的基础上与广州海运签订了长期运输协议。当年与广东省电力工业燃料公司签订的煤炭运输合同，规定其所属已投产的沙角 A 电厂、黄埔电厂、云浮电厂燃煤机组发电用煤，全部交由广州海运承运；与深圳市能源总公司签订煤炭运输合同，规定其属下沙角 B 电厂燃煤机组用煤全部交广州海运承运；与广州经济技术开发区电力燃料公司签订运输 60 万吨燃煤合同；与深圳市能源总公司签订秦皇岛—妈湾电厂 40 万吨煤炭运输合同。外贸运输业务按照年初提出的“努力提高自主经营的比例”任务要求，积极在国际海运市场寻找货源，为进一步搞好两个市场的运力平衡奠定了基础。

1995 年初，广州海运在驻港口办事处工作会议上提出了力争在揽货上有所突破的要求，并以条件比较成熟的大连、秦皇岛和上海办事处作为试点。运输部门和船务公司认真履行长期运输协议的运输合同，适时派员到市场揽货，力求运力与货源的平衡，特别是船公司在机构调整后，克服了编制少、人手紧的实际困难，加强了与货主建立业务联系和揽货工作。比如针对多家炼厂提出海洋油含水偏高的情况，泰华公司及部分船舶以科学求实态度积极协助海洋石油总公司调查原因，经查证含水偏高并非运输船舶所致，得到了货主和厂家的信任。针对 1995 年在石油、散货运输中相继出现货损货差质量事故的情况，广州海运上下从维护企业信誉出发，提高对搞好货运质量的认识，船舶积极配合采取了相应的技术和管理措施，扭转了货运质量管理薄弱的被动局面。

质量是塑造形象、赢得市场的生命线，质量管理是企业的重要基础工作。1995 年，结合学习“华铜海”轮活动，广州海运继续推行、完善船舶部门升级工作，抓好抽检、记录、反馈等各个环节的管理，促进船舶“抓管理、保安全”，搞好运输生产。按照考核细则要求，组织审定、公布了 1994 年度船舶部门入级名单，还修改完善了广州海运船舶部门升级管理办法和考核细则。1995 年，广州海运召开了第九届 QC 成果暨第六届管理现代化成果论文发表会，对先进的 QC 成果和个人、集体进行表彰，鼓励广大职工运用科学的管理方法和工具解决生产实际问题，提高运输服务质量。广州海运还根据交通部《关于进一步加强交通行业质量工作的意见》，重新落实各单位、各部门质量管理机构人员，保证工作有序开展，并举办了 QC 小组活动诊断师培训班，为持续开展 QC 小组活动培养骨干力量。1995 年，通导公司广州海岸电台无话班荣获广东省、全国优秀质量信得过班组称号。

1996 年，广州海运召开了货运质量专项会议，总结经验教训，要求通过安全优质的服务稳定和提高市场占有率。泰华分公司制定了《关于原油、海洋油运输排干卸净暂行规定》，加强了卸油管理，赢得货主的赞赏。兴华分公司 9 月起对所有回穗煤船进行航次载货量核算，规定进行自查后方可卸货，并制定发生货差货损时追究货运责任人责任的管理办法，得到货主的肯定。锦华分公司对在穗或附近港口的船舶，派机关人员上船指导质量工作。英华分公司建立了 ISO9002 质量体系，并通过了 DNV（DET NORSKE VERITAS 挪威船级社）和 CSQA（中国船级社质量认证公司）两家质量认证机构的审核。

1997 年，面对货源减少的状况，广州海运主动出击，深入市场进行货源调查，发挥货代公司和各办事处职能，扩增揽货网点，在提高市场占有率、开拓市场方面取得较好成绩。如在沿海市场上，争取到汕头华能电厂每年约 100 万吨的电煤运量，并且挤进华东煤运市场，提高了煤运市场占有率；泰华分公司灵活而积极地组织货源，使当年成品油运输扭亏为盈，并经过努力取得外销海洋油的运输；锦华分公司根据市场需求，在稳定老客户的同时，争取到散盐和玉米运输货源，揽到北上瓷砖、摩托车运输业务；兴华在市场煤减少情况下尝试承运杂货等。由于货源组织得力，较好地提高了船舶运输效率。

1973—1997 年广州海运历年货运质量情况见表 5–4。

1973—1997 年广州海运货运质量表　　表 5–4

年度	货运总件数	重大事故案数	货损			货差			货运收入（万元）	实际赔偿	
			宗	件	货损率（‰）	宗	件	货差率（‰）		金额（元）	赔偿率（‰）
1973	20416048		25	398	0.19	118	756	0.37	3929	27571	7.02
1974	22288037		29	294	0.13	64	119	0.05	5146	12207	2.37
1975	18643681	1	35	1014	0.54	84	735	0.39	9862	30037	3.05
1976	18131030		25	342	0.19	62	1408	0.78	11618	37087	3.19
1977	16356928		9	593	0.36	48	153	0.09	18106	6927	0.38
1978	18428525	3	25	708	0.38	170	853	0.46	23174	66704	2.88
1979	22767099	1.5	13	1359	1.48	176	492	0.22	27050	163674	6.04
1980	25232863	4	42	3313	1.31	110	886	0.35	30776	40298	1.31
1981	23615829	4	69	346	0.15	154	1020	0.43	31498	177872	5.65
1982	29946233	2	102	3836	1.28	195	1024	0.34	32410	153634	4.49
1983	28323217		95	570	0.20	270	988	0.35	37205	139865	3.76
1984	26718298	2	100	3837	1.44	192	4266	1.60	41571	497260	11.96
1985	30416750	1	117	520	0.17	103	385	0.13	45558	83777	1.84
1986	38743176	2	115	2118	0.55	77	147	0.04	49536	164319	3.32
1987	38989909		89	376	0.10	70	272	0.07	54390	77115	1.42
1988									59940	88500	1.48
1989									66819	50266	0.75
1990									80255	3089	0.04
1991									101530	737	0.01
1992									121109	162	0.001
1993									154306		
1994									199979		
1995									218507		
1996									242730		
1997									248131		

注：包括广州海运远洋货运质量。

第五节　积极开展陆岸多元化业务

广州海运根据“一业为主，多元经营”的方针，利用主业优势和有利条件，积极开展多元化经营，各多经公司逐步形成规模，充实了广州海运的经营实力，也分散了经营风险。

1993 年初，广州海运在组建交通部直属企业系统首家规范化股份制企业——海南海盛船务股份有限公司之后，先后成立了房地产开发公司、海星旅游公司、深圳三鼎油运贸易公司。广州海运机关为分流非管理岗位人员，成立了海宁海务咨询服务公司、配件公司、广告公司、海宾服务公司、海威服务公司等。1993 年 7 月 28 日，广州海建工程监理公司开业，除开展广州海运的工程监理外，还开展对外经营，主要经营水运建设工程监理、工业与民用建筑工程监理、技术咨询等业务。1994 年初，广州三江船舶防油污工程有限公司成立，成为广州市最早的专业船舶污染清除服务企业。1997 年 5 月 19 日，广州海运集团物业管理有限公司挂牌成立。这些经营实体的成立，为广州海运内引外联、拓展海洋运输、解决部分机关人员出路等问题发挥了积极作用。1994 年，全年多种经营业务共实现利润 4147 万元，大大超过了 2500 万元的年初计划（图 5–16 和图 5–17）。

图 5–16　1993 年 6 月 22 日，广州海运（集团）房地产开发公司揭幕典礼。

图 5–17　广州海建监理公司揭牌。

鉴于广州海运多种经营公司的经营范围绝大多数仍是围绕航运业，历年来对这些公司进行了扶持和让利，不少公司已经成长壮大起来，因此，广州海运在 1993 年底提出在投资回报要求的基础上，通过董事会向这些公司落实投资回报；1994 年回报利润近 4000 万元，既维护了所有者的权益，也让这些公司更多地面向市场求发展。各单位在明确责、权、利关系后，更加注重企业的经营效益，普遍制定、实行了以收入、成本、利润为主要考核项目的奖惩办法，使广大职工的经营和效益观念有所增强。

一、工业事业部勇闯市场锐意改革

工业事业部下辖菠萝庙船厂、城安围船厂、广州迪施有限公司、印刷厂等单位，是广州海运集团仅次于航运事业部的“第二兵团”。长期以来，菠萝庙船厂和城安围船厂主要担负广州海运内部的修船任务。在市场经济的形势下，原有的修船格局发生了很大的变化，许多船东自由选择船厂修船，计划经济时期船厂的“固有优势”已不复存在，船厂面临“无米之炊”的困境。事业部管理者深入船厂，组织厂领导和职工学习有关文件精神，深入分析船厂面临的形势和任务，帮助大家转变思想观念。各单位重视在职工中进行“转变观念”的教育。通过教育，大家认识到：走向市场是国有企业发展的必由之路。经过多年的努力，船厂已初具规模，这是参与市场竞争的有利条件。但是，若用市场经济的要求来衡量，从当时船厂体制到职工观念，还有许多不适应之处。优胜劣汰是不可抗拒的自然法则，走向市场犹如逆水行舟，不进则退。应取的态度只能是：迎接挑战，勇闯市场。认识提高了，行动也就自觉了。在此基础上，工业事业部广大职工精神振奋，义无反顾地走向充满挑战和机遇的市场。

（一）走进市场，迎接挑战

工业事业部坚持苦练内功，迎接市场挑战。城安围船厂成立了经营科，主管联系客户；菠萝庙船厂也抽调精兵强将“揽生意”。他们采取“请进来”和“走出去”的办法，变“等客上门”为“登门服务”。与老客户开展联谊活动，建立稳定的业务联系；大力发展新客户，拓展修船市场。城安围船厂生产经营人员发扬“四千四万”（即不辞千辛万苦、说尽千言万语、踏遍千山万水、想出千方百计）精神，不遗余力地到市场找“米”，有力地拓展了修船业务。1996 年、1997 年，在广州海运内部船舶到厂修理锐减的情况下，两个船厂通过拓展外部业务，仍较好地完成了年度生产经营任务。

在参与市场竞争中，工业事业部注重经济效益，学会驾驭市场本领，努力实现由粗放型经营向集约型经营转变。为了提高企业经济效益，各单位在生产经营活动中，重视考察船东、货主的信誉和还账款能力，避免做“蚀本生意”。为了维护企业的合法权益，各单位积极组织人员催收历年遗留的“三角债”。对个别“钉子户”，视情诉诸法律、对簿公堂，用法律维护企业利益。为了壮大企业实力，各单位因地制宜，大力培育新的经济增长点。菠萝庙船厂将航修工程租给海鸿公司，盘活了不良资产；城安围船厂利用闲置的小船台开展小船修理业务，取得了较好的经济效益。两个船厂对外修船业务达 80% 左右，较好地实现了从“依靠对内服务”向“走进外部市场”的转变。

（二）创新机制，提高效率

广州海运重视领导班子建设，按照德才兼备的原则，大胆选拔使用年轻干部。调整后的工业事业部所属各单位领导班子，文化程度明显提高，结构比较合理，整体素质较好。为了加强领导班子建设，各单位普遍引进竞争激励机制，优化领导班子结构，提高工作效率。城安围船厂实行淘汰制，每年按 3% 的比例优胜劣汰，让“能者上，庸者下”，使广大职工产生了危机感，增强了责任感。船厂出现“三多三少”的可喜现象：看书学习的人多了，打牌下棋的人少了；看科技书籍的人多了，看“灰色”杂志的人少了；钻研业务的人多了，瞎混时间的人少了。1996 年，菠萝庙船厂仅在职自学的青年职工就有 75 人之多，有 60 多名职工向党组织递交了入党申请书。

（三）挖掘潜力，增收节支

为了提高企业效益，工业事业部大力开展增收节支活动，控制生产成本，挖掘生产潜力。菠萝庙船厂成立了成本控制办公室，大搞增收节支。船体车间成立废物料回收组，将边角料利用起来，每年节省开支 30 多万元。为了节约开支，该厂改革日常用水办法，利用珠江水冲洗厕所、洗车和浇花，仅几个月时间便收回了投资。城安围船厂实行各分厂全额费用承包，建立员工“个人可控成本账户”，营造“千斤重担众人挑，人人肩上有指标”的氛围，取得了明显的成效。仅 1997 年上半年，全厂节约费用 30 多万元，甚至以往纯消费性的幼儿园，也向船厂上交2万多元。

（四）狠抓质量，多出精品

为了参与市场竞争，工业事业部反复强调“质量是企业的生命”，要求各单位大抓产品质量，争出精品。菠萝庙船厂制定了“修期准、质量高、安全好、服务优”的工作方针，实行修船服务承诺制，初步形成了修广海、中远、外轮比重三足鼎立的修船格局。各单位都研究制定了提高产品质量的具体措施。为了提高工作质量，工业事业部大力推行ISO9002管理系统，各单位相继成立了ISO9002认证办公室，切实加强领导。城安围船厂设置了“质量体系认证倒计时”牌，增强职工的认证意识。通过认证工作，企业的质量管理工作实现了飞跃，上了一个新的台阶，受到国内外客户的好评。1997年4月3日，英国《国际修船新闻》杂志发表题为《BLM进入国际市场》的文章，详细介绍菠萝庙船厂的有关情况，对该厂的修船能力和服务质量给予高度评价。工业事业部属下的广州迪施有限公司，在同行中脱颖而出，被中国船舶工业总公司确定为活塞头制造定点厂。

二、供贸事业部开辟“供贸并举”新路

广州海运集团属下从事船舶物资供应与贸易的供贸事业部（以下简称供贸部），积极把握企业发展的机遇，开辟了一条“供贸并举”的新路。1994—1997年，该部连年超额完成广州海运下达的生产经营任务。1996年，实现营业收入为年度计划的100.51%，实现年度利润计划的150.6%。其中，对外营业收入占营业收入的42.15%。

供贸部集供、贸、储、运等功能为一体，在竞争激烈的市场经济大潮中乘风破浪，奋勇前进。供贸部曾是广州海运的后勤物资供应部门，过去，只要保证船舶开航，确保“内供”就“万事大吉”，“皇帝女”的日子过得可谓是高枕无忧。但到了20世纪90年代，即使在广州海运内部，船舶物资供应也不再是“独家经营”，而是出现了多头供应的局面。到1994年，“内供”材物料营业额已从原来的4000多万元锐减至2000万元。“内供”告急，企业再也无法过安稳日子了。

为了寻求出路，供贸部管理层经过反复研究，决定以改革为动力，以效益为中心，以自身资产为依托，以内外两个市场为导向，开辟一条“供贸并举”的新路。

改革的首要任务是转换经营机制，使企业面向市场。该部致力于使“物资供应公司”向船舶物资供应商转变，并逐步为下属单位“松绑”，即下放经营自主权，使下属单位从生产管理型企业向生产经营服务型企业转变。当时，广州海运内划归供贸部管辖的有12个单位，其中有6个直属分公司，6个投资公司（独资、合作、联营、参股形式的独立法人经济实体）。对此，该部重新界定事业部与各下属单位的职权，明确事业部作为利润中心的职能和地位，并发挥指导、监督、协调、服务等功能。各下属单位作为成本（收入）中心，成为相对独立的经营实体和市场竞争主体。

“以财务管理为中心”是现代企业制度的要求。供贸部在做好清产核资的基础上，认真学习借鉴邯钢经验，加强财务管理，特别严格对资金的管理和成本核算；建立和完善下属单位的二级核算，使他们既当家，又理财。对直属分公司试行资产经营责任制，按其资产、

资金的占有量，将广州海运下达给供贸部的利润指标分解下去，作为各直属分公司上缴给事业部的经营利润指标。对投资公司，按《公司法》通过健全的董事会或管委会进行管理，根据各投资公司的资产、资金和投入股份的多少以及经营状况等，向董事会或管委会提出建议计划，由董事会或管委会向各单位经营者下达回报指标，要求拆借资金要还本付息，占有资产要有偿，求得以最佳的投入取得最好的回报。

保证资产的安全性，确保国有资产保值增值，是事业部的主要功能之一，也是现代企业制度的基本要求。为此，供贸部加强资产经营的力度，对亏损、闲置、无效益等不良资产进行处理，该卖则卖，该封则封，把效益放在首位。供贸部内各单位之间建立经济结算关系，以保证它们成本、收入的真实性。同时，将员工的工资、奖金、福利、各种保险等成本核算下放到各单位，不搞统筹。然而，如果只把利润成本分解下去，分配上仍然吃大锅饭，必然会吃掉员工的积极性，吃掉员工的主人翁责任感。为了提高效率，鼓励先进，供贸部下大决心，彻底打破大锅饭。分配机制变成激励与压力共存的一把利器。起初，员工不大适应，毕竟，面对有人一个月拿近千元奖金，而自己只有几百元，甚至几十元，对于吃惯大锅饭的人来说，心理是一时无法平衡的。但慢慢地，员工们还是适应并理解了这一机制，并且把这种不平衡的心理转化成了开拓市场、争创效益的巨大动力。供贸部的员工有“三怕”：怕无活干、怕无岗位、怕无效益，其思想根源在于员工的忧患意识。只有当市场机制引入到企业管理中去的时候，供贸部的员工也才真正尝到“梨子”的滋味。

1995 年，供贸部开始实行“双责任”。与此同时，进一步加强廉政制度的建设。在原有基础上，根据新情况、新问题，制定了一系列规章制度，有效地堵塞了漏洞，促进了经营管理。据不完全统计，1996 年至 1997 年，该部共有 43 项基建维修（土建）工程项目，总投资 421.21 万元，所有工程全部验收合格，经审计核减后，为企业节省 40.78 万元。

“物竞天择，适者生存”，乃自然界亘古不变的法则。供贸部正是因为对市场经济的客观规律有比较深刻的认识，所以能及时转机换制。全体干部职工不等不靠，大胆改革，努力开拓，从而在激烈的市场竞争中，争得了客户，占有了市场，创造了效益。1996 年，供贸部的“内供”和“外贸”收入已各占半壁江山，他们的战略目标即“供贸并举”的格局也初步形成。

三、积极发展船代与货代业务

（一）船代业务

1995 年，广州海运着手申请开办为本企业和社会服务的船代、货代及保险代办业务。为更好地与国际航运市场接轨，提高市场竞争能力，1996 年，广州海运与广州振华船务有限公司共同投资组建广州海运集团国际船舶代理有限公司（简称：广海船代），经营国际船舶代理业务。6 月 10 日，该公司在沙面南街 22 号举行挂牌仪式，正式开始运作营业。在各有关单位和部门的支持下，经过员工的努力，广海船代取得了较好的经营业绩。1996 年便完成代理船舶 71 艘次，创营业收入 101.7 万元，利润总额 34.2 万元。1997 年，该公司紧紧围绕“突出拓展业务，参与市场竞争”的工作方针，改进服务质量，不失时机地拓宽代理网络，提高市场占有份额。仅1—9月份完成代理船舶103艘次，营业收入173.5万元，利润总额49.32万元。

1997年10月7日，广海船代正式移交中海船务代理有限公司，并更名为“广州中海船务代理有限公司”。

（二）货代业务

1997年2月26日，广州海运集团国际货运代理公司（简称：广海货代）挂牌开业。该公司业务从无到有，从小到大，在货物代理、租船揽货、船舶代理等方面，取得了长足进展。特别是在配合中海集团开辟沿海集装箱快运航线过程中，该公司抓住契机，全体干部员工勇于拼搏，勇于开拓。在1997年7、8月创新高大会战中，华南区间航线出口最高的一个航次就达到410个标准箱，实现了连续两个北上航次满舱满载。该公司强调“市场竞争意识、务实经营意识、优质服务意识、成本效益意识”，在市场竞争中求生存、求发展，建立起华南地区货物水路运输总代理的框架，形成了以广州公司总部为核心，各网点自行操作、有章可循、相对独立的经营实体为支架的货运网络。

广海货代成立之初，接到中海集团要开辟中海集装箱快运航线的指示，虽然各路人员尚未到位，但该公司以全局为重，积极配合中海开辟这条航线。首先派人到珠海、珠江三角洲、广州和华南沿海逐个点进行调查，并把货主名单整理出来，然后划分地区找出货源的流向。该公司总经理带头上门拜访货主，坚持到现场进行揽货业务。广海货代首先建立起广州、蛇口、厦门三个揽货网点，接着又先后在防城、海南、湛江、汕头、福州、青岛、营口等地建立了揽货点，为沿海快运航线的发展起到了很好的促进和保障作用。当时，仅以广州黄埔发船的集装箱班轮公司就有近10家。在铁路运输方面，由于其货源基础好，且价格相对便宜，因此拥有较多的货源。

四、积极发展其他多经业务

广州海运的陆岸多种经营业务，除前述的工业、供贸、船代与货代，还包括房地产、海建监理、通导、投资管理以及海员服务等社会化服务业务。

在房地产业务上，1994年，房地产经营紧紧结合本行业特点，积极开展经营管理工作，在保证完成基建任务的基础上，初步进行了房地产开发工作，拓展工程监理和设计业务，探索物业管理新模式，在市场竞争中取得了一定的成绩。首次完成湛江商品住宅楼4817平方米建设；征用了广东甘蔗糖业研究所所属34112平方米土地，作为开发商品房用地；承接对外监理工程6个项目，项目总投资额9200万元。1995年，物业管理在认识滞后、制度不全中逐步转变观念，强化意识，理顺关系，并着手成立规范化物业管理公司。1996年，房地产事业部完成基建投资19413万元，验收工程优良率达100%。“一号工程”（广州海运大厦）于1997年11月份投入使用，这座现代化功能齐全的办公大厦，是几代广海人心血的结晶，成为当时广州海运的新标志。在按期、保质保量完成广州海运下达的基建任务的同时，房地产事业部积极探索房地产开发经营项目，及时中止前景不明朗的“待开发”项目。以“一号工程”为契机，筹建了物业管理公司，探索物业管理的新模式。

1997 年，房地产事业部根据公司对房地产开发“适当收缩、抓住重点开发”的策略，终止与湛江橡胶厂和广州电机厂的合作，稳妥抓好天鹅大厦的开发，在三期销售中共售出住房 90%，积累了一定市场经验（图 5–18 至图 5–20）。

图 5–18　1993 年 10 月 22 日，华南海运调度中心（广州海运大厦）奠基。

图 5–19　1995 年 12 月 22 日，广州海运大厦封顶。

图 5–20　矗立在珠江南岸的广州海运大厦。

在海建监理业务上，海建监理公司于 1996 年取得了经营水运工程监理乙级资质，并被评为全国交通系统先进监理单位；在完成广州海运内部基建工程监理任务的同时，积极开拓对外经营，当年完成收入 361 万元，其中对外监理收入 170 万元。1997 年，监理公司业务进一步拓展，并获市建委一级代理工程投标资格，年底又获交通部批准的甲级监理单位资格。

通导事业部通过不断提高通信质量和服务质量，在通信技术高速发展、市场竞争非常激烈的形势下，保持业务不断发展，实现了人均利润 10000 元的目标。海岸电台开发了电脑值班管理系统，调整了收信台收信电路，还与瑞典合作发展了市场竞争力较强的 MARI TEX 业务，1996 年 12 月正式开通。修理厂取得了 ISO9002 认证证书，逐步迈向标准化管理。恒通公司不断发展，建立了白云山和蛇口两个集群网络新基站，集群用户突破 1000 户。1997 年积极进行海岸电台电路设备改造和开展 GMDSS 改造工程，拓展全球海上电传 MART TEX（Maritime telex，海上电传，可理解为“船岸之间传真”）业务，适应船东降低成本的需求；运用新技术积极参与广州海运大厦 PDS（Personal Digital System，个人数字系统），工程投标并中标，开拓新兴的楼宇自动化综合布线系统业务，较好完成大厦的 PDS 工程，承揽了联通公司的光纤工程。整个事业部通过不断寻找、培育新的经济增长点，1997 年全年实现利润比计划接近翻一番。

投资管理事业部针对子公司资产小，抗风险能力低，且分布于服装制作、旅游、出租车、防油污、商业等多行业的特点，加强内部管理，认真选择和考核经营者，并认真进行市场定位，积极开拓市场，对无效益的子公司及时停业。1997 年通过抓领导班子，抓服务质量，控制成本以求生存和发展，对经营不善或业务不足的单位实行减人增效，共分流富余人员 35 人。

生活服务公司树立“节约就是效益”的观念，按照“保内争外”的原则，不断挖掘潜力，努力开拓内部后勤服务市场和社会服务市场，取得了一定的经济效益，基本实现了减少公司对后勤服务部门投入的目标。

在海员服务上，1994 年 5 月，海员接待站经装修改造后，更名为海员宾馆，并正式开业。硬件改变后，宾馆服务的软件标准也要相应改变。为提高服务档次，海员宾馆结合自己的实际，参考其他宾馆的管理办法，制定了《工作标准》《客房清洁规程》《服务岗位职责》等，并以此作为劳动竞赛的考核内容，要求员工熟记有关标准和规程，并组织实操演练。海员宾馆尤其强调服务观，严格按工作标准进行操作，改变过去沿用招待所不规范的操作程序。经过几个月的努力，改变了服务员上班不穿工衣、不戴工号、工作时穿拖鞋、对宾客冷面孔等现象，服务员的仪容、语言和服务质量均有很大的改进。

除海员宾馆外，海员服务还包括海员医院。该医院在保持“二甲”医院成果的基础上，进一步加强医德医风教育，不断提高医疗水平和护理质量，1995 年通过二级甲等医院评审；1996 年将创建爱婴医院作为继续建设“二甲”医院的中心工作，先后顺利通过市级、省级、国家爱婴医院评审，受到省、市卫生主管部门表彰。

第六节　深化人事制度改革

一、深化人事、劳动、分配“三项制度”改革

广州海运不断深化“三项制度”（人事、劳动和分配）改革，努力调动广大职工的工作积极性。从 1993 年年初开始，各船公司在做好试点工作的基础上，积极推行了船舶新定员和岗位技能工资改革的新举措。新的船员岗位技能工资比原有船员工资水平提高了 73.4%。5 个船公司重新修订了运输船舶船员定员标准，共核定 132 艘船舶在岗船员 4603 人，比原来定员标准 5621 人减少 18.1%。由于各单位工作做得细致，新定员标准得到了广大船员的理解和支持。船舶实行新定员后，各单位对富余人员本着内部消化为主、自谋出路为辅、多渠道安排的原则，逐步地加以解决岗位调整问题。通过采取平衡上岗的过渡办法，增加劳务出租，有计划地组织技术业务培训措施，大部分富余人员都得到了较为妥善的安排。此举稳定了船员的思想情绪，实现了平稳过渡。

1993 年 2 月 9 日，广州海运召开职代会第 12 次联席会议，审议《1993 年集团公司工

资管理办法》和《运输船舶船员工资制度改革方案》。1993年大面积实行工资总额包干办法，按各单位1992年底的报表人数和工资水平确定包干总额，包干内容包括基本工资、基本奖金、各级津贴和加班工资。同时，借鉴海轮船长、轮机长工资改革试点的经验，运输船舶船员全面试行“一岗一薪、变岗变薪”的岗位工资制度，新的岗位工资标准由岗位工资、远近洋航贴和生产奖金三部分组成。根据船员在船舶担任职务、航区、船舶类型确定岗位工资系数，并以此计算出相应的岗位工资标准。推行岗位工资制度是和减员定员工作配套进行的，调整后运输船舶船员的工资水平与1992年的工资水平相比，平均增长幅度为80%左右。

在船舶实行新定员和岗位技能工资取得成功的基础上，广州海运还选择恒华集装箱公司和通导公司进行机关管理人员的岗位技能工资改革。1993年末，在非管理层人员基本明确后，广州海运机关也开始推行岗位技能工资改革。此外，1993年7月份广州海运还对直属各单位下放了机构设置及编制定员、专业技术职务评审、干部聘任（任免）、人事调配、船员外派、职工离退休等方面的部分人事管理权限，促进了这些单位新机制的建立，并为加强人力资源管理、加速人才培养与成长创造了有利的条件。通过人事管理制度、劳动制度和分配制度的一系列改革，各级管理机关、各基层单位初步建立起企业内部的竞争机制和激励机制，调动了职工的积极性，机关工作作风有所好转，职工工作责任心有所加强。

为深化企业人事制度的改革，适应现代企业制度的管理要求，1994年率先在通信导航公司试行全员劳动合同制试点，全面改革企业劳动用工制度，企业与职工的劳动关系第一次以劳动合同确立，明确了双方的责权利。在总结1994年通信导航公司试点经验基础上，经广州海运职代会联系会议审议通过，1995年4月6日，广州海运颁布了《广州海运（集团）公司全员劳动合同制实施细则》，有组织、有领导、分步骤地在陆岸单位范围内全面开展实施劳动合同制。依据实施细则，到1995年上半年，完成了4252名全部陆岸干部与企业签订劳动合同的工作，并在4艘基础较好的船上进行试点。1996年，在上一年完成陆岸单位固定工转制为合同制职工的基础上，重点抓好船员的劳动合同制转制工作；到1996年底止，应签合同的7418名船员，除202人由于各种原因未签劳动合同外，均已签订了劳动合同。至此，已签劳动合同职工达98.5%，基本完成了广州海运实施全员劳动合同制工作，实现了企业用工制度改革的根本性转变。

作为广州海运全员劳动合同制试点单位的通导公司，从1994年9月份开始，结合广州海运的要求及本单位的实际情况，制定出“四抓一深入”的改革举措：

一是抓组织机构落实，积极开展试点工作。由于全员劳动合同制工作是一项政策性强、涉及面广、与职工切身利益密切相关的劳动人事制度改革，因而通导公司首先成立专门机构及领导小组，公司的党政工及有关部门都抽人参加，负责具体改革工作，为试点工作的铺开打下基础。

二是抓宣传发动，提高广大职工思想认识。根据分步实施的方案，在准备阶段，通导公司加大宣传力度，组织学习有关文件，统一干部职工的思想，使广大干部职工积极转变观念，认识到此项改革是势在必行。

三是抓工作进度，做好相关材料的组织和落实。通导公司将全体职工的基本情况按年龄结构、工龄结构、知识结构、职称、职务情况、培训教育和住房情况等分门别类进行汇编，了解和掌握每个职工的基本情况，为签订劳动合同提供清楚准确的基本材料，同时根据有关法规，拟定出实施细则、劳动合同、培训合同、上岗聘约和住房协议等有关文件。

四是抓定岗定编定责和上岗考核工作。1993 年 3 月份，通导公司重新核岗定编，合理设置生产岗位，合并了四个班组，压减了 21 个岗位，使各个岗位都有比较饱和的工作量，达到满负荷工作的要求。同时，他们还对全公司的 222 个岗位职责和工作标准进行重新修订。

“一深入”就是深入基层班组调查研究，了解和掌握职工思想动态。无论是在准备阶段，还是在实施阶段，通导公司都能深入到职工中去了解情况，及时掌握职工的思想动态，及时有效地调整各项工作进度。如各基层核岗定编后，由于优化组合，班组结构合并等原因，个别被安排下岗的职工思想不通。党委领导知道后，派人到基层去，及时了解开他们的思想动态，及时理顺情绪，及时排忧解惑。

为适应市场竞争的需要，广州海运不断探索完善激励机制。1994 年，在坚持“工效挂钩”的基础上，本着“船岸分开”“向生产一线倾斜”的原则，加大引入市场竞争激励机制：一是在分配机制方面将调控部分提高至分配总水平的 25% 以上，同时增加对船公司修理费成本计划的考核项目。二是从当年 4 月 1 日起，合理调整各岗位工资系数标准，突出关键岗位工资系数的调整，并按调整后系数将运输船舶船员工资标准提高 20%。改革运输船员公休工资计发办法，自 11 月份起在岗船员按岗位工资加发 21% 的公休工资差，简化了原有的发放办法，更进一步增强了工资分配的激励机制。三是在总结机关岗位工资试点基础上，陆岸各单位在定岗、定编、定员“三定”的基础上，全面实施岗位技能工资。1995 年继续实行分配向一线倾斜的政策，在调资中拉大分配差距，有效地激励了船员的劳动生产积极性。

1996 年，为适应事业部管理机制，广州海运对各事业部及所属企业、附属单位的工资管理实行集中管理，建立了配套的分配制度，实行了统一调控工资总额、统一调控各类人员的工资及基本奖金水平，统一制定各类人员的岗位工资标准和档案工资管理，统一制定事业部一级的效益工资浮动考核办法；并将航运、工业、投资部机关分配与所属企业分离，直接纳入总部管理；改进和完善内部工效挂钩办法，对复合挂钩单位的指标、比重及考核内容等进行调整；以收入、利润指标为重点，激励各单位的创收创利积极性；对于多经公司经理和员工的收入，则加强了调控并实行总额限制，理顺了外派外贸运输船员的工资分配关系，合理拉开船岸差距；改革了船员公休工资的支付办法，将船员公休按月回单位领取工资改为离船公休时提前支付公休工资，方便了船员，提高了工作效率；清理船员公休假，对高级船员的假期支付代偿金，以缓解高级船员紧缺的矛盾。1996 年职工收入进一步提高，工资总额人均达 20488 元（含伙食费航贴），职工收入比 1995 年纯增 2035 元，收入比上年增长 11.15%。

1997 年，广州海运进一步完善劳动、人事、工资三项制度改革，强化岗位考核，细化工资分配，进一步理顺劳动分配关系，调动职工积极性。完善了工资分配制度，把岗位工资细化为岗位技能结构工资制。实行变岗变薪的动态管理；按不同岗位设置薪点标准，点值与公司效益挂钩浮动的办法，初步建立起与企业经济效益直接挂钩的分配机制。当年，在调整船员岗位技能工资的基础上进一步理顺了运输船舶各类船员的分配关系；修订了《事业部工资管理办法》《机关管理人员工作标准》等制度，使工资分配激励机制更贴近现代企业制度管理的要求。

二、改革选人用人机制

1995年，广州海运实现劳动用工制度改革，引入竞争上岗机制，实行干部能上能下政策，有700多名不适应岗位需要的干部、职工下岗待派，其中有部分处级以上领导干部因管理模式的变化而下岗或降级使用；同时选拔了一批年轻干部到各领导岗位上。在公司领导班子调整中，充实了年轻干部，使班子的年龄结构更合理；经过综合推荐，严格评审聘任了一批20世纪80年代初期毕业的大学生和青年业务骨干担任高级专业技术职务；修订了《后备干部管理办法》，在发扬党内民主和走群众路线相结合的基础上，选配了各级领导岗位的后备干部队伍，后备干部选拔、培养、考核和跟踪管理工作也进一步规范化。

1996年，广州海运落实干部考评制度，根据考评确定干部提拔、交流、奖惩、下岗，形成了能上能下的用人机制，年初提拔了一批年轻干部，调整充实到各级领导班子中；严格执行退休制度，同时充分发挥竞争上岗机制优势，清理违纪、不称职人员，裁减冗员，严把进人关，确定调入人员须为大专以上学历、40岁以下、中级职称以上的企业所短缺人才；引进院校毕业生坚持保证重点专业、可要可不要坚决不要的原则，在干部年轻化的同时，职工整体素质也有了提高。

1997年，广州海运根据改革和市场的变化要求，撤销了驻汕头办事处、菠萝庙船厂厂修车间和南方分公司的箱运班轮科、揽货组。按船舶的实际劳动强度，锦华分公司所属船舶定员由31减至27人。在毕业生招收中坚持“质量第一，数量从紧”的原则，切实落实减人增效措施。

三、组建英华船员公司

为适应航运市场竞争，强化科学管理，提高企业经营效益，更好地集中精力，参与航运市场竞争，广州海运援引国际上“人船分离”的做法，将分散于直属船公司管理的9000多名船员集中起来，于1995年7月29日成立英华船员公司，10月1日正式挂牌运作（图5-21）。该公司对船员调配、晋升、考核、培训等方面进行统一管理，以合理配置劳动力资源和优化船员整体素质，在全国海运系统率先形成较大规模的船员劳务市场。船员公司与船公司之间通过劳务合同建立业务关系，形成了集团内部劳动力市场和竞争上岗机制。

图5-21　广州海运集团英华船员公司开业典礼。

在试行船员套派基础上，英华船员分公司于1996年10月全面推行船员成套换班，明确合同期和责任义务，保持船员相对稳定，此举对于实施SMS、优化人力资源配置、降低管理费用及组织外派、有计划地安排教育培训、全面提高船员整体素质起到了积极作用。而实行船员专业化管理，更有利于形成竞争上岗的良好机制，对建设一支适应市场需要、素质过硬的船员队伍具有重要意义。

四、成立社会保障部

为深化企业劳动、人事、分配三项制度改革，积极稳妥处理好企业改革、稳定、发展三者的关系，同时考虑地方社会保障体系尚未完善、社会接受能力有限的现实情况，广州海运于1995年1月1日建立了内部保障机构——社会保障部。该部的设立旨在企业内部实行保障社会化，有效解决职工社会保障工作因分级管理和分属各单位出现管理人员过多、标准不一等问题。社会保障部设置了医疗、计生、养老、房改、财务、综合、待业办公室和老干活动中心，负责企业职工医疗费用的总体管理、劳保、工伤人员的管理，同时还负责离退休干部和工人的管理、职工住房改革、各项职工福利基金的管理以及待业人员的培训和管理工作。社会保障部的成立，确保了广州海运在不断深化改革的道路上，稳步前行。

1997年，根据广州市房改精神和企业实际，广州海运制定了《广海集团新职工住房改革实施办法》，基本形成了“老人老办法、新人新制度”的住房分配模式；根据一年多的探索实践，制定了《职工死亡抚恤暂行规定》，对因工死亡职工实行一次性赔偿的办法，减轻企业负担；制定了《广海集团医疗保险制度改革草案》，为保障职工基本医疗、逐步与社会保险制度接轨打下了基础。

五、重视职工教育培训

长期以来，为适应企业发展的需要，广州海运始终高度重视职工继续教育和岗位培训工作。1992年，广州海运局成立职工教育研究协会。“八五”期间，共投入教育经费106.4万元。

1994年4月18日，广州海运职工教育工作会议通过了《广州海运（集团）公司职工专业技术人员继续教育暂行规定》。1995年共开展岗位教育培训达3075人次，其中参加船舶适任证书考试受培学员333人，考取证书237人，合格率为71.17%，有23人和38人分别考取船长和轮机长证书，超额完成年度计划，大大缓解了高级干部船员不足的局面。1995年，船长、轮机长考证合格率分别达到90%和94.7%，其中船长考证合格率较1994年的80%提高到90%，创历史最好成绩。同时，广州海运还进一步加强了专业技术人员的继续教育工作，将继续教育情况作为晋升、聘任的重要依据来抓，较好地完成了专业技术人员的继续教育工作。1996年5月13日，广州海运职工教育工作会议通过了《广州海运（集团）有限公司职工教育“九五”发展规划》。1997年4月30日，广州海运职工教育工作会议通过了《广州海运（集团）有限公司“九五”后四年专业技术人员继续教育工作规划》，并提出了“科教兴企”的战略。遵循“学以致用”的原则，广州海运开展了多层次、多形式的教育培训工作，1997年共组织培训16162人次，着重抓好与国际航运接轨的资格性岗位培训，获 GMDSS 电子证书 39 人、普通操作员证书 63 人。开展了特种船船员、ISM-CODE 和 SMS、ISO9000 内审员培训；增加了一程油轮船员适应性培训；注意抓好船舶主要干部培养工作，全年培训考取 A 类证书船长 23 人，轮机长 26 人，超过保有量计划。

1996 年，广州海运技校、培训中心在搞好企业内部教育培训的同时，积极面向社会开展教育培训。技校建成了省劳动厅的水上专业技能鉴定所，通过了校园管理评估，向省重点技校、交通部规范化技校不断迈进。培训中心取得了交通部港监局颁发的《船员培训许可证》；扩建的教学大楼投入使用后，油轮安全培训基地建设也取得重大进展。企业教育培训条件的改善，既有助于提高教学质量，也为培训走向市场、减轻企业负担奠定了良好基础。1997 年，广州海运技校通过了省劳动厅重点技校的评估验收；培训中心的油轮、货轮装卸操纵模拟器通过内部验收，向建成油轮特殊培训基地目标迈出了一大步。此外，广州海运技校还为适应《STCW78、95 公约》进行了师资等准备。1997 年 7 月 10 日，广州海运技校经广东省劳动厅批准，成立航海专业技能鉴定站，承担省内船舶水手、船舶机工、船舶电气三个专业的技能鉴定工作。

"八五"期间，广州海运先后制定或修订了《广州海运局职工教育工作考核规定》《广州海运（集团）公司专业技术人员继续教育暂行规定》《广州海运局职工教育管理条例》《广州海运（集团）公司"八五"期间海上航行船舶学徒制工人资格性岗位培训实施意见》等职工教育法规。培训中心建立了 GMDSS 普通操作员教学实验室、电子证书教学实验室和油轮培训基地，添置了 25 台计算机和投影仪，更新了语音室和电脑室等；重点抓好领导干部培训、船员干部考证培训、专业技术人员继续教育、技术工人培训、大中专院校毕业生岗前培训和在职职工学历教育等职工教育培训工作。在船员干部考证培训中，考证平均合格率达 68.9%，其中船长、轮机长平均合格率为 62.3% 和 63.5%，在全国同类考试中取得较好的成绩。"八五"期间考取的船长、轮机长 229 人，占在册船长、轮机长的 40.3%，使"八五"期末船长、轮机长实际保有量达 614 人，满足了运输生产的需求。在专业技术人员继续教育方面，重点抓住与国际航运接轨的培训项目，如船舶 GMDSS 普通操作员培训，二等电子证书培训，油轮船员安全培训，轮机自动化、苏尔寿新机型、船舶避碰、驾驶英语、国际安全管理规划（ISM code）、财务管理知识更新、计算机培训等。技术工人培训，以培养岗位技能为目标，共培训船员工人 1569 人，均取得了《船员资格性岗位培训证书》，按时保质完成了交通部下达的培训计划任务；培训陆岸工人 3546 人次，经培训后，技术理论水平和实操技能普遍得到提高。大中专毕业生岗前培训 36 期，共有 1718 人接受培训。"八五"期间，参加学历教育并取得毕业证书的共有 216 人，其中大专以上的 167 人、中专毕业 49 人，所学专业包括船舶驾驶、轮机管理、财务、统计、企业管理等。

1996—1997 年，两年共组织培训 25154 人次，其中岗位培训 13577 人次、继续教育 1138 人次、学历教育 430 人次，均超额完成年度计划指标，培训更加突出针对性、实用性和实效性。为了使船舶顺利通过 PSC 及大石油公司的检查，更好与国际航运接轨，公司组织套派船员学习港口国的管理规则、航运实务知识和大石油公司的有关要求；为了确保装运硫化原油的安全，组织油轮船员进行防护知识、对硫化氢探测、防护设备使用及应急实操培训；船员干部强化英语培训；安全管理体系（SMS）培训；ISO9000 系列培训；船员安全心理学培训、创造性思维与方法培训、海上终端提油培训、集装箱运输管理专业知识培训等。1996 年，培训中心取得了交通部港监局颁发的《船员培训许可证》。至 1997 年底，广州海运 1374 名高级海员中，具备大专以上学历的占 32.5%。

“八五”期间，广州海运有 5 人被评为“全国交通系统优秀教师”、3 人被评为“全国交通系统优秀教育干部”，城安围船厂被评为“全国交通系统教育先进集体”。

1986—1997 年广州海运船员岗位培训情况见表 5–5。

1986—1997 年广州海运船员岗位培训表（单位：人） 表 5–5

年份	船长	副船长	政委	轮机长	电机员	报务员	三副	三管轮	英语	安全员	厨工	电工	客运员	四小证	三小证
1986	57			59	42	22			114					740	
1987	18			2	12	15	27	35	48					1924	
1988	279	167				65	71	79	18	273	178	84		2421	
1989	44			31	71		22	15		59	77	66		3120	434
1990	48		208	33	11	46	23	15	10	667	62	30	68	1929	86
1991	32			35	11	23	47	32				28		363	117
1992	40		30	37	11	23	47	32			25	16		275	78
1993	42			36	15	28	45	36							
1994	28			35	18	29	59	57							
1995	36			50	17		69	69							
1996	29			29	3	36	10	7							
1997	14			23			8	9							

六、大力推进党校建设

1992 年 7 月 1 日，中共广州海运局委员会党校（简称广海党校）正式成立。广海党校围绕党员轮训和干部理论培训，从企业实际出发，以提高教学质量为中心，以提高学员的理论素质和增强党员的党性自觉性为目标，积极进行党校建设的探索和实践，形成了体现企业特点的党校办学机制，成为“轮训和培训党员领导干部、培养党的理论队伍、学习研究马克思主义和邓小平理论的重要阵地”，成为“党员干部增强党性的熔炉”。据不完全统计，1992 年 7 月—1997 年 7 月的五年间，共举办各类培训班 124 期，培训学员 5611 人次，为企业的改革、发展和企业党建工作做出了积极贡献。

（一）贯彻《条例》精神，搞好理论培训

1. 加强队伍建设，提高教师素质

提高教师素质是队伍建设的关键。广海党校把提高教师的思想政治素质和教学业务素质“两个要素”统一起来，作为党校教师的基本要求，要求教师一专多能，适应企业干部理论培训要求。为保证教师的政治、业务素质，建立精干高效的师资队伍，广海党校先后调整了教研室领导和个别教师，有计划地选送教师到有关院校读大学本科、研究生或参加各种培训，提高和充实教师的知识和技能，适应了企业干部理论培训要求。

2. 抓好教学环节，深化教学改革

广海党校按照正规化教学规律抓好教学环节，注意每一个教学环节的设计和落实；从实际出发，精心设置课程，因时而异，因需而设。教师授课前做到反复研讨教学内容，讲求教学质量和效果，向每个 45 分钟要成效。广海党校还注重调动学员的积极性；处级班学员文化层次高，实践经验也较丰富；除了选好教师上好理论课外，还注意安排好自学和研讨课。每次办班都整理归纳学员意见，并提供给广州海运党委参阅。党校对学员的管理严格要求，严格考勤制度；注重探讨考试方式，利用考试杠杆促进学员学习，先后采取了闭卷答题、开卷做论文、写心得体会、分组抽签口试等形式，不断深化教学改革。

3. 学习内容丰富，培训层次多样

五年间，广海党校立足于形势需要和企业实际，适应建立社会主义市场经济体制和企业改制的需要，对科级干部、船长、政委、轮机长进行十四大精神和社会主义市场经济知识培训；为适应现代企业制度试点工作的需要，组织处级干部、科级干部学习十四届五中全会精神，进行现代企业制度基本知识培训。1997 年，组织学习了十四届六中全会、十五大精神。在学习邓小平理论方面，开展了《邓小平文选》1—3 卷的教学，突出对《邓小平文选》第 3 卷、南方谈话精神的学习和党建理论、党建思想、邓小平理论科学体系的学习。与此同时，从 1993 年开始，每年还举办一期入党积极分子培训班。此外，还举办了政工后备人选培训班、科长上岗培训班、大中专生岗前教育班等各类培训班，为企业培训了一大批讲政治、善管理，并适应社会主义市场经济需要的党员干部和职工。

4. 加强内外协调，推动工作发展

由于党校办班层次多，班次多，生源面广量大，做好送培单位联系沟通十分重要。对于企业内部的办班，注意会同有关部门共同研究教学计划，取得主办部门的支持，及时与二级单位联系协商，积极做好开班前的各项准备工作。对企业外的部属兄弟单位，定期召开广州地区培训协作联络员会议，保持密切联系，确保办班的落实，得到了交通部党校、广东省委党校、省直工委党校的指导和支持。此外，广海党校还坚持同外聘教师广泛接触

与联系，建立了外聘教师档案，为党校教学提供了稳定的师资来源。1997 年上半年，党校成功地协助交通部党校举办了国有企业改革与现代企业制度理论研讨会，接受了广东省委党校、省直工委党校和交通部党校的检查，均受到肯定和好评。

（二）探索办学模式，形成办学特色

企业党校植根于企业，必须为企业的改革和发展服务，必须从企业实际出发，采取灵活多样的办学形式，保证教学质量。广海党校不断探索新的办学模式，取得了良好的办学效果。

1. 师资队伍精干高效，以专职教师为主体，以兼职教师为补充

专职教师要求做到思想正、政治强、业务精，既具有扎实的马列基础知识功底，又具有多学科的知识才能。兼职老师由两部分组成，一部分是企业领导和各职能部门的领导，这些人员了解企业情况，讲课的针对性强，另一部分是大专院校的专家学者，他们的功底扎实，信息面广，讲课的理论性强；两支队伍优势互补，相得益彰。

2. 面向基层，送教上门

过去办班，学员要集中到党校上课。由于各基层单位实际困难较多，往往难以保证学员安下心来学习，影响了教学效果。为了解决工学矛盾，更好地为基层服务、为学员服务，广海党校尝试送教上门，把教学的规范性和灵活性结合起来。所谓规范性，就是按教学计划不折不扣地完成教学内容，保证教学质量和效果；所谓灵活性，就是根据各基层单位自身的特点和需要，确定办班的时间、地点和人员，再由党校教师上门办学。广海党校先后到二级单位和深圳办班 20 多期，受到基层单位的支持和学员的欢迎。

3. 分散教学，累积学时，分解任务，分段实施

交通部干部培训“八五”规划、“九五”规划都规定了处以上干部的政治理论学习时间，企业党校不可能一次完成；干部脱产学习时间过长，会对企业的正常运作造成影响。鉴于此，广海党校采取“逐年落实、五年累加”办法来完成任务，用学制的灵活性来使规定的学习任务得以完成，较好地克服工学矛盾，保证了生产学习两不误。

4. 加强针对性

一是注重教材的针对性，除选择合适的教材外，每年还与有关部门合作组织教师编写符合企业实际和学员实际的教材。二是教学过程的针对性，要求教师讲课与实际相结合、教学与研讨相结合、学员学习理论与解决现实问题相结合，从而提高学员应用理论分析和做好本职工作的能力。

5. 以本企业为依托，面向华南部属企业

1995 年，广海党校被交通部党校批准为部党校广州培训点后，积极承担华南地区部属企业的干部培训任务。先后为四航局、深圳蛇口工业区等单位培训处级干部 12 期，为广州信息所、广州海监局等单位开办了培训班；以送教上门方式，与广东省直工委联合举办一期培训班，均得到上述单位的肯定。

1997 年，由于广海党校较好地完成了各项培训任务，在理论培训中形成了自己的办学特色，被评为交通部党校教育网先进党校，其中一人被评为党校先进工作者，一人被评为

部党校优秀教师。

第七节　改革中的企业党建与精神文明建设

一、确立企业党组织的政治核心作用

1993 年 1 月 12—14 日，广州海运（集团）公司召开组建后的首次党委工作会议。会议围绕市场经济形势下企业党组织的地位、作用以及党建工作任务进行了认真讨论。

会议认为，企业党组织要按照党章的要求，围绕企业生产经营开展工作，发挥政治核心作用，在各项经济工作中体现自己的价值。为使党组织能更有效地参与经济工作，在班子结构上应在上级批准的前提下进行探索：一是广州海运所属紧密层企业的领导班子结构，配双线还是交叉兼职，或者一肩挑，应从实际出发来确定。不论采取哪种形式，都要求党政领导之间做到团结、协调、配合。二是党委办事机构的设置，应有利于党委围绕生产经营的中心去工作，并有别于地方党委和地方政府的关系。无论两个牌子、一套人马，还是仍为党政分设，都必须符合“精干、高效”的原则。三是基层政工干部需要为专职人员，但还需担负一定的行政业务方面的实际工作，以利于结合生产实际做好思想政治工作。四是必须强调思想政治工作属于管理范畴，不是政工干部的“专利”。所以，各级各类管理干部都要重视思想政治工作，要把运用思想政治工作手段抓好企业管理列入行政业务干部的职责和考核内容。

会议指出，企业转换经营机制的目的，是使企业适应市场的要求，成为依法“自主经营、自负盈亏、自我发展、自我约束”的经营者。这一过程也是广大职工思想变动、利益调整最剧烈的时期。改革要深入，局面要稳定。因此，必须及时把握广大职工的思想脉搏，做好改革中的思想政治工作，并把思想政治工作渗透到生产经营的各个环节中去，积极化解矛盾，协调关系，理顺情绪，逐步建立起奋发向上的企业内部激励机制。

1996 年，广州海运党委认真贯彻中组部关于在现代企业制度试点企业中加强党的建设等两个文件精神，在试点中坚持抓好党建工作，把党建工作写进了公司章程。章程明确规定了企业党组织的地位、作用、职责任务、机构关系、活动经费等，为广州海运（集团）有限公司挂牌后开展党的工作提供了法律依据。广州海运党委在现代企业制度试点中坚持了“四个同步”：一是按事业部建制重组机构时，同步建立各级党组织；二是酝酿配备董事会、监事会、经营班子人选时，同步确立党政班子交叉任职；三是健全完善各种经营管理制度时，同步健全完善党的工作制度；四是按新机制运行时，同步开展党的工作。

二、积极开展学习“华铜海精神”活动

“华铜海”轮是广州远洋运输公司的一艘 6.5 万吨散货船，1984 年以来，先后出租英、美、日等国家，人均创利税 28 万美元。出租期间，均能达到租家的速遣要求，每次装货都装到最大吃水，都走最佳航线，验舱都是一次通过，没有出过一次事故，没有被扣过一次

租金，被誉为中国出租船的一面旗帜。该船推行以扩大自修为主的经济承包责任制，深化内部改革，提高管理水平，节约修理费1668万港元，节约修船期243天，营运率每年都达到99%。与此同时，该轮自觉抓好社会主义精神文明建设，在船员中深入进行为祖国争光、为民族争光的爱国主义教育，热爱船舶、热爱集体、热爱远洋运输事业的主人翁思想教育，艰苦奋斗、顽强拼搏的优良传统教育，遵章守纪、安全优质的职业道德教育，从而形成了以“拼搏奉献”为主要内容的“华铜海精神”，培养了勇于改革、严格管理、吃苦耐劳、奋发实干、团结协作、争先创优的良好船风，没有发现违法违纪事件。因此，该轮先后20多次荣获交通部、广东省、中远总公司和广远公司的先进称号。

在学习“华铜海”轮活动中，广州海运经历了一个由表及里、由浅入深的推进过程。在这一过程中，广州海运坚持从企业实际出发，以学“华铜海精神”为主，形成了深入学习“华铜海精神”、努力建设一流企业的良好氛围。主要做法是：

1. 提高学习“华铜海”的认识，创造良好的学习环境

为了提高广大职工对学习“华铜海”轮的认识，准确把握“华铜海精神”的实质，广州海运党政领导曾多次带领机关各主要部门和各船公司负责人到广州远洋和“华铜海”轮取经，并将“华铜海”的学习列为两级中心组的重要学习内容。首先是提高领导干部的思想认识，使大家在为什么学、学什么、怎样学的问题上达成共识。同时，通过报纸、宣传资料、声像设备、板报等有效途径和手段营造学习氛围，让全体职工逐步认识“华铜海”。其次是针对大家的疑问，弄清“华铜海精神”的实质和开展学习活动的意义，寻找学习活动的结合点、着力点，使广大职工感到必须学、可以学，消除了“条件不同不能学、太苦太累不愿学、报酬太少不值得学”的思想障碍和“学习‘华铜海’轮只是扩大自修”的错误认识，确立“同行能做到我们也能做到”“像‘华铜海’轮那样艰苦创业、勤劳致富、真抓实干”的意识，为学习活动的开展奠定了良好的思想基础。

2. 加强组织领导，以试点带动全面

船舶管理升级是广州海运在交通部体改司指导下开展的一项活动，它对于加强基层组织建设，提高企业管理水平，塑造“同舟共济、振兴海运”的企业精神起到过一定的积极作用。广州海运注意将船舶管理升级活动与学习“华铜海”活动有机地结合起来，以船舶管理升级为起点，将学习“华铜海”活动作为船舶部门升级的提高、深化和发展，探索一条具有广海特色的“华铜海”道路。

根据广州海运党委的要求，各船公司相继成立了学习活动领导小组，并结合船队结构、营运性质等制定了具体的学习目标、要求、考核标准和兑现办法。广州海运共挑选出了11条有一定基础和代表性的船舶作为学习试点船，因船制宜，制定学习措施和目标。广州海运与船舶签订学习考核协议书，使学习活动有规可循、有据可依。为保证各项措施的落实和目标的实现，广州海运党委组织有关部门和各船公司不间断地到船舶指导、督查工作，为船舶解决实际困难和问题，并及时将有关情况通报给其他非试点船舶，鼓励他们向试点船看齐。试点船舶领导带领全体船员，不辞劳苦，真抓实干，在扩大自修、加强船舶管理和建设等方面做了大量的工作，以实际行动走在学习“华铜海”活动的最前面，也带动了一大批船舶主动学习“华铜海”。

3. 学习活动不断引向深入，企业面貌发生积极变化

经过统一认识、普遍发动、典型示范、逐步推进等阶段，整个学习活动取得了明显成效：一是广大职工对学习活动的思想认识不断深化，从“学习‘华铜海’就是扩大自修、节约成本、争取劳务费、提高船员收入”上升到“学习‘华铜海’就是全面建设船舶，两个文明一起抓，塑造艰苦奋斗、无私奉献的企业精神”；二是船员队伍尤其是干部船员队伍素质有所提高，越来越多的船员在学习活动中逐步领悟到了索取与奉献的关系，增强了向管理要效益的意识，并将这种认识化为自觉行动，主动搞好安全生产；三是企业的光荣传统得到了发扬，战风斗浪、不怕艰险、勇于开拓的事迹在学习活动中不断涌现，船员当家做主的意识和劳动积极性明显增强；四是党员的先锋模范作用和党组织的战斗堡垒作用得到了较好的体现，一大批共产党员以他们的实际行动展示出了党组织的核心力量和党员的先锋模范作用，在广大船员中产生了积极影响；五是船舶节支增效意识明显增强。学习活动的开展，尤其是扩大自修的进行，使各船舶的修理费大幅度降低，“节水、节能、省料”的节俭意识得以增强，产生较好的经济效益。

1995 年，根据交通部“人学包起帆、船学‘华铜海’、企业学青岛港”的号召，广州海运又进一步开展“三学”活动，促进基础管理，提高职工素质。结合修订完善已实行多年的船舶部门上等级制度，制定了学习“华铜海”达标、先进及标兵船的标准和考核、奖罚、升降制度，使学习“华铜海”轮活动不断引向深入。1995 年 1 月 20 日，广州海运召开学习“华铜海”轮双文明建设经验交流表彰大会，授予“罗浮山”轮为学“华铜海”轮双文明建设先进船舶，授予“大庆 252”轮、“玉兰”轮、“连堡”轮为学“华铜海”轮双文明建设达标船舶，总结和表彰了 1994 年度学习“华铜海”轮先进船舶典型。通过宣传发动，发挥典型示范作用，在巩固原有试点船的基础上扩大试点范围，试点船舶增加到 15 艘，约占广州海运当时船舶的 29%。

1995 年 11 月，值全国交通行业学习“华铜海”轮经验交流会在广州召开之际，广州海运组织近 550 人上“华铜海”轮现场参观，并及时组织座谈讨论，根据会议精神进行再动员，深化了大家对“华铜海精神”的认识，坚定了向先进学习、抓好两个文明建设的信心和决心。

三、“罗浮山”轮：船舶学“华铜海”的一面旗帜

“罗浮山”轮于 1968 年 9 月由瑞典建造，1983 年 8 月由广州海运购回投入沿海营运，载货定额 56233 吨。该轮从 1994 年作为广州海运第一艘学“华铜海”活动试点船舶以来，先后获得了广州海运“先进集体”“先进船舶工会”“先进党支部”“标兵船舶”“文明船舶”，中国海运集团“十佳华铜海式标兵船”、广东省海员工会“先进职工小家”“省先进基层党组织”和交通部“全国水运系统安全优秀船舶”、全国总工会“五一劳动奖状”等 30 多项荣誉（图 5–22）。1994—2001 年期间，涌现出全国劳动模范吴有胜、全国交通系统劳动模范李志、广东省劳动模范滕国昌等先进个人。

广州海运通过抓“罗浮山”轮开展船学“华铜海”活动这个典型，摸索出了一条科学管理船舶的新路子，在船舶中起到良好的示范作用。

（一）学习“华铜海”的“四个之最”

图 5-22　1997 年 4 月，“罗浮山”轮荣获中华全国总工会颁发的“全国五一劳动奖状”。

2002 年 2 月 24 日，“罗浮山”轮光荣退役。在退役仪式上，广州海运党委书记姚作芝高度概括了“罗浮山”轮的非凡业绩：“罗浮山”轮创造了公司学“华铜海”的“四个之最”：最早开展，影响最大，成效最突出，坚持最好。“罗浮山”是广州海运学“华铜海”的一面红旗，是屹立在南北线“海上铁路”上的一块丰碑。每一个时代都有属于自己时代的代表，“罗浮山”便是广州海运、中海货运的优秀船舶代表。

1.“罗浮山”是广州海运学“华铜海”活动的先行者和排头兵

1994 年 3 月，广州海运党委做出学习“华铜海”的决定，“罗浮山”轮是首批 13 艘试点船之一。当时“罗浮山”轮船龄老，设备旧，管道、设备锈蚀严重，是开展学习“华铜海”活动基础最差、工作量最大、难度最大的船舶之一，但“罗浮山”船员敢为人先，在船长吴镇周、政委赵文同的带领下，主动请缨，敲响了学“华铜海”的第一锤。经过艰苦努力，维修保养成绩十分显著。到 1995 年 1 月广州海运召开学“华铜海”双文明建设经验交流和表彰会时，“罗浮山”被评为唯一的一艘先进船（当时分先进船、达标船和通报表扬船三个层次）。“罗浮山”获得第一个先进称号，成为广州海运“学创”活动的排头兵。

2.“罗浮山”学“华铜海”活动成效最突出

“罗浮山”一直以最低的成本、最高的效率，创造最好的效益。自 1994 年开始，由于维修保养科学管理到位，有效延长了船舶的使用寿命。仅 1996 年就完成营运收入 3927 万元，成为当时广州海运兴华船务公司经济效益最好的船舶。中海货运成立后，“罗浮山”先后归沿海运输部和船工三部管理，船舶管理再上新台阶。1999—2000 年，该轮共创利近 4000 万元，在中海货运直属船舶中位居榜首，在中海货运扭亏工作最艰难的时候，发挥了中流砥柱的作用。2001 年，“罗浮山”运输收入 3980 万元，创利税 2000 多万元，创造了退役之前最后的非凡业绩。

3.“罗浮山”是学“华铜海”活动影响最大的船舶

“罗浮山”是广州海运成立后获得集体荣誉最高最多的船舶。从 1994 年被评为广州海运首批也是唯一一个学“华铜海”先进船舶，到 1996 年被评为全国交通系统学“华铜海”标兵船，再到 1997 年被授予“全国五一劳动奖状”，“罗浮山”轮先后数十次获得全国、交通部、广东省、中国海运集团、广州海运、中海货运颁发的各类荣誉称号，声名远扬。从最早由广州海运兴华分公司研究提出“远学‘华铜海’，近学‘罗浮山’”的号召，到后来成为中海货运所有船舶竞相学习的典型，“罗浮山”影响日渐扩大。“罗浮山”以其艰苦奋斗的实践，摸索出一套管理老旧船的行之有效的方法，成为船舶管理中的典范。广东省总工会副主席、省海员工会主席陈文杰曾评价：“‘罗浮山’轮的机舱一点也不逊色于‘华铜海’轮。”广州海运党委先后在“罗浮山”召开过两次学“华铜海”现场会。“罗浮山”学“华铜海”专题宣传片在船队中广为传播。广州海运所属船舶的船员数十次上“罗浮山”参观学习、交流取经，影响广泛而深远。

4.“罗浮山”是学“华铜海”活动坚持最好的船舶

由于种种原因，有的先进和标兵只是昙花一现。而“罗浮山”却能始终如一，红旗不倒。自1994年开始，“罗浮山”换了好几批船员。以船长吴镇周，政委赵文同、梁开元，轮机长赵仲春、许友标、杨林波为代表的第一批船员竖起了学习“华铜海”第一面旗帜，为“罗浮山”学创活动奠定了坚实基础；以李志、滕国昌、吴有胜为代表的第二批船员，把“罗浮山”的学创活动推向高潮，获得“全国五一劳动奖状”；以郭鹏伟、邓汝乐、钟世成和缪玉成、庄仅元、林金城为代表的第三、第四批船员，和以连锡瑜、成庙水、李国彪为代表的第五批船员，以及以方水明、游泽群、吴有胜为代表的最后一批船员，是学创活动的承接者，也是这面红旗的接力旗手。在船舶临近退役、各项投入越来越少的情况下，要保持“红旗不倒”“荣誉不损”，压力很大，最后两批船员以高度的责任心，始终保持旺盛斗志，思想不松，标准不降，为“罗浮山”轮画上完美的句号。

（二）“罗浮山”精神的深刻内涵

“罗浮山”轮以它的非凡成就，有力地证明了“学创”活动在船舶两个文明建设中的强大生命力。“罗浮山”精神是“华铜海精神”与广州海运船舶管理实际相结合的具体体现，内涵很丰富，概括起来是：艰苦奋斗、爱船如家、科学管理、与时俱进。

1.艰苦奋斗

“罗浮山”轮船龄长，是典型的老旧船。如果仅停留在“能安全航行就行了”这样的认识水平上，用不了多久，“罗浮山”轮就会报废，绝不会创造出极高的效率和良好的效益。而要搞好维修保养，必须付出比其他船舶多几倍的艰辛和努力。船舶领导身先士卒，吃苦在前。当时船长吴镇周已年过半百，仍坚持参加敲锈保养；清污水井，他第一个跳进污水中。正如政委滕国昌所说的：“上‘罗浮山’干，就要准备褪一层皮。”如果没有这种精神，“罗浮山”轮就不会有后来的非凡成就。吴有胜轮机长曾先后组织了包括机舱通风总管、绞缆机液压管、甲板消防管等十多项重大自修工程，而许多工程原来都是交给船厂修理的；在“学创”活动中，他们硬是凭着高超技术和坚强意志，像啃骨头一样一项项拿了下来，充分说明“罗浮山”人是一支特别能战斗的队伍。不少船员在参观学习过“罗浮山”轮后发出感慨：“他们连‘罗浮山’这样的船都能干好，我们船没有理由干不好。”

2.爱船如家

“华铜海”轮是远洋船舶，其精神强调要“爱船报国”，在国外要体现国家的形象。“罗浮山”轮是沿海船舶，更多的是要体现“爱船如家”精神，这是新时期的主人翁精神。“罗浮山”轮的船员把船舶当成自己的家。爱国先爱公司，爱公司先爱船舶。他们提出“上一艘船舶，树一面旗帜”，能自修的工程，绝不推到船厂；能为企业省下的，绝不给企业浪费。他们班子团结，整个队伍团结，特别能战斗。在“罗浮山”轮，没有部门之间的扯皮推诿，有的是协同作战、共创一流的理念。环境和谐但纪律严明，从未发现船员有违法违纪行为，从未发生货主对货运和服务质量投诉的事。“罗浮山”人最早提出在机舱可以穿西服打领带；最早做出“不分伙食费”的承诺。船舶先后获得“全国交通系统职工小家”“广东省优秀基层党组织”等光荣称号。“罗浮山”轮是一个大熔炉，锻炼和培养出一批批优秀船员，先后涌现出全国劳动模范吴有胜、全国交通系统劳动模范和“金锚奖”获得者李志、广东省劳动模范滕国昌等先进个人。2000 年，李志、滕国昌、吴有胜等原“罗浮山”轮干部船员主动请缨，移师“飞霞山”轮，提出“再造一艘‘罗浮山’”的响亮口号，当年就把该船建成学“华铜海”标兵船。他们敢挑重担，立志再创辉煌，是一种永不满足、直面挑战、不懈追求的精神，是企业永远立于不败之地的思想基础和力量源泉。

3. 科学管理

苦干是前提，实干是基础，巧干出效益。“巧干”就是科学管理。“罗浮山”轮船员针对老旧船现状和新的管理需要，创造了一个让老旧船焕发青春、有效管理的好途径。“罗浮山”轮是货轮中最早推行 SMS 的船舶之一。船员高度重视制度管理的严肃性，把贯彻落实 SMS 文件作为船舶管理和搞好安全预控的根本保证。基础工作非常扎实，安全预控做得好，能有计划、有步骤地对设备进行预检，确保机器设备处于良好状态，有效避免“疲于应付”的被动状态。早在 1996 年，罗浮山轮就获得“广东省优秀质量管理小组”的光荣称号，1998 年又获得“全国水运系统安全优秀船舶”的荣誉。上“罗浮山”轮取经者络绎不绝，“罗浮山”轮的管理模式发挥了强大的辐射和带动作用。

4. 与时俱进

“罗浮山”轮船员观念转变快，始终站在管理创新的第一线，效益意识、市场意识和服务意识很强。“学创”活动之初，计划经济思想还有很大影响，不少船员只讲安全，不讲效率和效益。但从吴镇周船长开始，“罗浮山”轮就十分强调要努力实现“四个最”（在安全的前提下装最大水尺、走最佳航线、用最省使费、提供最好服务）。据 1999 年统计，“罗浮山”轮运输成本控制是万吨级船舶中最低的。船员们比较早地实现了由“要我服务”向“我要服务”的转变，确立了“为留住货主，我要提供最好服务”的理念。他们对货主负责，为货主着想，从未耽误过船期，从未发生过货损货差事故，“罗浮山”成为按期保质运输的信心标志。

回顾“罗浮山”的学创历程，用心血和汗水凝聚而成的“罗浮山”精神将永远昭示后来人：

任何时候，都要坚持艰苦奋斗的精神，敢挑重担，敢打硬仗，脚踏实地，深挖内潜，不断超越自我，不断创造奇迹，不断增强竞争力，这是企业敢于争先、勇创一流必需的意志品质。

任何时候，都要坚持爱船如家的精神，以人为本，严管善待，全面提高船员综合素质；岗位奉献，岗位成才；兢兢业业，忠于职守；团结协调，顽强拼搏，积极打造一流的团队精神和企业文化。

任何时候，都要坚持科学管理的精神，扎实搞好基础管理工作；向管理要效益，向管理要安全，把提高管理水平作为提高企业核心竞争能力的重要手段。

任何时候，都要坚持与时俱进的精神，树立与市场竞争相适应的观念和意识，追求一流的营运率、一流的维修保养、一流的设备管理、一流的船风船貌，建设一流的船员队伍，为学“华铜海”活动不断注入新的内涵，永葆生机和活力，永远站在改革发展的最前列。

在“罗浮山”轮的带动和示范下，广州海运所有船舶迅速行动起来，积极投入了“学创”活动。“飞霞山”“昆仑山”“天云山”“雪峰岭”“宁安2”“宁安4”等标兵船舶不断涌现，争创一流船舶活动方兴未艾，船舶管理水平不断迈上新台阶。

四、悼念援越抗美烈士

1997年是援越抗美“1018”轮烈士牺牲31周年、“红旗151”轮烈士牺牲25周年。虽然企业几经更名变迁，但广海人从没忘记援越抗美烈士的英雄事迹与可歌可泣的牺牲精神。

（一）为援越抗美烈士立碑

早在1973年4月5日，广州海运就向交通部申请在华南选择一个国际港口为援越抗美的“1018”轮、“红旗151”轮烈士立纪念碑。

1997年，广州海运悼念团在越南荣市凭吊烈士时，向中国驻越南大使馆提出4位未找到遗体的烈士姓名刻上墓碑的请求。这一请求通过中国驻越南大使馆转达给越南政府后，越方十分重视，指示荣市有关部门办理。周茂臣烈士墓所在地江南乡的乡政府组织了工匠打造一块新的抗法抗美英雄纪念碑，将“红旗151”轮烈士的姓名刻于其上。之后每年清明前后，中国驻越南大使馆、荣市越中友好协会和江南乡政府都派员到墓园拜祭和修缮烈士墓。

1997年10月27日，广州海运以广海外字〔1997〕42号文向上级主管中国海运（集团）总公司申请修缮援越抗美烈士在越南的墓碑，修缮费用由广州海运承担。中国海运（集团）总公司以中海总〔1997〕527号文报交通部请示。交通部以外亚字〔98〕041号文做出批复：由于我在越绝大多数烈士墓年久失修，我驻越使馆正考虑与越南有关部门商议，对我国在越烈士墓进行全面修缮。届时将把周茂臣烈士墓的修缮问题列入统一计划之中并考虑广州海运集团的意见。考虑到我驻越使馆有统一安排，目前不单独对周茂臣烈士墓进行修缮。

2007年10月10日，在得到中国海运集团《关于同意申请设立“1018”轮烈士纪念碑的批复》后，广州海运以广海党办字〔2007〕8号《关于申请为原“1018”轮援越烈士立墓碑的报告》向中国驻越南大使馆申请在“1018”轮沉没海域附近的下龙市选择适当的烈士墓园，为该轮7位烈士建立纪念墓碑。在广州海运的不懈努力和协调下，在我国驻越南使馆的帮助下，通过越方选址，2009年在“1018”轮烈士牺牲的广宁省锦普乡蒙阳烈士陵园修建了“1018”轮7位烈士的纪念碑。

（二）组织家属赴越扫墓和悼念烈士

广州海运做出了“每五年去一次越南悼念烈士”的决定，从1997年开始组织烈士家属到越南扫墓缅怀烈士，寄托哀思，并在企业文化展览室展出海员前辈援越抗美的英雄事迹，教育后人弘扬前辈艰苦奋斗、勇于斗争、不怕牺牲的光荣传统和爱国主义、国际主义精神。

经过长时间的筹备，1997年4月1日至8日，以广州海运总经理钱维扬为团长、工会副主席张文彦为副团长，“红旗 151”轮船长周茂臣烈士的长女周春英和儿子周传军、副政委马传珠烈士的遗孀那月卿、水手谢茂良烈士的遗孀王瑞兰、张祥彬烈士的遗孀刘銮香及工作人员一行 9 人组成的广州海运烈士悼念团，赴越南荣市及其附近的宇岛悼念“红旗 151”轮烈士（图 5-23）。

图 5-23　广州海运（集团）有限公司总经理钱维扬（左四）与烈士家属等在周茂臣烈士墓前合影。

对于广州海运这次到越南悼念烈士，越南义安省和荣市市政府高度重视。清明节当天，广州海运烈士悼念团到达荣市。当悼念团抵达义安省荣市革命烈士公墓周茂臣烈士墓地时，义安省和荣市有关领导、义安省交通所副所长、外事办科长、义静港务局局长、原水边港务局局长、江南乡党政领导以及省市电视台、报社记者等都已在墓地等候。

烈士墓前摆上了水果祭品。悼念仪式开始，首先由义安省和义静港务局向烈士敬献花圈。在庄严的气氛中，悼念团成员眼含热泪，与越南义安省外事办、义静港、外代、江南乡等党政领导一起向烈士献花、敬香。除祭奠亲人外，烈士家属还仔细察看了烈士墓的修缮情况。随后，钱维扬和义静港务局局长把江南乡政府组织工匠打造的纪念碑镶在已经准备好的碑基上。悼念团成员与越南有关方面领导在墓地的入口种下了两棵象征吉祥的鸡蛋花树，以纪念这次活动。当年和周茂臣船长一起工作过的原水边港务局局长陈白枚激动地向烈士家属讲述了当年广州海运“红旗 151”轮与美国飞机、军舰斗争的情况，并介绍了当年找寻并安葬周茂臣烈士遗体的经过。

离开墓地后，悼念团参观了义静港务局革命传统陈列室。大家看到了当年“红旗 151”轮在宇岛附近海面锚地卸货的照片和从船上采用“乘潮流放”方法卸下大米、漂到岸边后被越南人民捞起的照片。在宇岛的海边，望着亲人当年牺牲的地方，烈士家属为亲人们献上从祖国带来的香烛纸钱，钱维扬带着大家把一束束鲜花撒向大海。祭奠活动结束后，越南义安省副省长黄必胜接见并设晚宴招待代表团全体成员，表示越南人民永远不会忘记中国人民对越南的无私支援。

这是广州海运和烈士家属第一次出境到越南凭吊烈士，活动意义重大，各方反映强烈。越南当地政府部门为活动做了周密安排，我国驻越大使李家忠和商务参赞杜志国在接见悼念团时，高度赞扬了广州海运组织的这次活动，认为是企业关心烈士家属的具体表现，是对烈士英魂的极大安慰。周茂臣烈士的儿子说：“刚听到广州海运组织这次活动都不敢相信，因为广州海运该做的以前都做了，可以说和烈士家属的关系已经结束了。直到证实这是真的，我所在工厂的党委书记认为这也是我们厂的光荣。”烈士谢茂良的遗孀王瑞兰说：“这次到了丈夫牺牲的海边后，我了却了一个心愿，心平静了很多，我从心里感谢广州海运和企业领导。”烈士张祥彬的遗孀刘銮香说：“企业想到并为我们实现了 20 多年来想来看望却无法实现的愿望，看过丈夫牺牲的地方，看到越南人是那么尊重他们，我心安了。”

此后，广州海运按照 1997 年所做的决定，分别于 2002 年、2007 年、2012 年、2017

年组织烈士家属赴越南缅怀“红旗 151”轮和“1018”轮先烈。

五、精神文明建设收效良好

在竞争激烈的情况下，广州海运积极调整发展战略和经营对策，不断探索企业管理与国际接轨的新机制、新模式，企业的综合实力和竞争能力不断增强，精神文明建设迈上新台阶，取得了良好成效。

（一）形成良好的学习氛围

在企业改革发展中，广州海运始终坚持加强学习，努力打造学习型企业，而学习邓小平理论、学习党章是其中的重要内容。

1996—1997 年两年间，广州海运把学习邓小平理论放在十分重要的位置。通过学习，进一步明确了改革和发展的方向，更加坚定了搞好国有企业改革的信心。在学习中，广州海运坚持做到分层次、有重点、讲实效，坚持理论与实践紧密结合，学以致用，指导实践。广州海运领导干部基本都参加了中央党校、广东省委党校的培训学习，部分中层党政领导分别参加了交通部党校、广东省委党校的岗位培训；同时，广州海运每年还举办处级干部理论学习培训班，加深对邓小平理论体系的领会和把握，深入开展对企业重大改革举措的探讨和研究，初步形成了党校培训、中心组学习和个人自学三结合的学习制度，做到领导讲课与外请授课相结合，研究理论与学习社会主义市场经济相关法规相结合，课堂学习与参观调研相结合，形式多样，生动活泼，形成了讲政治、讲学习、讲正气、讲大局的良好氛围。

广州海运还积极开展党员学政治理论、学党章的“双学”活动，经过培训骨干、抓好试点和基层的学习辅导，广大干部职工对邓小平理论的科学体系、社会主义本质、社会主义初级阶段理论和深化国企改革的认识，都有很大提高。在企业推行“三项制度”改革、医疗与住房改革、减员增效改革以及资产重组优化过程中，广大职工表示充分理解和支持，大部分下岗职工没有怨天尤人，而是想方设法努力创造再上岗的条件。职工观念的转变，使企业出台的改革方案得以稳妥有效落地，企业活力也不断增强。

（二）思想道德建设取得新进步

建立社会主义市场经济体制，使人们的价值取向趋向多元化。引导广大干部职工树立正确的世界观、人生观、价值观，正确处理国家、集体、个人三者的关系，是思想道德建设的重要任务，也是企业发展的重要基础。

在这一时期，广州海运始终以职业道德建设为主线，不断加强思想道德教育。1995 年，广州海运以全国劳模李文芳热爱海运、乐于奉献、刻苦钻研、精益求精、严管善待、团结协作的先进事迹和“大庆 252”轮 18 年红旗不倒，形成团结、协作、求实、进取的好船风等先进经验，组织演讲会、报告会，编印了《爱国奉献在海运》和《闪光的航迹》两本书及录像片，在职工中进行生动的世界观、人生观和价值观的教育。同时，广州海运还开展了一系列精神文明建设活动，如“想主人事，干主人活，尽主人责”的活动，“百歌颂中华、百书育英才、百片展国魂”活动、评选十大巾帼、文明家庭、优秀女工等活动，争当青年岗位能手、创建青年文明号活动。这些活动弘扬了爱国主义、社会主义和集体主义精神，思想道德教育取得了良好效果。

1997 年广州海运党政工联合做出了在全体职工中开展职业道德教育的决定。各单位积极响应，认真部署，抓好文明窗口和示范点，推动职业道德教育不断深入，涌现了一批先进人物和单位：如培训中心优秀党员徐彩稳忠诚教育，无私奉献；“宁河”轮努力做到“四个一流”，为终端和客户提供优质服务；内部银行改进服务，增加承诺项目，拓展服务范围，方便结算提款；海员医院采取八项便民措施等。所有这些，都展示了企业精神建设的新形象，也意味着广州海运职业道德教育取得了新成果。

在抓好正面宣传的同时，广州海运还注意抓反面事例的教育。“锦河”轮赴终端提油受到作业船长投诉后，广州海运领导十分重视，责成在《广州海运报》公开曝光，并组织开展了如何面对市场、苦练内功的讨论。通过讨论，广大职工进一步认识了企业发展中构建职业道德的重要意义。

（三）干部职工综合素质达到新水平

企业的竞争是人才和员工素质的竞争。努力提高干部职工的综合素质，是企业保持充沛活力的源泉。

在加速企业发展的过程中，广州海运始终把人才培养工作放在重要位置，坚持培训教育面向世界、面向现代化、面向未来的方针，抓紧教育和培训工作，使干部职工的综合素质有了较大的提高，并逐步适应了企业发展的需要。

例如，为适应 STCW78195 公约的规定，达到国际公约新标准的要求，广州海运对培训基地建设十分重视，每年保证有足够经费投入，配备合格的管理干部和师资力量，1996 年培训基地通过了交通部港监的验收，取得了船员培训许可证。与此同时，广州海运还建立了人才培训、考核、使用和待遇一体化的机制，逐步使职工变“要我学”为“我要学”。两年里，考取 A 类船长有 49 名、轮机长 54 名。广州海运还认真组织了油轮安全、港口国控制、轮机自动化、船员英语、微机等船员岗位培训和继续教育，鼓励船员向“一专多能”的方向发展，有效促进了职工综合素质的提高。

在激烈的竞争中，干部职工的危机感日益增强，并逐渐转化成一种迫切的求知欲望。不少职工自我加压，自觉充电，利用业余时间学习大专、本科，甚至研究生的课程。许多职工认真钻研业务，力争岗位成才，体现了一种奋发向上、自强不息的精神。一名下岗职工自己去参加电脑和财务知识的培训，通过考试到内部银行工作，并被省妇联授予“巾帼创业先进个人”。广州海运开展多年的岗位练兵活动，使职工的岗位技能有了较大提高，并在全国交通系统岗位技能比赛中，获得团体总分第二的好成绩。

（四）企业文化建设进一步加强

加强企业文化建设，是改进和加强企业管理、增强企业凝聚力、塑造新型人际关系的有效途径。

活跃企业文化活动，是丰富职工文化生活和展示企业形象的需要。1996 年，广州海运以“全民健身活动”为主题，组织了公司首届运动会，有 3250 名职工参加 9 类 168 个项目 418 面奖牌的角逐；组织了纪念长征胜利六十周年邮票文物展览和群众歌咏比赛活动。1997 年，广州海运组织了“五一”群众歌咏比赛、“五四”青年歌手卡拉 OK 大赛、“迎回归，爱企业”书影画展览和庆祝中海集团成立器乐小品比赛晚会等文化活动。一些基层单位还举办了艺术节、文化月等活动，达到寓教于乐的目的。在全国第八届全运会上，广州海运被国家体委授予“全国群众体育先进单位”称号。

1997 年 10 月，广州海运对在企业服务连续 25 年以上的职工分别颁发铜牌和银牌。为实现民主管理和科学决策，广州海运积极引导职工关心企业发展和前途，发动职工参加合理化建议活动。由于集中了群众的智慧和力量，一些议而不决的问题得到解决，在增收节支、挖潜降耗方面也取得了显著成果。在现代企业制度试点工作中，把企业形象的设计列入建立现代企业制度的内容，使企业精神得到进一步的强化。同舟共济、振兴海运、艰苦奋斗、勤俭创业、讲求实效、注重信誉、开拓前进、奋斗不息的新风气逐步形成。

以人为本，关心人、理解人、帮助人，是企业文化建设的重要内容。在党政领导的支持下，广州海运建立了解困基金，实施“送温暖工作”，为有特殊困难的职工提供解困救济款。当职工家乡遭受自然灾害时，广州海运及时派出干部协助地方政府做好受灾职工家属的解困、安置和扶助工作。每到一处，职工家属的感激之情溢于言表。1996 年以来，先后慰问了 8 个受灾地区，共 136 户困难职工。广州海运还多次派员了解下岗职工的情况，为他们转岗安置研究对策，并组织干部、职工利用业余时间走访特殊困难的职工家庭。

（五）建立精神文明建设的长效机制

为了加强精神文明建设，1991 年广州海运成立了公司精神文明建设指导委员会。1996 年，又根据求实、高效的原则，把劳动竞赛、学习“华铜海”和精神文明的组织领导机构和办事机构合为一体，理顺了工作关系。精神文明建设指导委员会建立了自身的工作制度、调查研究制度，制订了《文明单位管理办法》《先进个人评比、管理办法》和相应的《考核细则》，建立了精神文明建设规范化、制度化的长效机制。

1996 年，根据十四届六中全会和交通部关于建设文明行业的精神，广州海运党委做出了《进一步加强公司精神文明建设的决定》，调整了公司精神文明建设“九五”规划的目标。

充分发挥纪检监察工作的保驾护航作用，是两个文明建设协调发展的重要保证。广州海运进一步加强了对职工的法规和纪律教育，落实“三五”普法教育规划，每年坚持开展反腐倡廉专题教育和纪律教育。通过正反两方面的典型教育，使干部职工构筑起反腐倡廉的思想防线。同时，广州海运还重视抓好领导干部廉洁自律教育，抓紧大案要案的查处，大力纠正行业不正之风，认真开展效能监察和任期审计工作，使行业风气明显好转，干部廉洁自律的自觉性大为增强，出现了许多拒腐蚀、永不沾的好人好事。

广州海运对精神文明建设的投入极为重视，每年拨出 30 万元作为奖励费用，积极支持各项有益活动，不断改善职工文化娱乐阵地设施。每年都拿出一定的资金用于职工疗养、解困和访贫问苦。

（六）群众性的精神文明建设活动取得新成果

广泛开展群众性的精神文明创建活动，是推动精神文明建设深入人心的重要措施。

1997年，广州海运开展学习“华铜海”活动的船舶已达100%，经过两年的滚动发展，1996年达标船舶47艘，1997年达标船舶63艘。广州海运在组织开展学创活动中，注意把时代典型的精神和广海几十年来的优良传统相结合，以提高管理水平和经济效益为目的，形成了广海特色，取得了良好效果；涌现出一批先进典型，其荣誉的规格和数量均创企业发展史上的新纪录。1996年，在全国交通系统学创表彰大会上，李文芳船长、游声工程师等分别荣获全国交通系统学习包起帆标兵和先进个人，“大庆252”轮、“罗浮山”轮等分别荣获全国交通系统学习“华铜海”标兵船舶和先进船舶、学习青岛港先进单位等荣誉称号。1997年，“罗浮山”轮被全国总工会授予全国“五一劳动奖状”；“宁河”轮被广东省总工会授予广东省“五一劳动奖状”，被广东省委、省府授予广东省劳动模范集体；水手长张化齐被授予广东省劳动模范；内部银行被交通部和团中央授予全国青年文明号称号；石福安船长被团中央、劳动部、经贸委授予全国青年岗位能手称号；广州海运团委被评为广东省直机关先进团委。

在开展群众性精神文明活动中，广州海运工会积极组织文明家庭和优秀船员家属的评选活动，促进了职工队伍的稳定，加深了家属对船舶工作的理解和支持。在开展职工之家的创建活动中，广州海运工会被授予广东省模范职工之家称号；女职工委员会被全总授予全国先进女职工集体称号。在干部职工教育培训方面，城安围船厂被评为全国交通系统教育先进单位，广海党校被评为交通系统先进党校。

现代企业制度试点时期（1993—1997）**存在的问题与短板**

这一时期，经历现代企业制度试点的洗礼，企业各方面都取得了长足的发展，但仍然存在一些不容忽视的问题和短板。一是经营型人才和技术带头人不足，企业虽然努力培养了不少人才，但懂技术、会管理的船舶领导干部依然紧缺；一些机关干部适应市场经济的能力较差，缺乏既有丰富经验，又头脑灵活、思维敏捷的复合型经营人才。船舶系列专业干部的学历偏低，专业技术干部外语水平普遍较低，缺乏留住人才的有效手段和方法，干部、船员流失日趋增多，企业在人才管理上不适应从原来计划经济的管理体制向社会主义市场经济管理体制过渡的需要。二是随着市场竞争的加剧和企业改革的进一步深入，触及员工切身利益的问题也越来越多，需要职工进一步转变观念，不断提高自身素质，并加深对市场经济的认识，增强服务意识和竞争意识，以克服传统货源减少以及市场竞争日趋激烈而带来的困难和风险，提高企业竞争能力。三是企业对多经公司的宏观调控力度不够，多经公司管理上存在一些问题，多元经营缺乏非主业人才，管理水平不高，难以参与运输业以外的其他市场竞争。四是企业社会负担重，富余人员安置困难。随着中海集团和广州海运改革的深入，特别是实行专业化管理后，因岗位问题产生的富余人员数量有较大增加，而富余人员安置和再就业不尽人意，富余人员分流和安置难度越来越大，养老保险、医疗费用也进一步增加。上述问题急需通过进一步深化改革予以解决。

附录

附录一　大事记

1949 年

10 月 22 日　中国人民解放军广州市军事管制委员会命令（管字二号），派张玉华为军管代表，负责接管原国民党招商局轮船股份有限公司广州分公司。接管时，有小拖轮 5 艘、铁驳 5 艘、交通艇 3 艘、小型登陆艇 1 艘、供水船 1 艘、趸船 1 艘、码头 1 座（3000 吨级）、仓库 12 间、办公楼 1 座（原沙面复兴路 18—20 号，现沙面大街 18 号），职工 214 人。

1950 年

1 月 15 日　在党的领导下和全体爱国员工的积极努力下，经过几个月艰苦复杂的对敌斗争，香港招商局与 13 艘海轮在香港宣布起义。

2 月　招商局广州分公司成立医务室。

3 月 30 日　招商局广州分公司与私营广大行合营穗港澳联运，从交通部材料储运总处借来“普罗”轮拖“302”“426”号铁驳装木材 1000 吨由穗驶澳，再由广大行租用香港摩拉公司的拖轮拖至香港，卸后在港装回煤 1000 余吨，首次冲破国民党军舰的封锁，进行货物运输。

5 月　招商局轮船股份有限公司于 4 月改称国营轮船总公司，招商局轮船股份有限公司广州分公司奉命进行整编，改为国营轮船总公司广州分公司（简称国营轮总广州分公司），经营管理全国公营 500 吨以上海轮及长江轮。张玉华、唐文敬分别担任公司正、副经理。

7 月 11 日　香港招商局起义船“民 302”轮最先冲破敌特封锁从香港驶回广州。接着，“民 312”轮于 7 月 16 日驶回广州；“中 106”艇于 9 月 10 日驶回广州；“成功”“邓铿”“教仁”“鸿章”轮于 9 月 17 日离香港驶回广州；“蔡锷”“海康”轮于 9 月 23 日驶回广州；“林森”“海汉”轮于 9 月 26 日驶回广州；“海厦”轮于 10 月 10 日离香港驶回广州；10 月 20 日，招商局起义的 13 艘海轮中最后 1 艘“登禹”轮驶回广州。11 月 15 日，中华人民共和国政务院周恩来总理专电嘉勉。这 13 艘海轮除“海厦”轮不久后调离，“中 106”艇移交海军外，其余各轮均委托广州海运局管理。

8 月—10 月 私营民生公司的长江客货轮“民本”“民俗”和中型登陆艇“怒江”“渠江”4 轮，紧跟着 13 艘起义船顺利回到广州。

11 月 5 日 国营轮总广州分公司工会委员会联合华南区海员工会直接领导下的引水、轮渡、小火轮等三个委员会举行成立典礼。

11 月 奉国营轮船总公司（招商局上海总公司）指示，归国 11 艘海轮委托国营轮总广州分公司领导管理，并派杨再新、李明川等同志参加公司的具体工作，在公司领导下分工管理 11 艘海轮并负责处理日常事务工作。董华民同志为总公司驻穗代表，协助处理有关各海轮之较重大问题。

11 月 国营轮总广州分公司航务电台开放国内外船舶通信业务。

是年冬，国营轮总广州分公司恢复了广汕线和广州至阳江、闸坡至阳江、江门至海口等航线。

1951 年

2 月 1 日 国营轮船总公司（招商局轮船公司）改名为中国人民轮船总公司，并决定与交通部航务总局合并办公。交通部决定国营轮总广州分公司与航务工程局合并为中国人民轮船总公司华南区公司（简称：人民轮总华南区公司），领导汕头、湛江、榆林、海口等港的分公司或办事处。周材、张玉华分别担任中国人民轮船总公司华南区公司正副经理。

当年春夏季，美国操纵联合国对中国实行禁运后，为抢运存放在港澳的公家物资，华南区海运管理局采取卖船舶给中国共产党控制的香港运通公司，后由运通公司开展营运来冲破封锁，及时完成抢运任务；秋天大力开展沿海运输时，则采取了以专业队伍武装护航为主的保卫措施。

3 月 实行劳动保险条例。

6 月 人民轮总华南区公司以代理外轮业务方式，从大连、青岛等口岸把大批肥田料和豆饼等物资运到广州、黄埔、汕头。

8 月 1 日 根据全国第二届航务会议的决定，交通部水运管理体制实行专业分工，海运与河运分开，中国人民轮船总公司撤销，交通部内分设海运管理总局和河运管理总局。海运管理总局统一掌管全国海上运输，按海域分工，中国人民轮船总公司华南区公司改组为交通部华南区海运管理局，成为交通部直接领导的独立业务单位，受华南财委指导，不属广州区港务局领导范围，所辖区域为汕头以南沿海（包括榆林、海口）。交通部华南区海运管理局以经营沿海运输为主，内设有办理远洋运输业务的代理机构。

8 月 华南区海运局电信科统管华南地区交通部属水运单位的通信，并负责华南各港和北京交通部的通信任务。

9 月 经实地考察，发现可乘高潮将外轮直接引进黄埔港驳卸，华南区海运管理局逐渐恢复了沿海运输业务。同时，华南区海运管理局开始统一组织货源，各公营专业单位按月向华南区海运管理局填送沿海物资托运计划。

10 月 13 日 民生公司滞留在香港的 7 艘“门”字号客货轮在人民政府的协助下，采取先开航穗港澳线，后宣布回归新中国的策略，获得成功。1951 年 10 月 13 日，最后一艘“虎门”轮从黄埔开回广州，宣布“门”字号轮全部回归停航，升起了五星红旗。

11 月 7 日—1952 年 5 月底 华南区海运管理局进行了轰轰烈烈的“三反”（反贪污、反浪费、反官僚主义）运动，参加运动人数 158 名，其中党员 17 名，团员 32 名，群众 109 名，贪污人数 78 名，占总人数的 46.5%。参加运动的轮驳有 21 艘，船员 176 名。

1952 年

当年，中央就较大的资本主义水运企业——民生实业股份有限公司进行社会主义改造，由国家投资，实行公私合营，成立民生轮船股份有限公司，为全国航业树起了榜样。民生公司广州分公司随之也踏上了公私合营的道路，与华南区海运管理局合营。

1 月 1 日 华南区海运管理局改归广州市人民政府领导。

上半年 贯彻中央关于“港航分工”的方针，华南区海运管理局将原经营的广州内港驳运业务以及所属在广州和汕头的仓库、码头的产权业务移交港务局。

7 月 根据交通部工资会议精神，广州海运开展工资改革工作，全局工作于 1952 年 8 月 12 日完成报交通部。交通部于 9 月 11 日批准控制工资调整额。全部工资改革工作于 12 月底结束，并自 7 月份起补发完毕。工资改革以后，船员工资总额提高了 19.37%，机关职员工资总额提高 13.9%。

7 月 “三反”“五反”结束后，所有在广州的属于海上运输的机关、企业物资，交由华南区海运管理局承运。

8—9 月 华南区海运管理局奉命将所属“登禹”轮等 26 艘船舶更改船名，其中海船分别改为南海 ×× 号，拖轮分别改为渤海 ×× 号，驳船分别改为中 ×× 号。

10 月底 建立华南区海运管理局党总支委员会。

11 月 1 日 经中央批准，广州海运改归广州市人民政府领导。

11 月 与广州海运公私合营的民生轮船股份有限公司“民俗”轮以近岸航线首航湛江成功，为江船出海恢复客运开了先例。

11 月底 上海通安公司“乐斯陶”轮（后改名为“南海 160”轮）船员在香港党组织和香港海员工会的领导下，经过斗争毅然将船开回广州，投入新中国怀抱。

11 月末—1953 年 2 月 华南区海运管理局开展了民主改革运动。

11 月 18 日—1953 年 2 月 20 日 华南区海运管理局开展了民主改革运动，历时 90 天，整个运动分三个阶段进行，分别是：思想发动阶段、自觉交代阶段、民主建设阶段。当时华南区拥有大小海轮、拖驳、机帆、货驳等船共 47 艘，海员共 924 人，均先后投入了这一行动。

1952 年，华南区海运管理局的业务重心转入沿海运输，有航线 8 条（广州—汕头、广州—汕尾、广州—湛江、广州—海口等线），次要航线 14 条（广州—榆林、广州—三亚、广州—闸坡、广州—清澜等）。

1953 年

年初 华南区海运管理局将原辖汕头分局、海口办事处移交所在地港务局，并开始执行有关港航分工责任的规章，运输货物实行港航交接，华南区海运管理局的业务重新开始转入以自营船舶为主。

2 月 24 日 成立海务监督室，主管船舶安全设施、海事纠纷、仪器设备、航船公告及航道驾驶员业务学习等事项。

2 月、10 月 民生实业公司在香港跑南洋航线的“定远”“绥远”“黄海”3 艘货轮，坚持斗争，多次粉碎国民党当局企图收买主要船员劫船去台湾的阴谋，于 1953 年当年 2 月、10 月先后撤回广州，投入了华南沿海运输。

4 月 1 日 根据交通部指示，为加强海运系统的政治工作，成立政治处，许济担任副主任。

4 月 20 日 广州分公司所属外代广州分公司划归广州区港务管理局领导。是日以前，汕头分局、海口办事处均并入广州区港务局。

4 月 30 日 交通部指示：自 1953 年 5 月 1 日起，全国五大港结束当地市府代管，由交通部直接领导，并颁发《关于调整海运系统的组织机构和领导关系的指示》，根据该指示决定将中央人民政府交通部华南海运管理局改为中央人民政府交通部广州海运管理局，经营管理华南各航线，原由海运局所办理之收发货物、代理业务全部移交港务局办理。

6 月 1 日 中南军区海军司令部颁发关于商船进出暂行规定。按此规定，华南区海运管理局在所属船舶设置识别信号，向海军报备船舶航行计划、执行战备航线等，使武装护航制度化。

6 月 20 日 华南区海运管理局转由交通部直接领导，并改名为中央人民政府交通部广州海运管理局。

7 月 20 日 广州海运召开第一届职工代表大会，内容主要是总结 1952 年工作，布置 1953 年工作任务——开展生产改革、增产节约运动。生产计划首次和群众见面。

9 月 公布了《职工特殊困难补助办法》，并对职工子女教育费进行补助。

10 月 23 日 “南海 177”轮在广州驶往海口途中，因第一货舱桶装汽油和浓硫酸爆炸，全船沉没，两名船员失踪，货损及船舶损失共 223.4 万元，是新中国成立后到当时最大的一宗海损事故。

10 月 在小港建立一间子弟学校，该校本拟由广州海运自办，计划需款 4500 万元。经广州市教育局指示，广州海运职工子弟实际入学人数不多，不宜单独设办，故与邮政局、电信局三个单位合办，由市教育局领导，定名为河南区第七小学。开办费 2800 余万元，每个单位负担 930 余万元，日常费用则由市教育局负责。入校学生，半数免费，半数由各单位负担。自 1954 年起，该校改名为新滘区第六小学，免收学费。

10 月 31 日—11 月 1 日 台风袭击海口港，当时广州海运局在海口港的大小船只共 8 艘，其中大船有“南海 157”“南海 163”“南海 176”和“渤海 1”4 艘。“南海 163”轮战胜了台风，没有什么损失。“南海 157”轮和“渤海 1 号”轮都有部分损伤。“南海 176”

轮搁浅在礁石上受了重伤而致停航，是广州海运局在这次台风中最严重的损失。

11 月 中国海员工会广州海运管理局筹委会正式成立。

1954 年

是年 广州海运根据苏联专家茹可夫的建议，整顿和加强了商务机构，采取了吸收和组织货源的技术组织措施。

年初 广州海运制定颁布《安全技术劳动保护工作责任制（草案）》。

2 月 广州海运局党总支委员会改制，成立党组。

3 月底 广州海运局成立了安全生产大检查办公室，负责具体领导全局各单位安全生产大检查工作，由办公室主任颜太龙及政治处副主任许济分别担任安全生产大检查办公室的正副主任，并由工会及各科室抽调干部 30 人组成 12 个工作组，分别到各船协助开展安全生产大检查工作。经过三个月的运动，在全体职工中初步树立了安全生产第一思想，建立与整顿了各项安全生产责任制，推行了船员规则及船舶技术操作规则，初步明确了船上各部门的分工，克服了无人负责的现象，不仅使事故逐渐下降，而且超额完成了 1954 年上半年国家计划。

第一季度 广州海运建立船队工程师制度，以船舶主机、锅炉的类型划分为两个船队，热工工作由工程师主管。

4 月 5 日 奉交通部电示，因“南海 177”轮海损事故，给予董华民代局长降职处分，专任第一副局长，另派魏震东同志任广州海运管理局局长。

4 月 在交通部领导下，广州海运局制定了货源组织措施和方案，成立货源工作组开展经济调查，积极收集货源资料。

5 月初 广州区海运管理局成立私营航业改造办公室，着手对 4 家私营企业（华达船务行、天一船务行、华侨船务行、建通轮船有限公司）进行社会主义改造工作。

5 月 广州海运开始在每年台风季节成立防台指挥部，由主管生产安全的副局长及调度、海监、机务、供应、宣教、保卫、机要、电信等部门的负责人组成，实行集中统一指挥和船长现场灵活掌握相结合的原则。

8 月 30 日 “爱达”台风袭击湛江港，台风在湛江登陆时中心风速约每小时 100 海里，相当于风力 16 级，为数十年所罕见。“南海 174”轮研究台风过境时的过程，制定了操作预案，并做好船员上下左右密切配合，顶住了台风和巨浪的袭击。

9 月 15 日 为加强对合营船队的领导，实行华南区海运管理局、民生公司广州分公司两家调度室联合办公，以合理调配船舶，充分发挥运力的潜力。

9 月 24 日 遵照交通部政治部颁发的《政治工作试行条例》，广州海运海轮配备了政工干部，建立船舶政委制。

9 月 邮电部所属广州、汕头、海口、榆林、北海等海岸电台并入广州海运局航务电台后，小港收信台和红花岗发信台分别迁至黄埔旗山和下沙，称广州航务电台，开设有船舶公众电路、船舶保密电路、专用电路、会晤电路和混合电路。

10月18日 广州海运局贯彻货物运输港航交接制，取消了理货员驻岸制，实行水手理货办法。

10月 广州海运颁行《编制年度计划与技术组织措施计划暂行办法（草案）》，规定技术组织措施计划内容包括改善劳动条件、减少工伤事故的部分。

11月 成立4家私营船务行联合管理委员会，下设伟南、峨嵋、北京、江安四轮联合管理处。

广州海运于1954年将船舶和抗台经验进行总结和汇集，编写了《船舶防台须知》，由人民交通出版社出版。

1955年

1月1日 广州船舶修造厂暂由广州海运代管。

成立由广州区海运管理局领导的公私合营广州轮船股份有限公司（简称：广州轮船公司），张玉华兼经理，副经理张征畸、黄云中（私方）、陈启锐（私方）。同时撤销“伟南”“峨嵋”“北京”“江安”四轮联合管理处，结束华达、天一、华侨、建通各公司行号。

1月19日 “南海163”轮在汕头港遭遇台湾当局飞机4批30架次轮番轰炸、扫射。该轮护航战士配合岸炮英勇对空射击，击伤飞机，全体船员在市、港的大力协助下灭火抢救，保护船只取得胜利。护航班长练双、战士曾宪煌英勇牺牲，重伤1人，轻伤7人（船员3人）。同年3月25日，交通部、交通部政治部、中国海员工会筹备委员会联合发出通报，表扬“南海163”轮全体船员的光荣事迹。交通部海运管理总局授予该船“英雄船”光荣称号，船长谷源松获“一等对敌斗争护产模范船长”称号，21名船员获“对敌斗争护产模范”奖状，奖金1万元。

3月16日 广州海运工会举行第一届会员代表大会，成立广州海运局委员会。

3月 “南海174”轮装载援越大米2023吨首次抵达越南民主共和国清化省马江口，成为新中国到越南民主共和国的第一艘海轮。4月，“南海169”轮由广州首航越南万华港。5月，“南海175”轮抵达越南海防港。

7月7日 成立广州海运管理局公安处，下辖武装护航大队，负责统一领导广州海运、民生公司广州分公司、广州轮船公司三个单位的护航警卫人员，重点加强东线船舶的自卫力量，每船配战士16名，高射机枪4挺及轻武器等。

8月 “南海175”轮载运2000吨大米首抵越南海防港，我国驻海防戴总领事亲自到引水锚地登船迎接，这是该港接纳的第一艘中国船，也标志着中越正式通航。

1956年

1月13日 经国务院批准，交通部决定将广州海运管理局与广州区港务管理局合并为华南区海运管理局，统一领导黄埔、汕头、海口、湛江四个港务局；榆林、北海两个港务局办事处及直属公私合营民生公司广州分公司船队；中国外轮代理公司广州、汕头、北海、湛江、榆林、海口分公司。两局工会亦已同时合并改名为中国海员工会华南区海运委员会。

港航合并后，货运港航交接、水手理货制度改为港口理货、港与港交接，广州海运局实行港港交接制。

1 月 广州海运成立党委，叶荫任代书记，许济任副书记。

3 月 中国海员工会华南区委员会正式撤销，分别建立两个航区委员会，即中国海员工会华南海运委员会和中国海员工会珠江航运委员会，直接归全国委员会领导。华南海运委员会负责垂直领导交通部华南区海运管理局直属船舶、港口及公私合营民生公司广州分公司、广州轮船公司等工会组织。

3 月 广州轮船股份有限公司资方申请按定股定息办法并入华南区海运管理局。经广东省委原则同意，交通部海运管理总局批准，该公司自 1956 年 5 月 1 日起，采取定息办法，与华南区海运管理局统一经营管理。

7 月 根据交通部指示，广州海运接收 886 名转业预备役军官，开办培养水手、生火等普通船员技术训练班。经过三个多月的筹备工作，于 11 月初正式开课，定名广州区海运管理局预备船员训练班，该班于 1957 年 9 月结束。

8 月 广州海运局根据珠江新测海图资料和航行经验，研究颁发了《关于珠江自行引航的几点规定》，鼓励和指导船长自引。

8—12 月 广州海运进行了工资改革，参加工改的总人数有 2595 人，其中增加工资的有 2297 人，占总人数的 88.52%；增加工资额 26917.1 元，平均增长 11.12%。

9 月 15 日 华南区海运管理局遵照交通部指示改名为交通部广州区海运管理局，所属业务管辖范围不变。

10 月 3 日 根据交通部指示，由广州海运接收一批志愿支援经济建设的预备役军官，经过一段时间的训练后再调到船舶、港口去担任基层的技术工人，至 10 月 18 日全部接收工作完毕，共接收了转业学员 886 名，并对他们进行了文化补习和水手工艺、生火工艺等技术训练。

10 月 公私合营的民生公司广州分公司业务机构和上海轮船公司在广州的机构与交通部广州海运管理局合并经营，完成了广东省沿海运输业的全行业社会主义改造。

12 月 20 日 根据中越《关于两国间海上运输的协定》，双方在河内签署《关于相互之间业务联系问题的谈话记录》。该记录载明越方决定对广州海运船舶开放龙岛附近锚地和蛤蟆湾（深门路航道八）锚地为避台风锚地。

是年 广州海运颁发《船舶防台技术操作规则》，具体规定了船舶防御台风各个阶段的操作方法及程序。后经交通部审查后，颁布为全国性规章制度，并配《华南港湾台风锚地编号示意图》，为船舶选择最有利的防台锚地提供了保障。

1957 年

1 月 公私合营广州轮船公司并入广州海运。

5 月 7 日 广州海运局实行修船“提前奖励、延期罚款”的制度，改善了修船管理。

5 月 广州海运在广州正式成立八所港筹备处，任命吴晨光为筹备处主任兼党委书记。6 月 8 日，任命了八所港筹备处计财科、调度室、商务科、供应科、机械科、人事科、总务科、港务监督室等各科室负责人。7 月，筹备处从广州搬到八所工作。8 月，广州海运指示，将北黎港务所划归八所港筹备处领导。

6 月 8 日—1958 年 8 月 广州海运局进行了整风运动，历时一年多，参加运动第一、二阶段的有 710 人，第三阶段由于干部下放，精简机构，参加运动的人数减至 278 人，第四阶段体制下放，与交通厅航运局合并，运动末期是两局合在一起进行的。船舶的整风从 1958 年 3 月开始，参加运动的船舶共有 52 艘，人数共 1937 人。运动中被打成“右派分子”的有 38 人，包括原海运局党委书记兼局长吴英民，原副局长、党委委员张玉华。

8 月 4 日 根据中越两国海运协定，在越南海防原我国驻海防领事馆原址设立交通部广州区海运管理局驻越南海防业务代表，并委派王鸿义为第一任主任。（1959 年，我国驻越南海防领事馆撤销，业务代表升格为中华人民共和国交通部驻越南民主共和国海防航运业务办事处）。

8 月 应越南民主共和国要求，“南海 158”轮开辟了海防—香港航线，承运越南出口香港粮食、水泥等物资。

10 月 广州海运局正式撤销交通部广州区海运管理局政治部，成立中共广州区管理局委员会。

下半年 经中越两国政府协商同意，广州海运局在中越航线上组织了云南省进出物资利用铁路从越南过境，再由海轮从海防港运到黄埔港中转到全国各地的过境运输。

是年 在总结历年经验的基础上，广州海运编印了《海轮防台手册》和《出海拖轮、驳船防台手册》，进一步规范了船舶防台的步骤、程序。

是年 广州海运如意坊卸油站建成，卸油能力 29.2 万吨 / 年。

1958 年

年初 根据中越双方政府签订的《关于中华人民共和国物资在越南民主共和国过境运输的议定书》，广州海运与越南交通邮电部水运局签订了该议定书实施细则。

2 月 10—13 日 广州海运召开了华南各港局长会议，根据交通部和中央的指示，积极地掀起生产大高潮，全面“大跃进”以及贯彻党的八届三中全会提出的“鼓足干劲、力争上游”指示精神，确定这次会议的主要内容为：认真贯彻勤俭建国、勤俭办企业、大力增加生产、厉行节约、反对一切浪费现象，降低运输成本，重新订出“跃进”的增产节约计划指标，以达到在华南海上运输掀起生产新高潮，保证超额完成 1958 年的生产任务和打下提早完成第二个五年计划基础的目的。

3 月 为了配合滇越铁路运输，适应云南省进出口物资运输需要，遵照交通部指示，广州海运在昆明正式成立办事处。

4 月 广州海运代管的交通部船厂管理局广州船舶修造厂下放广州市。

7 月 交通部决定将广州海运下放广东省，8 月 15 日，与交通部航务工程局广州办事处和广东省交通厅航运局合并组成广东省航运厅，主管海河运输航道和港湾码头建设及打捞工作。

8 月 20 日　广东省航运厅成立。至此，广州区海运管理局宣告结束。

8 月　在民主德国建造的沿海烧煤船“南海 155”轮和“南海 156”轮回国，这是广州海运首次拥有 3000 吨级以上的新型货轮。

1961 年

4 月 6 日　交通部决定成立交通部广州海运管理局，4 月 19 日得到国家经委批准，5 月 5 日宣布成立。6 月 13 日，交通部广州海运管理局在沙面珠江路 16 号（现沙面南街 22 号）开业，领导华南沿海 3000 吨级以上 11 艘船舶和黄埔、湛江、八所等 3 个港的工作。

1962 年

7 月 25 日　广东省人委批复同意《广州区海上救护工作方案》，由广州海运为主、省航运厅为副共同组织力量承担华南地区海上救护工作。

9 月 28 日　奉交通部指示，广州海运接管广州筑港工程局和广东省航运厅疏浚队（沿海部分），合并成立广州海运管理局航务工程局。

是年　广州海运设材料处，有 11 艘供应船。

1963 年

1 月 1 日　开始实行《医疗费报销暂行办法》。

2 月 13 日　海南区党委召开海口港务局交接会议，明确海口港交广州海运管理，并决定海口港由科级局升为处级局。

2 月 14 日　广州海运局属航务工程局上调交通部直接领导，命名为交通部广州航务工程局（后改为交通部第四航务工程局）。

4 月 15 日　国家经委决定广东省航运厅海轮船队及海口、汕头、三亚、北海四港划归广州海运领导；广东省航运厅文冲船厂上调交通部，由广州海运代管。

8 月 1 日　奉交通部指示，广州海运接收交通部第四航务工程局疏浚队，成立航道处，负责维护航道和航标。

8 月　广州海运成立调整（工资）工作委员会和办公室，开展工资调整工作，此项工作一直到 11 月结束。通过调整工资工作，广州海运简化了工资标准，统一了制度；解决了提职未提薪，工资未达到职务等级和未升级工资偏低的老职工等突出不合理的工资问题。

是年　广州远洋公司移交广州海运第一艘退役客船“新华”轮，1966 年改名为“红卫八号”。该轮 1942 年在挪威建造，载货量为 200 吨，载客量为 301 人，于 1977 年移交湛江霞海船厂。

是年 广州海运广泛开展了增产节约劳动竞赛运动。

1964 年

1 月 14 日 广州海运成立供应船队。

1 月 广州海运"南海 155"轮首航柬埔寨西哈努克港。该轮执行特殊任务航行该航线一年多时间，到 1965 年 8 月结束，共完成 16 个航次，运送 42896 吨援外物资等。由于该轮多次粉碎美国飞机、军舰的武装挑衅和威胁，表现了中国人民的英雄气概，出色地完成了援外运输任务，1966 年 1 月 9 日交通部政治部决定给该轮记一等功。

3 月 经交通部批准，广州海运对机构编制进行调整，撤销船队建制，有关各项业务归口各处室管理。同时，为集中管理，简化层次，提高工作效率，原属广东省航运厅领导的 3000 吨以下海轮船队和汕头、海口、北海、三亚四个港口归广州海运管理局直接管理。

8 月—1973 年 1 月 在越南抗美救国战争中，广州海运援越抗美航线历经了 8 年零 5 个月。广州海运船舶承运了 177 万吨物资，源源不断地运送到越南各个港口，圆满完成了援越物资运送任务。在执行海上援越运输任务中，广州海运牺牲海员 12 名、负伤 36 名，被炸沉船舶 1 艘、救生艇 1 只，炸伤船舶 14 艘次，所有参加援越运输的船舶都落有数量不等的弹片和爆炸散落物。

10 月 17 日 广州海运船舶"四清"运动开始试点，共三个点，为"南海 143""南海 158"和"南海 142"轮。之后船舶"四清"以调岸集训为主，以修船为辅，分期分批展开，持续到 1966 年开始的"文化大革命"时为止，共完成 4 批 /24 艘船。第六期"团结三号""南海 181"两轮"四清"运动未结束，"文化大革命"即开始。

10 月 21 日 广州海运"南海 148"轮从香港航行越南途中遭到美舰的挑衅，这是美国在 8 月 5 日制造北部湾事件后第一次对广州海运船舶进行挑衅，为此新华社和《人民日报》发表声明，抗议和谴责美国的海盗行径。

是年 开始筹办广州海运学校，选址广州市东郊菠萝庙，开办了报务、水手、生火三个培训班。

是年 广州海运各级党组织大力宣传毛泽东思想，组织学习毛主席著作。

1965 年

5 月 15 日 交通部转发广州海运防台经验，指出广州海运 10 多年来摸索出一套比较成熟的防台经验，肯定广州海运以"防"为主，在"避"的前提下，切实做好二手"抗"的准备的具体做法。

6 月 5 日 奉交通部指示，广州海运接管经营八所至大连矿石运输的租船管理业务，并成立租船管理小组。后在香港成立南方船务企业有限公司配合经营，业务也进一步扩大到煤、油、杂货等。

8 月 广州海运电讯科改设电讯处。

10月5—6日 “南海146”轮（载重9700吨）在越南锦普港遭美机空袭，在自卫还击中，配合越方炮火，与“南海148轮”“南海183”轮击落美机两架。

10月15日 交通部批准广州海运建造一批沿海800载重吨战备货轮。

10月 广州海运第一艘在国外（罗马尼亚）建造的柴油机船舶“红旗151”轮返航回到广州。

12月18日 为克服公费医疗特殊化的倾向，杜绝浪费现象，广州海运根据广东省公费医疗改革的措施，结合实际改革公费医疗制度。

1966年

5月7日 经交通部政治部批准，《广州海运报》创刊。

6月 成立广州海运管理局公安局，辖黄埔港、湛江港、北海港、海口港、三亚港、八所港、汕头港七个港口公安分局。

8月29日 广州海运援越小型货轮“1018”轮，在越南领海遭到美机连续多架次轰炸袭击，连中3枚火箭而沉没。政委陈永尚，轮机长李嗣濂，大管轮伍钦，二管轮黎达才，护航战士曹志荣、蔡镜堂、熊耀章7人光荣牺牲。其他船员弃船游到7公里外的荒岛上，坚持三天三夜，最后脱险回到祖国。交通部和广东省于同年12月22日授予该集体“南海英雄船”光荣称号。

是年 广州海运从国外购入第一艘二手货船“红旗141”轮。该轮吨位为9700载重吨，于1972年报废。

是年 交通部决定将集美航海学校交广州海运领导。

1967年

1月17日 根据上级指示，广州海运局决定废除船员考试制度，实行群众推荐和领导审查批准相结合的船员选拔制度，造成了船员技术水平下降。

2月14日 经交通部批准，香港南方船务企业有限公司注册成立。

3月3日 中国人民解放军对广州海运管理局实行军事管制，成立军事管制小组领导下的生产临时办公室（后改名为生产指挥部），负责管理全局的生产和安全工作。

8月18日 《广州海运报》停刊。

10月6—16日 根据交通部战备工作需要，广州海运在沪东船厂建造的300吨级小型油轮4艘（分别为“大庆202”轮、“大庆203”轮、“大庆204”轮、“大庆205”轮）从上海起航，在海军指挥护航下编队南下，通过金门岛和大蹬水道，经台湾海峡安全抵达广州港。

是年 为适应战争状态下中越航线船舶航修增多的需要，广州海运局开始在广州市郊筹建菠萝庙航修站。经一年多时间的基建施工，完成了码头和主要厂房建设，1968年9月，船员维修队并入，10月菠萝庙航修站开始承接航次修理任务，并对修理工程量较大的船舶进行分期进厂修理，边建设边投资，形成了广州海运第一个直属专业航修力量。

1968 年

9 月 18 日 成立广州海运管理局革命委员会。

9 月 广州海运局接收了 12 名越南籍水上专业实习生，这批人员于 1972 年实习期满回国。

10 月 1 日 广州海运船舶航修站在广州市黄埔区庙头成立。1971 年该站修船能力由航次修理发展到计划修理。1972 年改称广州海运菠萝庙航修站。

12 月 10 日 广州海运接收广东省劳动局技工学校，组建广东水运系统港机修造厂。

12 月 12 日 广州海运学校停办。1969 年，广州海运学校编制被撤销。

12 月 20 日 第一艘 800 载重吨战备货轮竣工投产，命名为"红旗 081"。后续各轮相继投入营运，共 15 艘。1992 年 11 月 11 日，"红旗 087"轮作为最后一艘战备船退出广州海运营运。

1969 年

1 月 1 日 广东省革命委员会将交通部管理的广州海运管理局、广州远洋运输公司、交通部第四航务工程局与广东省航运厅合并，成立了华南水运公司，统一经营和管理全省的船舶运输、港口、船厂、航道疏浚、海上打捞等业务。

是年 广州海运从国外购入第一艘废钢船"红旗 148"轮，吨位为 8000 载重吨，该轮于 1970 年报废。

1970 年

2 月 20 日 恢复海运管理体制。华南水运公司分建为广东省海运管理局（广州海运）、航运厅、中远广州分公司、广东省航务工程局、广东省港务管理局。

是年 集美航海学校移交福建省。

是年 广州海运局在营运船或报废船上恢复开办海员培训班。培训班以跟班传、帮、带或在海运院校协助下办学习班等方式进行教学。大连海运学院协助广州海运在营运船"红旗 136"轮上举办三副、三管轮学习班各 4 期，参加学习的学员共 167 人。

1971 年

1 月 26 日 广东省革命委员会批准广州海运成立革命委员会，中共广东省委批准广州海运革命委员会成立党核心小组。

1 月 广州海运将供应处、供应船队、物资仓库、旅客服务所等单位合并成立供应站。

5 月 广州海岸电台（原广州航务电台）迁入新址（收信台位于市郊南岗、发信台位于市郊罗岗）投产使用，开放的工作频率（电路）增加到 20 多条。

7 月 18 日 奉交通部指示，广州海运“红旗 083”“红旗 084”“红旗 085”三艘船在广州无偿援助移交巴基斯坦。

是年 广州海运从广州远洋公司接收了一艘 20500 吨级退役油船“大庆 230”轮，经过修复，于次年投入营运。这是广州沿海运输中第一艘适航沿海的油轮，也是最早的万吨级以上船舶。

年末 广州海运拥有运输船舶 67 艘，共 28.2 万吨，比 1957 年分别增长 123% 和 413%。其中除客货船因无补充来源而从 10 艘减为 7 艘外，货轮成倍增加，并且拥有了散装油船。

1972 年

5 月 8 日 美军对越南北方 7 个港、河口（海防港、鸿基港、锦普港、格日丽口、筝河口、马江口、兰河口）实施布雷封锁。广州海运被封锁的“红旗 149”“红旗 158”“红旗 159”三轮，船员共 144 人，在遭狂轰滥炸的 300 多天里，他们经历了种种考验。

5 月 31 日 正式启用从我国广西防城港（包括北海港）经永实岛格但口到越南锦普港（可延伸到海防港）的适合浅水小型船舶航行的战备隐蔽航线，成为美国布雷封锁越南北方后另一条炸不断、封不住的海上运输线。至 1973 年 3 月 12 日结束止，我国通过这条由中越双方合作经营的援越航线，向越南共运送了大米、汽油等物资 146744 吨。

8 月 22 日 在越南宇岛锚地卸货的“红旗 151”轮的救生艇从“红旗 160”轮返航途中遭到美国飞机袭击，当即炸毁沉没。随艇船长周茂臣、副政委马传珠、水手长张祥彬、水手谢茂良、加油方淑通 5 位同志壮烈牺牲。为此我国外交部于 1972 年 8 月 24 日发表声明，强烈抗议美国的这一罪恶行径。

8 月 广州海运管理局重新组建公安处，恢复成立并辖海口港、三亚港、八所港、汕头港四个科级港口公安局。业务由交通部公安局管理。

10 月 22 日—11 月 7 日 经国务院批准，交通部指挥广州海运“五指山”轮远程绕航南北航线成功。该轮载 9011 吨矿石，10 月 22 日从八所港启航，向东经菲律宾属圣地亚哥角、佛提岛航门，入锡布延海，再经提卡俄航门，出圣柏那提诺海峡而进入西太平洋，绕过台湾岛和琉球群岛，折入大隅海峡，然后进入东海，11 月 7 日驶抵大连港，航程 3185 海里。

11 月 15 日 军管组撤离，军事管制结束。

1973 年

3 月 9 日 广东省革命委员会决定调整海运局管理体制。广州海运上调交通部，改名为交通部广州海运管理局。

3 月 广州海运革命委员会决定撤销 1969—1971 年整改时在“红旗 158”等 5 艘船舶

试行的海军舰艇人员编制，恢复以前的岗位责任编制。5 月公布实施经修订的《船舶定员编制试行方案》；7 月颁发《广州海运局船员职务规则》（试行草案），重新明确了船舶各部门的岗位职责。

3 月 广州海运电讯处易名为通信站。

4 月 5 日 广州海运向交通部申请在华南选择一个国际港口为援越抗美的“1018”轮、“红旗 151”轮烈士立纪念碑。

4 月 21 日 交通部批准广州海运管理局重新开办广州海运学校。

11 月 23 日 越南南方共和国临时革命政府代表团阮友寿主席在邓小平同志陪同下参观了广州海运停泊在黄埔港的“红旗 135”轮，并发表了友好讲话。

是年 广州海运供应站为了改善所属供应船舶的修理状况，决定在城安围兴建一座船舶航修站。1975 年航修站边建设边投产。

1974 年

7 月 2—10 日 广州海运“阳明山”轮中程绕航南北航线成功。该轮在湛江装矿 9299 吨，2 日起航，出广州湾，经菲律宾吕宋岛北部巴布延海峡进入太平洋，再经冲绳久米岛西侧，直驶长江口花鸟山，于 10 日抵达青岛，航程 1985 海里。

7 月 20 日 交通部正式批准广州海运成立南北线船队和湛江办事处。南北线船队经一年多筹备，于 1976 年 4 月 1 日正式成立（后改为第一船队），负责南北航线运输经营管理。

7 月 23 日 “阳明山”轮中程绕航南北航线成功后，“大庆 230”轮（原名“洪湖”轮，1971 年 11 月 15 日，经交通部批准，由广州远洋公司退役移交广州海运，原载货量 20500 吨，交来时仅能载 4000 吨，经修理加强，载货量增加为 18500 吨）以同一航线首航秦（皇岛）湛（江）航线，承运大庆原油 13842 吨南下，8 月 13 日在湛江港卸完，从而拉开了广州海运南北线石油运输的序幕。

9 月 20 日 为适应海运业务迅速发展的需要，加强船舶工作，广州海运局成立南北线船队，设立湛江办事处。

9 月 广州海运无线电修造厂建成投产。

10 月 1 日 越南战争停战后，中越航线转入正常国际航线，广州海运决定改变过去按非贸易人民币的做法，开始按中国进出口货物海运运价计收该航线运费。

10 月 广州海运供应站于 1973 年将原有的水码头维修车间迁至城安围扩建为城安围航修站，1974 年改为由广州海运直接领导，成为局属第二个航修站，弥补了运输船舶不断增加而航修能力不足的缺陷。1985 年 2 月，易名为城安围船厂。

1975 年

2 月 6 日 广州海运订造的第一艘“红卫”型客货轮“红卫九号”在文冲船厂建成并

投入营运，从此华南海上客运开始进入一个以海轮为主的发展时期。

5 月 14 日 中共广东省委决定将广州海运所属的广州港口机械厂下放广州市管理。

8 月 广州海岸电台开设了中短波 2182 千赫和甚高频 14、16 频道无线电话，与在港船舶联络。

10 月 广州海运局利用报废船“红卫六号”轮开办三副、三管轮、电机员脱产学习班。

12 月 是年，广州海运接收远洋公司退役干散货船“红旗 101”（原名“白莲”）等 8 艘船舶。从该年起至 1979 年止，广州海运共接收、购入、代管远洋公司退役的干散货船 25 艘，载重吨为 318100 吨。这批船为广州海运的海运生产发挥了重要作用。

是年 广州海运首次开展了散盐运输，从北方运送 10.3 万吨散盐到广东。

1976 年

2 月 广州海运将报废的“红卫五号”客货轮改装为“航修一号”并投产。

3—6 月 广州海运局在“红旗 088”“红旗 103”“红卫三号”“红卫 12”“红卫 13”等 5 艘营运船上举办“七二一”航海大学，采用停航时授课，开航时由老师辅导实习的方式，成套培训船员共 109 名。

5 月 7 日 广州海运“红旗 150”轮引领 3 艘拖轮驶往柬埔寨途经越南南方以南公海海面时，越南 3 艘海军炮艇无视国际公海法，竟对“红旗 150”轮进行挑衅，其中一艘拦住船头，并鸣枪警告。“红旗 150”轮对此挑衅行动未予理睬，照常航行，最后，越南炮艇无奈自行离开。事后，我国外交部就此事照会越驻华使馆，对越方挑衅行为表示遗憾。

6 月 中国远洋运输总公司将两艘 5 万吨级油轮“芜湖”号、“平湖”号移交广州海运，分别命名为“大庆 250”“大庆 251”轮。

8 月 14 日 “大庆 231”轮从青岛装原油 14706 吨，是广州海运油轮首次靠泊广州石油化工厂原油码头，于当日卸完。

1977 年

年初—9 月底 广州海运干部职工按照中央和省委的部署，进行了揭批“四人帮”篡党夺权阴谋的第一战役，以及揭批“四人帮”反革命面目及其罪恶历史的第二战役。从 10 月开始，打响了揭批“四人帮”反革命修正主义路线极右实质及其在各方面表现的第三战役。

2 月 天津远洋公司所属的两艘 5 万吨级油轮先后移交广州海运使用。“珍湖”轮改为“大庆 252”轮，3 月投入营运，于 1998 年 8 月 28 日报废；“建湖”轮改为“大庆 253”轮，2 月投入营运，于 1995 年 1 月 2 日报废。

3 月 3 日 广州海运设立科学技术研究所。1978 年 4 月 15 日广州海运成立科技处，并决定由科研所一套班子，挂两个牌子。

3 月 3 日 广州海运成立第二船队，负责华南沿海和中越等航线运输的船舶管理（南北线船队改称第一船队）。

3月　由"红旗 144 轮"改装的"航修二号"投产，承担航次修理和船舶水线以上修理工程。

8月　"大庆 231"轮首次承运胜利油田原油至广州石油化工厂，揭开了黄埔港从我国北方大量进口原油的序幕。

是年　广州海运材料处改设物资供应处，对外称物资供应公司，一套人马，两个牌子，担负着物资管理和物资供应双重职能。

1978年

4月16日　根据交通部指示，为支援远洋运输，经技术整理，"五指山"轮和"红旗 112"轮首批航行澳大利亚装铁矿石回国，标志着广州海运远洋航线运输的开始。

5月2日　经交通部公安局和广东省公安厅同意，广州海运公安处改制为广州海运公安局。

6月16日　根据交通部指示，广州海运实行党委领导下的局长分工负责制，不再设立革命委员会。广州海运所属各单位实行党委领导下的局长、处长、厂长、院长等负责制。

7月18日　广州海运决定成立战备办公室。

11月1日　广州海运无线电修造厂分建为交通部航运电子设备厂和广州海运通讯站无线电修理所。

12月27日　广州海运"红旗 117"轮装载最后一批越南煤炭回国。至此，广州海运营运了 23 年的中越航线中断。

12月31日　是年，广州海运船舶货运量突破 1000 万吨大关，运量达到 1128.5 万吨。

是年　广州海运调整了第一、第二船队的业务分工，将原来的按航线分营改为按专业分管，第一船队专管油轮，以利于管理专业化，提高油运的安全性；第二船队则管客货运输，以利于业务归口，避免重复，又利于运力调整，提高经济效益。

1978 年，石油运量的比重已由 1974 年的 6% 跃升到 42.6%，超过了矿石和煤炭的比重，跃居货类运量首位。其中原油占广州海运总运量之 37.6%，基本上取代了南北航线上的租轮原油运输。

是年　广州海运开辟了北海至海口、八所、三亚以及北海至黄埔等接侨临时客运航线，运送难侨 2 万多人，使难侨及时得到安置。

是年　城安围航修站 1978 年改造成为 5000 吨级以下船舶修理基地。

1979年

1月　广州海运由日本引进设备，在香港英辉船厂改装的 16000 吨旧油轮"大清河"污水处理船投产，每小时处理油污水 300 吨，彻底解决油轮的洗舱污水和各类船舶机舱污水处理问题，是广州地区的第一艘污水处理船，对环境保护和油运生产发挥了积极作用。

1月10日　为贯彻十一届三中全会精神，搞好工作重点转移，广州海运召开海运工作会议，按照工作重点转移的要求，联系海运生产实际，部署了全年工作，提出了努力超额完成港航生产计划，在 1979 年内把广州海运办成大庆式企业的奋斗目标。

2 月 15 日 根据交通部、广州军区的指示，广州海运开始抽调船舶参加对越自卫反击作战运输。2 月 18 日，“红旗 088”“红旗 091”“红卫九号”轮抵达湛江港待命。“红旗 088”“红旗 091”两船随即投入军用物资运输。“红卫九号”轮作为海上医疗站于 2 月 20 日抵达流沙港以外海面。“红旗 088”“红卫九号”两轮执行任务均在一个月以上。

2 月 17 日 越南交通运输部撕毁中越两国海运协定，单方面要求广州海运驻越南海防航运业务办事处撤离越南。办事处人员于 2 月 20 日离开海防到河内驻越使馆，并于 3 月 1 日离开河内回国。

2 月 18 日—24 日 广州海运召开第一届科技工作会议。参加会议的有广州海运所属港、厂、站、校、船队和广州海运机关处室的代表共 56 人。

2 月 广州海岸电台正式开放单边带无线电话业务，为港航生产提供了更为方便的通信服务，使遇险网络具有更远的通信能力和更有效的通信方式。

3 月 菠萝庙航修站“越秀山”浮坞正式投产，可承接 5000 吨级以下船舶的坞修工程。

3 月 广州海运成立了工人、技术人员技术业务考核领导小组，以“考”字开路，在全局范围内掀起了为建设“四化”学习业务技术和科学文化知识的热潮。

4 月 14 日 交通部同意广州海运承运去港澳的外贸及对港澳物资运输，并重申沿海南北航线运输和华南沿海运输由广州海运负责。

6 月 10—12 日 “红旗 121”轮航行沿海直通南北航线成功。10 日，该轮满载 1.8 万吨铁矿石从珠江口桂山岛锚地启航，驶经长达 276 海里的台湾海峡，12 日顺利抵达长江口。从黄埔港至上海港，直通台湾海峡航线比中程绕航航线缩短航程 774 海里。

7 月 “大庆 240”轮首航台湾海峡，开辟了油轮南北运输新航线。

8 月 18 日 广州海运在“红旗 086”轮隆重举行该轮参加“四·一〇”战斗庆功大会，嘉奖该轮在担负西沙建设战备运输中，保持高度警惕，及时发现敌情，配合守岛部队，一举捕获企图刺探我西沙军情的越南侦察船 3 艘、俘越方人员 24 名的成绩。中国人民解放军 38002 部队授予“红旗 086”轮集体三等功，授予在战斗中表现突出的李瑞忠、朱志明、莫正新、骆善平个人三等功，并颁发了奖状和奖品。

9 月至年底 在运输船舶中开展“六无”（无海损、无机损、无小灾、无污染、无重大工伤、无重大货损货差）安全竞赛活动。

是年 广州海运第一船队组建为油轮专业管理船队，第二船队组建为货轮和客货轮专业管理船队。

广州海运直属船舶运力突破 100 万载重吨大关，船舶艘数 105 艘，船舶运力达 111.8 万载重吨。

1980 年

1 月 10 日 广州海运船员接待站第一期工程基本竣工并投入使用。

2 月 广州海运成立干部培训队，培训各部门职工的业务和技术。

3 月 “红卫七号”轮触礁搁浅，这是继半年前广东省航运厅震动全国的“8•24”“曙光 401”客轮海难事故之后的一次客货轮恶性海损事故，当时引起了交通部、全国海上安全指挥部、广东省委、湛江地市委、南海舰队、湛江军分区、湛江港务局等 10 个有关领导机关的重视，出动了 6 艘登陆艇、5 艘拖轮、1 艘客货轮（“红卫 17”），由各单位有关领导率领，赶赴现场进行营救。经组织抢救，535 名旅客全部脱险转移，难船也随即拖回修理。

3 月 广州海运下达《关于大力开展合理运用经济航速节约燃料活动的通知》。9 月，颁布《关于运输船舶运用经济航速的通知》。

4 月 27—28 日 叶剑英委员长在广东省领导陪同下，乘坐广州海运“红卫 15”轮从蛇口前往珠海市，并返抵广州洲头咀码头。

5 月 16 日 广州海运成立纪律检查委员会。

6 月 27—30 日 广州海运第二届科技工作会议在广州召开。会议总结了一年多来的科技工作，交流了经验，奖励了先进，研究了如何加强对科技工作的领导和措施。

6 月 广州海运从技术处、科研所、船队以及船员中抽调技术人员 9 人组成 3 个热工节能普查队，到运输船舶组织热工测试。

8 月 广州海运成立技术职称评定委员会。至 1997 年底，在职（陆岸）干部中，具有高级专业技术职务 199 人，中级职务 631 人，初级职务 1495 人。

9 月 10 日 交通部批准广州海运为扩大自主权试点单位。自 1980 年 1 月 1 日起实行企业利润留成办法，利润留成比例为 3%，其中生产发展基金 0.5%，职工福利基金 1.57%，职工奖励基金 0.93%。翌年 5 月利润留成比例调整为 4%，其中生产发展基金为 0.5%，职工福利基金 2.37%，职工奖励基金为 1.13%。

10 月 23 日 广州海运第一批出租船员 31 人赴日本东京南辉航业公司“大西洋查爵”轮工作。

11 月 13 日 交通部同意广州海运 1981 年 1 月 1 日起在香港恢复设置南方船务企业有限公司（简称“南方公司”）。1981 年 10 月 17 日，国务院港澳办公室致文交通部，由于国际海运市场萧条，暂时不同意南方公司恢复业务活动。南方公司的业务暂告停止。

12 月 1 日 根据交通部、司法部、最高人民法院、最高人民检察院的通知，广州海运负责组建广州水上运输法院和水上运输检察院，并成立两院筹建组。1981 年 5 月两院筹备组正式成立。11 月初，两院筹备组正式分开办公。

1981 年

2 月 广州海运成立安全委员会。

5 月 广州水运电话通信工程正式投产使用。

5 月 广州海运在原人事处教育科的基础上，成立了教育处，进一步加强了对职工教育工作的领导，广州海运所属四港也分别成立了职工教育机构。

6 月 16—19 日 广州海运在船员接待站召开贯彻中共中央、国务院《关于加强职工教育工作的决定》的会议。

6 月 25 日 广州海运决定成立卫生福利处。

7 月 交通部 1976 年在湛江筹建的霞海船厂，移交广州海运领导。

7 月 根据交通部关于改变电子设备厂领导关系的通知，交通部广州航运电子设备厂重新规划归广州海运领导和管理，并易名为广州海运电子设备厂。

8 月 1 日 广州海运实行运输船舶船员职务技术津贴制度。

10 月 15 日 交通部决定将广州海运学校与文冲船舶修造厂管理的广州水运工业学校合并，校名仍用“广州海运学校”，为县团级单位，归交通部直接领导，党的关系由广州海运代管。

12 月 28 日 交通部广州海员医院正式开业。

是年底 广州海岸电台开放无线电报（话）路 35 条，有效通信范围扩大到五大洲三大洋主要航区，为全国三大海岸电台之一。

是年 广州海运针对修船费用逐年增加的状况，试行了修船费用承包办法，调动了船员扩大自修工程范围的积极性，减少了停营修理时间。

1982 年

1 月 22 日 广州海运船员培训中心成立。

4 月 1—8 日 自 1973 年更名为交通部广州海运管理局以来，广州海运在船员接待站召开首届职代会。大会通过了《广州海运管理局职工代表大会条例细则》。

4 月 10 日 交通部广州海员医院名称改为广州海运管理局海员医院，挂两块牌子（广州海运管理局海员医院、广州海运管理局海员疗养院，同时使用两个公章，一套人马）。

5 月 15—20 日 “红旗 185”轮受交通部指派，在通过台湾海峡北上时，开辟驶经马祖列岛内域航道，作为北上的战备航线。

7 月 10 日 交通部、广东省人民政府批复同意广州海运和深圳市共同投资联合组建深圳船务公司。12 月 1 日，深圳船务公司在深圳成立开业。1997 年 11 月 26 日广州海运中止与该公司业务，退出联营。

9 月 1 日 广州海运开始实行船员理货，加强船舶现场管理，派商务员跟船下港，协助船舶推行全面质量管理试点工作。

10 月 1 日 根据首钢和其他兄弟单位的经验，结合实际情况，制定了广州海运机关和部分二级单位的经济责任制试行方案，从是日起试行。

12 月 28 日 广州海运从日本购进二手客船“紫罗兰”轮（原名“樱花”），载货量 4000 吨，载客量 722 人，经整修后投入营运，这是广州沿海运输中第一艘用于中国沿海南北航线航行的客货轮。该轮于 1988 年 4 月 30 日零时报废。

是年 为了完成港口利润计划，直属四港（汕头、海口、八所、三亚）实行了利润包干制度，定利润包干指标，定超额利润分成比例，调动了各独立核算单位提高经济效益的积极性。

是年 广州海运对在“文化大革命”中立案审查的262人进行了重新审查处理，清理了干部职工的档案材料，解决了一些干部职工和起义船员的遗留问题。

是年 除三亚港和通信站外，其余10个二级单位（不含两个船队）均建立起党委领导下的职工代表大会制度，这标志着企业管理制度走向新的发展阶段。

1983年

1月1日 交通部决定广州海运实行利改税第一步改革。

5月 广州海运组成了新的企业整顿领导小组和企业整顿办公室。5月下旬开始，企业整顿工作在全局范围内全面铺开。

8月14日 国家经委通报表扬广州海运为1982年全国64个提高经济效益成绩显著的工交企业之一。

9月1日 广州海运在石冲口宿舍区开办的幼儿园开学。

10月11日 上午10时20分，“大庆236”轮载原油15000吨从秦皇岛驶往黄埔港航经粤东海面时，被追越的印尼籍“克拉巴特山”号货轮撞穿船尾机舱而沉没，经多方营救，59名船员全部安全脱险。这次事故对方负全部责任。

10月24日 国家经委主任张劲夫在全国工会十大的讲话中表扬广州海运为1982年度11个企业素质好、经济效益佳的企业之一。

11月3日 广州海运被评为“1982年全国行业节能先进企业”。

11月26日 根据交通部（81）交水运字1707号文，广州海运决定建立指导船长、指导轮机长制度，任命张嘉成等12位同志为指导船长、周厚成等6位同志为指导轮机长。

11月30日 广州海运“紫罗兰”轮载客327人首航广州—厦门—上海，这是新中国成立后30多年来客轮首次通过台湾海峡。该航线于1995年4月6日停航。

11月 在交通部、广东省、上海市领导下，广州海运与上海海运一起开辟了广州至上海的客运班轮航线，揭开了南北航线客运新的一页。

12月30日 广州海运成立职工教育委员会。

1984年

1月1日 根据交通部通知，广州海运所属的汕头港、海口港、八所港、三亚港划归交通部直接领导，海南三港组成海南港务管理局。

年初 经请示交通部，广州海运与香港新力公司合作，成立了新力海运公司，打开了兜揽国（境）外货载的新局面，远洋运输有了较大增加。

3月8日 交通部、广东省联合组成的企业整顿验收团宣布广州海运为企业整顿合格单位。

3月14日 广州海运开辟广州—三亚客运航线，“山茶”轮从广州首航三亚。

5月12日 广州海运成立生活服务公司。

6 月 1 日　广州海运成立武装部（含战备办公室）。

上半年　广州海运顺利完成了职工的调资工作，给符合调资条件的 11625 人调升了工资，平均每人每月增加工资 8.90 元。

7 月 2 日　广州海运开辟三亚—香港客运航线，“马兰”轮载客 126 人从三亚首航香港。

7 月　撞沉“大庆 236”轮的印尼籍肇事船“克拉巴特山”号被法院拍卖，广州海运以 42.5 万美元中标，更名为“银杉”轮。该轮后来成为南方船务企业有限公司复业后所属的第一艘船舶。

8 月 7 日　广州海运决定在“大庆 217”“大庆 219”轮实行节约定员津贴办法。

10 月　广州海运建立《船舶安全情况通知单制度》。

11 月 5 日　广州海运成立审计室。

是年　广州海运坚持按劳分配原则，改革奖金分配制度，试行了机关职工浮动职务岗位津贴办法，根据贡献大小发放奖金，打破分配上吃“大锅饭”的平均主义。

是年　广州海运职工教育委员会成立。

是年　海口港、八所港、三亚港和汕头港四个港口公安局与广州海运公安局脱钩，直接归交通部公安局管理。

1985 年

1 月　广州海运把客货轮从第二船队划出，成立客轮公司，客轮公司党委领导下实行经理负责制，并逐步向内部独立核算过渡。

2 月 1 日　广州海运沙园船员家属临时探亲招待所投入使用。

2 月 1 日　广州市卫生局批复，海员医院定为一级医院，与市属综合医院同等。

2 月 28 日　广州海运全局职工集资的广州振兴船务公司举行开业典礼。

广州海运颁发《职工教育管理条例》，并分别于 1987 年、1989 年、1991 年、1996 年、1999 年五次进行了修订。

2 月　广州海运菠萝庙航修站易名为广州海运菠萝庙船厂，城安围航修站易名为城安围船厂。

3 月 18—23 日　广州海运第二届职代会在船员接待站召开。大会通过了《职工宿舍管理办法》《住房补贴出售的试行办法》和《宿舍维修暂行办法》。

3 月 29 日　广州海运开辟广州—青岛—大连客货班轮航线，“紫罗兰”轮从广州首航青岛、大连。该航线于 1993 年 10 月 1 日正式停航。

5 月 14 日　广州海运成立老干部处。

5 月 15 日　“紫罗兰”轮在青岛运载中国科技人员赴日本参加筑波科学城国际科学博览会代表团 792 人起航前往日本。

5 月 25 日　南方公司在香港重建成立。

6 月 19 日　广州海运自筹资金在船员接待站建造的培训楼、培训游泳池竣工并通过验收。

6 月 25 日 广州海运驻香港机构南方船务企业有限公司正式复业。该公司从此成为广州海运在香港地区的主要外贸窗口。

7 月 16 日 广东省卫生厅同意医院成为广东医药学院（现广东药科大学）实习基地。

7 月 18 日 广州海运开辟广州—上川岛夏季旅游航线，广州海运“红棉”客滚轮首航。

9 月 25 日 广州海运成立多种经营管理处。《广州海运报》复刊。

10 月 13 日 菠萝庙船厂、英国迪施公司和香港海通公司合资成立广州经济技术开发区迪施有限公司。

10 月 24 日 “紫罗兰”轮作为“中国青年访日友好之船”，从天津启航运送中国青年访日代表团 500 余人前往日本参观访问。

10 月 根据全国企业整顿领导小组和交通部关于对已验收合格的企业进行一次全面复查、补课的决定，广州海运进行了企业整顿复查工作。12 月份交通部派出企业整顿复查验收组对广州海运进行复查验收，对补课工作表示满意。企业整顿复查验收合格。

11 月 8 日 广州海运近千名干部职工聚集在接待站礼堂，聆听交通部贝汉廷、杨怀远先进事迹报告团到广州后作的第一场报告。

11 月 16 日 广州海运党委做出关于开展学习贝汉廷、杨怀远先进事迹的决定。

11 月 广州海运成立《船员职务规则》修订委员会，对原实行的《船员职务规则》《船员分工明细表》再次进行修订，历时一年多，1987 年 5 月颁布试行。

1986 年

年初 为提高企业的现代化管理水平，广州海运制定颁发了《广州海运局全面质量管理暂行办法》，全面开展了全面质量管理工作。

年初 广州海运成立了外贸运输领导小组，加强对外贸运输工作的管理。

4 月 12 日 广州海运职工思想政治工作研究会宣布成立。

6 月 16 日 广州海运在罗马尼亚布拉伊拉船厂以补偿贸易方式建造的第一艘 5000 吨级货轮“德堡”轮在回国途中，于 21 时左右，在北纬 9 度 55 分、东经 59 度 59 分，北纬 10 度 15 分、东经 60 度 5 分，北纬 8 度 55 分、东经 59 度 55 分，北纬 9 度、东经 61 度水域因主机停车，船舶失控，受恶劣气候影响，船舶倾斜沉没。35 名船员中 33 人遇难。水手长张周生、水手郭德胜乘救生筏漂流于 7 月 10 日被日本“CLOVER ACE”轮救起，证实“德堡”轮遇难。7 月 25 日，以交通部副部长林祖乙为组长、交通部海洋运输局局长孟广钜为副组长的交通部“德堡”轮事故调查组共 18 人到达广州，对“德堡”轮海事进行调查。

7 月 27 日 上海市市长江泽民同志出席江南造船厂为广州海运建造的 6.5 万吨级油船下水命名典礼。江泽民为该船命名“柳河”号。

7月 广州海运军运办公室成立，加强军运的组织工作。

8月 广州—厦门—温州客班线开辟，由广州海运“山茶”轮首航。

9月25日 “大庆257”轮首次抵达南海涠洲10–3油田“南海希望”号终端，装第一载海洋油54692吨，揭开了广州海运、也是中国航运企业承运海洋石油的序幕。

9月 “大庆241”轮在国内首次使用海虹油漆厂生产的船底自抛光常效防污漆（SPC，Self–Polishing Anti–Fouling Coatings），防止贝类、海洋生物在船底生长，减少船舶阻力，提高航速，以达到节能目的。

10月11日 根据交通部通知，广州海运将所属的霞海船厂调归湛江港务局领导。

10月18日 靠泊在青岛港黄岛码头的“大庆245”轮于19时5分爆炸起火，沉搁全损。船员死亡7人，重伤1人。

11月22日 广东省首座学会大楼广州航海学会新建大楼（位于沙面大街7号）揭幕剪彩，中国航海学会理事长、中共中央顾问委员会委员彭德清，广东省顾问委员会主任梁灵光主持剪彩仪式。

12月17日 中国外轮理货公司与广州海运签订了协议书，约定广州海运航行国内的杂货船委托中国外轮理货公司所属分公司或办事处理货（在自然港或货主码头仍由船员理货），时间从1987年1月1日起至1990年12月31日止。

是年 广州海运调度室装置电子计算机管理系统，提高了工作效率。

广州海运召开了首届QC成果发表暨表彰大会，16个QC小组在会上发表了成果，9个单位汇报交流了经验，推动了全局范围内的QC活动蓬勃发展，取得成效。

广州海运设立《船舶货运质量航次记录簿》，建立了货运质量监督员制度。

广州海运建立了运输船舶修理费承包考核制度，增加了船舶完好率和机械设备维修保养工作量考核指标，克服了简单采取修理费包干和考核营运率的弊端。

年底 广州海运解决知识分子各类历史遗留问题及善后工作共291人件。

广州海运在第一船队、第二船队和客轮公司建立职代会制。

1987年

1月1日 广州海运建立航次货运质量登记制度。

2月3日 广州海运开辟广州—天津定期货班航线，每月一个班期。

3月28日 广州海运开辟广州—上海定期货班航线，每月一个班期。

3月 广州海运开办广州海运技工学校，作为海上运输船舶技术工人培训基地，以适应“先培训，后上岗”的要求。

4月7—10日 广州海运第三届职代会在船员接待站召开。大会通过了《广州海运局自费试行“工龄津贴”暂行办法》和《广州海运局贯彻〈全民所有制工业企业职工代表大会条例〉实施细则》。

5月6日 广州海运与广西北海海运公司联合成立北海桂海运输公司。1997年10月31日，因合作期满，广州海运中止与该公司的业务，退出联营。

8 月 15 日 广州海运成立工人技术考核委员会。

9 月 1 日 广州海运成立广州海运技工学校。

9 月 广州海运 2000 门程控电话总机开通，该总机作为华南地区水运有线通信枢纽的重要部分，为华南地区的交通水运单位提供通信服务，也为广州海运解决了打电话难的问题。

10 月 16 日 广州海运与大连船厂签订建造 5 艘 35000 吨级经济型散装货船的合同，同时与渤海船厂签订建造 3 艘同型船合同。

12 月 2 日 广州海运决定成立广州海运局油轮公司，撤销第一船队；成立第一货轮公司、第二货轮公司，撤销二船队。

12 月 12 日 广州海运决定各直属单位实行厂长（经理）负责制。

12 月 广州海运党委发出通电：根据党的十三大精神和交通部指示，船舶领导体制将逐步有计划地改变为船长负责制，船长由轮船公司经理聘任，对船舶全面工作安全生产负全责；另设副船长协助船长负责思想政治工作和部分行政工作。

是年 交通部落实知识分子政策检查组在广州海运召开会议，传达交通部落实知识分子政策检查工作总结会议精神，会上推选出广州海运等 17 个工作比较突出的单位，提出表扬。

1988 年

1 月 1 日 广州海运各直属单位实行厂长（经理）负责制，局机关各部门和直属单位属下车间、中队、仓库、电台、站等基层单位均实行行政领导负责制。

1 月 广州海运油轮专业管理船队易名为广州海运油轮公司；货轮和客货轮专业管理船队分别组建为第一货轮公司（负责散装货轮的营运管理）、第二货轮公司（负责杂货船的营运管理）。

2 月 2 日 广州海运老干部活动中心落成，中心位于广州市达道路保安前街 9 号。

3 月 16 日 交通部以（88）交企字 178 号文批复广州海运，同意广州海运实行局长负责制和局长任期目标责任制，局长任期 3 年（1988—1990 年）。

经交通部批准，广州海运从 1998 年起对交通部实行为期 3 年（自 1988 年 1 月 1 日至 1990 年 12 月 31 日止）的企业承包经营责任制。广州海运对交通部的承包形式是“四包一挂”：即包上交税利、包技术改造、包安全生产、包国家重点运输生产计划，实行工资总额同换算周转量和实现税利复合挂钩。

3 月 28—31 日 广州海运第四届职代会在沙面礼堂召开。大会通过了局长任期目标责任书、局承包经营方案以及《广州海运局贯彻〈全民所有制工业企业三个条例〉加强企业民主管理的若干规定》。

6 月 广州海工实业公司成立。

9 月 广州海运投资招商银行，占 10% 股份。经增资扩股，至 1998 年 6 月 30 日占 7.73% 股份，是该行的第三大股东，1988—1998 年共分得投资收益 2.37 亿元。

第三季度 广州海运开始全面实行船舶行政领导负责制，是交通部最早实行船长负责制的单位之一。

11 月 11—12 日 召开了多种经营工作会议，总结多种经营工作情况。

是年 针对煤运存在的问题，广州海运积极建议并促成广东省成立煤炭运输协调小组，协调港、航、货三方关系，以合理安排调度船舶，使煤船在港停时缩短。

1989 年

年初 广州海运继上年共抢运了支援广西的救灾粮 29 万吨，广州海运及 13 艘干货船荣获“1989 年救灾粮食货源组织和调运工作成绩显著单位”称号。

1 月 28 日 广州海运与广州市经济开发区穗农实业有限公司、广州联合运输总公司共同出资经营的广州海隆船务（有限）公司正式开业。1997 年 12 月该公司清盘结业。

2 月 16 日 广州海运在沙面礼堂召开创立广州海运企业精神讨论会。会上确定了广州海运的企业精神为“同舟共济，振兴海运”。

2 月 20 日 广州海运完成了广东省交通行业省级先进企业材料的申报工作。7 月 14 日，广东省省级先进企业考评组同意广州海运申报为省级先进企业。

4 月 18 日 广州海运与珠海市九洲港务（集团）公司合营的珠海船务企业有限公司在珠海市成立开业。

4 月 28 日 由广州海运与海南海旺实业有限公司合作经营的海南海盛船务实业有限公司（简称：海盛船务）经海南省工商局登记注册后正式开业。

5 月 30—31 日 广州海运召开第三届科技工作会议，交通部科技司发来了贺信并派代表参加会议。会上，总结了广州海运九年来的科技工作，交流了科技成果与经验，奖励广州海运科技进步奖 20 项、合理化建议和技术改进奖 35 项。

5 月 广州海岸电台单边带无线电话改造工程竣工后，转接时效提高 3 倍，转接成功率提高到 99.5%。

6 月 28 日 广州海运船舶服务公司在广州市昌岗中路 125 号正式开张营业。

7 月 2 日 广州海运与英国迪施国际有限公司、香港海通有限公司和中国远洋运输总公司正式签约，决定合资 100 万美元，在中远南通船厂成立南通迪施有限公司。

7 月 19 日 广州海运以总评分 96 分的成绩顺利通过了国家级节能企业的评审。8 月 19 日，荣获“国家级节约能源二级企业”称号。

7 月 广州海运工会、人事处、劳资处联合举行北归船员座谈会，广州海运局长钱维扬向 216 位爱国船员颁发北归船员纪念证书。

9 月 30 日“大庆 243”轮在台湾海峡救起在海上漂流了三天两夜的 4 名台湾渔民。10 月 2 日，“大庆 243”轮抵沙角锚地，4 位渔民由广州海运接回广州，并安排患病渔民到广州海员医院治疗。10 月 5 日广州海运将 4 位渔民移交广东省人民政府台湾事务办公室。

9 月 广州海运学校归武汉水运工程学院领导，并增设海洋船舶驾驶、轮机管理大专班。

10 月 21 日 广州海运建局 40 周年庆祝大会在海员接待站举行。广东省副省长张高丽、省经委副主任胡朝懿、省府直属工委书记符立、市交委副主任祁根、广州航务军代处主任史万荣和政委胡文南、省海员工会副主席黄河等领导应邀出席。大会向被授予“海运功臣”荣誉称号的王文举、王明德、冯云升、何炳材、李炳洪、谷源松、张洪元、张嘉成、陈强、陈永尚、陈国华、沈邦根、施兴复、高梦槐、徐树良、秦毅、龚鎏、黄金龙、魏震东、樊发仁 20 位同志颁发金质荣誉纪念章，向 443 位职工颁发银质“海员荣誉纪念章”，向 1889 位职工颁发铜质“25 年局龄职工荣誉纪念章”。匡吉副省长出席了联欢晚会。

结合建局 40 周年纪念活动，开展了以忆局史讲传统、艰苦奋斗为主题的思想教育，举行了 4 次企业革命传统报告会及系列活动，大力宣传艰苦奋斗的企业传统。

11 月 21 日 广州海运以总评分 95 分通过国家二级档案管理企业评审。

是年 开始举办陆岸专业毕业生入局教育培训、上船劳动实习，将上岗前教育纳入规范化培训轨道。自 4 月份起，广州海运先后派出以船舶轮机长和机务管理干部为主体的学员，分赴大连柴油机厂、大连海运学院进行 Sulzer 6RTA52 柴油机技术及轮机自动化管理培训。

是年 广州海运培训中心作为华南地区唯一有资格进行适任证书考试前培训的教育基地，学员考试合格率高于国内同类培训平均水平。

1990 年

1 月 5 日 广州海岸电台分布式自动转报系统试运行，并于 1992 年 4 月 13 日通过了交通部科技司的技术鉴定，达到国际先进水平。该系统的运行，改变了数十年来我国海岸电台的电报操作一直依赖手工的局面，在减轻劳动强度的同时，有效地提高了电报传递的速度、准确性和可靠性。

2 月 8 日 广州海运与广东省电力工业局合资在广州成立广州经济技术开发区海电船务有限公司。

2 月 14—21 日 广州海运与大连造船厂就建造 6 万吨级原油轮有关问题举行了谈判。为促成这批（3 艘）油轮建造工作的落实，双方在认真研究和磋商之后，签订了《载重量 6 万吨级原油轮修改设计合同》《建造 6 万吨级原油轮协议书》。

3 月 29 日 01 时 02 分，“大通山”轮在土耳其博斯普鲁斯海峡北口，与伊拉克籍油轮“JAMBUR”号发生碰撞。“大通山”轮艏尖舱右舷 4—9 米吃水线间凹入，内肋骨脱焊；“JAMBUR”轮 1 号边舱撞破，漏出原油入海。

4 月 6 日 首期政委培训班开班，76 名副船长进行为期半年的全脱产学习，经考核合格者，发给《船舶政工干部岗位培训合格证书》，才能委任为船舶政委，不及格者不能上岗。

6 月 2—3 日 国务院重大技术装备领导小组办公室、交通部和中船总在大连联合主持召开的鉴定会上，35000 吨级浅吃水经济型散装货船通过了技术鉴定。鉴定结果认为，该型船设计先进，施工方便，建造质量优良，是一种装载量大、快速性好、装卸方便、能耗低、效益高的优秀船型。广州海运在会上做了该型船的使用情况报告。该船型于 1991 年

3 月 13—15 日，在北京召开的国家重大技术装备第二次表彰暨经验交流会上，获“国家重大技术装备表彰项目特等奖”。

6 月 交通部国家级企业评审组对广州海运申报国家二级企业进行了为期 5 天的评审，认为广州海运 1989 年度的 9 项考核指标和管理工作均达到相关规定的要求，评审结果由评审组报请交通部企业管理指导委员会审批。

7 月 19 日 广州海运召开船舶高级技术职务任命会。会上公布了广州海运首批获得交通部船舶高级技术资格的船员名单（73 人）和广州海运任命的船舶高级技术职务船员名单（58 人）。其中广州海运任命的高级船长 30 名、高级轮机长 24 名、高级电机员 3 名、高级报务员 1 名。

8 月 广州海运多种经营公司经过一年多的清理整顿工作，经交通部和广州市清理整顿公司办公室的全面审核，清整后广州海运下属公司实际减少数是 5 家，占广州海运在广州市工商局登记注册公司总数的 27.8%。14 个多经公司领取了新的企业法人营业执照。

10 月 广州海运第一艘国际标准集装箱船“柳堡”号正式投入防城—香港线营运。

10 月 由广州海运和宁波福明船厂承担研制的救生艇自由漂浮设备通过交通部部级技术鉴定，鉴定认为该设备在世界上处于领先水平。该设备能够在海船遇难下沉时，使救生艇自动脱绑脱钩自浮扶正，增加船员获救机会。

12 月 1 日 从是日起，海盛船务作为广州海运在海南省创办的独资企业，上级主管机关为海南省交通运输厅。

12 月 2 日 在全国先进纪检组织和先进纪检干部表彰大会上，广州海运纪律检查委员会获得全国先进纪检组织称号。

12 月 23 日 物资供应公司在番禺新造镇的新造油库建成投产，储油能力 4.5 万吨。

12 月 25 日 应广州海运和广州远洋公司的邀请，严力宾事迹报告团南下广州做报告，广州海运、广州远洋公司等 10 多个交通系统单位的 5000 名职工聆听了报告。

12 月 29 日 广州海运获准保持省级先进企业称号，经省企业升级主管部门评议复查，确认广州海运各项考核指标和管理工作均达到和超过省级先进企业标准，并于 11 月 28 日以粤交企〔1990〕867 号文批转同意广州海运 1989 年度继续保持省级先进企业称号。

12 月 31 日 是年，广州海运直属船舶运力突破 200 万载重吨大关，船舶艘数为 134 艘，船舶运力达 232.2 万载重吨。

是年 广州海运完成了“越秀山”浮坞从菠萝庙船厂到城安围船厂的移位工程，为城安围船厂形成 5000 吨级以下船舶修理综合能力和菠萝庙船厂扩建成为 35000 吨级船舶坞修能力奠定了基础。

是年 广州海运开办了海洋船舶驾驶、轮机管理函授大专试点班，由大连海运学院集中面授辅导。

1991 年

1 月 1 日 是日起至 1992 年 12 月 31 日止，广州海运对交通部实行第二轮承包经营。

1月15日 广州海运设立法律事务室。

2月8日 广州海电船务有限公司正式开业。该公司是为了缓解广东省发电用煤运输紧张局面，经广东省人民政府和交通部批准，由广州海运和广东省电力工业局合资组建的。

2月28日 广州海运首届党代会召开，共有308名正式代表参加了会议。

3月4—7日 广州海运第五届职代会在沙面礼堂召开。大会通过了《广州海运局重大问题决策程序》和《广州海运局船舶部门升级管理办法》。

3月19日 广州海运职工教育工作会议通过了《广州海运局职工教育“八五”发展规划》。

4月9日 广州海运设立安全委员会办公室。

6月14日 广州海运与上海造船厂以赊账的新的付款方式签订了一个平等的、两相情愿的2艘20000吨散货船建造合同。

7月25日 交通部以（91）交体字466号文通报：经交通部企业管理指导委员会审定，批准广州海运升为1990年国家二级企业。

8月30日 广州海运对外技术服务公司成立。

11月12日 人事部（人专发〔1991〕12号）文通知，批准广州海运龚鎏、秦善慈、秦毅3位同志享受1991年政府特殊津贴，从1991年7月起由国家发给每人每月100元津贴。以上3位同志获此殊荣在广州海运尚属首次。

12月10日 广州海运对外技术服务公司正式挂牌营业。

是年 为了适应国外线运输扩大的需要，广州海运成立了专门从事国外运输业务的振华船务有限公司。

广州海运局被评为广东省职工教育先进企业。

成立女职工委员会。

成立公司精神文明建设指导委员会。

1992年

1月8日 广州海运与广东省江门市新会县拆船总公司共同投资兴办的、华南地区规模最大、技术最先进的现代化缆绳厂——新海缆绳厂在新会县城东侯新村开业。

1月20日 广州海运新造储油库经过一年试投产，设备作业流程、安全设施符合标准要求，从即日起正式投产并对外服务。该储油库于1988年动工兴建，总容量为6万立方米。

1月29日 广东省海员工会建设“职工之家”验收组对广州海运1984年以来开展“建家”活动情况进行全面检查，经评审组审定，广州海运工会在发挥“参与、维护、建设、教育”四个职能上取得了显著成绩，荣获省海员工会颁发的“合格职工之家”证书。

4月1日 广州海运全体职工参加广东省企业职工社会工伤保险。

4月5日 由国务院发展研究中心《管理世界》中国企业评价中心等11家部委相关机构联合评出的首次中国500家最大服务企业评价，在北京揭晓。广州海运在交通运输业

（按营运总收入排序）中名列第七。

4月21日 广州海运成立职工教育研究协会。

5月16日 国务院、中央军委交通战备领导小组在浙江舟山市召开了全国交通战备工作会议，大会授予广州海运“七五交通战备工作先进单位”称号，并颁发了奖牌。

5月16日 广州海运局向各海轮及属下有关单位颁布了《〈广州海运局防台指挥通讯规程〉实施细则》。

同日 国务院、中央军委在全国交通战备工作会议上授予广州海运“七五交通战备工作先进单位”称号。

6月1日 广州海运参股广州船务企业（股份）有限公司，占20%股份。1998年3月10日，广州海运转让股份，退出该公司。

7月1日 中共广州海运局委员会党校正式成立。

7月8日 自1978年中越航线中断以来，广州海运“红旗186”轮首次复航越南，10日抵越南鸿基港。

7月13日 全国人大常委会委员长万里在大连船厂为广州海运的国家级新产品6万吨级油轮“定河”号下水仪式挥斧砍缆。

10月1日 广州海运试行船长、轮机长岗位工资制度。

10月15日 广州海运首栋高层住宅楼——穗花新村23层住宅竣工验收。

11月4—5日 广州海运召开第21次党委扩大会议，研究贯彻党的十四大精神，作出了加快经营机制转换的六项决定。

11月23—25日 广州海运召开转换经营机制工作会议，贯彻落实《全民所有制工业企业转换经营机制条例》精神，研究部署广州海运转换经营机制的措施。

是年 广州海运首次发行了船舶购置债券1.1亿元，开辟了购船资金新渠道。全年完成新造船舶5艘、17.54万载重吨，签订建造合同7艘、18.7万载重吨。

1993年

1月1日 经交通部批准，广州海运局正式更名为广州海运（集团）公司。

广州海运由“承包经营”改为实行“税利分流”。

广州海运将油轮船员列入提前退休范围。

1月3日 广州海运又一专业船舶运输公司——集装箱运输公司正式挂牌成立。

1月12日 由大连造船厂为广州海运建造的6万吨级油轮“定河”号正式投入生产营运。

1月12—14日 广州海运（集团）公司召开组建后的首次党委工作会议。会议围绕市场经济形势下企业党组织的地位、作用以及党建工作任务进行了认真讨论。

1月 广州海运财务系统电算化开始人机双轨并行，通过一年的试运行，系统正常，经交通部财务会计司批准，1994年1月1日正式投入运行，脱离了原始的手工记账方式，大大提高了工作效率。

2 月 9 日　广州海运决定将 6 个直属单位的对外名称更改为广州泰华油运公司、广州兴华船务公司、广州锦华船务公司、广州恒华集装箱运输公司、广州海星客运公司、广州海运通信导航公司。

2 月　广州海星旅游公司成立。

3 月上旬　交通部以交体发〔1993〕275 号文批复，批准以广州海运（集团）公司为核心企业改制成立广州海运集团（简称广海集团），外文名称 GUANGZHOU MARITIME TRANSPORT GROUP 缩写为：GMTG。

3 月 17 日　广州海运被财政部列为清产核资试点单位，当年完成清产核资和首次资产重估工作。重估后与重估前相比：固定资产原值增值 193643 万元，增长 47.9%；固定资产净值增值 137227 万元，增长 50.2%。广州海运被财政部评为清产核资全国先进单位，苏良富等 6 人被交通部评为 1993 年清产核资先进个人。

3 月 18 日　交通部直属系统第一家股份制航运企业——海南海盛船务实业股份有限公司在海口市创立。该公司是由广州海运（集团）公司、海南港务局、海南省电力公司、交通银行海南分行、蛇口招商局银行五家大型企业共同发起，八所港务局等 13 家企业参股并向内部职工募股的股份有限公司。

4 月 22 日　以节能为目的的新造油库调合油静态燃油混合装置投入试生产。

6 月 22 日　广州海运（集团）房地产开发公司开业。

7 月 1 日　是日起，公司实行新的《企业会计准则》《企业财务通则》。

7 月 12 日　停泊在湛江港二区码头卸油作业的“大庆 256”轮中第二、第三舱爆炸起火。全体船员经奋力扑救，及时扑灭了大火。由于“大庆 256”轮毁坏严重，已无修复价值，经研究决定，从 7 月 16 日 23 时起，该轮报废并退出营运。

7 月 28 日　广州海建工程监理公司开业。1998 年 4 月，经交通部基建司考核、审查，被批准为水运工程甲级监理单位。

8 月 1 日　广州海运将运输生产的部分经营权下放，并顺利地实现了平稳过渡，广州海运的 5 个船公司对广州海运（集团）公司实行承包经营。

9 月 1 日　广州海运（集团）公司内部结算中心挂牌开业。1997 年 1 月 1 日，易名为广州海运（集团）有限公司内部银行。1998 年 1 月 1 日，易名为中国海运（集团）总公司结算中心广州分部。

9 月 18 日　广州海运 6 万吨级双底双壳油轮“明河”轮上午 8 时正式投入生产营运。

9 月　“英堡”轮首航香港—湛江集装箱航线，每周一个往返航班。

10 月 1 日　经交通部批准，广州海运经营了 5 年的广州—青岛—大连客货班轮实行停航。

10 月 22 日　广州海运在滨江中工地举行华南海运调度通信中心（即“一号工程”广州海运大厦）奠基仪式，广州市刘锦湘副市长应邀出席。

11 月　开通了广州（佛山）一上海的全集装箱航线，由“红旗 167”轮首航，承运国家标准的 5 吨箱。

12 月　广州海运培训中心被评定为交通战备正规化建设合格单位。

是年 东莞广海卸油站建成。

1994 年

年初 广州三江船舶防油污工程有限公司成立，成为广州市最早的专业船舶污染清除服务企业。

4 月 18 日 广州海运职工教育工作会议通过了《广州海运（集团）公司职工专业技术人员继续教育暂行规定》。

5 月 全国政协副主席叶选平为广州海运题写司名“广州海运（集团）公司”，广东省省长朱森林为广州海运题词“发展海运事业，为繁荣国际贸易服务”。

5 月 海员接待站经装修改造后，更名为海员宾馆，并正式开业。

6 月 18 日 广州太平洋船务有限公司成立开业。该公司由广州海运与香港越秀集团公司合资组建，主要承运广州珠江电厂的发电用煤。

7 月 广州海运海星客运公司被评为水路军交运输工作正规化建设先进单位。

9 月 3 日 广州海运与广州船级社签订建立船舶安全管理体系技术咨询合同，将由船级社提供技术质量管理咨询、评审、辅导等，并建立相应船舶安全体系。

9 月 14 日 国家粮食储备局给广州海运发来电报，对广州海运以大局为重，抽调运力完成 5.5 万吨救灾粮食抢运工作作出的贡献表示感谢。

9 月 在中国 500 家最大服务企业评价委员会进行的 1994 年国内 500 家最大企业评价活动中，广州海运荣列中国 500 家最大服务业交通邮电业第 20 位、中国 500 家远洋运输业第 5 位。

10 月 31 日 广州海运召开发展战略研讨会，来自全国航运界及广州海运的 53 名专家和代表出席。

11 月 11 日 广州海运被国务院确定为百家现代企业制度试点单位之一。

12 月 6 日 3.5 万吨浮船坞“飞龙山”号在菠萝庙船厂举行投产庆典，并迎来第一艘坞修船“万寿山”轮。菠萝庙船厂“越秀山”浮船坞调拨给城安围船厂使用。

12 月 26 日 恒华集装箱公司撤销。

是年 为深化企业人事制度的改革，适应现代企业制度的管理要求，广州海运在通信导航公司试行全员劳动合同制试点，全面改革企业劳动用工制度，企业与职工的劳动关系第一次以劳动合同确立，明确了双方的责权利。

1995 年

1 月 1 日 广州海运成立社会保障部。该部的设立旨在企业内部实行保障社会化，有效地解决职工社会保障工作因分级管理和分属各单位出现管理人员过多、标准不一等问题。社会保障部设置了医疗、计生、养老、房改、财务、综合、待业办公室和老干部活动中心，将负责企业职工医疗费用的宏观调控，劳保、工伤人员的管理，离退休干部和工人的管理，职工住房改革，各项职工福利基金的管理以及待业、富余人员的培训和管理工作。

广州海运将两个亏损的船公司合并，海星客运公司并入锦华公司，调整运力结构，以减少亏损。

1 月 6 日 广州海运（集团）公司南方船务有限公司在海运大楼（广州市滨江西路 40 号）举行挂牌成立仪式。南方船务有限公司的成立标志着广州海运经营策略从“以沿海运输为主”，向“立足沿海、拓展远洋”的方向转变。

1 月 20 日 广州海运召开学习“华铜海”轮双文明建设经验交流表彰大会，授予“罗浮山”轮为学“华铜海”轮双文明建设先进船舶，授予“大庆 252”轮、“玉兰”轮、“连堡”轮为学“华铜海”轮双文明建设达标船舶。

2 月 8 日 广州海运召开转机建制试点工作分工动员会议，就试点准备阶段有关职能部门相应承担的资料收集、调查研究和方案撰写任务作了布置，这标志着广州海运建立现代企业制度试点工作正式展开。

4 月 6 日 《广州海运（集团）公司全员劳动合同制实施细则》颁布。

4 月 广州海运妥善停止了广州—厦门—上海线，并将广州—海口线改为隔日班，减少了企业亏损。

5 月 1 日 广州海运李文芳船长被评为全国劳动模范，受到江泽民同志的接见，并合照留念。

7 月 29 日 广州海运（集团）公司英华船员公司成立，于 10 月 1 日正式挂牌运作。该公司对船员调配、晋升、考核、培训等方面进行统一管理，以合理配置劳动力资源和优化船员整体素质。船员公司与船公司之间通过劳务合同建立业务关系，形成了集团内部劳动力市场和竞争上岗机制。

广州海员医院通过二级甲等医院评审。

8 月 28 日 新造油污水处理站通过工程验收，正式投入使用。

8 月 29 日 东莞卸油站通过工程验收，正式投入使用。

9 月 2 日 广州海运在德国建造的成品油轮“泰川”号投入营运。同年 12 月 15 日，同类型船“平川”号投入营运。以上两轮建造费用来自政府贷款，装设有轴带发电机、可变螺距螺旋桨，技术含量较高。

9 月 6 日 交通部在北京主持召开广州海运（集团）公司现代企业制度试点实施方案论证会议，国家经贸委、国家计委、财政部、交通部和全国海员工会的代表们认为广州海运试点方案总体思路清晰，试点内容、方案符合规范，体现了“三改一加强”的要求，发展目标具体明确，结合企业实际，具有可行性。会议原则通过了试点方案。

9 月 “定河”轮成功地承运了第一载至韩国中方外销海洋原油 6 万吨，受到终端赞誉。

10 月 18 日 经广州市卫生局评审，广州海员医院以全市同类医院总分第一名的优异成绩通过了“二级甲等”医院的评审。

10 月 24—25 日 广州海运召开第一次监事会。监事会成员为：主席孙荣兴，监事李浩、关瑞华、郭光、谢又乔、于洪宾、周放生、季清华、张德洪、程康年、李有当、杨大庆、汤秋瑾。

11 月 20 日 广州海运安全管理体系试运行，成为国内率先开展安全管理体系试运行的航运企业。11 月 17 日至 22 日，交通部安全管理体系（SMS）审核组对广州海运安全管理体系进行认证审核顺利通过。

11 月 21 日 广州海运荣列国有企业 500 强。由国家国有资产管理局和中国经济效益纵深行组委员会组织的“中国的脊梁”——国有企业 500 强评选结果公布，广州海运名列第 73 位。

12 月 28 日 广州海运举行广州海运大厦土建主体工程封顶仪式。

12 月 29 日 为确保外贸运输运费的正确核算和及时回收，广州海运颁发《外贸运费管理暂行规定》。

是年 净海污油水工程有限公司、东莞海东石油有限公司投产。

广海党校被交通部党校批准为部党校广州培训点。

经交通部公安局和广东省公安厅的批准，广州海运公安局分别组建了治安大队和戒毒所。

1996 年

1 月 1 日 是日起，广州海运组织管理机构由直线职能制改制为事业部制，划分为三个层次，即公司总部、事业部（含航运、工业、供贸、房地产、通信导航和投资管理事业部）和基层企业单位，分别承担投资中心、利润中心和成本中心功能。

同日 为加强外贸运输管理基础工作，维护和确保企业与货主的合法权益，广州海运颁发《远洋提单管理暂行规定》。

东莞广海卸油站、新造油污水处理站投产。

4 月 11 日 经中国证监会复审同意，海盛船务 4170 万 A 股在上海证券交易所定价上网发行，发行价每股 3.90 元。

4 月 17—18 日 广州海运召开第二次监事会。监事成员为：主席李浩，监事关瑞华、张文威、郭光、谢又乔、于洪宾、周放生、季清华、张德洪、李有当、汤秋瑾、张文彦。

4 月 19 日 广州海运召开第四届科技大会，会议表彰了科技工作先进集体和科技活动积极分子，对科技成果项目进行了颁奖。

5 月 6—9 日 广州海运六届职代会在沙面礼堂召开。大会通过了《公司章程》和《公司集体合同》，选举了职工董事和监事。

5 月 9 日 广州海运通过香港南方船务企业有限公司开展国外融资租赁船舶业务。从是日起至 1997 年 5 月 20 日止，先后融资租赁“银樱”“银杏”“银槟”“银樟”“荣誉山”“阳河”“桃花山”“银梅”“银杨”9 艘船。

5 月 13 日 广州海运职工教育工作会议通过了《广州海运（集团）公司职工教育“九五”发展规划》。

5 月 广州海运成功运输了第一载流花油（流花油田生产的海洋油），填补了国内油运的一块空白。

6月8日 广州海运首届职工运动会在燕子岗体育场隆重开幕。

6月10日 广州海运集团国际船舶代理有限公司在沙面南街22号举行挂牌仪式，正式开始运作营业。

6月13日 “珍珠梅”“万年红”最后两艘客货轮作报废处理，标志着广州海运海上客运业务的结束。

7月15日 交通部下发了《关于〈广州海运（集团）公司建立现代企业制度试点实施方案〉修改有关条款的批复》（交体法发〔1996〕650号）和《关于〈广州海运（集团）公司建立现代企业制度试点实施意见〉的批复》（交体法发〔1996〕1284号），由交通部代行广州海运出资者职能，广州海运（集团）公司更名为“广州海运（集团）有限公司”。

7月24日 广州海运改制为国有独资企业，在广州工商行政管理局登记注册完毕。

钱维扬总经理、戴金象书记到北京参加交通部关于组建中海集团征求意见会议。26日，三委（国家计委、经贸委、体改委）听取三家海运集团对该集团组建的具体意见。

7月 经国家港监局审验合格，培训中心获《中华人民共和国船员培训许可证》，准许开展国际与国内高级船员的考前培训。

8月6日 广州海运召开第一届一次董事会，审定《董事会会议及工作制度》。

8月9日 广州海运（集团）有限公司挂牌成立仪式暨庆祝酒会在白天鹅宾馆举行。交通部副部长洪善祥、广东省省长助理吕伯涛和广州市副市长姚蓉宾等领导出席。广州海运（集团）有限公司挂牌成立标志着广州海运建立现代企业制度试点工作取得阶段性进展，并逐步成为“四自”（自主经营、自负盈亏、自我约束、自我发展）的市场经济主体。

8月 广州海员医院通过国家“爱婴医院”的评审。

8月 交通部公安局为广州海运公安局“4·19”伪造海员证专案组记集体二等功。

9月28日 广州海运召开第一届二次董事会，讨论挂牌后试点工作实施方案。

10月1日 作为广州海运大厦配套工程的5000门电话总机正式开通，该总机是以DID的方式进入广州市话公众网，设备先进，使用方便。

10月28—29日 广州海运召开第三次监事会。

10月 交通部广州海上安全监督局指定广州海员医院可为广州海运集团有限公司申请A类《海船船员适任证书》的船员进行体检。

10月 在试行船员套派基础上，英华船员分公司全面推行船员成套换班。

11月6—7日 中共广州海运（集团）有限公司第一次代表大会在沙面礼堂召开，近160人出席。大会通过了戴金象书记所作的党委工作报告、钱维扬总经理所作的现代企业制度试点工作报告、李有当书记所作的纪委工作报告，并选举产生了公司新一届党委会、纪委会。

11月20日 全国交通系统“三学一创”经验交流会和表彰大会在北京召开，广州海运高级船长李文芳被表彰为“学习包起帆”标兵。“大庆252”轮被表彰为“学习华铜海”轮标兵船舶；通导公司被表彰为“学习青岛港”先进单位，“罗浮山”轮被表彰为“学习华铜海”先进船舶，工程师游声被表彰为“学习包起帆”先进个人。

11月17—22日 交通部安全管理体系（SMS）审核组对广州海运安全管理体系进行

认证审核，广州海运顺利通过。

12 月 10 日 广州海运无线电修理厂取得中国船级社质量认证公司颁发的 ISO9002 质量保证体系认证证书，成为国内船舶无线电设备修理安装行业中首家持有此类证书的企业。

12 月 12 日 由广州海运、海盛船务、国家交通开发投资公司三方成立了海南国盛石油有限公司。

12 月 20 日 广州海运召开第一届三次董事会，研究公司 1997 年投资、财务及决策等有关重大事项。

12 月 31 日 是年，广州海运船舶货运量突破 5000 万吨大关，运量达到 5204 万吨。

是年 经过努力，广州海运基本理顺了国内运输与外贸运输的关系、船公司与船员公司的关系、营运与修船的关系、主营船公司与多经公司的关系，减少了内耗，提高了效率，发挥了整体优势，创造了规模效益。

12 月 广州海运工会被广东省总工会授予“模范职工之家”称号。

12 月 广州海岸电台与瑞典 TMAB 公司合作的全球海上无线电传（MARITEX）业务正式开通，覆盖范围包括印度洋、西太平洋、澳大利亚、东南亚等海区，通信费用比卫星 C 站更便宜。

1997 年

1 月 8 日 20 时 23 分，“紫云山”轮在红海南部（北纬 13 度 38 分 1 秒、东经 42 度 23 分 5 秒）触礁，造成艏尖舱、1 号舱双层底破损，2 月 10 日 10 时 55 分脱浅。

2 月 20—21 日 广州海运召开第四次监事会。

2 月 26 日 广州海运集团国际货运代理有限公司挂牌开业。

4 月 1—8 日 以广州海运总经理钱维扬为团长、工会副主席张文彦为副团长，“红旗 151”轮船长周茂臣烈士的长女周春英和儿子周传军、副政委马传珠烈士的遗孀那月卿、水手谢茂良烈士的遗孀王瑞兰、张祥彬烈士的遗孀刘銮香及工作人员一行 9 人组成的广州海运烈士悼念团，赴越南荣市及其附近的宇岛悼念“红旗 151”轮烈士。

4 月 3 日 英国《国际修船新闻》杂志发表题为《BLM 进入国际市场》的文章，详细介绍菠萝庙船厂的有关情况，对该厂的修船能力和服务质量给予高度评价。

4 月 30 日 广州海运职工教育工作会议通过了《广州海运（集团）有限公司“九五”后四年专业技术人员继续教育工作规划》，并提出了“科教兴企”的战略。

4 月 广州海运“罗浮山”轮荣获中华全国总工会颁发的 1997 年度“全国五一劳动奖状”先进集体。“宁河”轮被广东省总工会授予广东省“五一劳动奖状”。

以总经理钱维扬为团长，由原“红旗 151”轮烈士家属组成的悼念团一行 9 人，前往越南为当年履行国际主义义务、支援越南人民的抗美救国战争而英勇牺牲的周茂臣等 5 位烈士扫墓，举行悼念活动。

5 月 19 日 广州海运集团物业管理有限公司挂牌成立。

6 月 4 日 “大庆 243”轮在南京栖霞 2 号锚地驳卸原油过程中发生爆炸起火，爆炸事故造成倾沉全损，船员死亡 4 人，失踪 3 人。

6 月 广州海运又通过了中国船级社代表巴拿马和利比里亚政府的 DOC，标志着广州海运获得了国际海运管理公司的资格。

7 月 1 日 中国海运集团正式成立。8 月 18 日，中国海运集团和中国海运（集团）总公司在上海举行挂牌仪式。中国海运集团以中国海运（集团）总公司为核心，由中国沿海最大的三家航运企业：上海海运（集团）公司、广州海运（集团）有限公司、大连海运（集团）公司，以及中国海员对外技术服务有限公司、中交船业公司等单位组成，是经国务院批准的全国 120 家大型企业集团试点单位之一。自 7 月 1 日起，广州海运现代企业制度试点工作终止。

7 月 10 日 广州海运技校经广东省劳动厅批准，成立航海专业技能鉴定站，承担省内“船舶水手、船舶机工、船舶电气”三个专业技能鉴定工作。

9 月 1 日 广州海运“林园”轮、“桃园”轮作价投资中海集装箱运输有限公司。

9 月 3 日 《广州海运报》荣获全国企业报晋京展一等奖。

9 月 广州海运“宁河”轮荣获广东省委、省府颁发的“广东省五一劳动奖状”。

10 月 7 日 广州海运集团国际船舶代理公司正式移交中海船务代理有限公司。

10 月 8 日 海南海盛船务实业股份有限公司更名为中海（海南）海盛船务股份有限公司。

10 月 27 日 广州海运向上级主管中国海运（集团）总公司申请修缮援越抗美烈士在越南的墓碑，修缮费用由广州海运承担。中国海运（集团）总公司以中海总〔1997〕527 号文报交通部请示。交通部以外亚字〔1998〕041 号文做出批复：考虑到我驻越使馆有统一安排，不单独对周茂臣烈士墓进行修缮。

10 月 广州海运对在企业服务连续 25 年以上的职工分别颁发铜牌和银牌。

11 月 23—30 日 广州海运搬迁入滨江中路 308 号广州海运大厦办公。

11 月 30 日 英华分公司 ISO9002 质量体系取得中国船级社认证公司（CSQA）和挪威船级社认证公司（DNV）颁发的认证证书。

12 月 24 日 在广州海运大厦召开精神文明建设经验交流暨表彰大会，交通部和广东省精神文明办分别发来贺电、贺信。大会授予供贸事业部等 4 个单位“文明单位”称号，公司监审部等 2 个部室“文明部室”称号；授予“罗浮山”轮等 12 艘船舶“文明集体”荣誉称号；授予李文芳等 3 名同志“文明建设标兵”称号，吴仰成等 26 人“文明建设先进个人”荣誉称号。

12 月 广州海运投资国通证券有限公司（原名招银证券），占 6% 股份，1999 年 4 月已分得 1998 年投资收益 796.8 万元。

是年 监理公司业务进一步拓展，并获市建委一级代理工程投标资格，年底又获交通部批准的甲级监理单位资格。

是年 为提高油轮的安全管理水平，广州海运摄制了《终端提油操作指南》宣传片，发放到各油轮。

是年 实施海岸电台公益性业务电路改造和全球海上遇险与安全系统（GMDSS）改造，将广州海岸电台从广州市郊南岗搬迁到广州海运大厦。

附录二 历年企业基本情况汇总表

1950—1997 年广州沿海运输船舶状况表 附表 1-1

年份	合计			直属船公司							其他公司（多经、联营等）		
				货轮		油轮		客货轮					
	艘数	载重吨（万吨）	客位（个）	艘数	载重吨（万吨）	艘数	载重吨（万吨）	艘数	载重吨（万吨）	客位（个）	艘数	载重吨	客位（个）
1950	16	2.5	509	14	2.4			2	0.1	509			
1951	25	3.1	3006	15	2.5			10	0.6	3006			
1952	26	3.2	3006	16	2.6			10	0.6	3006			
1953	26	3.6	3006	16	3.0			10	0.6	3006			
1954	26	3.7	3006	16	3.1			10	0.6	3006			
1955	24	3.6	2964	13	2.7			11	0.9	2964			
1956	27	5.0	2951	17	3.9	1	0.5	9	0.6	2951			
1957	30	5.5	2620	19	4.4	1	0.5	10	0.6	2620			
1958	32	7.7	2511	23	7.1			9	0.6	2511			
1959	37	12.1	3152	28	11.5			9	0.6	3152			
1960	35	11.9	2660	27	11.2			8	0.7	2660			
1961	12	8.3	683	11	7.6			1	0.7	683			
1962	11	7.7		11	7.7								
1963	35	10.2	4679	24	9.5			11	0.7	4679			
1964	35	10.3	4441	25	9.6			10	0.7	4441			
1965	34	10.4	4121	25	9.8			9	0.6	4121			
1966	35	12.5	3546	27	11.9			8	0.6	3546			
1967	40	13.0	3546	28	12.3	4	0.1	8	0.6	3546			
1968	40	13.8	3296	32	13.2	1	0.03	7	0.6	3296			
1969	47	16.6	3263	39	16.1	1	0.03	7	0.5	3263			
1970	55	19.5	3263	47	19.0	1	0.03	7	0.5	3263			

续上表

年份	合计			直属船公司							其他公司（多经、联营等）		
				货轮		油轮		客货轮			艘数	载重吨	客位（个）
	艘数	载重吨（万吨）	客位（个）	艘数	载重吨（万吨）	艘数	载重吨（万吨）	艘数	载重吨（万吨）	客位（个）			
1971	67	28.2	3421	58	25.6	2	2.1	7	0.5	3421			
1972	64	27.0	3497	55	24.9	2	1.8	7	0.3	3497			
1973	62	25.3	3487	52	22.7	3	2.3	7	0.3	3487			
1974	61	26.5	3074	51	23.1	4	3.2	6	0.2	3074			
1975	74	42.7	3924	56	30.5	11	11.9	7	0.3	3924			
1976	84	62.5	5024	60	36.9	15	25.2	9	0.4	5024			
1977	88	81.9	4614	62	39.8	18	41.8	8	0.3	4614			
1978	94	91.1	6264	63	46.1	20	44.6	11	0.4	6264			
1979	105	111.8	7346	68	54.4	24	57.0	13	0.4	7346			
1980	104	114.6	5962	69	57.5	24	56.8	11	0.3	5962			
1981	111	118.4	5741	74	59.4	26	58.7	11	0.3	5741			
1982	110	121.0	5772	73	61.6	26	58.7	11	0.7	5772			
1983	111	130.0	6372	73	67.1	26	62.2	12	0.7	6372			
1984	120	148.2	9088	71	70.0	28	63.0	15	1.1	8412	6	14.1	676
1985	137	169.2	9536	81	84.3	32	77.1	16	1.3	8899	8	6.5	637
1986	134	178.7	8798	81	94.9	30	73.4	15	1.3	8379	8	9.1	419
1987	134	183.7	8798	80	94.0	31	79.5	15	1.1	8379	8	9.1	419
1988	136	195.5	8016	81	98.8	33	88.4	14	0.7	7597	8	7.6	419
1989	141	202.1	8628	82	104.7	31	84.2	14	0.7	7597	14	12.5	1031
1990	152	246.35	8653	89	147.1	31	84.5	14	0.65	7657	18	14.1	996
1991	153	257.25	8738	90	156.80	31	83.20	14	0.65	7657	18	16.6	1081
1992	153	274.35	8738	83	149.80	33	92.10	14	0.65	7657	23	31.8	1081
1993	163	299.2	8514	86	153.40	34	96.30	13	0.60	7057	30	48.9	1457
1994	163	326.6	7589	77	144.90	36	102.80	11	0.60	6132	39	78.3	1457
1995	145	315.3	3376	65	131.90	38	109.60	3	0.40	2100	39	73.4	1276
1996	139	319.7	1276	62	120.80	38	107.20				39	91.7	1276
1997	124	314.91		53	102.00	37	104.81				34	108.1	

注：1. 以上统计数据为运输船舶数，不含辅助船舶数；
2 .1950—1957 年的数据包括了私营、合营部分；
3. 此表数据出自交通部广州海运管理局编《海运统计资料汇编》（1949—1985）以及相关年份《广州海运统计资料》。

广州沿海运输船舶若干重要年份平均船龄表（单位：年）　　附表 1–2

年份	平均船龄	其中		
		货轮	油轮	客货轮
1956	21.4	24.8	39.0	13.9
1971	19.1	19.2	9.0	21.7
1975	16.8	19.2	4.3	18.0
1979	15.3	18.4	9.0	10.2
1985	12.6	13.2	12.5	8.8
1990	12.9	12.2	15.1	12.6
1991	12.86	12.95	14.45	10.00
1992	12.63	12.35	14.41	11.00
1993	12.76	12.90	13.02	11.55
1996	13.73	14.07	13.97	7.85
1997	14.77	14.89	14.51	

注：1. 船龄按年计算；
2. 平均船龄以年末数为据；
3. 此表引用自《广东省志·水运志》。

1951—1997 年广州海运货类运量表（单位：万吨）　　附表 1–3

年份	总计	煤炭	石油	金属矿石	钢铁	矿建材料	水泥	木材	非金属矿	化肥农药	盐	粮食	其他
1951	18	0.001	0.005		1.2	0.3		0.1			3.2	8.9	4.3
1952	41.2	0.9	1.7		0.1	1.5		0.5			8.0	6.6	21.9
1953	75.9	1.9	2.6		0.2	3.2		9.3			8.9	24.2	25.6
1954	87.9	2.4	2.5		1.7	1.2		8.6			7.7	18.9	44.9
1955	108.7	5.3	2.6	0.004	3.3	0.8	16.0	11.1		7.3	13.4	13.9	35.0
1956	158.1	27.3	3.7	6.5	2.9	25.4		10.8			18.7	8.8	54.0
1957	167.4	28.0	3.8	20.5	3.4	0.9	11.9	8.0		15.0	22.0	7.9	46.0
1958	255.5	59.0	6.0	51.6	7.2	0.9	23.1	7.5	4.0	13.3	16.1	17.3	49.5
1959	344.8	107.3	5.3	114.1	6.7	0.9	19.9	7.7	3.0	13.7	16.3	15.8	34.1
1960	341.5	109.7	4.7	99.3	4.1	0.8	16.6	11.5	8.0	18.0	22.5	16.2	30.1
1961	92.6	54.1		35.3	0.2	0.1	0.06	0.4	0.4	0.4	0.5	0.4	0.9
1962	130.4	97.0	0.04	25.0	0.1		0.5	0.8	0.03	2.7	2.5	0.3	1.5
1963	214.5	97.2	1.5	39.0	1.3	0.8	8.0	6.1	5.9	22.0	6.0	8.4	18.3
1964	197	56.9	0.8	31.7	2.2	0.8	18.0	11.2	17.6	10.8	13.0	15.2	18.8
1965	289.3	85.0	1.3	67.5	3.2	1.5	17.6	8.5	13.9	16.3	34.6	11.5	28.4
1966	355.1	65.1	0.04	166.0	3.8	1.0	25.2	4.8	5.9	12.6	22.3	16.6	31.8

续上表

年份	总计	煤炭	石油	金属矿石	钢铁	矿建材料	水泥	木材	非金属矿	化肥农药	盐	粮食	其他
1967	413.7	88.0	120	102.2	1.7		13.9	3.5	4.2	7.4	21.4	23.7	27.7
1968	367.5	178.1	42.0	50.5	2.1		5.7	2.3	1.4	3.1	27.3	17.3	37.6
1969	530.8	164.4	79.2	134.2	3.2		12.2	5.2	5.8	11.2	40.2	30.7	44.6
1970	380.7	53.7	1.6	141.5	3.5		11.1	7.6	11.6	16.5	58.9	31.6	42.9
1971	443.2	39.0	1.3	221.6	5.2		11.4	4.4	12.5	28.4	41.3	38.8	39.3
1972	351.5	24.2	6.0	164.8	5.2		17.5	3.9	7.5	18.8	30.0	39.6	34.0
1973	407.1	37.0	5.0	190.6	9.9		28.2	3.7	16.0	25.2	24.3	28.0	39.5
1974	493.7	69.3	29.4	221.3	9.4	3.1	20.8	3.3	18.0	24.1	23.0	35.7	36.3
1975	626.2	124.7	119.2	196.1	10.5	1.8	19.1	4.2	27.8	24.9	30.6	28.0	39.2
1976	631.6	132.8	170.5	168.8	10.7	0.4	15.8	3.2	16.4	13.9	41.8	18.2	39.0
1977	928.6	159.2	385.6	213.9	9.5	2.5	14.8	3.9	23.3	12.9	45.7	13.6	43.7
1978	1147.5	222.4	483.9	295.6	10.1	1.4	18.5	3.2	13.6	11.9	25.6	22.2	39.0
1979	1339.5	190.1	671.7	290.0	14.2	3.9	22.7	2.4	4.8	17.8	32.6	36.4	53.0
1980	1395.3	166.6	684.3	257.3	24.5	19.6	38.2	6.0	9.1	22.7	28.3	78.0	61.1
1981	1424.3	164.3	700.1	272.5	34.4	1.3	31.5	5.6	29.9	16.8	18.8	86.7	62.4
1982	1602.5	262.8	716.2	321.4	31.0	1.6	24.0	4.0	30.8	17.4	27.4	81.5	84.4
1983	1744.3	307.6	784.7	355.8	31.0	1.0	14.9	2.4	45.3	23.0	48.4	58.1	72.0
1984	1886.1	377.2	811.7	389.0	31.4	2.3	5.5	2.6	65.4	32.9	28.8	75.0	64.2
1985	1990.7	367.8	944.2	356.8	48.5	2.8	10.5	1.3	37.2	24.2	26.5	71.7	99.1
1986	2246.9	425.8	989.2	366.7	60.8	2.2	11.8	3.4	50.7	36.3	33.1	113.0	127.0
1987	2513.8	687.6	1034.2	388.6	24.2	3.2	6.7	3.3	60.3	61.6	30.7	81.0	132.4
1988	2779.3	906	1150.7	360.1	25.6	4.6	4.3	5	42.8	35.3	27.4	99.6	117.9
1989	3042.7	1019.5	1247.4	395.2	24.9	2.3	9.5	15.7	48.0	39.3	24.6	107.0	109.2
1990	3167.0	1098.7	1150.2	450.0	33.9	2.9	13.0	9.6	47.0	26.4	24.1	146.8	164.3
1991	3713.1	1200.9	1466.6	418.2	38.6	2.2	13.8	7.1	55.9	55.8	19	290.8	144.2
1992	4131.4	1428.4	1630.7	486.2	54.2	3.3	14.6	10.2	71.8	45.8	12.8	226.6	146.7
1993	4599.9	1541.5	2048.0	553.1	49.5	2.8	32.5	15.4	44.6	45.1	10.5	170.8	86.1
1994	4890.5	1686.8	2061.5	614.2	50.9	1.0	52.8	11.3	26.7	27.7	15.1	244.8	97.6
1995	4778.8	1567.4	2116.1	577.0	43.4	5.4	28.5	25.2	33.9	38.6	10.8	202.7	129.8
1996	5203.9	1749.7	2442.5	517.9	38.5	17.5	15.4	23.5	49.7	69.1	10.1	134.8	135.4
1997	5435.4	1562.9	2644.7	655.0	65.4	24.5	6.7	38.1	87.0	53.0	11.3	174.2	112.6

注：1. 1979—1984 年非金属矿栏中数据仅为磷矿运量；

2. 此表数据出自交通部广州海运管理局编《海运统计资料汇编》（1949—1985）以及相关年份《广州海运统计资料》。

1951—1997 年广州海运分航区货运量表（单位：万吨）　　附表 1-4

年份	合　计	南海线	南北线	北北线	国外线
1951	18.1	16.1	2.0		
1952	41.2	35.2	6.0		
1953	75.9	75.9			
1954	87.8	87.8			
1955	108.8	103.3			5.5
1956	158.0	126.5			31.5
1957	167.4	146.0	2.5		18.9
1958	255.6	194.0	1.6		60.0
1959	344.5	229.0	3.4		112.1
1960	341.6	225.4			116.2
1961	92.8	39.0			53.8
1962	130.5	33.8			96.7
1963	214.2	122.5			91.7
1964	196.4	115.6			80.8
1965	289.2	162.0	28.3		98.9
1966	355.2	254.6	38.9		61.7
1967	305.7	180.3	80.8	4.9	39.7
1968	367.5	107.5	205.4	2.2	52.3
1969	530.7	242.0	232.0	15.9	40.8
1970	380.7	345.1			35.6
1971	443.2	387.4			55.7
1972	351.2	324.0	0.9	0.8	25.5
1973	407.1	351.1	17.3		38.7
1974	493.7	372.2	52.0	3.0	66.4
1975	626.2	348.0	183.0	7.2	88.0

续上表

年份	合　计	南海线	南北线	北北线	国外线
1976	631.6	285.8	266.1	7.1	72.5
1977	928.6	342.6	527.1	10.8	48.2
1978	1147.5	391.8	657.4	19.3	79.0
1979	1339.5	449.2	872.3	2.1	16.0
1980	1395.3	396.1	857.6	42.6	99.0
1981	1424.3	391.8	969.2	2.8	60.4
1982	1602.5	372.0	1171.1	1.6	57.9
1983	1744.3	357.1	1342.3	0.6	44.3
1984	1886.1	330.6	1493.6	5.1	56.8
1985	1990.7	304.6	1498.4	4.5	183.2
1986	2246.9	316.9	1648.1	15.6	266.3
1987	2513.8	300.0	1947.6	34.5	231.7
1988	2779.3	357.4	2091.1	37.4	293.4
1989	3042.7	273.3	2255.8	49.4	464.2
1990	3167.0	296.7	2337.1	44.8	488.4
1991	3713.1	324.4	2503.1	95.3	790.3
1992	4131.4	429.9	2711.7	87.4	902.4
1993	4599.9	495.0	2782.8	103.1	1219.0
1994	4890.5	351.9	2977.3	214.7	1346.6
1995	4778.8	440.5	2700.8	269.2	1368.3
1996	5203.9	517.2	2855.4	343.6	1487.6
1997	5435.4	541.1	2655.0	470.1	1769.2

注：1. 1958—1960 年为广东省航运厅海轮船队货运量；
2. 1991 年以前国外线是中越、中柬线货运量，但不包括越南港口间货运量；
3. 此表数据出自交通部广州海运管理局编《海运统计资料汇编》（1949—1985）以及相关年份《广州海运统计资料》。

1958—1996 年广州海运客运量和旅客周转量表　　附表 1–5

年份	客运量（万人）	其　中			旅客周转量（万人海里）
		华南线	南北线	北北线	
1951	0.3	0.3			112
1952	2.0	2.0			600
1953	8.8	8.8			2853.4
1954	6.6	6.6			2141.7
1955	4.1	4.1			1376.6
1956	7.2	7.2			1980.5
1957	6.2	6.2			2049.5
1958	9.6	9.6			3274.7
1959	14.0	14.0			4552.7
1960	26.7	26.7			7545.4
1961	34.6	34.6			9319.9
1962	31.2	31.2			6860
1963	19.8	19.8			5425.1
1964	5.1	5.1			1179.5
1965	8.4	8.4			2454.0
1966	16.8	16.8			5218.0
1967	11.1	11.1			3803.4
1968	14.7	14.7			5183.7
1969	17.6	17.6			5700.6
1970	21.4	21.4			7661.5
1971	19.9	19.9			7195.0
1972	26.9	26.9			9032.9
1973	29.2	29.2			10160.9
1974	28.9	28.9			10189.7

续上表

年份	客运量（万人）	其中			旅客周转量（万人海里）
		华南线	南北线	北北线	
1975	30.0	30.0			10415.9
1976	36.1	36.1			12087.9
1977	39.5	39.5			13834.2
1978	42.2	42.2			14093.9
1979	53.0	53.0			17679.3
1980	63.2	63.2			21159.3
1981	62.6	62.6			21553.9
1982	58.0	58.0			20171.2
1983	60.3	60.2	0.1		20983.9
1984	71.5	69.3	2.2		21224.1
1985	93.0	88.5	4.5		21492.8
1986	97.1	91.1	5.6	0.4	19886.9
1987	124.5	117.4	6.8	0.3	22399.4
1988	173.7	163.7	9.4	0.6	28921.9
1989	180.8	172.6	7.9	0.3	24801.5
1990	206.4	198.7	7.5	0.2	22396.8
1991	241.5	233.5	7.7	0.3	24248.0
1992	285.0	276.0	8.1	0.9	29402.9
1993	219.6	215.6	4.0		23564.1
1994	187.7	180.5	3.4	3.8	17403.9
1995	156.4	155.6	0.8		9693.5
1996	129.2	129.2			3474.2
1997	116.6	116.6			

注：1. 1957 年以前的数据包括了私营、合营部分；

2. 1958—1962 年包括广东省航运厅沿海船舶所完成的客运量；

3. 此表数据出自交通部广州海运管理局编《海运统计资料汇编》（1949—1985）以及相关年份《广州海运统计资料》。

1949—1992 年广州海运局固定资产、收入、利润表（单位：万元） 附表 1–6

年份	固定资产	收入	利润	年份	固定资产	收入	利润
1949	124.7	1.2	–2.3	1971	21473.5	4758.6	489.0
1950	146.7	52.6	5.2	1972	21920.6	3475.3	–34.7
1951	753.9	271.8	69.9	1973	22436.9	4439.4	261.0
1952	733.9	820.4	167.8	1974	24505.4	5891.0	1125.3
1953	1631.5	1529.4	433.6	1975	38989.8	10421.2	3625.9
1954	1420.0	1423.2	696.7	1976	42089	12195.8	4564.6
1955	1296.8	1548.6	965.2	1977	57232.8	19445.6	8713.8
1956	3400.9	1628.5	475.0	1978	68680.9	34037.8	11347.1
1957	6162.0	1802.6	311.5	1979	86033.1	28629.7	15013.2
1958				1980	95514.1	31715.7	16001.5
1959				1981	104026.1	32731.0	14630.2
1960				1982	110814.2	36408.2	16426.0
1961	2383.9	761.2	183.3	1983	116292.3	38441.7	19242.9
1962	2326.7	1204.6	70.5	1984	126205.4	43611.3	21730.6
1963	7123.4	2518.8	126.7	1985	164974.5	46945.1	19496.2
1964	7129.6	2480.8	275.4	1986	175332	52820.7	18297.3
1965	7963.8	3548.9	918.5	1987	185768	59030.9	19135.3
1966	9007.6	4146.5	985.5	1988	202861	65817.5	21445.6
1967	10027.9	4234.2	595.9	1989	228630	80213.2	26793.9
1968	11217.3	6991.1	1809.8	1990	289776.4	96245.7	31162.4
1969	15018.7	10493.2	2803.2	1991	324215	129226.1	38535.3
1970	18162.5	4372.1	436.4	1992	367905	158484	43392

注：此表数据出自交通部广州海运管理局编《海运统计资料汇编》（1949—1985）以及相关年份《广州海运统计资料》。

1993—1997 年广州海运总资产、收入、利润表（单位：万元）　　附表 1-7

年份	总资产	收入	利润	年份	总资产	收入	利润
1993	620993	169346	8027	1996	780973	242730.0	200.3
1994	748225	201636.7	6351.2	1997	772272	248131.4	1964.8
1995	827007	218393.3	2199.5				

注：此表数据出自交通部广州海运管理局编《海运统计资料汇编》（1949—1985）以及相关年份《广州海运统计资料》。

1952—1997 年广州海运职工人数表（单位：人）　　附表 1-8

年份	年末人数	技术人员	船员	年份	年末人数	技术人员	船员
1952	1219	76	910	1975	7931	937	4642
1953	1351	131	907	1976	9749	1020	5566
1954	931	121	540	1977	10639	1364	5825
1955	830	51	431	1978	11828	1665	6536
1956	2094		1165	1979	12182	1919	6959
1957	2877	253	1554	1980	13697		7259
1958				1981	15337	1875	7541
1959				1982	16461	2368	8781
1960				1983	16584	2516	8738
1961	782	92	650	1984	17512	2531	8820
1962	943	156	737	1985	17634	2569	9855
1963	2990	381	2184	1986	17586	3131	9286
1964	3277	421	1952	1987	18089	3349	9549
1965	3745	439	2338	1988	17702	3376	9532
1966	3983	492	2799	1989	17734	3479	9557
1967	4057	549	2831	1990	17811	3622	9659
1968	4365	622	2951	1991	18346	3476	11124
1969	4886	652	2952	1992	18225	4367	11158
1970	5566	697	3699	1993	17631	4160	10993
1971	6221	739	3731	1994	17092	4344	10597
1972	6382	1015	4233	1995	16400	4449	9591
1973	6698	884		1996	16047	3960	9145
1974	6970	1027	4175	1997	15279	4151	8695

注：1. 1958—1960 年因机构变动缺相关数据；
2. 此表数据出自交通部广州海运管理局编《海运统计资料汇编》（1949—1985）以及相关年份《广州海运统计资料》。

附录三　主要机构沿革和领导人一览表

附表 3–1

机构名称	设置时间	领导人			
		姓名	职务	任职时间	离任时间
招商局轮船股份有限公司广州分公司	1949.10—1950.4	张玉华	军管代表	1949.10	1950.4
国营轮船总公司广州分公司	1950.4—1951.2	张玉华	经理	1950.5	1951.2
		唐文敬	副经理	1950.5	1951.2
中国人民轮船总公司华南区公司（国营轮船总公司广州分公司与航务工程局合并而成）	1951.2—1951.8	周材	经理	1951.2	1951.8
		张玉华	副经理	1951.2	1951.8
中央人民政府交通部华南区海运管理局	1951.8—1953.6	张玉华	第一副局长、代局长	1951.8	1952.9
		董华民	第一副局长、代局长	1952.9	1953.6
		张玉华	副局长	1952.9	1953.6
中央人民政府交通部广州区海运管理局	1953.6—1956.2	董华民	代局长	1953.6	1954.4
		魏震东	局长	1954.4	1956.2
		张玉华	副局长	1953.6	1956.2
		贾力平	副局长	1953.6	1955.6
		许济	政治部副主任	1953.6	1954.4
		董华民	副局长	1954.4	1955.6
		汤国良	副局长	1955.6	1956.2
华南区海运管理局（广州海运管理局与广州港务管理局合并而成）	1956.2—1956.9	吴英民	局长	1956.2	1956.9
		魏震东	副局长	1956.2	1956.9
		陈新丰	副局长	1956.2	1956.9
		张玉华	副局长	1956.2	1956.9
		颜太龙	副局长	1956.2	1956.9
		周书民	副局长	1956.2	1956.9
		叶萌	党委代书记	1956.2	1956.9
		许济	党委副书记	1956.2	1956.9

续上表

机构名称	设置时间	领导人			
		姓名	职务	任职时间	离任时间
广州区海运管理局	1956.9—1958.8	吴英民	党委书记兼局长	1956.9	1957.12
		魏震东	副局长	1956.9	1957.12
		陈新丰	副局长	1956.9	1958.8
		张玉华	副局长	1956.9	1957.12
		颜太龙	副局长	1956.9	1958.8
		许济	党委副书记	1956.9	1957.12
		陈聚	党委副书记	1957.12	1958.8
		魏震东	局长	1957.12	1958.8
		王延年	党委书记	1957.12	1958.8
		魏群	副局长	1958.4	1958.8
广东省航运厅（海河运输局）	1958.8—1961.6	魏震东	厅　长	1958.8	1963.1
		颜太龙	副厅长	1958.9	1968.10
		任真	副厅长	1958.9	1961.6
交通部广州海运管理局	1961.6—1969.1	叶萌	党委代书记兼局长	1961.6	1962.12
		魏震东	党委代书记兼局长	1962.12	1964.1
		解莅民	局长	1964.1	1967.3
		魏震东	党委书记	1964.1	1965.2
		李冠元	党委书记	1965.8	1967.3
		陈新丰	副局长	1961.6	1963.8
		颜思	副局长	1962.12	1965.2
		许济	副局长	1962.12	1965.8
		陈耕国	副局长	1963.7	1964.1
		高梦槐	副局长	1965.8	1967.3
		厉男	副局长	1965.8	1967.3
		滕正相	副局长	1965.8	1965.12
		陈耕国	党委副书记	1961.6	1962.12
		陈耕国	党委副书记兼政治部副主任	1962.12	1963.7
		李马有	政治部副主任	1962.9	1964下半年
		梁平	党委副书记	1963.8	1965.12
		郭训之	政治部副主任	1965.2	1966.8
		樊炽华	党委副书记兼政治部主任	1965.12	1967.3
		梁平	党委副书记兼监委书记	1965.12	1967.3

续上表

机构名称	设置时间	领导人			
		姓名	职务	任职时间	离任时间
交通部广州海运管理局（实行军事管制）	1967.3—1968.9	敏　刚	军管小组组长	1967.3	1969.1
		王学成	军代表	1967.3	1969.1
		王鸿声	军代表	1967.3	1969.1
广州海运管理局革命委员会	1968.9—1969.1	滕正相	革命委员会第一副主任	1968.9	1969.1
		王勇	革命委员会副主任	1968.9	1969.1
		樊炽华	革命委员会副主任	1968.9	1969.1
		刘永福	革命委员会副主任	1968.9	1969.1
		尹佩华	革命委员会副主任	1968.9	1969.1
		陈希顺	革命委员会副主任	1968.9	1969.1
华南水运公司（广州海运管理局再次下放广东省，与广州远洋公司、广东省航运厅、交通部第四航务工程局，合并成立华南水运公司）	1969.1—1970.2				
广东省海运管理局（华南水运公司解体，分建沿海海运体制，成立广东省海运管理局） 1971 年 1 月 26 日，成立广东省海运管理局革命委员会	1970.2—1973.2	邱振英	军管小组组长	1970.2	1971.1
		张柏青	军管小组副组长	1970.2	1972.11
		郭文柄	军管小组副组长	1970.2	1971.1
		邱振英	军管小组组长、党的核心小组组长、革命委员会主任	1971.1	1972.11
		窦绍文	军管小组副组长、党的核心小组副组长、革命委员会副主任	1971.1	1972.11
		王维藩	党的核心小组副组长、革命委员会副主任	1971.1	1973.2
		张柏青	军管小组副组长、革命委员会副主任	1971.1	1972.11
		滕正相	革命委员会副主任	1971.1	1973.2
		周文英	革命委员会副主任	1971.1	1972.11
广东省海运管理局	1970.2—1973.3	魏震东	革命委员会副主任	1972.7	1972.11
		赵刚	革命委员会副主任	1972.1	1973.2
		魏震东	党的核心小组组长、革命委员会主任	1972.11	1973.2
		樊炽华	革命委员会副主任	1972.11	1973.2
		陈耕国	革命委员会副主任	1972.11	1973.2

续上表

机构名称	设置时间	领导人			
		姓名	职务	任职时间	离任时间
交通部广州海运管理局（1978年6月16日，根据交通部指示，广州海运实行党委领导下的局长分工负责制，不再设立革命委员会）	1973.3—1992.12	解莅民	党的核心小组组长、革命委员会主任	1973.3	1976.11
		高梦槐	党的核心组小组副组长、革命委员会副主任	1974.1	1979.6
		滕正相	革命委员会副主任	1973.3	1981.6
		任真	革命委员会副主任	1974.8	1976.11
		赵庆华	革命委员会副主任	1974.3	1983.3
		王维藩	革命委员会副主任	1973.3	1974.8
		周文英	革命委员会副主任	1973.3	1974.7
		邹启安	革命委员会副主任	1976.4	1976.12
		魏震东	党的核心小组组长、革命委员会主任	1976.12	1979.6
		陈耕国	革命委员会副主任	1976.12	1983.3
		任真	革命委员会副主任	1976.12	1983.3
		杨振举	革命委员会副主任兼政治部主任	1976.12	1979.6
		王鸿义	革命委员会副主任（1978年6月革命委会会主任、副主任改称局长、副局长）	1977.10	1983.3
		魏震东	党委书记	1979.7	1983.3
		高梦愧	局长	1979.7	1983.3
		杨振举	政治部主任	1979.6	1981.8
		卫徐忠	副局长	1979.6	1983.3
		张玉华	副局长	1979.11	1983.3
		吴英民	副局长	1980.4	1983.3
		雷义庭	副局长	1979.6	1983.3
		邵一力	副局长	1981.6	1983.3
		郭训之	政治部副主任	1979.6	1981.6
		王鸿义	党委书记	1983.3	1984.11
		龚鎏	局长	1983.3	1984.12
		张廷石	党委副书记兼政治部主任	1983.3	1988.6

续上表

机构名称	设置时间	领导人			
		姓名	职务	任职时间	离任时间
交通部广州海运管理局（1978 年 6 月 16 日，根据交通部指示，广州海运实行党委领导下的局长分工负责制，不再设立革命委员会）	1973.3—1992.12	刘志强	副局长	1983.3	1992.8
		从远龙	副局长	1983.3	1992.12
		钱维扬	副局长	1983.3	1984.11
		黄庆炜	党委书记	1984.11	1992.12
		钱维扬	局长	1984.11	1992.12
		邓兆邦	副局长	1984.11	1992.12
		龚鎏	总船长	1984.11	1989.5
		牛振和	纪委书记	1985.11	1992.12
		张廷石	副局长	1988.6	1992.12
		刘志强	总船长	1992.8	1992.12
		钱保尔	党委副书记	1990.10	1992.12
		钱澄根	工会代主席	1990.1	1991.3
			工会主席	1991.3	1992.12
		张铁桥	副局长	1992.8	1992.12
		姚作芝	副局长	1992.8	1992.12
广州海运（集团）公司	1993.1—1996.8	钱维扬	总经理	1993.1	1996.8
		从选龙	副总经理	1993.1	1995.1
			巡视员	1995.1	1995.8
		邓兆邦	副总经理	1993.1	1996.8
		张铁桥	副总经理	1993.1	1995.1
		姚作芝	副总经理	1993.1	1996.8
		刘志强	总船长	1993.1	1995.8
			巡视员	1995.8	1996.7
		黄庆炜	党委书记	1993.1	1995.8
		钱保尔	党委副书记	1993.1	1996.8
		牛振和	纪委书记	1993.1	1995.8

附录四　历年荣誉称号名录

一、广州海运历年获国家、省部级荣誉称号

1982 年度全国提高经济效益成绩显著工交企业

1982 年度全国行业节约能源先进企业

1982 年度全国交通系统经济效益先进单位

1983 年度全国提高经济效益成绩显著工交企业

1983 年度全国交通系统经济效益先进单位

1983 年度全国工交系统经济效益先进单位

1983 年度交通部一级节能先进企业

1984 年度全国交通系统经济效益先进单位

1984 年度国家节约能源先进企业（银质奖）

1984 年度交通部一级节能先进企业

1985 年度国家节约能源先进企业

1985 年度全国交通系统设备管理先进单位

1985 年度交通部直属单位企业决算先进单位

1985 年度交通部直属单位基建决算先进单位

1986 年度交通部优质运输奖

1986 年度全国交通系统两个文明建设先进集体

1986 年度交通部全国海洋运输情报网科技情报工作先进集体

1987 年度水路军运基础建设先进单位

1987 年度交通部档案工作评比一等奖

1987 年度全国交通系统圆满完成第二次全国工业普查任务单位

1988 年度国家节约能源二级企业

1988 年度全国交通系统经济效益先进单位

1988 年度交通部全国海洋运输情报网科技情报工作先进集体

1989 年度全国交通系统经济效益先进单位

1989 年度国家节约能源二级企业

1990 年度全国先进纪检组织

1990 年度交通部先进纪检组织

1990 年国家二级企业
1991 年国家重大技术装备表彰项目特等奖
1991 年度全国交通系统节能先进集体
1992 年度全国先进纪检组织
1993 年交通部党风建设先进单位
1994 年中国 500 家最大服务企业之一
1994 年中国 500 家最大服务业交通邮电业第 20 位
1994 年度全国交通系统先进单位
1994 年全国水上交通安全优秀船舶
1995 年全国交通系统“二五”普法教育先进单位
1996 年国家科委科技进步奖
1996 年全国交通系统“八五”期间节能先进企业
1996 年度交通部纪检监察系统先进集体
1996 年全国职工技协先进集体
1997 年全国群众体育先进集体
1997 年交通部工业普查先进集体

二、部级荣誉称号（附表 4–1、附表 4–2）

部级荣誉称号（单位） 附表 4–1

单 位	年份	称 号
“南海 163”轮	1955	南海英雄船（交通部）
“南海 155”轮	1965	交通部工业学大庆先进单位
“1018”轮	1966	南海英雄船（交通部）
技术处化验室	1978	交通部工业学大庆先进班组
“红旗 113”轮	1980	交通部嘉奖“为我国航海事业”发展做出贡献
“大庆 250”轮	1979 1980	交通部先进船舶 交通部嘉奖“为我国航海事业”发展做出贡献
“大庆 251”轮	1980	交通部嘉奖“在发展交通运输事业中成绩优异”
广州海运公安局“红卫 11”轮乘警队	1981	交通部公安局记集体三等功
广州海运公安局“芙蓉”轮乘警队	1984	交通部公安局记集体二等功
“芙蓉”轮	1985	交通部优质运输先进集体
广州海运公安局“丁香”轮乘警队	1984	交通部公安局记集体三等功
广州海运公安局“珍珠诈骗案”侦破组	1985	交通部公安局记集体二等功

续上表

单　位	年份	称　号
“丁香”轮	1986 1987	交通部优质运输先进集体 交通部海洋运输系统优秀质量小组
“大庆 246”轮	1985	交通部优质运输先进集体
“红旗 153”轮	1985	交通部优质运输先进集体
城安围船厂	1986 1993	交通部环保工作先进集体 全国交通系统 QC 小组活动先进单位
“大庆 252”轮	1986 1987 1989	交通部优质运输先进集体 交通部优质运输先进集体 交通部优质运输先进集体
“红旗 192”轮	1986	交通部优质运输先进集体
“红旗 171”轮	1986	交通部优秀质量管理小组
运输处商务科琼—申糖运联合 QC 小组	1986	交通部优秀质量管理小组
“玉兰”轮	1987 1988	交通部优质运输先进集体 交通部优秀质量管理小组
“红旗 169”轮	1987	交通部优质运输先进集体
运输处商务科海南（琼、八—沪）联合小组	1987	交通部优秀质量管理小组
菠萝庙船厂财务科	1987	全国交通系统财会工作先进集体
01 台报务五班	1987	全国交通系统通信服务先进集体
“罗浮山”轮电台	1987	全国交通系统通信服务先进集体
广州海运公安局“4·29”特案专案组	1987	交通部公安局记集体三等功
广州海运公安局“芍药”轮乘警队	1987	交通部公安局记集体三等功
第二船队	1988	全总“模范职工之家”
油轮公司联合 QC 小组	1988	交通部优秀质量管理小组
“普陀岭”轮	1988 1989	交通部双文明建设先进集体 交通部双文明建设先进集体
“红旗 124”轮	1988	交通部优质运输先进集体
“大庆 217”轮	1988	交通部优质运输先进集体
“芍药”轮	1988 1989	交通部优质运输先进集体 交通部优质运输先进集体
菠萝庙船厂	1989	全国交通教育先进集体

续上表

单　　位	年份	称　　号
物资供应公司信息 QC 小组	1989	交通部优秀质量管理小组
广州海运公安局“珍珠梅”轮乘警队	1989	交通部公安局授予“先进集体”称号
“红旗 204”轮	1989	交通部优质运输先进集体
“红旗 169”轮	1989	交通部优秀质量管理小组
“羊城”轮	1989	交通部优质运输先进集体
“锦河”轮	1990	先进集体
广州海运公安局“万年红”轮乘警队	1990	交通部公安局记集体三等功
广州海运公安局“玫瑰”轮乘警队	1990	交通部公安局记集体三等功
广州海运公安局“丁香”轮乘警队	1991	交通部公安局记集体三等功
广州海运公安局“海棠”轮乘警队	1991、1992	交通部公安局记集体三等功
泰华公司	1991–1993	交通部先进单位 交通部先进 QC 小组 交通部党风建设先进单位
“大庆 244”轮	1992	全国优秀质量管理小组
广州海运纪委	1994 1994	中央纪委集体一等功 交通部案件查处集体一等功
广州海运公安局“牡丹”轮乘警队	1994	交通部公安局记集体三等功
广州海运纪委监察室	1995	交通部先进集体
广海集团内部银行	1995–1996	全国交通系统青年文明号
广州海运公安局“4·19”伪造海员证专案组	1996	交通部公安局记集体二等功
广州海运公安局治安大队	1996 1996 1997	全国交通港航公安系统先进集体 交通部公安局记集体三等功 交通部公安局记集体二等功
“罗浮山”轮	1997	全国“五一”劳动奖状
广州海运（集团）有限公司	1997	首届交通行业职工技能竞赛第二名（水手、机工）
广州海运档案科	1997	全国交通系统档案工作先进集体
广州海运公安局刑警大队	1997	全国交通港航公安系统文明窗口单位

部级荣誉称号（个人） 附表 4–2

人　员	年份	称　号
徐华杰	1953 1956	全国交通运输系统三等先进工作者 全国交通运输系统三等先进生产者
谷源松	1956	特等功臣、一等对敌斗争护产模范船长、全国交通运输系统一等先进工作者
戴品祥	1956 1956	全国先进生产者 全国交通运输系统二等先进工作者
施兴复	1956 1956 1966	全国先进生产者 全国交通运输系统一等先进工作者 交通部颁发“越南友谊奖章和奖状”
梁炎	1956 1956	全国先进生产者 全国交通运输系统一等先进工作者
王定法	1956 1956	全国先进生产者 全国交通运输系统二等先进工作者
施振仪	1956	全国交通运输系统二等先进工作者
罗海	1956 1956	全国先进生产者 全国交通运输系统二等先进工作者
柯茂昌	1956 1956	全国先进生产者 全国交通运输系统二等先进工作者
刘仲安	1956 1956	全国先进生产者 全国交通运输系统二等先进工作者
乐福堂	1956 1956	全国先进生产者 全国交通运输系统二等先进工作者
詹长茂	1956 1956	全国先进生产者 全国交通运输系统二等先进工作者
李宝赓	1956 1956	全国先进生产者 全国交通运输系统二等先进工作者
杨炳强	1956 1956	全国先进生产者 全国交通运输系统二等先进工作者
卢福	1956 1956	全国先进生产者 全国交通运输系统二等先进工作者
冯标	1956 1956	全国先进生产者 全国交通运输系统二等先进工作者
郑南山	1956 1956	全国先进生产者 全国交通运输系统三等先进工作者
何卓明	1956	全国先进生产者
李湛	1956	全国先进生产者
蔡华富	1956	全国交通运输系统三等先进生产者

续上表

人员	年份	称号
张巧泉	1956	全国交通运输系统三等先进生产者
朱隽杰	1956	全国交通运输系统三等先进生产者
梁益友	1956	全国交通运输系统三等先进生产者
陈牛	1956	全国交通运输系统三等先进生产者
刘锦荣	1956	全国交通运输系统三等先进生产者
林绍如	1956	全国交通运输系统三等先进生产者
邝成义	1956	全国交通运输系统三等先进生产者
芦狄	1956	全国交通运输系统三等先进生产者
林达志	1956	全国交通运输系统三等先进生产者
胡宏锦	1956	全国交通运输系统三等先进生产者
唐九	1956	全国交通运输系统三等先进生产者
李欣治	1956	全国交通运输系统三等先进生产者
谭良智	1956	全国交通运输系统三等先进生产者
梁景	1956	全国交通运输系统三等先进生产者
王观荣	1956	全国交通运输系统三等先进生产者
钟九	1956	全国交通运输系统三等先进生产者
梁少强	1978	全国交通战线工业学大庆先进生产者
郭炳	1978	全国交通战线工业学大庆先进生产者
吴恒轩	1978	全国交通战线工业学大庆先进生产者
何建基	1978	全国交通战线工业学大庆先进生产者
叶安发	1978	全国交通战线工业学大庆先进生产者
黄振权	1978	全国交通战线工业学大庆先进生产者
罗锡彬	1978	全国交通战线工业学大庆先进生产者
黄卓伦	1978	全国交通战线先进科技工作者
樊延耀	1980	全国新长征突击手
刘志强	1980	全国交通战线劳动模范 交通部航海事业先进个人
金丰义	1980	全国交通战线劳动模范
肖耀忠	1980	全国交通战线劳动模范
林鸿炎	1980	全国交通战线劳动模范
杨玉敏	1980	全国交通战线劳动模范
邓兆邦	1980	交通部航海事业先进个人

续上表

人　员	年份	称　号
温燊兴	1980	交通部航海事业先进个人
樊发仁	1980	交通部航海事业先进个人
冯权	1980	交通部航海事业先进个人
张嘉成	1980 1985	交通部航海事业先进个人 全国交通双文明标兵
杨家荣	1980	交通部航海事业先进个人
唐志军	1980	交通部航海事业先进个人
陈运武	1980 1980	交通部航海事业先进个人 交通部先进生产者
周厚成	1980	交通部航海事业先进个人
梁仲水	1981	公安部记个人二等功
王顺平	1983	交通部公安局记个人三等功
冯炳炬	1984	交通部公安局记个人三等功
高志强	1985	交通部公安局记个人二等功
杨林新、陈意成、李明辉、苏国钢、方代富、关明卓、陈木森、李桂安、肖浩然	1985	交通部公安局记个人三等功
王树荣（女）	1986	全国卫生文明建设先进生产者 全国卫生系统先进工作者
张洪元	1986 1987	全国交通运输系统两个文明建设先进个人 全国海员工会“金锚奖”及交通部优秀驾驶称号
杨溥德	1986	全国交通教育优秀教育工作者
黄润清	1986	全国交通教育优秀教育工作者
陈广生、邹伟新、段会平、徐三举、李明辉、王慧军	1986	交通部公安局记个人三等功
祝青	1987	交通部优秀政工干部
杨子蔚	1987	交通部计量工作先进个人
张爱平	1987	交通部公安局授予“优秀所队干部”称号
明灼池	1987	全国交通系统通信服务先进个人
杨达年	1987	全国交通系统通信服务先进个人

续上表

人　　员	年份	称　　号
陈广生、李荣坦（女）、张南南、张爱平、骆超武、古建平、吴宁丽（女）、徐东明、余锡威、陆柏溪、周日生、纪建平、方代富、段会平、冯连永、邢月芳（女）、黎兆雄	1987	交通部公安局记个人三等功
阮金定	1988	全总“全国技术能手五一劳动奖章”
陈运武	1987 1988 1988	1987 年全国交通系统两个文明建设劳动模范 1988 年全国交通系统两个文明建设劳动模范 交通部双文明建设标兵
阮金定	1988	全国“五一劳动奖章”
龚鋆	1989	突出贡献的航海专家（交通部、人事部）
陈裕家（女）	1989 1995	全国交通教育优秀教育工作者 全国交通系统巾帼建功标兵
吴江平	1989	全国交通教育优秀教师
梁仲永	1980—1989	公安部战线先进工作者二等功
黎兆雄	1989	交通部公安局授予“优秀干警”称号
董穗平	1989 1991	交通部公安局授予“优秀干警”称号 全国交通港航公安系统优秀人民警察
苏铭庄	1989	交通部公安局授予“优秀干警”称号
王延雄	1989	交通部企业管理现代化优秀成果一等奖
云大卿	1989 1990	交通部系统两个文明“劳动模范” 交通部系统两个文明“劳动模范”
陈炳权	1989 1990	交通部系统两个文明“劳动模范” 交通部系统两个文明“劳动模范”
陈强	1991 1991	全国“五一劳动奖章” 全国总工会优秀船长
马达传	1989 1990 1990	交通部系统两个文明“劳动模范” 中国海员工会全国委员会金锚奖获得者 交通部系统两个文明“劳动模范”
古建成、黎兆雄、李建华、刘文明、李军、董穗平	1990	交通部公安局记个人三等功
王良义	1991	交通部、公安部一级金盾奖章
齐玉铭	1991	交通部、公安部二级金盾奖章
邢月芳（女）	1991	交通部、公安部二级金盾奖章
郝金元	1991	交通部、公安部二级金盾奖章

续上表

人　员	年份	称　　号
胡菊芳	1991	交通部、公安部蓝盾奖章
朱木生、范可乐、李振海、罗裕洛	1991	交通部公安局记个人三等功
王永榕	1991–1994 1992	连续四年交通部和国家人事部全国交通系统劳动模范 中国海员工会全国委员会“金锚奖”获得者
王洪恩	1993	全国最佳船长
李文芳	1991–1993 1994 1995	连续三年全国交通系统劳动模范 交通部和国家人事部劳动模范、先进工作者、全国海员工会第四届“金锚奖”优秀船长 国务院“全国劳动模范”
罗裕洛	1993	全国交通系统 QC 小组活动先进工作者
林伊光	1993	全国交通系统 QC 小组活动先进工作者
梁荣彬	1993	全国优秀工会积极分子
李火炎、郭贵长	1993	交通部公安局记个人三等功
郭贵长	1994	全国优秀人民警察
牛振和	1994 1995	交通部案件查处一等功 全国纪检监察系统先进工作者
冯炳钜、李志雄、钟一鸣、郭贵长	1994	交通部公安局记个人三等功
李有当	1995	交通部优秀纪检监察干部
张增泽	1995	交通部优秀科技人员
乔建平、谷穗和、黄碧雁	1995	交通部公安局记个人二等功
王慧军、谢金益、黎兆雄、邹伟新、燕广勇、林均海、李军、陈绍宇、莫积周	1995	交通部公安局记个人三等功
吴惠丽（女）	1995	全国先进女职工
邹小燕（女）	1995	全国优秀海员家属工作者
杨记娣（女）	1995	全国优秀海员家属工作者
汤楚卿（女）	1995	全国优秀海员家属
高素英（女）	1995	全国优秀海员家属
赵志刚	1996	全国交通港航公安系统优秀人民警察
吴志新	1997	全国交通港航公安系统优秀人民警察
李军	1996	交通部公安局记个人二等功
吴志新、李燕飞	1996	交通部公安局记个人三等功
石福安	1997	全国青年岗位能手
杨大庆	1997	全国先进女职工之友
余爱萍	1995—1997	全国交通系统“巾帼建功”标兵

省级荣誉称号（单位） 附表 4–3

单位	年份	称号
广州海运	1984 1988 1989 1989 1989 1989 1991 1995 1996 1996 1997	广东省节约能源先进企业 广东省先进企业 广东省先进企业 广东省节约能源先进企业 广东省安全生产先进单位 广东省标准计量工作先进单位 广东省双增双节竞赛立功先进集体 广东省纪检监察案件查件工作先进单位 广东省纪检系统信访举报工作先进集体 广东省总工会模范职工之家 广东省交通战备工作先进单位
广州海运党委	1993 1996	广东省直属机关先进基层党组织 广东省直属机关先进基层党组织
广州海运纪委	1990	先进纪检组织
广州海运工会	1989 1992 1996	广东省海员工会先进企业工会 广东省海员工会先进企业工会 广东省海员工会工会信息工作先进集体
广州海运团委	1997	广东省直属机关先进团委
“南海 163”轮	1955	南海英雄船
“1018”轮	1966	南海英雄船
原第一船队	1979	广东省“大庆式企业”
“大庆 250”轮	1979	广东省“先进船舶”
“大庆 246”轮党支部	1981	广东省直属机关先进党支部
“红卫 13”轮党支部	1981	广东省直属机关先进党支部
“大庆 252”轮	1982 1987 1996	广东省节约能源先进班组 广东省优秀质量管理小组 广东省“五一劳动奖状”
“水仙”轮	1985	广东省先进集体
技术处党支部	1986	广东省人民政府直属机关先进党支部
培训中心党支部	1986	广东省人民政府直属机关先进党支部
“红旗 153”轮	1986	广东省优秀质量管理小组
油轮公司	1987	广东省立功创先竞赛先进集体
第二船队	1987	广东省总工会“模范职工之家”

续上表

单　　位	年份	称　　号
第一船队	1987	广东省总工会“模范职工之家”
技术处节能办	1987	广东省人民政府直属机关“建设社会主义精神文明先进集体”
战备办	1987	广东省经委、广州军区后勤部军事运输部授予“军运基础建设先进集体”称号
“玉兰”轮	1987 1988 1988	广东省人民政府直属机关建设社会主义精神文明先进集体 广东省先进集体 广东省优秀质量管理小组及 QC 成果发表二等奖
“大庆 253”轮	1987	广东省优秀质量管理小组
广州海运机关党委	1988	广东省人民政府授予学习法律（九法一例）先进单位
第二货轮公司工会	1988	广东省海员工会“先进职工之家”
客轮公司	1988	广东省职业道德先进集体
客轮公司工会	1988	广东省海员工会“先进职工之家”
菠萝庙船厂工会	1988	广东省海员工会“先进职工之家”
城安围船厂	1988	广东省海员系统工会女职工组织先进集体
城安围船厂舾装部党支部	1989 1989	广东省人民政府直属机关先进党组织 广东省人民政府直属机关先进集体
“玉兰”轮党支部	1989	广东省人民政府直属机关先进党组织
“大庆 252”轮党支部	1989	广东省人民政府直属机关先进党组织
“红旗 122”轮党支部	1989	广东省人民政府直属机关先进党组织
“红旗 195”轮党支部	1989	广东省人民政府直属机关先进党组织
客轮公司保卫科	1989	广东省直单位“八九治安保卫工作先进集体”
物资供应处信息 QC 小组	1989	广东省优秀质量管理小组
“马兰”轮爱国卫生治理 QC 小组	1992	广东省优秀质量管理小组
菠萝庙船厂	1996	广东省文明单位
“大庆 252”轮	1996	广东省五一劳动奖章
“宁河”轮	1997	广东省模范集体
供贸事业部	1997	广东省直属机关文明单位

省级荣誉称号（个人） 附表 4-4

人员	年份	称号
谷源松	1955 1956 1959 1964	特等功臣、一等对敌斗争护产模范船长、广东省第一届工矿交通运输企业特等劳动模范 广东省特等劳动模范 广东省第二届工矿交通运输企业特等劳动模范 广东省工业交通手工业民间运输五好职工
梁炎	1955	广东省第一届工矿交通运输企业乙等劳动模范
张巧泉	1955 1958	广东省第一届工矿交通运输企业丙等劳动模范 广东省工矿、交通运输企业先进生产者
何卓明	1955	广东省第一届工矿交通运输企业丙等劳动模范
戴品祥	1955	广东省第一届工矿交通运输企业先进工作者
李嗣濂	1955	广东省第一届工矿交通运输企业先进工作者
施兴复	1955	广东省第一届工矿交通运输企业先进工作者
施振仪	1955	广东省第一届工矿交通运输企业先进生产者
岳开先	1955	广东省第一届工矿交通运输企业先进生产者
罗海	1955	广东省第一届工矿交通运输企业先进生产者
蔡华富	1955	广东省第一届工矿交通运输企业先进生产者
黄成	1955	广东省第一届工矿交通运输企业先进生产者
文达贤	1955	广东省第一届工矿交通运输企业先进生产者
李焕芝	1955	广东省第一届工矿交通运输企业先进生产者
岳胜华	1955	广东省第一届工矿交通运输企业先进生产者
邓满	1955	广东省第一届工矿交通运输企业先进生产者
陈永雄	1955	广东省第一届工矿交通运输企业先进生产者
梁根	1955	广东省第一届工矿交通运输企业甲等劳动模范
黄有	1955	广东省第一届工矿交通运输企业先进生产者
王定法	1955	广东省第一届工矿交通运输企业乙等劳动模范
陈宏泽	1955	广东省第一届工矿交通运输企业丙等劳动模范
黄秀	1955	广东省第一届工矿交通运输企业丙等劳动模范
柯茂昌	1955	广东省第一届工矿交通运输企业丙等劳动模范
李宝赓	1955	广东省第一届工矿交通运输企业丙等劳动模范
徐华杰	1956 1965	广东省工业交通财贸五好职工 广东省工业交通财贸系统“五好职工”
邝成义	1958	广东省工矿交通运输企业先进生产者

续上表

人　员	年份	称　号
虞耀祖	1958	广东省工矿交通运输企业先进生产者
莫容新	1958	广东省工矿交通运输企业先进生产者
何标	1958	广东省工矿交通运输企业先进生产者
叶础杰	1958	广东省工矿交通运输企业先进生产者
郑亚泰	1958	广东省工矿交通运输企业先进生产者
林亚保	1958	广东省工矿交通运输企业先进生产者
张振辉	1958	广东省工矿交通运输企业先进生产者
李问荣	1958	广东省工矿交通运输企业先进生产者
李愉昌	1958	广东省工矿交通运输企业先进生产者
张考泉	1958	广东省工矿交通运输企业先进生产者
姚学佐	1958 1964 1965	广东省工矿交通运输企业先进生产者 广东省工业交通手工业民间运输五好职工 广东省工业、交通、财贸系统五好职工
李权	1963 1963	广东省先进工作者 广东省工业、交通、基建、农业、财贸方面社会主义建设先进生产者
曹鹏高	1963	广东省直属机关先进工作者
樊发仁	1963 1963	广东省先进工作者 广东省工业、交通、基建、农业、财贸方面社会主义建设先进生产者
张善福	1963 1963	广东省工业、交通、基建、农业、财贸方面社会主义建设先进生产者 广东省先进工作者
文松	1964 1964 1965	广东省工业交通手工业民间运输五好职工 广东省工业交通财贸系统五好职工 广东省工业交通财贸系统五好职工
杨炳强	1963 1964 1965	广东省工业、交通、基建、农业、财贸方面社会主义建设先进生产者 广东省工业交通手工业民间运输五好职工 广东省工业交通财贸系统五好职工
冯标	1963 1964 1965	广东省工业、交通、基建、农业、财贸方面社会主义建设先进生产者 广东省工业交通手工业民间运输五好职工 广东省工业交通财贸系统五好职工
梁景	1963 1964	广东省工业、交通、基建、农业、财贸方面社会主义建设先进生产者 广东省工业交通手工业民间运输五好职工
陈亚香	1963 1964	广东省工业、交通、基建、农业、财贸方面社会主义建设先进生产者 广东省工业交通手工业民间运输五好职工
周澄光	1963 1964	广东省工业、交通、基建、农业、财贸方面社会主义建设先进生产者 广东省工业交通手工业民间运输五好职工

续上表

人员	年份	称号
马文才	1963	广东省工业、交通、基建、农业、财贸方面社会主义建设先进生产者
郑槐	1963	广东省工业、交通、基建、农业、财贸方面社会主义建设先进生产者
蒙克华	1963	广东省工业、交通、基建、农业、财贸方面社会主义建设先进生产者
王佐远	1963	广东省工业、交通、基建、农业、财贸方面社会主义建设先进生产者
梁福旦	1963	广东省工业、交通、基建、农业、财贸方面社会主义建设先进生产者
李天球	1963	广东省工业、交通、基建、农业、财贸方面社会主义建设先进生产者
汪树权	1963	广东省工业、交通、基建、农业、财贸方面社会主义建设先进生产者
戴广	1963	广东省工业、交通、基建、农业、财贸方面社会主义建设先进生产者
游怡平	1963	广东省工业、交通、基建、农业、财贸方面社会主义建设先进生产者
徐昭良	1963	广东省工业、交通、基建、农业、财贸方面社会主义建设先进生产者
王殿洪	1964	广东省工业交通手工业民间运输五好职工
谭球	1964	广东省工业交通手工业民间运输五好职工
覃家邦	1964	广东省工业交通手工业民间运输五好职工
何润林	1964	广东省工业交通手工业民间运输五好职工
王修樟	1964	广东省工业交通手工业民间运输五好职工
陈接雄	1964	广东省工业交通手工业民间运输五好职工
许乾英	1964	广东省工业交通手工业民间运输五好职工
苏杏义	1964	广东省工业交通手工业民间运输五好职工
王文举	1965	广东省工业交通财贸系统五好职工
何太兴	1965	广东省工业交通财贸系统五好职工
王友兴	1965	广东省工业交通财贸系统五好职工
李富昌	1965	广东省工业交通财贸系统五好职工
蔡文田	1965	广东省工业交通财贸系统五好职工
林善添	1965	广东省工业交通财贸系统五好职工
谭新	1965	广东省工业交通财贸系统五好职工
谭美云（女）	1965	广东省工业交通财贸系统五好职工
丁蕃茨	1965	广东省工业交通财贸系统五好职工
褚春华	1965	广东省工业交通财贸系统五好职工
黄荣楷	1965	广东省工业交通财贸系统五好职工
黄国禄	1965	广东省工业交通财贸系统五好职工
麦尧	1965	广东省工业交通财贸系统五好职工

续上表

人　员	年份	称　号
劳益	1965	广东省工业交通财贸系统五好职工
刘万云	1965	广东省工业交通财贸系统五好职工
梁贯炳	1973	广东省工业学大庆先进生产者
金叶卿	1973	广东省工业学大庆先进生产者
余广善	1965 1977	广东省工业交通财贸系统五好职工 广东省工业学大庆劳动模范
徐树良	1969 1970	广东省先进生产（工作）者 广东省先进生产（工作）者
莫少佳	1977	广东省工业学大庆先进生产者
庄民生	1978	广东省工业学大庆劳动模范
林生存	1978	广东省工业学大庆劳动模范
肖耀忠	1978 1982	广东省工业战线学大庆先进生产者 广东省职工先进生产者
柳培钧	1981 1985 1985 1985	广东省人民政府直属机关优秀共产党员 广东省职工劳动模范 广东省人民政府直属机关建设社会主义精神文明先进个人 广东省人民政府直属机关优秀共产党员
金丰义	1981	广东省人民政府直属机关优秀共产党员
欧阳锡池	1981	广东省人民政府直属机关优秀共产党员
张嘉成	1982 1985	广东省职工劳动模范 广东省特等劳动模范
王殿元	1982	广东省先进个人
罗美华	1982	广东省先进生产者
潘维真	1982 1983 1983	广东省卫生先进工作者 广东省劳动模范 湖北省劳动模范
杨家荣	1985	广东省职工劳动模范
金孟仁	1985	广东省人民政府直属机关优秀共产党员
阮金定	1986 1988	广东省立功创先竞赛先进生产者 广东省“五一”劳模奖章
胡百川	1986	广东省人民政府直属机关优秀共产党员
唐俊民	1986	广东省人民政府直属机关优秀共产党员
王树荣（女）	1986	广东省卫生系统文明建设先进工作者
陈强	1987 1988 1989	广东省先进生产者 广东省职工先进生产者 广东省人民政府直属机关优秀共产党员

续上表

人　员	年份	称　号
梁桂珍（女）	1987	广东省总工会“优秀职工之友”
卞根泉	1987	广东省经委、广州军区后勤部军事运输部授予“军运基础建设先进个人”称号
钟书干	1988	广东省纪律检查先进工作者
杨文滔	1988	广东省劳动局优秀教师
董万轩	1989	广东省人民政府直属机关优秀党务工作者
姜广泉	1989	广东省人民政府直属机关优秀党务工作者
李有当	1989	广东省人民政府直属机关优秀党务工作者
罗国雄	1989	广东省人民政府直属机关优秀党务工作者
孙锡连	1989	广东省人民政府直属机关优秀共产党员
陈干湘	1989	广东省人民政府直属机关优秀共产党员
钱澄根	1989	广东省人民政府直属机关优秀共产党员
彭承才	1989	广东省人民政府直属机关优秀共产党员
朱海祥	1989	广东省人民政府直属机关优秀共产党员
刘道林	1989	广东省人民政府直属机关优秀共产党员
杨迪英	1989	广东省人民政府直属机关优秀共产党员
杜耀洪	1989	广东省人民政府直属机关优秀共产党员
马达传	1989	广东省人民政府直属机关优秀共产党员
蔡善祥	1989	广东省人民政府直属机关优秀共产党员
云大卿	1989	广东省人民政府直属机关优秀共产党员
向志清	1989	广东省人民政府直属机关优秀共产党员
郭凤仪（女）	1989	广东省海员系统工会女职工先进个人
刘文明	1989	广东省直单位“八九治安保卫工作先进个人”
王洪恩	1989 1990 1991	广东省职工先进生产（工作）者 广东省职工先进生产（工作）者 广东省职工先进生产者、广东省特等劳动模范
梁学维	1991–1993	连续三年广东省职工先进工作者
牛振和	1994	广东省先进职工工作者
董穗平	1994	广东省优秀人民警察
严妙群（女）	1996—2000	广东省优秀基层宣传干部
张化齐	1997	广东省劳动模范
罗勤贵	1997	广东省创建文明单位积极分子

续上表

人　　员	年份	称　　号
李志	1997	广东省直属机关职业道德建设先进个人
姚作芝	1997—1999	广东省优秀企业思想政治工作者
张振明	1997—1999	广东省职工思想政治工作研究会先进工作者

市级荣誉称号（单位）

附表 4-5

单　　位	年份	称　　号
广州海运	1988 1989 1990 1991	广州市安全先进集体 广州市人才普查、需求预测先进单位 交通安全先进集体 春节客运优秀单位
城安围船厂	1981 1982 1983 1985 1986 1987 1988 1988 1989 1989	广州市绿化先进单位 广州地区卫生先进单位 广州市文明卫生先进单位 广州市安全生产先进集体 广州市安全生产先进集体 广州市交通安全生产先进集体 广州市爱国卫生运动先进单位 广州市环境优美工厂 广州市安全生产先进集体 广州市爱国卫生先进单位
“海棠”轮	1984	广州市交通防火安全先进集体
“芙蓉”轮	1985 1987	广州市安全生产先进集体 广州市安全生产先进集体
局汽车队	1985 1986 1987 1988 1989	广州市安全生产先进集体 广州市安全生产先进集体 广州市安全生产先进集体 广州市安全生产先进集体 广州市安全生产先进集体
油轮公司	1986	广州市百日安全行船竞赛“先进单位”
物资供应公司	1988	广州市海珠区司法调解工作先进集体
“芍药”轮	1988	广州市交通防火安全先进集体
局机关	1988 1989	广州市卫生先进单位 广州市卫生先进单位
菠萝庙船厂	1988 1989	广州市卫生先进单位 广州市卫生先进单位

续上表

单　位	年份	称　号
海员医院	1988 1989	广州市卫生先进单位 广州市卫生先进单位
石冲口幼儿园	1988 1989	广州市卫生先进单位 广州市卫生先进单位
“珍珠梅”轮	1989	广州市安全生产先进集体
局物资处	1992	交通安全先进集体
泰华公司	1993	先进 QC 小组

市级荣誉称号（个人）　　附表 4–6

人　员	年份	称　号
梁泽森	1950	广州市第一次工农兵劳动模范
李炳洪	1977 1981 1982 1984 1985 1986	安全先进驾驶员 广州市交通安全先进生产者 广州市交通安全先进生产者 广州市交通安全先进驾驶员 广州市交通安全先进生产者 广州市交通安全先进生产者
陈强	1983 1984 1985 1986	广州市交通防火安全先进个人 广州市交通防火安全先进个人 广州市交通防火安全先进个人 广州市交通防火安全先进个人
方南英（女）	1985	广州地区优秀护士
余长月	1985	广州市安全生产先进个人
朱远明	1987	广州市优秀安全技术干部
于明仁	1987	广州市优秀安全技术干部
赖伯琪	1987 1988	广州军区交通战备领导小组授予“先进个人”称号 广州军区交通战备领导小组授予“先进个人”称号
张拱锋	1987 1988 1989	广州市交通安全先进个人 广州市交通安全先进个人 广州市交通安全先进个人
杨纪娣（女）	1988	广州市司法调解先进工作者
黄同生	1988	广州市交通防火安全先进个人
张炎启	1988	广州市交通防火安全先进个人
邱南昌	1988	广州市交通防火安全先进个人

续上表

人　　员	年份	称　　号
李富祥	1988	广州市全面质量管理基本知识电视讲座优秀辅导员
潘伍珠	1989	广州军区交通战备领导小组授予“先进个人”称号
陈梅香（女）	1989	广州地区优秀护士
赖秀琼（女）	1989	广州地区优秀护士
尚栋卿（女）	1990	广州地区职工医院优秀护士

中国海运集团荣誉称号（单位）　　附表 4–7

单　　位	年份	称　　号
供贸事业部、“定河”轮、“玉龙山”轮	1997	“三学一创”“讲文明、树新风”活动先进集体
“罗浮山”轮党支部、“玉龙山”轮党支部	1997	先进党组织

中国海运集团荣誉称号（个人）　　附表 4–8

人　　员	年份	称　　号
庞力更、邵景桐、赖丕参	1997	“三学一创”“讲文明、树新风”活动先进个人
庞力更、程德胜、杨穗玲（女）、陈业成、吴海龙	1997	优秀共产党员
林鹤鸣、全灿、罗国雄	1997	优秀党务工作者

附录五　航运业常见专业名词解释

远洋运输（Ocean Shipping）：我国与其他国家（地区）间，经过一个或数个大洋的海上运输。如我国至东、西非洲，红海，地中海，欧洲和南、北美洲，澳大利亚等地区所进行的旅客和货物的运送。

近洋运输（Short-range Ocean Shipping）：我国根据船舶航程较短，并以船舶周转的快慢和管理上的具体情况为出发点，与其他国家（地区）间，只经过沿海或太平洋（或印度洋）的部分水域的海上运输。如我国至朝鲜、日本、越南、印度尼西亚等地区所进行的旅客和货物的运送。

沿海运输（Coastwise Shipping）：利用船舶在我国沿海区域各港之间的客货运输，其范围包括自辽宁鸭绿江口起至广西北仑河口止的大陆沿海运输；我国沿海省、自治区、直辖市所属诸岛屿沿海及其与大陆间的全部水域内的运输。

班轮运输（Carriage of Goods by Liner）：船舶在固定航线按照预先公布的船期表定期停靠若干固定的港口，经营班轮业务的船公司按颁布的运价本（Freight Tariff）所列的运价费率收取运费。

三角航线（Triangular Route）：又称三角形组合航线，是一种环行的货运航线。当三个以上港口间的货运规模最低能保证一艘船舶在营运期内有效航行，则可组织该环行的货运航线，以便充分利用船舶运输能力，减少空载，提高运输效率与效益。

多式联运（intermodality）：由两种及其以上的交通工具相互衔接、转运而共同完成的运输过程统称为复合运输，我国习惯上称之为多式联运。《联合国国际货物多式联运公约》对国际多式联运的定义是：按照国际多式联运合同，以至少两种不同的运输方式，由多式联运经营人把货物从一国境内接管地点运至另一国境内指定交付地点的货物运输。而《中华人民共和国海商法》对于多式联运的运输方式的规定是，两种以上的不同运输方式，其中一种是海上运输方式。

货物周转量（Turnover Volume of Freight Traffic）：该指标反映运输机构一定时期内货物运输的工作量，系指实际运送的货物吨数与其到、发港间的里程之乘积，即：货运量（吨）× 运距（海里）= 货物周转量（吨海里）；海运企业用吨海里表示其计算单位，其运距 1 海里 = 1.852 公里。

货物中转（Transhipment）：货物装上船后，不能直接运达目的港，而须在中途港转装，由另一艘船舶接运。中转（转运）在国际海上运输中是经常发生的。有的是由于货载零星、目的港分散，考虑船舶在经济上的合理性而不能一一运达，便安排在中途港口进行中转；也有的因原卸货港或本船发生特殊意外，无法按运输契约将货物运往目的港，承运人可根据提单上的自由转运条款，将货物卸在其他方便的港口，安排转运。

包运租船合同（Contract of Affreightment，COA）：不规定船名或船数，按照同一运价和条款一次签订合同包运较大数量货物的订租方式。合同规定在一定期限内，船舶所有人将一定数量的同类货物，由指定的装运港运往指定的目的地。这种方式适合于货运量大，又可分批、分期装运的货物。COA 一般签订的合同期较长，船方在租船期间解决了货源问题；还可根据合同量和时间，获得稳定收益。而货方把运价锁定在一定水平上，可规避货物运输成本变动的风险。签订 COA 可以让船货双方以双赢的方式，共同抵御市场风险。

船舶载重量（Deadweight Tonnage）：船舶所允许装载的重量。有总载重量和净载重量之分。使船舶达到允许最大的吃水所能装载的各种重量的总和，称为船舶总载重量。从总载重量中除去船员及装备重量，以及燃油、淡水、供应品等重量后，所允许装载的货物或旅客，包括其行李和携带品在内的最大重量，称为船舶净载重量，也即能用于装载货物的最大重量，一般称为载货量。

总吨位（Gross Tonnage）：根据船舶吨位丈量规范的有关规定，丈量确定的船舶总容积，以吨位来表示。总吨位一般用于：表示船舶大小；表示一个国家或一家船公司拥有船舶的数量；计算造船费用、船舶保险费用；在有关国际公约和船舶规范中用来区别船舶的等级以衡量对技术管理和设备要求的标准；以及作为船舶登记、检验和丈量的收费标准等。

净吨位（Net Tonnage）：根据船舶吨位丈量规范的有关规定，从总吨位中减除不适于载运旅客、货物处所而得到的船舶有效容积。以吨位来表示。净吨位一般用于交付港口费、引航费、灯塔费和停泊费的计算基准。

TEU（Twenty-foot Equivalent Unit）：是以长度为 20 英尺的集装箱为国际计量单位，也称国际标准箱单位。通常用来表示船舶装载集装箱的能力，也是集装箱和港口吞吐量的重要统计、换算单位。它的尺寸规格为：长 20 英尺 × 宽 8 英尺 × 高 8 英尺 6 英寸。

FEU（Forty-foot Equivalent Unit）：是以长度为 40 英尺的集装箱为国际计量单位，通常用来表示船舶装载集装箱的能力，也是集装箱和港口吞吐量的重要统计、换算单位。它的尺寸规格为：长 40 英尺 × 宽 8 英尺 × 高 8 英尺 6 英寸。

干散货船型分类：从船队结构上看，干散货代表船型可分为五大类：

小灵便型（Handysize）：1 万—3.9 万吨，船舶吃水控制在 9—10 米，主要行使于受特定航区航道水深限制的航线及水域，如劳伦斯水道，我国的长江口、珠江口等。

大灵便型（Handymax）：4 万—5.9 万吨，船舶吃水一般在 11 米左右，符合大部分大中型港口满载进出的需要。

巴拿马型（Panamax）：6 万—8 万吨，该类型船是指可以通过巴拿马运河、吃水在 13 米的干散货船；主要运输煤炭、谷物等大宗物资。该类型船舶是由大西洋通过巴拿马运河到太平洋的最佳船型，是世界船队中很有代表性的船舶，在煤炭、矿石、粮食、化肥等干散货运输中得到广泛的应用。

好望角型（Capesize）：10 万—19 万吨，该类型船是指在远洋航行中可以通过好望角或者南美洲海角最恶劣天气的大型干散货船；主要运输铁矿砂、煤炭等工业原料。常规船型吨位逐步由 12 万载重吨发展到 14 万载重吨和 19 万载重吨。

超大型散货船（Very Large Ore Carrier，VLOC）：20 万吨以上，用于煤炭和铁矿石的远距离运输，主要为北美、澳大利亚、远东航线提供煤炭运输服务，主要为南美、澳大利亚—日本、远东、地中海和欧洲地区提供铁矿石运输服务。

油轮船型分类：通常，按油轮的吨位，可将其划分为以下几个类别：

中程（Medium Range，MR）成品油轮：从事中程运输的成品油轮，承运载重吨为 3 万 ~5.5 万吨。

远程（Large Range，LR）成品油轮：从事远程运输的成品油轮，其中 LR1 型为 5 万—10 万吨，LR2 型为 10 万吨以上。

巴拿马型（Panamax）：5.5 万—8 万吨，船宽尺寸以通过巴拿马运河为上限。

阿芙拉型（Aframax）：8 万—12 万吨，即平均运费指数（Average Freight Rate Assessment）经济适用性最佳船型，也是适合白令海（Baltic Sea）冰区航行油船的最佳船型。

苏伊士型（Suezmax）：12 万—20 万吨，该型船的上限为在满载中东原油情况下，可经由苏伊士运河运至欧洲，其常规的船型是 15 万—16 万吨。

超大型油轮（Very Large Crude Carrier，VLCC）：20 万—32 万吨，主要用于远距离的原油运输。

超巨型油轮（Ultra Large Crude Carrier，ULCC）：32 万吨以上，按照载重吨衡量，人类曾经建造过的最大船舶是 1979 年日本建造的“海上巨人”号，其载重吨是 56 万吨。

集装箱船船型分类：集装箱船型以装载集装箱的箱量划分为以下几个类别：

支线集箱船（Feeder）：所载箱量在 500TEU 以内的支线集装箱船。

大支线集箱船（Feedmax）：所载箱量为 500—1000TEU 的大支线集装箱船。

灵便型集装箱船（Handy）：所载箱量为 1000—2000TEU 的灵便型集装箱船。

次巴拿马型集箱船（Sub-panamax）：所载箱量为 2000—3000TEU 的中型集装箱船。

巴拿马型集箱船（Panamax）：所载箱量为 3000—5000TEU 的大型集装箱船。

超巴拿马型集箱船（Post-panamax）：所载箱量超过 5000TEU 的超大型集装箱船，最大超巴拿马型集装箱船已经突破 10000TEU。

超大型集装箱船：超过 10000TEU 的巨型集装箱船。截至 2019 年年底，世界最大超大型集装箱船载箱量达 21000TEU；该型船的船长约为 400 米，船宽约为 58.8 米。

BDI（Baltic Dry Index）：波罗的海干散货运价指数。该指数是由若干条传统干散货船航线的运价，按照各自在航运市场上的重要程度和所占比重构成的综合性指数。自 2018 年 3 月 1 日，BDI 航线权重调整为：海岬型占 40%，巴拿马型和超灵便型各占 30%。灵便型期租平均值不再涵盖在内。计算公式中系数变更为 0.1。

BCI（Baltic Capesize Index）：波罗的海好望角型船运价指数。该指数反映 10 万载重吨以上的好望角型散货船市场租金变化情况。2014 年 5 月 6 日其标准船型和典型航线进行了调整。

BPI（Baltic Panamax Index）：波罗的海巴拿马型船运价指数。该指数反映 6 万—8 万载重吨巴拿马型散货船的市场租金变化情况。

BSI（Baltic Supramax Index）：波罗的海大灵便型船运价指数。该指数反映 5.83 万载重吨大灵便型船的市场租金变化情况。主要运输货物有粮食、磷肥、碳酸钾、木屑、水泥。

BHSI（Baltic Handysize Index）：波罗的海小灵便型船运价指数。该指数反映 2.8 万载重吨小灵便型船的市场租金变化情况，主要运输货物有粮食、钢材、磷肥、碳酸钾、木屑、水泥。

CCFI（China Containerized Freight Index）：中国出口集装箱运价指数。由交通部（现交通运输部）主持、上海航运交易所编制的 CCFI 于 1998 年 4 月 13 日首次发布。CCFI 编制与发布方式：第一，以 1998 年 1 月 1 日为基期，基期指数 1000 点。第二，根据典型性、地区分布性、相关性三大基本原则，筛选出 14 条航线作为样本航线，分别为中国香港、韩国、日本、东南亚、澳新、地中海、欧洲、东西非、美西、美东、南非、南美、波红、中国台湾航线，其国内出发港口包括大连、天津、青岛、上海、南京、宁波、厦门、福州、深圳、广州十大港口。第三，由包括中远集运在内的 18 家商誉卓著、航线市场份额大的中外船公司按照自愿原则，组成运价指数编制委员会，提供运价信息。

SCFI（Shanghai Containerized Freight Index）：上海出口集装箱运价指数。上海航运交易所改革并推出的新版 SCFI，于 2009 年 10 月 16 日正式对外发布，取代 2005 年 12 月 7 日发布的原 SCFI。新版 SCFI 是反映上海出口集装箱即期运输市场运价变化的指数，包括 15 条分航线市场运价（指数）和综合指数。航线覆盖上海出口集装箱运输的主要贸易流向及出口地区，分别为欧洲、地中海、美西、美东、波斯湾、澳新、西非、南非、南美、日本关西、日本关东、东南亚、韩国、中国台湾和中国香港航线。

国际油轮运价指数（World Tanker Nominal Freight Scale，WS）：即新世界油轮名义运费指数。WS 运费指数其实是一个百分数，指某种类型的油轮在某条航线的运费水平与基准费率的比值（用百分数表示）。例如，如果某日 VLCC 在海湾东行航线的运费指数是 WS110 点，表明其运费与基准费率的比值为 1.1，用百分数表示就是 110 点；如果运费指数是 WS70 点，表明其运费与基准费率的比值为 0.7，用百分数表示就是 70 点。而某航线的基准费率是由“Worldscale 协会”根据上一年度（前一年的 10 月 1 日至当年 9 月 30 日）的港口使费、燃油费和运河费等营运费用水平，计算出一艘航速为 14.5 节、载货量为 7.5 万吨的油轮，在该航线上完成一个标准航次（指满载到港、空载返回）的基准费率即 WS100（或日租金 12000 美元）的费率，以美元 / 吨为单位。因此每年该航线的基准费率都不一样，每年 1 月 1 日由分别位于伦敦和纽约的“Worldscale 协会”向其收费会员公布新年度 60000 多种不同油运航线涉及 1000 多个港口的《新世界油轮（基本）费率表》以用作油轮租船中船货双方商谈运价的基础。历史上，该费率表的计算标准几经修改，最新一次修改自 1989 年 1 月 1 日，从生效之日起一直沿用至今。

远期运费协议（Forward Freight Agreement，FFA）：买卖双方达成的一种远期运费协议，协议规定了具体的航线、价格、数量等，且双方约定在未来某一时点，某一方收取或支付依据波罗的海的官方运费指数价格与现在成交价格的差额。由于国际干散货市场运价波动频繁且波幅巨大，传统经营模式很难获得稳健发展。而科学合理地运用 FFA 这一金融衍生工具，通过对冲功能和套期保值功能，则可平抑市场波动，实现稳健发展。

港口吞吐量（Port Throughput）：是指一段时期内经水运输出、输入港区并经过装卸作业的货物总量，计量单位为“吨”或集装箱“标准箱（TEU）”。港口吞吐量是衡量港口规模大小的最重要的指标，反映在一定的技术装备和劳动组织条件下，一定时间内港口为船舶装卸货物的数量。影响港口吞吐量的因素十分复杂。综合起来看，大体可以分为两种类型，一种是客观的区域因素，如腹地的大小、生产发展水平的高低、外向型经济发展状况和进出口商品的数量等等；另一种是港口本身的建港条件，包括自然条件和社会经济因素。在上述条件一定的情况下，劳动组织与管理水平、装卸机械数量和技术水平、船型、车型、水文气象条件、工农业生产的季节性、车船到港的均衡性，以及经由港口装卸的货物品种与数量，均可能成为影响港口吞吐能力的重要因素，但最直接最关键的要素是泊位能力的大小。

港口吞吐能力（Port Throughput Capacity）：又称港口通过能力。广义上是指在一定时期内和一定的工作条件下，港口所具有的办理旅客到发、货物装卸以及为船舶提供技术服务能力的总和。狭义上是指港口在一定时期内，以现有设备能为船舶装卸货物的最大数量，即最大吞吐量。以“吨”来表示。

港口使费（Port Charges）：船舶在港口发生的各种费用和其他支出款项的总称，大致分为三类，一是有关船舶的费用，如船舶吨税、船舶港务费、引航费、灯塔费、拖轮费、船舶报关费、船舶检验费、船舶代理费等；二是有关货物的费用，如装卸费、堆存保管费、货物检验费、货物监装费、理货费等；三是其他支出款项，如在港口发生的船舶修理费、垫舱物料费、船员借支等。

LPG（Liquefied Petroleum Gas）：液化石油气，是由炼厂气体或天然气（包括油田伴生气）加压、降温、液化得到的一种无色、挥发性气体。该气体主要含丙烷、丁烷、丙烯、丁烯和异丁烷等成分。

LNG（Liquefied Natural Gas）：液化天然气，是通过井下开采的天然气经过净化后，被制冷到其沸点温度零下 165 摄氏度，这种呈液体状态纯净天然气即成为 LNG。该气体主要含甲烷，或少量的乙烷、丙烷、丁烷以及氮类的其他杂质。

船舶租赁（Chartering）：租船人为了获得运输工具来运输货物或承担运输任务，以支付运费或租金的方式，从所有人那里将船舶的整船或部分舱位租入的一项业务。船舶租赁方式主要有航次租船、定期租船、光船租赁。

航次租船（Voyage Charter）：又称程租船，其租金计算以航次为单位。由船舶所有人按双方事先议定的费率与条件，将船舶全部或一部分租与租船人，该船按租船人意愿自某一港口或者若干港口装运整船货物或部分货物至指定的目的港，或某一地区的若干港口。

定期租船（Time Charter）：又称期租船，其租金计算以时间为单位。船舶所有人根据双方签订的租船合同将船舶在一段较长的期限内（数月到几年不等）租与租船人调度和使用。由租船人根据船舶每一夏季载重吨为计算单位在一定时间内（按月或按天）向船舶所有人支付租金，以预付方式支付租金。租金一经议定，在租赁期内，不论租船市场租金涨落情况如何，都不得变更。

光船租赁（Bareboat or Demise Charter）：又称过户租赁或船壳租赁。船舶由船舶所有人按夏季载重吨每例月或 30 天向租船人收取租金，将“光船”（不配备船员的船舶）在一规定的期限内交与租船人自由使用。光船租赁的船舶由租船人聘用船长、轮机长和船员。光船租赁实际也是定期租船的一种，与一般定期租船的相同之处是两者均按时间计算租金，不同之处是光船租赁的船舶占有权在租船期内由船舶所有人转移至租船人手中。

PSC（Port State Control）：港口国监督。港口国的政府机构或其授权机构（我国为中华人民共和国海事局）对到达本国港口的外国籍船舶的技术状况和船员能力（特别是有关船舶航行安全与防污染方面）进行检查，以保证船舶在海上人命和财产安全，防止海洋环境污染。

FSC（Flag State Control）：船旗国检查。它是一国政府对悬挂本国国旗船舶实施的安全检查。

SMS（Safety Management System）：安全管理体系。它是一个系统的、清晰的和全面的安全风险管理方法，综合了运行、技术系统、财务和人力资源管理，融入公司的整个组织机构和管理活动中，包括目标设定、计划和绩效评估等。

O2O（Online To Offline）：是指将线下的商务机会与互联网结合，让互联网成为线下交易的平台。

IPO（Initial Public Offering）：首次公开募股，是指一家企业或公司（股份有限公司）第一次将它的股份向公众出售。

BOT（Build-Operate-Transfer）：建设—经营—转让，本质上是一种基础设施投资、建设和运营的方式。在政府与民间机构达成协议的前提下，政府向民间机构发放特许权，允许民间机构在一定时期内筹集资金建设基础设施，管理和运营设施及其相应的产品和服务。

附录六　重要国际规则及公约

一、《海牙规则》(Hague Rules)

《海牙规则》(Hague Rules) 全称为《统一提单的若干法律规定的国际公约》，是关于提单法律规定的第一部国际公约。1924 年关于统一提单若干法律规定的国际公　约（International Convention for the Unification of Certain Rules of Law Relating to Bills of Lading，1924），简称《海牙规则》(Hague Rules：H.R.)，1924 年 8 月 25 日在比利时首都布鲁塞尔签订，1931 年 6 月 2 日起生效，为统一世界各国关于提单的不同法律规定，并确定承运人与托运人在海上货物运输中的权利和义务而制定的国际协议。

《海牙规则》共十六条，其中第一至第十条是实质性条款，第十一至第十六条是程序性条款，主要是有关公约的批准、加入和修改程序性条款，实质性条款主要包括以下内容：

《海牙规则》第三条第一款规定："承运人必须在开航前和开航当时，谨慎处理，使航船处于适航状态，妥善配备合格船员，装备船舶和配备供应品；使货舱、冷藏舱和该船其他载货处所能适当而安全地接受、载运和保管货物。"该条第二款规定："承运人应妥善地和谨慎地装载、操作、积载、运送、保管、照料与卸载。"即提供适航船舶，妥善管理货物，否则将承担赔偿责任。

《海牙规则》对"承运人运输货物的责任期间"进行了明确，其中对"货物运输"的定义，货物运输的期间为从货物装上船至卸完船为止的期间。所谓"装上船起至卸完船止"可分为两种情况：一是在使用船上吊杆装卸货物时，装货时货物挂上船舶吊杆的吊钩时起至卸货时货物脱离吊钩时为止，即"钩至钩"期间。二是使用岸上起重机装卸，则以货物越过船舷为界，即"舷至舷"期间承运人应对货物负责。至于货物装船以前，即承运人在码头仓库接管货物至装上船这一段期间，以及货物卸船后到向收货人交付货物这一段时间，按《海牙规则》第七条规定，可由承运人与托运人就承运人在上述两段发生的货物灭失或损坏所应承担的责任和义务订立任何协议、规定、条件、保留或免责条款。

《海牙规则》对"承运人的赔偿责任限额"做了规定，这一制度安排实际上是对承运人造成货物灭失或损害的赔偿责任的部分免除，充分体现了对承运人利益的维护。《海牙规则》第四条第五款规定："不论承运人或船舶，在任何情况下，对货物或与货物有关的灭失或损坏，每件或每单位超过 100 英镑或与其等值的其他货币时，任意情况下都不负责；但托运人于装货前已就该项货物的性质和价值提出声明，并已在提单中注明的，不在此限。"

关于承运人的免责条款，《海牙规则》第四条第二款作了十七项具体规定，分为两类：一类是过失免责；另一类是无过失免责。国际海上货物运输中争论最大的问题是《海牙规则》的过失免责条款，《海牙规则》第四条第二款第一项规定："由于船长、船员、引航员或承运人的雇用人在航行或管理船舶中的行为、疏忽或过失所引起的货物灭失或损坏，承运人可以免除赔偿责任。"这种过失免责条款是其他运输方式责任制度中所没有的。很明显，《海牙规则》偏袒了船方的利益。

另一类是承运人无过失免责，主要有以下几种：

（1）不可抗力或承运人无法控制的免责有八项：海上或其他通航水域的灾难、危险或意外事故；天灾；战争行为；公敌行为；君主、当权者或人民的扣留或拘禁，或依法扣押；检疫限制；不论由于任何原因所引起的局部或全面罢工、关厂、停工或劳动力受到限制；暴力和骚乱。

（2）货方的行为或过失免责有四项：货物托运人或货主、其代理人或代表的行为；由于货物的固有缺点、质量或缺陷所造成的容积或重量的损失，或任何其他灭失或损害；包装不固；标志不清或不当。

（3）特殊免责条款有三项：一是火灾，即使是承运人和雇用人的过失，承运人也不负责，只有承运人本人的实际过失或私谋所造成者才不能免责；二是在海上救助人命或财产，这一点是对船舶的特殊要求；三是谨慎处理，克尽职责所不能发现的潜在缺陷。

（4）承运人免责条款的第十六项："不是由于承运人的实际过失或私谋，或是承运人的代理人或雇用人员的过失或疏忽所引起的其他任何原因。"这是一项概括性条款，既不是像前述十六项那样具体，又不是对它们的衬托，而是对它们之外的其他原因规定一般条件。

关于索赔与诉讼时效问题，《海牙规则》第三条第六款规定：承运人将货物交付给收货人时，如果收货人未将索赔通知用书面形式提交承运人或其代理人，则这种交付应视为承运人已按提单规定交付货物的初步证据。如果货物的灭失和损坏不明显，则收货人应在收到货物之日起 3 日内将索赔通知提交承运人。

二、《国际海上人命安全公约》(SOLAS 公约)

《国际海上人命安全公约》(International Convention for Safety of Life at Sea)，简称《安全公约》或《SOLAS 公约》。1974 年 11 月 1 日，国际海事组织海上安全委员会在伦敦签订，1980 年 5 月 25 日生效。该公约经过 1978 年、1981 年、1983 年、1988 年、1989 年、1990 年、1991 年等多次修正。

《安全公约》正文十三条、一个附则（共八章）和一个附录。正文其主要内容包括：公约的一般义务；适用范围；法律、规则；不可抗力情况；紧急情况下载运人员；以前的条约和公约；经协议订立的特殊规则；修正；签字、批准、接受、认可和加入；生效；退出；保存和登记。

《安全公约》附则和附录的主要包括；第 1 章，总则，即适用范围、定义等；检验与证书；事故。第二章甲，构造（分舱与稳性、机电设备），即通则；分舱与稳性；机电设备。第二章乙，构造（防火、探火和灭火），即通则；载客超过 36 人客船的消防措施；载客不超过 36 人客船的消防措施；货船的消防措施；油船的消防措施；现有客船的特殊消防措施。第三章，救生设备等，即通则；限客船适用；仅适用于货船。第四章，无线电报与无线电话，即适用范围与定义；值班；技术要求；无线电日志。第五章，航行安全。第六章，谷物装运，即通则；假定倾侧力矩的计算；谷物装置及其固定。第七章，危险货物装运。第八章，核能船舶。附录，证书格式。

《安全公约》适用于经授权悬挂缔约国政府国旗的船舶。各缔约国政府承担义务实施公约及其附则的各项规定。凡引用公约时，同时也就是引用该附则，附则是公约的组成部分。各缔约国政府要承担义务，颁布必要的法律、法令、命令和规则，并采取一切必要的其他措施，使公约充分和完全生效，以便从人命安全的观点出发，保证船舶适合其预定的用途。

三、《海员培训、发证和值班标准国际公约》(STCW 公约)

《海员培训、发证和值班标准国际公约》(International Convention on Standards of Training, Certification and Watchkeeping for Seafarers) 简称《STCW 公约》。

此公约是国际海事组织 (IMO) 约 50 个公约中最重要的公约之一。最初通过时间为 1978 年 7 月 7 日，生效日期为 1984 年 4 月 28 日，公约从通过至生效历经近六年的时间。《STCW 公约》正文共有十七条，阐述和规定了制订公约的宗旨、缔约国义务、公约所用名词解释、适用范围、资料交流、与其他条约关系、证书、特免证明、过渡办法、等效办法、监督、技术合作、修正程序、加入公约形式、生效条件，退出方式、保管以及文本文字。公约适用范围限于有权悬挂缔约国国旗的在海船上工作的海员。在此，“海船”系指除了在内陆水域或者遮蔽水域或港章所适用的区域以内或者与此两者紧邻的水域中航行的船舶以外的船舶。

《STCW 公约》第一章的总则中有四个规则，规定了证书的内容和签证的格式以及证书应有英语译文；对从事过本航行服务的海员要求有所放宽的原则；规定了行使监督的范围以及允许船旗国当局通过执行监督的缔约国等方式，采取适当的措施来消除缺陷。第二章为船长—甲板部分，共有八个规则和三个附录，规定了航行值班和在港值班中应遵守的基本原则；规定了对船长、大副以及负责航行值班的驾驶员发证的法定最低要求与最低知识要求；规定了对组成航行值班部分的一般船员的法定最低要求；规定了为确保船长和驾驶员不断精通业务和掌握最新知识的法定最低要求以及在运载危险货物船舶上在港值班的法定最低要求。第三章为轮机部分，共有六个规定和二个附录，规定了轮机值班中应遵守的基本原则；规定了对主推进动力装置为 3000 千瓦或以上和 750—3000 千瓦之间的船舶的轮机长和大管轮发证的法定最低要求与最低知识要求，规定了对传统的有人看守机舱负责值班的轮机员或定期无人看守机舱指派的值班轮机员发证的法定最低要求；规定了保证轮机员不断精通业务并掌握最新知识的法定最低要求；规定了对组成机舱值班部分的一般船员的法定最低要求。第四章为无线电部分，共有三个规则和二个附录，规定了无线电报员发证的法定最低要求；规定了保证无线电报员不断精通业务和掌握最新知识的法定最低要求；规定了无线电报员发证的法定最低要求。第五章为对槽管轮的特别要求部分，共有三个规则，规定了对油船、化学品船、液化气体船船长、高级船员和一般船员的培训和资格的法定最低要求。第六章为精通救生艇业务部分，有一个规则和一个附录，规定了关于颁发精通救生艇业务证书的法定最低要求。

四、《国际防止船舶造成污染公约》（MARPOL 公约）

国际防止船舶造成污染公约（International Convention for the Prevention of Pollution from Ships；MARPOL；International Convention for the prevention Pollution from Ships），简称《MARPOL 公约》，是为保护海洋环境，由国际海事组织制定的有关防止和限制船舶排放油类和其他有害物质污染海洋方面的安全规定的国际公约。

1973 年《国际防止船舶造成污染公约》（简称《MARPOL 1973》）及 1978 年《国际防止船舶造成污染公约的 1978 年议定书》（简称 MARPOL 1978）是国际社会为保护海洋环境而签订的两个重要国际协定。两者合称《MARPOL 1973/1978》。此公约旨在防止船舶排放的废水、废油等物质污染海洋的公约和议定书，1973 年订于伦敦。中国于 1983 年 7 月 1 日加入“73/78 防污公约”，同时声明不受公约附则三（关于预防包装中的有害物质的污染）、附则四（关于预防污水污染）、附则五（关于预防船舶垃圾污染）的约束。中国于 1988 年加入公约的附则五。公约适用于除军舰、海军辅助船舶和用于政府非商业性服务的国有或国营船舶以外的船舶，禁止这些船舶对海洋以任何形式排放有害物质，并规定了违章处理程序。

《MARPOL 1973》的基本内容是一个庞杂、技术性强及具有多层次结构的国际环境保护协定。有正文条文二十条，还有许多附则、附件、议定书等。由于 1978 年议定书对 1973 年公约作了重要的修订与补充，该议定书构成公约不可分离的组成部分。1978 年议定书第一条第一款即明确要求，凡加入 1978 年议定书的国家，自然地应当遵守 1973 年防污公约，而不必对公约另行签字或履行专门的批准手续。修正后的公约要求：①船舶使用前或颁发国际防油污证书前应对船舶进行初检；②在每 5 年期间内进行定期检验；③在国际防油污证书有效期至少进行一次中级检验；④进行计划外检验或义务性年度检验。

参 考 文 献

[1] 中共厦门市委党史研究室编:《彭德清纪念文集》，北京：中央文献出版社，2001 年。

[2] 黄镇东著:《求实奋进　探索交通发展之路》，北京：中共中央党校出版社，1997 年。

[3] 中共中央党史研究室编:《中国共产党的九十年（社会主义革命和建设时期）》，北京：中国党史出版社，党建读物出版社，2016 年。

[4] 当代中国研究所著:《中华人民共和国简史（1949—2019）》，北京：当代中国出版社，2019 年。

[5] 当代中国研究所著:《新中国 70 年》，北京：当代中国出版社，2019。

[6] 交通部广州海运管理局航海史编写组编:《交通部广州海运管理局三十二年》，1985 年。

[7] 交通部广州海运管理局主编:《艰苦创业的历程》（入局必读丛书），1990 年。

[8] 广州海运局宣教处编:《广州海运》（入局必读丛书），1990 年。

[9] 广州海运局宣教处编:《海运功臣颂》（入局必读丛书），1990 年。

[10] 广州交通邮电志编纂委员会编:《广州交通邮电志》，广东：广东人民出版社，1993 年。

[11] 朱士秀主编:《中国水运史丛书・招商局史（现代部分）》，北京：人民交通出版社，1995 年。

[12]《广州海运报》，1985—1997 年。

[13] 广州海运（集团）有限公司编:《同舟共济写辉煌——广州海运 50 周年》，2000 年。

[14] 广州海运（集团）有限公司、中海发展股份有限公司货轮公司编:《罗浮山之路》，2003 年。

[15] 广东省地方史志编纂委员会编:《广东省志・水运志》，广东人民出版社，2006 年。

[16]《交通部行政史》编委会编:《交通部行政史》，人民交通出版社，2008 年。

[17] 席龙飞、宋颖著:《船文化》，北京：人民交通出版社，2008 年。

[18] 中国船舶工业行业协会编:《强船报国——新中国船舶工业七十年大事记》，北京：人民交通出版社股份有限公司，2019 年。

[19] 黄骅港发展史编写组:《黄骅港发展大事记（1977—2011）》，内部资料，2012 年。

[20] 广州海运档案管理中心编:《往事并不如烟——纪念广州海运援越抗美往事及在援越抗美中牺牲的烈士们》，2013 年。

[21] 李宗琦主编 :《交通企业文化》，北京：人民交通出版社，2008 年。

[22] 交通运输部公安局编:《中国港航公安史（1949—2014 年）》，内部印刷，2015 年。

[23] 王建平主编:《英汉航海大词典》，北京：人民交通出版社，2004 年。

编 后 语

1997 年 7 月 1 日，中国海运（集团）总公司成立，广州海运成为新集团的一级子公司。1998 年 5 月 28 日，中国海运所属专业散货船队中海货运在广州成立。1998 年 10 月，广州海运和中海货运按照“一个班子，两套牌子，两本账，一套机构”和“经营管理功能与服务管理功能分离”的原则合署办公。2005 年 4 月 1 日，广州海运与中海货运实行人、财、物、机构、业务“五分开”，两个公司分别成立党委，综合部门开始独立运作。1997-2015 年，广州海运在中国海运集团的整体部署下，按照“发挥优势、发展航运配套业、开展多元特色经营、强化资源的有效利用”的发展思路，坚定不移地走改革之路，坚持用发展的办法解决前进道路上的困难和问题，不断进行企业结构和资产调整，坚持服务航运主业，积极拓展业务空间；逐步确立和完善党群属地管理定位，不断加强专业公司投资管理，积极履行企业社会责任。

2016 年 2 月 18 日，中国远洋和中国海运两大集团整合重组，成立中国远洋海运集团有限公司（简称：中远海运集团）。6 月 28 日，广州海运更名为中远海运（广州）有限公司（简称广州中远海运），成为中远海运集团“6+1”产业集群中社会化产业集群的企业。广州中远海运按照“社会化服务产业”定位，以创新为驱动，通过战略转型和业务扩张，产业结构调整取得明显进展，开启了二次创业的新征程。公司以健康产业为主线，坚持产业聚焦、资源聚拢、人才聚集、文化聚力，推动医疗、旅游、养老、体检等产业融合发展。同时，航运配套、物业经营稳健发展，公司的资金、物业等资源得到有效利用，核心竞争力不断提高，品牌建设取得新突破，力争发展成为中远海运集团社会化服务业支柱企业和新兴产业的孵化器。

2017 年 7 月，为落实交通运输部关于《中国水运史（1949—2015）》和《中国水运工程建设实录（1978—2015）》编纂工作的通知要求，同时全面梳理中远海运集团发展历程，系统总结集团历史性发展经验，坚定当代航运人建设世界一流航运企业、奋进海洋强国梦的信心和决心，推动中远海运集团在新时期做强做优做大，集团党组决定启动中远海运史志资料编纂工作。

为做好本史的编辑工作，广州中远海运在中国远洋海运集团有限公司史志编审委员会的指导、帮助和支持下，以 1985 年交通部广州海运管理局航海史编写组所编《交通部广州海运管理局三十二年》（送审稿）为基础，以时间为轴，按照 1949 年企业成立后所经历的重要历史时期和集团发展重大时期相结合的原则划定编史序列，全面系统梳理企业发展历程、发展成就、重大事件和历史经验，做好企业历史资料的收集、整理、编纂工作，系统描述发展历程和发展成就，准确刻画重大事件和重大人物，深入总结历史经验，贯穿企业优秀文化，形成企业发展史。本史编写至1997年止，在时期的划分上，根据对企业发展影响较深远的事件或发展的连续性特点来划分，以求企业史实大体发展上的连续性，并求符合编史要求中"以时间为经、以事件为纬"的真义，因而与我国政治经济发展时期的划分不尽相同。

本书的编写工作得到相关单位和领导的大力支持和帮助，包括原广州海运局副局长刘志强、邓兆邦，原广州海运（集团）有限公司总经理、党委书记姚作芝，副书记李改，中远海运（广州）有限公司原党委书记、副总经理柴逸，现党委书记、董事长、总经理寿健，纪委书记姚永生等企业领导，以及朱允光、盛鸣生、李德英、刘巨欢、陈君、高素英、黄朝晖等档案工作者，区志文、张振明、聂人民、尹丽莎、区嘉聪、樊建斌、陈松杰、严妙群、李少波、彭春回等一批熟悉、了解企业发展历史的干部等等，难以一一列出。他们不辞劳苦，仔细审校书稿，提出修改意见。此外，邓兆邦、丘瑛还提供了丰富的企业历史照片。编者还到广东省档案馆、招商局历史博物馆等单位查阅资料，获取了企业早期的重要档案资料。在此，谨向所有关心和支持本书编纂、出版的单位和个人深表谢意。

从1949年到1997年，近50年间，国家在经济、政治、社会、文化、国防、外交等各方面都发生了翻天覆地的变化，企业也伴随着共和国的发展进步而不断成长，随着岁月的更替、时代的变迁而不断地变化和发展。从最初的招商局轮船股份有限公司广州分公司到广州海运集团（有限）公司，企业历经多次的上调、下放、分合、调整等变迁，特别是改革开放前，管理体制复杂、变动频繁，期间历史线索交织，资料纷繁，但有些因年代久远，或因主客观等多种原因，企业资料难免轶失，保存资料也不够完整。此外，由于编史人手、人员水平以及时间、精力所限，史实及述评仅能以档案中心提供资料、事实及所处观点为依据，缺乏反复详尽的考证和确定，故本书所反映的史实，难免挂一漏万，凡此种种，恳请读者批评指正。

2020年6月

总 审 校 / 谭 鸿

策划编辑 / 刘继辉

责任编辑 / 黄 蕊

封面设计 / USUN 昱上

ISBN 978-7-114-16479-8

定价：260.00 元